INTERDISZIPLINÄRE BEITRÄGE
ZU MITTELALTER
UND FRÜHER NEUZEIT

Herausgegeben vom
Interdisziplinären Zentrum für Mittelalter und Frühneuzeit
der Universität Salzburg
und vom Institut für Realienkunde des Mittelalters
und der frühen Neuzeit
der Universität Salzburg in Krems

Band 10

Poesie des Widerstreits

Etablierung und Polemik in den Literaturen des Mittelalters

Herausgegeben von
ANNA KATHRIN BLEULER
MANFRED KERN

Universitätsverlag
WINTER
Heidelberg

Bibliografische Information der Deutschen Nationalbibliothek

Die Deutsche Nationalbibliothek verzeichnet diese Publikation
in der Deutschen Nationalbibliografie;
detaillierte bibliografische Daten sind im Internet
über *http://dnb.d-nb.de* abrufbar.

UMSCHLAGBILD

UB Heidelberg, Cod. Pal. germ. 848, fol. 364r,
Autorbild zu Meister Gottfried von Straßburg, Ausschnitt

ISBN 978-3-8253-4754-3

Imprimé en Allemagne · Printed in Germany
Umschlaggestaltung: Klaus Brecht GmbH, Heidelberg
Satz und Druck: Memminger MedienCentrum, 87700 Memmingen

Gedruckt auf umweltfreundlichem, chlorfrei gebleichtem
und alterungsbeständigem Papier

Den Verlag erreichen Sie im Internet unter:
www.winter-verlag.de

Vorwort

Der vorliegende Band vereinigt die Beiträge zu den beiden Tagungen *Poesie des Widerstreits – Etablierung und Polemik in den Literaturen des Mittelalters*, die am Programmbereich *Kunstpolemik – Polemikkunst* des interuniversitären Kooperationsschwerpunkts *Wissenschaft und Kunst* der Paris-Lodron-Universität Salzburg und der Universität Mozarteum vom 15. bis 17. Oktober 2015 und vom 30. Juni bis 2. Juli 2016 stattgefunden haben.

Ohne die Mithilfe vieler wäre dieses Buch nicht zustande gekommen. Allen voran danken wir den Beiträgerinnen und Beiträgern, auch für die intensiven Diskussionen, die in unpolemisch-amikaler Atmosphäre und dennoch auch mit konstruktiver Streitbarkeit geführt wurden. Besonderen Dank schulden wir Peter Kuon, der beide Tagungen mitorganisiert und die Beiträge von Danièle James-Raoul und Guillaume Oriol übersetzt hat. Für die organisatorische Betreuung der Tagung danken wir der Referentin, Silvia Amberger, und der damaligen Studienassistentin am Programmbereich, Janin Schlaminger. Beim Team unserer Studienassistentinnen und -assistenten am Fachbereich Germanistik, Linda Beutel, Sigrid Klonner, Claudia Maria Kraml, Lena Leitner und Thomas Peak, bedanken wir uns sehr herzlich für die Unterstützung bei der redaktionellen Einrichtung des Bandes und für die Erstellung der Register. Für die Finanzierung der Tagung wie der Druckkosten haben wir uns bei der Leitung des Kooperationsschwerpunkts und des Programmbereichs zu bedanken. Für die Aufnahme in die Reihe danken wir dem *Interdisziplinären Zentrum für Mittelalter und Frühneuzeit* (IZMF) und dem *Institut für Realienkunde des Mittelalters und der Frühen Neuzeit* (IMAREAL) der Universität Salzburg als den herausgebenden Institutionen. Für die verlegerische Betreuung des Bandes sei dem bewährten Team vom Universitätsverlag Winter herzlich gedankt.

Salzburg, im Mai 2020 Anna Kathrin Bleuler und Manfred Kern

Inhalt

Einleitung

ANNA KATHRIN BLEULER und MANFRED KERN

1 Bienen, Riesen und Zwerge

Es sind zwei Gleichnisse, die für das Traditionsbewusstsein und die damit verbundene Poetologie der mittelalterlichen Literaturen von epochaler Signifikanz sind, ja mehr noch: Von ihrem programmatischen Geltungswert her scheinen sie den Begriff der Epoche geradezu exemplarisch zu rechtfertigen, so sehr dieser und das mit ihm verbundene teleologische Geschichtsverständnis auch zu hinterfragen ist.[1] Gemeint sind das Bienengleichnis und das Gleichnis von den Zwergen, die auf den Schultern von Riesen sitzen. Wie die fleißigen Bienen, so lautet das eine, würden die ‚nachgeborenen' Autoren, seien sie Dichter, seien sie Philosophen, aus den Blüten der literarischen und philosophischen Autoritäten das Beste sammeln. Der Honig dieser Blütenlese wäre die Anthologie oder das Florilegium und jedes rezeptive, traditionsbasierte Werk im Grunde eine oder ein solches. Wir, die Nachgeborenen der großen Autoritäten, so das andere Gleichnis, sitzen wie Zwerge auf den Schultern von Riesen, können daher weiter blicken als diese, aber nicht aufgrund unseres eigenen Vermögens, sondern weil wir von ihrer Größe emporgehoben sind.

Das Bienengleichnis[2] geht auf Seneca zurück und zeigt, dass sich schon die Literaten der römischen Antike in einem epigonalen Verhältnis zur griechischen Dichtungs- und Gelehrtenkultur gesehen und den imitatorischen Bezug für ihr Selbstverständnis als geradezu konstitutiv erachtet haben.[3] Von dieser Perspektive her erweist sich die abendländische Kultur, die wir heute die mittelalterliche nennen, aus ihrer Eigensicht einmal mehr als bruchlose Fortführung der römisch-antiken Tradition. Das Mittelalter selbst kennt keine Grenze zwischen sich und der Antike und sieht sich mit dieser in einem einheitlichen Zeitalter über jene

1 Vgl. hierzu aus einer interdisziplinären Perspektive die Beiträge in *Kontinuitäten, Umbrüche, Zäsuren. Die Konstruktion von Epochen in Mittelalter und früher Neuzeit in interdisziplinärer Sichtung*, hg. von Thomas Kühtreiber und Gabriele Schichta, Heidelberg 2016 (*Interdisziplinäre Beiträge zu Mittelalter und Früher Neuzeit* 6).

2 Jürgen von Stackelberg: *Das Bienengleichnis. Ein Beitrag zur Geschichte der literarischen Imitatio*, in: *Romanische Forschungen* 68 (1956), S. 271–293; Peter K. Kapitza: *Dichtung als Bienenwerk. Traditionelle Bildlichkeit in der Imitatio-Lehre*, in: *Jahrbuch der Jean-Paul-Gesellschaft. Jahrgang* 9 (1974), S. 79–101.

3 Vgl. Nicola Kaminski: Art. *Imitatio*, in: *Historisches Wörterbuch der Rhetorik*, Bd. 4, hg. von Gert Ueding, Tübingen 1998, S. 235–268.

Schwelle hinweg verbunden, an der die neuzeitliche Epochenrechnung das Ende der Antike und die entscheidende Wende eben ins Mittelalter erkennen will. Die Neuzeit, namentlich die Renaissance, tut dies bekanntlich in der Absicht, nun ihrerseits das Ruder der Zeitläufte herumzureißen und in sich die Antike neu aufleben zu lassen – um den Preis eines mittelalterlichen Bienen- und Zwergensterbens, das bis zur Romantik wenig bedauert und beklagt wird, wie man launig sagen könnte. Einer der Gründerväter der Renaissance, Francesco Petrarca, zeichnet für diese, hier ein wenig plakativ nachgezeichnete Epochenwahrnehmung wesentlich verantwortlich. Der Rekurs auf das Bienengleichnis bei Petrarca zeigt, dass der Bruch gerade mit Hilfe von Topoi inszeniert wird, die paradoxerweise über ihn hinweg verwendet werden und also Kontinuität signalisieren.[4]

Das Gleichnis von den Zwergen auf den Schultern der Riesen scheint hingegen genuin mittelalterlich zu sein. Dem Zeugnis im *Metalogicon* (III.4) des Johannes von Salesbury nach soll es Bernhard von Chartres geprägt haben. Mehr noch als das Bienengleichnis ist es von einer unterschwelligen, vielleicht unfreiwilligen Ironie geprägt, wenn nicht gar – das Wort drängt sich förmlich auf – getragen, wozu Bescheidenheitskundgaben ja generell zu neigen scheinen. Ob verdient oder nicht, die Zwerge haben jedenfalls den besseren Ausblick als die Riesen, und dies bringt jene Tendenz ins Spiel, die mit *imitatio* prinzipiell verschwistert erscheint, nämlich die *aemulatio*, das Wetteifern, das Sich-Messen, der Versuch, das Vorbild zu übertreffen.[5] Unter diesem agonalen Aspekt wäre es durchaus denkbar, dass eine gewisse assoziative Nähe zwischen dem Gleichnis von Riesen und Zwergen und dem David-Goliath-Mythos bestehen könnte, wenngleich David natürlich nur im Vergleich zu Goliath und nicht grundsätzlich ein Zwerg ist. Doch auch Bernhard von Chartres wird sich nicht grundsätzlich, sondern eben auch und nur im Vergleich zu – beispielsweise – Augustinus als Zwerg angesehen haben.

Wie auch immer dem sei, für das, worum es in diesem Buch geht, macht es durchaus Sinn, im Gedankenexperiment die Zwerge und Riesen mit David und Goliath in Verbindung zu sehen. Die Assoziation zeigt, dass dem Gleichnis nicht nur eine gewisse Ironie, sondern gar ein gewisser polemischer Zug eignen könnte. Nicht viel anders ist es bei näherer Betrachtung mit den Bienen: Denn das Publikum will ja nicht in den Genuss der Blüten, sondern des Honigs kommen. Die Autoritäten liefern nur den Rohstoff, die bienengleichen Epigonen aber das genießbare Produkt. In diesem Sinn ist es dem vorliegenden Buch daran gelegen, Kontinuität, *imitatio* und *aemulatio* als zentrale Charakteristika mittel-

4 Sh. hierzu den Beitrag von Peter Kuon in diesem Band, S. 191f.

5 Zu Begriff und historischen Konzepten von *aemulatio* vgl. Barbara Bauer: Art. *Aemulatio*, in: *Historisches Wörterbuch der Rhetorik*, Bd. 1, hg. von Gert Ueding, Tübingen 1992, Sp. 141–187. Zum Riesen-Zwergen-Gleichnis im mittelalterlichen *auctoritas*-Diskurs sh. den Beitrag von Danièle James-Raoul in diesem Band, S. 106f.

alterlicher Literarizität, vor allem mittelalterlicher Dichtung neu zu überdenken und in Bezug auf exemplarische neuralgische, generische und chronologische Schwellen, Texte und Autoren zu diskutieren. Wir gehen dabei nicht nur von der Kontinuität und vom Traditionsbewusstsein der Epoche aus, sondern von dem Phänomen, dass die Geschichte der Literaturen des Mittelalters zugleich eine Geschichte der Genese darstellt, der Entstehung neuer poetischer Schreibsprachen und Schreibweisen, literarischer Genres und damit eben einer neuen Literarizität insgesamt, zumal in den Volkssprachen.

Bei allem Sinn für Kontinuität und Tradition wäre das Mittelalter also auch als eine Epoche der Innovation und des Innovationsbewusstseins zu verstehen, wobei das Neue gerade in seiner Referenz auf das Überkommene seine Konturen entwirft. Dabei stellt sich die Frage nach den Phänomenen, den Strategien, der Poetik, aber auch nach den historischen Naht- und Bruchstellen sowie nach den sozialen Kontexten und nach der kulturellen Relevanz und Wirkung, die die Etablierung neuer literarischer Genres und Institutionen, dichtender Individuen und eines neuen Publikums, an das sich diese wenden, ermöglichen und begleiten. Wir gehen dabei von der These aus, dass Etablierung immer eine agonale bis polemische Dimension hat und interessieren uns dafür, wie sich Agonalität und Polemik in diesem Zusammenhang historisch profilieren lassen.

Der Band nimmt damit gegenüber herkömmlichen literaturgeschichtlichen Darstellungen einen Perspektivenwechsel vor, indem er das literarische Feld nicht von seiner Muster-, Schema- und Traditionsbezogenheit aus zu beschreiben sucht – was bisweilen zu reduktionistischen, starren Phasen-, Gattungs- und Genreeinteilungen geführt hat –,[6] sondern ausgehend von seinen agonalen Relationen, von Friktionsmomenten im poetischen System, nach deren produktiver, ‚generativer' Kraft fragt. Historisch-poetologische Differenzen zu Antike oder Moderne sollen dabei keinesfalls getilgt werden;[7] vielmehr geht es darum, die spezifischen Bedingungen zu fassen, die Kultur und Praxis des poetischen Widerstreits in imitatorisch-ämulatorischen Literaturen des Mittelalters ausmachen.

Themen und Beiträge dieses Bandes sollen im Folgenden vorgestellt und zumindest in Ansätzen systematisiert werden. Um vorab Zentrales zu nennen: Untersucht werden Texte und Texttraditionen der romanischen, mittelhochdeutschen und mittelenglischen Literaturen; die lateinische Literatur kommt unter anderem im Interferenzbereich von Bibeldichtung und Bibelübersetzung sowie für die historische poetische Theorie in den Blick. Zeitliche Schwerpunkte liegen zum einen für die altfranzösische und mittelhochdeutsche Literatur im

6 Vgl. hierzu insbesondere die Beiträge von Anna Kathrin Bleuler und Peter Kuon im vorliegenden Band.

7 Zu den frühneuzeitlichen Kulturen der *imitatio* und *aemulatio* vgl. etwa *Aemulatio. Kulturen des Wettstreits in Text und Bild (1450–1620)*, hg. von Jan-Dirk Müller, Ulrich Pfisterer, Anna Kathrin Bleuler und Fabian Jonietz, Berlin/New York 2011 (*Pluralisierung & Autorität* 27).

Hochmittelalter, genauer: an der Wende des 12. zum 13. Jahrhundert, für die italienische Literatur in der neuralgischen Übergangszeit des 14. Jahrhunderts, in die auch Chaucer fällt.

Gefragt wird nach Formen des poetischen Widerstreits zwischen und innerhalb von neuen literarischen Registern in bestimmten, eben neuralgischen literaturgeschichtlichen Phasen (Friede, Bleuler, Klein), die zugleich natürlich immer politisch wie kulturell prekäre Zeitfelder darstellen. Es geht um die Etablierung eines im eigentlichen Wortsinn literarischen Bewusstseins, das sich in der Distanznahme zu mündlicher und populärer Dichtungspraxis (Burrichter, Oriol) oder in einer elitären Selbstpositionierung, namentlich bei Petrarca (Kuon, Malzacher) äußern kann; umgekehrt geht es auch um – gespielte? – Polemik gegen gelehrtes Literatentum und poetisches Schriftbewusstsein, wie etwa bei Wolfram (Kern). Analysiert werden Phänomene und Tendenzen des Widerstreits von Diskursen, des geistlichen und des weltlichen (Hammer, Kössinger), des lyrischen und des epischen, aber auch von Schreibweisen und Gattungen (Schneider), dies nicht zuletzt innerhalb des Œuvres eines Autors (Schaefer, Wolfzettel), womit der signifikante Topos der *revocatio* ins Spiel kommt, der nichts anderes als Auto-Polemik formuliert und in dieser Geste der Verwerfung das eigene Werk paradoxerweise erst zu einem Gesamtwerk bündelt und in seiner Bedeutsamkeit autorisiert (denn gegen etwas, das ohne Belang ist, muss man nicht polemisieren). Im Fokus stehen neben scheinbar Randständigem vor allem kanonische Texte und Autoren, die in weiterer Folge nicht zuletzt in der Wissenschaft epochale Geltung bekommen haben – wie Chrétien de Troyes, Wolfram von Eschenbach, Dante Alighieri, Francesco Petrarca, Giovanni Boccaccio und Geoffrey Chaucer.

Herausgearbeitet werden Strategien der Etablierung und der Polemik im Zusammenhang mit Namensnennungen – dies auch im Kontext der Kanonbildung im Genre der Poetik (James-Raoul) –, das Erscheinen und der Auftritt starker poetischer Subjekte sowie Formen des Widerstreits auf der Ebene der Sujets und des Erzählens selbst. Untersucht wird ferner die Kommunikation der Texte über ihre Figuren: In der Darstellung von Konflikten zwischen Figuren wird der Widerstreit kultureller Prinzipien und Praxen nicht einfach verhandelt – wie man gerne sagt –, sondern vielmehr ausagiert und ausgetragen (Terrahe), was den polemisch-agonalen Aspekt der von uns gewählten Perspektive verdeutlicht. Auf einer Meta-Ebene geht es schließlich um polemische Konstellationen in der Wissenschaft, namentlich am Schnittpunkt zwischen französischer und deutscher Literatur in der romanistischen und germanistischen Philologie (Raumann).

Da sich die Beiträge in zahlreichen thematischen, methodischen und theoretischen Aspekten überschneiden und vielfach treffen, zudem auch nicht immer einen bestimmten Zeitraum in den Blick nehmen und immer wieder komparatistisch ansetzen, haben wir auf eine thematische oder chronologische Gruppierung verzichtet.

2 Etablierung, Agonalität und Polemik

Es ist eine generelle Prämisse dieses Bandes, dass auch in prinzipiell traditional-imitatorischen Textkulturen wie den mittelalterlichen innovatorische kreative Intentionen und Dynamiken der Kunstproduktion wirksam sind und sich ein Bewusstsein davon – sofern es nicht immer schon besteht – ausbildet und entsprechend explizit formuliert wird. Die Strategien, unter denen dies geschieht, gilt es herauszufinden, wobei in ihnen zugleich das rezeptionsästhetische Potenzial von Etablierungsprozessen zu fassen ist. Diese folgen – so eine weitere Grundannahme – keinen linearen ‚Gesetzen' der literaturgeschichtlichen Entwicklung, sondern können kontingent und emergent sein, mithin in einer nicht weiter kausalisierbaren Eigenheit historischer Autorpersönlichkeiten bestehen. Dies ist zugegebenermaßen ein heikler Punkt, weil er die Argumentation in die Nähe von Legitimierungsmustern führt, die – wie die Genieästhetik beispielhaft vorführt – jenseits argumentativer Standards und rationaler Überprüfbarkeit zum Stehen kommen. Die Beiträge wollen sich folgerichtig nie auf dergleichen Positionen zurückziehen; es sei an dieser Stelle aber auf diese theoretisch-methodische ‚Grenze' des Problemfeldes, um das es uns geht, hingewiesen.

Poetische Etablierung ist in traditionalen Textkulturen wie gesagt von einem gespannten Verhältnis zur Tradition getragen. Diese Spannung gründet abstrakt gesagt darauf, dass die Autorität der Tradition zugleich anerkannt und egalisiert sein will, da die je neue Dichtung ja die Ambition haben muss, zwar neuer, aber zugleich auch integrativer Bestandteil dieser verbindlichen Tradition zu werden. Wir wollen diese Spannung im Begriff der Agonalität fassen, die diachron wie synchron besteht und sowohl gegenüber Vorgängern als auch gegenüber Konkurrenten polemische Züge annehmen kann. Polemik wiederum verstehen wir dabei nicht als Gattungsbegriff, sondern als eine literarisch-poetische Verfahrensweise bzw. eine Methode der intertextuellen Auseinandersetzung. Der Begriff dient uns als bewusst pointierende, heuristische Kategorie, mit der auf unterschiedlichen Ebenen von Text und Kontext angesiedelte Formen und Schauplätze der Agonalität identifiziert und in Beziehung zueinander gesetzt werden können. Wir gehen dabei von einer weiten Begriffsdefinition aus, wie sie sich in der Forschung mittlerweile etabliert hat.[8] Ihr zufolge stellt Polemik einen

[8] Das Wort Polemik ist im Deutschen erst seit Anfang des 18. Jh.s als abgeleitete Lehnübersetzung des französischen Adjektivs „polémique" bzw. dessen gleichlautender Substantivierung bezeugt, zur Begriffsgeschichte vgl. Hermann Stauffer: Art. *Polemik*, in: *Historisches Wörterbuch der Rhetorik*, Bd. 6, hg. von Gert Ueding, Tübingen 2003, Sp. 1403–1415. Während das *Reallexikon der deutschen Literaturwissenschaft* unter ‚Polemik' tendenziell (ab)wertend „[a]ggressiv formulierte Texte oder Textteile" versteht, „die Bestandteil eines meist personalisierten Streits sind" (vgl. Sigurd Paul Scheichl: Art. *Polemik*, in: *Reallexikon der deutschen Literaturwissenschaft*, Bd. 3, hg. von Jan-Dirk Müller, Berlin/New York 2003, S. 117), wird das Lemma im *Historischen Wörterbuch der Philosophie* mit Blick auf

Kommunikationsmodus dar, der auf Gegnerschaft, Kritik, Streit und Herabsetzung zielt; das heißt, es ist ein Kommunikationsmodus, bei dem es nicht darum geht, Konsens zwischen den Konfliktparteien herzustellen oder eine Lösung zu finden, sondern darum, den Gegner zu degradieren und auf diese Weise Macht über ihn zu demonstrieren. Diese weite Definition haben wir in den Diskussionen der Vorträge zu spezifizieren gesucht; dabei haben sich einige basale, nicht zuletzt historisch spezifische Merkmale herauskristallisiert, die den Beiträgen des Bandes zugrunde liegen:

– Eine wichtige Funktion kommt der Kategorie der Dritten zu.[9] Adressat von Polemik ist nämlich nicht primär bzw. zumeist nicht der/die Denunzierte selbst, sondern es sind Dritte, auf die die Polemik eine bestimmte Wirkung haben soll: Die Rezipienten sollen unterhalten werden, man will ihnen die eigene Überlegenheit gegenüber dem Gegner demonstrieren, Denkprozesse sollen angestoßen werden. Rhetorische und performative Mittel spielen dabei eine wichtige Rolle. In diesem Zusammenhang wurde zum einen auch festgestellt, dass Polemik häufig (wenn auch z. T. idealiter) an den Prozess

die nachreformatorische Theologie überraschend wertfrei bzw. deskriptiv historisierend als „Auseinandersetzung mit abweichenden Glaubensauffassungen" definiert (vgl. Dirk Kemper: Art. *Polemik*. 1. Theologie, in: *Historisches Wörterbuch der Philosophie*, Bd. 7, hg. von Joachim Ritter und Karlfried Gründer, Basel 1989, S. 1030), im strengeren Sinne philosophisch normativ mit Kant aber als „Funktion im Kampf gegen den dogmatisch verneinenden Gegner [der reinen Vernunft]" (Hans Saner: Art. *Polemik*. 2. Philosophie, in: *Historisches Wörterbuch der Philosophie*, Bd. 7, hg. von Joachim Ritter und Karlfried Gründer, Basel 1989, S. 1031). Die darin zu Tage tretende Heterogenität der Begriffsdefinitionen verweist auf das breite Spektrum der von ihnen bezeichneten Phänomene. Eine weite Definition des Polemik-Begriffs liegt auch den Textsammlungen und Studien zugrunde, die sich mit entsprechenden Phänomenen in der Literatur des Mittelalters beschäftigen, vgl. *Parodie und Polemik in mittelhochdeutscher Dichtung. 123 Texte von Kürenberg bis Frauenlob samt dem ‚Wartburgkrieg' nach der Großen Heidelberger Liederhandschrift C*, hg. von Günther Schweikle, Stuttgart 1986 (*Helfant-Texte* 5), ferner *Ironie, Polemik und Provokation*, hg. von Cora Dietl, Christoph Schanze und Friedrich Wolfzettel, Berlin/Boston 2010 (*Schriften der Internationalen Artusgesellschaft, Deutsch-österreichische Sektion* 10), *Parodie und Verkehrung. Formen und Funktionen spielerischer Verfremdung und spöttischer Verzerrung in Texten des Mittelalters und der Frühen Neuzeit*, hg. von Seraina Plotke und Stefan Seeber, Göttingen 2016 (*Encomia Deutsch* 3) und *Das Streitgedicht im Mittelalter*, hg. von Jörg O. Fichte u. a., Stuttgart 2019 (*Relectiones* 2019).

9 Die Rezipierenden können als Adressaten des Textes ‚Zweite', als adressierte Beobachter aber eben auch zugleich ‚Dritte' sein und fügen sich gut in die kulturwissenschaftliche Denkfigur, wie sie etwa das Konstanzer Graduiertenkolleg untersucht hat; vgl. auch *Die Figur des Dritten. Ein kulturwissenschaftliches Paradigma*, hg. von Eva Esslinger u. a., Berlin 2010 (*stw* 1971).

einer Gruppenbildung bzw. an die Ausdifferenzierung einer Elite gebunden ist (Friede, Bleuler). Zum anderen zeigte sich, dass diese Dritten ihrerseits zum (indirekten) Ziel polemischer Angriffe werden können: So richtet sich etwa die Spielmannschelte nicht nur gegen die Spielmänner selbst, sondern stellt letztlich auch diejenigen in Frage, die sich diese anhören (Burrichter); Polemiken gegen Dichterkollegen wiederum sind auch Anklagen gegen die behaupteten Geschmacksverirrungen des Publikums (Kern). Insgesamt heißt das, dass Polemik eine Untersuchungskategorie darstellt, mit deren Hilfe der ‚Erst-Erwartungshorizont' eines Textes greifbar werden kann. Die Vergemeinschaftung, die Solidarität, die der aktuelle Text von den Dritten einfordert, beruht dabei weniger auf argumentativen Überzeugungsstrategien als auf einer emphatischen, mithin gar nötigenden Appellstruktur, die die adressierten Dritten, die sie zu inkludieren verspricht, zugleich im Falle ihrer Verweigerung mit jener Exklusion bedroht, die für das Zielobjekt der Polemik behauptet wird. Der neue vereinzelte, seinerseits noch exklusive Text außerhalb der Norm tut so, als wäre das, was er propagiert und zu etablieren trachtet, längst zwingender Konsens. In dieser paradoxen Figur scheinen denn auch wesentlich Phänomene und Effekte der Ironie und des Witzes – der hohe Unterhaltungsgrad des Polemischen – zu gründen.

- Der Akzent der Polemik scheint in imitatorischen Textkulturen wie der mittelalterlichen prinzipiell anders gesetzt zu sein: Der Text, der dabei ist sich zu etablieren, versteht sich als jene Zielform, auf die die Tradition immer schon hinausgelaufen wäre. Er präsentiert sich eher als Korrektur, als jenes Bessere, das die Vorgänger immer schon besser gemacht hätten, hätten sie es denn gemacht. Imitatorische Polemik, um es so zu formulieren, verhält sich zum Objekt der Distanzierung tendenziell im Zeichen eines „Ja, aber" und nicht eines „Nein, sondern", wie sich vielleicht die Maxime in radikal innovatorischen Kulturen etikettieren ließe. Folgerichtig muss bei der Untersuchung von imitatorischer Polemik und ihren Strategien zwischen unterschiedlichen Modi, Graden und Typen der Polemisierung unterschieden werden; die Übergänge zwischen freundlicher Agonalität und feindseliger Polemik sind dabei so fließend, dass die Kategorien auch oszillieren können, mithin Polemik freundlich und Agonalität feindselig werden kann – nicht zuletzt dann, wenn Ironie ins Spiel kommt.[10]
- Als zentrale Beschreibungskategorie hat sich die Differenzierung nach unterschiedlichen Graden der Explizität bzw. der ‚Latenz' von Polemik erwiesen. Neben offenen Markierungen, die sich freilich auch zumeist in Form einer zunächst imitatorischen, namentlichen Berufung auf Vorgänger oder im Modus des Zitats äußern (zur Nennung von Autoren und Autoritäten James-

[10] Dies konstatieren auch Cora Dietl, Christoph Schanze und Friedrich Wolfzettel im Vorwort zum Band *Ironie, Polemik und Provokation* (Anm. 8), S. VII–XVI, hier S. XV.

Raoul und Kern, zum Figurenzitat u. a. Schneider und Terrahe), gibt es auch die Strategie des verdeckenden Verschweigens, die mithin radikaler sein mag (so am Beispiel Petrarcas Kuon und Malzacher).

- Ferner muss berücksichtigt werden, dass sich ämulatorischer Widerstreit nicht immer einsträngig gegen eine bestimmte Tradition oder die sie verkörpernden Autoritäten richten muss, sondern eine Abgrenzung gegen mehrere Phänomene gleichzeitig stattfinden kann. Zu sehen ist dies beispielsweise bei Otfrid von Weißenburg, der sich sowohl von der antiken heroischen Epik, namentlich von Vergil, Ovid und Lucan, als auch von der lateinischen Bibeldichtung, namentlich von Juvencus, Prudentius und Arator, distanziert (Hammer). Der imitatorische Charakter der polemischen Distanznahme äußert sich auch hier darin, dass sie zugleich als Berufung auf eine Tradition gelten kann, die das aktuelle Vorhaben, die Etablierung einer fränkischen Bibeldichtung, legitimieren soll.
- Unter die Begriffe Agonalität und Polemik fallen Phänomene, die sich mit traditionellen, zumal historisch eingeführten Formen der *aemulatio*, etwa mit Parodie und Satire, überschneiden bzw. in Relation zu ihnen stehen. Eine trennscharfe Verwendung der Begriffe mag auf den ersten Blick als wünschenswert erscheinen, ist unserer Ansicht nach aber nicht zielführend. Voraussetzung wäre eine strikte Definition, an die sich die Analyse zu halten hätte. Der Effekt wäre, um es ‚polemisch' zu sagen, dass diese dann zwar der Definition, aber nicht den Phänomenen gerecht werden würde. Parodie und Satire als historische Gattungen arbeiten immer schon mit agonalen und polemischen Verfahren; wollte man freundliche Polemik ‚Agonalität' und feindliche Agonalität ‚Polemik' nennen, würde man ignorieren, dass scheinbar freundliche Berufungen – etwa auf „meinen lieben Monsieur Hartmann" bei Wolfram – polemischer gemeint sein können als die Metaphorik einer aggressiv-ritterlich attackierenden Erzählung, die sich dann doch dem Herz der Rezipierenden andienen will. Wenn in den Beiträgen die Grenzen zwischen den Begriffen Parodie und Satire, Agonalität und Polemik diffundieren, dann der Phänomene wegen. Wir gebrauchen sie allgemein gesagt im Zeichen einer partiellen Synonymie, die genau darauf zielt, die schwierigen kreativen Schnittbereiche produktiv in den Blick zu nehmen.

3 Agonale Felder, thematische Aspekte

Der Programmbereich *Kunstpolemik und Polemikkunst*, in dessen Rahmen die beiden Tagungen, auf die das Buch zurückgeht, veranstaltet wurden, zielte auf die interdisziplinäre Erforschung zweier Themenfelder aus historischer und gegenwärtiger Perspektive: zum einen auf etwa politisch und/oder religiös motivierte Formen der Kunstfeindschaft („Kunstpolemik"), zum anderen auf Polemik als kritisches, aber immer auch produktives Verfahren innerhalb der

Künste („Polemikkunst").[11] Unsere Beiträge handeln nun mehrheitlich von polemischer Kunst und nur vereinzelt von ‚von außen kommenden' polemischen Auseinandersetzungen mit den Künsten. Dieser Umstand ist einerseits durch die Problemstellung bedingt: Die Frage nach den agonalen Implikationen, die Prozesse der poetischen Etablierung immer schon grundieren und konstituieren, lenkt den Blick offenbar stärker auf die Objekt- als auf die Rezeptionsebene. Andererseits ist die dominante literaturimmanente Perspektive auf den weitgehenden Mangel an außerliterarischen Rezeptionszeugnissen zur mittelalterlichen Literatur zurückzuführen.

Am ehesten fassbar wurden Elemente eines außerliterarischen polemischen Diskurses über Kunst in den Beiträgen zur Spielmannschelte (Burrichter) sowie zum *Stilnovismo* (Malzacher). Brigitte Burrichter zeigt in Bezug auf die Spielmannschelte, die in unterschiedlichen altfranzösischen Textsorten des 12. und 13. Jahrhunderts vorkommt, dass sich die Polemik gegen diese Kunstform unweigerlich auch gegen ihre Macher richtet und also ein soziologisches Streitfeld sichtbar macht. So geben die behaupteten Verfehlungen der Spielleute den Verfassern von poetischen, aber auch historiographischen Texten (u. a. *chanson de geste*, volkssprachige Historiographie) den Anlass dafür, ihr Selbstverständnis als Autoren bzw. Bearbeiter und/oder ihre poetologischen Grundlagen darzulegen. Die Spielleute stellen dabei den Gegenentwurf zum selbstbewussten, gebildeten Autor dar, der auch moralisch hohe Ansprüche an sein Werk stellt. Alice Malzacher wiederum zeigt in Bezug auf die *Stilnovismo*-Debatte anhand eines außerpoetischen, gleichwohl literarischen Dokuments, eines Briefs an Giovanni Boccaccio (*Fam.* XXI 15), dass Petrarcas Selbststilisierung und Selbstprofilierung als Autor mit einer expliziten Marginalisierung seines großen Vorbilds Dante einhergeht.

Widerstreit und Polemik in der mittelalterlichen Literatur lassen sich indes – dies zeigen andere Beiträge – sowohl auf einer personalen als auch auf einer systemischen Ebene festmachen, wobei das eine das andere immer inkludieren kann, wenn man bedenkt, dass Traditionen oder Systeme wesentlich durch die Namen von Autoritäten verbürgt werden. Polemische Etablierung auf personaler Ebene kann in Formen der poetischen Selbstbehauptung, die einzelne Autoren praktizieren, zum Ausdruck kommen. Solche Formen der Polemik können auf Ablöse des Vorgängers (diachrone Agonalität) oder Abwehr des/der zeitgenössischen Konkurrenten (synchrone Agonalität) zielen; sie tragen aber in jedem Fall entscheidend zu literarhistorisch und literarästhetisch neuen Entwicklungen und vor allem auch zu einem Bewusstsein um diese bei: zu einer neuen Bedeutung und Qualität der Autorfunktion, die textintrinsische Aspekte genauso betrifft, wie sie auf textexterne literarische Kommunikation schließen

[11] Informationen zum Kooperationsschwerpunkt bietet: https://w-k.sbg.ac.at, das Archiv zum Programmbereich „Kunstpolemik-Polemikkunst" findet sich unter: https://w-k.sbg.ac.at/de/kunstpolemik-polemikkunst.html (Stand: 8. 4. 2020).

lässt (*responsio*, Intertextualität, Kontrafaktur, Parodie); zur Ausbildung eines neuen Œuvre-Konzepts sowie zur Ausdifferenzierung und agonalen Neuanordnung des literarischen Feldes, was die Etablierung neuer Autoritäten und in deren Verlängerung geänderte Kanonisierungsprozesse angeht.

Um Agonalität in diachroner Ausrichtung geht es im Beitrag von Danièle James-Raoul, die zeigt, wie sich die Regeln für das gute, elegante Schreiben in den mittellateinischen Poetiken des 12. und 13. Jahrhunderts (Matthäus von Vendôme, Geoffrey von Vinsauf, Eberhard der Deutsche, Jean de Garlande) im Spannungsfeld von antiker Tradition und innovativer Modernität ausbilden. Die Auseinandersetzung der mittelalterlichen Autoren mit den antiken Vorbildern steht mithin im Zeichen von deren Überwindung, wobei die neue Literarizität, die sich dabei herauskristallisiert, in unterschiedlichen Praktiken des Schreibens zum Ausdruck kommt, die – ohne es sich anmerken zu lassen – vordringlich auf die Erwartungen des zeitgenössischen Publikums abgestimmt sind.

Um synchron ausgerichtete poetische Agonalität und Etablierung geht es dagegen im Beitrag von Guillaume Oriol, in dem die provenzalische Troubadourlyrik, zumal die ‚streitbaren' Gattungen von *tenson* und *partimen*, behandelt werden. Oriol zeigt, wie sich in diesen Texten im Zuge des Wettstreits zwischen den zeitgenössischen Autoren eine hochartifizielle Grammatik der Emotionen herausbildet.

Die in der hochmittelalterlichen volkssprachigen Epik aufkommenden Autorsignaturen (u. a. bei Chrétien de Troyes, Hartmann von Aue, Wolfram von Eschenbach) nimmt Manfred Kern in den Blick und interpretiert diese als Ausdruck eines sich im poetischen Widerstreit profilierenden und erstarkenden Autorbewusstseins. Den Zusammenhang mit dem Phänomen des poetischen Widerstreits sieht er darin, dass durch die Zeichnung eines Textes mit dem Autornamen eine Signatur gesetzt wird, mit der eine gewisse Abgrenzung gegen das behauptet wird, was dem Text vorangeht, und damit eine Art persönliche Usurpation jener Tradition erfolgt, auf der der Text aufruht. Aus produktionsästhetischer Perspektive wird Sukzession behauptet (das Neue löst das Alte ab) und dem Publikum ein entsprechender Seitenwechsel abverlangt.

Dieses radikale Entweder-Oder der Sukzession stellt sich aus rezeptionsästhetischer Perspektive allerdings bequemerweise als Zunahme von Optionen, als ständig wachsendes Reservoir von legitimen Lektüremöglichkeiten dar, als ein synchrones Konzert von autoritativen Stimmen, die die Rezipierenden keineswegs vor das Dilemma der Ausschließlichkeit stellt, auch wenn auf produktionsästhetischer Seite so getan wird oder getan werden muss. Dies gilt nicht zuletzt für die Fälle der spielerischen bis ernsten Auto-Polemik, wie sie beispielhaft Geoffrey Chaucer mit seinem sonderbaren, selbstparodistischen Novellenfragment *Sir Thopas* innerhalb der *Canterbury Tales* entwirft (hierzu Ursula Schaefer) oder Boccaccios Selbstdistanzierung vom eigenen Werk im *Corbaccio* vorführt (Friedrich Wolfzettel). Für den Rezipienten und ironischerweise auch für Boccaccio als Autor eines Gesamtwerks gilt die *revocatio* keineswegs so absolut wie für die textspezifische Autorgestalt, die im, und aber auch nur im *Corbaccio* in seiner selbstpolemischen Pose gefangen bleiben muss, wohingegen sie bei Chaucer die narrative ‚Blockade', die die alte, überkommene Form darstellt, in einem neuen Erzählansatz nonchalant überwindet – wobei der Erzähler ironischerweise im Scheitern demonstriert, dass er jenes Genre beherrscht, das er gerade nicht beherrschen will, weil er es längst hinter sich gelassen hat.

Auf systemischer Ebene lassen sich ferner agonale Relationen zwischen poetischen Gattungen und Registern (z. B. agonale Interferenzen zwischen Epik und Lyrik), zwischen den Matières und Sujettraditionen, zwischen den Literaturen wahrnehmen und untersuchen. Dass dies nicht nur auf poetologischer Ebene, sondern auch auf der Ebene der Narration selbst geschehen kann, zeigt Tina Terrahe an der Figurendarstellung in der deutschsprachigen Artusdichtung, namentlich am *Iwein* Hartmanns von Aue und am *Parzival* Wolframs von Eschenbach. Über Identitätskonstruktionen und Handlungsformen, die Figuren – nicht zuletzt solche, die textübergreifend vorkommen – in der Erzählung verkörpern, werden poetologische Konzepte in Konkurrenz zueinander gesetzt. Zugleich konkurrieren in den unterschiedlichen Heldentypen (hier Streiter, Denker und ‚Diplomat') basale sozio-politische Interaktionsweisen, was wiederum die kulturelle Relevanz und Wirksamkeit des poetologischen Disputs dokumentiert.

Von Interesse ist des Weiteren die agonale Wahrnehmung und polemische Abgrenzung von Vorgängertraditionen, wie sie sich nicht nur an den ‚Spätwerken' des höfischen Romans illustrieren ließe, sondern auch an randständigeren Texten wie dem anonym überlieferten *Weinschwelg* (zweite Hälfte 13. Jh.), der in der Forschung als literaturgeschichtlich „schwierig einzuordnende[s] Unika[t]"[12] gilt. Martin Schneider untersucht diesen Text – der keine Hinweise auf direkte Prätexte enthält – in Hinblick auf Systemreferenzen und gelangt zum Ergebnis, dass darin eine verdeckte parodistisch-polemische Auseinandersetzung mit verschiedenen lateinischen und deutschsprachigen Vorgängertraditionen stattfindet (u. a. Vagantenlyrik, Minnesang, Spruchsang), die eine neue Ich-Konfiguration hervorbringt (Selbsterhöhung des Ichs durch die Hymne auf den Wein) und die im Folgenden auch Nachahmer fand.

Um die agonale Abgrenzung von Vorgängertraditionen im Schwellenbereich von mittelalterlicher und frühneuzeitlich-humanistischer Literatur geht es im Beitrag von Peter Kuon zur Theorie und Praxis der *aemulatio* bei Petrarca und Dante. Kuon geht vom Befund aus, dass der Begriff der *aemulatio* in mittelalterlichen Poetiken zwar nicht vorkommt, dass aber das Prinzip des Wetteiferns aus der mittelalterlichen poetischen Praxis nicht wegzudenken ist. Kuon zeigt, dass bei Dante damit in aller Klarheit der Anspruch verbunden ist, die berühmtesten antiken Autoren in technischer und inhaltlicher, mithin auch moralischer

[12] Hans-Joachim Ziegeler: *Erzählen im Spätmittelalter. Mären im Kontext von Minnereden, Bispeln und Romanen*, München 1985 (*MTU* 87), S. 36, Anm. 15.

Hinsicht zu übertreffen. Dabei lässt sich nach Kuon zwischen dem ‚noch' mittelalterlichen Dante und dem ‚schon' humanistischen Petrarca hinsichtlich der Technik der *aemulatio* – dem Umgang mit Modelltexten, der Subtilität des Verbergens und des Aufdeckens – kein grundlegender Unterschied feststellen.

Neben den agonalen Relationen zu Vorgängertraditionen wird eine weitere, in gewisser Weise paradoxe Spielart von Agonalität in den Blick genommen, die ebenfalls auf einer systemischen Ebene anzusiedeln ist und die sich mit dem bereits angesprochenen Begriff der Autopolemik beschreiben lässt, mit dem wir Aussagen in epischen und lyrischen Texten bezeichnen, die sich auf polemische Art und Weise mit ihren eigenen Konstitutionsbedingungen auseinandersetzen. Plakative Belege dafür sind neben den schon genannten Beispielen, die Boccaccio und Chaucer geben, etwa die autopolemischen Gesten des Minnesangs gegen das ‚hohe' Minneverhältnis (Klein, Bleuler). Dorothea Klein diskutiert entsprechende Phänomene in Bezug auf Minnelieder, die in der Überlieferung unterschiedlichen Autoren zugeordnet sind. Während die traditionelle Textkritik in solchen Fällen den ‚richtigen' Autor zu ermitteln suchte, plädiert Klein dafür, Mehrfachzuschreibungen als möglichen Ausdruck einer poetischen Interaktion zwischen den entsprechenden Autoren zu sehen, was bedeutet, dass der Schauplatz für den poetischen Widerstreit ein und dasselbe Gedicht wäre. Klein diskutiert diese Möglichkeit in Bezug auf zwei Lieder, die jeweils Walther von der Vogelweide und Heinrich von Morungen bzw. Walther und Hartmann von Aue zugeschrieben sind. Sie zeigt, wie die inhaltlichen und formalen Abweichungen zwischen den Liedversionen aus dieser Perspektive als (insofern sie sich auf dem Terrain eines Liedes treffen:) autopolemische Bezugnahmen der Autoren aufeinander lesbar werden, durch die sich der Liedtext inhaltlich und strukturell zunehmend ausdifferenziert.

Neben diesen verschiedenen Typen von Kunstpolemik haben wir unterschiedliche neuralgische Felder in der mittelalterlichen Dichtung ausgemacht, die über polemische Potenziale verfügen. Grundsätzlich zu unterscheiden ist hier zwischen Kunstpolemik, die sich gegen die Kunst selbst richtet (gegen ihre Formen, Inhalte, Akteure und Institutionen) – wie sie in den oben vorgestellten Beiträgen behandelt wird – und solcher, die sich nach ‚außen' richtet, indem ihre Zielscheibe u. a. politische, religiöse, soziale Themen, Personen oder Institutionen sind. Zu letzterer gehören die in der mittelalterlichen Literatur zu findenden Bibelpolemiken (Kössinger), aber auch bestimmte Aspekte von Übersetzungs- und Mündlichkeitspolemik (Hammer). Norbert Kössinger stellt in seinem Beitrag das wenig bekannte Genre der deutschsprachigen *Paternoster*-Parodien (14. und 15. Jahrhundert) vor. Er zeigt, dass diese Texte auf allen Ebenen – formal wie inhaltlich – spielerisch-literarisch mit dem lateinischen *Paternoster*-Text umgehen, indem sie ihn formal mehr oder weniger kunstvoll in den Zusammenhang eines volkssprachigen Erzähltextes einbauen (ganze Verse, Versteile, mit/ohne Reim etc.), wodurch sich die Aussagen des *Paternoster* mit dem Inhalt der Erzähltexte verschränken. Die auf diese Weise evozierten semantischen Ambiguitäten pointieren Herausforderungen und Ziele, die mit dem Beten als religiöser Sprechpraxis verbunden sind, wobei jeweils deutliche polemische Untertöne mitschwingen, die sich u. a. gegen das ‚automatisierte' Herunterleiern des Gebetstextes oder gegen Ablenkungen vom andächtigen Sprechen des Gebets richten.

Andreas Hammer untersucht die Sprachenfrage in der deutschsprachigen geistlichen Literatur (Otfrid von Weißenburg, Martin Luther, Leo Jud) und identifiziert neben der zu erwartenden Gelehrtenpolemik auch verschiedene Spielarten polemischer Kritik, die sich gegen die mündliche volkssprachige Dichtung richten. Hammer zeigt, dass diese Mündlichkeitspolemik letztlich in die gleiche Kerbe schlägt wie die Gelehrtenpolemik, indem sie der Legitimierung der Volkssprache als Schriftsprache zuträgt.

Ein weiterer Aspekt, der bei beiden Tagungen zur Sprache kam, ist, dass sich die verschiedenen Ausprägungen von Konkurrenz- und Konfliktsituationen, die innerhalb des poetischen Systems ausgetragenen werden, geradezu zu kleinen ‚Sprengsätzen' entwickeln können, die dann wiederum polemische (Anschluss-) Kommunikation provozieren. Insofern scheint Polemik ein Kommunikationsmodus zu sein, von dem ausgehend sich literarische Reihen beschreiben lassen. Dies zeigt Anna Kathrin Bleuler anhand einer Gruppe mittelhochdeutscher Gedichte, in deren Zentrum das lyrische Ich im Entscheidungskonflikt zwischen weltlichem Frauen- und religiösem Gottesdienst steht. Die durchwegs polemisch geführte Auseinandersetzung mit dieser Konfliktsituation bringt eine Textreihe – die sogenannten ‚Minne-Kreuzlieder' – hervor, die in dieser spezifischen Ausprägung nicht auf Vorbilder aus der Romania zurückgeht. Dabei wird sichtbar, dass Kunstpolemik in diesen Texten stets auch metapoetische Reflexionspotenziale aufweist, die indirekt auf ästhetische Ideale schließen lassen.

4 Agonalität und Interliterarizität

Aufs Ganze gesehen haben die Vorträge die These erhärtet, dass sich Polemik in der mittelalterlichen volkssprachigen Dichtung, sei sie nun provenzalisch, französisch, deutsch, italienisch oder englisch, vorrangig innerhalb der Koordinaten der je eigenen Sprache vollzieht und sowohl andere Volkssprachen als auch die lateinische Literatur weitgehend außen vor lässt. Dieser Befund ist vor allem auffällig in Bezug auf die Vorbildfunktion des Provenzalischen und Französischen für die Ausbildung der übrigen neuen Literatursprachen des Mittelalters: Die deutschsprachigen Dichtungen etwa – obwohl zumeist stark rezeptiv gegenüber ihren provenzalischen und französischen Quellentexten – geben sich in den Figurationen des Widerstreits, die sie ausbilden, als einer eigenen Tradition zugehörig, die sie sozusagen im selben Atemzug konstituieren. Zwar sind große ‚Neuerungen' – wie die drei Gattungen der altfranzösischen Epik (die sogenannten *trois matières*: *matière de Bretagne*, *matière de Rome* und *chanson de geste*, also der bretonische oder Artusroman, der Antikeroman und die christlich-heroische Epik) oder die Minnekanzone (Kanzonenform, ‚hohes' Minneverhältnis) – den Literaturen der Romania entlehnt, jedoch bilden sich die Texte nicht in getreuer Nachahmung französischer Vorbilder aus, sondern Agonalität erweist sich als der jeweiligen neuen Literatursprache intrinsische Triebfeder für die Kunstproduktion. Die volkssprachigen Autoren wetteifern nicht vorrangig mit ‚klassischen' französischen oder lateinischen Vorbildern, sondern mit Texten und Autoren aus den je ‚eigenen' Reihen. Dieser Befund zeigt, dass die bis heute verbreitete Vorstellung, wonach die mittelalterlichen Literaturtraditionen im Zeichen einer *imitatio*-Poetik und des Prinzips der mehr oder weniger bedingungslosen Traditionalität und Autoritätsfixierung stehen, nicht länger gelten kann. Zugleich aber zeichnet sich in ihm implizit ein gesetzter Bereich ab – oder: die ‚gläserne Decke' des Mittelalters (Friede), gegen die nicht polemisiert wird, nämlich die ‚klassischen' Literaturen als solche, unabhängig davon, ob diese lateinisch, französisch, geistlich oder säkular waren. Bedingte Ausnahmen bilden aus der deutschen Literaturgeschichte Otfrid, der mit wenigstens latent polemischer Ambition der antiken wie der spätantik-christlichen Hexameterdichtung eine fränkische Bibelepik zur Seite stellen, wenn nicht überordnen will, und Wolfram mit seinen polemischen Distanzierungen zu Chrétien de Troyes. Auf italienischer Seite wäre Dante zu nennen, der (neben der Referenz auf die Provenzalen in seiner Lyrik und in der *Vita nova*) in seinem Bezug auf lateinische Traditionen insgesamt und auf Vergil im Besonderen systematisch auf überbietende Agonalität setzt, mag sie Vergil gegenüber auch aus der Maske des folgsamen Sohnes und im Zeichen polemischer Amikalität geäußert sein.

Eine weitere Hypothese, die sich im Laufe der beiden Tagungen herauskristallisiert hat, ist, dass Polemik verstärkt in Schwellensituationen und an Übergängen und Umbrüchen aufzutreten scheint, so z. B. zum Zeitpunkt einer vergleichsweise großen Ausdifferenzierung von Diskursen oder auch von Textsorten im Rahmen eines Gattungssystems. Susanne Friede diskutiert diesen Aspekt in Bezug auf die französische Literatur aus dem Zeitraum von 1175 bis 1185 als dem ersten wirklich ‚umkämpften' Jahrzehnt der französischen Literaturgeschichte. Nach Friede hat im literarischen Feld Frankreichs zwar bereits vor 1175 eine starke Ausdifferenzierung stattgefunden, jedoch sei diese vordringlich ‚in die Breite' gegangen. Im Jahrzehnt von 1175 bis 1185 lässt sich hingegen in mehrfacher Hinsicht eine Ausdifferenzierung ‚in die Tiefe' beobachten, die nicht mehr auf der Addition neuer Gattungen (wie z. B. zuvor der Lais oder des antiken Romans) basiert, sondern auf der breiten Basis der vorhandenen Textsorten zu Binnendifferenzierungen führt. Diese qualitativ andersgeartete Ausdifferenzierung hat nach Friede eine verstärkte Konkurrenzsituation erwirkt, die wiederum das Aufkommen von Polemik begünstigt hat.

Um polemische Konstellationen in der Wissenschaft geht es schließlich im Beitrag von Rachel Raumann, der sich mit dem bis heute verbreiteten Klischee auseinandersetzt, wonach die deutschen Bearbeitungen altfranzösischer Dichtungen verglichen mit den Vorlagen einen stärker lehrhaften und moralisierenden Charakter haben. Raumann überprüft dieses Klischee am Beispiel der

Chrétienschen Artusromane *Yvain* und *Erec et Enide* und deren Adapationen durch Hartmann von Aue und gelangt zum Ergebnis, dass es der Textanalyse nicht standhält und auf einem falschen Vorurteil beruht.

Abschließend sei betont, dass die hier untersuchte Poesie des Widerstreits ästhetisch und ästhetikgeschichtlich zentrale Phänomene und Prozesse wie die Genese von Autorschafts-, Werk- und Genrebewusstsein zu fassen bringt. Sie dokumentiert nicht nur plastisch die rasche, dynamische Differenzierung und Pluralisierung im Bereich der Produktion, insbesondere für die Zeit um 1200, der sich die meisten Beiträge widmen, sondern lässt zugleich auf eine differenzierte und ambitionierte Rezeptionskultur schließen. Literarische Modelle, Gattungen, aber auch je individuelle Texte und Autoren (letztere eher als Autoritäten, die selbst immer schon mehr ‚textualisiert' oder ‚poetisiert' sind, als dass sie biographische Subjekte wären) werden rasch und überregional kommuniziert; literarische Kommunikation steht dabei – wie es den Anschein hat – im Zeichen einer agonalen Spannung und Gespanntheit. Die Ambition, die im Widerstreit zwischen Textkulturen, Genres und je individuellen Dichtungen selbst zu fassen ist, mag dabei nicht nur eine Rezeption im Zeichen analoger Streitbarkeit ‚befeuert' haben, sondern überhaupt erst oder jedenfalls zugleich in deren agonalen Anforderungen an die Produktion gründen.

Poetischer ‚Widerstreit' auf dem Terrain einer kollektiv akzeptierten normativen Tradition, die in sich selbst gerade nicht statisch und unverhandelbar zu denken ist, wäre als prinzipielle ‚Kraft' eines traditionsbasierten und dennoch plurizentrischen literarischen Diskurses zu begreifen. Darauf weisen ja schon die im mittelalterlichen Gattungsrepertoire ausgeprägten konkreten Formen des Streitgedichts hin, aber auch universale agonale Dispositive, wie sie die Wissensdisziplin der Dialektik oder die scholastische Argumentationskultur anlegen, verankern und vermitteln. Der vorliegende Band will und kann hier, wie wir hoffen, exemplarisch verschiedenste Perspektiven und Untersuchungsfelder eröffnen, eine Systematisierung bleibt freilich weiterhin Desiderat. Dies gilt auch für eine entsprechend systematische Chronologie zur ‚Poesie des Widerstreits': Wir bewegen uns vorwiegend in der Zeit um 1200 und an jenen literaturgeschichtlichen Schwellenzeiten, die neue volkssprachliche Literaturen generieren. Die Beiträge zu Dante, Petrarca und auch Chaucer deuten an, dass sich im 14. Jahrhundert vieles in der da noch ‚jungen' italienischen und mittelenglischen Literatur ‚wiederholt', was sich in der französisch-provenzalischen und in der deutschen um 1200 ‚ereignete', dass dies aber doch unter dem interliterarischen Einfluss dessen geschieht, was aus dem Hochmittelalter nach wie vor präsent ist, und prospektiv darauf, was im Humanismus als neue, systematisch und gelehrt vorgehende Orientierung vor allem am klassischen lateinischen Kanon kommen wird. Namentlich gilt das für Dante und Petrarca, unter dem Einfluss einer jungen italienischen literarischen Renaissance auch für Chaucer. Im Bereich der Bibeldichtung und -übersetzung sowie der poetischen Theorie zeigt sich zugleich die typische Dialektik und Konstanz mittelalterlich-traditionaler Etablierungs- und Innovationskultur bis in die Frühe Neuzeit.

Was sich in unseren Beispielen streitbar und im Streit ästhetisch ereignet, ist schließlich wie alles Ästhetische immer auch eminent kulturell wirksam: Sei es, dass es eine neue, tendenziell säkulare Diskursmächtigkeit und Diskursmacht erlangt, sei es, dass in der agonalen Aushandlung ästhetischer Modelle auch Verhaltensmodelle, Geschlechterverhältnisse und sozio-politische Interaktionsformen neu konstituiert und kommuniziert werden.

Polemik und Etablierung in der mittelhochdeutschen Lyrik: Das Minne-Kreuzlied

(dargestellt am Beispiel von Friedrichs von Hausen *Mîn herze und mîn lîp diu wellent scheiden*, MF 47,9)

ANNA KATHRIN BLEULER (Salzburg)

1 Einführung

Die mittelhochdeutsche Lyrik ist neben der höfischen Epik die zweite große poetische Erscheinungsform des deutschsprachigen Mittelalters. Sie zeichnet sich einerseits durch ihre Stabilität, ihre Muster-, Schema- und Traditionsbezogenheit aus, die ihr die Bezeichnung der „poésie formelle" eingebracht hat.[1] Große ‚Neuerungen' wie die Kanzonenform oder das ‚hohe' Minneverhältnis sind der Lyrik der Romania entlehnt. Andererseits wäre es falsch zu behaupten, die Texte hätten sich in getreuer Nachahmung französischer Vorbilder ausgebildet. Untersuchungen z. B. zur so genannten Reinmar-Walther-Fehde, zur Walther-Neidhart-Fehde oder zum Wartburgkrieg-Komplex profilieren einen anderen Aspekt der Kunstproduktion, nämlich den des Wettkampfs, wobei sich die Koordinaten hier ins Innere der Volkssprache verschieben: Gewetteifert wird nicht mit ‚klassischen' französischen Vorbildern, sondern mit zeitgenössischen deutschsprachigen Dichterkollegen.

Überblickt man die umfangreiche Überlieferung, ist man mit einer kaum überschaubaren Gemengelage an poetischen Interaktionen konfrontiert, die ihren Impetus bei Weitem nicht nur aus dem Geist der Nachahmung bezieht, sondern ebenso aus Konkurrenz- und Konfliktkonstellationen, seien diese außertextuell (agonale Relationen zwischen Künstlern) oder textintern (agonale Relationen zwischen Formen und Inhalten) begründet. Dabei zeigt sich, dass sich solche Konkurrenz- und Konfliktsituationen zu ‚Sprengsätzen' entwickeln können, die polemische (Anschluss-)Kommunikation provozieren, was letztlich zum Bruch mit bestehenden Traditionen führt und Neues hervorbringt.

Die Geschichte der mittelhochdeutschen Lyrik ließe sich differenzieren, wenn man nicht, wie dies in den gängigen Darstellungen zumeist der Fall ist, von ihrer Schemabezogenheit ausgehen würde, was erstens zu starren Phasen-, Gattungs- und Genreeinteilungen führt und zweitens ‚Friktionsmomenten' inner-

[1] Robert Guiette: *D'une poésie formelle en France au Moyen Age*, in: *Revue des sciences humaines* 54 (1949), S. 61–68.

halb des poetischen Systems zwangsläufig den Rang von ‚Abweichungen von der Norm' zuweist.[2] Würde man stattdessen – und hier setzen die folgenden Überlegungen an – konflikthafte Konstellationen, Momente der polemischen Auseinandersetzung mit Inhalten und Formen stärker ins Zentrum rücken, indem man diese als mögliche Ausgangspunkte für poetische Anschlusskommunikation betrachtet, dann ließen sich Texte gruppieren und als Textreihen beschreiben, die bislang disparat und randständig erschienen.

Im Folgenden wird ein solcher Versuch unternommen. Dabei gelangt ein Aspekt in den Blick, der in der Einleitung des vorliegenden Bandes angesprochen wird: Auf übergeordneter Ebene geht es um Polemik in der Kunst, die sich – wie zu zeigen sein wird – zugleich als Kunstpolemik beschreiben lässt. Diese Kunstpolemik in der Kunst bringt etwas Neues hervor, nämlich ein neues poetisches Genre.

Gegenstand der Betrachtung sind mittelhochdeutsche Lieder, in denen der weltliche Frauendienst und der religiöse Gottesdienst miteinander konfrontiert werden. Das ist per se eine konfliktträchtige Konstellation, denn beide Handlungsformen sind aufgrund ihres absoluten Dienstanspruchs unvereinbar. Diese Lieder unterscheiden sich von der mittelhochdeutschen Kreuzzugsdichtung, die sich in der zweiten Hälfte des 12. Jahrhunderts im deutschsprachigen Raum etabliert hat. Peter Hölzle, der in den 1980er-Jahren eine Gattungsdefinition der Kreuzzugslyrik vorgenommen hat, versteht unter ‚Kreuzliedern' (auch: ‚Kreuzzugslieder') appellative, movierende Texte, die den Nutzen und den Sinn von Kreuzzügen „oft in Parallele zur Kreuzzugspredigt" propagieren.[3] Der Definition zufolge zählen Lieder zu dieser Gattung, die oft-

[2] Einer solchen verengten Perspektive waren bis in jüngere Zeit Neidharts Lieder unterworfen, indem sie in der Forschung einseitig über die Abgrenzung vom klassischen Minnesang als dessen ‚unhöfische' Gegenbilder bzw. die Figuren als Kontrastfiguren zu höfischen Vorbildern interpretiert wurden. So entwickelt z. B. Kurt Ruh, der es sich zur Aufgabe macht, die Typik der Sommer- und Winterlieder getrennt voneinander zu bestimmen, die Beschreibungskategorien in enger Fixierung auf den ‚klassischen' Minnesang (vgl. Kurt Ruh: *Neidharts Lieder. Eine Beschreibung des Typus*, in: *Neidhart*, hg. von Hans Brunner, Darmstadt 1986 [*Wege der Forschung* 556], S. 251–273). Das Problem des Ruh'schen Ansatzes besteht darin, dass nur die gegensängerischen Elemente von Neidharts Œuvre näher untersucht werden und dabei andere Aspekte der poetologischen Konzeption durch das am hohen Sang orientierte Raster fallen. Zur Kritik an Ruhs Vorgehen vgl. u.a. Jörn Bockmann: *Translatio Neidhardi. Untersuchungen zur Konstitution der Figurenidentität in der Neidhart-Tradition*, Frankfurt a. M. 2001, S. 134, sowie Anna Kathrin Bleuler: *Überlieferungskritik und Poetologie. Strukturierung und Beurteilung der Sommerlieder Neidharts auf der Basis des poetologischen Musters*, Tübingen 2008 (*MTU* 136), S. 2.

[3] Peter Hölzle: *Die Kreuzzüge in der okzitanischen und deutschen Lyrik des 12. Jahrhunderts. Das Gattungsproblem ‚Kreuzlied' im historischen Kontext.* Univ. Diss. Stuttgart, Göppingen 1980 (*GAG* 278/2), S. 110–112. Die im Neuhochdeutschen eingebürgerte Bezeichnung ‚Kreuzlied' hat ihren Vorgänger im mittelhochdeutschen

mals wie versifizierte Predigten zur Kreuzfahrt anmuten, indem sie Appelle enthalten, im rechten Geiste aufzubrechen, das heißt im Bewusstsein, dass nur Gott den Sieg verleihen kann und dass der Tod im Heiligen Land das ewige Seelenheil verspricht.

Die Texte, um die es im Folgenden geht, fallen nicht in diese Kategorie. Ein zentraler Unterschied ist, dass sie nicht ausschließlich die Kreuzzugsthematik behandeln, sondern diese aufgreifen und sie mit dem aus dem Minnesang bekannten Geschlechtermodell des höfischen Frauendiensts konfrontieren. Ein weiterer Unterschied ist, dass sie die Kreuzzugsthematik auf einer höheren Abstraktionsebene behandeln. In diesen Liedern geht es zumeist nicht um die greifbare Auseinandersetzung mit historischen Tatsachen; Konkreta werden kaum je genannt.[4] Im Zentrum steht vielmehr die „dialektische Problematik zwischen den Polen Gottesminne und Frauenminne, die reflektorisch gelöst werden soll“[5].

Das heißt, im Zentrum steht ein männliches Ich im Entscheidungskonflikt zwischen Frauen- und Gottesdienst. Hierbei handelt es sich freilich nicht um ein lebensweltliches Dilemma, in dem sich die adligen Männer des 12. Jahrhunderts befunden hätten. Denn es gehörte zwar zur Lebensrealität vieler Adliger, dass sie sich für oder gegen die Teilnahme an einem Kreuzzug entscheiden mussten; das in den Texten konkurrierende Modell des höfischen Frauendienstes hat jedoch keine lebensweltliche Entsprechung. Die Forschung ist sich einig darin, dass der

Wort ‚*kriuzliet*‘, das allerdings nur einmal – beim Spruchdichter Reinmar dem Viedeler – nachgewiesen ist (vgl. *Deutsche Liederdichter des 13. Jahrhunderts, Bd. I: Text*, hg. von Carl von Kraus, 2. Aufl., durchgesehen von Gisela Kornrumpf, Tübingen 1978 [Erstausgabe: 1952], 45 III,5. Die Ausgabe wird im Folgenden abgekürzt zitiert als KLD.). Diese Bezeichnung und ihr Synonym ‚Kreuzzugslied‘, das als Kompositum einen Grad distinkter ist, stehen für typologisch sehr verschiedene Texte, nämlich eine Anzahl von Liedern in lateinischer, provenzalischer, altfranzösischer und mittelhochdeutscher Sprache, die, nach der bekannten Überlieferung geurteilt, erstmals anlässlich des zweiten Kreuzzugs (1147–1149) verfasst wurden und inhaltlich in irgendeiner Weise auf einen Kreuzzug, und sei es auch nur ein vorgestellter, referieren. In der Forschung wurden verschiedentlich Vorschläge für eine Gattungsbestimmung gemacht (vgl. Abschnitt 2 in diesem Beitrag), von denen die restriktive Gattungsdefinition Hölzles am meisten Zustimmung gefunden hat.

4 Vgl. Christa Ortmann und Hedda Ragotzky: *Das Kreuzlied: Minne und Kreuzfahrt;* Albrecht von Johansdorf: *‚Guote liute holt diu gâbe‘*, in: *Gedichte und Interpretationen Mittelalter*, hg. von Helmut Tervooren, Stuttgart 1993, S. 169–190, hier S. 169.

5 Maria Böhmer: *Untersuchungen zur mittelhochdeutschen Kreuzzugslyrik*, Rom 1968 (*Studi di filologia tedesca* 1), S. 28. Böhmer nennt dies als zentrales Merkmal dieser Lieder, die sie als „minnesängerliche Kreuzlieder“ bezeichnet (ebd., S. 27). Sie ordnet die Lieder der „Kreuzzugsliteratur“ zu, wobei sie den Begriff nicht als Gattungsbegriff auffasst, sondern als Sammelbegriff für „Dichtungen, die den Kreuzzugsgedanken in poetischer Form vertiefen oder historische Vorgänge wiedererkennen lassen, wobei Kreuzzugsepik und -lyrik verschiedenen Gesetzen folgen“ (ebd., S. 25).

höfische Frauendienst, wie er im hohen Minnesang als Geschlechterverhältnis entworfen wird, zwar Wertvorstellungen, Normen und Ideen zur Sprache bringt, die in der höfischen Gesellschaft des 12. Jahrhunderts eine „unverbindliche Maßgeblichkeit" besessen haben;[6] jedoch verfügte die konkrete Erscheinung des Frauendiensts nicht über außerliterarische Entsprechungen.[7]

Daraus lässt sich schließen, dass es in den hier zu besprechenden Texten nicht um das Aushandeln eines realen Konflikts geht, sondern vielmehr um die Konfrontation zweier Handlungskonzepte, die konstitutiv sind für zwei poetische Systeme: nämlich für die Kreuzzugslyrik einerseits und den Minnesang andererseits. Und das wiederum bedeutet, dass das Aushandeln des Entscheidungskonflikts zwischen Frauen- und Gottesdienst, in dem sich das Ich des Liedes befindet, stets auch einen metapoetischen Aspekt hat, indem es ein Nachdenken über die Konstitutionsbedingungen der beiden poetischen Systeme anstößt. Meine These ist, dass diese Auseinandersetzung eine neue Textreihe hervorbringt, die in dieser spezifischen Ausprägung nicht auf Vorbilder aus der Romania zurückgeht. Es ist eine Textreihe, die in der Forschung als solche bislang nicht beschrieben wurde. Ich schlage dafür die Bezeichnung ‚Minne-Kreuzlieder'[8] vor.

Um das darzulegen, wird als Erstes auf die Gattungsfrage eingegangen und eine Arbeitsdefinition des Polemik-Begriffs vorgenommen. Anschließend werden anhand eines Liedes, nämlich Friedrichs von Hausen *Mîn herze und mîn lîp diu wellent scheiden* (MF 47,9[9]), das zu den frühesten Vertretern dieser Textreihe gehört, Kommunikationsstrukturen und -inhalte untersucht und danach gefragt, inwiefern sich diese treffend mit dem Polemik-Begriff beschreiben lassen. Abschließend wird die These, wonach Kunstpolemik ein konstituierendes Merkmal dieser Texte ist, in einem Ausblick auf die weiteren Minne-Kreuzlieder dargelegt.

[6] Jan-Dirk Müller: *Die Fiktion höfischer Liebe und die Fiktionalität des Minnesangs*, in: *Text und Handeln. Zum kommunikativen Ort von Minnesang und antiker Lyrik*, hg. von Albrecht Hausmann, Heidelberg 2004 (*Euphorion-Sonderheft* 46), S. 47–64, hier S. 52.

[7] Vgl. u.a. Müller (Anm. 6) sowie Harald Haferland: *Minnesang als Posenrhetorik*, in: Hausmann (Anm. 6), S. 65–105.

[8] Der Begriff kommt in der Forschung gelegentlich vor, wobei er nicht als Gattungsbegriff verwendet wird, sondern als Sammelbegriff für Lieder, die sowohl die Minne- als auch die Kreuzzugsthematik enthalten. Zumeist dient er dabei als Ausgangspunkt für Gattungszuordnungen in Hinblick auf die poetischen Systeme Minnesang und Kreuzzugslyrik (vgl. hierzu Abschnitt 2 des vorliegenden Beitrags).

[9] Liednummer nach: *Des Minnesangs Frühling, Bd. I.: Texte*, hg. von Hugo Moser/ Helmut Tervooren, unter Benutzung der Ausgaben von Karl Lachmann und Moriz Haupt, Friedrich Vogt und Carl von Kraus, Stuttgart [38]1988 [Erstausgabe: 1857]. Die Ausgabe wird im Folgenden abgekürzt zitiert als MF.

2 Die Gattung ‚Minne-Kreuzlied'

Es ist hier nicht der Ort, um den Gattungsbegriff in Bezug auf die volkssprachige mittelalterliche Literatur zu problematisieren. Gesagt sei nur, dass für diese Literaturen keine zeitgenössischen Regelpoetiken vorliegen, die Gattungsnormen definieren. Wer vom Minnesang oder von der Kreuzzugslyrik als ‚Gattungen' spricht, beruft sich nicht auf historische Gattungsbegriffe, sondern auf nachträgliche, literaturwissenschaftliche Konstrukte des 19. und 20. Jahrhunderts.

In Bezug auf die Lieder, für die hier der Begriff ‚Minne-Kreuzlyrik' vorgeschlagen wird, wurde die Gattungsfrage immer wieder diskutiert.[10] In jüngerer Zeit haben Christa Ortmann und Hedda Ragotzky Überlegungen dazu angestellt, in denen sich ein Großteil der Forschungsmeinungen konzentriert.[11] Sie schlagen vor, die ‚Minne-Kreuzlieder' in zwei Gruppen einzuteilen. Die eine Gruppe umfasst Lieder, in denen die Minnethematik dominiert, das heißt, in denen diese auf der Folie der Kreuzzugssituation diskutiert wird, um „einen Konflikt auf persönlicher Ebene darzustellen".[12] Diese werden als „Situationsvariante[n] des hohen Minneliedes" angesehen, für das die Diskussion von Minne und Minnedienst gattungstypisch ist.[13] Die zweite Gruppe hingegen umfasst Lieder, in denen die Minnethematik dem Hauptanliegen der Kreuzzugswerbung untergeordnet und dienstbar gemacht wird. Diese werden – Hölzles Definition der ‚Kreuzzugslieder' folgend – als „appellative Aufforderungslieder" der Gattung ‚Kreuzzugs-

[10] Zur früheren Forschung vgl. Böhmer (Anm. 5), S. 5–10. Ulrich Müller schlägt Anfang der 1970er-Jahre eine extensive Definition der Bezeichnung ‚Kreuzlied' vor, die Lieder mit reiner Appellfunktion ebenso wie die im vorliegenden Beitrag unter der Bezeichnung ‚Minne-Kreuzlieder' gefassten Texte integriert (vgl. Ulrich Müller: *Tendenzen und Formen [Versuch über mittelhochdeutsche Kreuzzugsdichtung]*, in: *‚Getempert und gemischet'. Für Wolfgang Mohr zum 65. Geburtstag*, Göppingen 1972 [*GAG* 65], S. 251–280). Müllers Definition wurde in der Forschung als unscharf und diffus kritisiert (vgl. Hölzle [Anm. 3]). Wenig überzeugend ist auch der Ende der 1980er-Jahre vorgenommene Versuch Detlef Lieskes, den Begriff ‚Kreuzlied' unter Berufung auf Hölzles Definition präziser zu fassen. Auch er definiert die Appellfunktion als gattungskonstituierendes Moment der Kreuzlieder; zugleich aber zählt er Lieder zu diesem Typus, deren dominierendes Merkmal ein völlig anderes als die Appellfunktion ist, so z. B. einen Großteil der in der vorliegenden Arbeit als ‚Minne-Kreuzlieder' definierten Texte (vgl. Detlef Lieske: *Mittelhochdeutsche Kreuzzugslyrik in der Stauferzeit – vom Kreuzzug Friedrichs I. bis zum Kreuzzug Friedrichs II*, Kiel 1989).

[11] Vgl. Ortmann/Ragotzky (Anm. 4), S. 81–99.

[12] Ortmann/Ragotzky (Anm. 4), S. 172.

[13] Christa Ortmann: *Minnedienst – Gottesdienst – Herrendienst. Zur Typologie des Kreuzliedes bei Hartmann von Aue*, in: *Lied im deutschen Mittelalter. Überlieferung, Typen, Gebrauch*, hg. von Cyril Edwards [u.a.], Tübingen 1996, S. 81–99, hier S. 81.

dichtung' zugeordnet.[14] Nach Ortmann und Ragotzky muss die Gattungsfrage in Bezug auf jedes einzelne ,Minne-Kreuzlied' individuell geklärt werden.[15] Solche Untersuchungen sind – unter anderem von ihnen selbst – seither für einzelne Lieder vorgenommen worden.[16] Es gibt einige Streitfälle, die eine etwas ausführlichere Forschungsdebatte ausgelöst haben, viel weiter ist die Diskussion jedoch nicht gekommen.[17]

Es zeigt sich, dass Ortmann und Ragotzky von der Muster- und Traditionsbezogenheit der mittelhochdeutschen Lyrik ausgehen, indem sie die fraglichen Lieder in die zu deren Entstehungszeit etablierten poetischen Systeme Minnesang und Kreuzzugsdichtung (die allerdings ihrerseits literaturwissenschaftlichen Definitionen aufruhen) integrieren.[18] Die Folge von dieser Zuordnung der ,Minne-Kreuzlieder' zu unterschiedlichen Gattungen ist, dass es keine Edition gibt, in der sie in einen Zusammenhang gebracht werden, sondern sie verteilen sich auf unterschiedliche Anthologien, die zum Minnesang sowie zur Kreuzzugsdichtung vorliegen.[19]

Im Folgenden wird nun ein Perspektivenwechsel vorgenommen, indem diese Lieder nicht je nach Dominanz der behandelten Themen entweder dem Minnesang oder der Kreuzzugsdichtung zugeordnet werden, sondern indem gerade die

[14] Ortmann/Ragotzky (Anm. 4), S. 172.

[15] Vgl. Ortmann/Ragotzky (Anm. 4), S. 172 sowie Lars Bültmann: *Kampf- und Kreuzzugslyrik. Kreuzzugslyrik im hohen und späten Mittelalter*, in: *Oswald von Wolkenstein. Literarische Tradition, Variation und Interpretation anhand ausgewählter Lieder*, hg. von Jürgen Rauter unter Mitarbeit von Elisabeth Höpfner, Rom 2009, S. 217–266.

[16] Ortmann/Ragotzky (Anm. 4); Ortmann (Anm. 13).

[17] Weitere Diskussionsbeiträge zur Gattungsfrage liefern Gerhard Hahn (*Habemus ad dominam? Das Herz der Minnesänger zwischen Frauen- und Gottesdienst*, in: *Sursum corda. Variationen zu einem liturgischen Motiv. Für Philipp Harnoncourt zum 60. Geburtstag*, hg. von Erich Renhart und Andreas Schnider, Graz 1991, S. 31–38) sowie Dorothea Klein (*varn über mer und iedoch wesen hie. Diskursinterferenzen in der frühen mittelhochdeutschen Kreuzzugslyrik*, in: *Vom Mittelalter zur Neuzeit. Festschrift für Horst Brunner*, hg. von Dorothea Klein [u.a.], Wiesbaden 2000, S. 73–93) und Manuel Braun (*Autonomisierungstendenzen im Minnesang vor 1200. Das Beispiel der Kreuzlieder*, in: *Geltung der Literatur. Formen ihrer Autorisierung und Legitimierung im Mittelalter*, hg. von Beate Kellner [u. a.], Berlin 2005, S. 1–28).

[18] Die weiteren Diskussionsbeiträge zur Gattungsfrage zielen auf ebensolche Zuordnungen ab: Gerhard Hahn (Anm. 17, S. 33) und Manuel Braun (Anm. 17, S. 6) plädieren für eine generelle Zuordnung der ,Minne-Kreuzlieder' zum poetischen System des Minnesangs, wobei Braun die Kreuzzugsthematik im Sinne einer Fremdreferenz auffasst, die in den Minnesang eingearbeitet werde, um ihm zusätzliche Aussagemöglichkeiten zu eröffnen. Dorothea Klein (Anm. 17, S. 73–93) wiederum interpretiert die Kreuzzugslyrik vor der Folie des kirchlichen ,Kreuzzugsdiskurses'.

[19] Vgl. u. a. KLD, MF sowie Ulrich Müller: *Kreuzzugsdichtung*, Tübingen 1979 (*Deutsche Texte* 9).

Konfrontation beider poetischer Systeme, die erst die konflikthafte Konstellation erzeugt, als dominant prägendes Element angesehen wird. Damit entgeht man nicht dem Aspekt der nachträglichen Konstruiertheit von Gattungen, aber es wird von einer anderen Prämisse ausgegangen, nämlich der, dass Konkurrenz- und Konfliktsituationen in der mittelhochdeutschen Lyrik – wie oben bereits dargelegt – poetische Anschlusskommunikation provozieren können, was zum Bruch mit bestehenden Traditionen führt und Neues hervorbringt.

Aus dieser Sicht ist es unerheblich, ob in den Liedern die Frauen- oder die Gottesminne favorisiert wird, ob der Konflikt direkt angesprochen oder nur implizit angedeutet wird und ob argumentativ eine Lösung herbeigeführt wird oder nicht. Entscheidend ist vielmehr, dass die Lieder ein konstantes Merkmal aufweisen, das sie zugleich von anderen zeitgenössischen Gattungen abhebt, nämlich das Ich im Entscheidungskonflikt zwischen Frauen- und Gottesdienst. So gesehen formieren sich die Texte zu einer Textreihe, die sich um einen thematischen Kern gruppiert. Die Lieder können ihn erweitern, transformieren oder destruierend behandeln, substanziell aber halten sie daran fest.

Theoretisch fundieren lässt sich die Definition dieser Texte als Textreihe mit dem für die volkssprachige Literatur des Mittelalters entwickelten Gattungsbegriff von Hans-Robert Jauß.[20] Jauß begreift literarische Gattungen nicht als vorgegebene normative Systeme, sondern als historische Bezugssysteme, die prozesshaft entstehen, indem sie sich um einen thematisch und/oder formal definierten ‚Gattungskern' zentrieren und in Bezugnahme darauf eben eigene Textreihen ausbilden. Am Beginn einer Gattungsformierung findet sich demnach ein bestimmtes Repertoire an Elementen zusammen, das von einem ersten Text in charakteristischer Weise repräsentiert wird. Ein zweiter, dritter usw. Text nimmt sodann auf den vorliegenden Apparat von Bestimmungselementen Bezug, wobei es nicht auf die vorbildliche Umsetzung von Regeln ankommt, sondern um die individuelle Auseinandersetzung des Autors und des Publikums mit den Texten dieses Typus geht. Aus dieser Sicht ist eine Gattung ein die Rezeption ermöglichendes – durch einen Ausgangstext initiiertes – Angebot an vorkonstruierten Erwartungen und Informationen. Ihre Historizität lässt sich als eine sich verändernde literarische Kommunikationsbewegung zwischen einzelnen Texten und zwischen Autor und Publikum beschreiben.

Fasst man die ‚Minne-Kreuzlieder' in diesem Sinne als Gattung auf, ergibt sich ein Ensemble an Texten, das seinen Ausgang mit den Liedern Friedrichs von Hausen im letzten Drittel des 12. Jahrhunderts nimmt, dann schnell zu einem Höhepunkt poetischer Auseinandersetzung gelangt und mit den desillusionierten Darstellungen Neidharts und Tannhäusers im ersten Drittel des 13. Jahrhunderts zum Stillstand kommt. Außerliterarische Bezugsrahmen sind der dritte bis fünfte Kreuzzug, wobei solche Bezüge – wie gesagt – selten konkretisiert werden. Die

20 Hans-Robert Jauß: *Theorie der Gattungen und Literatur des Mittelalters*, in: *Alterität und Modernität der mittelalterlichen Literatur*, München 1977, S. 327–358.

folgende Auflistung gibt eine Übersicht über die Texte, die ich zu dieser Gattung zähle:

Friedrich von Hausen MF 45,37
Friedrich von Hausen MF 47,9
Heinrich von Rugge MF 96,1
Heinrich von Rugge MF 102,1
Albrecht von Johansdorf MF 86,1
Albrecht von Johansdorf MF 87,29
Albrecht von Johansdorf MF 89,21
Albrecht von Johansdorf MF 94, 15
Albrecht von Johansdorf MF 87,5
Reinmar der Alte MF 181,13
Hartmann von Aue MF 218,5
Rubin KLD 47,VII
Rubin KLD 47,XXII
Otto von Botenlauben Lied XII[21]
Hiltpolt von Schwangau KLD 24,XVII
Neidhart SL 11[22]
Neidhart SL 12
Tannhäuser Lied XIII[23]

Von den hier aufgeführten Liedern lassen sich lediglich die von Friedrich von Hausen zeitlich relativ sicher einordnen, da dessen Tod während des dritten Kreuzzugs 1190 in Anatolien in Chroniken festgehalten wurde. Als sicher gilt außerdem, dass die Kreuzlieder Neidharts und Tannhäusers nicht auf den Kreuzzug Kaiser Friedrichs Barbarossa (1189–1192) oder den Kaiser Heinrichs VI. (1197/98) referieren, sondern frühestens um 1220 entstanden sind. Für die anderen Lieder liegen keine Anhaltspunkte vor, die eine genauere zeitliche Einordnung ermöglichen. Die meisten sind wohl zwischen 1188 und 1197/98 entstanden; für Rubin und Hiltpolt von Schwangau kommen jedoch auch spätere Datierungen in Frage. Sie wurden, ohne eine Chronologie oder eine qualitative Hierarchie behaupten zu wollen, zwischen den die Anfangs- und Endpunkte der

21 Liednummer nach Ludwig Bechstein: *Geschichte und Gedichte des Minnesängers Otto von Botenlauben, Grafen von Henneberg.* Unveränderter Nachdruck der Ausgabe Leipzig 1845. Neu hg. und vermehrt um ein Vorwort, eine Übersetzung der Lieder Ottos von Botenlauben sowie eine Genealogie der Grafen von Henneberg bis zur Mitte des 13. Jahrhunderts von Heinrich Wagner, Neustadt a. d. Aisch 1995.

22 Nummerierung der Neidhart-Lieder nach Edmund Wiessner (Hg.): *Die Lieder Neidharts.* Fortgeführt von Hanns Fischer, hg. von Paul Sappler, mit einem Melodieanhang von Helmut Lomnitzer, Tübingen [5]1999 (*ATB* 44).

23 Liednummer nach Johannes Siebert: *Der Dichter Tannhäuser. Leben – Gedichte – Sage*, Halle 1934.

Textreihe markierenden Œuvres Friedrichs von Hausen und Neidharts/Tannhäusers aufgelistet.

3 Polemik und Etablierung: Friedrichs von Hausen *Mîn herze und mîn lîp diu wellent scheiden* (MF 47,9)

Konstantes Merkmal der Textreihe ‚Minne-Kreuzlied' ist die Konfrontation zweier konkurrierender Handlungskonzepte, die eine Reflexionssituation über die Bestimmung höfisch-ritterlichen Daseins erzeugt. Inwiefern nun Polemik in diesen Liedern ausgemacht werden kann und inwiefern sie als konstituierendes Element dieser Textreihe anzusehen ist, wird im Folgenden erörtert. Dabei wird Polemik – ausgehend von der Begriffsbestimmung im Einleitungskapitel des Bandes – als ein Kommunikationsmodus aufgefasst, der auf Gegnerschaft, Streit, Herabsetzung und scharfe Kritik zielt; das heißt, als ein Kommunikationsmodus, bei dem es nicht darum geht, Konsens zwischen den Konfliktparteien herzustellen oder eine Lösung zu finden, sondern vielmehr darum, den Gegner zu degradieren und auf diese Weise Macht über ihn zu demonstrieren. Eine wichtige Funktion kommt dabei den Dritten zu. Adressat von Polemik – auch das wird in der Einleitung ausgeführt – ist nämlich nicht primär bzw. zumeist nicht der/die Denunzierte selbst, sondern es sind Dritte, auf die die Polemik eine bestimmte Wirkung haben soll: Die Hörer/Zuschauer sollen unterhalten werden, man will ihnen die eigene Überlegenheit gegenüber dem Gegner demonstrieren, Denkprozesse sollen angestoßen werden. Rhetorische und performative Mittel spielen dabei eine wichtige Rolle.

Ausgehend von dieser Begriffsbestimmung ergeben sich folgende Fragen, die an einen Text zu stellen sind, in Bezug auf den man einen ‚Polemik-Verdacht' hegt:

1. Wie ist die Sender-Adressaten-Konstellation konzipiert? (Gibt es einen Aggressor? – Wer wird angegriffen? – Wer sind die Dritten?)
2. Worin besteht das Streitthema?
3. Wie ist das Kommunikationsverhalten der Sprecher/Innen gestaltet? (u.a. konsensorientiert, aggressiv-destruktiv, machtorientiert?)
4. Welche sprachlichen und rhetorischen Mittel werden zur Gestaltung des polemischen Kommunikationsverhaltens eingesetzt?

Solche Kommunikationsstrukturen und -inhalte werden nun exemplarisch anhand eines Minne-Kreuzliedes untersucht, das das Dilemma des Ichs zwischen Gottes- und Frauendienst in charakteristischer Weise repräsentiert und das zu den frühesten Vertretern der Textreihe gehört, nämlich Friedrichs von Hausen *Mîn herze und mîn lîp diu wellent scheiden* (MF 47,9).

Friedrich von Hausen gilt in der Forschung als Pionier auf dem Gebiet der Minnedichtung. Man geht davon aus, dass er einer derer war, die das einseitige Liebesmodell, die ‚hohe Minne', aus der Romania rezipiert und in die deutsche Lyrik eingeführt haben. Der Name Friedrich von Hausen ist zwischen 1171–1190 mehrfach in Urkunden und Chroniken bezeugt.[24] Zwar bergen solche Erwähnungen stets das Problem, dass sie die genannte Person nicht als Sänger ausweisen und damit eine sichere Identifizierung nicht möglich ist. Im Fall Friedrichs von Hausen geht die Forschung jedoch aus verschiedenen Gründen davon aus, dass es sich dabei tatsächlich um den Minnesänger handelt.[25] Demnach war Friedrich von Hausen Gefolgsmann Friedrichs I. Barbarossa. Er war Reichsministerialer mit diplomatischen Aufgaben und hat seinen Dienstherren offenbar auch auf den Kreuzzug (dritter Kreuzzug: 1189–1192) begleitet. Denn überliefert ist, dass Friedrich am 6. Mai 1190 bei der Verfolgung feindlicher Türken nahe Philomelium ums Leben kam.[26] Neben Otto von Botenlauben wäre Friedrich von Hausen damit der einzige deutschsprachige Minnesänger, dessen Teilnahme am Kreuzzug belegt ist.

Das Lied *Mîn herze und mîn lîp diu wellent scheiden* (MF 47,9) ist in den Handschriften B (Weingartner Liederhandschrift) und C (Große Heidelberger Liederhandschrift) überliefert. In C folgen alle vier Strophen unmittelbar aufeinander, in B sind die ersten beiden Strophen von der dritten und vierten durch Einschub von zwölf Fremdstrophen getrennt. Die von Karl Lachmann eingeführte Vertauschung der zweiten und dritten Strophe, die in der Forschung bis in 1970er-Jahre zumeist übernommen wurde, sowie die mehrfach erhobenen Zweifel an der Zugehörigkeit der vierten Strophe zum Lied lassen sich weder durch den Überlieferungsbefund rechtfertigen noch sind sie – wie die folgende Interpretation zeigen wird – aus inhaltlicher Sicht geboten.[27]

[24] Vgl. Günther Schweikle: Artikel: *Friedrich von Hausen*, in: *VL*, S. 935–947.

[25] Vgl. Andreas Hensel: *Vom frühen Minnesang zur Lyrik der Hohen Minne. Studien zum Liebesbegriff und zur literarischen Konzeption der Autoren Kürenberger, Dietmar von Aist, Meinloh von Sevelingen, Burggraf von Rietenburg, Friedrich von Hausen und Rudolf von Fenis*, Frankfurt a. M./Berlin [u.a.] 1997, S. 1999.

[26] Vgl. Schweikle (Anm. 24), S. 935–947; Hölzle (Anm. 3), S. 181.

[27] Hermann Deuser und Knut Rybka (*Kreuzzugs- und Minnelyrik. Interpretationen von Friedrich von Hausen und Hartmann von Aue*, in: *WW* 21 [1971], H. 6, S. 402–411), William T. H. Jackson (*Contrast Imagery in the Poems of Friedrich von Hausen*, in: *Germanic Review* 49 [1974], S. 7–16) sowie Arne Holtdorf (*Friedrich von Hausen und das Trierer Schisma von 1183–1189. Zu Minnesangs Frühling 47,9ff. und zur Biographie des rheinischen Minnesängers*, in: *Rheinische Vierteljahresblätter* 40 [1976], S. 72–102) orientieren sich an der Lachmannschen Strophenfolge. Hugo Bekker (*Friedrich von Hausen. Inquiries into his Poetry*, Chapel Hill 1977, S. 65–77), Hermann Ingebrand (*Interpretationen zur Kreuzzugslyrik Friedrichs von Hausen, Albrechts von Johansdorf, Heinrichs von Rugge, Hartmanns von Aue und Walthers von der Vogelweide,* Frankfurt 1966, S. 47–61) und Volker Mertens (*Der ‚heiße Sommer' von Trier. Ein weiterer Erklärungsversuch zu Hausen MF 47,38*, in:

Da C anders als B die vier Strophen als Liedeinheit überliefert, beziehen sich die folgenden Ausführungen auf die C-Version. Zitiert wird das Lied nach Ingrid Kasten (1995), die es im Unterschied zu Hugo Moser/Helmut Tervooren (MF [38]1988)[28] und Günther Schweikle (1984)[29] nach C ediert.[30]

I Mîn herze *und* mîn lîp die wellent scheiden,
die mit ein ander wâren nû menige zît.
der lîp wil gerne vehten an die heiden,
iedoch dem herzen ein wîp sô nahen lît
5 vor al der werlt. daz müet mich iemer sît,
daz si ein ander niht volgent beide.
mir habent diu ougen vil getân ze leide.
got eine müeze scheiden noch den strît.

II Sît ich dich, herze, niht wol mac erwenden,
dune wellest mich vil trûreclîchen lân,
sô bite ich got, daz er dich geruoche senden
an eine stat, dâ man dich wol welle enpfân.
5 owê! wie sol ez armen dir ergân?
wie getorstest eine an solhe nôt ernenden?
wer sol dir dîne sorge helfen wenden
mit triuwen, als ich hân getân?

III Ich wânde ledic sîn von solher swære,
dô ich daz kriuze in gotes êre nan.
ez wær ouch reht, daz ez alsô wære,
wan daz mîn stætekeit mir sîn verban.

ZfdPh 95 [1976], S. 346–356) übernehmen die Strophenfolge der Handschriften. Ulrike Theiss (*Die Kreuzlieder Albrechts von Johansdorf und die anderen Kreuzlieder aus ‚Des Minnesangs Frühling‘*. Phil. Diss. Freiburg 1974, S. 34–43) sowie Wolfgang Haubrichs (*Reiner muot und kiusche site. Argumentationsmuster und situative Differenzen in der staufischen Kreuzzugslyrik zwischen 1188/89 und 1227/28*, in: *Stauferzeit. Geschichte, Literatur, Kunst*, hg. von Rüdiger Krohn [u.a.], Stuttgart 1978, S. 295–324) befürworten ebenfalls die Strophenfolge der Handschriften, bestreiten aber die Zugehörigkeit der vierten Strophe.

28 In MF [38]1988 werden die Strophen I–III nach B ediert, bei der IV. Strophe wechselt die Leithandschrift von B zu C.

29 Günther Schweikle (*Friedrich von Hausen. Lieder. Mhd./Nhd.* Text, Übersetzung und Kommentar von Günther Schweikle, Stuttgart 1984) ediert das Lied nach Hs. B.

30 Der mittelhochdeutsche Text wird zitiert nach Ingrid Kasten: *Deutsche Lyrik des frühen und hohen Mittelalters. Texte und Kommentare*, Edition der Texte und Kommentare von Ingrid Kasten. Übersetzungen von Margherita Kuhn, Frankfurt a. M. 1995 (*Bibliothek deutscher Klassiker* 129 / *Bibliothek des Mittelalters* 3). Die neuhochdeutsche Übersetzung stammt von mir.

5 ich solte sîn ze rehte ein lebendic man,
ob ez den tumben willen sîn verbære.
nu sihe ich wol, daz im ist gar unmære,
wie ez mir sule an dem ende ergân.

IV Niemen darf mir wenden daz zunstæte,
ob ich die hazze, die ich dâ minnet ê.
swie vil ich si geflêhte oder gebæte,
sô tuot si rehte, als sis niht verstê.
5 mich dunket rehte, wie ir wort gelîche gê,
rehte als ez der sumer von Triere tæte.
ich wær ein gouch, ob ich ir tumpheit hæte
für guot. ez engeschiht mir niemer mê.

I) Mein Herz und mein Körper wollen sich trennen, / die so lange eine Einheit gebildet haben. / Der Körper will gegen die Heiden kämpfen, / dem Herzen dagegen liegt eine Frau näher / als alles Andere auf dieser Welt. Es bekümmert mich seither, / dass sie einander nicht mehr folgen. / Meine Augen haben mir viel zu Leide getan. / Gott allein kann diesen Streit beenden.
II) Da ich dich, Herz, nicht davon abbringen kann, / mich verzweifelt zurückzulassen, / so bitte ich Gott, dass er dich an einen Ort senden möge, / an dem man dich gut empfangen will. / O weh! – Wie soll es dir Armen nur ergehen? / Wie trautest du dich allein, den Mut zu solcher Not zu fassen? / Wer soll dir helfen, deine Sorgen abzuwenden, / mit Treue – wie ich es getan habe?
III) Ich glaubte frei zu sein von solchem Kummer, / als ich das Kreuz zu Gottes Ehre nahm. / Es wäre auch richtig, wenn es so wäre, / nur leider missgönnt mir das meine Beständigkeit. / Ich könnte wahrlich ein lebendiger Mensch sein, / wenn es nur seinen törichten Willen aufgäbe. / Nun aber sehe ich, dass es ihm völlig gleichgültig ist, / wie es mir am Ende ergehen wird.
IV) Niemand darf mir das als Unbeständigkeit auslegen, / wenn ich die hasse, die ich vormals geliebt habe. / Wie viel ich sie auch anflehte und bettelte, / sie tut so, als ob sie es nicht verstünde. / Mir kommt vor, dass sich ihre Worte / wie der Sommer/die Trommel von Trier verhalten. / Ich wäre ein Narr, wenn ich ihr törichtes Verhalten / für gut hielte. Das geschieht mir nie mehr.

Der Konflikt zwischen den beiden Absolutheit beanspruchenden Handlungskonzepten Frauen- und Gottesdienst findet hier die äußerste Zuspitzung in der ‚Persönlichkeitsspaltung' des Ichs. Der *lîp* (I,3) hat sich für den Kreuzzug entschieden, das *herze* dagegen steht im Dienst einer Frau (V. I,4). Das Ich als übergeordnete Instanz befindet sich aufgrund dieser Situation in einem existentiellen Dilemma.[31]

[31] Das Motiv der ‚Persönlichkeitsspaltung' sowie der Strophenbau von MF 47,9 verweisen auf *Ahi, Amors, com dure departie* des nordfranzösischen Trouvères Conon de Béthune, das als Vorbild für MF 47,9 gedient haben könnte (vgl. Schweikle

Zum Sprechzeitpunkt der ersten beiden Strophen liegt die Kreuznahme in der Vergangenheit. In der dritten Strophe folgt sodann eine Rückblende. Hier wird der Akt der Kreuznahme erwähnt (III,2) und die – aus gegenwärtiger Sicht des Sprechers enttäuschte – Hoffnung, die er ursprünglich damit verbunden hat (*ich solte sîn ze rehte ein lebendic man*, III,5). In der vierten Strophe folgen, einhergehend mit einem erneuten Tempuswechsel (diesmal ins Präsens), bilanzierende Reflexionen des Ichs zu seiner misslichen Situation. Über die Deutung dieser Aussagen herrscht in der Forschung keine Einigkeit. Auf der einen Seite werden sie dahingehend interpretiert, dass der Konflikt des Sprechers gelöst wird. Demnach entscheidet sich das Ich für den Gottesdienst, indem es sich von der Dame abwendet (4,1–2) und sie als *tump* (4,7), das heißt, als töricht, ungebildet und diesseitsverhaftet bezeichnet.[32]

Auf der anderen Seite wird diese Interpretation als unzutreffend kritisiert, da an keiner Stelle davon die Rede sei, dass das Herz seinen Willen zur Dame aufgibt.[33] Und da sich das Ich seines Herzens ja nicht einfach entledigen kann, heißt das, dass es mit einem Herzen in den Kreuzzug aufbrechen muss, das weiterhin der Frauenminne verbunden ist.[34] Fazit dieser Interpretation ist, dass das Ich seiner Dame zwar eine Absage erteilt, dass Stellenwert und Anspruch der Handlungsform Frauendienst jedoch weiterhin unverrückbar existieren, da das *herze* sein Streben nach Autonomie nicht aufgibt. Demnach bleibt das Dilemma essentiell, der Konflikt unlösbar. An diese zweite Interpretation schließen die folgenden Überlegungen an, wobei sie sie in einem entscheidenden Punkt differenzieren werden.

3.1 Sender-Adressaten-Konstellation

Die Forschung geht davon aus, dass es sich beim Minnesang nicht primär um Leselyrik handelt, sondern um mündlich vorgetragene Lieder. Die Kunstgattung des vorgetragenen Liedes ist unter kommunikations- und medientheoretischen

[Anm. 29], S. 41, und Kasten [Anm. 30], S. 648). Zur Auseinandersetzung mit diesem Befund vgl. unten S. 39f.

32 Vgl. u.a. Hölzle (Anm. 3), S. 196; Kasten (Anm. 30), S. 649; Anka Fuß, Susanne Kirst und Manfred Günter Scholz: *Zur Sprecherkonstellation in Hausens Lied ‚Mîn herze und mîn lîp diu wellent scheiden'*, in: *Euphorion* 91 (1997), S. 343–362, hier S. 359.

33 Vgl. u.a. Bekker (Anm. 27), S. 72.

34 „Hausen gelingt es in diesem Gedicht nicht – wie in MF 45,37 –, den Konflikt zu lösen, der religiösen Forderung des Gottesdienstes und der weltlichen Verpflichtung zur Minne in gleicher Weise Genüge zu tun. Das Ich wird zwischen beiden Forderungen zerrissen.“ Nach Theiss würde daran auch die vierte Strophe nichts ändern, die sie aber für nicht zugehörig zum Lied hält (Theiss [Anm. 27], S. 42).

Gesichtspunkten ein komplexes Gebilde.[35] Für den vorliegenden Zusammenhang ist entscheidend, dass man es bei einem Liedvortrag mit unterschiedlichen simultan ablaufenden Kommunikationssituationen zu tun hat: 1) der liedinternen Kommunikationssituation, zu der all jene gehören, von denen das Lied handelt, 2) der externen Kommunikationssituation, die sich dadurch auszeichnet, dass ein Sänger vor Publikum singt und 3) der Ebene der Metakommunikation, die die durch das Lied vermittelten Autorpositionen umfasst. Diese dritte Kommunikationsebene wurde jüngst von Valeska Lembke im Anschluss an literatur- und medientheoretische Arbeiten Werner Wolfs[36] als Analysekategorie für den Minnesang profiliert.[37] Zentral für das Verständnis von Lembkes Ansatz ist, dass Wolfs Medienbegriff nicht, wie in der mediävistischen Debatte üblich, auf die medialen Voraussetzungen des Literaturbetriebs zwischen Mündlichkeit und Schriftlichkeit zielt, sondern die Literatur selbst als Medium definiert.[38] So gesehen enthält die Metaebene von Minnedichtung Aussagen des Dichters zum literarischen Diskurs und seiner Position darin, also zum Medium ‚höfische Dichtung' ebenso wie zum eigenen Text als Teil dieses Mediums.[39]

Betrachtet man nun Friedrichs Lied, dann zeigt sich, dass auf liedinterner Ebene eine ganze Reihe von Akteuren vorkommt: das *ich*, das *herze*, der *lîp*, die *ougen*, das *wîp*, *got* sowie ein unbestimmtes Kollektiv *nieman* (IV,1). Als Sprecher indes tritt lediglich das Ich auf.[40] In der ersten und dritten Strophe liegt

[35] Vgl. u.a. Jan-Dirk Müller: *Performativer Selbstwiderspruch. Zu einer Redefigur bei Reinmar*, in: *PBB* 121 (1999), S. 379–405; Peter Strohschneider: *Situationen des Textes. Okkasionelle Bemerkungen zur ‚New Philology'*, in: *ZfdPh* Sonderheft 116 (1997), S. 62–86; Peter Strohschneider: *‚nu sehent, wie der singet!' Vom Heraustreten des Sängers im Minnesang*, in: *‚Aufführung' und ‚Schrift' in Mittelalter und früher Neuzeit*, hg. von Jan-Dirk Müller, Stuttgart/Weimar 1996, S. 7–30; Tanja Weiss: *Minnesang und Rock – Die Kunstgattung ‚Aufgeführtes Lied' in ihrer Ästhetik und Poetik. Aufführung und ihre Bedingungen für die Liedinterpretation*, Neustadt a. Rübenberge 2007 sowie Valeska Lembke: *Minnekommunikation. Sprechen über Minne als Sprechen über Dichtung in Epik und Minnesang um 1200*, Heidelberg 2013 (*Studien zur historischen Poetik* 14).

[36] Vgl. Werner Wolf: *Metaisierung als transgenerisches und transmediales Phänomen: Ein Systematisierungsversuch metareferenzieller Formen und Begriffe in Literatur und anderen Medien*, in: *Metaisierung in Literatur und anderen Medien. Theoretische Grundlagen – Historische Perspektiven – Metagattungen – Funktionen*, hg. von Janine Hauthal [u.a.], Berlin/New York 2007, S. 25–64, hier S. 38–39.

[37] Vgl. Lembke (Anm. 35).

[38] Vgl. Lembke (Anm. 35), S. 46.

[39] Vgl. Lembke (Anm. 35), S. 46–47.

[40] In der Forschung wurde erwogen, das Lied als ‚Streitgedicht' aufzufassen, das mit verteilten Rollen vorgetragen wurde. Demnach würden die erste und dritte Strophe vom Ich gesprochen, die zweite vom *lîp* und die vierte vom *herze* (vgl. Fuß/Kirst/Scholz [Anm. 32], S. 343–362). Voraussetzung für diese Interpretation ist die Annahme einer durch keinerlei Überlieferungsbefund gestützten mittelalterlichen Vor-

eine monologische Sprechsituation vor, in der zweiten und vierten erfolgt jeweils ein Wechsel in eine dialogische Sprechsituation, indem sich das Ich in direkter Rede an ein Gegenüber richtet. In Strophe III wird das *herze* angesprochen, in Strophe IV mit *nieman* ein unbestimmtes Kollektiv (IV,1). Dieses *nieman* ist so ein Textelement, das als Schaltstelle zwischen liedinterner und -externer Kommunikationssituation fungieren kann. Denn es kann sowohl die liedinterne Instanz der höfischen Gesellschaft bezeichnen, die den Resonanzraum für die Klage des Sprechers bildet, als auch deiktisch über die Textgrenzen hinaus auf die Hörerschaft des Liedvortrags verweisen. Die Hörer können sich hier angesprochen fühlen.

3.2 Streitthema

Streitthema ist die Unvereinbarkeit zweier absoluter Dienstansprüche. Auf der einen Seite steht der Frauendienst, der konstitutiv ist für die Gattung des Hohen Minnesangs und der hier vom *herze* vertreten wird. Auf der anderen Seite steht der Gottesdienst, der konstitutiv ist für die Gattung der Kreuzzugsdichtung und der hier vom *lîp* vertreten wird. Die in der Gegenwart bereits eingetretene Entzweiung der das Ich als Mensch konstituierenden Komponenten *herze* und *lîp* – *daz si ein ander niht volgent beide* (I,6) – hat ihre Ursache im Alleingang des Herzens. Die *ougen* (I,7), metaphorisch lesbar als Spiegel des der Minne hingegebenen Herzens,[41] evozierten das Leid. Seitdem belastet der daraus resultierende *strît* das Ich in seiner Gesamtheit unentwegt (I,5–6). Der Ich-Sprecher ist ohnmächtig angesichts der verfahrenen Situation, nur Gott ist noch in der Lage, den Streit zu schlichten (I,8).

Zentral für die folgenden Überlegungen ist, dass *herze* und *lîp* nicht direkt gegeneinander antreten, sondern dass ihre Positionen durch eine dritte Instanz, nämlich durch das Ich, vermittelt werden.

tragssituation mit verteilten Rollen (vgl. ebd., S. 345). Eine weitere Prämisse ist die behauptete Affinität des Liedes zur Gattung ‚Streitgedicht'. Jedoch ist die romanische Tenzone in der mittelhochdeutschen Lyrik nicht nachgewiesen. Die Tatsache, dass Friedrich von Hausen den provenzalischen Minnesang rezipierte, berechtigt nicht dazu, auch die Übernahme beliebiger anderer romanischer Liedgattungen zu behaupten. Alle Überlegungen zur Entstehung des Liedes und seiner Aufführung (vgl. ebd., S. 345–346 und 361–362) sind Spekulation.

[41] Vgl. Ludwig Otto: *Die Rolle des Sprechers in MF 47,9*, in: *ZfdA* 93 (1963), S. 123–132, hier S. 124.

3.3 Kommunikationsverhalten der liedinternen Sprecherinstanz

Die entscheidende Frage ist nun: Wird in diesem Lied polemisiert? – Wird hier abgewertet, herabgesetzt und negiert? – Und wenn ja, gegen wen oder was richtet sich die Polemik? – Nimmt man zunächst das Verhältnis von Ich und Frauenminne in den Blick, das durch das Verhältnis von Ich und Herz repräsentiert wird, zeigt sich, dass – anders als in der Forschung bisweilen postuliert – die Frauenminne in diesem Lied nicht grundsätzlich abgewertet, sondern im Gegenteil sogar aufgewertet wird. Das geschieht zunächst durch die in der ersten Strophe evozierte Grundkonstellation. Denn anders als in der mittelalterlichen Literatur üblich, wird hier das religiöse Postulat, der Gottesdienst, nicht durch die *sele* oder das *herze* vertreten, sondern durch den *lîp*. Das ist auffallend, denn der *lîp* ist konventionelles Zeichen „der Diesseitsgerichtetheit, die das Heil der Seele in Gefahr bringt“[42]. Hier dagegen repräsentiert er äußerst positiv die entschlossene Einsatzbereitschaft des Ichs für den Kreuzzug (V. I,3). Das diesseitsorientierte Handlungskonzept des Frauendiensts dagegen wird vom *herze* als dem Zentrum aller menschlichen Gefühle und Neigungen vertreten. Das heißt, das zur Minne befähigte Organ ist nicht der Gottesminne verschrieben, sondern der Frauenminne, was auf konzeptioneller Ebene eine implizite Aufwertung der Frauenminne bewirkt.

Hierbei handelt es sich nun um eine Wertung, die weder dem liedinternen Sprecher noch dem vortragenden Sänger zugeordnet werden kann, sondern die auf der dritten Kommunikationsebene, der Ebene der Metakommunikation, zu verorten ist. Mit Lembke könnte man sagen, dass hier die Positionierung des Autors innerhalb des poetischen Diskurses zum Ausdruck kommt.

Eine weitere Aufwertung der Frauenminne wird durch die Darstellung des Verhältnisses zwischen liedinternem Ich und *herze* bewirkt. Dieses Verhältnis ist nämlich alles andere als distanziert oder gar feindselig,[43] vielmehr verhält sich das Ich dem *herzen* gegenüber äußerst mitfühlend. In Strophe II äußert es seine Sorge um das *herze* und ruft Gott an, er möge dem *herzen* helfen (II,2–8). In Strophe III kommt es gar zu einer punktuellen Identifizierung des Ich mit dem *herzen*.[44] Hier heißt es: ‚Ich glaubte mich vom Kummer befreit zu haben, als ich das Kreuz zu Gottes Ehren nahm. So sollte es auch sein, nur leider hat mir das meine Beständigkeit missgönnt‘ (*Ich wânde ledic sîn von solher swære, / dô ich daz kriuze in gotes êre nan. / ez wær ouch reht, daz ez alsô wære, / wan daz mîn stætekeit mir sîn verban*, III,1–4). Im Ausdruck *mîn stætekeit* fallen die Positionen von Ich und *herze* zusammen. Denn zum einen bezeichnet er die

[42] Linde Baecker: *Herze und Lîp in Friedrich von Hausens Gedicht (MF 47,9)*, in: *Volk, Sprache, Dichtung. Festschrift für Kurt Wagner*, hg. von Karl Bischoff und Lutz Röhrich, Gießen 1960, S. 34–47, hier S. 43; vgl. auch Bekker (Anm. 27), S. 66.

[43] So z. B. Deuser/Rybka (Anm. 27), S. 405, die die Du-Rede in Strophe II als Zeichen maximaler Entfremdung des Ich vom Herzen interpretieren.

[44] Vgl. hierzu Schweikle (Anm. 29), S. 144.

Beständigkeit, mit der das Ich seinem Herzen – ungeachtet dessen Weltverhaftetheit – auch nach der Kreuznahme die Treue hält. Zum anderen bezeichnet er – und daraus resultiert das Problem – die Beständigkeit, die das Herz seiner Minnedame entgegenbringt. An diese zweite Bedeutungsdimension knüpfen die folgenden Verse an, in denen es heißt: ‚Ich wäre zu Recht ein lebendiger[45] Mann, wenn es [das Herz] nur seinen törichten Willen aufgeben würde.' (*ich solte sîn ze rehte ein lebendic man, / ob ez den tumben willen sîn verbære*, III,5–6).

Und schließlich enthält auch der in diesen Versen erhobene Vorwurf gegen das *herze*, es würde aufgrund seines *tumben willens* die bedingungslose Hingabe des Ichs an Gott verhindern, eine implizite Aufwertung von dessen Frauenminne-Position. Das Attribut *tump* ist zwar pejorativ konnotiert, indem es das Verhalten des Herzens als diesseitsorientiert ausweist. Die Diesseitsorientiertheit des Herzens erfährt jedoch zugleich eine Aufwertung, indem der vorausgehende Vers III,4 deutlich macht, dass diese nicht aus irgendwelchen niederen Beweggründen resultiert, sondern aus der *stæte*, die es seiner Dame entgegenbringt. Das heißt, das Verhalten des *herzen* wird zwar vordergründig kritisiert; diese Kritik kann zugleich aber auch als Lob aufgefasst werden, da es ein Verhalten anprangert (die Beständigkeit des *herzen*), das im höfischen Wertecodex hochangesehen ist.

Insgesamt zeigt sich, dass die Frauenminne in diesem Lied in mehrfacher Hinsicht eine Aufwertung erfährt. Betrachtet man nun das Verhältnis von Ich und Gottesminne, das durch das Verhältnis Ich und *lîp* repräsentiert wird, fällt auf, dass es weniger emotional gestaltet ist als das Verhältnis von Ich und *herze*. Emphatische Äußerungen, wie sie in Bezug auf das *herze* vorkommen (vgl. u.a. *owê! wie sol ez armen dir ergân?* II,5), sind in Bezug auf den *lîp* nicht vorhanden. Zugleich aber ist zu sehen, dass das Bestreben des *lîp*, gegen die *heiden* zu kämpfen, an keiner Stelle kritisiert, in Frage gestellt oder gar als ‚notwendiges Übel' angesehen wird. Auch hier also findet man keine Polemik.

Dennoch enthält das Lied polemische Aussagen und betreibt gar Kunstpolemik. Die Sache ist nur komplexer, als es zunächst aussieht. Meine These ist – und das ist die Differenzierung, die ich gegenüber den gängigen Interpretationen des Liedes vornehmen möchte –, dass sich Polemik in diesem Lied nicht gegen die bedingungslose Frauenminne an sich richtet, sondern gegen eine bestimmte Ausprägung von bedingungsloser Minne, nämlich gegen die unerwiderte, einseitige Minne, wie sie für den Hohen Minnesang kennzeichnend ist. Das wird im Folgenden dargelegt.

In der zweiten Strophe wendet sich das Ich in direkter Rede ans Herz: ‚Da ich dich, Herz, nicht davon abbringen kann, mich verzweifelt zurückzulassen, bitte ich Gott, dass er dich an einen Ort senden möge, an dem man dich gütlich

45 Das Wort *lebendic* scheint im Kontext der Schlussverse der dritten Strophe über die irdische Existenz hinauszugreifen und ausgerichtet zu sein auf das ewige Leben (vgl. Kasten [Anm. 30], S. 650).

empfangen will.‘ (*Sît ich dich, herze, niht wol mac erwenden, / dune wellest mich vil trûreclîchen lân, / sô bite ich got, daz er dich geruoche senden / an eine stat, dâ man dich wol welle enpfân*, II,1–4). Diese Verse sind kryptisch. In der Forschung wurde ausführlich darüber diskutiert, worauf sich das *senden an eine stat* (II,3–4) beziehen könnte. Einige Interpreten sind der Meinung, mit *stat* sei eine andere Frau gemeint,[46] andere halten diese Interpretation für Spekulation.[47] Unabhängig davon, wie man sich hier entscheidet, eines kann man mit Sicherheit sagen: Das *herze* hat sich einer Frau verschrieben, das erfährt man in Strophe I,4–5 (*dem herzen ein wîp sô nahen lît / vor al der werlt*). Wenn das Ich nun Gott darum bittet, das *herze* an einen Ort zu schicken, an dem die Bereitschaft besteht, es aufzunehmen, so heißt das im Umkehrschluss, dass es gegenwärtig keinen Ort hat, an dem es aufgenommen wird. Das muss sich nicht n u r auf die Dame beziehen, es bezieht sich aber a u c h auf die Dame, der das *herze* gehört. Das heißt, unabhängig davon, ob man *stat* nun auf eine Frau bezieht oder nicht, beinhalten diese Verse eine implizite Aussage über die Minnesituation des *herze.* Diese zeichnet sich dadurch aus, dass das Herz bei seiner Dame offenbar keine Aufnahme findet und dadurch in einer misslichen Situation gefangen ist. Diese Minnesituation wird implizit negativ bewertet, indem das Ich Gott um eine Besserung der Lage anruft.

Die folgenden Verse führen diesen Aspekt aus: ‚Wie soll es dir Armen nur ergehen? Wie trautest du dich allein, den Mut zu solcher Not zu fassen?‘ (*owê! wie sol ez armen dir ergân? / wie getorstest eine an solhe nôt ernenden?* II,5–6). Insbesondere der Schlussvers sagt etwas aus über das Minneverhältnis des *herzen*: ‚Wer soll Dir mit Treue beistehen – so wie ich es getan habe?‘ (*wer sol dir dîne sorge helfen wenden / mit triuwen, als ich hân getân?* II,6–8). Auch hier wird nichts über die Dame ausgesagt, aber implizit heißt das, dass die Minnedame dem Herz nicht mit Treue beisteht.

Diese implizite Kritik an der einseitigen, unerwiderten Minne, die das *herze* erfährt, schlägt in Strophe IV um in einen expliziten Angriff gegen die Dame. Das Ich, das sich nun als jemand präsentiert, der *geminnet* hat (IV,2), dessen Position sich also im Grunde mit der des *herzen* deckt, wendet sich hasserfüllt von seiner Dame ab und erhebt schwere Vorwürfe gegen sie (IV,3–6). Worin diese Vorwürfe bestehen, bleibt jedoch z.T. unklar. In den Versen 3–4 heißt es: ‚Wie viel ich sie auch anflehte und bettelte, sie tut so, als ob sie es nicht verstehen würde‘ (*swie vil ich si geflêhte oder gebæte, / sô tuot si rehte, als sis niht verstê*). – Das ist eindeutig: Die Dame stellt sich gegenüber dem Werber taub; sein Bitten und Flehen bleiben unerhört. Das heißt, angeprangert wird auch hier das Nicht-Erwidern der Minne durch die Dame, der unerwiderte Minnedienst.

[46] Vgl. u.a. Ingebrand (Anm. 27), S. 51–52; Fuß/Kirst/Scholz (Anm. 32), S. 353.

[47] Vgl. u.a. Friedrich-Wilhelm Wentzlaff-Eggebert: *Kreuzzugsdichtung des Mittelalters. Studien zu ihrer geschichtlichen und dichterischen Wirklichkeit*, Berlin 1960, S. 185.

In den Versen 5–6 folgt sodann ein in der Forschung vieldiskutierter Vergleich, der in der mittelhochdeutschen Literatur sonst nicht belegt ist und der zumindest für heutige Rezipienten nicht mehr eindeutig verstehbar ist, hier heißt es: ‚Ihre Worte verhalten sich so, wie der Sommer/die Trommel von Trier' (*mich dunket rehte, wie ir wort gelîche gê, / rehte als ez der sumer von Triere tœte*). Die Forschung bietet verschiedene Interpretationen für diese Stelle an,[48] diese reichen von der Auslegung als dem ‚Sommer von Trier', der angeblich unbeständig gewesen sei, was übertragen auf die Dame hieße, dass ihr Verhalten unberechenbar ist. Des Weiteren wurde die Stelle als Anspielung auf ein politisches Ereignis aufgefasst, wobei vor allem an die Folgen der Doppelwahl der Bischöfe von Trier im Sommer 1183 gedacht wurde. Dieser Auslegung zufolge würden die Verse auf das unberechenbare, ja rechtswidrige Verhalten der Dame anspielen. Andere Interpreten übersetzen *sumer* (mhd. auch *sumber*) mit einem Tonerzeuger (einer ‚[Mund]Trommel' einer ‚Pauke' oder einem ‚Brummeleisen'), der monoton immer nur einen Ton anschlägt. Hier ergeben sich Vergleichsmomente wie ‚hohl', ‚leer' und ‚monoton'. Und schließlich ist *sumer* mit Hilfe einer Konjektur als *soumœre* (nhd. ‚Esel') aufgefasst worden. Demzufolge würde hier das Verhalten der Dame als störrisch wie das eines Esels angeprangert. Bei den letzten beiden Deutungsvorschlägen bleibt der Bezug zur Stadt Trier allerdings ungeklärt.

So unterschiedlich die Interpretationen dieser Stelle ausfallen, in einem sind sich die Interpreten einig: In diesem Vergleich geht es nicht um die zuvor angesprochene Taubheit der Dame gegenüber dem werbenden Ich. Vielmehr geht es darum, dass ihre Rede bzw. ihr Verhalten dem Ich gegenüber als unberechenbar und unzuverlässig (der *sumer von Triere* als Anspielung auf ein meteorologisches oder politisches Ereignis) bzw. als nicht kooperativ (*sumer* in der Bedeutung von ‚Trommel' oder mit Konjektur von ‚Esel') ausgewiesen wird. Die erste Auslegungsmöglichkeit lässt sich durch einen Aspekt stützen, der in der Forschung bislang nicht in Erwägung gezogen wurde. Nimmt man nämlich die Bedeutung ‚unberechenbar/unzuverlässig' an, dann endet das Lied mit einer Pointe, die sich aus der Wortresponsion *tump* in Strophe III,6 und *tump* in Strophe IV,7 ergibt (dem *tumben willen des herzes* [III,6] steht die *tumpheit der vrouwe* [IV,7] gegenüber). Wir haben gesehen, dass sich die *tumpheit* des *herzes* in Strophe III auf dessen *stœte* gegenüber der Dame zurückführen lässt. Das heißt, sein Unvermögen, dem Ich in den Kreuzzug zu folgen, resultiert aus seiner hohen ethisch-moralischen Gesinnung gegenüber der Dame und ist damit positiv konnotiert. Nimmt man nun an, dass der Vergleich in Strophe IV,5–6 auf die Unbeständigkeit und Unberechenbarkeit der Dame gegenüber dem Ich anspielt, dann wäre die Stelle kontrastiv-parallel zur entsprechenden Stelle in Strophe III

48 Zur Interpretation des *sumer von triere* vgl. Ulrich Müller: *Friedrich von Hausen und der ‚Sumer von Triere' (MF 47,38)*, in: *ZfdPh* Sonderheft 90 (1971), S. 110–115, sowie Kasten (Anm. 30), S. 650–651.

gesetzt, indem die *tumbheit* der Dame auf deren Unbeständigkeit und Unberechenbarkeit zurückgeführt wird, also auf ihre fehlende *stæte*. Damit wird klar: *tump* sind sowohl *herze* als auch Dame, doch während die *tumpheit* des *herzen* aus einer hohen ethisch-moralischen Gesinnung resultiert, erwächst die *tumpheit* der Dame aus einem ethisch-moralischen Defizit. Wenn man bedenkt, dass das Spiel mit Polysemien typisch für den Minnesang ist, scheint diese Interpretation plausibel.

Für den vorliegenden Zusammenhang ist entscheidend, dass die Kritik an der Hartherzigkeit der Dame, wie sie in Strophe II indirekt zum Ausdruck kommt, in Strophe IV in einen expliziten Angriff gegen die Dame umschlägt. Der Aspekt der unerwiderten Minne wird explizit angeprangert und das unberechenbare, unbeständige Verhalten der Dame gegenüber dem Ich als ethisch-moralisch defizitär veranschlagt.

Insgesamt zeigen die Ausführungen, dass die Interpretationen von MF 47,9, die ausschließlich darauf hinweisen, dass der Konflikt zwischen Frauen- und Gottesdienst ungelöst bleibt, weil nirgendwo die Rede davon ist, dass das *herze* seine Bindung an die Frau aufgibt, in zweifacher Hinsicht zu kurz greifen. Zum einen zeigt sich nämlich, dass das Ich des Liedes seine Frauenminne nicht nur nicht los wird, sondern dass die bedingungslose, treue Hingabe an eine Frau sogar positiv bewertet wird, und zwar sowohl auf der konzeptionellen Ebene des Liedes (Grundkonstellation: *herze* als Repräsentant des Frauendienstes / *lîp* als Repräsentant des Gottesdienstes) als auch auf der Handlungsebene (emphatisches Verhältnis des Ichs zum *herzen*). Zum anderen zeigt sich, dass das Lied sehr wohl Gesten substantieller Negation enthält. Diese richtet sich jedoch nicht gegen die Frauenminne an sich, sondern gegen einen bestimmten Typus von Frauenminne, nämlich gegen die einseitige, unerwiderte Minne und damit zusammenhängend konkret gegen das abweisende Verhalten der vom *herzen* bzw. vom Ich umworbenen Dame. Dieser Typus von Frauenminne ist, wie gesagt, kennzeichnend für den Hohen Minnesang. Das wiederum bedeutet, dass das Lied metapoetisch verfährt, indem es gegen die Konstitutionsbedingungen des Hohen Sangs polemisiert. Somit kann man hier von Kunstpolemik sprechen.

Dieser Befund ist insofern interessant, als Friedrich von Hausen wie gesagt als einer derjenigen gilt, die das Hohe Minnemodell aus der Romania in die deutsche Sprache importiert haben. Zu fragen wäre folglich, ob er die substanzielle Kritik daran gleich ‚mitübernommen' hat oder ob es eine spezifische Erscheinung der deutschsprachigen Minnelyrik ist, dass *imitatio* und *æmulatio* von Beginn an Hand in Hand gehen. Diese Frage muss hier offen bleiben, da zu ihrer Beantwortung komparatistische Untersuchungen erforderlich wären, die den Rahmen der vorliegenden Abhandlung sprengen würden.

3.4 Sprachliche und rhetorische Gestaltung des Kommunikationsverhaltens

Zum Schluss sind noch zwei Aspekte hervorzuheben, die die sprachliche und rhetorische Gestaltung der Polemik in Friedrichs Lied betreffen. Der erste betrifft die Kategorie des/der Dritten. Die beiden Passagen, die polemische Äußerungen gegen die Minnedame enthalten, befinden sich genau in den beiden Strophen, in denen ein Wechsel von der monologischen in eine dialogische Sprechsituation erfolgt (II. und IV. Strophe). Angesprochen wird jeweils nicht die Dame selbst, sondern die polemischen Äußerungen gegen ihr unbarmherziges Verhalten richten sich an Dritte. In Strophe II wird die liedinterne Instanz des *herzes* angesprochen (*Sît ich dich, herze, niht wol mac erwenden* usw., II,1) und in Strophe IV eine nicht näher definierte Zuhörerschaft (*Nieman darf mir wenden daz zunstæte*, IV,1). Es liegt also jeweils eine Dreierkonstellation vor, in der nicht die Angegriffene selbst Adressatin der Rede ist, sondern andere. Diese Konstellation wurde eingangs als typisch für polemische Rede definiert.

Fragt man nun nach Wirkungspotenzialen der Polemik und berücksichtigt dabei diese Dreierkonstellation, zeigt sich, dass die Angriffe des lyrischen Ichs gegen die Dame nicht um ihrer selbst Willen geschehen, sondern letztlich im Zeichen der Rechtfertigung der eigenen Position und der Überzeugung der Anderen davon stehen. Oder anders gesagt: Die Aussagen des Ichs in den Polemik-Passagen sind doppelbödig. Die Mitleidsbekundungen, die das Ich in Strophe II dem *herzen* gegenüber äußert, haben den Effekt, dass sie die Dame indirekt denunzieren, indem sie unweigerlich die Frage provozieren, durch wen oder was das *herze* in eine solch missliche Lage geraten sei. Und da man über das *herze* nichts anderes weiß, als dass es sich einer Dame verschrieben hat, ist die naheliegende Antwort: Schuld daran ist die Dame. Der öffentliche Angriff gegen die Dame in Strophe IV wiederum hat den Effekt, dass er das Ich indirekt gut aussehen lässt, indem er dessen prekären Entschluss, sich von der Dame abzuwenden, rechtfertigt. Denn ein Minnediener, der seine Dame verlässt, setzt sich dem Verdacht der *unstæte* aus. Dieser Verdacht wird hier sogleich wieder zerstreut, indem das Verhalten der Dame als so inakzeptabel angeprangert wird, dass es so aussieht, als hätte das Ich gar keine andere Wahl. Der Angriff gegen die Dame steht hier somit im Dienst der Überzeugung der (liedinternen wie -externen) Hörer für die eigene Position. Polemik hat hier folglich eine persuasive Funktion.

Der zweite Aspekt betrifft die sprachliche Gestaltung der Polemik in Friedrichs Lied. Es fällt auf, dass die Angriffe gegen die Dame durchwegs in uneigentlicher Rede erfolgen. In Strophe II wird das unbarmherzige Verhalten der Minnedame *ex negativo* angeprangert, indem das Ich den Wunsch äußert, das *herze* möge einen Ort der guten Aufnahme finden. In Strophe IV erfolgt der Angriff in verklausulierter Rede, die dem Rezipienten eine Transferleistung abverlangt und ein bestimmtes Wissen voraussetzt. Polemik scheint hier Bestandteil einer Rhetorik der In- bzw. Exklusion zu sein, und zwar insofern, als sich die Angriffe nur denjenigen erschließen, die über einen besonderen Sinn, eine besondere Erkenntnisfähigkeit für diese spezifische Minneproblematik verfügen.[49]

4 Schlussbetrachtung: Polemik als Motor der Kunstproduktion

Die bisherigen Ausführungen haben gezeigt, dass Friedrichs von Hausen Lied *Mîn herze und mîn lîp diu wellent scheiden* (MF 47,9) polemische Äußerungen enthält, die sich als Kunstpolemik beschreiben lassen. Der Punkt ist nun, dass es sich hierbei nicht um das einzige Lied dieser Reihe handelt, das solche Polemik aufweist. Vielmehr scheint das Gegeneinander-Führen von weltlichem und geistlichem Dienstgedanken Polemik geradezu zu provozieren.

Wenn man die weiteren Minne-Kreuzlieder einbezieht, zeigt sich, dass die bei Friedrich angelegte Problemkonstellation aufgegriffen und vielfältig ausspekuliert wird. Oftmals gerät dabei die Einseitigkeit des Frauendiensts und damit einhergehend der Aspekt des Nicht-belohnt-Werdens in die Kritik. Man kann sagen: Das religiöse Postulat mit seinem Lohnversprechen provoziert die Kritik am Hohen Minnemodell geradezu. Anders als bei Friedrich, wo das Problem der einseitigen Minne zwar angeprangert, aber nicht gelöst wird (das *herze* bleibt der Dame verbunden), finden sich Lieder, die ausgehend von dieser Kritik alternative Liebesvorstellungen entwerfen. Ein Beispiel dafür ist Albrechts von Johansdorf *Ich und ein wîp* (MF 87,29, Fassung b nach Hs. B), in welchem dem Hohen Minnemodell das Ideal einer gegenseitigen, auf *triuwe* basierenden Minne zwischen Frau und Mann entgegensetzt wird (Strophe II). Das Pendel kann aber auch in die andere Richtung ausschlagen: In Hartmanns von Aue *Ich var mit iuwern hulden* (MF 218,5) z. B. führt die Kritik an der Hohen Minne zu einer endgültigen Absage an die Frauen und einer ganzheitlichen Hinwendung zu Gott. In wieder anderen Fällen wird die Unvereinbarkeit der beiden Handlungskonzepte zu überwinden gesucht, indem der Gottesdienst, die Kreuzzugsteilnahme, als Dienst an der Dame ausgelegt wird; und zwar dergestalt, dass die Dame in das Sündenablasskonzept eingeschlossen wird. Das heißt, die Teilnahme des Ichs am Kreuzzug dient nicht nur der eigenen Sündenbefreiung, sondern auch der der Dame (vgl. z. B. Otto von Botenlauben: *Wære Kristes lôn niht alsô süeze*[50]). Und schließlich gibt es umgekehrt Lieder, in denen nicht der Frauendienst in die Kritik gerät, sondern der Gottesdienst. Ein Beispiel dafür ist

[49] Eine nähere Auseinandersetzung mit einer solchen Ästhetik der In- bzw. Exklusion ist von der noch unveröffentlichten Habilitationsschrift Susanne Reichlins zu erwarten (vgl. Susanne Reichlin: *Ästhetik der Inklusion. Inklusionsverfahren und Inklusionssemantiken in der mhd. Krezzugslyrik.* Habilitationsschrift Zürich 2012 [erscheint in der Reihe *MTU*]).

[50] Bechstein (Anm. 21), Lied XII.

das Lied *Des tages dô ich daz kriuze nam* (MF 181,13) Reinmars des Alten, in dem die weltliche *vreude* zum höchsten aller Werte erhoben wird.

Polemik ist in diesen Texten zumeist eher subtil, was nicht heißt, dass sie weniger wirkungsvoll wäre. Sie macht sich zumeist an sprachlichen Subtilitäten fest – sei es, dass ein bestimmter Artikel an einer Stelle vorkommt, an der man keinen erwarten würde (vgl. z.B.: *dem gote, dem ich dâ dienen sol*, Reinmar der Alte, MF 181,25), oder dass Metaphern und Vergleiche auftreten, die implizite Abwertungen und Herabsetzungen der gegnerischen Seite enthalten (wie im Fall von *Mîn herze und mîn lîp diu wellent scheiden*, MF 47,9). Öfters ist auch zu beobachten, dass die Polemik scheinbar blasphemische Züge annimmt: So besteht z. B. die Pointe des oben erwähnten Lieds *Ich und ein wîp* (MF 87,29, Fassung b nach Hs. B) Albrechts von Johansdorf darin, dass dem propagierten gegenseitigen Minnekonzept eine sündenbefreiende Wirkung zugesprochen wird: *Swer minne minneclîche treit / gar âne valschen muot, / des sünde wirt vor gote niht geseit* (MF 88,33–35). Die Frauenminne wird hier auf eine Stufe mit der Gottesminne gestellt. Ein anderer, extremer Fall von blasphemischer Polemik findet sich im erwähnten Lied Ottos von Botenlauben *Wære Kristes lôn niht alsô süeze*, in dem die Kreuzzugsabsage darin mündet, dass das Ich des Liedes seine Dame zu seinem Himmelreich erklärt (I,4), woraufhin die Dame erwidert: „*Sît er giht, ich sî sîn himlerîche, / so habe ich in zuo Gote mir erkorn*“ (II,1–2).

Mit diesem Zitat bin ich am Ende meiner Ausführungen angelangt. Noch einmal kurz auf den Punkt gebracht, ging es darum, die hier als ‚Minne-Kreuzlieder‘ bezeichneten Texte nicht – wie in der Forschung üblich – je nach Dominanz der behandelten Themen entweder der Gattung Minnesang oder Kreuzzugsdichtung zuzuordnen. Stattdessen wird dafür plädiert, sie als eine eigene Textreihe zu begreifen, für die gerade die einen Konflikt erzeugende Konfrontation beider poetischer Systeme dominant prägendes Element ist. Zwar entgeht man damit nicht dem Aspekt der nachträglichen Konstruiertheit von Gattung und Gattungszugehörigkeit, aber es wird von einer anderen Prämisse ausgegangen, nämlich der, dass die mittelhochdeutsche Lyrik ihren Impetus nicht ausschließlich aus dem Geist der Nachahmung bezieht, sondern ebenso aus Konkurrenz- und Konfliktkonstellationen, die zum Bruch mit bestehenden Traditionen führen können.

Fragt man nun, wie es für diese Textreihe mit Vorbildern aus der Romania aussieht und nimmt dafür das Lied *Ahi, Amors, com dure departie*[51] des nordfranzösischen Trouvères Conon de Béthune in den Blick, das in der Forschung als Vorbild für Friedrichs *Mîn herze und mîn lîp diu wellent scheiden* (MF 47,9) angesehen wird, stellt man Folgendes fest: Die beiden Lieder weisen zwar Motivparallelen und Parallelen im Strophenbau auf, das für Friedrichs Lied zentrale Thema, nämlich der aus der Konfrontation der Handlungskonzepte Frauen- und Gottesdienst resultierende innere Konflikt des Ichs, kommt bei

[51] Der Text ist abgedruckt in Müller (Anm. 19), S. 20.

Conon de Béthune jedoch nicht vor. Dort wird zwar der Kummer angesprochen, den das Ich angesichts des bevorstehenden Aufbruchs in den Kreuzzug und des damit einhergehenden Abschieds von der Dame empfindet (Strophe I), von innerer Zerrissenheit oder gar einer Wahlmöglichkeit zwischen weltlichem und religiösem Dienst ist indes nicht die Rede (vgl. Strophe II–VI). Die Durchsicht der französischen Lyrik lässt vermuten, dass es sich hier um eine spezifische Erscheinungsform der deutschsprachigen Lyrik handelt. Damit läge mit den Minne-Kreuzliedern ein Beispiel für die einleitend formulierte These vor, wonach Konkurrenz- und Konfliktsituationen in der mittelhochdeutschen Lyrik poetische Anschlusskommunikation provozieren können, was zum Bruch mit bestehenden Traditionen führt und Neues hervorbringt – das heißt: Lyrik jenseits der Nachahmungsparadigmen.

Ces fols menestrels – Die Spielmannsschelte in altfranzösischen Texten des 12. und 13. Jahrhunderts

BRIGITTE BURRICHTER (Würzburg)

In den Prologen und gelegentlich auch innerhalb von Erzählungen des 12. und frühen 13. Jahrhunderts werden Diskussionen um die richtige Version der Geschichte, aber auch um die Konventionen der ‚Gattung'[1] oft in der Form einer Kollegenschelte vorgebracht, die ‚Kollegen' sind dabei in den meisten Fällen Spielleute, in Einzelfällen werden auch *fableor* und *conteor*, also Geschichtenerzähler allgemein, genannt. Der folgende Überblick bietet eine Vorstellung von den Themen und Argumenten der Polemik zwischen den Spielleuten. Beginnen möchte ich mit der Kollegenschelte im engeren Sinn, also der Herabsetzung konkurrierender Spielleute in den Prologen von *chansons de geste*. Im zweiten, größeren Teil geht es um den Streit über ‚Gattungskonventionen' in Abgrenzung von den Spielleuten, den es in unterschiedlichen Bereichen gibt. Das letzte Beispiel zeigt dann einen ausdrücklich moralisch-satirischen Blick auf die Spielleute. Ich gehe dabei nicht chronologisch vor, sondern nach den ‚Gattungen', die sich im französischen 12. Jahrhundert herausbilden.[2]

1 Kollegenschelte

Den Anfang macht ein kurzes Zitat, das repräsentativ für die meisten Polemiken gegen Spielleute in den *chansons de geste* ist. Ziel der Invektiven ist es, die eigene Leistung hervorzuheben, ohne dabei auf Details einzugehen:

> Niuls des altres jouglours, k'els le vous ont contee,
> Ne sevent de l'estoire vaillant une darree.[3]

[1] ‚Gattung' wird hier im Sinne der Unterscheidung der *matières* bei Jehan Bodel verwendet, vgl. den Prolog zu dessen Sachsenlied (*Saines*, vor 1200), zitiert nach Ulrich Mölk: *Französische Literarästhetik des 12. und 13. Jahrhunderts*, Tübingen 1969, S. 6f., v. 6–12.

[2] Die statistische Grundlage der Untersuchung ist die Sammlung von Mölk (Anm. 1), ergänzt um einige weitere Texte.

[3] Gautier de Douai: *Louis le Roi: Destruction de Rome* (1180er-Jahre), v. 5f., zitiert nach Mölk (Anm. 1), S. 4. Die Übersetzungen sind von der Verfasserin.

> Was immer Euch die anderen Spielleute erzählt haben, was sie von der Heldengeschichte wissen, ist keinen Heller wert.

Das Hauptargument der Spielleute in Abgrenzung zu ihren Kollegen ist, dass diese nur mangelhafte Kenntnisse haben oder schlicht zu dumm sind und so ihrem Stoff nicht gerecht werden. Sie werden als *vilains* (gemein, nieder, dumm) beschimpft und damit auch moralisch diskreditiert:[4]

> Cil bastart juogleour qui vont par ces viliaus,
> A ces longues vieles as depeciés forriaus,
> Chantent de Guiteclin si con par asseniaus;[5]

> Diese armseligen Spielleute, die durch die Städte ziehen, mit langen [derben] Fiedeln mit zerrissenen Hüllen, singen von Widukind wie die Dummen.

Die ‚verdammten' Spielleute (*bastart* meint wörtlich unehelich, ist hier aber im weiteren Sinn gemeint) sind mit den entsprechenden, groben Instrumenten ausgestattet, sie singen ohne Sinn und Verstand. Sie verfälschen damit eine Geschichte, so ein häufiges Argument in den Prologen, deren Qualität sie nicht gewachsen sind. Zum Vorwurf des niederen Standes kommt der einer niederen Absicht: Die Spielleute sind Speichellecker, sie erzählen leicht eingängige Geschichten, wollen dem einfachen Publikum gefallen:

> Chil jougleor vous en ont dit partie,
> Mais il n'en sevent valissant une alie,
> Ains le corumpent par la grant derverie ;
> Car il entendent plus a lecerie,
> Au fabloier e a legerie,
> Ke as estoires, ki ne vous mentent mie.[6]

> Diese Spielleute haben euch einen Teil [des Liedes] erzählt, aber sie wissen überhaupt nichts davon, sondern verderben es durch ihre große Dummheit, denn sie verstehen sich besser aufs Schmeicheln, Fabulieren und leichtfertiges Gerede als auf die Geschichten, die niemals lügen.

Häufig liefern diese Invektiven aber auch poetologische Vorstellungen und sind damit deutlich komplexer. Sie ermöglichen es gattungsübergreifend, in der Abgrenzung von den schlechten Spielleuten die eigenen poetologischen Grundsätze zu formulieren. Innerhalb der *chanson de geste* umreißen sie die Regeln der Gattung.

[4] Als weitere Beispiele in Mölks Sammlung sind das *Couronnement Louis* (um 1150), v. 4 (S. 1) oder *Girart de Roussillon* (12. Jahrhundert), v. 4 und 17 (S. 3) anzuführen.

[5] Jehan Bodel: *Saisnes* (Anm. 1), v. 27–29 (S. 7).

[6] *Anseïs de Carthage*, v. 10–15, zitiert nach Mölk (Anm. 1), S. 7f., hier S. 8.

2 Polemik und Poetologie

Ein erster Aspekt betrifft den Inhalt der *chanson de geste* und ihre Stilhöhe. Immer wieder wird der Vorwurf erhoben, die Spielleute verfälschten die Geschichten, weil sie das falsche Register verwenden. Im Prolog des Sachsenkriegs grenzt Jehan Bodel die Chanson von der sehr volkstümlichen Gattung des *fabliaus* ab:

> Seignor, ceste chançons ne muet pas de fabliaus,
> Mais de chevalerie, d'amours et de cembiaus[7]
>
> Ihr Herren, dieses Lied handelt nicht von Fabliaus, sondern von Ritterlichkeit, Liebe und Ähnlichem.

Einer *chanson de geste* ist ein höherer Stil als einem *fabliau* angemessen, auch die Inhalte sind andere. Wir erfahren dabei auch, dass am Ende des 12. Jahrhunderts eine *chanson de geste* offenbar nicht mehr nur von Kämpfen gegen die Heiden erzählt, sondern bereits Romanelemente wie die Liebe positiv angeführt werden können. Dies wird gelegentlich bedauert, dann geraten die ‚modernen' Spielleute selber in die Kritik:

> Chil nouvel jougleor, par leur outrecuidanche
> Et pour leur nouviaus dis, l'ont mis en oublianche;[8]
>
> Diese neuen Spielleute haben [die alten Stoffe] wegen ihrer Vermessenheit und wegen ihrer neuen Lieder in Vergessenheit geraten lassen.

Die alten Lieder des Karlszyklus konzentrieren sich noch stark auf die Kämpfe und stehen offenbar in zunehmender Konkurrenz zum neuen Typus der *chanson de geste*. Der Vorwurf der *outrecuidance* impliziert die Vorstellung vom Verrat an den alten Liedern und stellt damit die Veränderungen auch in einen moralischen Kontext. Auch dies verweist auf den Umbruch innerhalb der *chanson de geste* im ausgehenden 12. Jahrhundert. Im Vers „*Mais de chevalerie, d'amours et de cembiaus*" klingt aber in der syntaktischen Struktur auch das Vorbild der ‚guten' Sänger an, Vergils *Aeneis*-Prolog. Bodel reklamiert, wie auch andere, für sich, dass er über eine klassische Bildung verfügt, die – implizit – den *vilains*, *bastarts* und *autres jongleurs* fehlt. Damit ist die *chanson de geste* endgültig aus dem Bereich des Mündlichen gelöst und in die Schrifttradition eingeschrieben. Die ‚Erweiterung' des Vergilschen Programms um die Liebe greift die neue Orientierung der Chanson auf.

[7] Jehan Bodel: *Saisnes* (Anm. 1), v. 25f. (S. 7).
[8] *Doon de Maience* (13. Jh.), v. 9f. Zitiert nach Mölk (Anm. 1), S. 13f., hier S. 14.

Detaillierter führt Adenet le Roi am Anfang des 13. Jahrhunderts die Anforderungen aus, die eine *chanson de geste* stellt; in seiner Aufzählung der Themengebiete klingt wie bei Jehan Bodel das Vorbild und dessen Erweiterung an:

> Cil jougleor qui ne sorent rimer,
> Ne firent force fors que dou tans passer,
> L'estoire firent en plusours lieus fausser,
> D'amours et d'armes et d'onnour mesurer
> Ne sorent pas les poins ne compasser,
> Ne les paroles a leur droit enarmer
> Qui apartienent a noblement diter;
> Car qui estoire veut par rime ordener,
> Il doit son sens a mesure acorder
> Et a raison, sanz point de descorder,
> Ou il n'i puet ne ne doit assener.[9]
>
> Die Spielleute, die nicht reimen können, strengen sich zu nichts an, als die Zeit zu vertreiben, sie haben die Geschichte an mehreren Stellen verfälscht. Um die Liebe, die Waffen und die Ehre auszumessen, können sie die Messpunkte nicht festlegen, noch die Worte richtig setzen, die zu einem noblen Text gehören. Denn wer die Geschichte in Reime ordnen will, der muss seinen Sinn nach Maß und nach Vernunft stimmen, ohne [beides] im Geringsten zu verstimmen, oder er kann hier kein Recht erheben.

Ein Spielmann muss sein Handwerk gut beherrschen, er muss ernsthaft arbeiten. Adenet stellt seine Kenntnis allein dadurch unter Beweis, dass er die Fachtermini der Poetik benutzt, sowohl das Ausmessen (*mesurer*, *les poins compasser*) als auch das Stimmen (*a mesure acorder*) wird zur Charakterisierung guter Lyrik verwendet.

Die guten Spielleute, die sich über die schlechten Kollegen äußern, umreißen damit die poetologischen und inhaltlichen Vorstellungen einer guten *chanson de geste* im frühen 13. Jahrhundert: Nicht nur *arma virumque* wollen angemessen dargestellt sein, sondern auch die *chevalerie* im Sinne des Ritterethos und die Gefühle der Helden. Der Anklang an Vergils Prolog zeigt, wer das Vorbild der guten Sänger ist und wen sie übertreffen wollen. In dieser Perspektive sind die anderen Sänger nicht nur schlecht, sondern – implizit – auch ungebildet. Die Zitate zeugen von der Entwicklung der *chanson de geste* am Ende des 12. Jahrhunderts, deren poetischem Anspruch und der Öffnung auf Themen, die das Publikum aus den Romanen kennt.

Innerhalb der *chanson de geste* geht es also um neue Inhalte und vor allem offensichtlich auch darum, dass sich die Autoren vom ‚gemeinen' Spielmann abheben und für ihre Werke einen künstlerischen Anspruch erheben, der über die

[9] Adenet li Roi: *Enfances Ogier* (1. Hälfte 13. Jh.), v. 13–23, zitiert nach Mölk (Anm. 1), S. 16f., hier S. 17.

bloße Unterhaltung hinausgeht. Die anspruchsvolle Form ihrer Werke soll die Bedeutung des Inhalts unterstreichen.

Aber auch über diese ‚Binnendifferenzierung' der *chanson de geste* hinaus dient die Abgrenzung von den Spielleuten anderen Autoren dazu, die eigenen Ansprüche zu untermauern, und die Abgrenzung offenbart auch hier poetologische Ambitionen. Allerdings sind die Befunde wesentlich dünner gesät als innerhalb der *chanson de geste*.

3 Polemik und Gattungsabgrenzung

Ein – auch chronologisch – erster Bereich ist die volkssprachliche Geschichtsschreibung. Es gibt immer wieder kurze Einschübe in den volkssprachlichen Geschichtsbüchern, die das besondere Selbstverständnis der Autoren und ihre Nähe zur lateinischen Historiographie betonen. In einem Fall nutzt Wace, einer der bedeutendsten volkssprachlichen Historiographen des 12. Jahrhunderts, den Verweis auf Spielleute:

> A jugleours oï en m'enfance chanter
> que Guillaume fist jadiz Osmont essorber,
> et au conte Riouf les deuz oilz crever, [...]
> ne sai noient de ceu, n'en puiz noient trover,
> quant je n'en ai garant n'en voil noient conter.[10]
>
> Von Spielleuten habe ich in meiner Kindheit singen hören, dass Guillaume einst Osmont umgebracht hat und dem Grafen Riouf die Augen ausgestochen hat, [...] ich weiß nichts von denen, kann nichts über sie finden, wenn ich keine Sicherheit über sie habe, will ich auch nichts über sie erzählen.

Anders als in den *chansons de geste* geht es hier nicht um die Zurückweisung der Spielmannslieder, sondern um die Bestätigung, nur zuverlässige, schriftliche (und das heißt um 1160 lateinische) Quellen zu nutzen. Damit markiert Wace den Anspruch, anders auf die Vergangenheit zuzugreifen als die Spielleute, die mündlich tradierte Geschichten verbreiten und präsentiert sich als gelehrter Historiker, der nicht nur das Wissen, sondern auch die Technik der lateinischen Historiographie in die Volkssprache überträgt.

Als neue Erzählform grenzt sich auch der höfische Roman von den traditionellen Geschichtenerzählern ab. Berühmt ist die Invektive gegen die Spielleute in Chrétiens de Troyes *Erec et Enide*. Der Vorwurf Chrétiens zielt zunächst auf zwei Aspekte (ich zitiere nicht in der Reihenfolge):

[10] Wace: *Le Roman de Rou*, hg. von A. J. Holden, Paris 1970–1971, Bd. 1, v. 1361–1367, S. 61.

D'Erec, le fil Lac, est li contes,
Que devant rois et devant contes
Depecier et corronpre suelent
Cil qui de conter vivre vuelent.[11]

Von Erec, dem Sohn von Lac, handelt die Geschichte, die diejenigen vor Königen und Grafen zerstückeln und zerstören, die vom Erzählen leben wollen.

Der Vorwurf richtet sich gegen diejenigen, die vom Erzählen leben wollen (es ist nicht explizit von Spielleuten die Rede), im Umkehrschluss wird das Ideal eines Autors entworfen, der finanziell unabhängig ist (was immer das heißt), der nicht um des Geldes willen schreibt und auch nicht von Hof zu Hof zieht. Es gibt wenig Zeugnisse zu diesem Typus von Autor. Wir wissen von Chrétien, dass er im Auftrag großer Adliger schrieb (Marie de Champagne und Philipp von Flandern), aber mehr nicht. Heinrich II. Plantagenêt beauftragte mehrere Autoren mit Werken, die offenbar auch davon unabhängig in seinen Diensten standen. Wace, einer dieser Autoren, gibt als seinen Beruf *clerc lisant* an, was das genau bedeutet, ist ungeklärt, aber offensichtlich lebte auch er nicht vom Schreiben. In den 1130er Jahren gibt Geffrei Gaimar an, dass er für seine Herrin schreibe, auch hier ist das Schreiben offenbar nur Teil der Aufgaben. In Chrétiens Seitenhieb auf die professionellen Geschichtenerzähler scheint so das Bild eines gebildeten Autors auf, der wohl im Auftrag seines Geldgebers schreibt, aber mit seinem Werk nicht seinen Lebensunterhalt finanzieren muss. Ich möchte wohlgemerkt von diesem Befund nicht auf die Realität schließen, von der wir nichts wissen. Mir geht es darum, dass hier das Ideal eines Verfassers volkssprachlicher Texte entworfen wird, das vermutlich dem von lateinischen Autoren angenähert ist. Man schreibt nicht für die Masse, trägt sein Werk nicht vor beliebigem Publikum vor, erzählt nicht nur, sondern fixiert es auf jeden Fall selber schriftlich und: man schreibt um des Schreibens oder des Werkes willen.

Der Vorwurf, die Geschichte sei nicht richtig erzählt worden, der zweite Aspekt, findet sich auch bei anderen. Chrétien steigert diesen gängigen Vorwurf noch: Die Geschichte ist in der überlieferten Form nicht nur bruchstückhaft und damit ungenau, sondern entstellt. Im Kontext des ganzen Satzes behauptet dieser Vorwurf, wer nur zum Geldverdienen erzähle, interessiere sich nicht für die Qualität des Erzählten – und andersherum, nur wer von der unmittelbaren finanziellen Notwendigkeit entlastet sei, könne gut erzählen. Was gutes Erzählen bedeutet, hat Chrétien unmittelbar zuvor schon gesagt:

Et tret d'un conte d'avanture
Une mout bele conjointure,[12]

[11] Chrétien de Troyes: *Erec et Enide*, v. 19–22, zitiert nach Mölk (Anm. 1), S. 29f., hier S. 30.

[12] Chrétien de Troyes: *Erec et Enide* (Anm. 11), v. 13–22.

> [...] und zieht aus einer Abenteuergeschichte eine sehr schöne Fügung

Es geht darum, die einzelnen Elemente und Episoden einer Abenteuergeschichte in einer besonderen Weise zusammenzufügen, um die Geschichte sinnvoll und komplett zu erzählen. Eine solche Geschichte, so führt es Chrétien im Modus des Beweises aus, legitimiere das Erzählen unabhängig vom vorgängigen Wert des Stoffes. Der polemische Vorwurf, falsch zu erzählen, unterstreicht den Anspruch, auch aus dem Stoff der Spielleute wichtige Erzählungen machen zu können.

Spätere Romanautoren greifen diese Abgrenzung von Spielleuten gelegentlich, wenn auch nicht sehr häufig auf. Raoul de Houdenc (auf den ich noch zurückkomme) schreibt um 1200 eine Reihe von Werken unterschiedlichster Art, Romane im Umkreis der Artusliteratur, bei denen sich die Forschung nicht einig ist, ob sie ernsthaft oder satirisch gelesen werden sollen, und allegorische Erzählungen. In einem seiner Artustexte grenzt er sich von den ‚anderen' ab und hat dabei offenbar nicht die Spielleute insgesamt im Blick, sondern eine bestimmte Gruppe:

> Cil autre qui sont rimeor
> De servantois, sachiez que font:
> Noient dient, qu'a noient vont
> Lor estude et lor mot qu'il dient.
> Contrediseor sont, ne dient
> Point de lor sens, ainz sont de ceus
> Qui tot boivent lor sens par eus.[13]

> Jene anderen, die Reimer von Sirventes sind, wisst Ihr, was sie tun: Nichts sagen sie, weil ihr Bemühen und ihre Worte nichts wert sind. Falschredner sind sie, sie sagen nichts Eigenes, sondern gehören zu denen, die ihr Wissen ganz für sich behalten.

Rimeor, Verseschmieder, ist ähnlich despektierlich wie Chrétiens Berufserzähler, und Raoul geht es genauer um diejenigen, die *Sirventes* verfassen. Am Ende des 12. Jahrhunderts bezeichnet *Sirventes* noch keine feste Gattung, der Begriff steht aber einerseits für nicht-höfische, oft satirische Lieder, andererseits für panegyrische Dichtung. Was Raoul hier genau meint, lässt sich nicht entscheiden, aber der Vorwurf des Wertlosen spielt wohl auf den *Erec*-Prolog an. Dort hatte Chrétien sein Werk als Beweis dafür angefügt, dass man das Können, das man von Gott bekommen hat, zeigen solle. Wenn Raoul den Reimern attestiert, nichts von Wert zu verfassen, bezeichnet er sie als zu dumm für ordentliche Werke. Sie verschweigen ihr Eigenes, weil sie nichts haben, oder, noch weiter gefasst, weil sie von Gott nichts bekommen haben.

[13] Raoul de Houdenc: *Meraugis le Portlesguez* (um 1200), v. 10–16, zitiert nach Mölk (Anm. 1), S. 37f., hier S. 38.

Die Abgrenzung von den Reimern unterstreicht zum einen, dass Raoul nicht zu dieser Kategorie gehört, zum andern beweist er aber, wie subtil er auf sein berühmtes Vorbild reagieren, wie er Chrétiens Argumente aufgreifen und variieren kann. Er stellt sich in der Abweisung der Spielleute, mehr aber noch durch die Art der Zurückweisung in Chrétiens Tradition.

Den Autoren von höfischen Romanen geht es um den Nachweis, dass sie aus überlieferten Erzählstoffen etwas Neues machen. Autoren von Werken, die Anspruch auf die Vermittlung christlicher Wahrheit erheben – im volkssprachlichen Kontext Werke allegorischen Inhalts oder erbauliche Texte – grenzen sich in den Prologen oft von den ‚Lügenerzählungen' der höfischen Literatur ab. Es geht hier nicht konkret gegen Spielleute, deshalb führe ich nur ein Beispiel an. Gemeinsam ist dieser Argumentation der Vorwurf der Lohndichtung, allerdings unter einer anderen Perspektive:

> Cil fablaor qui toz jors mantent
> Et qui de riens ne se desmantent
> Ne mais de mançonges aprandre
> Ou il puissent matiere prandre,
> Cil sunt ores bien apelé
> Et en autres cors honoré;
> Et chascun covient que l'on doigne
> Loier por dire sa mançongne:
> Il n'an diront point autrement.
> Volontierz est oïz qui ment.[14]

> Jene Geschichtenerzähler, die immer lügen und die vor nichts zurückschrecken, nicht einmal davor, Lügen zu lernen, aus denen sie [ihre] Stoffe nehmen können, die sind heute sehr willkommen und an den Höfen geehrt. Und jedem, so ist es üblich, muss man Lohn dafür geben, dass er seine Lüge erzählt: Anders würden sie nicht erzählen. Gern gehört wird, wer lügt.

Gervaise grenzt sich hier natürlich von den *fablaor* ab, er gehört nicht zu dieser Kategorie von Erzählern. Aber mehr als eine Kollegen- ist dies hier eine Publikumsschelte: Das Publikum liebt die Lügengeschichten, dies formuliert auch Denis Piramus ganz deutlich.[15] Hier spiegelt sich möglicherweise die Konkur-

[14] Gervaise: *Bestiaire* (um 1200), v. 1–10, zitiert nach Mölk (Anm. 1), S. 79f., hier S. 79.

[15] Vgl. Denis Piramus: *Vie des Peres*, v. 23–35: *Les autres dames de cest mont,/ qui plus pensent aval qu'amont,/ Si font les mençonges rimer/ Et les paroles alimer/ Pour les cuers mielz enrooillier/ Et pour honesté avillier./ Dame, de ce n'avez vos cure:/ De mençonge ni cuers oscure,/ Corrompant la clarté de l'ame,/ N'en aiez cure, douce dame./ Leissiez Cliges et Perceval,/ qui les cuers tue et met a mal,/ Et les romans de vanité* […] („Die anderen Damen dieser Welt, die mehr nach unten als nach oben denken, lassen die Lügen reimen und die Worte nähren, um die Herzen besser rosten

renz der volkssprachlichen Texte in einer Zeit, in der die literarische Produktion deutlich zunimmt. Gervaise schreibt anglonormannisch, also in Nordfrankreich oder in England, Denis Piramus am Hof von Champagne, beide also im Zentrum der literarischen Produktion des ausgehenden 12. Jahrhunderts. Der Vorwurf der Lügendichtung richtet sich natürlich aber auch gegen die Erzähler, und er ist auch ein moralischer.

Mein letztes Textbeispiel zielt ebenfalls auf die moralische Seite der Spielmannskritik, es steht aber nicht in einem poetologischen Kontext. Ich möchte es trotzdem einbinden, weil es ein sehr singuläres Beispiel innerhalb der französischen Literatur ist. Raoul de Houdenc, den ich oben schon kurz vorgestellt habe, hat unter anderem auch eine Traumerzählung verfasst, deren Status recht schillernd ist. Es geht um eine Reise in die Hölle, die das träumende Ich unternimmt, auf der es neben einer ganzen Reihe von allegorischen Figuren auch das Höllenpersonal trifft. Das Besondere an dieser Erzählung ist die Haltung des Ich-Erzählers: Er ist begeistert von seiner Reise, es gibt an keiner Stelle eine negative Wertung. Berühmt ist der Text, weil der Ich-Erzähler in der Hölle zum Essen eingeladen wird und das Höllenmahl ausführlich beschreibt. Das ist hier nicht mein Thema, sondern mir geht es um die Szene, die sich ans Essen anschließt. Der Höllenfürst befiehlt dem irdischen Gast, ihm zum Zeitvertreib etwas aus dem großen Buch der Hölle vorzulesen, in dem die Sünden der Welt verzeichnet sind. Das Kapitel über die Spielleute gefällt dem Höllenfürsten besonders gut:

> Qu'en diroie? En cel livre lui,
> Et tant que en lisant connui
> En cel livre, qui estoit tels,
> Les vies des fols menestrels
> En un quaier toutes escrites.
> Et li rois dist: „Ici me distes,
> Quar ci me plest molt a oïr,
> Si puisse je d'Enfer joïr,
> Que c'est le plus plesant endroit.“
>
> Was soll ich sagen? In diesem Buch las ich so weit, bis ich den Inhalt des Buches kannte: Das Leben der verrückten Spielleute, wie es in einem vollgeschriebenen Heft stand. Der König [der Hölle] sagte: „Lest mir das vor, denn das gefällt mir gut, da gefällt mir die Hölle, denn das ist die beste Stelle.“

Der Vorleser betont zunächst die formalen Qualitäten des Buches: Die Reime sind hervorragend und dies erleichtert das Memorieren:

zu lassen und die Ehre zu erniedrigen. Dame, das interessiert Euch nicht: Lügen und dunkles Herz, die die Helligkeit der Seele zerstören, sollen Euch nicht kümmern, edle Dame. Lasst Cligès und Perceval, die die Herzen töten und zum Bösen führen, und die Lügenromane.“) Zitiert nach Mölk (Anm. 1), S. 94f.

Et g'i commençai tout a droit,
Et tout au miex que je soi, lire;
Des fols menestrels pris a dire
Les fais, trestout a point en rime,
Si bel, si bien, si leonime
Que je le soi a raconter.

Ich begann sofort und so gut ich es konnte, vorzulesen; von den verrückten Spielleuten fing ich an zu lesen, von Taten, die [dort] in so schöne, gute und reiche Reime gesetzt waren, dass ich alles nacherzählen könnte.

Dann folgen die inhaltlichen Aspekte, die Charakterisierung der Spielleute:

Il n'i remest riens à conter,
Pechiez ne honte ne reprouche
Que nus hom puist dire de bouche,
Que tout ne fust en cel escrit,
Comment que chascuns s'en aquit;
Que de chascun la plus vil teche,
Les plus vil pechié dont il peche
I est escrit, je sai de voir.

Nichts war hier ausgelassen: Weder Sünden, noch Schmach, noch Vorwürfe, die kein Mensch aussprechen könnte, alles stand hier. Wie jeder sein Leben führt, denn von jedem das schlimmste Laster, die schlimmste Sünde, die er begangen hatte, steht dort geschrieben, das weiß ich gewiss.

Es sind offenbar besonders schlimme Sünder, denen alles zuzutrauen ist, der Unsagbarkeitstopos unterstreicht dies, hat aber noch eine weitere Funktion:

Oublïé ne voudroie avoir
Ce que je vi enz, a nul fuer.
Je reting du livre par cuer
Les nons, et les fais et les dis,
Dont je cuit encore biaus dis
Dire, sanz espargnier nului.[16]

Um keinen Preis möchte ich das vergessen haben, was ich darin sah. Ich behielt die Namen, Ereignisse und die Erzählung, mit denen ich noch schöne Erzählungen machen kann, ohne auf jemanden Rücksicht zu nehmen.

Wunderbare Erzählungen lassen sich aus dem Gelesenen machen, das Traum-Ich reklamiert das Wissen aus dem Höllenbuch als Stoff für seine Erzählungen (es

[16] Raoul de Houdenc: *Le songe d'enfer* (um 1200), hg. von Madelyn Timmel Mihm, Tübingen 1984, v. 623–651.

sind leider keine erhalten). Die Spielleute werden durch diese ‚Lektüre' als besonders lasterhaft und sündig dargestellt, allerdings werden im Text die Sünden und Laster der Spielleute nicht verdammt oder kritisiert, sondern sie sind einfach nur interessant, das entspricht dem Tenor des Werkes.

Die Verfehlungen der Spielleute, das habe ich mit meinem Überblick zu zeigen versucht, geben den Verfassern von ganz verschiedenen Werken den Anlass, ihr Selbstverständnis als Autor bzw. Bearbeiter und/oder ihre poetologischen Grundlagen darzulegen. Die Spielleute sind dabei auf einer ersten Rezeptionsebene der Gegenentwurf zum selbstbewussten, gebildeten Schreiber, der hohe Ansprüche an sein Werk stellt. Zudem aber wird auf sie verwiesen, weil sie die vertrautesten, lang schon bekannten Vertreter der Geschichtenerzähler sind – Wace verweist auf seine Kindheit. Die Autoren, die ich vorgestellt habe, repräsentieren dagegen einen neuen Typus, der sich auch seinem Publikum gegenüber erst definieren muss.

Die Vorwürfe beziehen sich vor allem auf das mangelnde Wissen und Können der Spielleute und betonen im Umkehrschluss das Wissen und Können der Autoren, unabhängig von der Gattung/*matière*. Die finanzielle Abhängigkeit der Spielleute von ihrem Publikum ist ein weiteres Argument, mit dem verschiedene Schwächen begründet werden. Die moralischen Aspekte werden kritisiert, wo es im Kontext der christlichen Wahrheit um die Zurückweisung von Lügen geht; ob Raoul die interessanten Geschichten, die er uns letztlich verschweigt, als Kritik verstanden wissen wollte, entzieht sich unserer Kenntnis. Deutlich wird aus dem Überblick auf jeden Fall, dass die Spielmannsschelte erhebliches poetologisches Potential bietet.

Das umkämpfte Jahrzehnt: Narrative Strategien der Polemik in französischen Texten von 1175 bis 1185

SUSANNE FRIEDE (Klagenfurt/Bochum)

1 Polemik und Literaturgeschichte

Im Vorwort des Sammelbandes *Ironie, Polemik und Provokation* von 2014 wird zu Recht hervorgehoben, dass das Phänomen polemischer Rede im Artusroman im Vergleich zu dem der Ironie in vielen Fällen recht offensichtlich hervortrete.[1] In diesem Zusammenhang verweisen die Herausgeber auf die von Günther Schweikle unternommene Zusammenstellung polemischer Stellen in der höfischen Literatur, stellen jedoch fest, dass diese dringend nach einer „Neubewertung der verschiedenen Formen von Polemik in der Artusliteratur und ihrer wirkungsästhetischen Funktion"[2] verlange. Als Reaktion auf dieses formulierte Desiderat[3] wird der vorliegende Beitrag den Zeitraum von 1175 bis 1185 und damit das erste wirklich ‚umkämpfte' Jahrzehnt der französischen Literaturgeschichte heuristisch in den Blick nehmen.

[1] Sh. Cora Dietl, Christoph Schanze und Friedrich Wolfzettel: *Vorwort der Herausgeber*, in: *Ironie, Polemik und Provokation*, hg. von dens., Berlin/Boston 2010 (*Schriften der Internationalen Artusgesellschaft, Deutsch-österreichische Sektion* 10), S. VII–XVI, hier: S. XI: „Das Vorhandensein polemischer Rede sowohl der Figuren als auch der Erzähler ist im Artusroman oftmals offensichtlicher als das von Ironie – man denke etwa an den bissigen Kommentar zu den *conteor* und *fableor* in Chrétiens *Erec*-Prolog, an die Spitzen des Erzählers gegen Eilhart und den ungenannten Wolfram in Gottfrieds *Tristan*, an Keies streitbare Bemerkungen bei verschiedenen Tugendproben oder beim höfischen Fest allgemein oder an die verschiedenen Reizreden arthurischer Ritter, die einen Zweikampf einleiten."

[2] Ebd., S. XII. Vgl. *Parodie und Polemik in mittelhochdeutscher Dichtung. 123 Texte von Kürenberg bis Frauenlob samt dem ‚Wartburgkrieg' nach der Großen Heidelberger Liederhandschrift C*, hg. von Günther Schweikle, Stuttgart 1986 (*Helfant-Texte* 5).

[3] Im genannten Band stehen unter der Abteilung ‚Polemik' vor allem Spott und Provokation im Zentrum; zur Polemik im eigentlichen Sinne geht nach dem auf den Salzburger Tagungen entwickelten Verständnis der Beitrag von Tina Terrahe: *‚Nu lerne, waz sterben si!'. Zum höfischen Umgang mit* drô *und* spot *am Beispiel der kampfeinleitenden Reizreden bei Hartmann und Wolfram*, in: *Ironie, Polemik und Provokation* (Anm. 1), S. 133–161.

Den Ausgangspunkt nehmen die Überlegungen dabei von meiner Hypothese, dass Polemik offenbar verstärkt in ‚Schwellensituationen' und an ‚Übergängen' und ‚Umbrüchen' auftritt, so z. B. zum Zeitpunkt einer vergleichsweise großen Ausdifferenzierung von Diskursen oder auch von Textsorten im Rahmen eines Gattungssystems. Damit geht die Beobachtung einher, dass es für das verstärkte Aufkommen von Polemik offenbar einer verstärkten konkurrenziellen Situation bedarf. Unter dieser Prämisse lassen sich Einzelbeobachtungen zu polemischen Phänomenen zusammenführen, und der gewählte Fokus auf die Polemik lässt sich gleichzeitig mit der übergeordneten Ebene einer Betrachtung der Literaturgeschichte in Verbindung bringen.

Ohne dass es deswegen etwa darum gehen soll, von der Jaußschen *Literaturgeschichte als Provokation* etwa zu einer ‚Literaturgeschichte der Polemik' zu kommen, können auf diese Weise ein Teil der Interaktion von Text und Publikum und die Funktion der Literatur als „wahrnehmungsbildendes und veränderndes Medium"[4] im rezeptionsästhetischen Sinne rekonstruiert werden. Damit die Strategien der Polemik in den Texten des genannten Jahrzehnts für das Publikum verständlich gewesen sein können, dürften mindestens zwei Voraussetzungen erfüllt gewesen sein: zum einen die Kenntnis von Einzelwerken oder zumindest von bestimmten Akzentuierungen von Stofftraditionen, gegen die erkennbar polemisiert wird, zum anderen die implizite Kenntnis der ‚Regeln', nach denen die jeweiligen Textsorten, innerhalb deren bzw. gegen die polemisiert wird, funktionieren. In diesem Zusammenhang lassen sich durch die Untersuchung polemischer Aussagen literarische Reihen als solche erkennen bzw. besser als solche konturieren.[5]

Bei den hier exemplarisch analysierten Beispielen soll es allerdings nicht um die Interpretation ‚spielerischer Abgrenzung' gehen, die als genuin literarisch anzusehen ist, sondern jeweils um die – in und aus der produktionsästhetischen Praxis heraus – erkennbare polemische Botschaft, insofern diese im untersuchten Jahrzehnt im Rahmen eines „objektivierbare[n] Bezugssystem[s] der Erwartungen" durch die „literarische Erfahrung zeitgenössischer und späterer"[6] Rezipienten vor dem Hintergrund jeweils aufgerufener Bezugstexte oder literarischer Reihen zu rekonstruieren ist.

Vorauszuschicken ist hinsichtlich der Wahl des mittels der Polemik ‚umkämpften Jahrzehnts': Auch *vor* 1175 lässt sich die französische Literatur als durchaus ausdifferenziert bezeichnen, insofern es eine in zahlreiche Textsorten ‚entfaltete' genuin französische Lyrik gab, die auch kontrastiv auf die okzitanische Lyrik Bezug nahm, eine bereits lange Geschichte der *chanson de geste* und deren

4 Sh. Hans Robert Jauß: *Literaturgeschichte als Provokation*, Frankfurt a. M. 1970, bes. S. 144–207, hier S. 164.

5 Vgl. dazu den Beitrag von Anna Kathrin Bleuler, der exemplarisch nachweist, wie sich Textsorten oder zumindest Textreihen dadurch als solche definieren lassen, dass sie gegen ein konkretes oder auch idealiter modelliertes ‚Gegenüber' polemisieren.

6 Jauß (Anm. 4), S. 173.

Untergattung der Kreuzzugsepen,[7] weitere Gattungen mit grob gesagt deutlich heilsgeschichtlichem oder liturgischem Anspruch; außerdem französische chronikalisch-historische Texte,[8] allen voran Waces *Brut*, aber auch die *Estoire des Engleis* des Geffrei Gaimar. Vor 1175 sind außerdem die unter der Signatur ‚Marie de France' in einer Handschrift versammelten zwölf *Lais* entstanden und wohl beide erhaltenen französischen Tristanromane, sowohl der von Beroul als auch höchstwahrscheinlich der *Tristan* des Thomas von England.[9]

Und *last but not least*: Vor dem hier interessierenden Zeitraum sind auch alle drei antiken Romane, der *Thebenroman*, der *Eneasroman*, und (wohl um 1170) der *Trojaroman* entstanden, ebenso mehrere Alexandertexte, d. h. um 1160 der sogenannte *Alexandre décasyllabique* sowie nicht mehr erhaltene einzelne Texte, die die Vorlagen für die um 1185 verfasste *Vulgata* des Alexandre de Paris bildeten.[10] Vor dem untersuchten Jahrzehnt ist mit *Erec et Enide* ebenfalls der erste höfische, d. h. der erste uns erhaltene Roman Chrétiens entstanden.[11]

Im literarischen Feld Frankreichs war also auch vor 1175 genug Potenzial für Polemik vorhanden: Beispiele sind der vielzitierte Prolog von *Erec et Enide*, ebenso einige Äußerungen des hochkomplexen Prologs des *Roman de Troie* oder die wohl polemisch aufzufassenden Anspielungen auf das *Rolandslied*, ebenfalls aus Chrétiens *Erec*.[12]

[7] Vgl. zur Geschichte der *chanson de geste* im 12. Jahrhundert François Suard: *La chanson de geste. Raisons d'un succès*, in: *Das Potenzial des Epos. Die altfranzösische Chanson de geste im europäischen Kontext*, hg. von Susanne Friede und Dorothea Kullmann, Heidelberg 2012, S. 21–42, bes. S. 21–35. Zu polemischen Äußerungen z. B. im *Girart de Roussillon*, einer *chanson de geste* aus der Mitte oder aus dem 3. Viertel des 12. Jahrhunderts, sh.Dorothea Kullmann: *Réécritures expérimentales? Quelques réflexions sur le rôle de l'Église dans la production épique du XIIe siècle*, in: *The Church and Vernacular Literature in Medieval France*, hg. von Dorothea Kullmann, Toronto 2009 (*Toronto Studies in Romance Philology* 1), S. 63–86, hier S. 69–70 u. 76–77.

[8] Vgl. jüngst das *Handbuch Chroniken des Mittelalters*, hg. von Gerhard Wolf und Norbert H. Ott, Berlin/Boston 2016.

[9] Vgl. hierzu Dietmar Rieger: *Marie de France, Die Lais* (Lanval), in: *Französisches Mittelalter*, hg. von Ulrich Mölk, Tübingen 2008, S. 95–121, und Friedrich Wolfzettel: *Tristan*, in: Ebd., S. 151–187.

[10] Vgl. Udo Schöning: *Thebenroman – Eneasroman – Trojaroman. Studien zur Rezeption der Antike in der französischen Literatur des 12. Jahrhunderts*, Tübingen 1998 (*Beihefte zur Zeitschrift für romanische Philologie* 235); Catherine Gaullier-Bougassas: *Les* Romans d'Alexandre. *Aux frontières de l'épique et du romanesque*, Paris 1998 (*Nouvelle bibliothèque du Moyen Âge* 42); Susanne Friede: *Die Wahrnehmung des Wunderbaren. Der* Roman d'Alexandre *im Kontext der französischen Literatur des 12. Jahrhunderts*, Tübingen 2003 (*Beihefte zur Zeitschrift für romanische Philologie* 317).

[11] Vgl. Hermann Krapoth: *Chrétien de Troyes, Erec et Enide*, in: *Französisches Mittelalter* (Anm. 9), S. 123–149.

[12] Vgl. jeweils die in Anm. 10 und 11 angegebenen Titel sowie Susanne Friede: *Verflachung der Emotionen? Überlegungen zu einigen Romanen Chrétiens*, in: *Emotion*

Wodurch ist nun der hier vorausgesetzte *qualitative* Unterschied in der Polemik des ab 1175 beginnenden Jahrzehnts bedingt und worin liegt er?

Die überblicksartige (und keineswegs vollständige) Nennung der vor 1175 im literarischen System vorhandenen Textsorten suggeriert, dass zu diesem Zeitpunkt bereits eine starke Ausdifferenzierung ‚in die Breite' stattgefunden hatte.[13] Im Jahrzehnt von 1175 bis 1185 lässt sich hingegen in mehrfacher Hinsicht eine Ausdifferenzierung ‚in die Tiefe' beobachten, die nicht mehr auf der Addition neuer Gattungen (wie z. B. zuvor der Lais oder des antiken Romans) basiert, sondern auf der breiten Basis der vorhandenen Textsorten zu Binnendifferenzierungen führt. Diese qualitativ andersgeartete Ausdifferenzierung betrifft dabei vor allem – und in diesen finden sich auch veränderte polemische Strategien – längere erzählende Textsorten, wie sie vor 1175 mit den antiken Romanen und dem ersten höfischen Roman Chrétiens vorlagen.

Wenn es darum geht, eine Aufstellung narrativer längerer Texte vorzunehmen, die im untersuchten Jahrzehnt entstanden sind, so fällt dies auch deshalb verhältnismäßig leicht, weil – zusätzlich zur im Prinzip immer kontingenten Überlieferungslage – im Vergleich zu anderen Zeiträumen recht genaue (und zumindest nach dem heutigen Stand der Forschung relativ unwidersprochene) Datierungen für die einzelnen Texte vorliegen. Eine gewisse Konstruktion dieses Jahrzehnts als ‚Schlüsseljahrzehnt' von hinten, also aus der Sicht der modernen Literaturwissenschaft, ist daher durchaus gerechtfertigt.

Eine (selbstverständlich unvollständige) Auflistung umfasst in diesem Sinne zunächst drei höfische Romane Chrétiens, d. h. den wahrscheinlich 1176 entstandenen *Cligès*, für den aller Wahrscheinlichkeit nach der *Tristan* des Thomas vorauszusetzen ist, dann Chrétiens *Yvain* und *Lancelot*, wohl zeitgleich, wenn nicht gleichzeitig entstanden, etwa zwischen 1177 und 1181, daneben den *Roman de Renart* mit den Branchen II–Va, die (frühestens) um 1177 entstanden sein dürften, 1180 *Ipomedon* von Hue de Rotelande und schließlich nach 1181 den *Perceval*, zwischen 1182 und 1185 *Partonopeu de Blois* sowie um oder kurz vor 1185, möglicherweise etwa zeitgleich zum *Partonopeu*, die Vulgata des Alexanderromans, in vier Branchen von Alexandre de Paris verfasst.

und Motivation im Artusroman, hg. von Cora Dietl, Christoph Schanze, Friedrich Wolfzettel und Lena Zudrell, Berlin/Boston 2017 (*Schriften der Internationalen Artusgesellschaft, Deutsch-österreichische Sektion* 13), S. 213–227.

13 Vgl. immer noch Ulrich Mölk: *Das hohe Mittelalter*, in: *Französische Literaturgeschichte*, hg. von Jürgen Grimm, Stuttgart 1989, S. 36–66.

2 Polemik in französischen Tristantexten

Wie äußert sich nun die Polemik in einer sich nach 1175 auf neue Weise ausdifferenzierenden ‚literarischen Reihe'?[14] Das vielleicht aussagekräftigste Beispiel bilden die narrativen Strategien der Polemik im Tristanstoff: Schon um 1170 löste die Tristanliebe Kontroversen aus, die in der okzitanischen und französischen Lyrik ausgetragen wurden. Es ging um die Frage nach den höfischen Verhaltensnormen, die durch eine fatale, durch die Einnahme des Liebestrankes unumkehrbar und unaufhaltsam wirkende Liebe neu verhandelt werden mussten. Der Ansatzpunkt für eine Anti-Tristan-Polemik war offenbar schon sehr früh die Tatsache, dass und wie stark sich die Tristanliebe konzeptionell von der höfischen Liebe unterschied.

Auch der wohl unmittelbar vor 1175 entstandene *Tristan* des Thomas hatte massive Kritik an anderen Tristan-Erzählungen als der seinen geübt; und zwar gegen Ende der in der Überlieferung in fünf Fragmenten erhaltenen Erzählung, d. h. im Fragment Douce:

> Seignurs, cest cunte est mult divers,
> E pur ço l'uni par mes vers
> E di en tant cum est mester
> E le surplus voil relesser.
> Ne vol pas trop en uni dire:
> Ici diverse la matyre.
> Entre ceus qui solent cunter
> E del cunte Tristran parler,
> Il en cuntent diversement:
> Oï en ai de plusur gent.
> Asez sai que chescun en dit
> Et ço qu'il unt mis en escrit [...] (v. 835–846).[15]

Ihr Herren, diese Geschichte ist sehr unterschiedlich [erzählt worden], und deswegen füge ich sie durch meine Verse zu einer Einheit zusammen und sage davon so viel, wie nötig ist; und das Überflüssige will ich beiseite lassen. Ich will [allerdings] nicht zu viel in nur einer Weise bringen: Hier geht die *matière* auseinander.

[14] Zum Begriff der ‚literarischen Reihe' vgl. Jauß (Anm. 4), S. 189–194. Der Begriff geht auf die russische formale Schule zurück, vgl. dazu auch Susanne Friede: *Der italienische Roman der Jahrhundertwende. Die Fortsetzungsromane der* Nuova Antologia *(1899-1908) im ‚Text der Kulturzeitschrift'*, Wiesbaden 2015 (*culturæ* 16), S. 167–170.

[15] Zitiert nach Thomas: *Les fragments du roman de Tristan. Poème du XII*[e] siècle, hg. von Bartina H. Wind, Genf/Paris 1960 (*Textes littéraires français* 92). Die folgende Übersetzung benutzt auch die Übersetzung von Gesa Bonath: Thomas: *Tristan*, eingeleitet, textkritisch bearbeitet und übersetzt von Gesa Bonath, München 1985 (*Klassische Texte des Mittelalters in zweisprachigen Ausgaben* 21), S. 255, ist jedoch von mir (z. T. deutlich) verändert worden.

> Diejenigen, die zu erzählen und von der Tristan-Geschichte zu sprechen pflegen, erzählen sie auf unterschiedliche Art und Weise: gehört habe ich sie von mehreren Leuten. Ich weiß zur Genüge, was jeder davon berichtet, und das, was sie schriftlich abgefasst haben [...].

Diese kritischen Ausführungen bleiben jedoch im weitesten Sinne noch im Rahmen dessen, was vor allem in Prologen etwa seit 1160 moniert worden war. Interessant ist allerdings für unseren Zusammenhang, dass die *matyre*, also die *matière* – ein relativ früher Beleg für das Wort, welches jedoch vielleicht noch nicht (wie später) eindeutig einen eingeführten Stoffkomplex, sondern zunächst schlichter den ‚Gegenstand' bezeichnet –, und die Diversität in deren erzählerischer Umsetzung erwähnt werden.[16]

Hierin werden die Bedingungen greifbar, die – wenn man annimmt, dass sich im Frankreich des 12. Jahrhunderts ein ‚literarisches Feld' ausbildet – um 1175 zur konkurrenziellen Situation, zu einer anderen Art der Ausdifferenzierung in die Tiefe und auch zu einer neuen narrativen Polemik führten. Es stellte sich zum ersten Mal das Problem eines Stoffs, der in konkurrierenden Einzelwerken erzählt und durch *unir* und *relesser diversement* bearbeitet wurde. Anders, als sich z. B. die Ausgangslage für die *Lais* darstellte, die einen kategorial neuen Zugriff auf einen möglicherweise nicht einmal unbedingt in französischer Sprache vorliegenden Stoff vorgenommen hatten, war der Tristanstoff vor 1175 bereits in mehreren Gattungen – Berouls ebenfalls erzählendem *Tristan*, den *Folie Tristan*, dem Lai *Chievrefoil* und in der Lyrik – aufgegriffen und bearbeitet worden.

Dasselbe hatte Chrétien – ebenfalls bezüglich der Auseinandersetzung zwischen Tristanliebe versus höfischer Liebe – schon im Bereich der Lyrik getan, indem er in *D'Amors qui m'a tolu a moi* („Amor, der mich mir selbst geraubt hat") ein lyrisches Ich sprechen ließ, das explizit erklärte, nichts vom Liebestrank, der Tristan vergiftet habe, getrunken zu haben, sondern aus freier Entscheidung die – dann und nur dann – höfische Liebe zu wählen, und sich damit offenbar kritisch auf Bernards de Ventadorn *Can vei la lauzeta mover* und Raimbauts d'Aurenga *De midonz fatz dompn'e seignor* bezog.[17] Die in unserem Kontext zentralen Verse in Chrétiens Kanzone *D'Amors qui m'a tolu a moi* finden sich in der 4. Strophe: *Onques du buvrage ne bui/ dont Tristan fu enpoisonnez/ mes plus me fet amer que*

[16] Vgl. hierzu *Matières à débat. La notion de* matiere *littéraire dans la littérature médiévale*, hg. von Christine Ferlampin-Acher und Catalina Girbea, Rennes 2017, S. 7–23 (*Introduction*).

[17] Vgl. zu dieser im Intertext der Gedichte greifbaren Polemik auch Angelica Rieger: *Trobadors und Trouvères*, in: *Französisches Mittelalter* (Anm. 9), S. 73–94, hier S. 85–86, sowie (auch für die mittelhochdeutschen Dichter, die die Debatte um die Tristan-Liebe weiterführten) Volker Mertens: *Intertristanisches – Tristan-Lieder von Chrétien de Troyes, Bernger von Horheim und Heinrich von Veldeke*, in: *Germanistik, Deutschunterricht und Kulturpolitik. Vorträge des Augsburger Germanistentags 1991*, Bd. 3, hg. von Johannes Janota, Tübingen 1993, S. 37–55.

lui/ fins cuers et bone volentez („Niemals trank ich von dem Trank, mit dem Tristan vergiftet wurde; zu lieben veranlaßt [wörtl.: lieben macht] mich dagegen, mehr als er [näml. der Trank], ein treues Herz und ein aufrichtiger Wille“).[18]

Die Tristanliebe ist nach der vom lyrischen Ich suggerierten Argumentation im Vergleich zur höfischen Liebe weniger echt und weniger wertvoll, eben weil sie künstlich (und d. h. nicht entsprechend der Vorstellung des 12. Jahrhunderts auf natürliche Weise über die Augen) erzeugt wurde und auch nicht durch die Gegenliebe oder die *pitié* der Dame ‚erfolgreich‘ war.

Thomas von England stand im skizzierten Feld nicht nur angesichts der vorliegenden lyrischen Auseinandersetzungen unter einem andersartigen Rechtfertigungsdruck als noch z. B. die *Lais* (obwohl auch *Chievrefoil* ganz offensichtlich die Kenntnis anderer Tristanerzählungen voraussetzt und implizit polemisch eine positive Auffassung der Tristanliebe vertritt),[19] um seine Tristan-Erzählung als die ‚richtige‘ und damit ‚beste‘ zu positionieren. Wir haben es nachweisbar mit einer hohen Textdichte, einem als hochgradig sensibilisierten Publikum und mit einem bis dato noch nicht erreichten ‚Minimalabstand‘ zwischen den Einzeltexten zu tun.

So lässt sich auch erklären, dass Thomas’ Tristan-Erzählung zwar auch in konzeptioneller Hinsicht für sich sprechen konnte, dass aber erklärend und auch polemisierend die im Fragment Douce erhaltenen Ausführungen der Erzählinstanz hinzukamen und den Blick des Rezipienten lenken sollten. Im Anschluss an die zitierte Passage führt die Erzählinstanz an einem Beispiel aus, dass eine bestimmte gängige Auffassung eines Erzählmotivs nicht korrekt sein kann, weil sie nicht wahrscheinlich ist. Sie erklärt: *Thomas iço granter ne volt,/ E si volt par raisun mustrer/ Qu'iço ne put pas esteer* (v. 862–874, „Thomas will das nicht gut heißen, und er will auf vernünftige Weise darlegen, dass das [solchermaßen Erzählte] nicht geschehen sein kann.“).[20] Die Vernunft der Autorfigur fungiert dabei als Garant für das quasi ontologisch aufgefasste ‚Nicht sein können‘ der falschen Erzählungen:

> Il sunt del cunte forsveié
> E de la verur esluingné,
> E se ço ne volent granter,
> Ne voil jo vers eus estriver;
> Tengent le lur e jo le men:
> La raisun s'i provera ben! (Fragment Douce, v. 879–884)

[18] Text und Übersetzung nach *Mittelalterliche Lyrik Frankreichs II. Lieder der Trouvères. Französisch/Deutsch*, ausgewählt, übersetzt und kommentiert von Dietmar Rieger, Stuttgart 1983, S. 48–51, für den Kommentar: S. 195–197.

[19] Susanne Friede: *Codierung und Verfügbarkeit der Tristanliebe im* Chievrefoil, in: *Formen arthurischen Erzählens vom Mittelalter bis in die Gegenwart*, hg. von Cora Dietl und Christoph Schanze, Berlin/Boston 2016 (*Schriften der Internationalen Artusgesellschaft, Deutsch-österreichische Sektion* 12), S. 23–34.

[20] Thomas: *Les fragments du roman de Tristan* (Anm. 15); Übersetzung S. F.

Die Ausführungen der Erzählinstanz steigern sich zu polemischen Bemerkungen, gerade indem auf der Oberfläche abgewiegelt und der Streit vermieden wird: „Sie [also die polemisch kritisierten Produzenten von Tristanerzählungen] sind vom rechten [Erzähl-]Weg der Geschichte abgewichen und haben sich von der Wahrheit entfernt; und wenn sie das nicht zugeben wollen, will ich nicht gegen sie streiten – sie sollen Ihrs behalten und ich Meins; die Vernunft wird sich diesbezüglich ganz sicher durchsetzen." (Übersetzung S. F.)

Hier sind alle Kriterien für die Polemik erfüllt: eine starke Betonung der eigenen Identität im ‚eigenen' Erzählen und das herabsetzende Urteilen über die anderen, welches als besonderer Kunstgriff vordergründig negiert wird. Fazit ist also: Das Szenario, ein um 1175 sehr bekannter Stoff, greifbar in mehreren konkurrierenden Werken, darunter auch mehrere längere narrative Werke, führt scheinbar zwangsläufig zu expliziten polemischen Angriffen der Erzählinstanz in ‚neuen' Texten, die diesen Stoff behandeln.

Der um 1176 entstandene Text, der sich mit dem Tristanstoff auseinandersetzte – Chrétiens *Cligès* –, ging auf dem Feld der Polemik noch andere Wege. Offenbar waren die Positionen des Thomasschen *Tristan* ihrerseits als Kritik an *Erec et Enide* und dem in diesem Roman vertretenen Konzept der höfischen Liebe innerhalb der Gesellschaft aufzufassen. Auch deshalb bestand wohl die Notwendigkeit, in dem sich bezüglich der Romangattung ausdifferenzierenden literarischen Feld unter Beibehaltung der Gattung kritisch zu reagieren.

Es ist *communis opinio*, dass Chrétiens zweiter Roman ein Anti-Tristan-Roman ist, und dies meines Erachtens in weitgehend ernster Stilisierung, also ohne dass es sich zwingend um eine Parodie handelt. Friedrich Wolfzettel hat in seinem Beitrag von 2014 *Parodie und Artusroman. Versuch einer Problematisierung*[21] für den nicht unähnlich gelagerten, wenn auch eindeutig komisch stilisierten Fall von *Floriant et Florete* unter Rekurs auf die Terminologie von Richard Trachsler und Annie Combes zu Recht den Begriff einer „écriture commutative"[22] aufgegriffen. Auf den Thomas-*Tristan* musste offenbar mit einem ebenso gewichtigen Erzähltext – nicht nur mit einigen lyrischen Versen – geantwortet werden; wir haben es auch in diesem Fall eher mit einer Transformation als mit einer Parodie zu tun.

Dazu passt, dass nicht nur die konzeptionelle Anlage des *Cligès* gegen die Tristanliebe in Anschlag zu bringen ist, sondern ebenso – strukturell parallel zum Thomas-*Tristan* – die Ausführungen der Erzählinstanz, in diesem Fall allerdings im Prolog positioniert. Der Prolog des *Cligès* ist vor allem auf seine Ausführungen zu *chevalerie* und *clergie* hin und die mit beiden Klassen verbundene *translatio studii* bis hin ins Frankenreich untersucht worden. Für unseren Zusammenhang interessanter ist jedoch der Prologanfang:

[21] In: *Ironie, Polemik und Provokation* (Anm. 1), S. 303–317.

[22] Zitiert nach: *Floriant et Florete*, hg. von Annie Combes und Richard Trachsler, Paris 2003, S. XXXIX; vgl. Wolfzettel (Anm. 21), S. 306.

Cil qui fist d'Erec et d'Enide,
Et les Comandemanz Ovide
Et l'Art d'Amors an romanz mist
Et le Mors de l'Espaule fist,
Del roi Marc et d'Iseut la blonde,
Et de la Hupe et de l'Aronde
Et del Rossignol la Muance,
Un novel conte recomance
D'un vaslet, qui an Grece fu
Del lignage le roi Artu.
Mes ainz que de lui rien vos die,
Orroiz de son pere la vie,
Dont il fu et de quel lignage.
Tant fu preuz et de fier corage [...] (v. 1–14)[23]

Der Dichter von Erec und Enide, der die Regeln Ovids und die Kunst der Liebe in die Volkssprache übertrug, der vom Schulterbiss erzählte und von König Marke und der blonden Isolde und von der Metamorphose des Wiedehopfs, und der Schwalbe und der Nachtigall, der beginnt jetzt eine neue Erzählung von einem jungen Edelmann [S. F.], der in Griechenland lebte, aus dem Geschlecht von König Artus. Aber bevor ich euch irgendetwas über ihn sage, mögt Ihr [S. F.] vom Leben seines Vaters hören, woher er stammte und aus welchem Geschlecht. Er war so tapfer und kampfesmutig [S. F.] [...]

Aufgezählt werden zuerst bekannterweise die Werke Chrétiens, darunter auch *Del roi Marc e d'Iseut la blonde* – und gerade das unhöfische, anstößige Element, die Figur des Tristan, ist schon in dieser Formulierung auf frappierende Weise getilgt.

Der ‚*novel* conte' – und auch hier ist das *novel* einer Absetzungsstrategie vom bekannten Verlauf des Stoffes geschuldet – wird bedeutsam eingeführt als *D'un vaslet, qui an Grece fu/ Del lignage le roi Artu* (v. 9–10). Es geht also um einen jungen Mann in Griechenland aus der Sippe des König Artus. Der angeführte *lignage*-Gedanke implementiert, wie auch das Folgende zeigt, ein Erzählelement aus der *chanson de geste*, das mit dem Artusstoff verquickt wird; ebenso wie die griechische Verortung des Geschehens auf den antiken Roman verweist – schon an dieser Stelle wird der kommende Roman also als einer ausgewiesen, der gewissermaßen das Beste aus den wichtigen Textsorten der beiden zentralen anderen *matières* vereint. Dieser integrierende Zugriff ist im Übrigen konstitutiv für die Texte des Jahrzehnts. Der Bezug auf die *chanson de geste* wird intensiviert, indem der *lignage*-Gedanke auf die Vaterfigur des *vaslet* hin verlängert und auserzählt wird: *Mes ainz que de lui rien vos die,/ Orroiz de son pere la vie,/ Dont*

[23] Zitiert nach Chrétien de Troyes: *Cligès*, hg. von Wendelin Foerster, Halle ^{4}1921 (*Romanische Bibliothek* 1). Für die Übersetzung sh. Chrétien de Troyes: *Cligès*, übersetzt und kommentiert von Ingrid Kasten, Berlin/New York 2006 (einzelne Änderungen sind durch den Zusatz [S. F.] markiert).

il fu et de quel lignage./ Tant fu preuz e de fier corage (v. 11–14). Neben der Sippe des Vaters wird mit dem Signalwort *preuz* dessen *prouesse*, und zudem der *fier corage* aufgerufen; auch dies ein dezidierter Verweis auf das Heldenprofil der *chanson de geste*. Es ist nicht einmal die auch in der *chanson de geste* gebrauchte Junktur *preuz et cortois*, ‚kühn und höfisch', verwendet, die das Element des höfischen Romans zumindest formal aufgerufen hätte.

Hierin liegt ein starkes polemisches Potenzial des Prologs, ohne dass jedoch – wie bei Thomas – explizite polemische Äußerungen gemacht werden. Über die starke ‚Einspielung' der Merkmale der *chanson de geste* wird vielmehr auf die – auch von Thomas für seinen Text mehrfach reklamierte ‚Wahrheit' – verwiesen, die jedoch durch die verwendeten narrativen Strategien in verstärktem Maße dem *Cligès* zugesprochen wird. Hinzu tritt das Element des antiken Romans, das Jehan Bodel gut zwanzig Jahre später in der Rückschau auf die ausdifferenzierten *matières* als *sage et de sens aprendant* – „weise und Sinn vermittelnd" – charakterisieren wird.[24]

Wir können also feststellen: Innerhalb dessen, was – ebenfalls erst in der Rückschau des zitierten Sachsenlied-Prologs von Bodel – ordnend unter *matière de Bretagne* subsumiert werden kann, findet bereits zu Beginn des betrachteten Jahrzehnts eine starke Ausdifferenzierung hinsichtlich der Gattung des Romans statt. Dies ist zugleich Ausdruck und Verstärkung einer Konkurrenzsituation, welche durch konzeptionelle Divergenzen bezüglich eines zentralen Merkmals der Gattung, der Darstellung von Liebeskonzeptionen, zum Ausdruck gebracht wird.

Dabei haben wir es jedoch nicht nur mit einzelnen Texten und ‚Gegentexten' zu tun, sondern mit einer durchaus komplexen Gemenge-Lage. Der Anti-Tristan-Roman Chrétiens richtet sich nämlich konzeptionell genauso gut auch gegen Maries *Chievrefoil*, den ‚Tristan-Lai', der im Kern von einem geglückten und glücklichen Zusammentreffen von Tristan und Isolde erzählt, das paradigmatisch für die Berechtigung dieser schicksalhaften Liebe außerhalb der Gesellschaft steht.[25] Hinzu kommt, dass im *Cligès* die narrativen Strategien der Polemik gewissermaßen auf eine neue Stufe gehoben werden, indem nicht nur die Konzeption des Erzähltextes und die an zentralen Stellen positionierte Ausführungen der Erzählinstanz Träger der Polemik sind, sondern zusätzlich auch eine Hauptfigur, Fénice:

> Miauz voldroie estre desmanbree,
> Que de nos deus fust remanbree
> L'amors d'Iseut et de Tristan,
> Don tantes folies dist l'an,
> Que honte m'est a reconter.

[24] Sh. Jehan Bodel: *La Chanson des Saisnes*, hg. von Annette Brasseur, Bd. 1, Genf 1989 (*Textes littéraires français* 369), v. 9 der Redaktion AR : *Et cil de Ronme sage et de sens aprendant.*

[25] Vgl. Friede (Anm. 19).

Je ne me porroie acorder
A la vie, qu'Iseuz mena.
Amors an li trop vilena;
Car ses cors fu a deus rantiers
Et ses cuers fu a l'un antiers.
Einsi tote sa vie usa
Qu'onques les deus ne refusa.
Ceste amors ne fu pas resnable [...]. (v. 3145–3157)[26]

Ich wollte eher zerstückelt [und tot] sein, als dass man, was uns beide angeht, an die Liebe von Tristan und Isolde erinnert würde, von der man so viel Abweichendes [wörtl.: so viele Torheiten] sagt, dass ich mich schäme, es zu erzählen. Ich könnte für mich nicht dem Lebenswandel zustimmen, den Isolde führte. Die Liebe wurde in ihr zu sehr erniedrigt. Denn ihr Körper stand zwei Besitzern zur Verfügung und ihr Herz gehörte ganz einem. So verbrachte sie ihr ganzes Leben damit, dass sie diese beiden niemals abwies. Diese Liebe war nicht vernünftig [...].

Fénice spricht davon, dass sie unter keinen Umständen die Erinnerung an die Liebe von Tristan und Isolde wiederaufleben lassen will, von der man *tantes folies* erzähle, die sie sich schäme zu wiederholen. Ihre Rede ist geradezu todernst stilisiert, wenn sie ausführt: „Ich könnte für mich nicht dem Lebenswandel zustimmen, den Isolde führte. Die Liebe wurde in ihr zu sehr erniedrigt"; weiter geht es mit dem Vorwurf, dass zwei Männer von Isoldes Körper profitiert hätten, während ihr Herz ganz einem gehörte; und dass sie ihr ganzes Leben damit verbracht habe, beiden zu Willen zu sein. *Ceste amors ne fu pas resnable* („Diese Liebe war nicht vernunftgemäß"). Fénice wird sich – so bekräftigt sie – nie wie eine Prostituierte zwei Männern hingeben; wem das Herz gehört, nur dem wird auch der Körper gehören. Auch hier ist das Publikum mit heftiger Polemik konfrontiert: Isolde wird als bessere Prostituierte dargestellt, die jenseits jeder Vernunft agiert und sich durch den schändlichen Lebenswandel erniedrigt.[27]

Die Diskussion um die Tristanliebe und die höfische Liebe wird also bis inklusive 1176 nicht parodistisch, sondern mit Hilfe sich ausdifferenzierender narrativer Strategien polemisch geführt. Parodistische Verarbeitungen von höfischer Liebe und Tristanliebe folgen erst, nachdem der ‚Kampf' auf der Ebene der Polemik geführt worden ist, und zwar in den auf frühestens 1177 datierbaren Branchen II-Vb des *Roman de Renart* und deren Prolog.[28]

26 Sh. Chrétien de Troyes: *Cligès* (Anm. 23). Übersetzung: S. F.

27 Vgl. auch Zrinka Stahuljak [u. a.]: *Thinking through Chrétien de Troyes*, Cambridge 2011 (*Gallica* 19), S. 140–143, die bezüglich der im Fließtext zitierten Stellen die Varianten in den Handschriften untersuchen und so durch die Gestaltung der Handschrift B Spielräume der Polemik aufzuzeigen.

28 Vgl. Ulrich Mölk: *Les Débuts d'une théorie littéraire en France. Anthologie critique*, Paris 2011 (*Textes littéraires du Moyen Âge* 19), S. 26–27.

Im *Roman de Renart* wird das Szenario einer höfischen Liebe parodierend aufgegriffen und in grob-komischer Stilisierung dargestellt:

> Seigneurs, oï avez maint conte,
> Que maint conterre vous raconte
> Comment Paris ravi Elaine,
> Le mal qu'il en ot et la paine,
> De Tristan que la Chievre fist
> Qui assez bellement en dist
> Et fabliaus et chansons de geste.
> Romanz d'Yvain et de sa beste
> Maint autre conte par la terre [...]. (II, v. 1–9)[29]

> Herren, Ihr habt viele Erzählungen gehört, die mancher Erzähler Euch erzählt: wie Paris Helena raubte, vom Schmerz und vom Leid, die ihm daraus erwuchsen, was über Tristan ‚la Chievre' dichtete, die sehr schön davon erzählte, und auch Fabliaux und Chansons de geste, Romane von Yvain und seinem Tier, und viele andere Erzählungen, die verbreitet sind.

Hier müssen sowohl der Tristan des Thomas als auch die höfische Liebeskonzeption Chrétiens als bekannt vorausgesetzt werden, so die allgemeine Auffassung. Wie sehr diese Texte bereits in ihrer ‚Diskursmacht' anerkannt sind, zeigt sich in unserer Perspektive darin, dass der Prolog der zweiten Branche des *Renart* mit einer Bestandsaufnahme wichtiger Gattungen und Texte beginnt, indem er den Trojaroman (*Comment Paris ravi Elaine*), *Tristan que La Chievre fist* („*la Chievre*" stellt ein ungelöstes Problem der Literaturgeschichte dar; es handelt sich vielleicht um eine personfizierte Anspielung auf den *Chievrefoil*), *fabliaus* und *chansons de geste*, *Yvain* (*Romanz d'Yvain e de sa beste*) und viele andere Erzählungen in Form einer Liste aufruft. Der Tristanstoff und die höfische Liebe, Letztere repräsentiert durch den *Yvain*, stehen hier Seite an Seite und sind beide gleichermaßen als Bestandsaufnahme zu den narrativen Akten gelegt, vor denen sich der *Roman de Renart* profilieren will und wird.

So bezeugt der Prolog dieser früh entstandenen Branchen die Verflachung eines polemischen Diskurses um höfische Liebe versus Tristanliebe, der nun durch die parodierende Inszenierung, die im *Renart* folgt, ersetzt werden kann.

Vor diesem Hintergrund muss eine wichtige These daher lauten, dass nicht etwa automatisch die Polemik die ‚nächste Stufe der Parodie' ist, wie vielfach – nicht ohne eine Logik der Klimax – behauptet wird, sondern dass literaturgeschichtlich gesehen n a c h der Polemik die Parodie folgt, insofern sich zumindest im ‚umkämpften Jahrzehnt' die Parodie als Schwundstufe der Polemik erweist.

[29] Zitiert nach: *Le Roman de Renart. Branches II–VI*, hg. von Mario Roques, Paris 1972 (*Classiques français du Moyen Âge* 79). Übersetzung S. F.

3 Polemik und Pragmatik

Narrative Strategien der Polemik können im untersuchten Jahrzehnt auch eine stärker pragmatische Dimension (die zu berücksichtigen im Verlauf der gemeinsamen Gespräche während der beiden Tagungen häufig und zu Recht eingefordert wurde) aufweisen. In dieser Hinsicht fällt besonders die polemische Verschränkung zwischen *Partonopeu de Blois* und dem *Roman d'Alexandre* am Ende des Jahrzehnts auf, die abschließend analysiert werden soll.

In drei ‚späten' Texten innerhalb des umkämpften Jahrzehnts – Chrétiens *Perceval*, *Partonopeu de Blois* und dem *Roman d'Alexandre* des Alexandre de Paris – wird die Polemik als Modus zur Gruppenbildung genutzt oder vielleicht genauer: als Modus der Selbstvergewisserung einer sich als Elite verstehenden Gruppe über das Mittel der Abgrenzungsstrategien nach außen. Als sozialhistorischen Kontext der im Folgenden skizzierten polemisch diskutierten Fragen muss man, grob gesagt, die Zunahme des sozialen Drucks sowie generell Spannungen durch den geringer werdenden Abstand zwischen bestimmten Gruppen – niederer Adel, hoher Geburtsadel mit abnehmenden Privilegien, besonders, was die ‚Nicht-Erstgeborenen' anging, erstarkende nicht-adelige, aber ökonomisch mächtige Gruppen – annehmen.[30] Der soziale Druck auf die landlosen Gruppen, allen voran die Zweitgeborenen aus dem niederen Adel, ist u. a. im Kontext der geschichtswissenschaftlichen Forschungen zum ersten Kreuzzug hervorgehoben worden.[31] Jede Gruppe gehörte auf ihre Weise – im Unterschied zu anderen Gruppen und zur Schicht der Bauern – zur ‚Elite', doch das ‚wie', ‚warum' und ‚unter welchen Bedingungen' dieser Zugehörigkeit musste zunehmend trennschärfer verhandelt werden.[32] Von den genannten drei Texten verhandeln daher jeweils zwei gemeinsam eine bestimmte, vor diesem Hintergrund zentrale Frage: Erstens die Frage, wie und in welchem Maße eine Elite ‚religiös' sein musste. Dies thematisiert in markant polemischer Weise sowohl der *Perceval*-Prolog, wenn er erklärt, der Adressat und Mäzen, Philipp von Flandern, sei ‚wertvoller' als Alexander der Große, und zwar, weil Alexander als Heide der *caritas* weder teilhaftig noch fähig gewesen sei:

[30] Vgl. nach wie vor Georges Duby: *La France de Philippe Auguste. Les transformations sociales en milieu aristocratique*, in: Ders.: *Mâle Moyen Âge. De l'amour et autres essais*, Paris 2010 [[1]1980], S. 147–157.

[31] Vgl. z. B. zu den Auswirkungen des geänderten Erbrechtes im Rahmen des Kreuzzugsgedankens Christoph Auffarth: *Heilsame Gewalt? Darstellung, Begründung und Kritik der Gewalt in den Kreuzzügen*, in: *Gewalt im Mittelalter. Realitäten – Imaginationen*, hg. von Manuel Braun und Cornelia Herberichs, München 2005, S. 251–272, bes. S. 257–258.

[32] Vgl. zu dieser Frage mit Blick auf Chrétiens *Perceval* Erich Köhler: *Ideal und Wirklichkeit in der höfischen Epik. Studien zur Form der frühen Artus- und Graldichtung*, Tübingen [3]2002, S. 185–235; mit Blick auf den Prosa-Lancelot-Graal-Zyklus: Ebd., S. 28–36.

C'est li quens Phelipes de Flandres,
Qui valt mix ne fist Alixandres,
Cil que l'en dist qui fu si buens.
Mes je proverai que li quens
Valt mix que il ne fist assez,
Car cil ot an lui amassez
Toz les visces et toz les maus
Don li quens est mondes et saus. [...]
Li quens aime droite justise
Et loiauté et sainte eglise
Et toute vilonnie het;
S'est larges que l'en si ne set,
Qu'il done selonc l'evangille,
Sanz ypocrisie et sanz gille [...]. (v. 13–20 u. 25–30)[33]

[Der] Graf Philipp von Flandern. Dieser übertrifft an Wert (sogar) Alexander, der im Ruf äußerster Vollkommenheit steht. Aber ich werde zeigen, daß der Graf ihn bei weitem überragt, denn Alexander hatte alle Laster und alle Fehler in sich versammelt, von denen jener rein und frei ist. [...] Der Graf liebt die wahre Gerechtigkeit, die Redlichkeit und die Heilige Kirche, und alles Niedrige haßt er. Er ist freigebiger als alle wissen: er gibt nämlich gemäß der Weisung des Evangeliums ohne Heuchelei und Verstellung [...].

Alexander werden *toz les vices et toz les maus*, alle Laster und Übel, vorgeworfen, von denen Graf Philipp frei und rein sei, insofern Letzterer *vilenie*, niedriges Verhalten, in jeder Hinsicht verabscheue und sich in seinen Taten sowohl an der Kirche als auch am Evangelium orientiere. Wie Ulrich Mölk zu Recht bemerkte, müssen diese „religiösen Töne", die übrigens durch Anspielungen auf den Wortlaut der Bibel und durch eine übersetzte Bibelstelle (aus dem 1. Johannesbrief 4,16) – hier nicht im Zitierten wiedergegeben – untermauert werden, für das Publikum der (bisherigen) höfischen Romane sehr überraschend gewesen sein.[34]

Das Heidentum Alexanders war allerdings bereits seit den ersten volkssprachlichen Alexandertexten vom Beginn des 12. Jahrhunderts ein beinahe topisch aufgerufenes ‚Merkmal des Mangels', das dem sonst in ausdifferenzierter Weise als perfekt dargestellten Helden eignete. Im *Roman d'Alexandre*, der zeitlich nach dem *Conte du Graal* anzusetzen ist, aber auf vier zunächst separat entstandene ‚Erzählstränge' wie die *Mort Alixandre* zurückgeht, die im Einzelnen vor 1180 entstanden sind – so dass auch die Konzeption des *Perceval* durchaus gegen die

[33] Zitiert nach Chrétien de Troyes: *Le Roman de Perceval ou le Conte du Graal*, hg. von William Roach, Paris 1959 (*Textes littéraires français* 71). Für die Übersetzung sh. Chrétien de Troyes: *Perceval. Altfranzösisch/Deutsch*, übersetzt und hg. von Felicitas Olef-Krafft, Stuttgart 1991.

[34] Vgl. Ulrich Mölk: *Chrétien de Troyes, Perceval (Conte del Graal)*, in: *Französisches Mittelalter* (Anm. 9), S. 189–206, hier S. 190.

den Erwartungshorizont des Publikums bestimmende ‚mächtige' Alexanderfigur polemisiert haben dürfte –, erklärt die Erzählinstanz anlässlich von Alexanders Begräbnis:

> Mors fu rois Alixandres et a sa fin alés,
> Molt fu de ses barons et plains et regretés;
> En haute piramide fu bien par droit levés,
> Si com l'estoire dist, et il est vérités;
> Se il fust crestïens, ainc tels rois ne fu nes,
> Si cortois ne si larges, si sages, si menbrés [...]. (IV, v. 1552–1557)[35]

> Gestorben war König Alexander und an sein Ende gelangt, von seinen Baronen wurde er sehr beweint und betrauert; in eine hochragende Pyramide [i. e. sein Grabmal] wurde er zu Recht gebracht, so, wie es die *estoire* erzählt, und das ist die Wahrheit; wenn er Christ gewesen wäre, hätte es [bis heute] niemals mehr einen solchen König gegeben, so höfisch und so freigebig, so weise und so ruhmreich.

Se il fust crestïens, ainc tels rois ne fu nes. Die polemisch geführte Auseinandersetzung um das Alleinstellungsmerkmal der christlichen Eigenschaften und Verhaltensnormen amtierender und damit potenziell auch entstehender Eliten beförderte sicher unmittelbar auch die religiös akzentuierte Ausdifferenzierung der sich ab dem ‚umkämpften' Jahrzehnt konstituierenden Grals-Materie, wie sie sich, über den *Perceval* hinausgehend, ab dem Ende des 12. Jahrhunderts besonders in der heilsgeschichtlich angelegten *retractatio* des *Roman de l'Estoire dou Graal* des Robert de Boron manifestiert.[36]

Die zweite polemisch aufscheinende Frage wird detaillierter im *Partonopeu de Blois* verhandelt. Es geht darum auszuloten, von welcher Art die Gruppe der Mächtigen tatsächlich sein muss, und darum, wie der drohende Zugang von nichtadeligen Parvenus, ehemaligen Untergebenen und Aufsteigern als Vertrauten der Herrscher zu bewerten und letztlich abzuwehren ist.[37] Diese werden in beiden Texten abwertend als *serfs*, ‚Diener', bezeichnet, ohne dass dies in irgendeiner

[35] Zitiert nach: Alexandre de Paris, *Le Roman d'Alexandre*, hg. und übersetzt von Laurence Harf-Lancner, Paris 1994 (*Lettres gothiques*). Der altfranzösische Text folgt der Ausgabe *The Roman d'Alexandre*, hg. von Edward C. Armstrong u. a., Princeton 1937, Bd. 2 (*Elliott Monographs in the Romance Languages and Literatures* 37). Übersetzung S. F.

[36] Vgl. Susanne Friede: *Die ‚Geburt der Prosa'. Überlegungen zur Entstehung französischer Texte in Prosa (1205–1215)*, in: *Europa 1215 – Politik, Kultur und Literatur zur Zeit des IV. Laterankonzils*, hg. von Michele C. Ferrari, Klaus Herbers und Christiane Witthöft, Wien [u. a.] 2018 (*Beihefte zum Archiv für Kulturgeschichte* 79), S. 217–236.

[37] Vgl. hierzu und überhaupt zu den politischen Implikationen der unterschiedlichen Versionen des *Partonopeu* den zu wenig rezipierten Beitrag von Anne Reyders: *Le Roman de Partonopeu de Blois est-il l'œuvre d'un précurseur de Chrétien de Troyes?*, in: *Le Moyen Âge* 111 (2005), H. 3, S. 479–502.

Weise auf Knappen oder einfache Bediensteten verweist und ohne dass die angesprochene Gruppe mit diesen zu verwechseln wäre. Gemeint sind vielmehr im Gefolge des Herrschers agierende Personen (nicht Höflinge im frühneuzeitlichen Sinne), von denen aufgrund ihrer nicht-adligen Herkunft oder ‚nicht-adligen Interessen' Gefahr ausgeht. Polemisch wird so im Prolog der Handschrift A (Paris, Bibliothèque de l'Arsénal, 2986) des *Partonopeu* am Beispiel des Troja-Stoffes dargelegt, wie schon Priamus durch den von ihm bevorteilten Verräter Anchises (Aeneas' Vater), den *serf*, in seiner Position geschwächt wurde:

> As siens devint cruels et feus
> Qu'il haïrent lui et il eus. [...]
> Si guerroierent lor segnor.
> Por ço qu'il orent bone aïe
> Desdegnierent sa segnorie,
> Car il avoit d'un serf [t]rové
> Fait justice de son regné,
> Et cil avoit a ses parens
> Donés les amples casemens
> Et les gentils homes jetés,
> Par coi il rois fu si matés.
> Anchisés ot nom li culvers
> Qui fist de Troie les desers. (HS A, v. 165–166 u. 175–184)[38]

> Seinen Leuten gegenüber verhielt er sich grausam und hart, so dass sie ihn hassten, und er sie. [...] Sie bekriegten ihren Herrn. Weil sie über zuverlässige Hilfe verfügten, missachteten sie seine Autorität, denn er hatte einem niedrigen Diener die Macht über sein Reich überlassen, und dieser hatte seinen Verwandten große Lehen gegeben und die Adligen daraus vertrieben; deswegen erlitt der König eine solche Niederlage. Der Elende, der [auch] die Niederlage Trojas verursachte, hieß Anchises.

Anchises – ganz ohne adlige Gesinnung und ohne adlige Werte, so ist aus kulturellem Wissen des anvisierten Publikums zu ergänzen – *avoit* [...] *les gentils homes jetés* (v. 180/182), agierte also vor dem Hintergrund seiner niedrigen Abstammung konsequent gegen den Adel. Gute Könige sind – so ist als polemische Textaussage zu folgern – also nur diejenigen, die niemals niedrig Geborenen vertrauen, sondern ihre Herrschaft allein auf den Adel stützen bzw. diesen Adel, ob hoch oder niedrig, in seiner Machtausübung und in seinen erworbenen Positionen nicht beschneiden.

In der Narration des *Roman d'Alexandre* wird auf besondere Weise der Konflikt zwischen Aufsteigern und herrschendem Geburtsadel motiviert: Hier sind es die *serfs*, zwei mit Namen benannte und in ihrer verräterischen Kon-

[38] Zitiert nach: *Le Roman de Partonopeu de Blois*, hg. von Olivier Collet und Pierre-Marie Joris, Paris 2005 (*Lettres gothiques*). Übersetzung S. F.

versation ausführlich abgebildete Untergebene, die von Alexander reich mit Land und Besitz ausgestattet worden sind – und also zu Vasallen aufgestiegen sind –, welche Alexander heimtückisch vergiften.[39] Der Erzähler kommentiert am Anfang der 4. Branche vorausdeutend:

> Mais li serf de put aire, qui nel veulent amer
> Et que il pensoit molt hautement honorer,
> Ont aporté l'entosche por lui envenimer. [...]
> De Dayre le Persant lor peüst remembrer.
> Ja nus hom ne doit serf essaucier ne lever,
> C'onques bone chançon n'en oï chanter. (IV, v. 133–140)[40]

> Aber die übelgesonnenen Untergebenen, die ihm nichts Gutes wollten und die er doch seines Erachtens mit hohen Ehren überhäuft hatte, brachten das Gift mit, um ihn zu vergiften. [...] An Darius, den Perser, hätte dies sie erinnern können.

Mit Blick auf den Perserkönig Darius, dem ein ähnliches Schicksal widerfahren war, wird daraus vom Erzähler die allgemeine Verhaltensnorm für die – wohl auch als Rezipientenkreis anzunehmende Elite – abgeleitet: „Niemals darf man einen Untergebenen über das hinaus, was ihm zusteht, erheben" (v. 139), denn, so die abschließende, ästhetisch akzentuierte Bemerkung: „niemals hat man einen Untergebenen darüber ein gutes Lied machen hören." (v. 140) Die polemisch stilisierte Auseinandersetzung appelliert, wie auch im *Partonopeu*, stark an das Publikum, wobei in beiden Fällen sowohl eine auf die zeitgenössische Situation bezogene politische Botschaft als auch das Selbstverständnis des Ziel-Publikums evoziert werden. Obwohl die Diskussion im *Roman d'Alexandre* – gerade über die mit der Vulgata des Alexandre de Paris neu konstituierte Textsorte einer volkssprachlichen säkularen Vita – auch auf die Textsorte des Fürstenspiegels verweist, scheint invektivisch vor allem das Bedürfnis einer bestimmten Gruppe – welche

[39] Vgl. allgemein zu dieser Fragestellung Rita Boemke: *Alexander, francs rois debonaires. Herrschaftsideologie und Gesellschaftsauffassung im* Roman d'Alexandre, in: *Herrschaft, Ideologie und Geschichtskonzeption in Alexanderdichtungen des Mittelalters*, hg. von Ulrich Mölk, Göttingen 2002, S. 106–128, bes. S. 124–127; vgl. auch Gaullier-Bougassas (Anm. 10), S. 506–508, deren Verweis auf den bloß topischen „rejet des vilains" (S. 508) jedoch zu kurz greift. Vgl. methodisch eher im hier vertretenen Sinne die Ausführungen von Martin Gosman: *La légende d'Alexandre le Grand dans la littérature française du 12*[e] *siècle. Une réécriture permanente*, Amsterdam 1997 (*Faux Titre* 133), S. 168–194 (Kap. 8.: „Le descriptif idéologique"); vgl. auch ders.: *Alexandre le Grand et le statut de la noblesse ou le plaidoyer pour la permanence: Prolegomènes à l'histoire d'une légende*, in: ‚*Non nova, sed nove.*' *Mélanges de civilisation médiévale dédiés à Willem Noomen*, hg. von Martin Gosman und Jaap van Os, Groningen 1984, S. 81–93.

[40] Zitiert nach Alexandre de Paris, *Le Roman d'Alexandre* (Anm. 34). Übersetzung S. F.; zur Übersetzung von v. 139–140 sh. Fließtext.

im Spannungsfeld zwischen König, hochadligen Vasallen und den ‚anderen' zugleich als ideale Rezipientengruppe konturiert wird – nach einer durchaus pragmatisch zu funktionalisierenden polemischen Selbstvergewisserung der eigenen Existenzbedingungen und Handlungsmaximen auf.

Latein oder Volkssprache?

Polemiken zu einer ‚Glaubensfrage' in der geistlichen Literatur von Otfrid von Weißenburg bis zu Martin Luther und Leo Jud

ANDREAS HAMMER (Köln)

Die Dominanz des Lateinischen im Mittelalter und gerade innerhalb der mittelalterlichen Literatur ist enorm. Denn es ist bekanntlich vor allem das geschriebene Wort, bei dem Latein gegenüber der Volkssprache ein so bedeutender Vorrang eingeräumt wird. Wer lateinunkundig ist, ist in der Regel eben auch nicht lesekundig und umgekehrt: Wer lesen kann, kann meistens auch Latein. Die Gründe dafür sind Allgemeinplätze, die ich daher nur kurz ins Gedächtnis rufen möchte: Zur dominierenden Sprache wird Latein nicht zuletzt durch die Verbindung von Christentum und Antike; Schrift wie überhaupt Wissenschaft ist von Anfang an eine Domäne der Kirche.[1] Da, insbesondere noch im Frühmittelalter, laikal meist mit illiterat gleichzusetzen war und umgekehrt die *litterati* fast immer Kleriker waren – denn diese hatten ja gewissermaßen ein Bildungsmonopol –, ist für die frühen volkssprachigen Zeugnisse der deutschen Literatur fast zwangsläufig davon auszugehen, dass sie ebenfalls durch Geistliche entstanden sind. Der handschriftliche Kontext etwa des *Hildebrandsliedes* oder der *Merseburger Zaubersprüche*, an sich ja Texte ohne religiösen Hintergrund, bestätigt dies zusätzlich.[2] Die ältesten volkssprachigen Sprachzeugnisse sind

1 Die Untersuchungen zur mittelalterlichen Übersetzungskultur und -praxis sind derart zahlreich, dass hier nur eine kleine, selektive Auswahl angeführt werden kann: Klaus Grubmüller: *Deutsche Übersetzungen lateinischer Texte im Mittelalter*, in: *Übersetzung: ein internationales Handbuch zur Übersetzungsforschung*, 2. Teilbd., hg. von Harald Knittel u. a, Berlin u. a. 2007 (*Handbücher zur Sprach- und Kommunikationswissenschaft* 26/2), S. 1713–1717; ders.: *Über die Bedingungen volkssprachiger Traditionsbildung im lateinisch dominierten Mittelalter*, in: *Mehrsprachigkeit im Mittelalter: kulturelle, literarische, sprachliche und didaktische Konstellationen in europäischer Perspektive*, hg. von Michael Baldzuhn und Christine Putzo. Berlin/New York 2011, S. 147–157, hier S. 150; Burkhard Hasebrink: *Latinität als Bildungsfundament. Spuren subsidiärer Grammatikunterweisung im Dominikanerorden*, in: *Schulliteratur im späten Mittelalter*, hg. von Klaus Grubmüller, Paderborn/München 2000 (*Münstersche Mittelalter-Schriften* 69), S. 49–76.

2 Vgl. zur Überlieferung der althochdeutschen Zaubersprüche grundsätzlich Ernst Hellgardt: *Die deutschen Zaubersprüche und Segen im Kontext ihrer Überlieferung (10. bis 13. Jahrhundert): Eine überlieferungsgeschichtliche Skizze*, in: *Atti Accademia Peloritana dei Pericolanti – Classe di Lettere, Filosofia e Belle Arti* LXXI (1995),

ohnehin keine literarischen Texte, sondern Glossen, also Übersetzungshilfen, die der Erläuterung und dem Verständnis lateinischer Texte dienen.[3]

Zudem besitzt die Kirche auch den institutionellen Rahmen, um ihre Wissensbestände schriftlich (und das heißt eben: auf Latein) zu verbreiten, während die auf Oralität beruhende Volkssprache ganz anderen Kommunikationssituationen, aber auch einem ganz anderen kulturellen Kontext unterworfen ist. Allein: Die Literatur ist natürlich weitaus heterogener und in verschiedenste Kontexte eingebettet, und so geht die Gleichung, volkssprachige Literatur sei stets adelig-höfischen Kontexten zuzuordnen, während lateinische Texte, sofern sie nicht diskursiv sind und der Wissensvermittlung dienen, hauptsächlich geistlich-religiösen Inhalts seien, natürlich nicht auf. Beispiele hierfür bieten der *Waltharius*, der die lateinische Fassung eines volkssprachigen Epenstoffes darstellt, oder die lateinische Übertragung von Hartmanns *Gregorius* durch Arnold von Lübeck. Weitaus häufiger ist freilich der umgekehrte Fall, dass nämlich ein lateinischer Text in die Volkssprache übertragen wird. Und hier sind es besonders geistliche Inhalte, die offenbar immer stärker ins Interesse von Übersetzern rücken.[4] Andererseits geht mit dem Wechsel in die Volkssprache auch ein gewisser Glaubwürdigkeitsverlust einher, zumindest aber die Notwendigkeit einer expliziten Legitimationsstrategie, jedenfalls in den Anfangszeiten der deutschen Literatur: Wenn, pauschal gesagt, Latein im kulturellen Bewusstsein mit Schriftlichkeit, Schriftlichkeit wiederum mit Gelehrsamkeit in Verbindung gebracht wird, dann wird umgekehrt Volkssprache mit Mündlichkeit gleichgesetzt und gilt dadurch zugleich auch als weniger zuverlässig.

So ist es kein Wunder, dass volkssprachige Texte selbst da, wo es nicht um theologische Gelehrtheit, sondern um (aus heutiger Sicht) fiktionale Erzählungen geht, vielfach auf Buchwissen und schriftlich verbriefte Tatsachen verweisen:

S. 5–62; zum *Hildebrandslied* vgl. Dieter Geunich: *Zur althochdeutschen Literatur aus Fulda*, in: *Von der Klosterbibliothek zur Landesbibliothek. Beiträge zum zweihundertjährigen Bestehen der Hessischen Landesbibliothek Fulda*, hg. von Artur Brall, Stuttgart 1978 (*Bibliothek des Buchwesens* 6), S. 99–124.

3 Vgl. Rolf Bergmann: *Die althochdeutsche und altsächsische Glossographie. Ein Handbuch*, 2 Bde., Berlin u. a. 2009.

4 Von Übersetzen im Sinne einer wortgetreuen Übertragung in die andere Sprache kann ohnehin kaum die Rede sein, vielmehr muss man mit Franz Josef Worstbrock vom Wiedererzählen sprechen (Franz Josef Worstbrock: *Wiedererzählen und Übersetzen*, in: *Mittelalter und Frühe Neuzeit: Übergänge, Umbrüche und Neuansätze*, hg. von Walter Haug, Tübingen 1999 [*Fortuna vitrea* 16], S. 128–142), der grundlegend den Umgang mit fremdsprachigen Vorlagen nachzeichnet und daher klar zwischen Wiedererzählen und Übersetzen unterscheidet. In diesem Sinne geht es also z.B. Otfrid um eine poetische Übertragung des biblischen Sinngehaltes, für die er jedoch in der Volkssprache keine Vorbilder hat; seine Bibeldichtung ist, wie sich zeigt, fundamental unterschieden von der Übersetzung Luthers.

Heinrich von Veldeke nennt ein *welsches buch* als Quelle,[5] und Hartmann von Aue verweist selbst gerne auf seine Gelehrsamkeit durch Buchwissen;[6] damit setzen sich diese Dichter deutlich von den mündlich verbreiteten Epenstoffen ab. Und selbst in der Heldenepik gibt es mit dem *Wolfdietrich D* einen Text, der sich nicht auf die *alten mæren* bezieht, sondern explizit auf ein Buch, dem der Erzählstoff entnommen sein soll und dessen Herkunft einleitend geschildert wird.[7] Für Texte der geistlichen Literatur allerdings treten derartige Legitimationsprobleme umso stärker hervor. Denn hier werden religiöse Sachverhalte verkündet, deren Zuverlässigkeit und Wahrheitsanspruch sich nicht zuletzt aus der intellektuellen Überlegenheit der Kirchensprache Latein ableiten lassen. Hier vom üblichen Modus in die Volkssprache zu wechseln, erfordert, so könnte man jedenfalls meinen, besondere Beglaubigungsstrategien – erst recht, wenn es sich nicht um Gebrauchsliteratur wie Gebete oder Beichten handelt, die zum besseren Verständnis der lateinischen Liturgie und Gottesdienstrituale übersetzt wurden. Nicht zuletzt wurde auf der von Karl dem Großen initiierten Reichssynode zu Frankfurt 794 bestätigt, dass Gott in jeder Sprache angebetet werden könne, was zwar selbstverständlich keinen Einfluss auf das Lateinische als Kirchensprache und Sprache der Liturgie hatte, aber immerhin die volkssprachigen Übertragungen insbesondere des Vaterunsers und anderer Gebete legitimierte und förderte.[8]

5 Heinrich von Veldeke: *Eneasroman. Mittelhochdeutsch/Neuhochdeutsch*, nach dem Text von Ludwig Ettmüller ins Neuhochdeutsche übersetzt, mit einem Stellenkommentar und einem Nachwort von Dieter Kartschoke, Stuttgart 1986, V. 13507.

6 Vgl. nur die Anfangspartien im *Iwein* und im *Armen Heinrich*: *Ein rîter, der gelêret was / unde ez an den buochen las* (Hartmann von Aue: *Iwein*, Text der 7. Ausgabe von Georg Friedrich Benecke, Karl Lachmann und Ludwig Wolff. Übersetzung und Anmerkungen von Thomas Cramer. 3., durchgesehene und ergänzte Auflage, Berlin/New York 1981, V. 21f.); *Ein ritter sô gelêret was / daz er an den buochen las* (Hartmann von Aue: *Der arme Heinrich*, hg. von Hermann Paul. 16., neu bearbeitete Auflage, besorgt von Kurt Gärtner, Tübingen 1996, V. 1f.).

7 Vgl. *Ortnit und Wolfdietrich D*, kritischer Text nach Ms. Carm 2 der Stadt- und Universitätsbibliothek Frankfurt am Main, hg. von Walter Kofler, Stuttgart 2001, S. 55, Strophen 1 und 2.

8 Vgl. Wolfgang Haubrichs: *Die Anfänge: Versuche volkssprachiger Schriftlichkeit im frühen Mittelalter (ca. 700–1050/60)*, in: *Geschichte der deutschen Literatur von den Anfängen bis zum Beginn der Neuzeit*, Bd. 1, hg. von Joachim Heinzle, unter Mitwirkung von Wolfgang Haubrichs, Königstein/Ts. 1988, S. 280f.

1 Otfrid von Weißenburg: Polemik zur Etablierung einer Schriftlichkeit in der Volkssprache

Der Erste, der sozusagen in größerem Stil von der lateinischen zur deutschen Sprache wechselte, war bekanntlich Otfrid von Weißenburg mit seiner zwischen 863 und 871 entstandenen Evangelienharmonie. Indes hat sich Otfrid aber immerhin genötigt gefühlt, eingangs in einem eigenen Kapitel seine Beweggründe darzulegen: *Cur scriptor hunc librum theotisce dictaverit* („Weshalb der Autor dieses Buches in deutscher Sprache geschrieben hat“: Die lateinischen Überschriften zeigen die Zweisprachigkeit besonders des Frühmittelalters an.). Wenn, so Otfrids Argumentation, die anderen Völker, allen voran die der Antike, mit ihren (schriftlich überlieferten) Dichtungen so viel Ruhm erlangen konnten, weshalb dann nicht auch die Franken?

> Nu es filu manno inthíhit in sína zungung scríbit,
> ioh ílit, er gigáhe, thaz sinaz io gihóhe
> Wanana sculun Fránkon éinon thaz biwánkon
> ni sie in frénkisgon bigínnen sie gotes lób singen? (I.1,31–34)[9]
>
> Da sich so viele Menschen bemühen, in ihrer Sprache zu schreiben, und eifrig darangehen, ihren Ruhm zu erhöhen, weshalb sollten die Franken als einzige verzichten und nicht in fränkischer Sprache das Lob Gottes singen?

Diese Begründungsstrategie geht von der Ebenbürtigkeit der Franken mit den antiken Völkern aus; das Lob der Franken wird in karolingischem Selbstbewusstsein mit dem Gotteslob gleichgesetzt. Und wer das Lob Gottes in einer fremden Sprache nicht verstehen könne, der könne nun *zi guate* („zu seinem Heil“; I.1,121) hören, was Otfrid *in frenkisga zungun* (I.1,122) gedichtet habe.

In einer ähnlichen Argumentationsrichtung, aber doch wieder ganz anders, äußert sich Otfrid in seinem (auf Lateinisch verfassten) Widmungsschreiben an Liutbert, Bischof von Mainz, zu seinem Vorhaben:[10] Auch hier möchte er die

9 Text und Übersetzung nach: *Frühe deutsche Literatur und lateinische Literatur in Deutschland 800-1500*, hg. von Walter Haug und Benedikt Konrad Vollmann, Frankfurt a. M. 1991. Eine umfassende Übersetzung, Kommentierung und Interpretation des gesamten Abschnittes bietet Stephan Müller: *Erzählen und Erlösen. Wege ins Heil und die Produktion von Präsenz im Evangelienbuch Otfrids von Weißenburg (I, 1 ,1–50)*, in: *Narration und Ethik*, hg. von Claudia Öhlschläger, München/Paderborn 2009 (*Ethik – Text – Kultur* 1), S. 183–199, hier S. 187f.

10 „Aus der Tatsache, daß O[tfrid] dem zuständigen Bischof sein Werk zur Approbation [...] zuschickte, ist zu ersehen, daß das ‚Evangelienbuch‘ von vornherein auch für außerklösterliche Kreise geplant war“, so Gisela Vollmann-Profe: *Widmungen. Buch I,1– 11*, in: *Kommentar zu Otfrids Evangelienbuch*, Bonn 1976, S. 30. Auf diese Übersetzung des Widmungsschreibens und den Kommentar sei ausdrücklich ver-

Neuerung begründen, ausgerechnet beim Text der Evangelien von der Kirchensprache Latein in die Volkssprache zu wechseln. Ohne hier genauer darauf eingehen zu können, möchte ich zumindest ein paar grundlegende Punkte seiner Argumentation skizzieren, da sie einige der zuvor genannten pauschalen Thesen unterstreichen: Otfrid setzt eine klare Differenz zwischen schriftlicher und mündlicher Rede, denn gerade der mündliche Vortrag durch weltliche Lieder zur Unterhaltung wird von ihm scharf kritisiert und dem Vortrag dieses heiligen Textes, der ‚Süße der Evangelien', gegenübergestellt. Da Otfrid der Erste ist, der ein solches Unterfangen wagt (einmal abgesehen vom *Heliand*, der als Bibeldichtung im germanischen Stabreim aber ganz anders gelagert ist), muss er sich von niemandem abgrenzen und braucht auf keine Kritik zu reagieren.[11]

Es besteht also zunächst gar kein Anlass für eine Polemik – diese richtet sich in seinem Widmungsbrief vielmehr gegen die ‚Unterhaltungsliteratur'[12] der oral-volkssprachigen Sänger und deren Stofftraditionen, da diese die mit ihrem „Vortrag von nichtsnutzigem Zeug die Ohren vortrefflicher Männer beleidigt[ ] und das anstößige Gesinge der Laien sie in ihrer frommen Gesinnung beunruhigt[ ]" hätten (*Dum rerum quondam sonus inutilium pulsaret aures quorundam probatissimorum virorum, eorumque sanctitatem laicorum cantus inquietaret obscenus*; Ad Liut., Z. 9ff.). Gerade dies habe verschiedene Leute dazu veranlasst, ihn, Otfrid, um eine volkssprachige[13] Ausarbeitung der Evangelien zu bitten, um damit die Unterhaltung durch weltliche Lieder zu begrenzen.

Sodann werden antike Autoren (Vergil, Ovid, Lukan) angeführt, deren Dichtkunst weltberühmt und geschätzt sei, während die Franken Derartiges bisher nicht vollbracht hätten. Es geht in diesem Widmungsbrief also nicht um eine

wiesen; zitiert wird der Text der Zugänglichkeit halber nach Haug/Vollmann (Anm. 9), hier S. 72–81.

11 Auch der Dichter des *Heliand* betont in der lateinischen *praefacio* das Anliegen, den biblischen Stoff ungebildeten und illiteraten Rezipienten in der Volkssprache zugänglich zu machen; im vorangeschalteten (lateinischen) Gedicht über seine eigene Person (*Versus de poeta et interprete huius codicis*) beruft er sich dafür gar auf einen göttlichen Auftrag (vgl. Marcià Riutort i Riutort: *Der Heliand als mündliche Übersetzung*, in: *Aspects of Literary Translation*, hg. von Eva Parra Membrides u. a., Tübingen 2012, S. 81–99, hier S. 90ff.). Probleme des Übersetzens hat er gleichwohl ebenso wenig zu beklagen wie die Rohheit der sächsischen Sprache, in der er sein Werk verfasst, vielmehr preist er dieses als einzigartig unter den *theudisca poemata* – kein Wunder, tritt er doch viel stärker noch als Otfrid als Dichter und Nacherzähler in einem ganz anderen literarischen Genre auf, der den biblischen Stoff nach Art der mündlichen Heldendichtung überformt.

12 Otfrid spricht von einer „Unterhaltung durch weltliche Lieder", die durch den Vortrag dieses Heiligen Textes zurückgedrängt werden könne (*ut aliquantulum huius cantus lectionis ludum secularium vocum deleret*; Ad Liut., Z. 15f.). Vgl. auch Müller (Anm. 9), S. 190.

13 Zum hier erstmals prominent gebrauchten Terminus *theotisce* vgl. ausführlich Vollmann-Profe (Anm. 10), S. 36–38.

Aufwertung der Volkssprache an sich, wie sie dann das erste Kapitel formuliert, vielmehr kann diese Aufwertung nur in einem bestimmten Kontext und im Rahmen schriftlich-religiöser, heilsgeschichtlicher Rede vonstattengehen. Probleme mit der Authentizität seiner Rede hat Otfrid dagegen nicht: Latein und Volkssprache sind unter dieser Perspektive keine Gegensätze, solange die Voraussetzungen von Schriftlichkeit und religiöser Rede erfüllt sind; die Autorität des lateinischen Vulgatatextes hinter seiner Übersetzung steht für Otfrid ohnehin niemals in Frage. Seine Polemik dient in erster Linie dazu, den Vollzug dieser Rede von der Mündlichkeit bzw. von den entsprechenden Stofftraditionen abzusetzen.

Noch an einer anderen Stelle wird der Widmungsbrief an Liutbert polemisch, und zwar wenn es um die deutsche Sprache selbst geht. Otfrid schildert lebhaft die Schwierigkeiten, die er bei seiner Übersetzung mit dieser bäuerischen und unkultivierten Sprache gehabt habe; die Abweichungen vom Lateinischen werden bisweilen sehr bildhaft beschrieben. Auch hier zeigt sich wieder, dass Latein das einzig mögliche Referenzsystem ist, an dem die anderen Sprachen gemessen werden. Doch Otfrid ist sich durchaus der Neuheit seines Unterfangens bewusst, denn seine Argumentation stellt vielmehr den Gegensatz zwischen mündlichem und schriftlichem Sprachgebrauch heraus, weniger den zwischen Latein und Volkssprache: das Deutsche, so führt er aus, sei nur deshalb so ungeschliffen, weil bisher kaum etwas Schriftliches in dieser Sprache fixiert worden sei und sie daher auch nicht durch grammatische und rhetorische Künste kultiviert hätte werden können.[14]

Zwar wird auf diese Weise die Überlegenheit des Lateinischen nicht angetastet, sondern vielmehr das vor allem im ersten Kapitel formulierte Ziel, nicht die Volkssprache an sich, sondern die Sprache der Franken (und damit auch ‚das' Fränkische als kulturelle, politische Kraft) hervorzuheben. Die politische Dominanz der Franken soll sich auf diese Weise auch in der Verwendung des Fränkischen als Schrift-Sprache zeigen, dazu aber bedarf es der Anstrengung, diese bisher rohe Sprache entsprechend zu formen und zu gestalten. Das ist sicherlich nicht der alleinige Anspruch von Otfrids Werk, doch es ist auffällig, dass dieses Ziel so prominent formuliert wird und damit auch eine Rechtfertigung des ganzen Unterfangens bietet. Die Etablierung des Deutschen bzw. Fränkischen als Schriftsprache, das betont Otfrid im scharfen Gegensatz von mündlicher und schriftlicher Rede, ist damit auch eine Kulturleistung, die die

14 Vollmann-Profe (Anm. 10), S. 53f., verweist darauf, dass Otfrid im gesamten Widmungsbrief, jedoch besonders hier, wo er sich ausdrücklich auf die *grammatici* (Z. 76) bezieht, die Terminologie der damaligen Schulgrammatik verwendet, insbesondere mit Bezügen auf Hrabanus Maurus. Zur literarischen Leistung Otfrids nicht nur als Bibeldichter und -kommentator vgl. ausführlich Wolfgang Haubrichs: *Otfrid von Weißenburg – Übersetzer, Erzähler, Interpret. Zur translativen Technik eines karolingischen Gelehrten*, in: *Übersetzen im Mittelalter. Cambridger Kolloquium 1994*, hg. von Joachim Heinzle, Berlin 1996 (*Wolfram-Studien* 14), S. 13–45, der konstatiert, dass Otfrid in vielen Fällen „Kommentar in Erzählung transformiert" (ebd., S. 39).

bisherige Dominanz der polemisch ins Spiel gebrachten volkssprachigen Sänger in bestimmten Kreisen und Stofftraditionen durchbrechen soll.

2 Lateinische Übersetzungsleistungen im Hochmittelalter

Mit seinem Werk sowie mit seinen Überlegungen zur deutschen und lateinischen Schriftsprache steht Otfrid zunächst weitgehend isoliert da. Großangelegte volkssprachige Bibelbearbeitungen oder Ähnliches finden sich im Bereich der althochdeutschen Literatur ansonsten nämlich nicht; erst die *Wiener Genesis* läutet rund zwei Jahrhunderte später die frühmittelhochdeutsche Bibeldichtung ein, und erst jetzt kommen in größerem Stil volkssprachige Übersetzungen lateinisch-geistlicher Stoffe (wie etwa Willirams von Ebersberg Hohelied-kommentar oder der *Trierer Silvester*) auf. Doch hier fällt auf, dass eine Auseinandersetzung mit dem Status des übersetzten Textes faktisch gar nicht stattfindet, allenfalls wird dieser Umstand erwähnt, selten aber überhaupt noch weiter kommentiert oder reflektiert, geschweige denn begründet. Zwar handelt es sich auch bei den großangelegten Legendendichtungen eher um weitläufige Übertragungen eines Stoffes aus dem Lateinischen denn um getreue Übersetzungen, aber dennoch ist auffällig, wie selten die lateinische Quelle (und eine solche hat ja fast allen diesen Werken in irgendeiner Form zugrunde gelegen) überhaupt erwähnt wird. Von einer Authentizitätsproblematik, mangelnder Glaubwürdigkeit der Volkssprache oder ähnlichen Legitimationsstrategien kann kaum die Rede sein. Von Polemiken ist daher keine Spur zu finden, vielmehr werden die üblichen, toposhaften Demutsformeln verwendet, die Gott oder den Heiligen Geist um Inspiration bitten.

Dazu nur ein paar Beispiele zur Illustration: in der altdeutschen *Exodus* bittet der Verfasser Gott:

> dû gip mir dînen wîstûm,
> daz ich muge wandilôn
> mit tûtiskeme munde
> der latînisken zungen (V. 17–20),

> Schenke mir Deine Weisheit, dass ich umwandeln kann mit deutschem Munde die lateinische Zunge.

und er bittet weiter darum:

> nû sende mir sanctum
> spiritum paraclitum
> der mîn gebende lôse,
> sô wil ich gerne chôsen;

der heilige geist dîn
ordene die rede mîn (V. 29–34).[15]

Nun sende mir den Beistand des Heiligen Geistes (oder: den hl. Tröster), der meine Fesseln löse, so will ich gerne sprechen; dein heiliger Geist ordne meine Rede.

Es ist also durchaus ein Bewusstsein vorhanden, dass die Übertragung von Latein in die Volkssprache nicht unproblematisch ist, der Verfasser selbst und auch zumindest Teile seines Publikums sind sich, wie die scheinbar selbstverständliche Verwendung einer lateinischen Formel (*sanctum spiritum paraclitum*) zeigt, der Stellung der Kirchensprache jedoch absolut bewusst. Da es sich nicht um eine Neudichtung handelt, bittet der Verfasser eben auch nur um die Gnade Gottes für die richtige Übersetzung; die Autorität des Urtextes steht dabei im Hintergrund und wird keinesfalls angetastet.

Ganz konkret setzt sich Priester Wernhers *Marienleben* (entstanden 1172) mit der Übersetzungspraxis auseinander, indem darin betont wird, der Stoff sei vom Evangelisten Matthäus in *ebreyscher zungen* (A 88)[16] aufgeschrieben und später dann von Hieronymus *in die senfte lateine* (A 93) übersetzt worden (es geht hier um das als Pseudo-Matthäus bekannte apokryphe Evangelium von Jesu Kindheit): Schon die Übertragung ins Lateinische habe dem besseren Verständnis in Predigt und Schriftlehre gedient. Auf ebendiese beiden, auf Matthäus und Hieronymus, beruft sich nun auch Wernher bei seiner Übersetzung:

nv wolde ich ir rat
mit ir helfe sůchen,
ob si des wolt gerůchen,
daz ich in tevscher rede
das půch prehte her zewêge,
daz ez alle mugen lesen
die gotes chint wellen wesen (A 134–140).

Nun will ich ihren Rat mit ihrer Hilfe suchen, wenn sie es billigen, dass ich mit deutscher Rede dieses Buch schaffe, so dass es alle lesen mögen, die Gottes Kinder sein wollen.

Wernher ist sich also darüber im Klaren, dass sein Werk die Übertragung eines gleichfalls übersetzten Textes ist, doch nicht nur die Autorität des Urtextes des

15 Zitiert nach: *Die altdeutsche Exodus. Untersuchungen und kritischer Text*, hg. von Edgar Papp, München 1968 (*Medium aevum* 16).

16 Zitiert nach: Priester Wernher: *Maria. Bruchstücke und Umarbeitungen*, hg. von Carl Wesle, Berlin/Boston 2016.

Evangeliums (wiewohl dieser griechisch und nicht hebräisch war), sondern die der Übersetzung des Hieronymus, dessen Vulgatatext die größte Legitimation und Autorität besitzt, werden herangezogen, um seiner Übersetzung gleichermaßen Autorität zu verleihen:

> swaz Matheus der frone bot
> den ebreyschen vor saget,
> dirre herre dez niht verdaget
> in der lateine. (A 126–129)

> Was der Evangelist Matthäus zuvor auf Hebräisch berichtet, das verschweigt dieser Herr nicht im Lateinischen.

So wie Hieronymus nichts in seiner lateinischen Übertragung auslässt oder verfälscht hat, kann auch Wernhers Übertragung in die Volkssprache nichts Falsches anhaften.

Für die volkssprachige geistliche Literatur des hohen Mittelalters scheint ein solcher Umgang mit den lateinischen Vorlagen gewissermaßen *communis opinio* gewesen zu sein. Durch die endgültige Etablierung der volkssprachigen Dichtung im 12./13. Jahrhundert muss man sich nicht wie der Wegbereiter Otfrid Gedanken über die Sperrigkeit des Deutschen gegenüber dem Lateinischen machen, denn Deutsch hat sich nun auch als Schrift- und Dichtersprache etabliert.[17] Doch der Umstand des Übersetzens selbst und ein eventuell dadurch drohender Autoritätsverlust wird kaum thematisiert, und wenn doch, dann entsprechend verklausuliert wie bei Priester Wernher.[18] Die Übertragung aus dem Lateinischen ist, wo überhaupt angesprochen, mit den allenthalben bekannten, topischen Demutsformeln verknüpft: Lamprecht von Regensburg beispielsweise greift in seinem fast 400 Verse langen Prolog seiner Darstellung des Lebens des heiligen Franz von Assisi (um 1238) erst am Schluss die Quellenfrage auf, indem er sich bei seiner Franziskusvita auf Thomas von Celano beruft, dessen *Vita prima* er als einer der ersten in die Volkssprache überträgt. Diese Vorlage ist es, die für die Autorität auch seines Textes bürgt, denn Thomas habe im Auftrag von Papst Gregor IX. seine eigenen Erlebnisse und weitere Augenzeugenberichte in lateinischer Sprache wiedergegeben:

> dô machte ein bruoder, hiez Thomas,
> der ein der minnerbrüeder was,

17 Vgl. zur Etablierung der Volkssprache Grubmüller: *Über die Bedingungen* (Anm. 1).

18 Im Sinne von Worstbrock [Anm. 4] sind die folgenden Beispiele aus dem Hochmittelalter natürlich keine der Übersetzung, sondern des Wiedererzählens; zu fragen wäre, ob die fehlende Auseinandersetzung mit dem lateinischen Ausgangstext nicht zuletzt dem Umstand geschuldet ist, dass eine wörtliche Übersetzung in diesen Fällen auch nicht zur Debatte steht.

latîn als in der bâbest hiez,
der der niunde Gregories hiez,
sant Francisken getât (V. 355–359)[19]

Darauf verfasste ein Bruder mit Namen Thomas, der ebenfalls ein Minorit war, die Lebensbeschreibung und Taten des Franziskus auf Latein, wie es ihn der Papst Gregor IX. hieß.

Lamprecht erklärt dann lediglich, dass er dies *in diutscher diute* (V. 374) weitergeben wolle, und zwar explizit ohne Erweiterungen oder sprachliche Ausschmückungen.

diz hât gemacht in diutscher diute,
als irz hie hoeret unde seht,
ein knappe, heizet Lampreht. (V. 374–376)

Das hat in deutscher Auslegung, wie ihr es hier hört und seht, ein Knecht gemacht, der Lamprecht heißt.

Noch knapper geht Konrad von Würzburg (2. Hälfte 13. Jh.) mit seinen Quellen um: Das Leben des heiligen Alexius, so sagt Konrad im Prolog seiner Alexiuslegende,

daz in latine stât geschriben,
werde in tiusch von mir getriben
alsô bescheidenliche nu
daz dâ von gepriset du
werden müezest und ouch er (V. 19–23).[20]

das in Latein geschrieben steht, soll in Deutsch nun von mir vorangetrieben werden, so angemessen, dass Du dadurch gepriesen werden sollst und auch er.

Ganz ähnlich im *Silvester*: Nach der Nennung seines Mäzens und Auftraggebers Liutolt von Roetelin bekennt der *tumbe* Konrad,

daz ich diz buoch verrihte
und ez in tiusch getihte
bringe von latîne.

19 Zitiert nach: Lamprecht von Regensburg: *Sanct Franzisken Leben und Tochter Syon*, zum ersten Mal hg. nebst Glossar von Karl Weinhold, Paderborn 1880.

20 Zitiert nach: Konrad von Würzburg: *Das Leben des heiligen Alexis*, hg. von Richard Hencynski, Berlin 1898 (*Acta Germanica* 4/1).

> durch die bete sîne [Liutolts]
> tuon ich ez als ich beste kan (V. 85–89).[21]

> dass ich dieses Buch (diese Geschichte) vollende und es als deutsche Dichtung aus dem Lateinischen übertrage, das tue ich auf seine (Leutolds) Bitte hin, so gut ich es vermag.

Die entsprechende Vorgehensweise indes wird in keiner Weise in einem seiner Werke reflektiert oder problematisiert. Auf ähnliche Weise äußert sich u. a. auch Rudolf von Ems im *Barlaam*, der den Weg der Erzählung vom griechischen über den lateinischen Text bis hin zu seiner deutschen Fassung ausbreitet und sich dabei eher als eine Art Endpunkt dieser Entwicklung sieht: Sein Werk soll den Christen Vorbild und gute Lehre sein.[22]

Es gibt jedoch eine mittelhochdeutsche religiöse Dichtung, die eine ausführliche, vor allem aber äußerst polemische Auseinandersetzung mit dieser Thematik eröffnet. Es handelt sich um die Legendensammlung des *Passionals*, die erste volkssprachige Übertragung der *Legenda aurea*, kurz vor der oder um die Wende zum 14. Jahrhundert entstanden.[23] Aber das Legendar ist weit mehr als eine bloße Übertragung (oder besser: Wiedererzählung) des ‚Bestsellers' von Jacobus de Voragine. Die insgesamt fast 110.000 Verse sind in eine ganz andere Konzeption eingebunden, wobei die gewaltige Stoffmenge heilsgeschichtlich-chronologisch und nicht liturgisch-kalendarisch angeordnet ist; zudem ist der Erzählstil ein ganz anderer: Die lateinische Prosa der Vorlage wird in Verse übertragen, inhaltlich stechen narrative Erweiterungen im Sinne einer Figurenperspektivierung hervor, indirekte wird in wörtliche Rede überführt, Emotionalität herausgestellt usw. Außerdem ist der anonyme Verfasser an einer strikten Narrativierung interessiert und lässt die zahlreichen diskursiven und exegetischen Einschübe der *Legenda aurea* fast immer weg, greift dabei an einigen Stellen auch auf andere, z. T. auch volkssprachige Quellen zurück.[24] Eingeteilt ist es in drei Bücher: ein Jesus- und Marienleben, dann die Apostelviten und erst

21 Zitiert nach: Konrad von Würzburg: *Silvester*, in: ders.: *Die Legenden I*, hg. von Paul Gereke, Halle/Saale 1925 (*ATB* 19).

22 Vgl. Rudolf von Ems: *Barlaam und Josaphat*, hg. von Franz Pfeiffer. Mit einem Anhang aus Franz Söhns: Das Handschriftenverhältnis in Rudolfs von Ems ‚Barlaam', einem Nachwort und einem Register von Heinz Rupp, Ndr. der Ausgabe Leipzig 1843, Berlin 1965 (*Deutsche Neudrucke. Reihe Texte des Mittelalters*), V. 140.

23 Vgl. zum Forschungsstand die Neuausgabe: *Passional. Bd. 1: Marienleben*, *Bd. 2: Apostellegenden*, hg. von Annegret Haase, Martin Schubert und Jürgen Wolf, Berlin 2013, mit der ausführlichen Einleitung von Martin Schubert.

24 Vgl. ebd., S. CCX–CCXLVII; zu den Erzählverfahren Andreas Hammer: *Erzählen vom Heiligen. Narrative Inszenierungsformen von Heiligkeit im Passional*, Berlin/Boston 2015 (*Literatur – Theorie – Geschichte* 10), S. 51–60.

das dritte Buch mit 75 übrigen Heiligenlegenden ist nach dem liturgischen Kalender wie die *Legenda aurea* angelegt.

Seine Hauptquelle nennt der anonyme Verfasser dabei niemals, sondern spricht stets von den *meistere[n] an latin* (I 330),[25] auf die er sich beruft. Auffällig ist dabei jedoch, dass er sich mehrfach, und zwar in den Vorreden zum ersten und zum zweiten Buch wie auch in der Nachrede zum zweiten Buch, wiederholt und in z. T. sehr scharfer Form an seine Kritiker wendet.[26] Offensichtlich, so wird klar, hängt diese Kritik in nicht unerheblichem Maße mit der Entscheidung zusammen, das Werk in der Volkssprache zu verfassen, wie vor allem die Ausführungen im Prolog zum ersten Buch zeigen:

> ouch bite ich, hogelobter got,
> ob ieman wolle sinen spot
> und einen bosen wolves zan
> mit ergerunge hengen dran,
> daz ich zu dutschem volke
> dis buches bin ein tolke,
> dem drucke sin gemute,
> herre in diner gute,
> daz er bedenke drunder,
> wi man dine wunder
> predigen unde schriben
> den mannen und den wiben
> sule an allen zungen. (I 231–243)

> Auch bitte ich, hochgelobter Gott, dass – sollte jemand seinen Spott und den bösen Wolfszahn mit Ärgernis daran hängen, dass ich für das deutsch(sprachige) Volk ein Übersetzer dieses Buches bin – dass du ihm, Herr, in deiner Güte, seine Gesinnung beeindruckst, auf dass er bedenke, wie man Männern und Frauen über deine Wunder in allen Zungen predigen oder schreiben soll.

Gegen den *bosen wolves zan* (I 233) der Kritiker verteidigt sich der Verfasser mit ähnlichen Argumenten, wie sie bereits Otfrid gebraucht hat, dass nämlich das Lob Gottes in *allen zungen* (I 243), und für die deutschen Landsleute eben auch auf Deutsch, verkündet werden könne, wobei das mittelhochdeutsche *tolke* (I 236) sowohl ‚Dolmetscher' als auch ‚Interpret' bedeuten kann: Die Über-

25 Zitiert wird nach der Ausgabe von Haase/Schubert/Wolf (Anm. 23). Römische Ziffern geben die jeweiligen Bücher des Legendars an, arabische Ziffern die Verszahlen.

26 Die Vor- und Nachreden des Passionals sind bisher kaum untersucht worden. Zu verweisen ist lediglich auf den schwer zugänglichen Artikel von Rudolf Latzke: *Über Prooemien und Epiloge zum mittelhochdeutschen Passional*, in: *Jahresbericht des städt. Kaiser-Franz-Josef-Jubiläums-Realgymnasiums in Korneuburg* (1902/03), S. 1–32.

setzung in die Volkssprache ist zugleich auch Auslegung der lateinischen Materie, beides hängt unmittelbar zusammen, denn wo die lateinischen Meister voneinander abwichen, so der Verfasser weiter, *da wil ich einen sin sagen, / der mir gevellet beste* (I 335f.; da will ich eine Bedeutung wiedergeben, die mir am meisten zusagt).

Ziel einer Übertragung in die Volkssprache in diesem doppelten Sinne ist die Didaxe: Der Verfasser will einem nicht lateinkundigen (und z. T. auch völlig illiteraten) Publikum die legendarisch-heilsgeschichtlichen Inhalte *zu dute* (I 206 und 264) bringen, wie er in gleicher Formulierung auch in der Vorrede zum zweiten Buch nochmals betont (II 18926), wobei er mehrfach den Aspekt des Vorlesens hervorhebt. An dieser Stelle spätestens wird klar, dass der Gegensatz von Latein und Volkssprache hier nicht nur eine sprachliche, sondern eine grundsätzliche Dimension besitzt. Es geht nicht um die strikte Übersetzung ins Deutsche, sondern vielmehr um die damit zusammenhängenden konzeptionellen Änderungen, gewissermaßen Umformulierungen, die mit dem Anspruch, für Laien verständlich zu schreiben, einhergehen; die Volkssprache ist dabei nur ein Aspekt. Entsprechend grundsätzlich wird der Passionaldichter darum auch in der Nachrede zum zweiten Buch: Zunächst charakterisiert er seine Hörer-/Leserschaft mithilfe verschiedener Tiermetaphern, also etwa der dumme Esel, der gierige Hund, der hinter dem Rücken stichelnde Skorpion oder der scharfsinnige Adler. Besonders aber hebt er zwei Insekten hervor, die er mit seinen Lesern vergleicht: die Biene und den Mistkäfer. Während die Biene Nutzen gewinnt, das Gelesene aufnimmt und daraus Honig macht, der wiederum anderen nützt und sie erfreut, so wären seine Kritiker wie die Mistkäfer, die für den Duft der Blüten unempfänglich seien. Wie die Bienen flöge auch dieser Käfer umher,

> untz daz er mistes wirt gewar,
> dar uf vellet er und durch gat
> aller wegen diu ûnvlat,
> die man in sicht durch brechen (II 42204–42207).
>
> bis er Mist bemerkt; darauf lässt er sich fallen und durchdringt in jeder Richtung den Schmutz, durch den man ihn sich durcharbeiten sieht.

Für die ‚Bienen-Leser', deren *art* (II 42218) *vri oder edele* (II 42219) ist, sei sein Werk wie der Nektar der Blüten; den Inhalt des Buches würden sie darum auch nicht weiter hinterfragen. Die Kritiker aber täten wie die Mistkäfer das, was ihnen angeboren sei, nämlich im Dreck wühlen: *der vliege ot hin nach siner art, / wan sin geburt in hat gelart / in der ûnvlate rûn* (I 42232–42234; der fliegt halt hin, wie es seiner Art entspricht, weil er es von Geburt an gewohnt ist, im Dreck zu sitzen). Ihre Kritik sei schon deswegen destruktiv, weil sie aus Hass gespeist sei und einzig darauf abziele, ihm zu schaden und ihn in Schande zu stürzen, und er wirft ihnen vor, zu diesem Zweck alles bewusst ins falsche Licht zu rücken. Auf den Kernpunkt kommt er im Anschluss zu sprechen:

> mich arcwenet súmliche man,
> daz ich diz bůche habe uz gelait
> in tútscher verstandikait [...].
> der gůten lúte andacht
> hofte ich raizen da mite
> und ir tugenthaften site
> sterken uf dem gotes wege. (II 42290–42299)

> Mich verdächtigt mancher Mann, dass ich dieses Buch in deutschem Verständnis ausgelegt habe [...] ich hoffte, damit die Andacht der guten Leute anzuregen und auf dem göttlichen Weg ihre Tugendhaftigkeit zu stärken.

Das von ihm formulierte Ziel einer christlich-moralischen Unterweisung aber, so fährt er fort, könne nur in einer Form stattfinden, die diesen Rezipienten auch verständlich ist, und aus diesem Verständniswillen resultiert nicht nur die Volkssprache, sondern auch der veränderte Erzählstil, der zu erheblichen narrativen Differenzen mit der *Legenda aurea* des Jacobus de Voragine führt. Der Passionaldichter sieht sein Werk daher, wie er weiter ausführt, ganz in der Tradition der Predigt, nur, dass das geschriebene Wort dauerhafter sei als das gesprochene, das sogleich wieder aus dem Gedächtnis fallen könne.

> swaz ich húte predigen pflege,
> daz vergêt mit dem galme.
> swaz aber ich mit dem halme
> – mit der vederen maine ich – schribe,
> daz hoffe ich ie ez blibe
> nútze úber manigen tac. (II 42300–42305)

> Was ich heute predige, das vergeht mit der Stimme, was ich aber mit dem Halm – ich meine mit der Feder – aufschreibe, von dem hoffe ich, dass es über manchen Tag bleibenden Nutzen bringe.

Diese Polemik bezieht Stellung zu der wiederholt aufgegriffenen Kritik, die lateinischen Legendenstoffe in der Volkssprache zu präsentieren, und sie zielt vor allem darauf, den universalen, predigthaften Anspruch seines Werkes zu verteidigen. Während seine Vorlage, die *Legenda aurea*, insbesondere darum so erfolgreich gewesen ist, weil sie in beinahe enzyklopädischer Weise theologisches, legendarisches und heilsgeschichtliches Wissen verbreitet, das ganz unterschiedlichen Rezeptionszwecken zugeführt werden konnte (sei es Tischlesung, sei es Predigtvorbereitung, sei es klösterliche Ausbildung), so richtet sich das *Passio-*

nal an einen ganz anderen Rezipientenkreis, wofür nicht nur die Übertragung in die Volkssprache notwendig ist, sondern auch die komplett neue narrative Konzeption und stoffliche Anordnung.

Andere Autoren scheinen derartige Legitimierungsprobleme nicht zu haben: Konrad von Würzburg schreibt für einen klar fassbaren Auftraggeber, Lamprecht von Regensburg für die Laienbrüder des neugegründeten Franziskanerordens, und die Autoren des 12. Jahrhunderts scheinen derartige Kritik überhaupt nicht wahrzunehmen, solange sie ihrem selbstgesetzten Verkündigungsauftrag nachkommen; zumal wenn sie sich auf Vorgängerübersetzungen ihrer Stoffe berufen können. Der Passionaldichter hingegen will nicht einfach nur ‚erbauen‘,[27] neben der Verkündigung steht für ihn die Belehrung im Vordergrund. Mir scheint, dass der oben angesprochene Vergleich der Dichtung mit der Predigt nicht nur ein Argument ist, um die Kritiker von der deutschen Sprache des Werkes zu überzeugen, sondern umgekehrt der Kernpunkt, auf den die Kritik und die darauf zielende Polemik ausgerichtet ist: Das *Passional* ist eine Legenden-, keine Predigtsammlung, trotzdem soll sie als Letzteres begriffen werden. Das wiederum lässt die weiterhin ungeklärte Frage nach dem Rezeptionskontext erneut aufkommen: Nachdem die lange verbreitete These einer Entstehung im Umfeld des Deutschen Ordens mittlerweile als weitgehend widerlegt gelten kann, ist dieser mehr denn je unklar.[28] Neben Wertvorstellungen, die denen des Deutschen Ordens nahestehen, verarbeitet der Passionaldichter auch viel franziskanisches Gedankengut, kann aber keinem dieser ‚neuen‘ Orden zugeordnet werden; andererseits muss er für ein derart umfangreiches Werk eine ausreichende institutionelle Unterstützung gehabt haben, wie immer diese ausgesehen haben mag. Aufgrund der Volkssprache ist man immer davon ausgegangen, dass sein Publikum nicht theologisch-lateinisch gebildete Kleriker, sondern z. T. illiterate Laien gewesen seien – aber weshalb dann die heftige und polemische Verteidigung der Volks-

27 Zum schwierigen Begriff der Erbauung vgl. Susanne Köbele: *‚Erbauung‘ – und darüber hinaus. Spannungen im volkssprachlich-lateinischen Spätmittelalter. Mit Überlegungen zu Gertruds von Helfta ‚Exercitia spiritualia‘*, in: *PBB* 137 (2015), S. 420–445.

28 Der Kontext des Deutschen Ordens, der in der Forschung vielfach auch als Auftraggeber für die umfangreiche Legendensammlung diskutiert worden ist, ist zuletzt durch die Überlegungen von Schubert in der Einleitung zur Ausgabe des *Passionals* von Haase/Schubert/Wolf (Anm. 23), S. XXXIV–XLV, eingeschränkt worden. Gleichwohl ist nachweisbar, dass gerade im Deutschen Orden das *Passional* breit rezipiert wurde – wohl nicht zuletzt deshalb, weil den oftmals illiteraten Laienbrüdern des Ordens auf diese Weise religiöse Stoffe vermittelt werden konnten, die ansonsten nur im für die meisten unverständlichen Latein greifbar waren; der Deutsche Orden hatte die volkssprachige religiöse Dichtung des 14. Jahrhunderts auf vielfache Weise gefördert und manche Werke auch direkt in Auftrag gegeben – aber wohl nicht das *Passional*, wenngleich es im Ordensgebiet durchaus rezipiert wurde, gewisse Beziehungen also bekannt sind, aber nicht näher spezifiziert werden können (ebd., S. CLIV–CLVII).

sprache? Woher kommt diese offenbar massive Kritik derer, die das Werk lieber in lateinischer Sprache gesehen hätten? Der unkommentierte, wenn auch seltene Gebrauch lateinischer Floskeln lässt zumindest auf ein in der Liturgie bewandertes Publikum schließen, aber nicht auf grundlegende Lateinkenntnisse.

Vielleicht hängt die so harsche Kritik an der Volkssprache auch damit zusammen, dass man zwar religiös unterwiesenen, aber nicht theologisch gebildeten Laien derartige, z. T. apokryphe und theologisch durchaus umstrittene Stoffe nicht auf diese Weise weitergeben sollte, schon gar nicht als ‚Ersatz' für die Predigt, da in der Regel die Auslegung der entsprechenden Erzählungen, wie sie Jacobus de Voragine in seiner *Legenda aurea* immer wieder mitliefert, fehlt. Denn Jacobus bemerkt an einigen theologisch höchst umstrittenen Stellen (beispielsweise vor der Wiedergabe der Judas- und Pilatusvita) ganz explizit, dass diese apokryphen Stoffe für die bloße *lectio* ohne konkrete Auslegung keinesfalls geeignet seien.[29] Da die Entstehungs- und Rezeptionsbedingungen des *Passionals* allerdings derart unsicher sind, ist es nicht möglich, auf diese Fragen eine befriedigende Antwort zu finden.

3 Martin Luthers Polemiken zur Bibelübersetzung

Der Passionaldichter steht mit seiner vorsorglichen Polemik gegen eine Kritik an seiner Übertragung aus dem Lateinischen weitgehend allein da, und zwar das gesamte Mittelalter hindurch. Auch die spätmittelalterlichen Übertragungen legendarischer Werke, allen voran die *Elsässische Legenda aurea* als beinahe wörtliche Übersetzung der lateinischen *Legenda aurea* ins Deutsche (Mitte des 14. Jahrhunderts), kommentieren die Volkssprache in keiner Weise. Fragen der Übersetzung lateinischer religiöser Texte ins Deutsche kommen erst wieder in der Frühen Neuzeit auf; erneut geht es vor allem darum, lateinunkundigen (oftmals auch leseunkundigen) Laien diese Werke näherzubringen. Nicht selten sind die Übersetzer auch Prediger wie Johannes Geiler von Kaysersberg, die ihre

[29] *Hucusque in predicta hystoria apocrypha legitur; que utrum recitanda sit, lectoris arbitrio relinquatur, licet sit potius relinquenda quam asserenda* (LA XLV, 51f.: „Bis hierher ist das vorgeschriebene aus der apokryphen Geschichte genommen; und was davon zu halten sei, steht bei des Lesers [hier ist mit *lector* eher der klösterliche Vorleser gemeint] Urteil; ob es gleich scheinen will, als sei es eher zu verwerfen denn zu glauben;" zit. nach: Jacopo da Varazze: *Legenda Aurea*, hg. von Paolo Giovanni Maggioni, 2. revidierte Aufl., Florenz 1998; vgl. zu dieser Stelle Andreas Scheidgen: *Die Gestalt des Pontius Pilatus in Legende, Bibelauslegung und Geschichtsdichtung vom Mittelalter bis in die Frühe Neuzeit. Literaturgeschichte einer umstrittenen Figur*, Frankfurt a. M. u. a. 2002 (*Mikrokosmos* 68), S. 161.

Übersetzung daher unter einen entsprechenden Auftrag stellen.[30] Das sicherlich prominenteste Beispiel stellt Martin Luther dar, der sich im Zuge seiner Bibelübersetzung mit einem *Sendbrieff von Dolmetzschen und Fürbitt der Heiligen* an seine papsttreuen Kritiker wendet und dabei in bekannter Manier nicht mit polemischen, ja geradezu hämischen Kommentaren hinter dem Berg hält.

Obwohl Luther für seine Übersetzung bekanntlich wieder zum griechischen und hebräischen Urtext zurückgekehrt ist, hat er ebenso auch den lateinischen Vulgatatext miteinbezogen, zumal seine monumentale Übersetzung ja gerade dem Zweck diente, dem „einfachen Volk" einen verständlichen Text anstelle der *Vulgata* zu bieten.[31] Schon in der Vorrede zum Alten Testament von 1523 (in der Gesamtausgabe von 1534 fehlt dieser Teil bereits wieder) bekennt sich Luther dazu,

> das disse deutsche Bibel / liechter vnd gewisser ist an vielen ortten denn die latinische / das es war ist / wo die drucker sie mit yhrem vnvleys (wie sie pflegen) nicht verderben / hat gewisslich hie die deutsche sprach eyn bessere Bibel dann die latinische sprache / des beruff ich mich auff die leser. (32,2–5)[32]

Er wolle ja gar nicht die Übersetzungsleistung des Hieronymus tadeln, doch ebenso wenig solle jemand nun seine Übersetzung angreifen, denn die Einzigen, die für sich in Anspruch nähmen, die deutsche Sprache zur beherrschen, seien ausgerechnet *der herrn Canceleyen vnd die lumpen prediger / vnd puppen schreyber* (32,20), denen stünde es aber am wenigsten zu, besserwisserische Kritik zu üben.

Schon hier wird Luthers Rhetorik deutlich, wenn auch mit mäßiger Polemik gegen mutmaßliche Kritiker: Wer etwas auszusetzen habe, solle es erst einmal besser machen. Das ändert sich nach der Veröffentlichung seiner Bibel, wobei sich Luther weniger mit einer fundamentalen Kritik an der Tatsache der Verdeutschung selbst auseinandersetzen muss, als vielmehr mit inhaltlicher Kritik an

30 Zu den Übersetzungsarbeiten des Johannes Geiler von Kaysersberg vgl. Wilfried Kettler: *Trewlich ins Teütsch gebracht. Lateinisch-deutsches Übersetzungsschrifttum im Umkreis des schweizerischen Humanismus*, Bern u. a. 2002, S. 93–116.

31 Vgl. Christoph Spehr: *Luther als Dolmetscher. Notizen zur Wittenberger Bibelübersetzung*, in: *Anmut und Sprachgewalt. Zur Zukunft der Lutherbibel. Beiträge der Jenaer Tagung 2012*, hg. von Corinna Dahlgrün und Jens Haustein, Stuttgart 2013, S. 39–52, hier S. 40–42. Die schier unüberschaubare Fülle an Forschung zu Luthers Bibelübersetzungen kann an dieser Stelle natürlich nicht umfassend aufgearbeitet werden. Vgl. grundsätzlich Hans Volz: *Luthers Arbeit am lateinischen Psalter*, in: *Archiv für Reformationsgeschichte* 48 (1957), S. 11–56; Birgit Stolt: *Martin Luthers Rhetorik des Herzens*, Tübingen 2000, S. 84–125.

32 Martin Luther: *Das alte Testament 1523. Luthers Vorrede*, in: *WA DB* 8, S. 11–33, hier S. 32.

seiner Übersetzung. Auf derartige Angriffe reagiert er im *Sendbrieff D. M. Luthers von Dolmetzschen Vnd Fürbitt der Heiligen* von 1530, wo er seine Übersetzungsgrundsätze darlegt. In dieser Schrift setzt er sich einerseits mit seiner eigenen Übersetzungsarbeit auseinander, um dann zu einem polemischen Generalangriff auf sämtliche Kritiker überzugehen, die er besonders in den Reihen der papsttreuen Fraktion vermutet. Den ‚Papisten' wirft Luther vor, zwar selbst keine Übersetzungsfähigkeiten zu besitzen, sich aber seiner sprachlichen Kunst zu bedienen, um ihre Kritik zu formulieren. Für etwaige Fehler freilich

> wil ich die Papisten nicht zu richter leiden / denn sie haben noch zur zeit zu lange ohren dazu / und yhr ycka ycka ist zu schwach / mein verdolmetschen zu urteilen / Jch weiß wol / und sie wissens weniger / denn des Mülners thier / was fur kunst / fleiß / vernunfft / verstandt zum gutten dolmetscher gehöret / denn sie habens nicht versücht (633,27–31).[33]

Dabei vergleicht sich Luther sogar mit Hieronymus, der ebenfalls nach seiner Übersetzung ins Lateinische von aller Welt belehrt worden sei, gerade von denjenigen, die davon überhaupt nichts verstünden (vgl. 634,1ff.).[34] Ohnehin ziele die Kritik aber gar nicht auf die Sache, sondern vielmehr auf seine Person ab, wie man an dem Plagiat des Hieronymus Emser sehen könne: Emser, einer der heftigsten Kritiker Luthers, hatte 1527 eine als eigenständig ausgegebene Bibelübersetzung veröffentlicht, die jedoch in Wirklichkeit den Text Luthers übernahm und nur gelegentlich Abweichungen nach dem Vulgatatext einflocht; seine angebliche ‚Übersetzungsleistung' wurde in papsttreuen Kreisen verbreitet und gelobt. Zu diesem prominenten Plagiatsfall des 16. Jahrhunderts kommentiert Luther süffisant:

> Mir ist ynn des gnug / und bin fro / das meine erbeit (wie S. Paulus auch rhümet) muß auch durch meine feinde geföddert / und des Luthers bůch on Luthers namen / unter seiner feinde namen gelesen werden / Wie künd ich mich bas rechen? (635,4–7)

Nach einigen weiteren, ähnlich gelagerten Ausfällen setzt sich Luther dann im gleichen polemischen Tonfall mit der sachlichen Kritik auseinander, wobei er immer wieder den ‚Papisten' vorwirft, nichts von dem zu verstehen, was sie ihm vorwerfen.

33 Martin Luther: *Sendbrief vom Dolmetschen 1530*, hg. von F. Hermman und D. Brenner, in: *WA* 30;2, S. 627–646.

34 Vgl. Albrecht Beutel: *„Es ist mein testament und mein dolmetschung, und sol mein bleiben unnd sein". Bemerkungen zur theologischen und sprachlichen Klassizität der Luther-Bibel*, in: Dahlgrün/Haustein (Anm. 31), S. 17–37, zu Luthers Selbsteinschätzung S. 31–34.

Eine grundlegende Theorie des Übersetzens entwirft Luther im *Sendbrief* freilich nicht, vielmehr gibt er zu einigen ausgewählten Übersetzungsentscheidungen noch einige Erläuterungen, die er mit weiteren Beispielen unterfüttert.[35] Dennoch lässt sich aus seinen Beispielen das grundlegende Ansinnen erkennen, nicht Wort für Wort einfach zu übersetzen, sondern vor allem den Sinn des zu Übersetzenden zu erhalten und sprachlich weiterzugeben:

> Grundlegend wurde für Luther die aus der Reflexion des Verhältnisses von Sprache und Sache (verbum et res) geborene Einsicht, dass es mitunter geboten sein kann, den Wortlaut eines fremdsprachigen Textes fahren zu lassen, um dolmetschend dessen Sinn zu erneuern.[36]

Das zeigt sich besonders an den Bemerkungen zur Übersetzung des englischen Grußes. Denn gegen die bekannte Übertragung der Ave-Maria-Formel mit „Gegrüßet seist Du Maria, voll der Gnade" polemisiert Luther, dies sei für einen Deutschen schlicht nicht verständlich: *Wo redet der deutsch man also: / du bist vol gnaden?* [...] *Er mus denken an ein vas vol bier / oder beutel vol geldes / darumb hab ichs vordeutscht: Du holdselige* (638,16–18). Eigentlich, so räumt er gar ein, wäre es sogar noch treffender gewesen, stattdessen einfach zu sagen: *Gott grusse dich / du liebe Maria* (638,23), wobei er auf denjenigen verweist, „der die entsprechende Sprachsituation konstituiert hat":[37] So jedenfalls hätte der Engel geredet, wenn er Maria auf Deutsch habe grüßen wollen. Warum er diese Übersetzung doch nicht angeführt hat, begründet Luther nicht, sondern verweist wiederum polemisch auf seine Kritiker: *ich halt / sie solten sich wol selbs erhenkt haben fur grosser andacht / zu der lieben Maria / das ich den grus so zu nichte gemacht hette* (638,25–26).[38]

Wie gesagt entwirft Luther weder im *Sendbrief* noch an anderer Stelle konkrete Regularien für seine Übersetzungsarbeit. Entscheidend ist für ihn stets, dass der Sinn des Gesagten in der deutschen Sprache genau getroffen wird, aber so ausgedrückt sein muss, dass ihn jeder – eben auch die ‚einfachen Leute' – versteht: Das ist mit dem sprichwörtlich gewordenen Ausdruck [„dem Volk"]

35 Zu Luthers theoretischen Äußerungen in Bezug auf seine Übersetzungspraxis vgl. Stolt (Anm. 30), S. 85–90. Viel genauer geht Luther auf spezifische Übersetzungsprobleme in den *Summarien über die Psalmen* ein, wo er ganz konkret einige Schwierigkeiten der Übertragung vom Hebräischen ins Deutsche ausführt. Gleichwohl ist auch darin keine Theorie des Übersetzens begründet, vgl. Beutel (Anm. 34), S. 20f.

36 Beutel (Anm. 33), S. 22.

37 Ebd., S. 24.

38 Vgl. zu dieser vieldiskutierten Übersetzung ausführlich Stolt (Anm. 30), S. 91–96, die zum einen betont, dass Luther hier ganz in der humanistischen Tradition von den Quellen, also dem griechischen Urtext, ausgeht, zum anderen aber, dass für ihn stets „die ‚Sache', *res*, vor der Sprache" steht (S. 95), Luther also nicht die philologischen Gesichtspunkte vor die exegetisch-theologischen stelle.

auff das maul sehen (637,21) gemeint. Vergleichbar ist dies mit den stilistischen Notwendigkeiten einer Predigt, denn auch wer von der Kanzel zur Gemeinde spricht, muss sich selbst in theologisch diffizilen Ausführungen klar und verständlich ausdrücken.[39] Luther kommt es bei seiner Übersetzung also weder darauf an, überkommene Translationen zu übernehmen (vgl. im Gegensatz dazu z. B. die spätmittelhochdeutsche Übersetzung bei Joseph Kehrein), noch möglichst wörtlich den lateinischen bzw. griechischen Text ins Deutsche zu übertragen. Statt einer wortwörtlichen Übersetzung will er eine zwar genaue und richtige, aber vor allem auch verständliche Ausdrucksweise erzielen: *denn ich habe deutsch / nicht lateinisch noch kriegisch reden wöllen / da ich teutsch zu reden ym dolmetzschen furgenomen hatte* (637,2–4). In seiner Bibelübersetzung verfolgt Luther zwei gegenläufige Grundregeln: genaue Übersetzung einerseits, klaren, sprachlichen Ausdruck andererseits.[40] Diese werden von Luther freilich an keiner Stelle in ihrem Verhältnis zueinander ausgelotet: „Offenbar hat es Luther nicht etwa versäumt, die spezifische Anwendungsweise der beiden Regeln ihrerseits in Regeln zu fassen, sah sich dazu vielmehr aus sachlichen Gründen außerstande." Es liege, so Albrecht Beutel weiter, „geradezu im Wesen der beiden Übersetzungsregeln, eine Applikationsanleitung nicht schon mit sich zu führen".[41] Neben den persönlichen Auseinandersetzungen mit den katholischen Kritikern und insbesondere dem Plagiator Emser scheint die Polemik (die ausgerechnet im Kontext der für die katholische Seite so wichtigen Ave-Maria-Formel sehr zugespitzt ist) noch eine andere Funktion zu haben: Da Luther keine konkreten Regeln seiner Übersetzung formulieren kann und will, sondern vielmehr von Fall zu Fall, von Sinn zu Sinn entscheidet, ersetzt er die fehlenden Regeln durch die polemische Rede, um nicht generalisierend, sondern stets am Einzelfall die Richtigkeit seiner Übersetzungsentscheidungen zu demonstrieren. Die Polemik ist dabei keine Verteidigungsstrategie, sondern macht – und darin liegt durchaus ein predigthafter Duktus – in ihrer drastischen Zuspitzung Luthers vielfach von subjektiven Kriterien abhängigen (und damit objektiv nicht immer nachvollziehbaren) Entscheidungen verständlicher.

Die Autorität des Papstes und der Kirche wird von Luther permanent in Frage gestellt, und dazu trägt auch seine Bibelübersetzung bei, indem sie ausdrücklich keine Bibeldichtung ist, wie es im Mittelalter vielfach der Fall gewesen ist (und hier kommt der Volkssprache aufgrund ihres geringeren Legitimationsan-

39 Vgl. Spehr (Anm. 31), S. 42–44. Die Orientierung an der mündlichen Rede betont auch Beutel (Anm. 33), S. 24, vgl. auch Stolt (Anm. 30), S. 86f.; zum Stellenwert der Predigt vgl. ebd., S. 62–83. Zur Verbindung zwischen Homiletik und Rhetorik vgl. Birgit Stolt: *Studien zu Luthers Freiheitstraktat. Mit besonderer Rücksicht auf das Verhältnis der lateinischen und deutschen Fassung zu einander und die Stilmittel der Rhetorik*, Stockholm 1969 (*Stockholmer germanistische Forschungen* 6), S. 132–135 und S. 125.

40 Vgl. Spehr (Anm. 31), S. 50; Beutel (Anm. 34), S. 28f.

41 Beide Zitate Beutel (Anm. 33), S. 28.

spruches durchaus eine wichtige Rolle zu, da gerade in ihr offenbar größere Freiheiten bei der Bearbeitung des Stoffes möglich waren), sondern durchaus eine genaue Übertragung der Heiligen Schrift, die jedoch der Tradition und Autorität der Hieronymus-*Vulgata* weniger Gewicht gibt, sich vielmehr auf den griechischen Text stützt und dabei in der Übersetzung ebenfalls nicht wortgetreu, sondern sinngemäß verfährt. Damit ergibt sich, was kein Wunder ist, ein fundamental unterschiedlicher Anspruch als für Otfrids Werk, der ja auch noch begründen muss, weshalb er überhaupt eine volkssprachige Übertragung in Angriff nimmt. Die Polemiken Luthers wie auch die seiner Kritiker richten sich daher vornehmlich und im Kern auf die Auseinandersetzung um den autoritativen Stellenwert kirchlicher Traditionen – und eben, weil es letztlich darum und nicht nur um die Diskussion bestimmter Übersetzungsvarianten geht, ist Luthers Schrift selbst für seine Verhältnisse ausgesprochen persönlich und diffamierend.

Das wird vor allem dann deutlich, wenn man sich den Kontrast zu den 1533 veröffentlichten *Summarien über die Psalmen und Ursach des Dolmetschens* ansieht, die aus der Psalmenrevision von 1531 hervorgegangen sind und in sachlich-akademischer Weise einige Übersetzungsprobleme der alttestamentarischen Psalmen darlegen.[42] Die Argumentation richtet sich hier vor allem gegen die Interpretationen der Rabbiner, es geht also primär um das Verständnis des hebräischen Textes. Zwar werden am Ende nochmals bekannte Argumente vorgebracht, dass etwa schon Hieronymus zahlreiche Fehler nachzuweisen seien, sich die Besserwisser hier aber auf einzelne, kaum zu übersetzende Details stürzen würden, ohne selbst bessere Vorschläge zu machen usw. Doch der Ton bleibt sachlich, selbst wenn Luther erneut betont, nicht immer wörtlich, sondern durchaus auch nur sinngemäß zu übersetzen (*zu weilen / allein den sinn gegeben haben*):[43] Hier geht es nun gerade nicht mehr darum, die Autorität seiner deutschen Übersetzung über die der lateinischen *Vulgata* zu stellen und damit stellvertretend die gesamte Autorität der Kirche in Zweifel zu ziehen.

4 Leo Jud und die nachreformatorischen Übersetzungen im Kontext des schweizerischen Humanismus

Dass sich in der Reformationszeit grundsätzlich die Einstellung zum Verhältnis zwischen lateinischer Gelehrtensprache und deutscher Volkssprache geändert hat, zeigen zuletzt beispielhaft die Übersetzungen Leo Juds, die ich abschließend noch in den Blick nehmen möchte. Jud war zunächst Leutpriester in Einsiedeln,

42 Die Revision des Psalters, die Luther ab 1531 vornahm, geschah in einer Arbeitsgemeinschaft mit mehreren vertrauten Gelehrten, zu denen u. a. auch Philipp Melanchthon gehörte. Diese Arbeiten waren umfangreich und dauerten in mehreren Revisionsphasen bis zum Sommer 1541, vgl. Spehr (Anm. 31), S. 47f.

43 Martin Luther: *Summarien über die Psalmen und Ursachen des Dolmetschens 1531–33*, in: *WA* 38, S. 1–69, hier S. 17, Z. 7f.

bevor er 1523 von Zwingli an die Kirche St. Peter in Zürich geholt wurde. Zu dem bisher weitgehend unedierten Gesamtwerk gehören neben eigenen Schriften zahlreiche Übersetzungen, in den Anfangsjahren vor allem exegetische Schriften des Erasmus von Rotterdam, aber auch zwei lateinische Traktate Luthers, bevor Jud in Zürich hauptsächlich Zwinglis lateinische Schriften verdeutschte.[44] Seine Übersetzungen standen also immer schon im Dienste der Reformation bzw. der reformierten Kirche. Fast alle seine Werke sind mit ausführlichen Vorreden versehen, in denen er auch über Art und Zweck seiner Übersetzung Auskunft gibt.[45] Dabei geht es ihm aber nicht darum, möglichst viele Rezipienten zu erreichen, sondern vornehmlich um die Verkündigung des Bibelwortes, um didaktischen Nutzen insbesondere bei der Auslegung von Bibelstellen oder theologischen Fragen.[46]

So stimmt er in der Vorrede zu seiner Gesamtausgabe der Erasmus-Paraphrasen (1523) zwar grundsätzlich der Meinung zu, es sei besser, das Gotteswort ohne weitere Auslegung und Kommentare zu empfangen; schließlich sei das Neue Testament *yetz jm truck zů tütſch uſsgangen / da mag der ſchlecht leyg den text für ſich nem̄en und darby ſich diſer klaren und kurtzen uſslegung gebruchen* (fol. ii^v).[47] Doch weil ein Großteil der Menschen die Bibel dennoch nicht richtig verstünde, könne seine Übersetzung der Paraphrasen dabei hilfreich sein: Für diejenigen, die noch keine feste Speise zu sich nehmen könnten, sei dieses Werk gleichsam eine *milch spyſs* (fol. ii^v).[48] Auch und gerade bei Zwinglis Schriften wie z. B. *Von der Fürsichtigkeit Gottes* (1531) betont Jud im Vorwort, seine Übersetzung diene dazu, *das ſőliche Gőttliche vñ nutzbare leer nit allein by denen die des Latyns verſtändig sind / blybe / ſunder ouch andren frommen / die*

44 Einen Überblick über das Übersetzungswerk Juds gibt tabellarisch Kettler (Anm. 30), S. 120f. Zum Leben und Wirken Juds vgl. auch Karl-Heinz Wyss: *Leo Jud. Seine Entwicklung zum Reformator 1519–1523*, Bern/Frankfurt a. M. 1976 (*Europäische Hochschulschriften* 3, *Geschichte und ihre Hilfswissenschaften* 61), bes. S. 17–60.

45 Vgl. zu den Vorreden Kettler (Anm. 30), S. 125–132, mit einer chronologischen Tabelle der einzelnen Empfänger und Widmungsadressaten der verschiedenen Vorreden auf S. 128f.

46 Vgl. ebd., S. 130.

47 Eine Edition fehlt. Der Text ist zitiert nach: Erasmus von Rotterdam: *Paraphrases zu Teutsch: Paraphrases (das ist ein kurtze nach by dem text blybende uſslegung) aller Episteln Pauli, Petri, Joannis, Jude, Jacobi*, Zürich 1523 (München, BSB, Res/2 Exeg. 198). Die Vorreden von Juds Übersetzungswerken aus seiner Schaffenszeit in Einsiedeln sind immerhin abgedruckt bei Leo Weisz: *Leo Jud in Einsiedeln*, in: *Zwingliana* 7 (1942), S. 409–431 und 473–494; vgl. zur hier zitierten Vorrede S. 481–484. Vgl. auch Wyss (Anm. 44), S. 60–69. Zur Bedeutung der Erasmus-Paraphrasen und Juds Übersetzungen für den reformatorischen Diskurs vgl. Heinz Holeczek: *Erasmus von Rotterdam als ‚Autor' von Flugschriften. Ein Klärungsversuch*, in: *Historia Integra. Festschrift für Erich Hassinger*, hg. von Hans Fenske u. a., Berlin 1977, S. 97–124, hier S. 117–119.

48 Vgl. Wyss (Anm. 44), S. 66.

ſich des Tütſchen behelffend / gemeyn werde (fol. ii^r).[49] Nur einmal kann er sich eines polemischen Seitenhiebes gegen das Papsttum nicht enthalten, und zwar bezeichnenderweise in seiner Augustinus-Übersetzung *von dem geist vnnd bůchstaben* aus dem Jahr 1537: Zwar stellt er auch hier den Nutzen dieser Schrift heraus, betont daneben aber das Anliegen, *dz der Bapst und sin huff ſehe wie gar ubel ſy die wålt verfůrē̄d* [...] *vnd ſůchē̄d leerē̄d / die ſy ſelbs one gheiß Gottes / vn̄ one grūd gőtlicher gſchrifft / er fundē vn̄ erdacht habē* (fol. 5^r).[50] Die Übersetzung des Kirchenvaters soll mithin die Augen dafür öffnen, wie wenig Grund die katholische Kirche habe, sich in ihren Argumenten ihrer zu bedienen. Desgleichen ist es Jud auch ein ausdrückliches Anliegen, Luthers Schrift *Von den Gelübden der Klosterleute* 1522 ins Deutsche zu übertragen, um dadurch möglichst viele Mönche und Nonnen zum Ordensaustritt zu bewegen.[51]

Rechtfertigungen, weder polemischer noch sonst welcher Art, hat Jud gegenüber seinem Gegenstand dagegen gar nicht nötig. Die Texte, die er übersetzt, stammen zumeist von zeitgenössischen Verfassern, deren Autorität allein schon Begründung genug ist, ihre gelehrten Schriften auch in der Volkssprache verfügbar zu machen. Wie Luther will auch Jud dabei nicht Wort für Wort, sondern vielmehr sinngemäß übersetzen.[52] Damit lässt sich feststellen, dass das 16. Jahrhundert der deutschen Sprache ihre Eigenständigkeit zuerkannte, wie es Werner Schwarz formuliert: „Dem Deutschen wurde eine eigene Ausdrucksweise zuerkannt, die nicht durch Nachahmung einer anderen Sprache zerstört werden sollte“.[53] Luthers oben zitierte Polemik zeigt, wie virulent dieser Prozess im Zuge seiner Bibelübersetzung noch war; für Leo Jud könnte man vermuten, dass er beinahe schon abgeschlossen ist. Wie Luther bemüht auch er sich, dem „Volk aufs Maul“ zu schauen, allerdings bekennt er im Gegensatz dazu freimütig, mitunter an die Grenzen seiner Sprachkenntnisse zu stoßen.[54] Schon bei der Erasmus-Übersetzung beklagt er: *Dann mines vertütſchens halb bekenn ich wol / das ich an vil orten die art vnd manyer des latins nitt hab mőgen erfolgē. Doch wår mag das?* (Vorrede, fol. ii^r). Das geblümte Latein des hochgelehrten Erasmus sei eben kaum in gleicher Weise in ein *gůt zierlich tütsch* (ebd.) zu übertragen, was freilich nur der beurteilen könne, der ein solches Unterfangen bereits versucht habe. Schon aus Verständnisgründen habe er sich daher um eine

49 Zit. nach: Ulrich Zwingli: *Von der Fürsichtigkeyt Gottes ein bůchlin*, Zürich 1531 (verwendetes Exemplar: München, BSB, Dogm. 1134).

50 Leo Jud: *Ein fast nutzlich vslegung des heyligen Auguſtini / von dem geist vnnd bůchstaben / So er geschriben hatt / an den heiligen Marcellinū*, Basel 1537 (verwendetes Exemplar: München, BSB, Res/4 P.lat. 1581).

51 Vgl. Weisz (Anm. 47), S. 486f.

52 Zu Juds Übersetzungstechnik vgl. ausführlich Kettler (Anm. 30), S. 133–201.

53 Werner Schwarz: *Schriften zur Bibelübersetzung und mittelalterlichen Übersetzungstheorie*, übersetzt und bearbeitet von Heimo Reinitzer, Hamburg 1986 (*Vestigia bibliae* 7), S. 295, zitiert nach Kettler (Anm. 30), S. 208.

54 Vgl. Kettler (Anm. 30), S. 211.

einfache und klare Sprache bemüht: *Deßhalb ich mich meer des gemeinen lantlichen / dann das hohẽ vnd hőfischen tüsches in miner tranßlatiō geflissen hab* [...] *dann mit hoch geblůmpter red den verstand zů verdüncklen* (ebd.).[55]

Die Argumentation ist zwar noch ähnlich wie in Luthers *Sendbrief* (und es ist anzunehmen, dass er sich sprachlich durchaus an dessen Bibelübersetzung orientiert hat), doch Jud konstatiert die Problematik einer weniger wortgetreuen, dafür den Sinn möglichst erfassenden Übersetzung lediglich und sieht keine Notwendigkeit, sich derart polemisch zu rechtfertigen, wie das bei Luther der Fall ist.[56] Luther muss damit kämpfen, einen Text zu übersetzen, dessen lateinischem Wortlaut in weiten Kreisen höchste und unabänderliche Verbindlichkeit zugestanden wird; ein Umstand, den er mit seiner Rückkehr zum griechischen und hebräischen Original mehr als nur beschneidet und in seiner sinngemäßen anstatt wortwörtlichen Übersetzungstechnik noch mehr zurückstutzt. Eine in ihrer Autorität durch ihn bereits in ihren Grundfesten angegriffene und bloßgestellte katholische Kirche musste darauf mit polemischer Kritik reagieren, die Luther im *Sendbrief* seinerseits polemisch erwiderte. All dies trifft auf Leo Jud nicht zu: Die Autorität der Verfasser seiner Originale und die Verbindlichkeit ihrer Schriften steht außer Frage für ihn,[57] dennoch ist eine Übertragung Wort für Wort weder notwendig noch sinnvoll; die sinngemäße Übersetzung bedarf, solange sie noch den eigentlichen Gehalt des ursprünglich Gesagten weitergibt, keiner Rechtfertigung – eine derart wörtliche Autorität wie der Vulgatatext können Zwingli, Erasmus oder Luther auch gar nicht besitzen, denn das widerspräche ja genau dem reformatorischen Gedanken, der gerade keine unantastbaren Autoritäten, wie sie das Papsttum verkörpert, duldet.

55 Sämtliche Zitate folgen der in Anm. 46 genannten Ausgabe. Vgl. auch Weisz (Anm. 47), S. 482. Ähnlich argumentiert Jud auch in der Erasmus-Übersetzung der *Institutio principis Christiani* des Erasmus (*Ein nützlich underwisung eines christenlichen fürsten wol zu regieren*) aus dem Jahr 1520: *Und aber so diß ußgemacht, der art und schöny des zierlichen latins glichförmig sy, lassen wir ander lüt urteylen. Zwar haben wir müglichen flyß angekert, daß sölichs gschächy, und das mehr trüwlich zu tütschen, dann zierlich, wiewol sich fast wol gezimpt hett, daß sölich scharpf und klug latin, in klug und scharpf tütsch verenderet worden wer. Jedoch angesehen, daß diß büchlin, so es getruckt, nit allein in der gelerten und verstandnen, sunder ouch in der schlechten und unverstandnen hend kummen wirt, und also wyt ußgespreytet, vilivhz etlichen unverstendig und verdrüßtig wer, so es klug tütsch wer, haben wir uns geflyssen, verstendig und gmein tütsch zu machen.* Zit. nach Weisz (Anm. 47), S. 428. Jud führt an dieser Stelle weiter aus, er habe zum besseren Verständnis sogar noch ein Register erstellt.

56 Wyss (Anm. 44), S. 74–80, stellt das Bedürfnis Juds, in seinen Übersetzungen vor allem Verständlichkeit – auch der humanistischen Gedanken und Ausdrucksweise – herzustellen, heraus. Entsprechende Begrifflichkeiten werden daher (auch in den Übersetzungen von Luthers Schriften) entweder erklärt oder kurzerhand ausgelassen.

57 Vgl. Kettler (Anm. 30), S. 210.

5 Fazit

Eine Übersetzung ist niemals nur eine direkte Übertragung von der einen in die andere Sprache, sie ist vielmehr immer schon Interpretation und Ausdeutung – gerade da, wo die Wort-für-Wort-Übersetzung scheitert. In den Anfängen der deutschen Literatur geht es aber um viel mehr als nur die Deutungshoheit: Es geht um die Legitimation, nicht mehr nur in der lateinischen Sprache, sondern auch in der Volkssprache zu schreiben. Der Wechsel in der Bibeldichtung vom lateinischen ins deutsche Register ist für Otfrid von Weißenburg eine Pionierleistung, die er nachvollziehbar machen und legitimieren muss; hier geht es nicht zuletzt um die Berechtigung der Volkssprache (bei Otfrid heißt das: des Fränkischen) in der Schrift, im Gegensatz zur Mündlichkeit, die bisher ausschließlich deren Platz war. Gegenstand seines Werkes soll, und hier grenzt sich Otfrid polemisch gegen die mündliche Dichtung der Volkssprache ab, die Heilige Schrift sein, denn sein Publikum solle sich auch beim Zuhören in der Volkssprache mit religiösen Stoffen und nicht mit den weltlich-delikaten Erzählungen der oralen Tradition befassen. Große Probleme bereitet Otfrid die raue und ungelenke Sprache des Fränkischen, die eben anders als das Lateinische nicht durch schriftliche Bearbeitung geglättet und geformt sei, weshalb er diese Probleme im Widmungsbrief ausführlich reflektiert. Seine Evangelienharmonie ist in erster Linie eine kunstvolle Dichtung, die auch das Selbstbewusstsein des fränkischen Reiches im 9. Jahrhundert widerspiegelt.

Vor ähnliche Probleme sieht sich Jahrhunderte später auch Martin Luther bei seiner Bibelübersetzung gestellt, denn auch er kann den Text nicht aus der griechischen oder lateinischen Sprache ohne Weiteres ins Deutsche übersetzen. Allerdings ist nun ein ganz anderer Umgang mit der deutschen Sprache erkennbar: Luther schafft keine Dichtung, aber er versucht, seine Übersetzung nicht wörtlich, sondern vor allem verständlich zu halten, er will „dem Volk aufs Maul schauen“ und lehnt dabei traditionelle Formeln und Formulierungen ab, wenn sie dem Verständnis nicht förderlich sind. Damit liefert er seinen papsttreuen Kritikern eine Angriffsfläche, die aber nur oberflächlich an sachlich-inhaltlichen Punkten der Übersetzung festgemacht wird, in Wirklichkeit aber eine erneute Auseinandersetzung um die Autorität der Heiligen Schrift sowie derjenigen, die sie verstehen und auslegen können, ist. Luthers polemischer *Sendbrief* befasst sich denn auch mit derartigen inhaltlichen Anmerkungen, mehr aber noch mit den auf persönlicher Ebene ausgetragenen Anfeindungen. Denn während für Otfrid an der Autorität des lateinischen Vulgatatextes niemals ein Zweifel bestehen kann und seine dichterische Bearbeitung vielmehr dazu dient, dem etablierten Latein ein gleichberechtigtes fränkisches Pendant an die Seite zu stellen, setzt die Lutherübersetzung, gerade in ihrer Vollständigkeit und Genauigkeit einerseits, ihrem Bemühen um Verständlichkeit andererseits, eine Zäsur: Sie orientiert sich nicht an der *Vulgata*, sondern vornehmlich am griechischen und hebräischen Urtext, dem die deutsche Übertragung *gleichkommen* soll.

Auf diese Weise schafft die Lutherbibel den lateinischen Bibeltext de facto ab – und genau deshalb wird die Auseinandersetzung darüber nochmals mit aller Polemik ausgetragen, steht mit der Autorität des Textes doch die der gesamten Kirche in Frage. Leo Juds Übersetzungen hingegen sind von derartigen Autoritätsfragen weitgehend unbelastet: Für ihn ist eine in der Volkssprache zugängliche Bibel bereits gang und gäbe, er orientiert sich bei seinen Übersetzungen an den Grundsätzen Luthers zur Verständlichkeit und stellt diese in den Dienst der Reformation bzw. der reformierten Kirche, muss aber an keiner Stelle Glaubwürdigkeits- oder Autoritätsdebatten führen.

Luther folgt, gerade in Stil und Ausdruck, in seiner Bibelübersetzung durchaus den Erfordernissen der Predigt, deren Gehalt für die Gemeinde vor allen Dingen verständlich formuliert sein muss. Auch Jud geht es in seinen Übersetzungen nicht zuletzt darum, „das Gotteswort über die Reichweite der menschlichen Stimme hinausdringen [zu] lassen. Nachhaltiger als dies Predigten vermochten, sollte es durch die gedruckte Schrift in die Herzen gesenkt werden“,[58] weshalb es für ihn geboten war, die dafür geeigneten lateinischen Werke ins Deutsche zu übersetzen und durch den Druck möglichst weit zu verbreiten. Das gilt, ganz generell gesehen, auch für die hier dargestellten volkssprachigen Übersetzungen des Hochmittelalters. Eine Orientierung an den Ausdrucksmitteln der Predigt, die in der Schriftform dauerhafter im Gedächtnis bleibt als im gesprochenen Wort, begegnet bereits in den Ausführungen des Passionaldichters, sie hat dort jedoch ganz andere Implikationen. Der Verfasser des *Passionals* muss sich um 1300 mit der Kritik auseinandersetzen, seine Stoffe überhaupt aus dem Lateinischen in die Volkssprache zu übertragen. Hierzu führt er die Predigt an, die als mündliche Rede in der Volkssprache jedoch nicht von Dauer sei. Er stellt sein Werk in die gleiche Tradition der volkssprachigen Predigt, möchte ihr aber mit der Verschriftlichung eine entsprechende Beständigkeit verschaffen. Es geht, wie schon bei Otfrid, um das *ob*, nicht um das *wie*: Latein ist im Mittelalter die Sprache der Schrift, es ist die Kirchensprache, die bestimmten Stoffen und Diskursen allein vorbehalten ist. Diese Vormachtstellung lateinischer Schriftlichkeit aufzubrechen, muss nicht zwangsläufig ein Problem darstellen, zeigt sich doch an fast allen hochmittelalterlichen Übertragungen geistlicher Stoffe in die Volkssprache, dass dieser Umstand kaum reflektiert oder begründet wird. Andererseits verdeutlicht das *Passional* in besonderer Weise, dass dies auch im 14. Jahrhundert offenbar noch keine absolute Selbstverständlichkeit war, und dass die völlige Loslösung vom autoritativen lateinischen Bibeltext auch in der Frühen Neuzeit noch entsprechende Wellen der Polemik erzeugte.

Bei aller Polemik um die gegenseitigen persönlichen Anfeindungen wird in Luthers *Sendbrief* dagegen deutlich: Luther will oder muss nicht seine Übersetzungsleistung an sich rechtfertigen, sondern die Art und Weise seines sprach-

[58] Weisz (Anm. 47), S. 422. Dass auch Jud sich als „Prediger für ein ‚einfaches‘ Volk“ sah, konstatiert Wyss (Anm. 44), S. 79.

lichen Ausdrucks. In dieser Problematik schließt sich in gewisser Weise der Kreis zu Otfrid, der ebenfalls mit den sprachlichen Unterschieden zwischen Latein und Deutsch zu kämpfen hat. Während für Otfrid aber die Autorität des lateinischen Textes außer Frage steht und die rohe deutsche Sprache ihm hierin nur unzureichend geeignet ist, geht Luther quellenkritisch zum Urtext zurück und verwendet die *Vulgata* nur hilfsweise; seine Argumentation ist weder auf die Notwendigkeit einer Übersetzung noch auf die Schwierigkeiten der sprachlichen Umsetzung gemünzt, sondern verteidigt vielmehr vehement die freiere, aber dafür wesentlich verständlichere Übertragung. Damit zeigt sich, dass Luther eben jene lateinische Autorität, auf die sich seine Kritiker immer wieder stützen, ebenso wenig anerkennt wie die Autorität des Papstes und der Kirche – und gerade deswegen ist seine Schrift an vielen Stellen derart polemisch. Denn der Hintergrund des oberflächlich kleinlichen Streites um einzelne lateinische Wörter führt in Wirklichkeit zum Kern des Konfliktes: dem autoritativen Stellenwert des Bibeltextes, der eben nicht mehr wortwörtlich genommen, sondern seinem Sinn nach erfasst wird; auf diese Weise eröffnet sich aber auch ein bedeutender Interpretationsspielraum des Bibelwortes. Dass sich Luther dies anmaßt, scheint für die papsttreue Fraktion mindestens ebenso skandalös wie der Autoritätsverlust, der mit der verlorenen Deutungshoheit des lateinischen Bibeltextes einhergeht. Die Polemik ist daher fast zwangsläufig die einzige Form von Antwort und Erwiderung auf diese Problematik.

Die Moderne-Debatte in den mittellateinischen Poetiken des 12. und 13. Jahrhunderts

DANIÈLE JAMES-RAOUL (Bordeaux)

Im Mittelalter ist die Grammatik (*grammatica*) nicht nur die Kunst des richtigen Schreibens, wobei die Nachahmung von Modellen (*imitatio*) mit freier Redaktion verbunden wird, sondern sie lehrt auch die Lektüre und das Verständnis früherer Werke (*poetarum enarratio*). Es kommt hinzu, dass sie an der Wende vom 12. zum 13. Jahrhundert einen Teil der Aufgaben übernommen hat, die bis dahin dem Rhetorik-Unterricht zugefallen waren. In dieses Feld der Grammatik, die im Rahmen des Triviums eine dominante Stellung erhält, schreiben sich insgesamt sechs mittellateinische Poetiken ein, die zwischen 1170 und 1230 von Lehrern in Frankreich, England und Deutschland verfasst wurden: die *Ars versificatoria* (um 1170 und vor 1175) von Matthäus von Vendôme, die sich an Studienanfänger richtete[1]; die *Poetria nova*, in Versform, und das *Documentum de modo et arte dictandi et versificandi*[2], in Prosa, von Geoffrey von Vinsauf, zwei zwischen 1208 und 1213 geschriebene und in jeder Hinsicht bedeutendere Traktate als der zuvor genannte; die *Ars versificaria* (zwischen 1208 und 1216) von Gervais von Melkley, eine sehr originelle und in ihren Überlegungen überaus komplexe Abhandlung; der recht kurze, in Versen verfasste *Laborintus* (um 1213) von Eberhard dem Deutschen, der in der Nachfolge von Matthäus von Vendôme und Geoffrey von Vinsauf steht; schließlich die *Parisiana Poetria* von Jean de Garlande, ein unter dem Titel *De arte prosayca, metrica et rithmica* um – so scheint es – 1220 verfasster, zwischen 1231 und 1235 überarbeiteter Traktat, der eine umfassende Synthese des ciceronianischen Erbes und des mehr oder weniger zeitgenössischen mittelalterlichen Wissens vornimmt. Diese Abhandlungen, die sich der Abfassung fiktionaler literarischer Werke widmen, kodifizieren frühere und zeitgenössische Schreibpraktiken in Versform oder in Prosa, und theoretisieren sie.[3] Sie lehren

1 Sh. Charles S. Baldwin: *Medieval Rhetoric and poetic (to 1400). Interpreted from Representative Works*, New York 1928 (repr. Gloucester/Mass. 1959), S. 185–187; Douglas Kelly: *The Scope of the Treatment of Composition in the Twelfth-Century Arts and Poetry*, in: *Speculum* 41 (1966), H. 2, S. 261–278.

2 Im Folgenden abgekürzt *Documentum*.

3 Die Poetiken des Matthäus von Vendôme, Geoffrey von Vinsauf und Eberhard dem Deutschen finden sich in E. Faral: *Les Arts poétiques du XII*[e] *et du XIII*[e] *siècle* [1924], Genève/Paris 1982; Jean de Garlande wird nach folgender Ausgabe zitiert: *The Parisiana Poetria of John of Garland*, ed. with Introduction, Translation, and Notes by

eine zweckmäßige Kunst und schlagen vor allem Florilegien ornamentaler Dispositive und narrativer Techniken vor, die aus den rhetorischen Schriften Ciceros (vor allem *De inventione* und *Rhetorica ad Herennium*, die ihm damals noch zugeschrieben wurde) sowie Horaz' *Ars poetica* adaptiert und durch antike und mittelalterliche lateinische Autoren breit rezipiert wurden.

Wie kann man lernen, gut zu schreiben, das heißt richtig und elegant, so dass es einem gelingt, sich die Tradition der Meister, die vorangegangen waren, in neuer und origineller Weise anzueignen, ja vielleicht sogar zu übertreffen und zu erneuern? Wie können sich die Modernen (*moderni*) gegenüber den Alten (*antiqui, veterani*) behaupten, die als die einzig wahren *auctores* angesehen werden und mit ihrem Gewicht schwer auf ihnen lasten?

Die Literarizität, d. h. das Schriftlichkeits- und literarische Traditions–verständnis, das im Fokus dieser Poetiken steht, drückt sich in eben der dynamischen Spannung aus, die Gegenwart und Vergangenheit in Dialog bringt: die Alten, deren Wert außer Frage steht, und die Modernen, die sich erst durchsetzen müssen. Für diese Spannung will ich mich im Folgenden unter drei Gesichtspunkten interessieren, wobei ich fünf der genannten Poetiken behandeln werde, nämlich jene von Matthäus von Vendôme, die beiden des Geoffrey von Vinsauf, die von Eberhard dem Deutschen und die des Jean de Garlande. Die Untersuchung der *auctores*, auf die darin verwiesen wird, erlaubt in einem ersten Schritt, die Vorbilder zu identifizieren, die für das Wissen um den richtigen Gebrauch einer literarischen Schreibwese erforderlich sind, und aufzuzeigen, wie sie sich im Spannungsfeld zwischen antiker Tradition und innovativer Modernität verteilen. Das Nebeneinander der Vorbilder geht nicht ohne Auseinandersetzungen ab: Wir werden in einem zweiten Schritt sehen, dass unsere Grammatiklehrer, wenn sie als *moderni* auftreten oder deren Existenz behaupten, sich gegen ihre antiken Vorgänger stellen und die Bedeutung der *novitas* im literarischen Schreiben des Mittelalters einklagen. Wenn es für Schriftsteller zweifellos wichtig ist, die Konventionen und Regeln der Tradition zu kennen, so müssen sie doch auch zu ihrer eigenen Originalität finden: Die Literarizität drückt sich dann, wie wir in einem dritten Schritt ins Auge fassen werden, in unterschiedlichen Praktiken des Schreibens aus, die – ohne es sich anmerken zu lassen – auf die Erwartungen des zeitgenössischen Publikums abgestimmt sind und deutlich von den antiken Praktiken abweichen.

Traugott Lawler, New Haven/Conn.-London, 1974. Die Zitate aus den Traktaten wurden von mir ins Französische übersetzt; Dorothea Weber, Latinistin an der Universität Salzburg, hat die Übertragung ins Deutsche durch Manfred Kern dankenswerterweise überprüft und korrigiert.

1 Die alten und die modernen *auctores* oder: Die Handbibliothek der Vorbilder

Was mich hier interessiert, sind nicht die Standardwerke, die den Poetiken ihr Material liefern, sondern die Autoren in ihrer Eigenschaft als *auctores*, und die Werke, die als nachahmenswerte Vorbilder genannt werden. Jede Poetik schlägt, im Einklang mit ihrem praktischen Zweck, zahlreiche – der Antike und dem Mittelalter entlehnte – Beispiele vor. Die Aufmerksamkeit wird durch ausdrückliche Verweise auf sie gerichtet: *Teste Oracio*, *Unde* oder *De quo Oratius*, *secundum auctoritatem Oratii*, *Oratius dicens*, um nur diesen Autor als Beispiel zu nehmen. Es sind dies Vorbilder, die als Garanten einer schönen Schreibweise ohne jeden Zweifel geeignet sind, von künftigen Schriftstellern nachgeahmt zu werden. Meistens werden die Namen der Autoren aufgerufen, manchmal sind es nur die Titel der Werke. Abgesehen von einer Ausnahme bei Eberhard dem Deutschen, auf den ich zurückkommen werde, nehmen die Grammatiklehrer vor allem die einzelnen Schreibweisen ins Visier. Die Überprüfung der intertextuellen Verweise, die sich auf kurze Ausschnitte beschränken, vermittelt uns eine recht genaue Vorstellung von dem, was das kulturelle ‚Gepäck' eines Klerikers zu dieser Zeit sein konnte, wie er sich gegenüber seinen Vorgängern positionierte und wie sich die Situation innerhalb von fünfzig Jahren veränderte.

Die Auswertung, die ich im folgenden Schema vorstelle, ist Teil eines *work in progress* und wird noch einige fehlerhafte Daten aufweisen: Es mag sein, dass ich Daten übersehen habe; es mag sein, dass nicht alle Quellen der zitierten Beispiele richtig identifiziert wurden und sie daher in den derzeit verfügbaren Editionen oder Übersetzungen fehlen. Kein Zweifel, dass viele der angeführten Beispiele, die heute den Autoren der Poetiken zugeschrieben werden, in Wirklichkeit kleine Diebstähle sind, die wir noch nicht zuordnen können. Dennoch scheinen mir diese Zahlen, auch wenn sie nur einen relativen Wert haben, interessante Indikatoren für unser Thema zu sein. Vernachlässigt habe ich die Zahlen zur *Poetria nova*, da Geoffrey von Vinsauf kaum Autoren oder Werke erwähnt.

	Matthäus v. Vendôme: *Ars Versificatoria*	Geoffrey v. Vinsauf: *Documentum*	Eberhard der Deutsche: *Laborintus*	Jean de Garland: *Parisiana Poetria*	Σ
Äsop			1	1	2
Alan von Lille			**2**	**1**	**3**
Alexander von Villedieu			**1**		**1**
Apostolus (Paul)	1				1
Arator			**1**		**1**
Aristoteles				5	5
Augustinus				1	1
Avianus	1		1	2	4
Bernardus Silvestris	**1**		**2**		**3**
Boethius	2	1	2	1	6
Cato	11		2		13
Cicero, mit *Herennius*	6	5		12	23

Claudian	4	7	3		14
Donatus	1			1	2
Ennius	1			1	2
Epithalamius				1	1
Évrard de Béthune			**1**		**1**
Gautier de Lille			**1**		**1**
Geoffrey von Vinsauf			**1**		**1**
Gunther de Pairis			**1**		**1**
Horaz	56	31	4	36	127
Ilias latina			**1**		**1**
Isidor von Sevilla	4			1	5
Jean de Hanville			**1**		**1**
Juvenal	12	3	5	1	21
Liber aequivocorum			**1**		**1**
Lukan	29		1	8	38
Macer Floridus			**1**		**1**
Marbod: *Lapidarium*			**1**		**1**
Martial	1				1
Martianus Capella			1	1	2
Matthäus v. Vendôme			**3**		**3**
Maximianus	1		1		2
Ovid	42	10	1	9	62
Pamphilus			**1**		**1**
Persius			1		1
Petrus Comestor				**1**	**1**
Petrus Riga			**1**		**1**
Planctus Œdipi				**2**	**2**
Platon				2	2
Porphyrius				1	1
Priscianus				1	1
Prosper v. Aquitanien			**1**		**1**
Prudentius	1		1		2
Pseudo-Dares			1		1
Sedulius			1		1
Seneca				2	2
Sidonius Apollinaris	1	5	1		7
Statius	29	3	2	4	38
Theodulus			1	1	2
Vergil	30	4	1	16	51
Vitalis von Blois			**1**		**1**
Walter von Châtillon			**1**		**1**

Die Autoren und Werke, die ins Mittelalter (9.–13. Jahrhundert) gehören, habe ich in Fettdruck markiert. In der Eberhard dem Deutschen zugeordneten Spalte habe ich diejenigen Zellen hellgrau eingefärbt, die der dem Studium der Autoren gewidmeten Passage im *Laborintus* entsprechen. Dunkelgrau hervorgehoben sind hingegen die Namen der Autoren, die die meisten Nennungen aufweisen. Es handelt sich in absteigender Linie um Horaz, Ovid, Vergil, Lukan und Statius, Cicero (als Autor von *De inventione* wie des *Herennius*), Juvenal und Cato, allesamt Autoren der klassischen Antike. In symptomatischer Weise setzt sich Horaz weit von den übrigen Autoren ab, obwohl man ihn in Konkurrenz mit Cicero hätte sehen können, dessen zweifaches rhetorisches Material in unseren Traktaten umfassend ausgebeutet wird. Dass Horaz so häufig, und zudem über einen langen Zeitraum hinweg, zitiert wird hängt mit einer Vielzahl von Faktoren zusammen: Er hat ein umfangreiches Werk hinterlassen (neben der *Ars poetica* die Oden, die Satiren, die Epoden und die Episteln); seine Vorschriften sind in leicht memorierbarer Versform festgehalten; vor allem aber gibt es eine enge Verbindung zwischen seiner *Ars poetica* und unseren Traktaten, die ebenfalls als *artes poeticae* oder *poetriae* bezeichnet werden und nicht zum Unterricht der Rhetorik (*rhetorica*) in einem pragmatischen Verständnis gehören, sondern eine Erweiterung der Grammatik, der *ars grammatica*, darstellen. Es geht nicht allein darum, das richtige Sprechen und Schreiben zu lehren,[4] sondern den Unterricht auf das Studium und die Interpretation früherer Dichter zu stützen, auf einen Bereich also, der dem nahekommt, was wir heute ‚Schöne Literatur' nennen. Dass die Erwähnungen von Cicero und dem *Herennius*-Autor in der *Parisiana Poetria* signifikant zunehmen, geht dort Hand in Hand mit der Anreicherung der Quellen durch die *ars dictaminis*, die das Erbe von Ciceros Redekunst besonders gut bewahrte.

Ich füge noch einige knappe Bemerkungen hinzu. Die Erwähnungen der am häufigsten genannten Autoren nehmen im Lauf der Zeit ab. Ovid, der große römische Autor, der im 12. Jahrhundert gleichsam wiederentdeckt wurde, wird, wie es sich versteht, von den Grammatiklehrern häufiger zitiert als der ein Jahrhundert zuvor bevorzugte Vergil, der vielleicht etwas weniger in Mode war; über einen längeren Zeitraum hält sich der Mantuaner jedoch besser, vermutlich wegen der als nützlich erkannten Dreiteilung seines Œuvres (Heldenepos – Lehrepos – Bukolik), die Eberhard der Deutsche ausdrücklich hervorhebt. Die Bedeutung von Statius für Matthäus von Vendôme lässt sich wohl dadurch erklären, dass dessen Werke am Ende des 12. Jahrhunderts durch die volkssprachliche Adaption des *Roman de Thèbes*, durch den allegorischen Kommentar der *Thebais* und durch die Bedeutung der *Achilleis* für den Unterricht weite Verbreitung fanden.[5] Was Lukan betrifft, so weiß man, dass er sich schon im 11. Jahrhundert als einflussreicher Autor durchgesetzt hat, bevor sein *De bello civili* im 13. Jahrhundert in der Volkssprache adaptiert wurde.[6] Die von Geoffrey von Vinsauf in seiner *Poetria nova* getroffene Entscheidung, die lateinischen Autoren nicht ausdrücklich zu zitieren

4 Die sprachliche Korrektheit (*recte dicendi*) der *grammatica* steht also der Ästhetik oder Ethik (*bene dicendi*) der *rhetorica* gegenüber. Sh. Paul Zumthor: *Rhétorique et poétique latines et romanes*, in: *Grundriss der Romanischen Literaturen des Mittelalters*, Bd. 1, Heidelberg 1972, S. 61.

5 Colette Jeudy und Yves-François Riou: *L'*Achilléide *de Stace au Moyen Âge: abrégés et arguments*, in: *Revue d'histoire des textes* 4 (1974), S. 143–180. URL: http://www.persee.fr/doc/rht_0373-6075_1975_num_4_1974_1108 (07.06.2019).

6 Sh. Pierre Courroux: *La poésie de l'histoire. Le Moyen Age et la réception historique de Lucain*, in: *Présence de Lucain*, éd. par Rémy Poignault et Fabrice Galtier, Clermont-Ferrand 2016 (*Caesarodunum-Présence de l'Antiquité* 48–49), S. 451–463.

und ständig selbst erfundene Beispiele vorzustellen, ist sehr originell: Der innovative Charakter seiner Poetik hat vor allem damit zu tun.

Man kann feststellen, dass bei Matthäus von Vendôme und Geoffrey von Vinsauf, abgesehen von Bernhard Silvestris, dem Autor einer *Cosmographia*, die der Erstere zitiert, und vielleicht auch einer verloren gegangenen Poetik, nur Autoren der klassischen Antike und der Spätantike genannt werden. Die beiden anderen Lehrer hingegen erweitern das Spektrum um mittelalterliche Autoren, was das Ansehen der *moderni* in ihrem kulturellen und literarischen Umfeld sowie die Wertschätzung ihrer Werke bezeugt. In der *Parisiana Poetria* von Jean de Garlande treten so Alan von Lille, Petrus Comestor und Theodulus[7] in Erscheinung sowie, als Vorbild, der *Planctus Œdipi*, ein anonymes Gedicht aus dem 12. Jahrhundert.

Die Liste dieser *moderni* ist im *Laborintus* viel länger, doch die Logik, nach der der Autor vorgeht, ist eine ganz andere. In einer für die Poetiken untypischen Weise fügt der Grammatiklehrer eine knapp hundert Verse zählende Liste von Werken und Autoren ein, von denen jeder erwähnt, aber nicht immer zitiert wird, ohne dass freilich irgendeiner der Titel Anlass zu Missverständnissen geben könnte, die im Rahmen einer *lectio* (599–686) studiert werden müssen: Insgesamt sind es 42, denn bestimmte Autoren werden mehrfach mit unterschiedlichen Werken zitiert. Was auf den ersten Blick eine Art textuelle Einlagerung zu sein scheint, ist in Wirklichkeit präzise auf die Gattungsfrage ausgerichtet. Ausnahmen bilden allein Ovid und Vergil. Ersterer (621f.)[8] müsse mit all seinen Schriften studiert werden, meint der deutsche Grammatiker, auch wenn seine Argumentation unmittelbar danach, in den nächsten beiden Versen, zum satirischen Charakter der *Ars amatoria* abdriftet; Letzterer veranschauliche mit seinen drei Werken (631–32)[9] die Theorie der drei Stile. Alle anderen Werke werden entweder in zwei Versen formal oder thematisch charakterisiert oder in die Tradition gestellt, die sie illustrieren (explizit, durch das Spiel der Vergleiche, oder implizit, durch die Reihung der zitierten Namen, die sich um ein und dasselbe Gattungsmuster gruppieren).

So werden in unmittelbar erkennbarer oder auch verdeckterer Weise einige Werke oder Autoren eines Werks aufgelistet, die wir mit einer Gattung verbinden, welche sie exemplifizieren. Man erkennt die *Distichen* Catos, die wegen der Kürze ihres Metrums hervorgehoben werden (603f.); die *Eklogen* des Theodulus (605f.); die *Fabeln* von Avianus (607f.) und Äsop (609f.); die *Elegien* des Maximianus, eines lateinischen Dichters des 6. Jahrhunderts (611f.); die Komödien des 12. Jahrhunderts, *Pamphilus*, eine erfolgreiche elegische Komödie, die die spanische *Celestina* inspirieren wird (613f.) und Vitalis' von Blois *Geta*, die in der Nachfolge von Plautus den Amphitryon-Mythos erzählt (615–16); die Epen von Claudian, den *Raub der Proserpina* (617f.), und von Statius, die *Achilleis* (619f.);

[7] Theodulus ist berühmt für seine auf das 9. oder 10. Jahrhundert datierte Ekloge.

[8] *Quam sollemnizat usus, tibi turba colenda / Ovidiana magis ; quid ferat ille, patet.*

[9] *Vergilio servit triplex stylus, et tria thema / Praebent: bos et ager, historialis apex.*

die Satire, mit Ovids *Ars amatoria*, die wegen ihres ironischen Stils aufgerufen wird (621f.), mit den Werken von Horaz (623f.), Juvenal (625f.), Persius (627f.) und dem *Architrenius* von Jean de Hanville (629–30); die Historiographie wird (im Sinne der zeitgenössischen Auffassung, die auch mythologische Stoffe als historisch begreift) durch sieben Werke veranschaulicht: die *Thebais* von Statius (633f.), die (nicht ausdrücklich genannte) *Pharsalia* von Lukan (635f.), beides Epen wie die im Anschluss genannte *Alexandreis* (wohl die von Walter von Châtillon, dessen Name nicht aufscheint, 637f.), Claudians *In Rufinum* und *De consulatu Stilichonis* (639f.), zwei klar politisch ausgerichtete Dichtungen, *De excidio Trojae* des Dares Phrygius (641f.) und die an Homer angelehnte *Ilias latina* (643f.); die Heldendichtung, wie die Gedichte und Briefe des Sidonius Apollinaris, von denen einer den Krieg von König Sidon erzählt (645f.), sowie der dem Ersten Kreuzzug gewidmete *Solimarius* von Gunther de Pairis (Ende 12. Jahrhundert) (647f.); Lehrgedichte wie der *Macer Floridus* von Odo Magdunensis (649f.) oder der *Liber lapidum* des Marbod von Rennes (651f.); die religiöse Dichtung, wie sie Petrus Riga (653f.) repräsentiert und wie sie von Sedulius in seinem *Carmen paschale* (655f.) der profanen Dichtung gegenübergestellt oder von Arator in *De Actibus apostolorum* (657f.) veranschaulicht wird; die allegorische Dichtung in der Art der *Psychomachia* von Prudenz (659f.) oder des *Anticlaudianus* und *De planctu Naturae* von Alan von Lille (661f.); die Grammatik-Traktate wie der *Tobias* von Matthäus von Vendôme (663f.), die *Poetria nova* von Geoffrey von Vinsauf (665f.), das *Doctrinale* des Alexander von Villedieu (667f.), der *Graecismus* von Évrard de Béthune (669f.). Schließlich (671f.) erwähnt Eberhard der Deutsche noch die Prosimetren oder Autoren, die sowohl in Versen als auch in Prosa schreiben: Prospers in Prosa verfasstes *Sententiarum ex operibus Augustini delibatarum liber*, auf welches sein in Versen gehaltener *Epigrammatum liber* folgt, die *Ars versificatoria* von Matthäus von Vendôme, ein mittelalterlicher Traktat über schwer erkennbare Homonyme, *De nuptiis Philologiae et Mercurii* von Martianus Capella, die *Consolatio philosophiae* von Boethius sowie die *Cosmographia* von Bernhard Silvestris.

Die reiche Auswahl, die hier vorgeschlagen wird, ist aufschlussreich, sowohl im Hinblick auf die erteilte oder geforderte literarische Ausbildung als auch bezüglich der besonderen Schreibpraktiken der Zeit: Die mittelalterlichen Autoren werden in diese Liste neben den traditionellen Vorbildern der Antike aufgenommen, und dieses enge Nebeneinander ist zweifellos ein Zeichen ihres Aufstiegs, ein untrüglicher Beweis der Anerkennung ihres literarischen Ranges. Die Zahl der zitierten mittelalterlichen Werke, zwanzig, ist im Vergleich zu den antiken Referenzen, zweiundzwanzig, bemerkenswert: Die Moderne ist demnach ebenso stark repräsentiert wie die Antike, und das ist eine Premiere. In den Erläuterungen findet keine polemische Hierarchisierung der einen und der anderen statt, sondern eher eine egalitäre Nivellierung. Allerdings kann man sich fragen, ob nicht die Auswahl an sich eine Provokation ist. Dass die Intrusion der Modernen wohl nicht ganz selbstverständlich ist, lässt eine rechtfertigende Bemerkung in

Vers 637 vermuten, wo im Anschluss an die Erwähnung Lukans über Walter von Châtillons *Alexandreis* gesagt wird, sie „leuchte im Licht des Lukan" (*Lucet Alexander Lucani luce*); ich tendiere zur Annahme, dass die antike Schirmherrschaft hier notwendig bleibt und dass der Vergleich mit allem Nachdruck gesetzt wird (wenigstens auf der klanglichen Ebene) und wie eine Art Passierschein wirkt.

Zugleich nimmt Eberhard der Deutsche in dieser Passage einen alten Usus wieder auf (und erweitert ihn), der im vorigen Jahrhundert von Grammatiklehrern wie Konrad von Hirsau oder Alexander Neckam praktiziert wurde. Davon zeugen die *Liber Catonianus* genannten Manuskriptsammlungen: Diese Werke, die ursprünglich, im 9. Jahrhundert, ausschließlich auf Catos *Distichen* und Avianus' *Fabeln* ausgerichtet waren, haben sich Zug um Zug mit anderen Werken angereichert, um schließlich im 13. und 14. Jahrhundert[10] eine umfassendere Bedeutung zu erlangen. In ihnen werden üblicherweise mindestens sechs Autoren, die alle in der zitierten Passage des *Laborintus* erwähnt werden, vorgestellt, erläutert und kommentiert: Abgesehen von den zuvor genannten werden Theodulus, Maximian, Claudians *De raptu Proserpinae*[11] und Statius' *Achilleis* aufgeführt. Genau diese sechs Autoren nennt Eberhard zu Beginn seiner Liste: Die Herleitung lässt keinen Zweifel zu und der Blick ist sicherlich im engeren Sinne auf die Gattungsfrage gerichtet. Eberhard der Deutsche setzt in dieser Passage seines Traktats also nur das fort, was es anderswo schon gab, doch er wählt eine andere Form, die vollständiger und zugleich konziser ist, da sie auf unnötige Details verzichtet, als ob es sich um eine analytische Bibliographie der wichtigsten literarischen Vorbilder handelte, die man kennen, sich einprägen, ja sich einverleiben müsse. Indem er aber in völlig innovativer Weise und unter Verzicht auf jegliche Diskussion, seine Entscheidung, die mittelalterlichen Autoren seiner Zeit zu zitieren, als eine Selbstverständlichkeit präsentiert, die freilich alles andere als selbstverständlich war, verleiht er seinen *Modernen* den Status von *auctores*, die es wert sind, von den auszubildenden Klerikern mit gleichem Recht zum Vorbild genommen zu werden wie ihre antiken Vorgänger.

2 Die *moderni* oder: Die Behauptung der *novitas*

> Wir sind, sagte Bernhard von Clairvaux im 12. Jahrhundert, wie Zwerge, die auf den Schultern von Riesen stehen, so dass wir mehr und weiter sehen können als sie, nicht weil wir einen schärferen Blick oder eine größere Statur hätten als sie, sondern weil wir durch ihre Riesengestalt in die Höhe gehoben werden.[12]

[10] Sh. hierzu Paul M. Clogan: *Literary Genres in a Medieval Textbook*, in: *Medievalia et humanistica* 11 (1982), S. 199–209.

[11] „dernier représentant notable de la tradition classique de la poésie latine", ebd., S. 204.

[12] Diese Aussage wird von Johannes von Salisbury in seinem *Metalogicon*, hg. von John B. Hall, Turnhout 1991, IV,4 überliefert.

Diese Sätze des Johannes von Salisbury drücken den Enthusiasmus aus, der die Renaissance des 12. Jahrhunderts leitete, und den unerschütterlichen Optimismus, ja den Stolz dieser Kleriker, die das Erbe ihrer Vorgänger antraten, um die Zukunft und die Moderne zu gestalten.[13] Das bekannte Bild der Zwerge ist insofern interessant, als es aufzeigt, wie sich die mittelalterlichen Kleriker einerseits von den Alten getragen und andererseits von ihnen verschieden fühlten. Der Größenunterschied zwischen den einen und den anderen mag riesig sein, dennoch sind die Kleinen höher platziert als die Größten und haben eine bessere Fernsicht. Die Bezeichnung, die sie sich geben, *moderni*, drückt diese Situation aus und steht in Opposition zu den *antiqui*, *veterani*, die aus einer überwundenen, fernen, und dennoch auf der zeitgenössischen Bühne recht präsenten Vergangenheit kommen. Dabei lässt sich die Verwendung des Begriffs *modernus/moderni*, wie ich gleich zeigen werde, nur bei Matthäus von Vendôme und Jean de Garlande beobachten und ist zudem bei jedem der beiden eher selten.

Der Erstgenannte spricht die Frage der *modernitas* zu Beginn des vierten Teils seiner Abhandlung an, der sich der Ausführung des Gegenstands widmet und auf Detailfragen eingeht, wie den Gebrauch von Vergleichen und die dichterischen Freiheiten bei der Platzierung der Zäsur im Verhältnis zur Anzahl der Vokale. Alle Zitate lassen sich auf einer halben Seite finden:

> [...] non quia comparationum inductio penitus sit omittenda, sed parcius a modernis debet frequentari; poterit duci, quia scema deviat sine istis et nunc non erit hic de iis opus. Antiquis siquidem incumbebat materiam protelare quibusdam diversiculis et collateralibus sententiis, ut materiae penuria poetico figmento plenius exuberans in artificiosum luxuriaret incrementum. Hoc autem modernis non licet. Vetera enim cessavere novis supervenientibus.[14] (*Ars versificatoria*, IV, 4–5, S. 181)

> [...] nicht weil der Gebrauch von Vergleichen vollständig aufgegeben werden müsste, aber weil er bei den Modernen sparsamer erfolgen soll: er kann eingesetzt werden, weil ohne sie die rhetorische Figur von ihrem Pfad abweicht, doch heute wird man mit dergleichen keinen Aufwand betreiben. Den Alten kam es in der Tat zu, ihren Gegenstand durch gewisse Digressionen und Nebengedanken auszuweiten, so dass die Dürftigkeit des Gegenstands durch poetische Erfindung in größerer Fülle schwelgte und in künstlerischem Zuwachs prangte. Den Modernen ist dies nicht mehr erlaubt. Denn das Alte ist dem hereinbrechenden Neuen gewichen.

> Amplius, poeticas abusiones in syllabarum temporibus non debemus imitari. [...] Nulla siquidem modernis permittitur in temporibus syllabarum transgressio, nisi duae, scilicet pentymemeris et synolimpha [...]. Figurativae etiam constructiones a

[13] Sh. *Modernité au Moyen Âge: le défi du passé. Actes du Colloque organisé à l'Université de Stanford en avril 1988*, éd. par Brigitte Cazelles et Charles Méla, Genève 1990 (*Recherches et rencontres*).

[14] Der letzte Satz ist offensichtlich ein Zitat aus *Leviticus* 26,10 (Hinweis von Dorothea Weber).

> modernorum exercitio debent relegari, licet ab auctoribus inducantur. (Ebd., IV,6–7, S. 181)
>
> Außerdem dürfen wir die poetischen Freiheiten, was die Quantität der Silben betrifft, nicht nachahmen. […] Denn heutzutage ist den Modernen kein Verstoß bei der Quantität der Silben mehr gestattet, mit Ausnahme der beiden folgenden: der Penthemimeres[15] und der Synalöphe[16]. […] Die bildlichen Konstruktionen müssen ebenfalls aus der Praxis der Modernen verbannt werden, auch wenn sie von den Alten verwendet werden.

Bei Jean de Garlande sind die Erwähnungen von *modernitas*, drei an der Zahl, kaum zahlreicher als bei Matthäus von Vendôme, wobei und sie in drei verschiedenen Passagen vorkommen (Kap. I und V). Auch sie beziehen sich auf spezifische Probleme des Schreibens: auf die metrische Virtuosität, erneut auf die Synalöphen und auf die vier kurialen Stile:

> Albinouanus uero composuit Librum Centimetrum, sed quia breuibus et utilibus gaudent moderni, quod est nobis necessarium prosequamur. (*Parisiana Poetria*, I, 71–72, S. 6)
>
> Albinovanus[17] hat sogar ein Buch *Centimetrum* („Hundert Metren“) verfasst, aber weil den Modernen gefällt, was kurz und nützlich ist, wollen wir uns an das halten, was für uns notwendig ist.
>
> A predictis uiciis sunt multa alia uicia uitanda et in metro et in prosa, scilicet species Soloecismi et Barbarismi, quibus ad presens supersedemus. Sed quia licet modernis perfectis uti Sinalimpha – sed raro – notandum quod semper vna sillaba superhabundans eliditur per Sinalimpham, scilicet antecedens si pura uocali constituatur. (Ebd., V, 178–183, S. 92)
>
> Neben den Lastern, die ich schon vorher erwähnt habe, gibt es zahlreiche weitere, die man vermeiden sollte, sei es in Versen, sei es in Prosa, wie zum Beispiel die

[15] Die Penthemimeres, lat. *semiquinarius*, ist eine Zäsur im dritten Daktylos eines Hexameters (also ‚nach dem fünften halben Versfuß‘); das entspricht der Häfte eines Pentameters, der in der elegischen Dichtung sehr beliebt war. Sh. *Novum glossarium mediae latinitatis: ab anno DCCC usque ad annum MCC*, Genève 1995, Bd. 14, S. 136; https://books.google.fr/books?id=CKbmJnporYgC&pg=PA136&lpg=PA136&dq=synolimpha&source=bl&ots=LxzPd4Skwy&sig=0HWVPaR1b3V6Dk- (07.06.2019).

[16] Gemeint ist die Regel, wonach „ein Vokal, obwohl er geschrieben steht, nicht ausgesprochen wird, entweder, weil er auf einen anderen folgt, oder, häufiger, weil das *-e* am Wortende elidiert wird, wenn das folgende Wort mit einem Vokal beginnt“ (Michèle Aquien: *Dictionnaire de poétique*, Paris 1993, S. 293, Übers. Peter Kuon).

[17] Albinovanus Pedo ist ein zu seiner Zeit (2. Hälfte des 1. Jahrhunderts vor Christus) berühmter römischer Dichter, an den Horaz die achte Epistel seines ersten Buchs richtet.

verschiedenen Arten von Solözismen und Barbarismen, zu denen ich jetzt übergehe. Aber weil es den Modernen erlaubt ist, freilich selten, Synalöphen zu verwenden, muss festgehalten werden, dass immer nur eine einzige überzählige Silbe durch die Synalöphe elidiert werden darf, nämlich die jeweils erste, wenn sie aus einem reinen Vokal besteht.

Item preter tres stylos poeticos sunt et alii stili 4 quibus vtuntur moderni, scilicet Gregorianus, Tullianus, Hyllarianus, Hysydorianus. (Ebd.., V, 403–405, S. 104)

Neben den drei dichterischen Stilen gibt es also noch vier andere Stile, die die Modernen verwenden, nämlich den gregorianischen, den ciceronianischen, den hilarianischen und den isidorianischen.

Es ist symptomatisch, dass das Aufrufen der *moderni* bei Matthäus von Vendôme mit einem ‚Wir' einhergeht, das das Ich mit anderen Gebildeten verbindet, und im Nachhinein mag man denken, dass diese Bezeichnung „Wir Modernen" in anderen Passagen des Traktats, auch wenn sie dort nicht ausdrücklich fällt, in diesem relativ häufigen und gewissermaßen als neutraler Standard verwendeten Pronomen der ersten Person Plural unterschwellig enthalten ist.[18] Demgegenüber drückt das ‚Wir' in den ersten beiden Zitaten des englischen Grammatikers im Wesentlichen Bescheidenheit aus, wobei es durchaus den Leser einschließt, aber mit geringerem Nachdruck, weil es eben nicht diese Markanz besitzt. In allen Erwähnungen hat der Begriff der Moderne die Funktion, einen Gegensatz zur alten Zeit zu bilden, weil das, was üblich und zulässig war, einem Wandel unterliegt, genauer gesagt, im Hinblick auf Nutzen und Wirkung mit Einschränkungen versehen werden muss. Der Gegensatz wird als unaufhebbar gezeigt; er lässt gewiss einige Ausnahmen zu, steht aber nicht zur Diskussion. Die frühere Praxis wird nicht verschwiegen, sondern in den Zitaten vorgeführt; sie verdient sicher Respekt, muss aber nicht mehr respektiert werden. Die Alten verfügten in der Tat über größere Freiheit in ihrer literarischen Praxis; sie konnten bestimmte Techniken maßlos, um nicht zu sagen: sinnlos übertreiben, wie das Beispiel der virtuosen Erfindung hundert unterschiedlicher Metren zeigt. Die Moderne konzentriert sich hingegen auf das Wesentliche. Sie schmiedet sich ihre eigenen Instrumente, wenn die der Vergangenheit nicht mehr tauglich sind, so die erwähnten vier Stile, die neben die bekannte Dreiteilung treten.[19] Während letztere zum Charakteristikum dichterischer (*poeticos*) Werke gemacht wird, was bis dahin in der Poetik von Jean de Garlande nicht gesagt worden war und ihre Geltung *a posteriori* deutlich einschränkt, erlaubt es die Vierteilung, administrativen Schriften gerecht zu werden,

[18] Sh. z. B. I,3, S. 111; I,7, S. 112; I,33, S. 117; I,35, S. 118.

[19] Er übernimmt diese Theorie von Bernhard von Meung und von Geoffrey von Vinsauf, der sie nur in der längeren Version seines *Documentum* ausführt.

denen des Hofes (*curiales styli*) und der *Ars dictaminis* in Prosa oder gegebenenfalls in Versen,[20] die die literarische Landschaft überfluten. Wer sagt, dass diese Vierteilung den *moderni* im Unterschied zu den Alten vertraut ist, gibt zu verstehen, dass sie die frühere Einteilung nicht oder kaum mehr kennen und dass diese vielleicht schon in der Rumpelkammer der Alten abgelegt wurde. Die zitierte Formulierung ist deshalb besonders interessant und subtil, weil sie das, was war, nicht in Frage stellt, wohl aber andeutet, dass es überholt ist.

Es stimmt, dass die Frage nach der *modernitas* selten ausdrücklich gestellt wird, sie ist jedoch alles andere als anekdotisch oder zweitrangig. Sie taucht in den Poetiken indirekt unter dem Begriff der *novitas* auf, einer Charakterisierung, die es den Autoren erlaubt, sich von den Meistern der Vergangenheit abzuheben, und die ganz offenkundig ein erstrebenswertes Ziel ist. Auch hier sind die Beispiele nicht so zahlreich, wenn man von Geoffrey von Vinsauf absieht. Im Vorwort zu seiner *Ars versificatoria*, betont Matthäus von Vendôme die Neuheit seines Traktats (*novitas opusculi*); er rechtfertigt diese damit, dass er nicht schreibe, um Beifall zu erlangen oder sein Wissen eitel auszustellen (*nec favoris appetitus nec vanae gloriae ostentatio*), sondern um die am wenigsten Fortgeschrittenen seiner Schüler zu unterweisen. Die Aufwertung der *novitas*, so wird hier deutlich, setzt sich dem Verdacht der Anmaßung aus. Ein wenig später macht er in seiner *Ars* auf die Neuheit seines Beispiels zu den Ortsbeschreibungen aufmerksam (I,113, S. 150). Eberhard der Deutsche zeigt sich seinerseits begeistert von der Neologie, der Neuheit der Wörter (*verbi novitas mihi dulcis*, 345). Jean de Garlande betont, dass Tag für Tag neue Situationen entstehen, in denen es zur Notwendigkeit wird, einen Brief zu schreiben (IV, 504–505, S. 82). Aber es ist vor allem Geoffrey von Vinsauf, der die Innovation immer wieder in den Vordergrund stellt. Zu Recht stellt Eberhard der Deutsche in seinem *Laborintus* die *Poetria nova* als *ars nova scribendi* (665) vor. Dieser Traktat, der auf den Spuren der horazischen Poetik (der *Poetria vetus*) wandelt und diese erklärtermaßen zu erneuern sucht, spielt ständig mit der Spannung zwischen dem, was *novus*, und dem, was *vetus*, *veteranus*, *tritus*, das heißt durch häufigen Gebrauch abgenutzt ist. Der Autor muss lernen, zu erneuern, zu verjüngen, zu modernisieren, um er selbst zu werden:

> Novitas quia plus juvat et modus idem
> Nos satiat, nec ero velut hic, nec ero velut ille […]. (*Poetria nova*, 1838–1839)
>
> Weil die Neuerung uns mehr gefällt und dieses Maßhalten uns zufrieden stellt, werde ich nicht wie dieser noch wie jener sein […].

[20] J.-Y. Tilliette macht richtigerweise darauf aufmerksam, dass diese Unterscheidung im *dictamen* aufrechterhalten wird: „dans une société très hiérarchisée, un genre comme celui de la lettre reflète linguistiquement la réalité des rapports entre les individus“, in: J.-Y. Tilliette: *Des mots à la Parole. Une lecture de la* Poetria nova *de Geoffroy de Vinsauf*, Genève 2000 (*Recherches et rencontres*), S. 120.

Diese Absicht betrifft zunächst die rhetorischen Figuren, insbesondere die Tropen, die den *ornatus difficilis*[21], die farbige Einkleidung der Sprache, begleiten:

> Ut res ergo sibi pretiosum sumat amictum,
> Si vetus est verbum, sis physicus et veteranum
> Redde novum.
> [...] sit ibi novus hospes,
> Et placeat novitate sua. Si conficis istud
> Antidotum, verbi facies juvenescere vultum. (Ebd., 756–763)

> Damit also der Gegenstand sich wertvolles Kleid wähle, verhalte dich, wenn das Wort veraltet ist, als Arzt und verwandle den Altgedienten in einen Jüngling. [...] er möge dort der neue Gast sein und durch seine Neuheit gefallen. Wenn du ein solches Gegengift zubereitest, dann wirst du das Antlitz des Wortes verjüngen.

Als konkrete Stilmittel dieser neuen ‚Einkleidung' werden zum Beispiel angeführt: die *collatio*, insbesondere wenn sie mehr Metapher als Vergleich ist, weil sie dann „eine Art neue und wunderbar eingravierte Verwandlung" wird (249–250), die Personifizierung (*prosopopeia*, 1268–1269) oder auch die Synekdoche (1023–1024). Die alten Modelle sind aus der Mode gekommen. Selbst die Beschreibung wird in dieser Perspektive neu bewertet: Geoffrey erklärt, dass „das Porträt einer schönen Frau gewissermaßen etwas Banales und Veraltetes ist" (622–623). In der Nachfolge dessen, was Horaz empfahl,[22] liegt die Neuheit nicht zuletzt in der Form und im Wortgebrauch. Dass Geoffrey vier Mal auf diesen Innovationstyp zurückkommt,[23] unterstreicht, dass es sich dabei um eine für die Schriftsteller seiner Zeit besonders aktuelle Herausforderung handelt.[24] Zu guter Letzt insistiert Geoffrey nachdrücklich, auf der Neuheit der Beispiele, die er zur Erläuterung der Personifizierung bzw. der *Sermiocinatio* vorstellt. Dabei handelt es sich um originelle, selbst erfundene Beispiele,[25] die ihre Würze noch nicht eingebüßt haben, wie jenes – traditionelle – Beispiel (465–466), das er Lukans

[21] Sh. auch die Verse 767–769.

[22] Horace: *Ars poétique*, éd. et traduit par François Villeneuve, Paris 1967, 46–59.

[23] Sh. *Poetria nova*, V, 935, 1078–1081, 1684, 1712–1715 und *Documentum*, II, 3, 140–143, S. 311–312.

[24] Sh. Danièle James-Raoul: *Défense et illustration de la langue française: la néologie dans les arts poétiques (XIIe–XIIIe siècles)*, in: *Par les mots et les textes. Mélanges de langue, de littérature et d'histoire des sciences médiévales offerts à Claude Thomasset*, sous la direction de Danièle James-Raoul et Olivier Soutet, Paris 2005, S. 451–463.

[25] Sh. Danièle James-Raoul: *La personnification dans les arts poétiques médio-latins des XIIe et XIIIe siècles*, in: *La personnification du Moyen Âge au XVIIIe siècle*, sous la direction de Mireille Demaules, Paris 2014, S. 35–51.

Pharsalia entnimmt,[26] wo das im Bürgerkrieg verstrickte Rom Caesar erscheint, bevor dieser den Rubikon überschreitet:

> Si placet exempli novitas, hanc accipe formam:
> Vocis in hac forma sanctae Crucis ecce querela [...]. (Ebd., 467–468)

> Wenn dir die Neuheit eines Beispiels gefällt, dann greif zu dieser Form [der *sermocinatio*]: Hier die Klage des Heiligen Kreuzes in dieser Form der (direkten) Rede [...].

> Si vetus exemplum non sufficit, ecce novellum. (Ebd., 515)

> Wenn ein altes Beispiel nicht genügt, hier ist ein neues.

Weil die *novitas* Quelle der Kreativität ist, nimmt Geoffrey sie für sich in Anspruch und veranschaulicht sie bravourös in nahezu siebzig Versen, wobei er nacheinander drei Beispiele abhandelt, die demselben Register, dem der Klage, zugehören, aber in drei unterschiedlichen Tonlagen – dramatisch, ja tragisch, komisch und pathetisch – verfasst und in drei verschiedenen Epochen, angesiedelt sind: im weit entfernten biblischen Altertum, außerhalb der Zeit und in der zeitgenössischen Gegenwart. Im *Documentum* (II.2,5, S. 272) analysiert Geoffrey diese Neuheit als eine Schwierigkeit (*nova difficultas*), die zu überwinden sich lohne, da sie ein Mittel gegen den von Monotonie verursachten Überdruss sei: „Wie eine Nahrung der Ohren erfreut sie den Leser". Umgekehrt bemerkt er im Fortgang desselben Traktats (II.3,132, S. 309), wie schwierig es sei, „eine gewöhnliche und verbreitete Materie richtig und in angemessener Weise zu behandeln":

> Et quanto difficilius, tanto laudabilius est bene tractare materiam talem, scilicet communem et usitatam, quam materiam aliam, scilicet novam et inusitatam.

> Ebenso schwieriger wie lobenswerter ist es, einen derartigen Stoff gut darzustellen, nämlich einen gewöhnlichen und verbreiteten, als einen anderen, nämlich einen neuen und ungewöhnlichen

Was man als Inkohärenz ansehen könnte, lässt sich damit erklären, dass die Schreibweise der Alten, so sehr sie auch von der der Modernen abweicht, deshalb keinesfalls abgewertet wird. Ob man sich an den einen oder den anderen inspiriert, gut zu schreiben, ist eine schwierige Kunst...

[26] Lucain: *La Guerre civile (La Pharsale), Livres I–V*, vol. 1, éd. et traduit par Abel Bourgery, Paris 1976, I,186–192.

3 Der *modernus* und seine literarische Originalität

Die Kunst des Schreibens bringt das fachliche Geschick, über das die Schriftsteller verfügen, und die ästhetischen Einflüsse, denen sie unterliegen, zum Ausdruck. Was für jede Epoche gilt, scheint im Mittelalter noch ausgeprägter zu sein. Jeder Schriftsteller, der zeigt, dass er die Tradition kennt und sie nachzuahmen weiß, erweist sich seiner Vorgänger würdig und schreibt sich zugleich in die Kontinuität einer soziokulturellen Gemeinschaft ein, die er ansprechen muss. Im Schreiben zeigt sich daher gleichermaßen ein persönliches Talent, ein *savoir-faire* und die von den ästhetischen Einflüssen der Zeit geprägte Unterweisung, die der Autor erfahren hat. Neues aus Altem zu schaffen,[27] im unablässigen Bemühen um Variation, um Neufassung, um stilistische Originalität, das ist es, was die Poetiken mit ihren präskriptiven und normativen Lehrsätzen unterrichten. Dieser Anspruch kennzeichnet die Moderne an der Wende vom 12. zum 13. Jahrhundert. Jean-Yves Tilliette hat den „bricolage inventif", das „kreative Basteln" zu einem charakteristischen Merkmal der Kultur und Literatur des 12. Jahrhunderts erhoben. Es geht darum zu lernen, wie man auf der Grundlage der vorgeschlagenen Modelle zu einem eigenen, originellen literarischen Ausdruck finden kann. Wie hier erneut betont werden soll, liegt auf der Hand, dass die Lehrsätze der Poetiken ein Bemühen um Konsens widerspiegeln, ungeachtet des Spagats zwischen Moderne und Antike.

Der Vergleich dieser Traktate, zum einen untereinander, zum anderen mit den antiken Vorschriften, von denen sie beeinflusst wurden, liefert in der Tat wertvolle Hinweise zur Entwicklung der Kunst des Schreibens, aber auch zu den Vermeidungsstrategien, die eine Debatte um das Erbe der Vergangenheit und die Optionen der Gegenwart gar nicht aufkommen lassen: Ein über einen großen Zeitraum unveränderter Gedanke wird als so dominant angesehen, dass man auf ihn nicht verzichten, ihn nicht beiseite schieben kann; demgegenüber suggerieren Veränderungen, Entwicklungen in der Konzeption oder Präsentation der Lehrsätze ein wachsendes Bemühen um bessere Anpassung insbesondere der überlieferten rhetorischen Normen der Rede an die Erfordernisse der poetischen oder narrativen Komposition, die das aktuelle literarische Feld beherrscht, oder an neue theoretische Überlegungen. Schließlich tauchen hier und da wirkliche Neuerungen auf, persönliche Neuerungen, die mitunter sehr originell oder sehr komplex und mitunter dazu bestimmt sind, toter Buchstabe zu bleiben, die aber immer in unterschiedlicher Weise unterstreichen, dass eine Reflexion stattfindet, dass das, was bisher vorhanden war, als unbefriedigend oder unzulänglich empfunden wird und dass man versuchen will, ein anderes System zu finden, Ratschläge zu geben, die zweckdienlicher, den literarischen Neuheiten der Zeit angemessener sind und den

[27] Sh. hierzu, unter dem Blickwinkel der künstlerischen Analogie, Helmut Hatzfeld: *Le style collectif et le style individuel*, in: *Grundriss der romanischen Literaturen des Mittelalters* (Anm. 2), Bd. 1, S. 92–106.

Autoren, die sich *moderni* nennen, besser entsprechen. Die Tradition wird also bewahrt wie eine Altlast, derer man sich nicht entledigen kann, weil sie die Lektüre der Alten ermöglicht, auch wenn sie nicht mehr zur Richtschnur modernen Schreibens taugt.

Die Erneuerung des Literarischen, wie sie sich aus den mittellateinischen Poetiken ablesen lässt, und zugleich die allzu schnell vergessene Modernität dieser mittelalterlichen Renaissance im Vergleich zur Antike besteht nicht im Gegensatz, sondern in der Nachfolge, nicht im Widerspruch, sondern in der Dynamik einer *aemulatio*, um die es sich zu streiten lohnt.

Übersetzung Peter Kuon

Nomen indelebile nostrum
Poetische Etablierung im Wettstreit der Namen

MANFRED KERN (Salzburg)

Die Zeichnung eines Textes mit dem Namen setzt eine spezifische, in gewissem Sinne provokante Signatur. Sie reklamiert den Text für den Namensträger, verbürgt dessen Verantwortung, zugleich aber auch den Anspruch, dass dieser Text sein Text, seine Äußerung sei – eine Äußerung, die als literarische oder allgemein gesagt: als Äußerung in Schrift einer Leserin, einem Leser anheim gegeben wird, die diesen Autornamen und das in ihm geborgene Ich nicht unmittelbar von Auge zu Auge, von Angesicht zu Angesicht, sondern nur über den Buchstaben und damit letztlich nur als Buchstaben, als literarischen Namen wahrzunehmen und mit ihm zu kommunizieren vermögen. Der Name, der sich dem literarischen Text einschreibt, weiß nicht, an wen er sich richten und wer ihn vernehmen wird, theoretisch können es alle und überall und immer sein. Und dieses Versprechen einer fortwährenden Lesbarkeit, die der Schrifttext dem Namen gibt, ist eines der Momente, die das Provokante an ihm ausmachen.

Ein weiteres provokantes Moment besteht eben in der Beanspruchung des Textes durch den Namen, durch die Autorsignatur. Sie behauptet eine gewisse Abgrenzung gegen das, was dem Text vorausgeht, eine Art persönliche Usurpation jener Tradition, auf der er immer schon aufruht. Sie setzt eine gewisse kaschierende Geste gegenüber dem Einfluss, dem der Text sich aussetzt und dem er ausgesetzt ist. Die namentliche Signatur wäre demnach auch ein besonderer Ausdruck dessen, was Harold Bloom „Einflussangst" nannte.[1]

Sie ist dies wie gesagt gegenüber der Tradition, der Vergangenheit des Textes. Was seine Zukunft angeht, wäre die Signatur vielleicht das Gegenteil, ein Akt der Behauptung, eine versuchte Selbstkanonisierung, die erste Imagination einer Wirkung des Textes, in diesem Sinne vielleicht so etwas wie ‚Einflusswahn', insbesondere, wenn man ‚Wahn', wie es der Wortgeschichte entspricht, als imaginierte Erwartung, Hoffnung versteht. Jedenfalls scheint die Einschreibung des Namens in den Text ganz wesentlich mit jenen Phänomenen zu tun zu haben, über die es unter den Begriffen Etablierung und Polemik zu diskutieren gilt.

Ich möchte mich mit den spezifischen Konturen dieses generellen poetischen Phänomens in der hochmittelalterlichen Epik beschäftigen und ein Weniges zu den Autorsignaturen bei Chrétien de Troyes und Hartmann von Aue reflektieren,

[1] Harold Bloom: *The Anxiety of Influence. A Theory of Poetry*, Second Edition, New York/Oxford 1997.

dann auf eine bekannte, schwierige Stelle, nämlich auf die sogenannte Selbstverteidigung im *Parzival* Wolframs von Eschenbach eingehen und abschließend versuchen, von hier aus einige Perspektiven zu formulieren.[2]

Um dies vorab festzuhalten: Die namentliche Zeichnung des Textes, nicht als Topos, sondern als brisante und markante Autorsignatur scheint ein auffälliges Phänomen des volkssprachlichen höfischen Romans zu sein.[3] Vielleicht kann man von einer fast gattungsbildenden Strategie der Onymisierung sprechen – auch mit Blick auf das Phänomen der Anonymität oder besser einer ‚schwachen' Signatur, einer Zeichnung des Textes mit gleichsam blasser Tinte, insbesondere in der vorgängigen volkssprachlichen heroischen Dichtung.[4]

2 Die genannten Autoren bzw. Texte und Textstellen sind prominent und entsprechend intensiv beforscht. Vorab seien aus der jüngeren germanistischen Forschung genannt Monika Unzeitig: *Autorname und Autorschaft. Bezeichnung und Konstruktion in der deutschen und französischen Erzählliteratur des 12. und 13. Jahrhunderts*, Berlin/New York 2010 (*MTU* 139) sowie Seraina Plotke: *Die Stimme des Erzählens. Mittelalterliche Buchkultur und moderne Narratologie*, Göttingen 2017.

3 Vgl. hierzu auch Plotke, ebd. am Beispiel von Chrétiens *Yvain* und Hartmanns *Iwein*, S. 163–197 und zusammenfassend S. 245–252, dies im Unterschied zur Erzählstimme in der früheren anonymen Epik (als Beispiel dient Plotke der *Herzog Ernst*), in der „[dem] ‚Agenten der Narration' […] jede figurierte Subjekthaftigkeit" fehle (ebd., S. 247). Dies mag – so füge ich hinzu – auch für onyme Texte wie das französische *Rolandslied* oder des Pfaffen Konrads deutsches Pendant gelten: Die Erzählstimme bleibt formelhaft, sozusagen anonym, auch wenn am Ende ein Autorname den Text ‚signiert'. Plotkes zentrale Engführung von Manuskriptkultur und Konfigurierung von Autorschaft bzw. der „Stimme des Erzählens" kann ich an dieser Stelle nicht ausführlich diskutieren. Wenn ich recht sehe, ist ihre These die, dass (wie man ja schon öfter behauptet hat) die nicht onymisierte Ich-Stimme des Erzählens die Adressierungsverfahren in der Vortragssituation spiegle. Die Autornennungen und insbesondere die Benennung der Erzählstimme mit dem Autornamen greifen dieses Muster auf, führen aber zu einer fundamentalen Transformation, mit Plotke gesprochen nämlich genau zu einer markant figurierten Subjekthaftigkeit, ich werde auf das Phänomen unten ausführlich eingehen. Einschlägig handelt hierzu auch Sonja Glauch: *An der Schwelle zur Literatur. Elemente einer Poetik des höfischen Erzählens*, Heidelberg 2009 (*Studien zur historischen Poetik* 1).

4 Ich scheue mich zunehmend, die These von der weitgehenden Anonymität heroischer Dichtung mitzutragen. Sie ist wesentlich und mit allen unguten ideologischen Implikationen von Otto Höfler: *Die Anonymität des Nibelungenliedes*, in: *DVjS* 29 (1955), S. 167–213, propagiert worden, trifft (was epische Großdichtung angeht) im Grunde auch nur auf das *Nibelungenlied* zu, und wird selbst dort durch die Ursprungsfiktion der sogenannten *Klage*, die das Sujet und letztlich auch das Werk auf den lateinischen ‚Augenzeugenbericht' des Meister Konrad zurückführt, fiktiv konterkariert. Insgesamt zeichnet die europäische heroische Epik geradezu maßgeblich für das ‚Institut' der Autorschaft verantwortlich – durchaus im Sinne einer Diskurskategorie, als die sie Michel Foucault fasste (*Was ist ein Autor?*, in: ders.: *Schriften zur Literatur*, hg. von Daniel Defert und François Ewald unter Mitarbeit von Jacques Lagran, Frankfurt a. M.

Onymisierung hat dabei zunächst mehr mit Etablierung als mit Polemik zu tun: Onymisierung trägt und kommuniziert, was uns heute selbstverständlich ist: Autorschaft. Der Autorname und die Verfahren seiner Einschreibung in den Text (oder forciert gesagt: seiner ‚Erzeugung' durch den Text und aus dem Text) repräsentieren wesentliche poetologische Kategorien, und zwar sowohl in produktions- wie rezeptionsästhetischer Hinsicht. Mit ihnen bildet sich die Vorstellung von einer personalisierten Schöpferinstanz aus, die der Name im Text gleichsam ‚verkörpert'. In der Onymisierung manifestiert sich offensichtlich ein Verständnis für so etwas wie einen personalen Stil. In weiterer Folge fungiert der Autorname aber auch als jene Kategorie, die verschiedene Texte zeichnen kann und diese textübergreifend zu einem Œuvre bindet.[5]

Über die Kategorie der Onymität wird aber auch die Kommunikation der Texte wesentlich getragen, sie konfiguriert damit deren intertextuelle Textur. Und hier kommt der Aspekt der Agonalität, mithin einer polemischen Agonalität ins Spiel. Wenn Polemik etwas mit persönlicher Angriffigkeit und dem Angriff auf die Person zu tun hat, dann spielt der Name (und sei es auch der bewusst unterdrückte) eine entscheidende Rolle. Agonale bis polemische Tendenzen lassen sich dabei mithin in einem bestimmten rhetorisch-poetischen Gestus festmachen, in einer radikalen Bildlichkeit etwa. Sie kann aufs Existentielle und auf das angedeutete existentielle Versprechen der Dichtung gehen, auf das Versprechen, dass das Werk bleibt, zeitlich wie räumlich über seine Entstehung und das Leben seines Schöpfers hinaus Bestand hat und mit ihm eben auch der Dichtername und sein Ruhm fortdauern. Gerade Poesie und Poetik im Zeichen des Widerstreits vollziehen sich über Selbst- und Fremdnennungen von Autornamen und sie geben dem, was wir Intertextualität nennen, eine personale, körperhafte Substanz. In ihr entäußert sich wesentlich die kulturelle Relevanz, die Kulturmächtigkeit des intertextuellen Dialogs, sie zeigt, dass Intertextualität (was wir ohnehin nie glaubten) kein rein innerästhetisches *L'art pour l'art* ist.

2003 [*stw* 1675], S. 234–270 [frz. *Qu'est-ce qu'un auteuer*, erstmals 1969]). Der Name ‚Homer', was auch immer das wirklich gewesen wäre, bürgt dafür. Vielleicht wäre die Behauptung einer gattungskonstitutiven Anonymität heroischer Dichtung am besten ein für alle Mal im Archiv germanistischer Wissenschaftsgeschichte abzulegen.

5 In der Überlieferung ist diese ‚Bindung' durch den Autornamen allerdings nur selten zu fassen, es gibt in der Epik kaum Œuvre-Handschriften, die Münchener Parzival-Handschrift mit dem Titurelfragment und den Liedern (BSB, cgm 19) oder das Hartmann-Corpus im *Ambraser Heldenbuch* (ÖNB, cod. ser. nova 2663) mit *Iwein, Klage* und *Erec* sind Ausnahmen. Maßgebliche Kategorie ist die Idee des Autor-Œuvres jedoch in den ersten systematisch angelegten mittelhochdeutschen Lyrikhandschriften des ausgehenden 13. und der ersten Hälfte des 14. Jahrhunderts, der *Kleinen Heidelberger Liederhandschrift* (Heidelberg, UB, cpg 357), der *Weingartner (Stuttgarter) Liederhandschrift* (Stuttgart, Württembergische Landesbibliothek, HB XIII poetae germanici 1) und dem *Codex Manesse* (Heidelberg, UB, cpg 848).

1 Ovid und Juvencus

Als Vorspann möchte ich aber auf Antike und Spätantike blicken, namentlich auf Ovid und Juvencus. Das Zitat in meinem Titel stammt ja auch aus dem Epilog zu Ovids *Metamorphosen*, der über den Namen des Autors – „unseren Namen", wie es heißt – Folgendes zu sagen weiß:[6]

> Iamque opus exegi, quod nec Iovis ira nec ignes
> nec poterit ferrum nec edax abolere vetustas.
> cum volet, illa dies, quae nil nisi corporis huius
> ius habet, incerti spatium mihi finiat aevi:
> parte tamen meliore mei super alta perennis
> astra ferar, nomenque erit indelebile nostrum,
> quaque patet domitis Romana potentia terris,
> ore legar populi, perque omnia saecula fama,
> siquid habent veri vatum praesagia, vivam. (XV 871–879)

> Nun habe ich ein Werk vollbracht, das weder Jupiters Zorn noch das Feuer,
> noch das Eisen, noch das gefräßige Alter verzehren können.
> Wann er möchte, möge jener Tag, der außer auf diesen Körper
> kein Anrecht hat, mir die Spanne dieses unsicheren Lebens beenden:
> Mit dem besseren Teil meiner selbst werde ich dennoch auf Dauer
> über die hohen Sterne hinausgetragen, und unser Name wird unzerstörbar sein,
> und soweit sich die Römische Macht über den bezwungenen Erdkreis erstreckt,
> werde ich vom Mund des Volkes gelesen werden, und alle Jahrhunderte ruhmvoll,
> wenn irgend Wahres den Vorahnungen der Dichter zukommt, werde ich leben.

Zunächst korrespondiert der Gedanke vom ewigen Werk mit dem berühmten Dictum des Horaz (carm. 3.30,1): *Exegi monumentum aere perennius* – das Werk, das er errichtet habe, sei dauerhafter als Erz.[7] Ovid forciert jedoch gegenüber Horaz die Idee vom unzerstörbaren Namen des Schöpfers, der im und durch das Werk geborgen sei. Man könnte fast von einer Symbiose sprechen, es heißt am Ende ja nicht: „denn mein Werk wird gelesen vom Mund des Volkes", sondern

[6] P. Ovidius Naso: *Metamorphosen. Lateinisch/Deutsch*, übersetzt und hg. von Michael von Albrecht, Stuttgart 2004; die Übersetzung nach von Albrecht mit Modifikationen von mir. Die folgenden Ausführungen basieren auf Überlegungen in meinem Aufsatz: *Aura aurea. Zur Vorstellung des Unikalen in der mittelalterlichen Poesie*, in: *Aura und Auratisierung. Mediologische Perspektiven im Anschluss an Walter Benjamin*, hg. von Ulrich Johannes Beil, Cornelia Herberichs und Marcus Sandl unter Mitarbeit von Alexandra Bünder, Zürich 2014 (*Medienwandel – Medienwechsel – Medienwissen* 27), S. 57–83, hier S. 61–65.

[7] Quintus Horatius Flaccus: *Oden und Epoden. Lateinisch/Deutsch*, übersetzt und hg. von Bernhard Kytzler, Stuttgart 1978.

„ich werde gelesen und deshalb ewig leben".[8] „Im oder vom Mund des Volkes gelesen werden" ist übrigens ein markantes mediales Paradoxon, das die Schnittstelle von Mündlichkeit und Schriftlichkeit aufblitzen lässt.

Den Ewigkeitsanspruch der Dichtung macht dabei – apropos Medialität – ihre materielle Ungebundenheit möglich: Gerade die Immaterialität der Poesie sichert ihren Bestand, weil sie Multiplizierbarkeit und Reproduzierbarkeit verspricht (und nicht einmal dafür bedarf es der Materialität von Buch und Schrift, es genügt schon die Stimme, der vielfache Mund des Volkes). Man kann darin übrigens auch einen kleinen Paragone mit der Bildenden Kunst ausgetragen sehen, die in Horazens Wort vom *monumentum* deutlicher noch mitgedacht ist als in Ovids Rede vom *opus*. Wichtiger scheint mir aber, dass sich im Werk auch sein Schöpfer gleichsam entmaterialisiert. Der Tod kann kommen, er hat ohnehin nur das Anrecht auf den sterblichen Leib, mit dem besseren Teil seines Selbst, im Textkörper lebt das Schöpfer-Ich weiter, ja wird es über die Sterne hinausgetragen. Das Werk verspricht dem Autor – passenderweise – eine Metamorphose. Es ist die letzte, die seine *Metamorphosen* erzählen, nämlich die des verletzlichen Dichterkörpers im Leben zum unzerstörbaren Dichternamen im Text.

Die Ewigkeitsphantasie von Werk und Name verschränkt sich mit der Rezeption des Werks im Mund des Volkes, die Dauer des Ruhmes wird synchronisiert mit nichts Geringerem als dem Bestand des Römischen Reiches (ein analoger Gedanke wird uns bei Chrétien begegnen). Volk und Reich, das verweist auf den eminent politischen Charakter dieser Poetologie, und im Politischen ist auch ihr polemischer Gehalt und ihr polemischer Gestus zu fassen: Da ist zum einen die phantasierte Bedrohung des Werks durch allerlei autoritative, feindliche Instanzen: der Zorn des Jupiter, das Feuer, das Eisen (metonymisch für den Krieg wohl) und der Zahn der Zeit. Dass Feuer, Krieg und Zeit den konkreten Büchern zusetzen, leuchtet ein. Der Zorn des Jupiter kann hingegen kaum konkret gemeint sein, denn der entlädt sich mythologisch gedacht im Blitz, Bücher aber sind keine vorzüglichen Objekte des Blitzschlags. Die Formulierung ‚riecht' vielmehr nach einer metaphorischen Benennung der politischen Autorität, mithin geht „Jupiter" auf den Kaiser, auf Augustus.

Die phantasierte Polemik gegen die Kunst manifestiert sich in der versuchten Gefährdung ihres Bestandes durch Elemente, Zeit und eifersüchtige Götter, wie sie das Epos (siehe Arachne, auch sie eine ‚Texterin') vielfach kennt. Sie wird zur Polemik der Kunst weitergedacht und weitergedichtet. Werk und Schöpfersubjekt nehmen für sich und ihre unverbrüchliche Lebensfähigkeit die Instanz des Volkes in Anspruch. Dies lässt sich in zweifacher Hinsicht als (weiterer) Affront gegen

[8] Bei Horaz hingegen sind Werk und Autor(name) mehr oder weniger fein geschieden. Des Werkes wegen wird er nicht zur Gänze sterben, sondern ein Gutteil von ihm die Leichengöttin überleben (*non omnis moriar multaque pars mei/ vitabit Libitinam*, v. 6f.). Im Werk wird nicht er selbst gelesen, sondern das Werk ist Anlass, dass er als Urheber genannt wird (*dicar*, v. 10).

Kaisertum und Kaiser lesen: Erstens wird damit auf einer politischen Aussageebene so etwas wie ein republikanischer Gedanke geäußert. Zweitens wird auf der ästhetischen Ebene eine Art Allmacht des poetischen, kreativen Subjekts behauptet. Sein Ruhm geht über die Sterne hinaus. Polemisch ist dieser Anspruch, wenn man ihn mit den letzten *Metamorphosen* abgleicht, die im Epos erzählt werden. Da ist von der Verstirnung Caesars und der künftigen Apotheose des Augustus die Rede. Der Ruhm des Dichternamens überbietet die imperialen Subjekte, deren Ruhm nur bis zu den Sternen reicht. Ob diese Provokation den oder einen Grund von Ovids Verbannung abgab (oder auch ex post konstruieren soll), muss freilich spekulativ bleiben.

Name und Ewigkeit, Name und Widerstreit, außerpoetische Bedrohung und poetische Resistenz, schließlich die Symbiose des Namens mit dem Werk, das sind die Aspekte, die ich festhalten möchte. Eins noch: Über den Namen wird in diesem Epilog viel gesagt, gesagt wird der Name aber nicht. Er ist offensichtlich nur paratextuell zu haben bzw. paratextuell besichert, sei es im Buch, sei es in den Mündern der Leser. Die antike Epik kennt – wenn ich recht sehe – im Unterschied zu Lyrik und erotischer Dichtung keine Selbstnennung im Text.

Juvencus, der Verfasser eines Christusepos, einer Evangelienharmonie in Hexametern aus den Jahren um 330, greift die Idee des poetischen Nachruhms und der Ewigkeit von Werk und Dichternamen in seiner *Praefatio* auf.[9] Sie beginnt mit der Behauptung, dass alles Irdische wegen der von Gott festgesetzten Apokalypse einer absoluten Zeitlichkeit unterliege. Die *ultima flamma* werde alles hinwegraffen (1–5). Dessen ungeachtet hätten sich zahllose Menschen um erhabene Taten und die Ehre der Tugend bemüht, ihr Nachruhm sei vorzüglich in der Dichtung gefeiert worden, namentlich in den Gesängen Homers und Vergils, deren eigentliche Namen kunstvoll umschrieben werden (*fons Smyrnae, Maro Minciades*). Nicht weniger oder, wenn man es als Litotes liest: viel mehr als für den Nachruhm derer, von denen sie handelt, sorge die Dichtung allerdings für den Nachruhm ihrer selbst:

> Nec minor ipsorum discurrit gloria vatum,
> Quae manet aeternae similis, dum saecla volabunt,
> Et vertigo poli terras atque aequora circum
> Aethera sidereum iusso moderamine volvet. (11–14)

[9] *C. Vettii Aquilini Iuvenci Libri Evangeliorum IIII*, ad fidem codicum antiquissimorum recognovit Carolus Marold, Leipzig 1886. Für die jüngere Forschung zur antiken epischen Tradition, insbesondere zur Vergil-*imitatio* bei Juvencus sh. Tyler Flatt: Vitalia Verba: *Redeeming the Hero in Juvencus*, in: *Vigiliae Christianae* 70 (2016), S. 535–564, zur *Praefatio* S. 541–544. Eine Gesamtdarstellung bietet Roger P. H. Green: *Latin Epics of the New Testament: Juvencus, Sedulius, Arator*, Oxford 2006, zur *Praefatio* S. 15–23.

Nicht weniger aber läuft dahin der Ruhm der Dichter selbst,
der dem Ewigen gleich andauert, solange die Jahrhunderte dahinfliegen
und der Scheitel des Poles rund um Erden und Meere
den eisernen Äther (das Firmament) nach (von Gott) befohlener Lenkung dreht.

Mehr noch als der Ruhm derer, von denen gedichtet wird, ist also die *gloria vatum*, der Dichterruhm, *aeternae similis,* ewigem Ruhm ähnlich. Poesie geht über Politik, das ist ein ovidianischer Gedanke. Was Juvencus bis zu dieser Stelle treibt, ist eine ambivalente Gratwanderung zwischen *imitatio* und *aemulatio*. Schon die ersten Verse verweisen auf die Brisanz, die der Vorstellung einer poetischen Verewigung, wie sie Ovid vorschwebt, zukommt. Aus christlich-dogmatischer Sicht verschärft sich diese Brisanz ins äußerst Prekäre. Vorsorglich wird gleich einmal alles, alles Weltliche der *ultima flamma*, dem apokalyptischen Feuer ausgesetzt. Das ist allgemeine Weltpolemik, die dann umschwenkt in ein gewisses Lob der Dichtung, wobei die Namen Homers und Vergils zugleich jenen Einfluss markieren, dem das Werk des Juvencus hemmungslos ausgesetzt ist und hemmungslos sich aussetzt.

Wie er sich auf dieser radikal imitatorischen Basis dennoch behauptet, zeigen schon die Eingangsverse. Das imitatorische Lob antiker epischer Dichtung wird auf der Folie einer polemischen, apokalyptischen Vernichtungsphantasie formuliert. Die Folgeverse greifen dies wieder auf und nützen es für eine, wie mir scheint, agonale und hyperbolische Selbstinszenierung.

Quod si tam longam meruerunt carmina famam,
Quae veterum gestis hominum mendacia nectunt,
Nobis certa fides aeternae in saecula laudis
Inmortale decus tribuet, meritumque rependet.
Nam mihi carmen erit Christi vitalia gesta,
Divinum populis falsi sine crimine donum. (15–20)

Wenn nun auch so langen Ruhm die Gesänge verdient haben,
die mit den Taten alter Menschen trügerische Erfindungen verflechten –
uns freilich möge der sichere Glaube den unsterblichen Schmuck
des für alle Zeiten ewigen Lobes zuteilen und den Lohn erstatten.
Denn mein Lied werden sein die lebensspendenden Taten Christi,
göttlich Geschenk den Völkern ohne Vorwurf des Falschen.

Zunächst wird der alte christlich-polemische Topos von den Lügen der heidnischen Dichter aufgerufen, und ihm die *certa fides*, der sichere Glaube des Christen gegenübergestellt (16f.). Sie, diese *certa fides* bringe nun tatsächlich ewiges Lob ein und zwar *nobis,* also „uns“. Mit diesem „uns“ kann zugleich allgemein das christliche Kollektiv, konkreter die literarische Gemeinschaft christlicher Leserinnen und Leser, ganz konkret aber auch das Subjekt des christlichen

Dichters gemeint sein. So jedenfalls, im Singular geht es weiter: *Nam mihi carmen erit Christi vitalia gesta* (19) – um es ganz wörtlich zu übersetzen: „Mir nämlich wird das Lied die lebensspendenden Taten Christi sein". Das ist doppeldeutig. Es kann zum einen allgemein heißen, dass dem Sprechersubjekt als Christenmenschen Christi Heilstaten das schönste Gedicht seien. Zugleich und zumal im Kontext der Vorrede zu einem Evangelienbuch formulieren die Verse aber eine konkrete, schroffe poetologische Abgrenzung: „Mein Lied handelt nicht von Lügen, sondern von den Heilstaten Christi!"

Der christliche Dichter überbietet seine antiken Vätertexte, die er vorsorglich gleich einmal im Feuer der Apokalypse verbrennen sieht, jedenfalls über sein besseres Sujet. Und dieses Sujet ist nicht nur dem römischen Volk, sondern allen Völkern ein göttliches Geschenk (20). Die Überbietungstendenz verschärft sich aber noch: *Hoc opus*, dieses Werk wird der Weltenbrand nicht hinwegraffen, vielmehr wird es vielleicht *me*, „mich", den Dichter dem Feuer der Apokalypse entreißen, dann, wenn der Richter auftritt:

> Nec metus, ut mundi rapiant incendia secum
> Hoc opus, hoc etenim forsan me subtrahet igni
> Tunc, cum flammivoma descendet nube coruscans
> Iudex, altithroni genitoris gloria, Christus.
> Ergo age! sanctificus adsit mihi carminis auctor
> Spiritus, et puro mentem riget amne canentis
> Dulcis Iordanis, ut Christo digna loquamur. (22–27)
>
> Und keine Furcht gibt's, dass die Brände der Welt mit sich hinraffen
> dies Werk, vielmehr wird es selbst mich vielleicht dem Feuer entreißen,
> dann, wenn aus flammenspeiender Wolke gleißend herabsteigt
> der Richter, Ruhm des hochthronenden Schöpfers, Christus.
> Wohlan denn! Der Heilige Geist stehe mir als Urheber des Liedes bei,
> und benetze den Sinn des Singenden mit dem reinen (Tauf-)Wasser
> des süßen Jordan, damit wir Christus Würdiges sprechen.

Hoc opus heißt dabei zugleich *hoc epos*[10]. „Dieses Werk" meint das Heilswerk Christi, von dem hier gesungen wird, aber auch das vorliegende und genau in diesem Vers erklingende Lied. Werk des Erlösers und Werk des Dichters sind in

[10] Ob Juvencus die paretymologische Nähe von *opus* und *epos* im Hinterkopf hatte, wie gesagt wird, muss dahingestellt bleiben. Als *terminus technicus* ist *epos* jedenfalls im Lateinischen belegt (u.a. bei Horaz, Satiren 1.10,43), Belege verzeichnet *Der Neue Georges. Ausführliches lateinisch-deutsches Handwörterbuch* […], hg. von Thomas Baier, bearbeitet von Tobias Dänzer, 2 Bde., Darmstadt 2013, hier Bd. 1, s. v. *epos*, Sp. 1883. Dass nicht nur Christi Taten, sondern eben auch die Dichtung über sie die Apokalypse überdauert, diese Gleichsetzung bei Juvencus sieht auch Green (Anm. 9), S. 18f., ohne freilich den Doppelsinn von *hoc opus* zu betonen.

eins gesetzt. Die abschließende Anrufung des Heiligen Geistes statt der Muse gibt die Erklärung, warum selbst die Apokalypse Lied und Dichter nicht verbrennen wird: Sie sind beide mit dem Wasser des Jordans getauft und also schon gelöscht, bevor es überhaupt zu brennen beginnt.[11]

Das ist ein maximaler Anspruch, eine poetische Allmachtsphantasie, die von jener Ovids möglicherweise inspiriert ist, sie jedenfalls aber weit übersteigt, und zu einer polemischen Frivolität gerät, die im wahrsten Wortsinn mit allen ämulatorischen (Tauf-)Wassern gewaschen ist und ironischerweise gerade aus dem Geiste und aus der Geste christlicher Demut geboren wird.

2 Chrétien und Hartmann

Es erscheint durchaus plausibel, dass die antike und christlich-spätantike Vorstellung von der Einschreibung und der Verdauerung des Namens im Werk für das Profil der Werksignaturen im hochmittelalterlichen höfischen Roman eine wichtige und einflussreiche Basis bildet.[12] Das betrifft die Aspekte der Etablierung, der agonalen Brisanz und des polemischen Gestus gleichermaßen.

Ich möchte dies zunächst an der mutmaßlich ersten Namensnennung Chrétiens in *Erec et Enide*[13] skizzieren, wobei ich auf den vieldiskutierten Prolog nur ganz kursorisch eingehe. Dass hier ein erstes narratologisches Programm des höfischen Romans formuliert werde, ist weitgehender Konsens in der Forschung.[14] Es fallen

[11] Das Bild des vom Jordanwasser inspirierten Werks und Dichters referiert mit Sicherheit auf das Mythologem vom Musenquell und überbietet es. Möglicherweise ist es auch im Kontrast zu sehen mit den Wassermotiven bei der Nennung Homers (*fons Smyrnae*) und Vergils (*Minciades* meint den Sprößling vom Fluss *Mincius*, heute Mincio, bei Mantua). Einen kontrastiven Bezug jedenfalls angedeutet sieht, aus meiner Sicht plausibel, Green (Anm. 9), S. 21f.

[12] Dass dies für den eigentlichen Beginn der volkssprachlichen *Literatur* mit Otfrid von Weißenburgs *Evangelienbuch* (um 865) zutrifft, steht ohnehin außer Streit. Otfrid rekurriert in seinem Widmungsbrief an Liutbert wie im Einleitungskapitel *Cur scriptor hunc librum theotisce dictaverit* explizit auf antike und spätantik-christliche epische Tradition, namentlich auf Vergil, Lucan und Ovid sowie Juvencus, Arator und Prudentius, auch dies nicht nur mit imitatorischem, sondern durchaus auch mit ämulatorischem Anspruch.

[13] Zitate nach: Chrétien de Troyes: *Romans. Suivis des Chansons, avec, en appendice, Philomena*, Paris 1994. Meine Übersetzungen stützen sich auf Chrétien de Troyes: *Erec et Enide/Erec und Enide. Altfranzösisch/Deutsch*, übersetzt und hg. von Albert Gier, Stuttgart 2000, sowie Walter Haug: *Literaturtheorie im deutschen Mittelalter von den Anfängen bis zum Ende des 13. Jahrhunderts*, 2., überarb. und erw. Aufl., Darmstadt 1992, hier S. 100–103.

[14] Für die Germanistik maßgeblich ist insbesondere die Fiktionalitätstheorie, die Walter Haug (Anm. 13), S. 91–107 wesentlich aus dem *Erec*-Prolog Chrétiens entwickelte. Über die Frage des historischen Fiktionsverständnisses, das sich aus dem Text destil-

die Begriffe vom *conte d'aventure* und der *mout bele conjunture* (13f.), von der Abenteuererzählung, die im Prozess des Erzählens Sinn vermittelt; und zwar durch schöne Fügung, durch eine Komposition also, die ein Akt der poetisch-ästhetischen Setzung ist. Dieses offensichtlich neue Programm wird nach der einleitenden Sentenz vorab durch den Namen des Autors beglaubigt, wobei das Verhältnis zwischen Sentenz und des aus ihr folgenden Schlusses, der nichts anderes als den Entschluss zu erzählen bedeutet, nicht ganz leicht nachzuvollziehen ist – es lässt sich vielleicht am besten ironisch begreifen. Um es zu paraphrasieren: Sogar der ‚Dörfler' (also die Gegenfigur zu dem Milieu, an das sich der Roman richtet und in dem er sich bewegt) wisse, dass der Wert einer Sache mitunter unterschätzt werde, weswegen man sich stets ums Gute, um gute Rede zumal bemühen und nichts verschweigen solle, was großen Gefallen finden könnte.[15] Und dann eben: *Por ce dit Crestïens de Troies* (9), also deswegen erzähle Chrétien nun auch – verkürzt gesagt: – diesen Roman. Der Name verbürgt ein neues Erzählen, das, wie mir scheint, explizit auf Beteiligung und Kommunikation abzielt. Jedenfalls würde ich den Vers 12, dass jeder sich richten möge *a bien dire et a bien aprendre*, gerne so verstehen: „gut zu reden und gut aufzunehmen".[16]

lieren ließe, wurde heftig diskutiert; dass er jedenfalls ein narratologisch neues Paradigma aufruft, steht außer Streit. Als zentraler Gegenspieler Haugs ist vor allem Fritz Peter Knapp hervorgetreten, sh. unter anderem Fritz Peter Knapp: *Historie und Fiktion in der mittelalterlichen Gattungspoetik. Sieben Studien und ein Nachwort*, Heidelberg 1997, und ders.: *Historie und Fiktion in der mittelalterlichen Gattungspoetik. Zehn neue Studien und ein Vorwort*, Heidelberg 2005 (*Schriften der Philosophisch-historischen Klasse der Heidelberger Akademie der Wissenschaften* 35). Ein so sorgfältiges wie luzides Resümee der Debatte gibt Rachel Raumann: Fictio *und* historia *in den Artusromanen Hartmanns von Aue und im „Prosa-Lancelot"*, Tübingen/Basel 2010 (*Bibliotheca Germanica* 57), S. 1–34. Man könnte behaupten, dass sich auf dem Terrain der Forschung sinnigerweise ein Prozess polemischer Etablierung entwickelte, der gewisse Analogien zum Etablierungsprogramm des literarischen Textes, auf dem er aufruht, aufweist. Zur wissenschaftlichen Polemik, die sich am Status des höfischen Romans entzünden kann, vgl. Rachel Raumanns Beitrag in diesem Band.

15 *Li vilains dit an son respit/ Que tel chose a l'en en despit,/ Qui mout vaut mieuz que l'en ne cuide./ Por ce fait bien qui son estuide/ Atorne a sens, quel que il l'ait;/ Car qui son estuide entrelait,/ Tost i puet tel chose taisir,/ Qui mout venroit puis a plesir.* (1–8) „In seinem Sprichwort sagt der Dörfler,/ dass die Sache mitunter verachtet wird,/ die viel mehr Wert hat, als man denkt./ Deshalb tut einer gut daran, der sein Bemühen/ auf das Gute richtet,/ was auch immer er vermag./ Denn wer sein Bemühen aufgibt,/ der könnte eine Sache verschweigen,/ die durchaus viel zum Gefallen taugen könnte." Ich übersetze *vilain* mit „Dörfler", weil mir die Übersetzung „Bauer" zu unspezifisch erscheint. Das klingt an Neidharts „Dörper" an, ein Begriff, der mit Sicherheit selbst eine Lehnübersetzung des frz. ‚Kampfbegriffs' *vilain* und also keineswegs genuin neidhartisch ist, wie in der Neidhartforschung viel zu wenig hervorgehoben wird.

16 Üblicherweise wird die Formulierung als „gut zu reden und gut zu unterweisen" (im Sinne der horazischen Formel *prodesse et delectare*) verstanden. Mir scheint es plau-

Der Gestus der Etablierung setzt sich fort, wenn sich die Erzählerstimme am Ende des Prologs von denen distanziert, die die Geschichte von Erec verfälschen, von denen, die dichten, weil sie davon leben wollen oder müssen (20–23). Das heißt: Es gibt Versionen der Erzählung und es gibt den richtigen *conte d'aventure*, der hier im Geiste der poetischen Unabhängigkeit, der *poetria* als *ars liberalis* geboten wird, und zwar von einem Dichter, der vorgeblich ohne pekuniäres Interesse aus freier Überzeugung dichtet. Und dies ist dann eben der programmatische Moment, an dem auch von Chrétien die Frage nach Bestand und Dauer gestellt wird. Sie ist – in gewisser Analogie zu Juvencus – denkbar lange veranschlagt: *Que toz jorz mais iert en memoire/ Tant con durra crestïentez* (24f.). So lange werde man sich der schön gefügten Abenteuererzählung erinnern, wie die Christenheit bestehe. Das ist eine kühne maximale Behauptung, die nochmals mit dem Namen gezeichnet wird: *De ce s'est Crestïens ventez.* (26) – „Dessen rühmt sich Chrétiens", also jener Autor, der die Christenheit schon im eigenen Namen trägt.

Im etymologischen Spiel zwischen *crestïantez* und *Crestïens* lässt sich ein finales Argument mitlesen: „Die Geschichte wird so lang bestehen wie das Christentum, weil ihr Autor Christian heißt." Und welch hoher Grad an Witz und Ironie diesem Spiel zugedacht sein könnte, lässt sich ermessen, wenn man *crestïantez* versuchsweise mit „Chrétienheit" übersetzt. Beglaubigungstopik und Ewigkeitsphantasie scheinen jedenfalls invertiert zu sein: Nicht besichert das Werk den Namen des Autors, sondern der Name des Autors den des Werks, weil dieser Autorname selbst durch nichts weniger als durch die Transzendenz, das Christentum besichert ist. Man kann diese poetologische Denkfigur mit einigem Recht auf der Folie und als Transformation des Epilogs der *Metamorphosen* lesen, ich will es hier jedenfalls tun, und es scheint mir nicht ausgeschlossen, dass es Chrétien nicht anders angegangen ist (seine Ovidkenntnis steht jedenfalls außer Streit[17]): Besichert den Bestand des Werkes dort der Bestand des Römischen Reiches, so hier eben der des Christentums, womit es wie das *opus Christi* des Juvencus alle Zeiten überdauert, ohne wie dieses im eigentlichen Sinn ein christliches Thema zu

sibler, dass hier auf die reziproke Funktion von Dichtung rekurriert wird, Literatur in ihrer Kommunikativität zwischen Produktion und Rezeption begriffen wird. Man kann dabei an Kalogreant denken, der einfordert, dass man der Erzählung mit dem Herzen zuhöre, vgl. Chrétiens *Le chevalier au* Lion, 150–170; der Gedanke, den die Figur äußert, lässt sich durchaus poetologisch-programmatisch verstehen, er findet sich in Hartmanns *Iwein* in den Versen 243–256.

17 Belegt ist sie zum einen durch die Erwähnung einer Metamorphosenübersetzung im Werkekatalog, mit dem Chrétiens *Cligès* eröffnet (dazu unten), Status und Umfang dieser jedenfalls nicht erhaltenen Übersetzung sind freilich umstritten, vgl. den Kommentar zur Stelle in Chrétien de Troyes: *Cligès*, auf der Grundlage des Textes von Wendelin Foerster übersetzt und kommentiert von Ingrid Kasten, Berlin/New York 2006, S. 372; zum anderen durch intertextuelle Relationen, etwa der Klage und des Beinah-Suizids von Enide vor dem scheinbar toten Erec zu Pyramus und Thisbe.

verhandeln. Und während Ovids Ewigkeitsphantasie und seine imaginierte Apotheose in der Sphäre jenseits der Sterne schon von Juvencus aus christlicher Perspektive mit der Apokalypse für nichtig erklärt wurde, erwartet der, der wie die Christenheit heißt, implizit wohl ebenso den Eingang seines Namens und seiner selbst ins wahre, christliche Empyreum. Die Referenz wäre demnach eine der agonalen Überbietung.

Diese Tendenz kommt auch in der Umkehrung der Relation zwischen Werk und Autor(namen) zum Ausdruck: Wie gesagt, der Autorname zeichnet vorab verantwortlich für das Werk (*Por ce dit Crestïens de Troies*) und garantiert seinen Bestand (*Que toz jorz mais iert en memoire/ Tant con durra crestïentez*), nicht garantiert das Werk den Bestand des Namens oder der Autorperson wie bei Ovid und Juvencus. Vielleicht ist diese Umkehrung des poetischen Ewigkeitsversprechens die geheime Pointe des *Erec*-Prologs.

Chrétiens *Cligès* scheint hier wieder in geordneteren Bahnen zu laufen, wenn ein Katalog von Werknamen die Identität und Qualität des folgenden Textes verbürgt.[18] Das Werk, die Werke sind es, die den Namen des Autors ausmachen und ausweisen. Zu einem Gesamtwerk bündelt sie dann aber doch wieder erst der gemeinsame Autorname. Und dies scheint mir der zweite wesentliche Punkt des Werkkatalogs, mit dem der *Cligès* eröffnet, er etabliert so etwas wie den Anspruch auf ein Gesamtœuvre, das eben der Name des Autors zusammenhält. Ich möchte diesen Effekt der ‚Bindung' mehrerer, thematisch wie generisch verschiedener Texte zu einem Œuvre am Beispiel Hartmanns weiterverfolgen.

Hält man sich an die übliche mutmaßliche Werkchronologie, ist Hartmanns Autorsignatur das erste Mal in seiner Legendenerzählung vom *Guten Sünder Gregorius* fassbar.[19] Im *Gregorius* geht es um die Beglaubigung des Dogmas, dass

[18] Genannt werden in den Versen 1–7 *Erec et Enide, les Commandemanz Ovide et l'Art d'Amors* (also die *Regeln* und die *Ars amatoria*, was mutmaßlich als eins zu sehen wäre), *le Mors de l'Epaule* (der *Schulterbiss*, der sich möglicherweise auf den Mythos von Pelops elfenbeinerner Schulter aus Ovids *Metamorphosen* VI 403-411 bezieht, freilich ist das dort mehr Anspielung als Erzählung), *Roi Marc et Iseut la blonde*, sowie *de la Hupe et de l'Aronde/ Et del Rossignol la Muance*, also die Verwandlung von Wiedehopf, Schwalbe und Nachtigall, das wäre die Erzählung von Tereus, Procne und Philomena in *Metamorphosen* VI 424–674. Der *Erec* liegt uns vor, die anderen Texte sind nicht bezeugt bzw. kann man nur mutmaßen und wurde (wie im Falle von *Marke und Isolde*) auch heftig gemutmaßt, wie man sie sich umfangs-, inhalts- und genremäßig denken müsste. Die Diskussion darüber (vgl. den Kommentar von Kasten [Anm. 17]) ist für den Punkt, um den es mir geht, die neue Idee eines vom Autornamen ‚überschriebenen' Gesamtwerks, unerheblich.

[19] Ich sehe von der *Klage*, die gerne, freilich ohne zwingende Beweise als Frühwerk angesehen wird, ab, weil es mir um Hartmanns im engeren Sinn episches Œuvre geht. Zitate und Verweise beziehen sich auf folgende Ausgaben: Hartmann von Aue: *Erec*, hg. von Manfred Günter Scholz, übersetzt von Susanne Held, Frankfurt a. M. 2004 (*Bibliothek deutscher Klassiker* 188 / *Bibliothek des Mittelalters* 5), Hartmann von Aue: *Gregorius, Der arme Heinrich, Iwein*, hg. und übersetzt von Volker Mertens. Frankfurt

Gott jede noch so große Sünde vergeben könne, wenn man sich nur bußfertig zeige. Dies bezeugt die Lebensgeschichte des Titelhelden, der als Inzestkind von Bruder und Schwester ausgesetzt wird, seinerseits auf der Suche nach den Eltern unerkannt der Mutter begegnet und diese heiratet. Als er schließlich seine schreckliche, unwissentlich begangene Sünde erkennt, büßt er auf einem Felsen im Meer 17 Jahre lang, bis Gott persönlich ihn zum Papst beruft. Das Sujet der Büßerlegende färbt nun ab auf die Erzählerpose. Erzählhaltung und Erzählgegenstand werden korreliert und so hebt der Prolog denn auch mit einem Bekenntnis an:

	Mîn herze hât betwungen	Mein Herz hat häufig meine Zunge
	dicke mîne zungen,	dazu gezwungen,
	daz si des vil gesprochen hât	dass sie viel davon gesprochen hat,
	daz nâch der werlde lône stât:	was auf den Lohn der Welt gerichtet ist.
5	daz rieten im diu tumben jâr.	Das rieten ihm die Jahre des Unverstands.
	nû weiz ich daz wol vür wâr:	Jetzt bin ich klüger und weiß es ganz sicher:
	swer durch des helleschergen rât	Wer nach dem Rat des Schergen in der Hölle
	den trôst ze sîner jugent hât	auf seine Jugend vertraut
	daz er dar ûf sündet,	und sich der Sünde hingibt,
10	als in diu jugent schündet,	zu der ihn die Jugend reizt,
	daz er gedenket dar an:	und dabei denkt:
	„dû bist noch ein junger man,	„Du bist ja noch ein junger Mensch,
	aller dîner missetât	für alle deine Untaten
	der wirt noch vil guot rât:	wird sich noch guter Rat finden lassen,
15	dû gebüezest si in dem alter wol“,	du kannst sie ja im Alter büßen!“ –
	der gedenket anders denne er sol.	Wer so denkt, der denkt nicht recht.
	[...]	
35	Durch daz wære ich gerne bereit	Deswegen wäre ich gerne bereit,
	ze sprechenne die wârheit	nun Wahrhaftiges zu dichten,

a. M. 2004 (*Bibliothek deutscher Klassiker* 189, *Bibliothek des Mittelalters* 6) und MF, Übersetzungen sind von mir. Der Prolog des *Erec*, Hartmanns mutmaßlich ersten epischen Werks, ist bekanntlich nicht überliefert. Der Autorname fällt freilich in zwei Apostrophen durch das fingierte Publikum (7493, 9169). Ich berücksichtige diese Form der Namensnennung, die sich auch im Dialog mit Frau Minne im *Iwein* (2974, 2982, dazu eine Publikumsapostrophe in 7027) oder auch in Lied MF XV.1,3 (216,29) findet, im Folgenden nicht (sie sind im übrigen durchwegs Anreden in der zweiten Person), mir geht es nur um die Autorsignatur. Freilich zeigen die innertextlichen Apostrophen in ihrer Korrespondenz zu den Signaturen, wie die frühere Erzählerfunktion, das gleichsam anonyme Ich oder Wir der Stimme des Erzählens, nun mit der Verfasserinstanz korreliert wird, die Stimme des Erzählens also zur Stimme des Autors und der wiederum zur Autorgestalt im Text wird. Das Phänomen wird uns gleich am Beispiel Wolframs beschäftigen und steht ja auch im Focus der eingangs genannten Untersuchung von Seraina Plotke (Anm. 2).

	daz gotes wille wære	das Gottes Willen entspricht,
	und daz diu grôze swære	und damit die große Bürde
	der süntlîchen bürde	der Sündenlast
40	ein teil ringer würde	ein klein wenig geringer würde,
	die ich durch mine müezekeit	die ich durch meine Nachlässigkeit
	ûf mich mit worten hân geleit.	mit Worten auf mich gehäuft habe.

Auf diese Worte folgen Ausführungen über Gottes Gnadenbereitschaft und Angaben zur konkreten Geschichte, den Prolog beschließt die Zeichnung mit dem Autornamen:

	Der dise rede berihte	Der dieses Werk eingerichtet
	in tiusche getihte,	und auf deutsch gedichtet hat,
175	daz was von Ouwe Hartman.	das war von Aue Hartmann.
	hie hebent sich von êrste an	Und hier beginnen sie denn allererst
	seltsæne mære	die sonderbaren Geschichten
	von dem guoten sündære.	von dem guten Sünder.

Das Sündenbekenntnis der Erzählerstimme bleibt nicht im Allgemeinen, sondern definiert sich als Wortsünde (42): Herz und Zunge des Erzählers haben sich dem gewidmet, was den Lohn der Welt einbringe (1–4). Dies ist er mit einer Erzählung zu büßen bereit, die sich einem geistlichen Thema und damit der göttlichen Wahrheit widmet (35–42). Am Beginn des Werks steht also eine konkrete *revocatio*, der Widerruf einer vorgängigen weltlichen Dichtung.[20] Dieser Widerruf wird im Epilog durch die nochmalige Autorsignatur bekräftigt. Die Hoffnung, dass er seine Wortsünde durch Wortbuße getilgt habe, kommt dabei in der Aufforderung an die Rezipierenden zum Ausdruck, für ihn, Hartmann, Fürbitte zu leisten (3989–3999).

Autor-Polemik realisiert sich in diesem Fall als auffälliger Akt von Auto-Polemik, die sich insgeheim freilich am Werk schadlos hält: Der Autor kann sich durch den Genrewechsel retten und lässt seinen von Verdammnis und Sünde gezeichneten Text im Stich. Abgesehen von dieser latenten Ironie dient die Absage

[20] Zu Funktion und ‚Narrativ' der Autor-*revocatio* sowie zum ‚gesamtwerklichen' Zusammenspiel von Hartmanns Autorsignaturen unter dem Aspekt von *vanitas* und Weltbezug vgl. meine Ausführungen in: *Weltflucht. Poesie und Poetik der Vergänglichkeit in der weltlichen Dichtung des 12. bis 15. Jahrhunderts*, Berlin/New York 2009 (*Quellen und Forschungen zur Literatur- und Kulturgeschichte* 54 [288]), hier S. 402–409. Hartmanns *revocatio* wird im Übrigen im ‚Barlaam' Rudolfs von Ems nachgeahmt, hierzu Manfred Kern: *Das „Märchen" vom Widerstreit: Weltkritik, Götterpolemik und poetische Resistenz im ‚Barlaam' Rudolfs von Ems*, in: *Barlaam und Josaphat. Neue Perspektiven auf ein europäisches Phänomen*, hg. von Constanza Cordoni und Matthias Meyer, unter Mitarbeit von Nina Hable, Berlin/München/ Boston 2015, S. 191–210, hier S. 191–197.

zum einen der Inszenierung und Beglaubigung des konkreten Textes, „dieser Rede hier". Durch die namentliche Zeichnung lässt sich aber auch der Widerruf konkretisieren, er geht augenscheinlich nicht nur allgemein aufs weltliche Dichten, sondern auf ein weltliches Dichten u n t e r d e m und i m Namen Hartmanns von Aue. Das wäre konkret dann der *Erec*, Hartmanns mutmaßlich erstes episches Werk. Der Prolog des Legendenromans würde demnach mit einem Widerruf des höfischen Romans beginnen. Im autoritativen biographischen Narrativ von Sünde-Reue-Buße, das vom Autor namentlich gezeichnet und zum Narrativ einer poetischen *conversio* umgestaltet ist, werden beide Texte zu einem Œuvre gebunden, das über den gleichen Autornamen – ich deute dies nur ganz knapp an – durch zwei weitere Texte repräsentiert ist: den *Armen Heinrich* und den *Iwein.* Diese beiden Texte teilen nun miteinander außerdem eine modifizierte Autorsignatur, deren Kontur kein markantes Narrativ, sondern ein markantes ständisches Paradoxon ausmacht: Der Autor zeichnet in beiden Fällen als „gelehrter Ritter, der in den Büchern lesen konnte, Hartmann, Dienstmann zu Aue."[21]

Wie gesagt, wir fassen in Hartmanns Fall analog zu Chrétien das Phänomen der Œuvre-Bindung, die über den Autornamen läuft. Bei Hartmann wird diese Bindung insofern präzisiert, als sie getragen wird von einem biographischen oder besser: biographisierenden Narrativ, wie es im topischen Bußschema der *contritio cordis,* der *revocatio* und der *conversio* ja generell konstituiert wird. Dass dieses Narrativ Kern und Keimzelle der (christlichen) Biographie im eigentlichen Sinn, also der ‚Lebens s c h r i f t' ausmacht, dokumentieren im Großen, in der Großform schon Augustinus' *Confessiones.* Auch sie entwerfen im übrigen die Biographie eines Ich, das sich wesentlich als Autor begreift. Im Falle des Zusammenspiels der Autorsignaturen bei Hartmann wird der Widerstreit der Sujets, der sich in der mittelalterlichen Dichtung immer wieder herauskristallisiert und mithin den Grad einer Polemik erreichen kann,[22] in der Auto-Polemik des Autors poetologisch produktiv wirksam, da er in einen gleichsam gegenläufigen Effekt mündet: Er generiert und bindet ein Œuvre und etabliert den Autornamen als dessen tragende Kategorie.

[21] *Der arme Heinrich*, 1-5: *Ein ritter sô gelêret was,/ daz er an den buochen las,/swaz er dar an geschriben vant:/ der was Hartman genant,/ dienstman was er zOuwe.* – *Iwein*, 21f. und 28–30: *Ein rîter, der gelêret was/ unde ez an den buochen las,* […] *er was genant Hartman/ und was ein Ouwære.* Zur sujetindizierten Stilisierung der Autor-Erzähler-Rolle bei Hartmann (die freilich über den gleichen Namen doch auch transzendiert wird, wie ich betonen würde) vgl. Timo Reuvekamp-Felber: *Autorschaft als Textfunktion. Zur Interdependenz von Erzählerstilisierung, Stoff und Gattung in der Epik des 12. und 13. Jhs.*, in: *ZfdPh* 120 (2001), S. 1–23.

[22] Beispiele geben etwa das berühmte Ranking der *matières* im Prolog zu Jehan Bodels *Chanson de Saisnes* (ed. par Annette Brasseur, 2 vol., Genève 1989 [*Textes littéraires français* 369], hier vol. 1, vv. 1–6), außerdem die Minne-Kreuz-Lieder, von denen der Beitrag von Anna Kathrin Bleuler in diesem Band handelt.

3 Ich Wolfram

Hartmanns Autornennungen entsprechen jenen bei Chrétien außerdem im Wechsel der Person. Während die Erzählstimme als Ich, als erste Person spricht, wird der Autor in der dritten Person genannt. Dies mag eine gewisse Distanz zwischen Erzähler- und Autorpersona[23] zum Ausdruck bringen, eine gewisse auktoriale Distanz vielleicht auch zum konkreten Text, zum Textgeschehen. Und/oder es könnte den paratextuellen Charakter der Autor-Signatur unterstreichen.[24] Die Autorsignaturen in Prolog und Epilog dokumentieren jedenfalls eine andere Paratext-Kultur, als sie die Antike kennt und traditionalisiert. Während die Autorinstanz in der Antike offenbar so etabliert und ihre außertextliche Überlieferung durch einen entsprechend institutionalisierten ‚Literaturbetrieb' so gesichert ist, dass sie dem Text nicht eingeschrieben werden muss, ist sie in der höfischen volkssprachlichen Literatur des Hochmittelalters erst dabei, sich auszubilden und will deshalb in den Text selbst gesetzt sein.

Freilich wäre diese These noch genauer mit den Du-Hartmann-Anreden durch Publikum und Minne in *Erec* und *Iwein* bzw. durch die anderen Männer (oder Minnesänger?) in Lied MF XV (216,29) *Maniger grüezet mich alsô* abzugleichen. Der Erzähler, der sonst nur als sozusagen halbonymisiertes Ich spricht, wird hier in der zweiten Person eben mit jenem Namen angesprochen, mit dem der Text in der dritten Person gezeichnet ist.

Jedenfalls scheint die dritte Person für die Autorsignatur spätestens seit Chrétien Konvention zu sein: Sie findet sich ebenso (und in etwa zeitgleich) im Epilog zum *Tristan* des Thomas von Britannien (3125, fragm. Sn^2 820) oder im Prolog zum *Roman de Troie* des Benoit de Sainte-Maure (132); für die deutsche höfische Epik gibt der Epilog des *Eneasromans* Heinrichs von Veldeke (13515) ein prominentes und möglicherweise auch für Hartmann verbindliches Beispiel,

[23] Der Begriff bezeichnet eine im und vom Œuvre konturierte, namentlich auftretende Autor-Instanz, die Referenzen auf eine historische Autorperson vorgibt, aber eher die Vorstellung von dieser konstituiert als von ihr konstituiert zu sein. Man könnte auch sagen: Die a priori textualisierte Autorpersona macht den historischen Autor und nicht umgekehrt – jedenfalls für uns und jene historischen Rezipientinnen und Rezipienten, die diesen nicht mehr vor Angesicht haben. Zu Konzept und Terminus vgl. meinen Aufsatz: Auctor in persona. *Poetische Bemächtigung, Topik und die Spur des Ich bei Walther von der Vogelweide*, in: *Der achthundertjährige Pelzrock. Walther von der Vogelweide – Wolfger von Erla – Zeiselmauer. Vorträge gehalten am Walther-Symposium der Österreichischen Akademie der Wissenschaften vom 24.–27. September 2003 in Zeiselmauer (Niederösterreich)*, hg. von Helmut Birkhan unter Mitwirkung v. Ann Cotten (*ÖAW, phil.-hist. Klasse, Sitzungsberichte* 721), Wien 2005, S. 193–217. Dass sich gerade der epische Ich-Autor, in diesem Fall Ich-Wolfram dem lyrischen Autorsubjekt angleicht, sofern dieses namentlich wie eben im Falle Walthers (aber auch Hartmanns) auftritt, dazu gleich Genaueres.

[24] Zu den Stellen vgl. oben Anm. 19.

ferner zeitnah Herbort von Fritzlar im Epilog zum *Liet von Troye* (18450) und Eilhart von Oberg im *Tristrant* (9446, nach Hs. D).

Umso markanter ist nun die Ich-Signatur, in der Wolfram von Eschenbach seinen *Parzival* zeichnet. Zwar hat sie Vorläufer und Pendants in einigen wenigen Autornennungen der sogenannten frühmittelhochdeutschen Literatur, allen voran in der des *Rolandslieds*, wo es im Epilog heißt: *ich haize der phaffe Chunrât* (9079).[25] Sie verbindet sich dort freilich eher mit dem Topos der demütigen Bitte um Fürbitte. Immerhin erhofft sich aber der Autor unmittelbar vor der Nennung, dass sein Lied gefalle und äußert sich in den Folgeversen zu Quelle und Methode des Übersetzens, der Kontext ist also doch auch ein eminent poetologischer. Insofern wäre es nicht ausgeschlossen, dass Wolframs Nennung in Ich-Form vom *Rolandslied* angeregt ist (dass er es kannte, steht schon des *Willehalm* wegen außer Frage), freilich forciert er sie im Sinne poetischer Selbstinszenierung eminent.

Es ist ein prononcierter, um nicht zu sagen protziger, jedenfalls trotziger Gestus, mit der der Name in der ersten Person bei Wolfram fällt – das erste Mal allerdings nicht im paratextuellen Rahmen des Prologs, sondern im Medium des Erzählerkommentars, was Autorsignatur und Ich-Stimme des Erzählers unmittelbar korrelieren lässt.[26] Sie konfigurieren sich zu einer Autorpersona, deren unmittelbare Präsenz im Text und deren Ingerenz auf den Text, auf

[25] *Das Rolandslied des Pfaffen Konrad. Mittelhochdeutsch/Neuhochdeutsch*, hg., übersetzt und kommentiert von Dieter Kartschoke, Stuttgart 1993. Zur vorhöfischen Autornennung Ernst Hellgardt: *Anonymität und Autornamen zwischen Mündlichkeit und Schriftlichkeit in der deutschen Literatur des elften und zwölften Jahrhunderts. Mit Vorbemerkungen zu einigen Autornamen der altenglischen Dichtung*, in: *Autor und Autorschaft im Mittelalter. Kolloquium Meißen 1995*, hg. von Elizabeth A. Andersen, Jens Haustein, Anne Simon und Peter Strohschneider, Tübingen 1998, S. 46–72, zu den Ich-Nennungen S. 69–71. Hellgardt zählt genau genommen drei: Die beiden anderen Nennungen finden sich in der lateinischen Vorrede zum *Predigtbuch* des Priester Konrad und beim sogenannten armen Hartmann. Beim Priester Konrad ist die Nennung im Sinne des Widmungsbriefes mit der Demutsformel verbunden, bei Hartmann wie beim Pfaffen Konrad steht sie (wie auch die Nennungen in der zweiten Person im Stile „dein [Gottes] Knecht XY“) im Kontext von Gebet bzw. Bitte um Fürbitte an die Rezipierenden. Zum innovativen Charakter der Ich-Nennung bei Wolfram vgl. u. a. auch Klaus Ridder: *Autorbilder und Werkbewusstsein im ‚Parzival‘ Wolframs von Eschenbach*, in: *Neue Wege der Mittelalter-Philologie. Landshuter Kolloquium 1996*, hg. von Joachim Heinzle, L. Peter Johnson und Gisela Vollmann-Profe, Berlin 1998 (*Wolfram-Studien 15*), S. 168–194, hier S. 168, auf den Epilog des *Rolandslieds* als früheren Beleg wird nicht verwiesen.

[26] Es sind insgesamt drei Selbstnennungen in Ich-Form, die sich im *Parzival* finden. Neben den beiden, die ich gleich eingehender bespreche, die der ‚Selbstverteidigung‘ und die im Epilog, findet sich die zweite in einem Exkurs zu den prekären Verhältnissen auf der belagerten Burg der Condwiramurs, Parzivals späterer Gattin, Pelrapeire, die der Autor-Erzähler mit jenen auf seinem Wohnsitz vergleicht (185,7). Auch hier fällt also die Namensnennung mitten im Erzählduktus und konturiert die Stimme des Erzählers eben deutlich als individuelle Autorgestalt.

dessen Handlungs- und Wirkungsperspektiven gesteigert erscheinen. Die Distanz zum Text wird nivelliert, der Grad der Involvierung und der Personalisierung des Autor-Erzählers erhöht sich.

Das gilt auch für den Kontakt, die Kommunikation des onymisierten erzählenden Ich mit dem Publikum im unmittelbaren Erzählprozess. Dabei zeichnet sich der höfische Roman generell dadurch aus, dass er das Publikum immer schon in den Text ‚gehoben' hat. Die textualisierte Autorpersona agiert also mit einem ebenso textualisierten und involvierten Publikum.[27] Das effektive Publikum in der Vortragssituation mag sich, sobald der Vortrag nicht mehr durch den Autor selbst erfolgt, mit diesem textualisierten und in die fiktive Welt des Textes gesetzten Publikum zwar identifizieren können, es mag imaginativ in dessen Rolle schlüpfen. Es ist aber schwer vorstellbar, dass es sich mit diesem im eigentlichen Sinn verwechselte, identisch und direkt gemeint sähe; so wie es umgekehrt auch eine absurde Annahme wäre, dass es den Vortragenden mit dem Autor gleichsetzte, sobald dieser Vortragende eben nicht mehr der Autor ist. Aber warum eigentlich erst dann? Der Effekt ist doch viel stärker, wenn der Autor selbst liest, weil dann Autor im Text und Autor des Textes (so wie Publikum im Text und im Saal) viel augenscheinlicher noch geschieden sind und zugleich – als geschiedene – imaginativ, identifikatorisch oder einfach: fiktional konvergieren. Man kann dies leicht nachvollziehen, sofern man jemals bei der Lesung einer Autorin oder eines Autors dabei war.[28]

[27] Schriftliche Dichtung, Dichtung in der Schriftlichkeit bedeutet a priori Vertextung von Autor wie Publikum und Imagination bzw. Imaginisierung des Publikums seitens des Autors, der schreibt, wie des Autors seitens des Publikums, das liest oder Gelesenes hört. Beides aber sind eben Phänomene des ‚distanzierten' Textes, die genau das konstituieren, was man sinnvollerweise als Fiktionalitätseffekt und Fiktionalitätsbewusstsein begreift. Dies zeigt auf einem prinzipiellen Niveau ganz luzide schon Franz H. Bäuml: *Varieties and Consequences of Medieval Literacy and Illiteracy*, in: *Speculum* 55 (1980), S. 237–265, bes. 252f. Bäuml resümiert: „Accompanying the inevitable creation of a fictional narrator in written narrative is the equally inevitable creation of a fictional public." (S. 253)

[28] Es ist – polemisch gesagt – eine abstruse Vorstellung, dass das mittelalterliche Publikum zwischen dem Ich, das den Text spricht, und dem, das im Text spricht, sowie zwischen dem Ihr, zu dem der Text, und dem Ihr, zu dem im Text gesprochen wird, nicht unterscheiden konnte. Sie findet sich dennoch immer wieder in der Forschung. Auch mag mir Hellgardts (Anm. 25) prinzipielle These, dass mündliche Dichtung deswegen keine Namen brauche, weil Dichter und Publikum sich kennen, voreinander ‚identifiziert' wären, nicht ganz einleuchten. Auch im ‚rein' mündlichen Kontext, sofern wir ihn überhaupt sinnvoll imaginieren können, gibt es Autorschaft und Wiederholbarkeit, also Formen der quasi-schriftlichen Archivierung und Distanzierung des Textes vom Moment seiner Produktion. Auch mag ich nicht glauben, dass der Grad an Fiktionsverwischung in der Lyrik (weil sie einen höheren Grad der Performativität aufweise) höher wäre als in der Epik (gerade Gesang ist aber ein Moment der Distanzierung von Realität und Fiktion), so die These von Hartmut Bleumer: *Ritual, Fiktion*

Aber zurück zu Wolframs Signaturen in der ersten Person: Auch wenn es Vorstufen in Apostrophen der Erzählinstanz durch das Publikum oder die Allegorie der Minne bei Hartmann von Aue gibt, so scheint die Autorsignatur in Ich-Form eine auffällige Domäne Wolframs zu sein. Der Gestus der Etablierung, der dem Autornamen seit Chrétien generell zukommt, verschärft sich dabei. Wolfram-typisch ist insbesondere der Zug hin zu einer umfassend agonalen bis polemischen Haltung. Agonalität bestimmt das Verhältnis zwischen Autor und Sujet, Autor und Vorgänger-Autoren (auch das Verhältnis zwischen Text und Intertext personalisiert sich also); agonal agiert das Autor-Ich aber auch und zumal gegenüber dem Publikum.

Dies ließe sich umständlich am Prolog darstellen: Das agonale Verhältnis zwischen Autor und Erzählung manifestiert sich hier schon in den Bildern der Flüchtigkeit, die der Geschichte zugewiesen werden, und in der Gestalt des Turnierritters, als die die Erzählung oder das Sujet imaginiert wird (2,9–12). Dem entspricht die Prologpolemik gegenüber dem Publikum, das – etwas überspitzt gesagt – von vornherein in die Rolle der Dummen gezwungen wird, die dem „fliegenden Beispiel", das die Erzählung eröffnet und das die Erzählung gibt, nicht folgen können. Es lautet bekanntlich (um es etwas, aber nicht viel ins Reine zu formulieren), dass es einen weißen, zur Erlösung bestimmten, einen schwarzen, der Verdammung preisgegebenen und einen schwarz-weißen Menschentypus gebe, bei dem die Sache in Schwebe stehe. Ist das tatsächlich so schwer zu verstehen? Ist es nicht eher der Witz, dass das Gleichnis so hoch gar nicht fliegt, seine Komplexität eher enden wollend erscheint?

Wie auch immer, der Aspekt eines verschärften agonalen, ja polemischen Zugs des Erzählens und der Autorschaft im *Parzival* lässt sich nun an der sogenannten Selbstverteidigung konturieren. Sie bildet den Übergang zwischen zweitem und drittem Buch, zwischen der Elternvorgeschichte und der eigentlichen Geschichte des Protagonisten, also eine Nahtstelle, deren paratextuelle Markanz der von Pro- oder Epilog durchaus gleichkommt. Seinen narrativen Anker findet der Exkurs in dem Lob, das der Erzähler auf Herzeloyde im Handlungsrahmen von Gahmurets Tod und Parzivals Geburt gesprochen hat:

114,5	Swer nu wîben sprichet baz,	Wenn einer nun besser über/zu Frauen spricht
	deiswâr daz lâz ich âne haz:	dann soll mir das recht sein:
	ich vriesche gerne ir freude breit.	gern sehe ich es, wenn sie sich alle freuen.
	wan einer bin ich unbereit	Nur einer gegenüber bin ich nicht bereit
	dienstlîcher triuwe:	zu ergebenem und beständigem Dienst.
10	mîn zorn ist immer niuwe	Mein Zorn gegen sie bleibt immer frisch,

und ästhetische Erfahrung. Wandlungen des höfischen Diskurses zwischen Roman und Minnesang, in: *Die Kunst der Galanterie. Facetten eines Verhaltensmodells in der Literatur der Frühen Neuzeit*, hg. von Ruth Florack und Rüdiger Singer, Berlin/ New York 2012 (*Frühe Neuzeit* 171), S. 51–92, hier S. 68–74.

	gein ir, sît ich se an wanke sach.	seit ich sie am/ohne Wanken sah.
	ich bin Wolfram von Eschenbach,	Ich bin Wolfram von Eschenbach
	unt kan ein teil mit sange,	und versteh mich so ziemlich aufs Singen
	unt bin ein habendiu zange	und bin eine verbissene Zange
15	mînen zorn gein einem wîbe:	mit meinem Zorn gegen eine Frau.[29]
	diu hât mîme lîbe	Die hat mir, was mir an Leib und Leben ging,
	erboten solhe missetât,	eine solche Übeltat aufgetischt –
	inc hân si hazzens keinen rât.	ich kann nicht anders, als sie zu hassen.
	dar umb hân ich der andern haz.	Das wiederum bringt mir den Hass der Andren
20	ôwê war umbe tuont si daz?	ein. – Oh Weh, warum tun sie das?

Zunächst verdeutlicht die Stelle, dass poetologische Reflexion im höfischen Roman keine fixierte, vorgefasste Theorie kennt, sondern immer aus der *histoire* punktuell entwickelt wird. Dabei deutet das Thema des Frauenlobs an, dass die radikalisierte personale Pose aus dem Minnesang ins epische Milieu übersetzt ist. Der neue Habitus des Romanautors im epischen Text operiert mit einem subjektiven Rollenprofil, das den Rezipierenden aus dem lyrischen Register des Werbeliedes vertraut ist.

Von dort her engt sich der Kreis derer, die adressiert werden, zunächst ein auf die Frauen, in weiterer Folge auf die e i n e Frau, die gerade nicht adressiert werden soll. Die Geliebte, die im Minnesang die erste Rezipientin ist, wird zum Ziel einer Polemik, die der Autorname verbürgt und die in metaphorischer Schärfe und zugleich mit komisch-groteskem, grobianistischem Unterton zum Ausdruck kommt: „Ich Wolfram habe mich als Zange mit meinem Zorn in sie verbissen". (Für den Grobianismus im Minnesang denke man an Walthers Phantasie, seine gealterte Geliebte von einem Jüngling mit Sommerlatten geprügelt zu sehen.[30]) Erzählen ist Adressierung des Publikums im polemischen Affekt. Die imaginierte

[29] Die Syntax ist denkbar komplex, fast als wäre sie nach dem Vorbild des Lateinischen (der Sprache der Schrift schlechthin!) komponiert: Das Partizip in der Phrase *ein habendiu zange* („eine fest haltende Zange, Beißzange", österreichisch könnte man sagen: „eine hantige Zange") scheint zunächst für sich zu stehen, dann ist von ihm der folgende Vers abhängig. In eine korrekte (immer noch schwierige) Syntax gebracht müsste es heißen: *und bin ein mînen zorn gein einem wîbe habendiu zange*.

[30] So die berühmte fünfte Strophe des Liedes *Lange swîgen des hât ich gedâht* (L 72,13), Ton 49 nach Walther von der Vogelweide: *Leich, Lieder, Sangsprüche*, 15., veränderte und um Fassungseditionen erweiterte Auflage der Ausgabe Karl Lachmanns, aufgrund der 14., von Christoph Cormeau bearbeiteten Ausgabe neu hg., mit Erschließungshilfen und textkritischen Kommentaren versehen von Thomas Bein, Edition der Melodien von Horst Brunner, Berlin/Boston 2013, im Folgenden mit der Sigle Cor/Be zitiert; vgl. auch Reinmars ‚apokryphes' Lied MF LXXVII mit ihrem Biss in seine Lippen und seinem Griff in ihre Augen. Der minnelyrische Grobianismus findet auch den Weg ins Bild: So zeigt die Miniatur zu dem wenig bekannten Von Stadegge im *Codex Manesse* (Heidelberg, UB, cpg 848, fol. 257^{v}), wie der Sänger der Dame auf die Backe schlägt und sie an den Haaren zieht. Den Hinweis verdanke ich Kathrin Bleuler.

Konstellation eines Widerstreits kommt dabei in der angesprochenen Solidarisierung zum Ausdruck. Für den Angriff gegen die eine hassen ihn alle andern. Auch dies im übrigen eine Logik, die Motivmuster der Liebeslyrik integriert.[31]

Die folgenden Verse verbleiben im Modus einer doppelten Agonalität. Insofern sie gegen das (weibliche) Publikum gerichtet sind, adaptiert das Ich des Romanautors weiterhin das Rollenprofil des Minnesängers. Zugleich wird das einfließende Muster polemisch abgewehrt, Einflussangst mit Einflussabwehr pariert oder auch übertüncht:

114,21	alein sî mir ir hazzen leit,	Allein, soll mir ihre Feindseligkeit auch leid
	ez ist iedoch ir wîpheit,	sein, es liegt ja doch an/in ihrem Frausein,
	sît ich mich versprochen hân	da ich mich nun einmal im Ton vergangen
	und an mir selben missetân;	und an mir selbst übel gehandelt habe –
25	daz lîhte nimmer mêr geschiht.	was wohl kaum mehr passieren wird.
	doch sulen si sich vergâhen niht	Aber sie sollen sich nicht übereilen
	mit hurte an mîn hâmît:	mit dem Rittersprung in mein Gehege:
	si vindent werlîchen strît.	Sie finden wehrhafte Kampfbereitschaft.
	ine hân des niht vergezzen,	Ich hab es nämlich keineswegs vergessen
	ine künne wol gemezzen	und kann sehr gut ins Visier nehmen
115,1	beide ir bærde unt ir site.	beides: ihr Gebaren und ihre Wesensart.
	swelhem wîbe volget kiusche mite,	Welche Frau die Keuschheit im Gefolge hat,
	der lobes kemphe wil ich sîn:	deren Lobeskämpfer will ich sein:
	mir ist von herzen leit ir pîn.	Ihre Pein ist mir von Herzen leid.
5	Sîn lop hinket ame spat,	Der Lobpreis dessen hinkt zu guter Letzt,
	swer allen frouwen sprichet mat	der zu allen Damen „Schachmatt!" sagt
	durch sîn eines frouwen.	wegen seiner einen Dame.

Schwer zu verstehen sind die ersten beiden Verse: Offenbar ist's Ich-Wolfram doch leid, wenn ihm sie oder alle (ob die eine gewisse Frau im Singular oder die Frauen im Plural gemeint sind, bleibt offen) feindselig gegenüberstehen; ein „typisch Frau!" oder „Così fan tutte!" kann er sich dabei nicht verkneifen. Ganz analog zum Minnesang mündet der Vorwurf gegen sie, der zur Solidarisierung aller (Frauen) gegen ihn führt, dann aber doch in die Er- und das Bekenntnis, dass „ich mich versprochen", sozusagen im Ton vergriffen habe. Die vermeintliche Einsicht dreht sich in den Folgeversen aber nochmals und mündet in das

[31] Das prominenteste Beispiel, das mir in den Sinn kommt, gibt die sogenannte *Lerchenkanzone* Bernarts von Ventadorn *Can vei la lauzeta mover*, hier Str. IV. Über ‚Lyrizität' in Wolframs Epik handelt grundsätzlich Manuel Braun: *Epische Lyrik, lyrische Epik. Wolframs von Eschenbach Werk in transgenerischer Perspektive*, in: *Lyrische Narrationen – narrative Lyrik. Gattungsinterferenzen in der mittelalterlichen Literatur*, hg. von Hartmut Bleumer und Caroline Emmelius, Berlin/New York 2011 (*Trends in Medieval Philology* 16), S. 271–308. Zur auch für die Epik paradigmatischen Gestaltung des Autorsubjekts in der Lyrik sh. Glauch (Anm. 3), S. 105–116.

polemische Bild der Kritik als Kampf. Wer oder besser: diejenige, die den Autor attackieren will, wird ihn abwehrbereit antreffen. Was hier einfließt, ist die Metaphorik des Liebeskampfs, die schon bei Ovid einen poetologischen Hintersinn hat, der auf das mithin weibliche Publikum perspektiviert ist.[32]

Für den Aspekt der Polemik möchte ich das Vokabular unterstreichen, das mit *gâhen, hurte*, der Phrase *si vindent wêrlichen strît* und *gemezzen*, das neben allgemein „beurteilen" auch „zielen" heißen kann, zum einen aus dem Bereich der ritterlichen Kampfkultur stammt, sich andererseits aber eben auch erotisch-metaphorisch verstehen lässt. „Die, die mir feindselig ins Gehege springt, wird mich kampfbereit finden und ich kann gut zielen", impliziert also durchaus auch eine aggressive erotische Wunschphantasie, wie sie der Erzähler auch sonst gegen seine weiblichen Figuren, Jeschute zumal, auslebt.[33] Allerdings sind es Worte, worin und woraus Streit und Wehr weiterhin bestehen, Worte der angemessenen Unterscheidung (*gemezzen* 114,30): Nur der Frau, zu deren Gefolge die Keuschheit zählt, will er ein Lobeskämpfer sein, also wieder einer, der mit Worten streitet. Dieses Lob ist allerdings nicht lyrisch-exklusiv für die eine bestimmt, sondern gewissermaßen episch-inklusiv für alle. Der Nachsatz zur Aggressionsphantasie liest sich wie eine scheinbare Mäßigung im Zeichen vorgetäuschten Anstands – und ist die Verhasste nicht in Wahrheit interessanter und im Schelten mehr gepriesen? Aus einer agonalen Perspektive heraus fordert das Autor-Ich des Romans jedenfalls am Ende Solidarität, mithin erotisch grundierte Solidarität ein. Dies wiederum auf der Folie eines polemischen Seitenhiebs (115,5ff.) auf einen bestimmten Minnesänger, Reinmar und sein Preislied *Ich wirb umb allez daz ein man* (MF X), dessen seinerseits polemische Überbietung aller anderen Herrinnen durch die eigene bekanntlich auch zu einer innerlyrischen Gegen-Polemik durch Walther von der Vogelweide führte.[34]

[32] Einschlägig hierfür ist der Prolog zum dritten Buch der *Ars amatoria,* der das mythologisch verbrämte Argument bringt, dass es ungerecht wäre, die Amazonen, die Frauen also, nackt in den Liebeskampf zu schicken, nachdem die ersten beiden Bücher die Männer gut gerüstet hätten. Der Witz besteht abermals im Changieren zwischen metaphorischer und konkreter Semantik: Die Bekleidung, die der Liebeskampflehrer verspricht, ist metaphorisch gedacht, der gemeinte ‚Kampf' selbst wird naturgemäß unbekleidet ausgefochten.

[33] Vgl. 130,3–16, das ist die Beschreibung der halbnackt im Bett liegenden Jeschute, bei der sich der Erzähler in die Rolle des begehrenden Ritters hineinphantasiert, der im Unterschied zu Parzival wohl wüsste, was er mit ihr triebe; zur Stelle und generell zu Jeschute unter diesem Aspekt Martina Feichtenschlager: *Entblößung und Verhüllung. Inszenierungen weiblicher Fragilität und Verletzbarkeit in der mittelalterlichen Literatur*, Göttingen 2016 (*Aventiuren* 11), S. 64–79.

[34] Walthers zweistrophige Gegenpolemik firmiert unter dem Initium *Ein man verbiutet ein spil âne pfliht* (Cor/Be 81, L 111,22). Dass auch Wolfram konkret gegen Reinmar polemisiert, macht das Wort vom schachmatt (115,6), die provokante Leitmetapher bei Reinmar, deutlich; ob er es vor, unabhängig von oder in Nachfolge Walthers getan hat, bleibt spekulativ.

Gegen das Bild des Künstlers und der Kunst, die die Gunst des Publikums einfordert, verlangen die berüchtigten Folgeverse Anerkennung nicht für das, worauf es hieß, dass Ich-Wolfram sich verstehe, nämlich für das Singen (*ich bin Wolfram von Eschenbach,/ unt kan ein teil mit sange* – 114,12f.). Nein, sie verlangen Anerkennung für Schildesamt und Ritterkampf:

115,8	swelhiu mîn reht wil schouwen,	Welche nun meinen Rechtsstand erkennen
	beidiu sehen und hœren,	will, indem sie beides: sieht und hört –
10	dien sol ich niht betœren.	der will ich nichts vormachen:
	schildes ambet ist mîn art:	Des Schildes Amt ist meine Wesensart,
	swâ mîn ellen sî gespart,	wo man meine Kühnheit schont, wenn
	swelhiu mich minnet umbe sanc,	eine mich meines Singens wegen liebt,
	sô dunket mich ir witze kranc.	so kommt sie mir nicht ganz bei Trost vor.
15	ob ich guotes wîbes minne ger,	Verlange ich nach Liebe einer guten Frau,
	mag ich mit schilde und ouch mit sper	vermag ich nicht mit Schild noch Speer
	verdienen niht ir minne solt,	den Lohn ihrer Liebe zu erlangen –
	al dar nâch sî sie mir holt.	nur deswegen soll sie mir gewogen sein.
	vil hôhes topels er doch spilt,	Ziemlich va banque spielt ja der,
	der an ritterschaft nâch minnen zilt.	der mit Rittertum auf Liebe abzielt.

Der Ich-Autor will – und zwar nicht generell, sondern immer noch dezidiert von den Frauen – nicht an dem gemessen werden, was er aktuell tut (singen bzw. sagen, jedenfalls dichten), sondern an dem, wovon er dichtet. Im Sinne der Poetik der Unmittelbarkeit, die schon der Prolog entwirft, werden Sujet und Erzählen in eins gesetzt – nicht zuletzt im Sinne einer Distanzierung des aufgerufenen Paradigmas vom Autor-Ich als Minnesänger. Der poetische Prozess gleicht dem Sujet, von dem er handelt, sein Urheber korrespondiert dem oder den Protagonisten: Dichten und Aventiure konvergieren. Mit der markanten Formulierung *schildes ambet ist mîn art* verschreibt er sich zudem jenem Verhaltens- und Normencodex, dem sich in dieser Formulierung auch die zentralen Handlungsträger des Romans, Gahmuret und Parzival zumal unterwerfen. Besonders signifikant ist dabei eine kontextuell ziemlich nahe Parallelstelle (108,15ff.):

er ist von muoter ungeborn,
zuo dem sîn ellen habe gesworn:
ich mein der schildes ambet hât.

Er ist von seiner Mutter noch nicht geboren,/ dem seine (Gahmurets) Kühnheit den Schwur der Ebenbürtigkeit (?) leisten würde:/ Ich meine den (Ungeborenen?), der das Schildesamt innehat.

Sollte es sich bei den Versen, was ich für das Wahrscheinlichste halte, um einen Einschub des Erzählers innerhalb der Grabinschrift Gahmurets, deren Wortlaut wiederum von dessen Knappen Tampanis referiert wird – sollte es sich also um eine ‚eingelegte Rede' dritten Grades handeln,[35] dann wäre mit dem Ungeborenen, der Gahmuret an Kühnheit gleichkommen könnte, wohl Parzival gemeint, der schon zweimal zuvor als *mæreshalp noch ungeborn* („zur Zeit der Handlung noch nicht geboren", 4,24, vgl. auch 39,27) genannt wurde. Ihm wäre wie der onymisierten Autorstimme wenige Verse später das Schildesamt wesensgemäß, und damit die Identifizierung des Autors mit seinem Protagonisten perfekt. Der Autor wird sich, wie gleich zu sehen sein wird, auch seinen Freund nennen. Inniger könnte das Verhältnis zwischen dem Romanhelden und seinem Autor nicht sein.

Das Buch von der Aventiure wird zur Aventiure selbst, die Schrift verleugnet ihre Schriftlichkeit, die schriftliche Rede; die Stimme des Autors, die immer nur mittelbar aus der Schrift zu vernehmen ist, suggeriert ihre ungebrochene Präsenz und will nur unter der Bedingung dieser Fiktion weitererzählen, der Fiktion, dass hier nicht eine Welt der Aventiure erzählt wird, sondern unmittelbar stattfindet. Freilich tut sie es als eine, die für immer ‚eingesperrt' ist in den Textraum: Präsenz ist und bleibt eben fingiert, wenngleich maximal fingiert.

Oder bzw. und das ganze Gerede vom Schildesamt wäre (weiterhin) als Anzüglichkeit lesbar und das Kampfesvokabular auch und abermals metaphorisch zu verstehen, wie ja Ich-Wolfram zuvor schon ständig sein vertracktes Verhältnis zu der einen und zu den Frauen insgesamt polemisch, im Modus des (Liebes-) Kampfes codierte. Es sieht ganz so aus, als wollte der, der hier spricht, haptisch angegangen und eben nicht *gespart*, geschont werden, damit er auch seine Waffen – Speer und Schild – zum Einsatz bringen kann. Im Unterschied zum Minnesänger will er kein Verbalerotiker bleiben, sondern imaginiert im Wortmedium den Streit der Worte zwischen den Geschlechtern weiterhin als polemisch-aggressiven Liebeskampf.

Genau dieser Doppelsinn, dass mit *schildes ambet* nicht einfach Rittertum, sondern auch Liebeskampf, nämlich tatsächlich feindseliger, einer, in dem Mann und Frau einander nicht(s) „sparen", gemeint wäre, darauf scheinen auch die Schlussverse der Selbstverteidigung hinauszulaufen, wenn sie bekanntlich in die pikante Phantasie münden, dass sich der Dichter (wie Tristan im Moment seiner Überführung durch Isolde?) lieber nackt und ohne Tuch im Bade sähe, sofern er nur seinen Badeschwamm (als Schild nicht weit vom Speer?!) dabei hätte:

115,21	hetenz wîp niht für ein smeichen,	Hielten's die Frauen nicht für Schmeichelei,
	ich solt iu fürbaz reichen	so wollte ich euch weiterhin darbieten
	an disem mære unkundiu wort,	ungeahnte Worte an dieser Erzählung.
	ich spræche iu d'âventiure vort.	Ich würde euch das Abenteuer weitererzählen.
25	swer des von mir geruoche,	Wer das von mir wünscht, der soll es

[35] Zur komplexen Redeschichtung (ohne Verweis auf Parallelen für „den Ungeborenen" und zur ‚Selbstverteidigung') Thomas Bein: *Autor, Erzähler, Rhapsode, Figur: Zum ‚Ich' in Wolframs ‚Parzival' 108,17*, in: *ZfdPh* 115 (1996), S. 433–436.

	Mittelhochdeutsch	Übersetzung
	dern zels ze keinem buoche.	nicht zu den Büchern rechnen, ich kann
	ine kan decheinen buochstap.	nämlich keinen einzigen Buchstaben.
	dâ nement genuoge ir urhap:	Von dort her nehmen ja genug ihren Ansatz.
	disiu âventiure	Dieses Abenteuer aber kommt
30	vert âne der buoche stiure.	ohne die Steuerung durch die Bücher daher.
	ê man si hete für ein buoch,	Bevor man es für ein Buch hielte,
	ich wære ê nacket âne tuoch,	da wäre ich lieber nackt ohne Tuch,
	sô ich in dem bade sæze,	als ob ich in einem Badezuber säße,
	ob ichs questen niht vergæze.	wenn ich nur meinen Schwamm dabei hätte.

Aus dem Buch heraus spricht der Autor als Analphabet, der seine Erzählung genau nicht als an jenes Medium gebunden verstanden haben will, das in der Vortragssituation als materielles Objekt, als *corpus delicti*, offen vor aller Augen liegt: eben das Buch. Und er verknüpft sein Bekenntnis der Schriftunkundigkeit (die er wohl mit den meisten Zuhörenden teilt) mit der anzüglichen Idee, nackt wie im Bad vor denselben Augen aller (nun nicht mehr nur dezidiert der Frauen) zu sitzen, geschützt bloß vom Badewedel, der in der realen materiellen Kultur zumeist aus Laub gemacht ist wie der Lendenschurz des ersten Menschen.[36] Spricht hier ein Adam des Erzählens?

Abgesehen von dieser Anzüglichkeit, die sich (wie auch meine Zeilen verraten) schwer auf den hermeneutischen Punkt bringen lässt, kann die Schriftpolemik, die hier formuliert wird, als konkrete Polemik gegen den gelehrten Ritterautor Hartmann verstanden werden, der seinen *Armen Heinrich* und seinen *Iwein* ja genau mit dieser Autorsignatur beginnt, von Buch und Buchstaben, vom Lesenkönnen her seinen *urhap* nimmt.[37] Gegen diese Poetik belesener Mittelbarkeit, die in der dritten Person beglaubigt wird, setzt Wolfram eine Poetik vorgeblich illiterater Unmittelbarkeit, dafür zeichnet der Autorname in der ersten Person. Unmittelbarkeit bedeutet dabei Widerstreit, Agonalität, polemische Entzweiung. Das lässt sich auch in der Verschärfung des Topos der Berufung auf den oder die Vorgängerdichter sehen, in der Anrede Hartmanns in der zweiten Person, als Parzival – in den ritterlichen Narrenkleidern, die ihm seine Mutter antat – das erste Mal am Hof von König Artus erscheint, um das zu werden, was seine Gewandung karikiert (und dem Willen der Mutter nach karikieren soll), Artusritter nämlich:

[36] Vgl. hierzu die Bildbelege s. v. „Badewedel" in der Datenbank *RealOnline* des Instituts für Realienkunde des Mittelalters und der Frühen Neuzeit der Universität Salzburg in Krems (IMAREAL), https://realonline.imareal.sbg.ac.at, insbesondere die Bademagd aus dem aus der sogenannten Wenzelswerkstatt stammenden cod. 2352, fol. 34v der ÖNB: https://realonline.imareal.sbg.ac.at/detail/?archivnr=005956A (Stand: 7. 5. 2019). Das Laubbüschel, das Adam und Eva in der *Wenzelsbibel* (Wien, ÖNB, cod. 2759, fol. 5^{v}) in der Miniatur zur Vertreibung aus dem Paradies vor ihre Scham halten, gleicht im übrigen ganz dem Badewedel der Bademagd.

[37] Eine nicht nur allgemeine, sondern konkret auf Hartmann gerichtete Polemik sieht auch Ridder (Anm. 25), S. 180f.

143,21	mîn hêr Hartmann von Ouwe,	Mein lieber Herr Hartmann vom Aue,
	frou Ginovêr iwer frouwe	Frau Ginover, eure Herrin,
	und iwer hêrre der künc Artûs,	und euer Herr, König Artus,
	den kumt ein mîn gast ze hûs.	zu denen kommt von mir ein Gast ins Haus.
25	bitet hüeten sîn vor spotte.	bittet sie, ihn vor Spott zu schützen,
	ern ist gîge noch diu rotte:	er ist nicht Geige noch Rotte,
	si sulen ein ander gampel nemn:	sie sollen sich ein andres Spielzeug wählen
	daz lâzen sich durch zuht gezemn.	um ihres Anstands willen.
	anders iwer frouwe Enîde	Andernfalls werden eure Herrin Enite
30	unt ir muoter Karsnafîde	und ihre Mutter Karsnafite durch die Mühle
	werdent durch die mül gezücket	gedreht und ihr Lob zerbröselt.
	unde ir lop gebrücket.	Wenn ich mir schon den Mund mit Spott
	sol ich den munt mit spotte zern,	verzerren soll, dann um meinen Freund
	ich wil mînen friunt mit spotte wern.	mit Spott zu verteidigen.

Auch hierzu wäre einiges zu sagen. Zum einen führt die Apostrophe, die unmittelbare Anrede Hartmanns in der zweiten Person Plural zu einer neuerlichen Symbiose von narrativer und poetologischer Ebene.[38] Hartmann gerät gleichsam zur Figur im Text, genauer: auf der Ebene der *histoire*. Das unterstreicht auch die ironische Anrede *mîn hêr*, mit der Hartmanns Erzähler etwa Gawein adressiert (*Iwein* 4717). Als erster deutscher Artusdichter zeichnet Hartmann jedenfalls für Artus und Ginover, für das stehende Personal des Artusromans verantwortlich. Zugleich wird das Verhältnis zwischen Autor und Figuren als Dienstverhältnis charakterisiert: Artus ist Hartmanns Herr, Ginover seine Herrin. Der Autor ist – wie er es ja in seinen Signaturen selbst sagt – *dienstman*, allerdings zu Karidol (oder wo immer Artus weilt) und nicht zu Aue. Als solcher Dienstmann verantwortet er das Verhalten von König und Königin. Bedenkt man, dass in der Erzählung selbst, in der Welt des Romans die nächste Figur zu Artus und Ginover, der erste ‚Minister' oder eben Dienstmann von König und Königin kein anderer als Keie ist, dann könnte man mit einiger Berechtigung sagen, Hartmann fände sich hier poetologisch in der Keie-Rolle wieder – was ein durchaus polemischer Witz wäre (Keie wird es auch sein, der mit Parzival seinen Spott treibt). Das Erzähler-Ich, das sich über den Namen des Kontrahenten ebenfalls onymisiert, also kurz gesagt: Wolfram lanciert vorsorglich einen Seitenhieb auf Hartmanns

[38] Zur Stelle und ihrer gezielten Kreuzung von Handlungs- und Meta-Ebene Ridder (Anm. 25), S. 174–176 sowie schon Ulrike Draesner: *Wege durch erzählte Welten. Intertextuelle Verweise als Mittel der Bedeutungskonstitution in Wolframs ‚Parzival'*, Frankfurt a. M. u. a 1993 (*Mikrokosmos* 36), S. 217–225. Der Witz scheint mir freilich mehr darin zu liegen, dass die Autorinstanzen in die Erzählung eintreten, als dass die Figuren als deren ‚Schöpfungen' ausgegeben sind. Vielmehr werden sie ja ironisch als deren Dienstmänner, als Vasallen eines autor-übergreifenden Sujets (Hartmann), bzw. als Freunde (Wolfram) bezeichnet. Die umfassende Ironie wird auch bei Draesner, deren Untersuchung nach wie vor zu den differenziertesten zählt, zu wenig gesehen.

Protagonistin Enite (und ihre im *Erec* recht unscheinbare Mutter[39]) – wieder eine Frau; es hätte auch Erec sein können, wäre er nicht ein notorischer Adept des Geschlechterkampfs. Das Verhältnis zu seiner eigenen Figur, Parzival, deklariert er hingegen als Freundschafts- und nicht als Herrschaftsrelation.

Wieder schwingt Kampfrhetorik mit. Wolfram geht seinen „sehr verehrten Herrn Hartmann" mit Worten an, um den eigenen Protagonisten notfalls zu Lasten der Protagonistin des anderen zu verteidigen (*mînen vriunt mit spote wern*). Er agiert als Wortheld, der er in der Selbstverteidigung vorgeblich nicht sein will, aber auch dort in seiner Rolle als Autor sein muss: Wer erzählt, kann nicht in voller Rüstung kämpfen, sondern wird immer nackt im Wortbad sitzen, im Bad des Schriftworts wohlgemerkt, denn die ‚direkte' Kommunikation mit Hartmann ist nur mittelbar im Medium des literarisch-litteral gestalteten Sujets möglich. Die Stimme des Romanautors im Roman attackiert als jenes Lästermaul, das im Roman sonst Keie ist, den zum zweiten Keie stilisierten Hartmann mit Wortwaffen und tut dies vielleicht in der Absicht, dass dieser unterliege, so wie jener notorisch unterliegt und später im Kampf gegen Parzival ja auch unterliegen wird. Vielleicht könnten sich so die Synapsen-Sprünge, die neuronalen Assoziationen, die den historischen Autor zu seinen Formulierungen führten, – zugegebenermaßen (genauso?!) unbeholfen – als Synapsen-Sprünge des Interpreten nachzeichnen lassen.

Dass die Namen der Autoren, hier des Vorgänger-Autors und mit ihm implizit auch der eigene Name, auf der Ebene und auf einer Ebene mit den Figuren eingebracht werden, forciert wiederum die skizzierte Poetik der Unmittelbarkeit des Erzählens und der Erzählung. Sie dient der Personalisierung intertextueller Konkurrenz, einer Personalisierung, die die Basis jeder polemischen Übung bildet. Die suggerierte interaktive Präsenz überdeckt und überwindet dabei die Verhaltensetikette schriftbasierter Kommunikation auf Distanz.

Ich breche hier ab und resümiere. Etablierung und poetisch-poetologischer Widerstreit, Etablierung im Zeichen des Widerstreits laufen nicht zuletzt über das Verfahren der Onymisierung, der Nennung des eigenen und der anderen Namen, über die Textualisierung der Autorinstanz und der Instanzen poetischer Autorität. Dies geschieht zumeist in der dritten Person.

Der Ton, mithin der ambivalente Ton zwischen *imitatio* und *aemulatio* verschärft sich, wenn mit den Pronomina der ersten und der zweiten Person hantiert wird, mit Ich und Du, mit Wir und Ihr – eine Praxis, die vor der epischen Dichtung

[39] Will der Sprecher, indem er die recht randständige Karsnafite erwähnt, bedeuten, dass er Hartmanns Roman sehr genau gelesen habe? Zu Wolframs analoger Distanzierung von Chrétien, die gerade auf der intensiven Auseinandersetzung mit ihm beruhe, Elisabeth Schmid: Der maere wildenaere. *Oder die Angst des Dichters vor der Vorlage*, in: *Wolfram von Eschenbach – Bilanzen und Perspektiven. Eichstätter Kolloquium 2000*, hg. von Wolfgang Haubrichs. Eckart C. Lutz und Klaus Ridder, Berlin 2002 (*Wolfram-Studien* XVII), S. 95–113.

im unmittelbareren und viel unmittelbarer performativ angelegten Minnesang kultiviert wird. Mit seinem Namensregime rekurriert Wolfram denn auch auf lyrische Strategien, dies machen Thematik, Topik, Genderstruktur und Redeweisen der sogenannten Selbstverteidigung besonders deutlich.

Man könnte an dieser Stelle weit ausholen und etwa über die ‚Dichterrevue' im *Tristan* Gottfrieds von Straßburg sprechen. Dort finden wir eine gegenläufige polemische Strategie: die Anonymisierung des Kontrahenten zum namenlosen Hasengesellen (4638), zu den namenlosen Erfindern wilder Geschichten, den Verwilderern der Geschichten: *vindaere wilder maere/ der maere wildenaere* (4665f.).[40] Auffällig bei Gottfried ist in diesem Zusammenhang der Gebrauch des Pluralpronomens der ersten Person. Wer der Beste ist, wer den Lorbeerblumenkranz, der dem besten Wortheidekünstler, im Moment Hartmann von Aue, gebührt, entscheidet nicht ein singuläres Ich, sondern wir, die Gemeinschaft der Literaturproduzenten und -rezipienten auf der Wortheide (4645–4649):

wir wellen an der kür ouch wesen,	Wir wollen bei der Wahl dabei sein,
wir, die die bluomen helfen lesen,	wir, die die Blumen aufzulesen mithelfen,
mit den daz selbe loberîs	die in denselben Lobeskranz in Blumen-
undervlohten ist in bluomen wîs,	art eingeflochten sind, wir wollen wissen,
wir wellen wizzen, wes er ger.	was der [der Hasengeselle] überhaupt will.

Polemik formuliert sich – man könnte dies fast perfide nennen – im Zeichen von Solidarität: vermeintliche Inklusion des Publikums in die Entscheidung über die literarische Bestform dient der Exklusion des einen, des Konkurrenten.

Was ich zu skizzieren versuchte, ließe sich breit weiterverfolgen. Die Hartmann-Apostrophe im *Parzival* verweist auf den poetologischen Hintersinn der Konkurrenz zwischen Figuren, die unterschiedlichen Texten entstammen: Über Figuren lassen sich auch intertextuelle Polemiken austragen.[41] Strategien der direkten Konkurrenz über Namensnennung, Onymisierung oder auch Anonymisierung finden sich auch in der Lyrik. Für die Anonymisierung sei auf Walthers Parodie auf Reinmar verwiesen: Der Kontrahent, der auch bei Wolfram anonym bleibt, firmiert hier nur als *ein man*, kenntlich macht ihn (neben den Zitaten) die in der Parodie zitierte Melodie, bei Wolfram der Leitbegriff „schachmatt". Wenn die Nicht-Nennung ein versuchter Akt der *damnatio memoriae* wäre, er würde grandios scheitern, denn Polemik macht nur Sinn, wenn jeder sich dessen erinnert, auf den sie geht.

[40] Gottfried von Straßburg: *Tristan und Isold*, hg. v. Walter Haug † und Manfred Günter Scholz, mit dem Text des Thomas, hg., übersetzt und kommentiert v. Walter Haug †, 2 Bde. (*Bibliothek deutscher Klassiker* 192 / *Bibliothek des Mittelalters* 10), Berlin 2011, das folgende Zitat mit modifizierter Zeichensetzung, die Übersetzung von mir.

[41] Vgl. hierzu den Beitrag von Tina Terrahe in diesem Band.

Ein Wort noch zum *Parzival*: Der umfassenden agonalen Perspektive entspricht eine Perspektive der Sympathie. Etwa der Sympathie zwischen Autor-Ich und Erzählung/Sujet: Das Sujet ist dem Autor nicht nur wie ein Gegner, mit dem er im Turnier ringt, die Aventiure nähert sich ihm am Beginn des neunten Buchs (433,1ff.) vielmehr in erotischer Absicht: Sie klopft an sein Herz und begehrt Einlass. Eros ist die Kehrseite von Polemos (das macht ja aus der umgekehrten Perspektive gerade auch die ‚Selbstverteidigung' deutlich). Im Sinne einer poetologischen Psychologie gesprochen, vollziehen sich Etablierung und Widerstreit unter dem Prinzip der „Gefühlsambivalenz" oder des „Ambivalenzkonflikts", wie Freud das nennt.[42] Polemos wird Eros, kann Eros werden: Das gilt auch für das ominöse *wîp,* dem Ich-Wolfram in der Selbstverteidigung als zornige Beißzange zusetzen wollte. Dasselbe Ich, derselbe Ich-Wolfram beschließt sein Werk aber dann mit den Worten:

827,12	niht mêr dâ von nu sprechen wil	Nicht mehr davon nun will sprechen
	ich Wolfram von Eschenbach [.]	ich, Wolfram von Eschenbach. (…)
827,28	guotiu wîp, hânt die sin,	Gute Frauen, wenn die auch verständig sind,
	deste werder ich in bin,	dann steigt mein Wert bei ihnen,
	op mir decheiniu guotes gan,	(wenn mir denn eine Gutes gönnt)
	sît ich diz mær volsprochen hân [:]	weil ich diese Geschichte zu Ende erzählt habe:
	ist daz durh ein wîp geschehn,	Ist das einer Frau wegen geschehen,
	diu muoz mir süezer worte jehn.	so muss sie mir süße Worte zugestehen.

Die, denen die Selbstverteidigung noch „geringe Intelligenz" attestiert, sofern sie ihn nicht an seinen Rittertaten, sondern an seinen Worten oder seinem ‚Singsang' messen, sollen ihn nun höher noch schätzen, eben weil er die Geschichte (mit Worten) auserzählt, „zur Vollendung gesprochen" hat. Und die eine, eben jene, sie muss sich gezwungen sehen, ihm zuzugestehen, dass seine Worte süß wären – oder auch: sie muss ihm dafür süße Dankesworte abstatten. Wie auch immer: Am Ende des polemischen Liebeskampfs, als der der Roman seinen Rezipientinnen gegenüber ausgegeben wird, steht Wechselrede im Zeichen erotischer Süße.

Etablierung findet im Prozess des Erzählens in einer Form statt, in der auch die Dritten, das Publikum, vom namentlichen Autor polemisch adressiert werden. Einen Namen tragen sie nicht – vielleicht weil das eine, onyme poetische Subjekt bis heute immer neue Dritte adressieren kann und auf diese Weise (so wie Ovids im Text selbst namenloses „Wir") für immer „im Munde des Volkes" gelesen werden kann; im Munde eines Lesepublikums, mit dem sich das Autorsubjekt am Ende freilich para-erotisch versöhnt hat – auf dass sein Name unzerstörbar bleibe?

[42] Sigmund Freud: *Das Unbehagen in der* Kultur, in: S. F.: *Gesammelte Werke. Chronologisch geordnet*, hg. von Anna Freud u. a., 18 Bde. und ein Nachtragsband, Frankfurt a. M. 1999, S. 419–506, hier Kap. VII, S. 492.

Verdeckte Parodie und Polemik im Minnesang
Zu den Liedern MF 145,33ff. und MF 214,34ff.

DOROTHEA KLEIN (Würzburg)

Das Deutsche ist dafür bekannt, dass seine Determinativkomposita ganz unterschiedliche semantische Relationen zum Ausdruck bringen können. So kann die ‚Kunstpolemik', der diese Tagung gewidmet ist, die Polemik der Kunst bzw. in der Kunst ebenso wie die Polemik gegen die Kunst bezeichnen oder gar Polemik als Kunst, und manchmal ist auch alles miteinander gemeint. Überzeugende, inzwischen gut erforschte Beispiele für die ‚Kunstpolemik' in diesem pluralen Sinn sind die Kontroversen in der mittelhochdeutschen Sangspruchdichtung des 13. Jahrhunderts und die Sängerstreit-Gedichte aus dem *Wartburgkrieg*-Komplex.[1] Die Polemik solcher Dichtungen setzt immer ein Gegenüber voraus, von dem sie sich in bewusster Schärfe abgrenzt: von einem bestimmten Autor oder einem bestimmten Text, unter Umständen auch einer literarischen Gattung oder einer spezifischen Gedankenposition. In ihrem beleidigenden und verletzenden Zuschnitt unterscheidet sie sich von der Parodie, die bekanntlich, indem sie einen konkreten Prätext oder eine Gattung, einen bestimmten Schreibstil, ein Handlungsmuster oder ein literarisches Konzept imitiert, eine ironische oder komisierende Absicht verfolgt.[2] In diesem Sinn, als eine Rede, die auf Bloßstellung und Schmähung zielt,[3] verstehe ich auch das Grundwort im Begriff ‚Kunstpolemik',

[1] Die Texte sind zusammengestellt in: *Parodie und Polemik in der mittelhochdeutschen Dichtung. 123 Texte von Kürenberg bis Frauenlob samt dem Wartburgkrieg nach der Großen Heidelberger Liederhandschrift C*, hg. von Günther Schweikle, Stuttgart 1986. Grundlegend ist die Untersuchung von Burghart Wachinger: *Sängerkrieg. Untersuchung zur Spruchdichtung des 13. Jahrhunderts,* München 1973 (*MTU* 42); vgl. ferner Margreth Egidi: *Sängerpolemik und literarischer Selbstbezug in der Sangspruchdichtung. Aspekte der Streitkommunikation*, in: *ZfdPh* 126 (2007), S. 38–50, sowie Mirjam Burkard: *Sangspruchdichter unter sich. Namentliche Erwähnungen in den Sprüchen des 12., 13. und 14. Jahrhunderts*, Heidelberg 2012 (*Beiträge zur älteren Literaturgeschichte*).

[2] Vgl. den einführenden Artikel *Parodie* von Theodor Verweyen und Günther Witting in: ³*RLW*, Bd. 3 (2003), S. 23–27.

[3] Sigurd Paul Scheichl: Art. *Polemik,* in: ³*RLW*, Bd. 3 (2003), S. 117–120; den Aspekt verbaler Gewalt betont schon Jürgen Stenzel: *Rhetorischer Manichäismus. Vorschläge zu einer Theorie der Polemik,* in: *Formen und Formgeschichte des Streitens. Der Literaturstreit,* hg. von Franz Josef Worstbrock und Helmut Koopmann, Tübingen 1986 (*Akten des VII. Internationalen Germanisten-Kongresses Göttingen 1985*, 2), S. 3–11.

und in diesem Sinn habe ich meine beiden Textbeispiele aus der mittelhochdeutschen Liebeslyrik gewählt.

Minnesang ist eine selbstreferentielle Kunst, und dies beinahe von Anfang an.[4] Von der Möglichkeit der Polemik scheinen die Minnesänger freilich nicht allzu oft Gebrauch gemacht zu haben; weitaus öfter begegnet man parodistischen Verfahren.[5] Als Kunstpolemik dürfen aber sicherlich die Klage Walthers von der Vogelweide L 64,31ff. über das unhöfische Singen oder seine Minnesangpolemik L 111,23ff. gegen Reinmar gelten, auch seine Invektive L 44,11ff./171,1ff. gegen den hier ungenannt bleibenden Reinmar, mit der er vehement seine Definition von Minne verteidigt, und polemische Töne sind etwa auch in der Publikumsschelte L 73,23ff., der Kritik an der *frouwe* L 52,23ff. und der zwischen Stolz und Verachtung angesiedelten Zeit- und Kunstkritik L 58,21ff. vernehmbar. Anderes, was zwischenzeitlich unter Polemikverdacht geraten war, etwa Rubin, Neidhart oder Gottfried von Neifen, hat man wieder ausgemustert.[6] Und wiederum anderes hat sich in einer intrikaten Überlieferung versteckt und ist noch nicht – oder erst ansatzweise – als ironisch-polemische Auseinandersetzung zwischen Dichtern wahrgenommen worden.

Auf diesen Sachverhalt nehme ich mit dem Titel meines Beitrags Bezug. Er formuliert die These, dass Fehldeutungen der Überlieferung bzw. Fehleinschätzungen der Textgeschichte das parodistische oder polemische Potential einzelner Lieder oder Strophen verdeckt haben. Das betrifft insbesondere Lieder und Strophen, die in den Handschriften verschiedenen Autoren zugewiesen sind. In der Regel hatte der philologische Diskurs, das machtvolle Paradigma der klassischen Textkritik, nur – und gegebenenfalls um den Preis von Athetesen – die Annahme zugelassen, dass solche Lieder und Strophen von e i n e m Autor sind. Mit der Annahme der Autoridentität aber war der Blick für die polemische Machart eines

Polemik definiert er in diesem Beitrag als eine „aggressive Rede", „in welcher unsachlicher Stil dominiert" (S. 4), in der Absicht, bei den Adressaten der Polemik gegen deren Objekt aggressive Gefühle zu erzeugen (S. 8). Als Mittel der Polemik unterscheidet er die „positive Selbstdarstellung" des polemischen Subjekts (S. 7), die seinem Opfer zugesprochenen „pejorative Prädikationen" (ebd.), die Hervorhebung bestimmter Qualitäten des polemischen Objekts, deren Gegebenheit unbestritten ist („Akzentuierung"), und die „Unterstellung", d.h. negative Behauptungen, die nicht erwiesen sind (S. 8). Vgl. auch Peter von Matt: *Grandeur und Elend literarischer Gewalt. Die Regeln der Polemik*, in: Ders.: *Das Schicksal der Phantasie. Studien zur deutschen Literatur*, München/Wien 1994, S. 35–42.

4 Vgl. Thomas Bein: *Das Singen über das Singen. Zu Sang und Minne im Minne-Sang*, in: *„Aufführung" und „Schrift" in Mittelalter und Früher Neuzeit*, hg. von Jan-Dirk Müller, Stuttgart/Weimar 1994 (*Germanistische Symposien Berichtsbände* 17), S. 67–92, und Peter Strohschneider: *„nu sehet wie der singet!" Vom Hervortreten des Sängers im Minnesang*, in: Ebd., S. 7–30.

5 Diesen Eindruck vermittelt zumindest Günther Schweikles in Anm. 1 genannte Anthologie.

6 Vgl. die kritische Revue bei Wachinger (Anm. 1), S. 95–115.

Liedes bzw. der einen oder anderen Strophe verstellt, denn Polemik benötigt jeweils ein Gegenüber. Erst eine grundsätzlich revidierte Auffassung von der Textualität mittelalterlicher Lieder[7] erlaubte es, Doppelzuschreibungen und hochvariante Überlieferung auch als Ausdruck einer intensiven literarischen Kommunikation zwischen den Dichtern zu deuten, einer Kommunikation, die Parodie und Polemik mit einschloss. Um diesen Zusammenhang von Überlieferung, Parodie und Polemik geht es im Folgenden.

1 Das Lied MF 145,33ff.

Mein erstes Textbeispiel ist Morungens Lied MF 145,33ff.[8] Im Morungen-Corpus der *Großen Heidelberger Liederhandschrift* (Sigle C) wie auch im Troßschen Fragment (Sigle C[a]) steht es an vorletzter Stelle, beide Male als dreistrophiges Lied (C 101–103, C[a] 40–42). Ein vierstrophiges Lied im selben Ton überliefert die *Würzburger Liederhandschrift* (Sigle E) unter dem Namen Walthers von der Vogelweide (E 20–23). Die beiden Lieder haben jeweils die ersten fünf Verse der dritten Strophe gemeinsam. Die Erstausgabe von *Des Minnesangs Frühling*[9] (1857) hat aus diesem heterogenen Überlieferungsbestand ein sechsstrophiges Morungen-Lied mit der Strophenfolge C 101, C 102, E 20, E 21, C 103/E 22, E 23

[7] Ansätze dazu gab es in der editorischen Praxis bereits mit der letzten Überarbeitung von *Des Minnesangs Frühling*: *Des Minnesangs Frühling, Bd. I: Texte*, unter Benutzung der Ausgaben von Karl Lachmann und Moriz Haupt, Friedrich Vogt und Carl von Kraus bearb. von Hugo Moser und Helmut Tervooren, 36. Aufl., Stuttgart 1976, sowie in den Lyrikausgaben Günther Schweikles: Reinmar: *Lieder. Nach der Weingartner Liederhandschrift (B). Mhd./Nhd.*, hg., übers. und komm. von G. S., Stuttgart 1986 (*RUB* 8318), und *Die mittelhochdeutsche Minnelyrik. Bd. 1: Die frühe Minnelyrik.* Texte und Übertragungen, Einführung und Kommentar von G. S., Stuttgart/Weimar 1993 (zuerst Darmstadt 1977). Das theoretische Fundament für einen revidierten Textualitätsbegriff legte Bernard Cerquiglini: *Éloge de la variante. Histoire critique de la philologie*, Paris 1989; vgl. ferner Peter Strohschneider: *Situationen des Textes. Okkasionelle Bemerkungen zur ‚New Philology'*, in: *ZfdPh* Sonderheft 116 (1997), S. 62–86, und ders.: *Textualität der mittelalterlichen Literatur. Eine Problemskizze am Beispiel des ‚Wartburgkrieges'*, in: *Mittelalter. Neue Wege durch einen alten Kontinent*, hg. von Jan-Dirk Müller und Horst Wenzel, Stuttgart/Leipzig 1999, S. 19–41. Zu älteren Ansätzen, die Varianz mittelalterlicher Textüberlieferung adäquat zu beschreiben und für einen historischen Text- und Werkbegriff fruchtbar zu machen, vgl. die Habilitationsschrift von Freimut Löser: *Überlieferungsgeschichte und New Philology. Methodische Varianten in der Altgermanistik*, Habil.-Schrift (masch.) Würzburg 2000.

[8] Eine gekürzte Fassung der folgenden Analyse enthält, mit anderem Argumentationsziel, mein Beitrag: *Kanon und Textkonstitution: das Beispiel von ‚Des Minnesangs Frühling'*, in: *Rahmungen. Präsentationsformen und Kanoneffekte*, hg. von Philip Ajouri [u. a.], Berlin 2016 (*Beiheft zur ZfdPh* 16), S. 167–188, hier S. 183–187.

[9] *Des Minnesangs Frühling*, hg. von Karl Lachmann und Moriz Haupt, Leipzig 1857.

konstruiert, die zweite und dritte Strophe dabei allerdings durch Zwischenraum getrennt, wohl um Zweifel an der Echtheit der Strophen 3–6 zu signalisieren; bei den beiden letzten Versen der Strophe C 103/E 22 mochte der Herausgeber Haupt keiner der überlieferten Varianten vertrauen[10] und setzte Leerzeilen an. Auch Carl von Kraus wollte nur die beiden ersten Strophen gelten lassen und hielt alle weiteren für das Produkt „einer späteren Zeit".[11] Erst Moser/Tervooren haben aus dem auffälligen Überlieferungsbefund die einzig richtige Konsequenz gezogen: Sie haben beide Fassungen ediert, beide freilich unter dem Namen Heinrichs von Morungen (vgl. MFMT XIX.XXXIII[1] und XIX.XXXIII[2]).[12] Daran zeigt sich noch das Erbe Lachmanns, dem Handschrift E textkritisch immer verdächtig war.

Nun wird man nicht grundsätzlich die Möglichkeit ausschließen können, dass der Schreiber der Handschrift sich in der Zuschreibung des Lieds an Walther geirrt hat. Man wird allerdings auch nicht von vornherein ausschließen können, dass es mit dieser Zuschreibung ihre Richtigkeit hat. Dafür sprechen nicht nur zahlreiche intertextuelle Beziehungen zwischen den Autoren des klassischen Minnesangs, sondern auch inhaltliche Gründe. In der jüngsten Ausgabe der Lieder Walthers sind die Strophen E 20–23 folgerichtig unter den Tönen abgedruckt, „die Walther in wenigstens einer Handschrift zugewiesen werden".[13] Damit wird zumindest vorsichtig die Möglichkeit erwogen, dass die vierstrophige Liedfassung von Walther stammen könnte. Auch Günther Schweikle hat die vier Strophen aus E in seine Walther-Ausgabe von 1998 aufgenommen, allerdings ohne den Zusammenhang mit dem dreistrophigen Morungenlied editorisch transparent zu machen.[14]

[10] In den Anmerkungen stellt er fest: „was E giebt kann so, mit dem reime *schîn : sî*, nicht richtig sein und der gedanke ist ärmlich, in CC[a] ist, wie in den vorher gehenden zeilen, geändert. der versschluss *ab ich* macht dies liedchen verdächtig" (S. 286).

[11] *Des Minnesangs Frühling, Bd. III/1: Kommentare. Untersuchungen von Carl von Kraus, Leipzig 1939*, durch Register erschlossen und um einen Literaturschlüssel ergänzt, hg. von Helmut Tervooren und Hugo Moser, Stuttgart 1981, S. 335.

[12] *Des Minnesangs Frühling, Bd. I: Texte* unter Benutzung der Ausgaben von Karl Lachmann und Moriz Haupt, Friedrich Vogt und Carl von Kraus bearbeitet von Hugo Moser und Helmut Tervooren, 38., Aufl., Stuttgart 1988.

[13] Walther von der Vogelweide: *Leich, Lieder, Sangsprüche. 15., veränderte und um Fassungseditionen erweiterte Auflage der Ausgabe Karl Lachmanns aufgrund der 14., von Christoph Cormeau bearbeiteten Ausgabe*, hg. von Thomas Bein, Berlin 2013, S. 493f. (hier Ton 109).

[14] Walther von der Vogelweide: *Werke. Bd. 2: Liedlyrik. Mhd./Nhd.*, hg., übersetzt und kommentiert von Günther Schweikle, Stuttgart 1998 (*RUB* 820), hier S. 176–179 (unter „Parodien – Interaktionen"). Der Prätext Morungens wurde immerhin noch im Kommentar, S. 617f., abgedruckt. In der von Ricarda Bauschke-Hartung besorgten 2., verb. u. erw. Aufl., Stuttgart 2011, fehlt das Morungen-Lied. – Hubert Heinen hat beide Lieder, angenommenen Textverlust in spitzen Winkeln ergänzend, unter „Morungen 145,33" synoptisch abgedruckt, für das vierstrophige aber die Zuschreibung an Walther festgehalten: „(Walther) E": *Mutabilität im Minnesang. Mehrfach überlieferte Lieder des 12. und frühen 13. Jahrhunderts*, hg. von H. H., Göppingen 1989 (*GAG* 515), S. 56.

Meiner Analyse lege ich die unten folgenden Liedtexte zugrunde. Ich stelle sie unter die ihnen zugeschriebenen Autornamen, um offen zu halten, was in den älteren Editionen durch resolute Athetesen stets verschleiert wurde: die Möglichkeit nämlich, dass Minnesang in höherem Maße, als bisher gesehen, auch literarische Kommunikation, ein ‚Wettstreit' unter professionellen Dichterkomponisten gewesen ist.

Heinrich von Morungen: *Ich wil ein reise*

1	MF 145,33 – 101 C, 40 C^a	
	Ich wil ein reise.	Einen Kriegszug habe ich vor.
	wünschent, daz ich wol gevar.	Wünscht mir, gut zu fahren.
	dâ wirt manig weise,	Dabei wird so mancher Waise,
	diu lant wil ich brennen gar.	die Lande will ich ganz niederbrennen.
5	Mîner frowen rîche,	Meiner mächtigen Herrin
	swaz ich des bestrîche,	muss alles verloren gehen,
	daz muoz allez werden verlorn,	was immer ich davon erreiche,
	si enwende mînen zorn.	es sei denn, sie besänftigt meine Wut.
	MF 146,3 – 102 C, 41 C^a	
2	Helfet singen alle,	Helft alle singen,
	mîne friunt, und zieht ir zuo	meine Freunde, und zieht herbei
	mit <...> schalle,	mit Klagegeschrei,
	daz si mir genâde tuo.	damit sie mir Gnade erweise.
5	Schrîet, daz mîn smerze	Schreit, auf dass mein Schmerz
	mîner frowen herze	das Herz meiner Dame
	breche und in ir ôren gê.	erweiche und in ihre Ohren dringe.
	si tuot mir ze lange wê.	Sie fügt mir (schon) zu lange Leid zu.
	MF 146,27 – 103 C, 42 C^a	
3	Frowe, ich wil mit hulden	Herrin, mit deiner Erlaubnis
	reden ein wênig wider dich.	will ich ein wenig mit dir reden.
	daz solt dû verdulden.	Das sollst du hinnehmen.
	zürnest dû, sô swîge aber ich.	Erzürnt es dich, so bin ich wieder still.
5	Wiltû dîne jugende	Willst du deine Jugend
	kroenen wol mit tugende,	mit Vollkommenheit krönen,
	sô wis mir genaedig, süeziu fruht,	so sei mir gnädig, süßes Kind,
	und troeste mich dur dîne zuht.	und tröste mich, liebenswürdig wie du bist.

1,4 diu lant wil] lant du wil C^a.
2,7 ôren] *davor* ǒgē *expungiert* C.
3,2 wênig] *Naselstrich über* i C.

Walther von der Vogelweide: *Ich wil immer singen*

	MF 146,11 – 20 E	
1	Ich wil immer singen	Ich will immer
	dîne hôhen wirdekeit	dein hohes Ansehen besingen
	und an allen dingen	und in jeder Hinsicht
	dînen hulden sîn gereit.	für deine Gnadenerweise bereit sein.
5	Frouwe, ich kan niht wenken	Herrin, ich kann nicht wankelmütig werden
	<...>	<...>,
	hâstû tugende und êren vil,	hast du eine Fülle von Vorzügen und Ansehen
	daz wolte ich und immer wil.	das war und ist immer mein Wunsch.

	MF 146,19 – 21 E	
2	Sie sint verborgen,	Sie sind verborgen,
	frouwe, swaz dû tugende hâs.	Herrin, was du an Tugenden besitzt.
	den âbent und den morgen	Abends und morgens
	sagent si allez, daz dû begâs,	rühmen sie alles, was du tust,
5	Dîne redegesellen,	deine Dichterfreunde,
	die sint, swie wir wellen,	die sind, wie wir es wollen,
	guoter worte und guoter site,	voll guter Worte und feiner Lebensart,
	dâ bist dû getiuret mite.	damit wird dein Ansehen gemehrt.

	MF 146,27 – 22 E	
3	Frouwe, ich wil mit hulden	Herrin, mit deiner Erlaubnis
	reden ein wênic wider dich.	will ich ein wenig mit dir reden.
	daz solt dû verdulden.	Das sollst du hinnehmen.
	zürnest dû, sô swîge aber ich.	Erzürnt es dich, so bin ich wieder still.
5	Wilt dû dîner jugende	Willst du bei deiner Jugend
	kumen gar zuo tugende,	ganz Vollkommenheit erreichen,
	sô tuo friunden friuntschaft schîn,	so erweis den Freunden Freundschaft,
	swie dir doch ze muote sî.	wie immer dir zumute sei.

	MF 146,35 – 23 E	
4	Nieman sol daz rechen,	Niemand soll das strafen,
	ob ich hôhe sprüche hân.	wenn ich hohe Worte benutze.*
	wâ von sol der sprechen,	Wovon soll der sprechen,
	der nie hôhen muot gewan?	der nie hochgemut war?
5	Ich hân hôchgemüete.	Ich bin hochgemut.
	frouwe, dîne güete,	Herrin, deine Güte,
	sît ich die alrêrst sach,	seit ich die zum ersten Mal erkannte,
	sô weste ich wol, waz ich sprach.	da wusste ich genau, was ich sagte!

*oder: hohe Ansprüche habe.

1,6 *Vers in der Hs. ausgefallen.* 7 hâstû] haste E. 8 wolte] wo̊lte E.
2,2 tugende] tugendē E. 6 wellen] wo̊llen E.
4,3 wâ] wo E.

Das im Morungen-Corpus von C überlieferte dreistrophige Lied variiert den für Morungen typischen Zusammenhang von Minne und Gewalt.[15] Ein frustrierter Ich-Sprecher droht in Strophe 1 Krieg und Verwüstung an, wenn die *frowe* seinen Zorn nicht verhindere. In Strophe 2 ersucht das Ich Freunde und Verwandte, mit *schalle* – gemeint ist hier vielleicht weniger das Kriegsgeschrei als die Anklage mit Geschrei vor Gericht, neben der Fehde eine zweite Möglichkeit, legitime Ansprüche durchzusetzen – und Wehklagen der Geliebten entgegenzuziehen, um sie gnädig zu stimmen. In der dritten Strophe tritt das Ich der Dame dann unmittelbar gegenüber. Seine Rede ist Frauenpreis und Bitte um Erhörung in einem. Das Lied inszeniert so eine Antiklimax von Aufbegehren und Ankündigung eines Liebeskriegs bis zur Unterwerfung, mit der die Grundsituation der ‚hohen' Minne wiederhergestellt ist. Das Ich aber wird als Maulheld entlarvt, der, je näher er seinem Ziel kommt, umso kleinlauter wird,[16] am Schluss sogar ganz zu schweigen bereit ist, um die *vrowe* nicht zu provozieren (3,4). Das Lied parodiert damit die typische devote Haltung des Liebenden im ‚hohen' Minnesang und denunziert zugleich den Frauenpreis als Ausdruck männlicher Schwäche. Eingedenk der vielen Preisstrophen, die Morungen gedichtet hat,[17] darf man das Lied auch als ironischen Selbstkommentar verstehen.

Mit der in Handschrift E unter Walther überlieferten vierstrophigen Fassung wusste man bisher wenig anzufangen. Carl von Kraus hielt die Strophen für unecht.[18] Günther Schweikle deutete sie immerhin als „Stichelei Walthers gegen Morungen", die sich jedoch „kaum als ernstgemeinte Auseinandersetzung um die

[15] Zu diesem Themenkomplex vgl. Beate Kellner: *Gewalt und Minne. Zu Wahrnehmung, Körperkonzept und Ich-Rolle im Liedcorpus Heinrichs von Morungen*, in: *PBB* 119 (1997), S. 33–66.

[16] So schon Günther Schweikle: *Eine Morungen-Parodie Walthers? Zu MF 145,33*, in: Ders.: *Minnesang in neuer Sicht*, Stuttgart/Weimar 1994, S. 265–277, hier S. 269.

[17] Reiner Frauenpreis sind die Lieder MF 122,1ff./MFMT I und MF 140,32ff./MFMT XXV. Daneben setzt Morungen Frauenpreis in verschiedenen Funktionszusammenhängen ein: In MF 123,10ff./MFMT II,1, MF 126,24ff./MFMT V,3 und MF 130,9ff./MFMT IX,1 werden Tugend und Schönheit der *vrouwe* als Ursache von Freude und Leid beschrieben; in MF 124,32ff./MFMT III,1.2 begründet der Tugend- und Schönheitspreis die Fixierung des Ichs auf die Geliebte; in MF 130,31ff./ MFMT X,1 ruft er die freudestiftende Wirkung der Frauenschönheit in Erinnerung; in MF 139,3ff./MFMT XXII,4 und MF 141,15ff./MFMT XXVI,1 erinnert er an den Minnebeginn bzw. glückliche Zeiten. MF 144,17ff./MFMT XXXI verbindet den Lobpreis mit der Hoffnung auf Minneglück, MF 133,29ff./MFMT XIII,3 definiert ihn zum Ausdruck des Sängerleids um, und MF 140,11ff./MFMT XXIV formuliert die selbstironische Erkenntnis, dass der Frauenpreis dem Sänger nichts einträgt. Ausführliche Analysen bietet Gert Hübners Monographie: *Frauenpreis. Studien zur Funktion der laudativen Rede in der mittelhochdeutschen Minnekanzone*, Baden-Baden 1996 (*Saecvla Spiritalia* 34/35), S. 141–196.

[18] Carl von Kraus, *Zu den Liedern Morungens*, Berlin 1916 (*Abhandlungen der königlichen Gesellschaft der Wissenschaften zu Göttingen. Phil.-hist. Klasse N. F.* XVI,1), S. 55f., hier S. 55.

rechte Art des Frauenpreises und Minnedienstes“ verstehen lasse.[19] Einen parodistischen Selbstbezug wollte Christoph Leuchter hingegen nur der dreistrophigen Variante, nicht aber der vierstrophigen zuerkennen.[20]

Worum also geht es? Wie das Lied Morungens setzt auch das zweite Lied mit einem markanten *Ich wil* ein, unterläuft aber sogleich die Publikumserwartung. Keine Kriegserklärung folgt, sondern ein emphatisches Bekenntnis zu Frauendienst und Frauenpreis: *Ich wil immer singen dîne hôhe wirdekeit* (1,1f.). Das Walther zugeschriebene Lied beginnt also da, wo das Morungen-Lied geendet hat, macht aber zur Bedingung des Preisens, dass die umworbene *frouwe* die erforderlichen Qualitäten besitzt. Vers 1,7, ein Konditionalsatz, setzt *tugende und êren vil* „eine Fülle von Vorzügen und hohem Ansehen“ keineswegs als gegeben voraus. Bezieht man ihn auf v. 5,[21] machte der Sprecher seine Treue von den Vorzügen der Dame abhängig („Ich kann mich dir nicht entziehen, wenn …“), was man auch als Drohung lesen kann („Ich kann mich dir entziehen, wenn nicht …“); bezieht man den Konditionalsatz auf v. 8, bestätigte das Ich, dass eine hochangesehene, vollkommene Dame sein Wunsch war und auch bleibt, was implizit auch heißt: Fehlen der Dame die erforderlichen Qualitäten, dann entspricht sie nicht dem Weiblichkeitsideal des Sängers; Anlass und Grund seines Frauenpreises entfallen dann. Auf jeden Fall sorgt es, wie bei Polemikern üblich, für eine positive Selbstdarstellung.[22]

Strophe 2 geht zur direkten Attacke über. Das Ich sagt der Dame auf den Kopf zu, dass die *redegesellen*, ihre Konversationspartner – oder die Dichterfreunde,[23] mit denen sie sich umgibt? –, ihr zwar schmeicheln und Lob zollen, ihre *tugende* aber *verborgen*, also nicht erkennbar sind. Es ist dieses eine Wort *verborgen*, das hier verletzt und die polemische Situation begründet.[24] Zerstört wird damit der Nimbus der Vollkommenheit, den die Preisstrophen des hohen Minnesangs der Geliebten üblicherweise zusprechen. Das Pronomen *si* in v. 4 („den ganzen Tag verkünden sie freilich, was du tust“) gehört nicht, wie man zunächst meinen könnte, zu den *tugenden* (2,2),[25] ist vielmehr – der Sprecher spielt hier mit der

[19] Schweikle, *Morungen-Parodie* (Anm. 16), S. 276.

[20] Christoph Leuchter: *Dichten im Uneigentlichen. Zur Metaphorik und Poetik Heinrichs von Morungen,* Frankfurt a. M. [u. a.] 2003 (*Kultur, Wissenschaft, Literatur – Beiträge zur Mittelalterforschung* 3), S. 59–63.

[21] Der Bezug auf v. 5 ist freilich unsicher, da v. 6 in der Handschrift ausgefallen ist.

[22] Stenzel (Anm. 3), S. 7.

[23] Vgl. mhd. *rede*, das auch „Dichtung“ bedeuten kann; *Lexer*, Bd. III, Sp. 364–366, online unter: http://woerter-buchnetz.de/cgi-bin/WBNetz/wbgui_py?sigle=Lexer (14.02.2019).

[24] Ein „einziger polemischer Zug“, er ist die „kleinste polemische Einheit“, genügt bereits, um eine polemische Situation zu etablieren; vgl. Stenzel (Anm. 3), S. 4 Anm. 7.

[25] Tervooren bezieht v. 3f., wenn auch zweifelnd, auf die *tugende* in v. 2 und übersetzt v. 5–7 mit: „Die Leute, mit denen du dich unterhältst, sind […] von gutem Ruf und guter Lebensart“, sh. Heinrich von Morungen: *Lieder. Mhd./Nhd.*, Text, Übersetzung, Kommentar von Helmut Tervooren, Stuttgart 1992 (*RUB* 9797), Kommentar zur Stelle.

Hörererwartung – auf die *redegesellen* der fünften Zeile zu beziehen. Erst recht sind die Verse 5–8 doppelt bezüglich: Entweder besagen sie, Rede und Dichtung über die Dame sind, „wie w i r es wollen" (was eine versteckte Drohung enthalten kann), „gute Worte und adäquates Benehmen" (2,7) aber wären als Vorzüge der Dame, die beiden letzten Verse somit als affirmativer Ansporn der Dame zur Vollkommenheit zu verstehen. Oder aber v. 7 ist auf die *redegesellen* zu beziehen, denen das Sprecher-Ich dann ironisch-spöttisch „feine Lebensart" und „gute Worte" (für die Dame) attestiert, also die Fähigkeit, galante Komplimente zu machen, die das Ansehen der Dame mehren. Das ist die subversive Lesart, denn ins poetologische Register übersetzt, bedeutet sie: Die *redegesellen* verstehen sich darauf, die Dame mittels Frauenpreis zu ehren. Dieser kann freilich, da die *tugende* der Dame *verborgen* sind, nicht mehr als eine bloße Übung in Galanterie und Höflichkeit sein, ein Lobpreis ohne *fundamentum in re*. Dem Liedtyp des Frauenpreises wird infolgedessen Authentizitäts- und Substanzverlust unterstellt. Damit geht die Strophe aber deutlich über das hinaus, was Morungens Ich-Sprecher ansonsten zu denken wagt, etwa wenn er in der Klage MF 137,27ff./MFMT XXI (*Ob ich dir vor allen wîben*) vorsichtig in Betracht zieht, sich geirrt zu haben: indem er der Geliebten *vil grôzer dinge* zuerkannte, (nämlich) *herzeclîcher minne und ganzer staetekeit* (4,1f.). Was in dieser Klage als Möglichkeit erwogen wird, ist in dem unter Walther überlieferten Lied auf eine Gattungskritik zugespitzt.

Strophe 3, welche die ersten fünf Verse mit der dritten Strophe des unter Morungen überlieferten Liedes gemein hat, wechselt von ironischer Schärfe in ernsten Ton. Das Ich bittet die Dame zuzuhören und belehrt sie dann, wie man bereits in jungen Jahren Vollkommenheit erlangen könne, nämlich indem man Freunden, also solchen, die es, wie der Ich-Sprecher, gut meinen, freundlich gesonnen ist. Formuliert ist damit ein Gegenprogramm: Vollkommenheit, *tugende* (3,6), erlangt man bzw. die Dame nicht durch Beifall oder Zuerkennung von außen, sondern indem sie sich als freundlich und entgegenkommend erweist, was im minnesängerischen Kontext aber heißt: auf die Werbung des Ich-Sprechers einzugehen.

In Strophe 4 weist das Ich potentielle Kritik an seinen *hôhe(n) sprüche(n)* zurück; das kann „Rede in Hochstimmung" oder die „hohen Ansprüche" an die Dame meinen, metapoetisch aber auch den „hochgestimmten Frauenpreis" oder die Ansprüche an die eigene Kunst. Doppeldeutig, nämlich Schmeichelei oder bissige Ironie, ist auch die Feststellung zum Schluss, man habe genau gewusst, was man sagte, als man die *güete* der Dame kennenlernte. Auch das hat einen literarischen Selbstbezug und kann sich auf Lieder beziehen, welche die Dame loben oder sie, im Gegenteil, schelten.

Die Polemik des Liedes richtet sich zunächst gegen die Dame, dann aber auch gegen die Gattung des Preislieds. Es erweist sich so als ein offensives, wenn nicht

Er interpretiert *guoter worte* demnach als auszeichnendes Attribut derer, mit denen die Dame zur Steigerung ihres Ansehens Umgang pflegt.

gar aggressives Antipreislied, das für den Frauenpreis ein adäquates Verhalten der Geliebten verlangt wie auch ein hochgemut-souveränes Sänger-Ich, also gerade nicht ein Ich, das, wie im dreistrophigen Morungen-Lied, eine devote Haltung gegenüber der Geliebten einnimmt. Das intertextuelle Zitat in Str. 3,1–5 = MF 146,27–31 hält Morungens „ironische[] Selbst-Persiflage“[26] präsent und stellt damit auch den Frauenpreis als Zeichen der Unterwerfung und Schwäche bloß. Die vierstrophige Fassung geht auf ironisch-parodistische Distanz zum konventionellen Frauenpreis – vielleicht auch zum Frauenpreis à la Morungen –, und sie tut dies in ausgesprochen selbstbewusstem, ja brüskem Ton. Einen solchen Ton wird man nicht Morungen, umso eher aber Walther zutrauen.

Tatsächlich fügt sich das Lied in Sprechmodus und Konzeption gut zu Walthers Werbeliedern, die energisch Gegenseitigkeit in der Minne fordern (z. B. L 50,19ff., L 69,1ff.). Formal passt dazu der ironische Hebungsprall in Str. 2,1 = MF 146,19: *Sie sínt verbórgen*, die Vorzüge nämlich, über welche die umworbene Dame verfügt.[27] Sämtliche Editionen, bis hin zu Thomas Beins Neuedition von 2013[28], haben indes eine Konjektur vorgenommen und alternierendes Versmaß und gegenteiligen Sinn hergestellt: *Síe sint* ún*verbórgen*... Verkannt sind damit freilich Witz und Polemik der Strophe, wenn nicht des ganzen Liedes.

2 Das Lied MF 214,34ff./L 217,1ff.

Noch komplizierter ist der zweite Fall, das Lied mit dem Initium *Dir hât enboten, vrouwe guot* (MF 214,34ff./L 217,1ff.). Wiederum haben wir divergente Autorzuschreibungen und unterschiedlichen Strophenbestand, und wieder ist Walther von der Vogelweide beteiligt, wie aus der folgenden Übersicht hervorgeht; „HvA“ bedeutet Hartmann von Aue, „Wa“ Walther; die Ordnungszahlen beziehen sich auf die Strophenzählung in den jeweiligen Liedcorpora, untereinanderstehende Zahlen bedeuten Strophenidentität:

A:	HvA	1,	2,	3		
C:	HvA	42,	43,	44		‖ Wa 426 (449)
E:	Wa	121,	122,	123,	124	‖ Wa 129
s:	Wa				29^{4}	

[26] Schweikle (Anm. 16), S. 269.

[27] Mit anderen Argumenten für eine Parodie Walthers plädierend: Schweikle, *Morungen-Parodie* (Anm. 16), S. 275f.

[28] Wie Anm. 13. Selbst Schweikle, *Morungen-Parodie* (Anm. 16), übernimmt die Konjektur, mit Rücksicht auf das „Versschema“ und aufgrund eines unspezifischen Notationszeichens in der Handschrift – es steht f. 169vb links neben der Textspalte vor dem Wort *verborgen* –, das er irrtümlich als „Kürzel“ für *vn-* deutet (S. 272f.). Ein solches *vn*-Kürzel kennen mittelalterliche Schreiber aber nicht.

Was besagt diese Übersicht? Die *Kleine* (Sigle A) und *Große Heidelberger Liederhandschrift* (Sigle C) weisen Hartmann von Aue ein dreistrophiges Lied zu; im Hartmann-Corpus dieser beiden Handschriften sind es die Strophen A 1–3 bzw. C 42–44. Eine weitere, baugleiche Strophe überliefert Handschrift C in ihrer Sammlung der Lieder Walthers von der Vogelweide im Anschluss an Lied L 119,17ff., das eine ähnliche Strophenform aufweist: C 426 (449). Fünf Strophen überliefert die Walther-Sammlung der Handschrift E, allerdings nicht in geschlossener Reihenfolge. Sie kombiniert vielmehr die drei Strophen, welche die Handschriften AC Hartmann zuweisen (= E 121–123) mit einer vierten Strophe (= E 124), die in der *Haager Liederhandschrift* (Sigle s) zu einem Walther zugewiesenen Lied gehört.[29] Die Walther-Strophe C 426 ist in E als Strophe 129 vom Lied durch vier Strophen eines anderen Tons getrennt oder besser: Sie ist diesem anderen Lied trotz gewisser metrischer Differenzen als fünfte Strophe zugewiesen. Abstrahiert stellt sich die Überlieferungssituation folgendermaßen dar (identische Strophen haben die gleiche Ordnungszahl):

A:	HvA	1,	2,	3			
C:	HvA	1,	2,	3		‖	Wa 5
E:	Wa	1,	2,	3,	4	‖	5
s:	Wa				4		

Diesen Überlieferungsbefund hat man ganz unterschiedlich gedeutet. Man hat das Lied als Ganzes oder auch nur in Teilen abwechselnd Walther oder Hartmann von Aue zugesprochen, für einzelne Strophen gelegentlich auch einen dritten, unbekannten Verfasser angenommen, und nicht minder widersprüchlich fielen die editorischen Entscheidungen aus[30]: So nahm Karl Lachmann in seine Erstausgabe der Lieder Walthers von 1827[31] nur Strophe 5 – in unserer Zählung: L 120,16ff. – auf,

[29] Es handelt sich um die vierte Strophe des Liedes s 29; die Strophen 1 und 2 dieses Liedes sind in anderen Handschriften allerdings für Walther von Mezze und den Truchseß von St. Gallen bezeugt; vgl. *Walther von der Vogelweide. Die gesamte Überlieferung der Texte und Melodien. Abbildungen, Materialien, Melodietranskriptionen*, hg. von Horst Brunner [u. a.], Göppingen 1977 (*Litterae* 7), S. 40*: Tabellarische Übersicht, S. 277: Abbildung; zu Lied s vgl. ferner: Hubert Heinen: *Walther und seine Kollegen. Betrachtungen zu KLD 62 IV*, in: *Walther von der Vogelweide. Beiträge zu Leben und Werk. Günther Schweikle zum 60. Geb.*, hg. von Hans-Dieter Mück, Stuttgart 1989 (*Kulturwissenschaftliche Bibliothek* 1), S. 121–131.

[30] Einen Forschungsüberblick und den Versuch, aus dem Überlieferungskontext Kriterien für die Klärung der Autorschaftsfrage zu gewinnen, unternimmt Gisela Kornrumpf: *Hartmann oder Walther? Aspekte von Zuschreibungsdivergenzen im Überlieferungskontext*, in: Dies.: *Vom Codex Manesse zur Kolmarer Liederhandschrift. Aspekte der Überlieferung, Formtraditionen, Texte. Bd. I: Untersuchungen*, Tübingen 2008 (*MTU* 133), S. 77–100, bes. S. 87–100.

[31] *Die Lieder Walthers von der Vogelweide*, hg. von Karl Lachmann, Berlin 1827.

während er die Strophen 3 und 4 in den Anmerkungsteil verwies (ab der 2. Ausgabe, hier S. 219 = L 217,1ff., 217,10ff.); die Strophen 1 und 2 schrieb er Hartmann zu. Diesem Iudicium folgend, stellte Moriz Haupt die Strophen 1 und 2 in der Erstausgabe von *Des Minnesangs Frühling* unter Hartmann (= MF 214,34ff., 215,5ff.).[32] Volker Michels edierte hingegen in seiner Bearbeitung von Wilmanns Walther-Ausgabe unter „Unechtes und Zweifelhaftes" ein vierstrophiges Lied (hier Nr. XX); Strophe 5 = L 120,16ff. beließ er, mit erheblichen Zweifeln an der Autorschaft, im eigentlichen Walther-Corpus.[33] Richard Kienast gestand Hartmann die ersten drei Strophen zu, die beiden anderen mochte er aber weder Hartmann noch Walther zutrauen.[34] Ähnlich vorsichtig äußerte sich noch Christoph Cormeau,[35] druckte in seiner Walther-Edition von 1993 aber alle fünf Strophen, dabei Strophe 5 = L 120,16ff. mit größerem Zeilenabstand am Schluss.[36] Ganz offensichtlich mochte er sich nicht ganz vom Editionskonzept der Vorgängerauflage lösen. Tatsächlich hatte Carl von Kraus bereits 1936, ältere Überlegungen Hermann Pauls[37] aufgreifend, für seine Revision von Lachmanns Walther-Ausgabe aus der Überlieferung ein fünfstrophiges Walther-Lied rekonstruiert, wobei er die abgesprengte Strophe E 129 an vierter Stelle, also vor E 124 platziert.[38] Ihm sind

32 Friedrich Vogt stellte diese Strophen bei seiner Revision der Ausgabe dann allerdings wieder unter Unechtheitsverdacht; vgl. *Des Minnesangs Frühling*, mit Bezeichnung der Abweichungen von Lachmann und Haupt und unter Beifügung ihrer Anmerkungen neu bearb. von Friedrich Vogt, Leipzig 1911.

33 *Walther von der Vogelweide,* hg. und erklärt von Wilhelm Wilmanns, 4., vollst. umgearbeitete Aufl. besorgt von Victor Michels, Halle a. d. S. 1924.

34 Richard Kienast: *Das Hartmann-Liederbuch C^2*, Berlin 1963 (*Sitzungsberichte der deutschen Akademie der Wissenschaften Berlin, Klasse für Sprache, Literatur und Kunst* 1963/1), das Votum für Hartmann bezgl. der Strophen 1–3 hier S. 32–42.

35 „V [= E 124] kann von Walther sein, wenn auch Zweifel bleiben. I–III würde ich eher Hartmann als Walther zuschreiben, doch könnte auch gut ein unbekannter Nachdichter in Frage kommen, das Formulierungskunststück IV [= E 129] möchte ich keinem von beiden zuschreiben"; Christoph Cormeau: *Zur textkritischen Revision von Lachmanns Ausgabe der Lieder Walthers von der Vogelweide. Überlegungen zur Neubearbeitung am Beispiel von MF 214,34/L. 120/16*, in: *Textkritik und Interpretation. Festschrift für Karl Konrad Polheim zum 60. Geburtstag*, hg. von Heimo Reinitzer, Bern [u. a.] 1987, S. 53–86; wieder abgedr. in: *Altgermanistische Editionswissenschaft*, hg. von Thomas Bein, Frankfurt a. M. [u. a.] 1995 (*Dokumentation Germanistischer Forschung* 1), S. 241–253, das Zitat S. 252, Anm. 34.

36 *Die Gedichte Walthers von der Vogelweide. Leich, Lieder, Sangsprüche*, 14., völlig neu bearb. Aufl. der Ausgabe Karl Lachmanns mit Beiträgen von Thomas Bein und Horst Brunner, hg. von Christoph Cormeau. Berlin 1996, hier Ton 93.

37 Hermann Paul: *Zu Hartmanns Liedern*, in: *PBB* 2 (1875), S. 172–176.

38 *Die Gedichte Walthers von der Vogelweide*, zwölfte unveränd. Ausg. mit Bezeichnung der Abweichungen von Lachmann und mit seinen Anmerkungen hg. von Carl von Kraus, Berlin 1962.

Friedrich Maurer[39], Jörg Schäfer[40] und andere gefolgt. Hingegen verzeichneten Hugo Moser und Helmut Tervooren in ihrer Neubearbeitung von *Des Minnesangs Frühling* von 1976 den ganzen Strophenkomplex als Lied Hartmanns (MFMT XII), mit E 129 wie bei Carl von Kraus an vorletzter Position.[41] Ernst von Reusner übernahm das Hartmann-Corpus aus der 37. Auflage von *Des Minnesangs Frühling* für seine Hartmann-Ausgabe 1982, deutet das in Frage stehende Lied dann aber mit dem Mainstream als Walther-Lied.[42]

Nur ganz wenige, Hennig Brinkmann und vierzig Jahre später wieder Jürgen Kühnel und Günther Schweikle[43], haben der handschriftlichen Überlieferung voll vertraut. Ihre Erklärung der überlieferungsgeschichtlichen Befunde ist ebenso einfach wie überzeugend: Als Ausgangspunkt nehmen sie ein dreistrophiges Lied Hartmanns an, wie es in AC bezeugt ist. Die als C 426/E 129 und E 124/s 29[4] unter Walther überlieferten Strophen interpretieren sie als „frei einsetzbare[] Einzelstrophen"[44], mit denen Walther das Lied Hartmanns ergänzte.[45] Das in E über-

[39] *Die Lieder Walthers von der Vogelweide*, hg. von Friedrich Maurer, *2: Die Liebeslieder*, 3. Aufl., Tübingen 1969 (*ATB* 47).

[40] Walther von der Vogelweide: *Werke*, hg. von Jörg Schäfer, Darmstadt 1972, Ton 10.

[41] Im Kommentarband nahmen sie indes vorsichtig Abstand von ihrer editorischen Entscheidung: *Des Minnesangs Frühling. Bd. II: Editionsprinzipien, Melodien, Handschriften, Erläuterungen*, bearb. von Hugo Moser und Helmut Tervooren, Stuttgart 1977, S. 115: „seine [des Lieds] Zuweisung ist umstritten".

[42] Hartmann von Aue: *Lieder. Mhd./Nhd.*, hg., übers. und komm. von Ernst von Reusner, Stuttgart 1985 (*RUB* 8082), S. 134f.

[43] Jürgen Kühnel: *Anmerkungen zur Überlieferung und Textgeschichte der Lieder Hartmanns von Aue*, in: Ist zwîvel herzen nâchgebûr. *Günther Schweikle zum 60. Geburtstag*, hg. von Rüdiger Krüger [u. a.], Stuttgart 1989 (*helfant edition* S 5), S. 11–41, hier S. 29f., und Günther Schweikle: *Hartmann von Aue und Walther von der Vogelweide? Nochmals zu MF 214,34ff. und L. 120,16ff.*, in: Sô wol ich in fröiden singen. *Festgabe für Anthonius H. Touber zum 65. Geburtstag*, hg. von Carla Dauven-van Knippenberg und Helmut Birkhan, Amsterdam 1995 (*ABäG* 43/44), S. 449–458.

[44] Schweikle (Anm. 43), S. 455.

[45] Zu ähnlichen, die Liedeinheit in Frage stellenden Ergebnissen kommt Nikolaus Henkel, dem die wenige Jahre zuvor erschienenen Aufsätze von Jürgen Kühnel und Günther Schweikle (vgl. Anm. 43) allerdings offensichtlich entgangen sind; in der Frage der Autorschaft weicht er ganz auf die mittelalterlichen Zuschreibungen aus: *Wer verfaßte Hartmanns Lied XII? Überlegungen zu Autorschaft und Werkbegriff in der höfischen Liebeslyrik*, in: *Autor und Autorschaft im Mittelalter. Kolloquium Meißen 1995*, hg. von Elizabeth Andersen [u. a.], Tübingen 1998, S. 101–113. Henkel bestätigt den Zusammenhang der beiden in AC überlieferten Dialogstrophen, sieht die dritte Strophe allerdings als „in sich geschlossenen und selbständigen Komplex lyrischer Aussage", der erst von den Sammlern des 13. und 14. Jahrhunderts aufgrund der Tongleichheit an die beiden anderen Strophen angegliedert worden sei (ebd., S. 106) – hier folgt er noch ganz Karl Lachmann und Moriz Haupt. Die tongleiche Strophe C 426/E 129 deutet er, auch wenn sie sprachliches Material der dritten unter Hartmann überlieferten Strophe

lieferte vierstrophige Lied wäre demnach eine von zwei möglichen Aufführungsvarianten, die Walther in seinem Repertoire hatte. Hennig Brinkmann hatte für Hartmann deshalb die Strophen 1–3 ediert und, jeweils als Einzelstrophe, die Strophen 4 und 5 unter Walther.[46] Günther Schweikle setzte in seiner Edition von 1998 ein vierstrophiges Lied auf der Basis von E 121–124 und E 129 separat an, die er als Alternativstrophe zu E 124 deutete. Thomas Bein gab schließlich in seiner Bearbeitung von Cormeaus Walther-Ausgabe zwei Liedfassungen wieder: eine dreistrophige für Hartmann sowie eine fünfstrophige für Walther, und zwar in der Strophenfolge der Handschrift E, die Strophe E 129 dabei von den vorausgehenden vier abgerückt.[47] Alle drei haben damit, wenn auch vielleicht nicht mit der nötigen Transparenz in der editorischen Darstellung, die richtigen Schlüsse aus der Überlieferung gezogen.[48] – Für Hartmann würde ich folgendermaßen edieren:

aufnimmt, aufgrund ihrer Stellung in der Überlieferung als „vagierende Einzelstrophe" (ebd., S. 107), ebenso die Strophe E 124/s 29⁴, die er aufgrund ihres spruchartig-lehrhaften Zuschnitts in den größeren zeitgenössischen Diskurs über das Thema ‚Liebe und Sünde' und nicht speziell zu Reinmar MF 178,1ff. gestellt sehen möchte (ebd., S. 110). Die Beobachtungen zur Reimbindung, zum intertextuellen Zitat und zu weiteren Motivresponsionen zwischen den einzelnen Strophen widersprechen allerdings nicht der Deutung der Überlieferungsbefunde, die Kühnel und Schweikle vorschlagen, oder besser: sie stützen sie.

46 *Liebeslyrik der deutschen Frühe in zeitlicher Folge*, hg. von Hennig Brinkmann, Düsseldorf 1952, das für Hartmann edierte Lied hier S. 177f., die Einzelstrophen unter Walther S. 279 und 282. Ganz ähnlich verfuhr Heinen (Anm. 14), S. 62f.: Die Strophen 1–3 verbuchte er als Lied Hartmanns, Strophe 5 als eine Walther-Strophe und die in Hs. E überlieferte Fassung samt der Parallelstrophe in s als „(Walther) E und s".

47 Bein (Hg.) (Anm. 13), hier Ton 93. Die Probleme, vor die der Editor durch den Überlieferungsbefund gestellt ist, diskutiert Thomas Bein in seinem Beitrag: *Grenzen des Edierbaren: Die Walther-Lieder 92 und 93 (L. 119,17 und MF 214,34 ff). Ein Lehrstück für den akademischen Unterricht*, in: *Walther von der Vogelweide – Überlieferung, Deutung, Forschungsgeschichte*, mit einer Ergänzungsbibl. 2005–2009 von Manfred G. Scholz, hg. von Thomas Bein. Frankfurt a. M. [u. a.] 2010 (*Walther-Studien* 7), S. 39–64.

48 Überlieferungsbefund und Deutung des Befundes werden durch auffällige Reimresponsionen gestützt: Der Reim auf *-uot* verbindet die Strophen 1 und 3, wobei er von der ersten Zeile der beiden Stollen in die zweite wandert; auch der Reim auf *-an* tauscht seinen Platz, von der zweiten Zeile des Stollens in Strophe 1 in die erste Zeile des Stollens in Strophe 3, wie auch der Reim auf *-în*, in Strophe 1 zu Beginn des Abgesangs, in Strophe 3 an dessen Schluss gerät. Diese beiden Strophen rahmen die zweite, eine Frauenstrophe, die als einzige keine Reimresponsion aufweist und damit auch formal einen singulären Status hat. Die Reimtechnik darf man wohl als einen weiteren Hinweis darauf sehen, dass die Strophen 1–3 das ursprüngliche Lied bzw. den ursprünglichen Liedkern ausmachten. Die Strophen 4 und 5, die in allen Textzeugen Walther zugewiesen werden, rücken durch den Reim auf *-ol* näher zusammen; in Strophe 4 steht er im ersten und dritten Vers, in Strophe 5 im zweiten und vierten. Bindungen gibt es aber auch

Hartmann von Aue: *Dir hât enboten, frowe guot*

MF 214,34 – *42 C*, 1 A, Wa 121 E

1	„Dir hât enboten, frowe guot,	„Dir hat entboten, edle Dame, seinen
	sînen dienst, der dirs wol gan,	Dienst, der ihn dir gewiss gönnt, ein
	ein ritter, der vil gerne tuot	Ritter, der mit großem Verlangen das
	daz beste, daz sîn herze kan.	Beste tut, das sein Herz zu tun vermag.
5	Der wil dur dînen willen disen sumer sîn	Der will um deinetwillen in diesem Sommer
	vil hôhes muotes verre ûf die genâde dîn.	ganz hochgemut sein ganz im Vertrauen
	daz solt dû minneclîch enpfân,	auf deine Gnade. Das sollst du freundlich
	daz ich mit guoten maeren var.	annehmen, damit ich mit guten Nachrichten
	sô bin ich willekomen dar.“	gehe. Dann bin ich dort willkommen.“

MF 215,5 – *43 C*, 2 A, Wa 122 E

2	„Dû solt ime mînen dienest sagen.	„Du darfst ihm meinen ergebensten Dank*
	swaz im ze liebe muge geschehen,	sagen Was ihm an Freude widerfahren
	daz möhte nieman baz behagen,	kann, das könnte niemandem besser
	der in sô selten habe gesehen.	behagen, der ihn so selten gesehen hat. Und
5	Und bitte in, daz er wende sînen stolzen lîb,	bitte ihn, er, der Herrliche, begebe sich
	dâ man im lône – ich bin ein vil frömdez wîb	dahin, wohin man ihm lohne – ich bin eine
	zenphâhen sus getâne rede.	Frau, die nicht gewohnt ist, eine solche
	swes er ouch anders gert,	Rede anzuhören. Was auch immer sonst er
	daz tuon ich, wan des ist er wert.“	verlangt, das tue ich, denn er ist es wert.“

*oder: Du darfst ihm sagen, dass er mir dienen soll.

L 217,1 – *44 C*, 3 A, Wa 123 E

3	„Mîn êrste rede, die si ie vernan,	„Meine erste Rede, die sie je vernahm,
	die enphie si, daz mich dûhte guot,	die hörte sie an, dass es mich gut dünkte,
	biz si mich nâhen zir gewan.	bis sie mich nah an sich ließ. Sogleich
	zehant bestuont si ein ander muot.	wurde sie anderen Sinnes. Wie gern ich
5	Swie gerne ich wolte, in mac von ir niht komen.	auch wollte, ich kann von ihr nicht
	diu grôze liebe hât sô vaste zuo genomen,	loskommen. Die große Liebe hat so
	daz si mich nien lâzet vrî.	gewaltig zugenommen, dass sie mich nie
	ich muoz ir eigen iemer sîn.	freilässt. Ich muss für immer ihr eigen sein
	nu enruoch, êst ouch der wille mîn.“	Nun sei's drum, es ist auch mein Wille.“

zwischen dem ursprünglichen Lied und den Zusatzstrophen: Strophe 4, v. 2 und 4, greift im Aufgesang die Waise *-ân* in 1,7 auf, während die Waise auf *-î* in Strophe 3,7 in v. 1 und 3 der fünften Strophe wieder aufgenommen wird. Diese Reimresponsionen hat bereits Carl von Kraus (*Walther von der Vogelweide. Untersuchungen,* Berlin/Leipzig 1935, S. 440f.) beobachtet.

Zusätzliche Alternativstrophen Walthers von der Vogelweide:

L 217,10 – *Wa 124 E*, s 29[4]

\+ 4a „Swer giht, daz minne sünde sî,
der sol sich ê bedenken wol:
ir wont vil manige êre bî,
der man durch reht geniezen sol,
5 Und volget michel staete und dar zuo saelikeit.
daz immer ieman missetuot, daz ist mir leit.
die valschen minne mein ich niht,
diu möhte unminne heizen baz,
der wil ich immer sîn gehaz."

„Wer behauptet, dass Minne Sünde sei, der möge es sich zuvor gut überlegen: Bei ihr ist sehr großes Ansehen, an dem man zurecht Nutzen und Freude haben darf, und ihr folgt fester Charakter und dazu Glück. Was immer jemand unrecht tut, das ist mir leid. Die falsche Minne meine ich nicht, die sollte besser Unminne heißen. Der will ich immer feind sein."

oder:

L 120,16 – *Wa 426 C*, 129 E

„Sit daz ich eigenlîchen sol,
die wîle ich lebe, ir sîn undertân,
und si mir mag /gebüezen wol\
den kumber, den ich durch sie hân
5 Geliten *nu lange* und iemer alsô lîden muoz,
daz mich enmag getroesten nieman, si entuoz,
sô sol si n*emen* den dienest mîn
und bewar dar under mich,
daz si an mír /niht ouch versûme sich\."

„Da ich, solange ich lebe, wie ein Leibeigener ihr untertan sein soll und sie mir gewiss die Not vergelten kann, die ich ihretwegen nun lange erlitten habe und noch immer so erleiden muss, dass mich niemand trösten kann, es sei denn sie tut es, so soll sie meinen Dienst annehmen und mich dabei davor bewahren, dass sie an mir nicht doch saumselig werde."

1,1 Dir – enboten] Mir hatten botten A. 2 sînen – dirs] sinen dienest der dir ez A, sin dīnest der dirs vil E. 6 genâde] gnade AE. 7 daz] den E. minnelîch] minneclichen E. 8 swenne ich mit sůlchen meren var E.
2,1 ime] ime botte A, im bote E. dienest] dienst A. 2 vn̄ swaz ime heiles mag geschehen E. im] ime A. muge] mv̊ge A. 3 daz enkůnne nieman baz beiagen E. möhte] mohte A. 4 selten] selden A. 5 vn̄ rate im daz er da bewende sinen lip E. 6 do man ime lone ich bin ime ein fremde wip E. im] ime AE. frömdez] vremedez A. 7 zenphâhen] zenphahenne AE. sus] so E. 8 swes er denne nach eren gert E. swes er ouch] swer er vch A. 9 wan – wert] wanne er ist es wert E.
3,1 Do ich der rede alrerst began E. began] vernam A. 2 die – mich] die enphienc si des mich A, do enpfieng siez daz michz E. 3 vn̄ mich rehte zv̊ ir gewan E. 4 muot] wan E. 5 nu mo̊hte ich niht swie gerne ich wo̊lte von ir kummen E. in] ich A. 6 die minnecliche liebe hat so zv̊ genummen E. 7 nien lâzet] niht enlazet A, niht lezzet E. 8 des mův̊z ich immer ir eigen si E. 9 enruoch – ouch] enrv̊che est doch A, inrůche ez ist E.
4a,1 Swer giht] Wer saget s. 2 ê bedenken] versinnen s. 4 geniezen] genesen s. 5 Der volget michel truwe vnd stedicheit s. 6 daz – missetuot] Daz ymant misdoyt s. mir] ir s. 7 Der valschen minnen dye in meyn nicht s. 8 möhte] mucht s.
4b,2 wîle] will E. 3 gebüezen wol] wol gebv̊zzen CE. 5 nu lange E] *fehlt* C. 6 mich enmag] michn mag E. 7 nemen E] nieman C. dienest] dienst E. 8 mich] micht C. 9 daz si sich an mir v̊ch versvme sich niht CE.

In einer Ausgabe Walthers müsste man umgekehrt verfahren, das Lied Hartmanns als Ausgangspunkt petit und die zusätzlichen Alternativstrophen Walthers in normaler Schriftgröße setzen, und selbstverständlich wären die Siglen am rechten Rand anzupassen.

Was aber wäre der kommunikative Mehrwert dieser Zusatzstrophen? Er erschließt sich aus dem Lied Hartmanns. Zunächst also zu diesem. Das Lied lässt drei Sprecher zu Wort kommen; die ersten beiden, zuerst offensichtlich ein Bote, dann eine Dame, stehen sich dialogisch einander gegenüber, der dritte Sprecher reflektiert eine Situation, die sich vor oder nach dem Dialog ereignet haben muss. Zwischen den ersten beiden Strophen und der dritten ist also ein zeitlicher Abstand vorauszusetzen, der die in den Strophen verhandelten Themen in ein Davor und Danach unterteilt.

In der ersten Strophe übermittelt der Bote einer *frowe guot* das Anerbieten bzw. den Wunsch eines Ritters, ihr zu dienen. Dieser empfiehlt sich vor allem durch ganzen Einsatz, aber auch durch ethische Maßstäbe – er tue das Beste, und dies *vil gerne* (1,3). Als Liebhaber meint er sich aber auch zu empfehlen mit der Absicht, den ganzen Sommer über in der Hoffnung auf Erhörung hochgemut sein zu wollen. In diesem Fall ist der *hôhe muot* „Freude und Hochgefühl" definiert als Ergebnis eines mentalen Entschlusses. Vorgetragen werden keine Argumente, die Rückschlüsse auf ein Begehren oder gar eine affektive Ich-Du-Beziehung erlaubten. Zum Schluss bittet der Bote um freundliche Aufnahme des Dienstangebots, um seinem Auftraggeber gute Nachrichten überbringen zu können.

Die Adressatin solcher Botschaft reagiert freundlich-distanziert. Ihre Formulierung lässt zunächst offen, ob sie auf das Angebot mit seiner entsprechenden Implikation, der Gewährung von Lohn, eingeht oder ob es sich um eine bloße Höflichkeitsbezeugung handelt. Denn das Possessivpronomen des Verses *Dû solt ime mînen dienest sagen* (2,1) lässt sich als Genitivus subiectivus oder als Genitivus obiectivus interpretieren. Je nachdem sagt die Dame: „Richte ihm meinen ergebensten Dank aus" oder aber: „Sag ihm, er darf mir dienen". Unverbindlich ist ihre Aussage, es mache ihr Freude, wenn dem, den sie so gut wie nie gesehen (2,4: *sô selten*) habe, Freude widerfahre, denn damit ist nichts darüber gesagt, wer der Quell der Freude ist oder sein soll. Freilich ist auch nicht die Andeutung einer Zuneigung ausgeschlossen. Und wiederum doppeldeutig ist die Rede der Dame, wenn sie den Ritter ersucht, sich „dorthin zu begeben, wo man ihm lohne" (2,5f.). Das lässt sich auf die Sprecherin beziehen oder auch nicht. Dass dies als eine ebenso höfliche wie bestimmte Absage zu verstehen sei, wird erst danach deutlich: Sie, die Sprecherin, gehöre nicht zu den Frauen, die es gewöhnt sind, solch eine Rede zu hören. Freilich versucht sie, jede Brüskierung zu vermeiden: Das geht schon aus dem auszeichnenden Epitheton *stolz* (2,5), das sie dem Werber zuspricht, hervor und beinah noch mehr aus ihrer Beteuerung, ansonsten (*2,8: anders*), also von der Minne abgesehen, alle Wünsche des Mannes erfüllen zu wollen, da er es wert sei (2,8f.).

Die dritte Strophe reflektiert die Wirkung der *êrsten rede*: Sie sei so aufgenommen worden, dass es ihm, dem Sprecher, gut dünkte (3,2). Das wird wohl heißen: mit Wohlwollen. Eine direkte Begegnung endete freilich enttäuschend: Die umworbene *frowe* habe flugs ihren Sinn geändert, als sie den Werber *nâhen zir gewan* (3,3). Moser/Tervooren schlagen vor zu übersetzen: „bis sie mich näher kennenlernte".[49] Die Stelle kann aber auch heißen: „bis sie mich in ihr Herz schloss", was vielleicht körperliches Angezogensein und Vertraulichkeit einbegreift, jedenfalls ein erotisches Interesse der Dame andeutet. Wie dem auch sei, der Versuch der erotischen Annäherung ist gescheitert. Gleichwohl oder gerade deshalb formuliert der Abgesang eine emphatische Ergebenheitsadresse. Der Sprecher bekennt, sich von der Dame nicht lösen zu können, im Gegenteil: Die *grôze liebe* (3,6) sei so mächtig geworden, dass er für immer ihr Gefangener und für immer ihr eigen sein muss.

Doch was meint der Sprecher mit der *êrsten rede* (3,1)? Ist es sein Anerbieten, das er über den Boten ausrichten ließ und das dann sein erster Versuch wäre, Kontakt zu der Auserwählten herzustellen? Oder ist damit die erste Begegnung von Angesicht zu Angesicht gemeint, die vielleicht nach oder noch vor dem Dialog zwischen dem Boten und der Dame stattfand? Je nachdem, wie man die *êrste rede* versteht, ergeben sich verschiedene Möglichkeiten, die zeitliche Abfolge der in den Strophen skizzierten Szenen zu interpretieren, und damit ergeben sich auch zwei Möglichkeiten einer Geschichte, die das Lied erzählt:

(1) Das Anerbieten des Dienstes ist ein erster, vorsichtiger Versuch, die Dame zu umwerben. Die Dame erteilt eine höflich-elegante Absage und begründet sie mit ihrer Zurückhaltung und Unerfahrenheit. Die *sus getâne rede* (2,7), die sie nicht gewöhnt sei, bezöge sich dann auf die Botenrede. Der Adressat der Absage scheint diese indes missverstanden bzw. er scheint nur herausgehört zu haben, was er hören wollte. Sein Versuch, näher in Kontakt mit der Dame zu treten, scheitert jedenfalls. Trotz dieser negativen Erfahrung hält er an seiner Liebe fest.

(2) Strophe 3 ruft einen ersten Versuch des Werbers in Erinnerung, persönlich mit der Dame näher in Kontakt zu treten. Die Dame hat, wie es schien, die *rede* – Lob und Schmeichelei? – gut aufgenommen, vielleicht sogar so gut, dass sie ihr zu erliegen drohte und das Gespräch deshalb abrupt beendete. Ob dabei die Regeln des Anstands und der Diskretion verletzt wurden, muss offenbleiben. Nach dieser missglückten Begegnung schickt der Werber, der sich von der Geliebten nicht lösen kann, einen Boten und lässt vorsichtig-zurückhaltend – das legen die förmlichen Argumente nahe, auch die (vorläufige) Begrenzung des Dienstes auf einen Sommer – seinen Dienst entbieten. Die Dame lehnt ab, mit dem Hinweis auf die *rede,* die sie vormals in Bedrängnis brachte, bindet den Mann aber schon durch die Ambivalenz der Rede an sich, weil sie ihm erlaubt, um etwas anderes zu bitten, was sie gewähren würde.

[49] MFMT XII, Anm. z. St.

Wie auch immer man sich entscheidet, das Lied thematisiert eine gescheiterte Botenmission und eine gescheiterte Werbung, die zur Erkenntnis führt, sich nicht vom begehrten Liebesobjekt lösen zu können. Im letzten Vers entwickelt der erfolglose Liebhaber freilich eine Strategie, Misserfolg und Frustration zu bewältigen; er bekennt sich zu seiner Abhängigkeit: „Was soll's, es ist ja doch mein eigener Wille" (3,9). Das Pathos wird damit vom Ethos abgelöst; das Ich gewinnt, indem es sich freiwillig zu seiner gescheiterten Liebe bekennt, Souveränität. Vor dem Hintergrund seines ja durchaus komischen Misserfolgs wird aber das Ideal der ‚hohen Minne', dem sich der erfolglose Werber dauerhaft verpflichtet hat, als Selbstbetrug, ja Lebenslüge und die Emphase seines Bekenntnisses als komische Selbstparodie enttarnt.

Noch intrikater wird die Sache, wenn wir annehmen dürften, dass das Szenario, das hier entworfen wird, eine Antwort auf Reinmars Boten- bzw. Frauenlieder ist. Da wir nicht wissen, wann genau die Lieder entstanden sind, können wir freilich nur ein Gedankenexperiment anstellen. Auffällig sind jedenfalls einige motivische und sprachliche Responsionen, die den Schluss zulassen, dass Hartmann eine Parodie auf Reinmar und dessen hochminnesängerisches Liebeskonzept gedichtet hat.[50] Wir erinnern uns: In Lied MF 177,10ff./MFMT XXVII (*Sage, daz ich dirs iemer lône*) bekennt die Dame ihre Sorge um das Wohl des Mannes und ihre Zuneigung – sie spricht vom *vil lieben man* (1,2) –, gesteht dem Geliebten auch *vröude* (2,1) zu, knüpft diese jedoch an eine Bedingung: Er möge eine bestimmte *rede* unterlassen. Der Begriff meint hier liedintern die Werbung des Mannes und seine Bitte um Erhörung, liedextern aber auch, wie aus Str. 3,2 hervorgeht, das Lied. Thematisiert wird damit die verführerische Wirkung des Minnesangs, der die Frau schließlich mit Entschiedenheit entgegentritt (2,3f.) – sie fasst den Beschluss, auf die Minne zu verzichten. Dieser Beschluss ist ein Kraft- und Willensakt, vollführt von einer Frau, die um ihre Schwäche, d. h. um ihre Verführbarkeit, weiß. Ganz ähnlich profiliert sich Reinmars *vrouwe* im Frauenmonolog MF 178,1ff./MFMT XXVIII (*Lieber bote, nû wirb alsô*); ich beziehe mich auf Fassung *bC in meiner Ausgabe:[51] Auch diese Dame gesteht ihre Zuneigung, formuliert aber die dringende Bitte, der Mann möge sie, wenn er komme, nicht wie zuletzt mit *rede* in Bedrängnis bringen (4,3f.). Das ist Eingeständnis des Wunsches nach erneuter Begegnung, Geständnis der emotionalen Bindung und zugleich ein Versuch, die eigenen wie die fremden Affekte unter Kontrolle zu bringen. Nicht minder deutlich wird die Zerrissenheit der Frau zwischen erotisch-sexuellem Verlangen und Frauenehre im dilemmatischen Frauenmonolog MF 192,25ff./ MFMT XLIV (*Dêst ein nôt*): Vormals habe sie, die Sprecherin, den Dienst des

[50] Einzelne Zitate und Anspielungen, die er allerdings Walther zuschreibt, verzeichnet bereits Kurt Herbert Halbach: *Walther von der Vogelweide und die Dichter von Minnesangs Frühling*, Stuttgart 1927, S. 83f., und danach auch Schäfer (Hg.) (Anm. 40), S. 413.

[51] *Minnesang. Mittelhochdeutsche Liebeslieder. Mhd./Nhd.*, hg., übersetzt und kommentiert von Dorothea Klein, Stuttgart 2010 (*RUB* 18781), Nr. 34.

Mannes angenommen, nicht wissend, welches Leid damit verbunden sei; denn *schône* – es ist dies eine ästhetische Kategorie, die wiederum auf die Kunst des Minnesangs anspielt – habe der Mann sein Begehr vorzutragen gewusst (Str. 4). Die *swaere* (4,7), die sie seitdem befallen hat, bezieht sich offensichtlich auf den inneren Konflikt zwischen *êre* und Begehren.[52]

Der Aufgesang der dritten Hartmann-Strophe nimmt auf die Disposition von Reinmars Frauen auffällig Bezug: Nicht nur ist Hartmanns Dame einer ähnlich erotisierenden Wirkung der *rede* ausgesetzt. Das legt der Ich-Sprecher nahe, wenn er sagt, sie, die Dame, sei von seiner *êrsten rede* mehr als angetan gewesen und habe ihn, als sie ihn *zir nâhen gewan*, abgewiesen. Das heißt doch wohl auch: um nicht der Verlockung zu erliegen. Als Verwandte von Reinmars Frauen erweist sich Hartmanns Dame aber auch wegen ihres Wankelmuts – erst lässt sie Nähe zu, dann ist sie plötzlich anderen Sinnes. Der innere Konflikt, den Reinmars Frauen in der Rückschau reflektieren, wird in Hartmanns Lied allerdings aus der Sicht des Mannes rekapituliert und dabei auf eine Laune oder, metapoetisch gesprochen, auf ein Klischee reduziert. Durch die lakonische Verknappung bekommt die Begegnung zudem komische Valeurs, die auch auf das emphatische Treuebekenntnis abfärben. Ins komische Licht rückt dabei freilich nicht nur der erfolglose Werber im Modell des hohen Sangs allgemein, sondern ganz speziell das Subjekt von Reinmars Klagen. Es ist der letzte Vers des Lieds, der meine Überlegungen in diese Richtung lenkt: jener Vers, in dem der Ich-Sprecher erklärt, es sei sein *wille*, also sein freier Entschluss, für immer Gefangener der großen *liebe* sein zu müssen. Damit erklärt er sich zum alleinigen Grund seines Leids.

Wenn ich recht sehe, formulieren solch eine radikal subjektzentrierte Haltung sonst nur Reinmars Männer. Zwar neigt auch in anderen Liedern das männliche Ich dazu, nur gut von der spröden Geliebten sprechen und sich die Schuld an der Misere zuzuschreiben.[53] Auf einem „frustrierten Wollen"[54] beharrt hingegen das

[52] Eine ausführliche Studie hat William E. Jackson den dilemmatischen Frauenmonologen bei Reinmar gewidmet: *Reinmar's Women. A Study of the Woman's Song („Frauenlied" and „Frauenstrophe") of Reinmar der Alte*, Amsterdam 1981 (*German Language and Literature Monographs* 9); vgl. ferner Ingrid Kasten: *Weibliches Rollenverständnis in den Frauenliedern Reinmars und der Comtessa de Dia*, in: *GRM* 37 (1987), S. 131–146, und Jeffroy Ashcroft: *Obe ichz lâze oder ob ichz tuo. Zur Entstehung und Funktion des dilemmatischen Frauenmonologs (Reinmar, Walther und [Pseudo-]Hausen)*, in: *Lied im deutschen Mittelalter. Überlieferung, Typen, Gebrauch. Chiemsee-Colloquium 1991*, hg. von Cyril Edwards [u. a.], Tübingen 1996, S. 57–65.

[53] Ein Beispiel wäre Hartmann MF 208,3ff./MFMT III,2,9–12. Den eigenen Willen betont auch das Ich in Hartmanns Lied MF 207,11ff./MFMT III, hier Str. 6,11f.: *mîn muot stêt baz:/ von ir ich niemer komen wil.* Dieses Lied listet nahezu alle hochminnesängerischen Klischees und lässt sich deshalb als ironische Auseinandersetzung mit dem Konzept der ‚hohen' Minne lesen.

[54] Albrecht Hausmann: *Reinmar der Alte als Autor. Untersuchungen zur Überlieferung und zur programmatischen Identität*, Tübingen/Basel 1999 (*Bibliotheca Germanica* 40), S. 85.

Ich in Reinmars Lied MF 159,1ff./MFMT X, hier Str. 4,1–3: *Si ist mir liep, und dunket mich,/ wie ich ir volleclîchen gar unmaere sî./ waz darumbe? daz lîde ich* („Sie ist mir lieb, wenngleich mich dünkt, dass ich ihr vollkommen gleichgültig sei. Was soll's? Dieses Leid trage ich").[55] Noch entschiedener äußert sich der Ich-Sprecher in Reinmars Lied MF 158,1ff./MFMT IX, der nicht nur mit Nachdruck bekennt, an die Geliebte sein ganzes Leben lang gebunden sein zu wollen (Str. 3,1f.: *Ich w i l von ir niht ledic sîn/ die wîle ich iemer gernden muot zer werlte hân*; Hervorhebung von D.K.); vielmehr wolle er sich niemals ohne ihren ausdrücklichen Befehl lösen (Str. 4,4: *ân ir gebot sô w i l ich niemer werden vrî*). Und schon in Strophe 1,9f. gesteht er: *mich hât ein liep in trûren brâht./ daz ist unwendic, nu sî alsô!* („Mich hat eine Liebe traurig gemacht. Das ist unabwendbar – sei's drum!"). Mit der Betonung des Willens wird das Liebesleid verinnerlicht. Es hat keinen anderen Grund mehr als das liebende Subjekt selbst. Und noch deutlicher tritt diese radikale Ich-Perspektive in Reinmars Lied MF 153,5ff./MFMT V hervor. Str. 4,1–4 lautet hier: *Gewan ich ie deheinen muot,/ der hôhe stuont, den hân ich noch./ mîn leben dunket mich sô guot;/ und ist ez niht, sô waen ich ez doch* („Wurde ich jemals hochgemut, so bin ich es noch immer. Mein Leben dünkt mich so gut, und ist es das nicht, so glaube ich es doch"). Das ist nicht nur die Deklaration einer hermetischen Ich-Perspektive bzw. einer subjektiven Weltwahrnehmung, sondern auch ein Bekenntnis zur Selbsttäuschung.[56] Es waren vielleicht Bekenntnisse wie diese, die das Ich in Hartmanns Lied parodistisch aufgegriffen hat. Hier wie da ist es von einer Formel begleitet, die Indolenz und Gleichgültigkeit zur Schau stellt: *ich enruoch* („egal, was kümmert's mich") bei Hartmann, *nu sî alsô* („sei es, wie es sei") oder *waz darumbe* („was soll's") bei Reinmar.

Noch deutlicher treten die Reinmar-Reminiszenzen in der ersten Zusatzstrophe Walthers zutage.[57] Sie bestätigen den Verdacht, der sich bereits bei der Lektüre des Hartmann-Liedes aufgedrängt hat: dass diese krude Zusammenstellung konventioneller Minnesangmotive – Botenrede, Dienstangebot des Mannes, Abweisung durch die Dame, Reflexion und Treuebekenntnis des Mannes – parodistisch auf Reinmars Boten- und Frauenlieder referiert. Walthers Strophe bezieht sich unüberhörbar auf die folgende Strophe aus Reinmars Frauenmonolog *Lieber bote, nû wirb alsô* (MF 178,29ff./Klein Nr. 34, Str. 2, hier Fassung *bC):[58]

[55] Ähnlich auch MF 155,20–22/MFMT VI,3,5–7, wo das Ich erklärt, die Geliebte nicht aufzugeben, wie wenig Treue es von ihr auch erfahren habe: *Und ist ienoch von mir vil unverlân,/ swie lützel ich der triuwen/ mich anderhalp enstân.*

[56] Vgl. dazu die sehr lesenswerte, nach Fassungen differenzierende Liedanalyse Hausmanns (Anm. 54), S. 165–175.

[57] Ob auch die Änderungen in Handschrift E in den drei Hartmann-Strophen auf Walther zurückgehen oder ob sie Eigentum des Redaktors bzw. Schreibers von E sind, lässt sich nicht entscheiden: Sie akzentuieren jedenfalls stärker den Bezug auf Reinmars Botenlied; vgl. etwa E 2,8: *swes er denne nach eren gert* und E 3,1: *Do ich der rede alrerst began.*

[58] So schon Halbach, *Walther von der Vogelweide und die Dichter* (Anm. 50), S. 83f.,

	Des er gert, daz ist der tôt	Was er begehrt, das ist der Tod
	und verderbet manigen lîp.	und richtet so manches Leben zugrunde.
	bleich und eteswenne rôt,	Bleich und manchmal rot
	alse verwet ez diu wîp.	macht es die Frauen.
5	Minne heizent ez die man,	Minne nennen es die Männer
	unde möhte baz unminne sîn.	und könnte doch besser Unminne sein.
	wê ime, ders alrêst began!	Wehe ihm, der zuerst damit anfing!

Dies ist in diesem dilemmatischen Monolog gewissermaßen die Gegenstimme zur Stimme des weiblichen Begehrens. Es ist die Stimme der Vernunft, die mit Erfahrungswissen argumentiert. Das Begehren des Mannes assoziiert sie mit Krankheit,[59] Tod, Verderben,[60] zuletzt sogar als Sünde, wenn man den Klageausruf der Schlusszeile auf Adam und den Sündenfall beziehen darf. In einen gänzlich negativen Kontext rückt die Minne schließlich durch die Umbenennung in *unminne*: Das Präfix *un-* dementiert alle Werte, die mit dem Hochwertwort *minne* üblicherweise verbunden wurden, und erklärt es zum polaren Gegenwort.

Walthers Strophe greift den autoritativen Gestus von Reinmars Frauenstrophe auf und formuliert in spruchsanglich-lehrhafter Attitüde ein minnetheoretisches Gegenstück. Sein Sprecher ist nicht genau festlegbar: Der werbende Mann aus der dritten Strophe des Hartmann-Liedes kommt ebenso in Betracht wie eine anonyme, nicht von der Minne affizierte Sprecherinstanz; auch eine Frauenstrophe wäre grundsätzlich denkbar.[61] Thema der Strophe sind die sozialen und ethischen Vorzüge der Minne: Großes Ansehen (4a,5: *vil manige êre*) trage sie ein, dazu Bildung und Festigung des Charakters (4a,5: *staete*) und obendrein Glück (ebd.: *saelde*). Das jemals zu verkennen, wäre schmerzlich (v. 6; *missetuon* eigentlich „unrecht handeln", d. h. nicht der Minne gemäß handeln, wie sie hier definiert ist). Wer aber behauptet, dass Minne Sünde sei, tut genau dies: Charakter und Anspruch der Minne verkennen. Er möge es sich darum gut überlegen, bevor er ein solches Votum abgibt: Das ist zwar im sentenzhaft-verallgemeinernden Ton gesprochen (*Swer giht* ...), aber an die Adresse von Reinmars Dame gerichtet, die mit der Reflexion über die sündhafte, Tod und Verderben bringende Minne ihr eigenes Begehren zumindest vorübergehend kalmiert hat. Dass diese Dame gemeint sein muss, bestätigt das Zitat, das ihrem Monolog entnommen ist: Walthers *diu möhte unminne heizen baz* (4a,8) entspricht beinah wörtlich Reinmars *und möhte baz unminne sîn* (2,6). Polemiker,

ferner ders.: *Walther von der Vogelweide*, 4., durchges. und erg. Aufl. bearb. von Manfred Günter Scholz, Stuttgart 1983 (*Sammlung Metzler* 40), S. 73f., und Reusner (Hg.) (Anm. 42), S. 136.

59 Vgl. die in Vers 3 genannten Symptome der Ovidianischen Minnepathologie.

60 Das ist wohl eher auf die soziale, denn auf die physische Existenz zu beziehen.

61 Zur Hypothese, es handele sich um eine Frauenstrophe, s. u. Anm. 63.

so lernen wir bei Peter von Matt, streben danach, den Gegner selbst zu Wort kommen zu lassen, und zwar durch Zitat, um ihn dann zu widerlegen.[62] Genau dies scheinen die letzten Verse von Walthers Zusatzstrophe zu leisten. Sie formulieren eine Absage an die *valschen minne*, die besser *unminne* genannt werden sollte (4a,7f.). Doch was ist damit gemeint? Ist es das Begehren, das Reinmars Dame nur zu gut kennt, also die Liebe, die Erotik und Sexualität einschließt? Das hieße, das Ich der Walther-Strophe pflichtete der Reinmarschen Dame bei, was aber den ersten beiden Versen widerspräche, die sich ja gerade von ihrer Position distanzieren. Die *valsche minne* kann sich also nur auf eine Haltung beziehen, die *minne* als *sünde* deklariert und die Werbung des Mannes ablehnt. *Valsche minne* bzw. *unminne* ist also gerade nicht das, was Reinmars Dame dafür hält, sondern ihre eigene spröde Haltung. Walther hätte so das Zitat aus dem Frauenmonolog verwendet, um es in seinen gegenteiligen Sinn zu verkehren. Das Zitat wäre dann ein Beweismittel, um zu zeigen, dass er bzw. sein Alter ego recht hat und nicht Reinmars Liebende in ihrer Zerrissenheit. Diesen Anspruch bekräftigt zuletzt das Ich, indem es solch falsch verstandener Minne ewige Feindschaft erklärt. Walthers Strophe wäre also eine polemische Antwort auf Reinmars *frouwe* und damit auch eine polemische Antwort auf das Rollenmodell des ‚hohen' Minnesangs, das auf der Kontrolle der Affekte beharrt.[63]

Ganz anders Walthers zweite Zusatzstrophe, die auf Inhalts- wie Ausdrucksebene direkt an das Treuebekenntnis der dritten Hartmann-Strophe anschließt. Das Ich artikuliert den Wunsch bzw. die Hoffnung, dass die Geliebte seinen Dienst annehme und nicht an ihm saumselig werde, d. h. ihren Pflichten nachkomme. Damit ist sicherlich der Minnelohn gemeint. Begründet wird diese Hoffnung mit der lebenslangen Ergebenheit des Liebenden (4b,1f.) sowie der Fähigkeit der Geliebten, für die erlittene Liebesnot in Vergangenheit und Gegenwart zu entschädigen (4b,3f.), sowie mit der Gewissheit, dass niemand sonst dem unglücklich Liebenden Trost gewähren kann (4b,6). Dieser ganze Begründungszusammenhang – Hoffnung, Treuebekenntnis, existentielle Abhängigkeit von der Geliebten – wird in einem einzigen Satz formuliert; Inhalt und Syntax korrelieren miteinander. Doch was ist die kommunikative Leistung dieser Strophe? Ist sie nur eine weitere Ergebenheitsadresse mit der „Bitte an die Dame um Dienstannahme", wie Günther Schweikle vermutete[64]? Ernst von Reusner meinte, allerdings ohne weitere Begründung, darin einen „(bösen) Abriß der Minnehaltung Reinmars" erkennen zu dürfen, die vielleicht sogar absichtlich durch eine „holprige Sprache" – gemeint sind wohl die fehlerhaften Wortumstellungen *wol gebüezen* (4b,3) und *daz si sich an mir ouch versûme sich niht* (4b,8), die mindestens schon die Vorlage *EC enthielt – diffamiert werden

[62] von Matt (Anm. 3), S. 40.

[63] Auf diese Strophe und ihre Definition von rechter und falscher Minne bezieht sich Walther in der späteren Strophe L 171,1ff., in der er sich wiederum gegen Angriffe von der anderen Seite zur Wehr setzt. Er tut dies wie immer selbstbewusst: *Ich wil jehen, daz ich wîlent jach* (L 171,4). Der intertextuelle Bezug dieser Männer- bzw. Sängerstrophe widerlegt die Annahme, Strophe E 124/s 29^{4} sei eine Frauenstrophe.

[64] Schweikle (Hg.), *Walther* (Anm. 13), S. 643.

sollte.[65] Handelt es sich tatsächlich um eine Parodie und, wenn ja, worauf? Oder formuliert der überlange Kausalsatz nicht eher eine Strategie? Sehen wir nochmals näher zu:

Der Sprecher beginnt mit einem kausalen Nebensatz, der als gegeben unterstellt, was streng genommen erst nach Annahme des Dienstes erfolgen könnte: „Da ich doch, solange ich lebe, wie ein Leibeigener ihr untertan sein soll" (4b,1f.). Auch der zweite Teil des kausalen Satzes arbeitet mit einer Unterstellung: „und (da) sie mir gewiss die Not vergelten kann" (4b,3f.). Diese wird in einem Relativsatz näher erklärt, von dem wiederum ein *daz*-Satz mit explikativer Funktion und Exzeptivkonstruktion abhängt: „(die Not,) die ich ihretwegen nun lange erlitten habe und (noch) immer so erleiden muss, dass mich niemand trösten kann, es sei denn, sie tut es" (4b,3–6). Das Ich beharrt also darauf, dass Trost und Hilfe nur von der Einen kommen kann, gemäß der alten magischen Vorstellung, dass den Schaden nur der Urheber des Schadens heilen kann. Damit werden zwei Argumente kombiniert, die beide unhintergehbar zu sein scheinen: die völlige Abhängigkeit und Ergebenheit des Ichs und die prinzipielle Fähigkeit der Geliebten zu helfen. Daraus zieht der Sprecher den für ihn einzig denkbaren Schluss: „so soll sie meinen Dienst annehmen" (4b,7). Ursache und Wirkung, Dienstannahme und Abhängigkeit, werden im System ‚hohe Minne' umgekehrt: Aus der Sicht des Liebenden begründet seine emotionale Abhängigkeit die Notwendigkeit der Dienstannahme (*sô sol si ...*). Im performativen Akt des Sprechens wird der Dame damit der Dienst förmlich aufgezwungen. Es mag sein, dass Walther hier tatsächlich Reinmars leidensbereiten Liebenden parodieren wollte – immerhin klingt in Vers 4b,6 – *daz mich getroesten enmag nieman, si entuoz* – der Vers einer Reinmar-Strophe an: *Die swaere wendet nieman, er entuoz* (MF 156,3/MFMT VI.5,5).[66] Wahrscheinlicher ist mir aber die Bloßstellung seiner und seiner Leidensgenossen Strategie, aus dem Verharren im Minneleid Kapital zu schlagen, sprich: von der Geliebten die Aufgabe ihrer spröden Haltung zu erpressen.

[65] Reusner (Hg.) (Anm. 42), S. 136.

[66] Der Vers ist der Frau in dem um einen Wechsel erweiterten Antitagelied MF 154,32ff./MFMT VI in den Mund gelegt, zitiert nach Fassung *AC. – Das Motiv des langen oder gar immerwährenden Dienstes bzw. der Bereitschaft dazu findet sich im Minnesang bis Walther häufig, vor allem aber bei Reinmar, für den auch die Begriffe *eigen* und *undertân* insgesamt fünfmal belegt sind; vgl. dazu den Motivindex bei Trude Ehlert: *Konvention – Variation – Innovation. Ein struktureller Vergleich von Liedern aus ‚Des Minnesangs Frühling' und von Walther von der Vogelweide*, Berlin 1980 (*PhilStQ* 99).

3 Resümee

Für unsere Textbeispiele haben sich die klassischer Textkritik verpflichteten Herausgeberentscheidungen als falsch erwiesen, mit philologischen und literarhistorischen Konsequenzen. Denn sie haben Zusammenhänge verschleiert, die Rückschlüsse auf die kommunikative Praxis im hohen Minnesang erlauben. Die kritische Sichtung der Überlieferung, wie in jüngerer Zeit üblich geworden, kann deshalb methodischen und literaturhistorischen Gewinn gleichermaßen erbringen. Freilich wird man nicht jede Doppelzuschreibung als Resultat komplexer Interaktionen, an denen verschiedene Minnesänger, namentlich die Berufsdichter, beteiligt waren, deuten können. Im einen oder anderen Fall wird man eher an eine falsche Zuordnung im Verschriftungsprozess denken müssen, beispielsweise daran, dass Strophen auf einem losen Blatt standen, das in der Vorlage nicht richtig eingelegt worden war. In anderen Fällen wird man an den Austausch von Liedern in der Vortragspraxis denken können. Und in wieder anderen wird man Weiterdichten und Umdichten, Parodie und Polemik durch einen zweiten Dichter erwägen. Grundsätzlich gilt deshalb das von Karl Stackmann populär gemachte editionsphilologische Diktum: „Tous les cas sont spéciaux“,[67] das eben auch eine Aufforderung ist, jede Doppelzuschreibung zu überprüfen.

Selbstreferentialität im allgemeinen, Parodie und Polemik im Besonderen sind Sache vor allem der Berufspoeten. Im Netzwerk der literarischen Beziehungen, das sich für die Zeit um 1200 herausgebildet hat, scheint Walther eine Schlüsselrolle zu spielen. Mehr als anderen scheint ihm die Lyrik der Zeitgenossen „Anregungs- und Reizpotential“[68] gewesen zu sein. Darauf deuten unsere beiden Textbeispiele, das bestätigen aber auch andere Lieder.[69] Dass gerade Walther die parodistische und

[67] *Mittelalterliche Texte als Aufgabe*, in: *Festschrift Jost Trier zum 70. Geb.*, hg. von Willliam Foerste und Karl Heinz Borck, Köln/Graz 1964, S. 240–267; wieder abgedr. in: Karl Stackmann: *Mittelalterliche Texte als Aufgabe. Kleine Schriften. Bd. I*, hg. von Jens Haustein, Göttingen 1997, S. 1–25, das Zitat S. 2. Stackmann schreibt das Zitat unter Bezug auf Alphonse Dain (*Les manuscrits*, Paris 1949, S. 167) Joseph Bidez zu. René Wetzel in der *ZfdPh* 119 (2000), S. 467, u. a. glauben an eine Verwechslung mit Joseph Bédier, bleiben allerdings den Nachweis schuldig. Vgl. zur Debatte um die Herkunft dieses Zitats http://www.aedph-old.uni-bayreuth.de/2004/0288.html (14.02.2019).

[68] Gesa Singer: *Poesie und Polemik: Walthers Sangspruchdichtung und seine Wirkung auf Peter Rühmkorf*, in: *Europäisches Erbe des Mittelalters. Kulturelle Integration und Sinnvermittlung einst und jetzt*, hg. von Ina Karg, Göttingen 2011, S. 181–194, hier S. 181.

[69] Das *Sumerlaten-Lied* L 72,31ff., aber auch alle Lieder der sogenannten Fehde mit Reinmar; vgl. dazu Ricarda Bauschke: *Die ‚Reinmar-Lieder‘ Walthers von der Vogelweide. Literarische Kommunikation als Form der Selbstinszenierung*, Heidelberg 1999 (*GRM-Beiheft* 15).

polemische Auseinandersetzung nutzte, ist sicherlich kein Zufall. Parodie und Polemik boten die Möglichkeit zur Bekräftigung eigener Positionen und literarischer Identität, kurzum, die Möglichkeit zur Eigenprofilierung.

Die Polemik Walthers gewinnt freilich noch einmal auffällig an Schärfe, wenn wir das lyrische Register wechseln: Im Sangspruch übt Walther bekanntlich ätzende Kritik an Papst und deutschen Fürsten, wobei er sie mit Tiervergleichen[70] und anderen Schmähungen diffamiert;[71] Kunstpolemik ist hier vor allem Polemik gegen zeitgenössische Potentaten im Medium der Kunst, doch kennen wir auch Invektiven gegen schlechten Kunstgeschmack und Kritiker seiner Kunst.[72] Beinahe noch prägnanter als im Minnesang artikulieren sich in Walthers Sangspruch Autonomieanspruch, Eigenlob und Stolz auf das eigene Können, rückt das eigene Dichter-Ich oder besser: das Ich in den verschiedenen Masken der Rollenlyrik in den Mittelpunkt.[73] Grad und poetische Mittel der Polemik, der Kunstpolemik zumal, scheinen gattungsspezifisch zu sein und darüber hinaus zum Personalstil eines Autors zu gehören. Denn es war gewiss nicht jedermanns Sache, in den verschiedenen Sprecherrollen seiner Lieder oder Sangsprüche mit „gesteigertem Ich-Bewußtsein“[74] aufzutrumpfen. Das scheint nach allem, was wir bisher wissen, um 1200 vor allem Sache Walthers gewesen zu sein.

[70] Walther nutzt hier eine Technik, die man bereits ausgiebig im Investiturstreit zur Diffamierung des Gegners anwandte; vgl. Oliver Münsch: *Tiersymbolik und Tiervergleiche als Mittel der Polemik in Streitschriften des späten 11. Jahrhunderts*, in: *Historisches Jahrbuch* 124 (2004), S. 3–43.

[71] Vgl. Ulrich Müllers Übersicht in: Horst Brunner, Gerhard Hahn [u. a.]: *Walther von der Vogelweide. Epoche – Werk – Wirkung*, 2., überarb und erg. Aufl., München 2009, S. 156–162, 174–178; einschlägig sind vor allem Strophen des Zweiten Philippstons und des Unmutstons, die beiden Thüringer-Töne und die Tegernsee-Strophe.

[72] Vgl. die Strophen L 18,1ff., 31,33ff., 32,7ff.

[73] Vgl. dazu den intelligenten Beitrag von Manfred Kern: *Auctor in persona. Poetische Bemächtigung, Topik und die Spur des Ich bei Walther von der Vogelweide*, in: *Der achthundertjährige Pelzrock. Walther von der Vogelweide – Wolfger von Erla – Zeiselmauer*, hg. von Helmut Birkhan unter Mitwirkung von Ann Cotten, Wien 2005 (*ÖAW, Phil.-hist. Klasse, Sitzungsberichte* 721), S. 193–217.

[74] Peter Rühmkorf: *Walther von der Vogelweide, Klopstock und ich*, Reinbek b. Hamburg 1975, S. 14.

Die deutschsprachigen Paternoster-Parodien aus dem 14. und 15. Jahrhundert

NORBERT KÖSSINGER (Magdeburg)

1 Einleitung

Kapital unser das du bist im Westen –
Amortisieret werden deine Investitionen –
Dein Profit komme –
Deine Kurse steigen, wie in Wall Street,
also auch in Europen –
Unser täglich Umsatz gib uns heute –
Und verlängere uns unsere Kredite,
Wie wir sie stunden unsern Gläubigern –
Und führe uns nicht in Konkurs,
Sondern erlöse uns von den Gewerkschaften.
Denn Dein ist die halbe Welt und die Macht
und der Reichtum seit zweihundert Jahren –
Mammon.[1]

Dieser Text, entstanden 1967/68, stammt von einem gewissen Reinhold Oberlercher (geb. 17.6.1943), heute rechtsextremer Aktivist, früher gehörte er – nicht zuletzt nach dem Zitat zu schließen – in den Umkreis der 68er-Bewegung.[2] Kennengelernt habe ich dieses *Kapitalunser* zuerst als Schüler der gymnasialen Mittelstufe als Teil eines betont ideologiekritischen Deutschunterrichts. Worauf es mir im Hinblick auf das Nachfolgende allein ankommt: Dieses Textbeispiel bietet eine Reihe von Merkmalen, die charakteristisch sind für moderne Vaterunser-Parodien überhaupt, für einen ganz bestimmten Umgang mit dem Ausgangstext, dem Grundtext des christlichen Glaubens schlechthin, einen Umgang, der somit signifikant ist für eine ganz bestimmte ‚Schreibweise', die auch andere moderne Beispiele repräsentieren können, etwa die Vaterunser-

[1] Der Text folgt Manuel Seitenbecher: *Mahler, Maschke & Co. Rechtes Denken in der 68er-Bewegung?*, Paderborn 2013, S. 114 mit Anm. 81. Dort auch Genaueres zum Entstehungskontext.

[2] Vgl. zu seiner politischen Rolle ausführlich Seitenbecher (Anm. 1), hier insbes. S. 104–118 sowie Register s.v.

Parodie von Thomas Bernhard in seinem Roman *Frost* aus dem Jahr 1963, ein Vaterunser in Negation, gleichsam ein Anti-Vaterunser:

> Vater unser, der du bist in der Hölle,
> geheiligt werde kein Name.
> Zukomme uns kein Reich.
> Kein Wille geschehe.
> Wie in der Hölle, also auch auf Erden.
> Unser tägliches Brot verwehre uns.
> Und vergib uns keine Schuld.
> Wie auch wir vergeben keinen Schuldigern.
> Führe uns in Versuchung
> und erlöse uns von keinem Übel. Amen.[3]

Oder die Parodie von Stefano Benni in seinem Roman *Terra!* aus dem Jahr 1983, die – in einer futuristischen Welt situiert – eine korrekte Form von Ernährung und Energiezufuhr einfordert:

> Pater noster qui es in coelis
> dein Wille geschehe
> deine Entropie komme
> wie im Himmel also auch auf Erden.
> Unsern rechten Proteinschub
> gib uns heute
> und verpaß uns unsere Ionen
> wie wir sie verpassen unsern Wärmeleitern
> und führe uns nicht in Versuchslabors
> sondern erlöse uns von der Handarbeit
> Amen.[4]

Als letztes modernes Beispiel führe ich das Vaterunser der *Kirche des Bizeps* an:

> Bizeps unser im Ärmel,
> trainiert werdest du mit Gewichten,
> dein Curl komme,
> deine Anspannung geschehe,
> wie an der Hantelbank,

[3] Thomas Bernhard: *Frost*, Frankfurt a. M. 1972 [EA 1963], S. 208. Die Gliederung in Absätze stammt von mir.

[4] Stefano Benni: *Terra! Roman*. Aus dem Italienischen von Pieke Biermann, München 1983, S. 255. Im italienischen Original lautet die Passage: „*Pater noster qui es in caelis / sia fatta la tua finalità / venga la tua entropia / cosí nei cieli come in terra / Dacci oggi / un adeguato apporto proteico / e rimetti a noi i nostri ioni / come noi li rimettiamo ai nostri conduttori / e non c'indurre in sottoproduzione / ma liberaci dal lavoro manuale / Amen.*“ (Ebd., S. 183).

so an der Butterfly Maschine.
(Testosterontestament 11,2–4)
††† Tolle et preme †††[5]

Wie diese Parodien hinsichtlich ihrer Machart funktionieren, ist leicht einsichtig zu machen: Alle beziehen sich auf den Ausgangstext des Herrengebetes, also auf die von Christus selbst stammenden Worte („Oratio dominica"), wie sie ursprünglich in der Bergpredigt des Matthäusevangeliums (Mt 6,9–13) und der synoptischen Parallelstelle in der Feldrede des Lukasevangeliums (Lk 11,2–4, man vgl. den passenden Stellenverweis aus dem eben zitierten „Testosterontestament") auf uns gekommen sind und als frühester Text überhaupt in die deutsche Volkssprache übertragen wurden. Ich erinnere an dieser Stelle nur an das *St. Galler Paternoster* vom Ende des 8. Jahrhunderts oder an das *Freisinger Paternoster* samt Auslegung vom Anfang des 9. Jahrhunderts.[6] Die verwickelte Geschichte der deutschsprachigen Vaterunser-Übersetzungen und der lateinischen wie volkssprachigen Exegese dieses prominenten Textes kann ich hier nicht nachzeichnen; die zitierten Beispiele stützen sich auf gängige katholische oder protestantische Übersetzungen, wie sie in der liturgischen Praxis oder in der modernen kirchlichen Katechese in Gebrauch waren und es zum Teil bis heute sind.[7]

Das poetische Verfahren der modernen Parodien indes ist aus den Beispielen gleichfalls klar ersichtlich: Es werden jeweils einzelne Wörter oder kleinere Syntagmen des Ausgangstextes durch alternative Wörter oder Formulierungen ersetzt, wobei der Ausgangstext in allen Fällen eindeutig erkennbar bleibt und sein Aufbau sowie seine syntaktische Struktur samt Wortfolge weitestgehend nicht angetastet werden. Es kommt in den aufgeführten Fällen am Ende zu unterschiedlichen parodistischen Resultaten: Bei Reinhold Oberlercher zu Literatur „als Waffe im Klassenkampf"[8] (*Kapital* statt *Vater*), bei Thomas Bernhard zu einer funda-

[5] Vgl. auch die Homepage https://biceps.church (22. März 2018), die am Ende den Hinweis ergänzt: „wie an der Hantelbank so an der Butterfly Maschine". Den Hinweis auf dieses Kuriosum verdanke ich der Aufmerksamkeit von Studierenden, die an meinem Seminar zum ‚Vaterunser im Mittelalter' (Universität Konstanz, Sommersemester 2015) teilgenommen haben.

[6] Leicht zugänglich sind diese und weitere althochdeutsche Vaterunser-Übersetzungen und
-Auslegungen in: *Althochdeutsche Literatur. Eine kommentierte Anthologie. Ahd./Nhd.* Übersetzt, hg. und kommentiert von Stephan Müller, Stuttgart 2007 (*RUB* 18491), S. 172–183 (Texte und Übersetzungen) und S. 349–352 (Kommentare). Aus theologischer Sicht vgl. den Überblicksartikel von Ulrich Luz, Clemens Leonhard und Manfred Seitz: *Vaterunser I–III*, in: *Theologische Realenzyklopädie*, Bd. 34 (2002), S. 504–529.

[7] Vgl. dazu Bernd Adam: *Katechetische Vaterunserauslegungen. Texte und Untersuchungen zu deutschsprachigen Auslegungen des 14. und 15. Jahrhunderts*, München 1976 (*MTU* 55), insbes. S. 6–24.

[8] Seitenbecher (Anm. 1), S. 114.

mentalen Kritik am Katholizismus (Hölle statt Himmel, kein Name, kein Reich etc.), bei Stefano Benni schließlich zu ‚neuen Werten', die Pater Leopold Mapple in der Galaxis verbreiten möchte. Der Begriff von ‚Parodie', an dem sich diese neuzeitlichen Beispiele messen lassen, ist ein solcher, der auf „distanzierende[] Imitation"[9] setzt, wobei in allen Fällen zusätzlich Effekte der Komisierung entstehen.[10]

Der skizzierte Zugriff gilt jedenfalls auch für die bekannten mittelalterlichen lateinischen Paternoster-Parodien, z. B. das anonyme *Pater Bache* aus der mehrfach überlieferten *Missa potatorum et lusorum*:

> Pater Bache, qui es in cifis,
> bene potetur uinum bonum.
> Adueniat regnum tuum.
> Fiat tempestas tua sicut in decio et in taberna.
> Bonum uinum ad bibendum da nobis hodie.
> Et dimitte nobis pocula nostra,
> sicut et nos dimittimus potatoribus nostris.
> Et ne nos inducas in lucracionem,
> sed [libera] rusticos a bono. Stramen[11]
>
> Vater Bacchus, der Du in den Bechern bist,/ guter Wein werde gut getrunken,/ Dein Reich komme. Dein Sturm komme/ im Würfelspiel wie im Wirtshaus./ Guten Wein zum Trinken gib uns heute./ Und gib uns unsere Becher wie auch/ wir geben sie unseren Mittrinkern./ Und führe uns nicht zum Gewinn, sondern/ befreie die Bauern vom Guten. Stroh.

9 Theodor Verweyen und Gunther Witting: Art. *Parodie*, in: *Reallexikon der deutschen Literaturwissenschaft*, Bd. 3, hg. von Jan-Dirk Müller u. a., S. 23–27, hier S. 23. Im Kern ähnlich Rüdiger Zymner: Art. *Parodie*, in: *Literaturwissenschaftliches Lexikon. Grundbegriffe der Germanistik*, hg. von Horst Brunner und Rainer Moritz, Berlin ²2006, S. 307–309.

10 Bei dem zuletzt angeführten Beispiel („Kirche des Bizeps") habe ich allerdings Zweifel, ob Komik von Seiten der Textproduzenten tatsächlich intendiert ist.

11 Der Text nach Adolph Franz: *Die Messe im deutschen Mittelalter. Beiträge zur Geschichte der Liturgie und des religiösen Volkslebens*, Freiburg i. Breisgau 1902, S. 745–758, hier S. 758. Franz folgt der Handschrift *Città del Vaticano, Biblioteca Apostolica Vaticana, Pal. lat. 719*, Bl. 50vb–51rb (15. Jahrhundert). Vgl. dazu auch Paul Lehmann: *Die Parodie im Mittelalter. Mit 24 ausgewählten parodistischen Texten*, 2., neu bearbeitete und ergänzte Auflage, Stuttgart 1963, S. 148. Vgl. die abweichenden Fassungen, die abgedruckt sind bei Martha Bayless: *Parody in the Middle Ages. The Latin Tradition*, University of Michigan: Ann Arbor 1996, S. 340 (Wolfenbüttler Handschrift der *Missa potatorum*) und S. 349 (Grundlage: München, Cgm 4379, *Confitemini Dolio*).

Der angedeutete ‚Parodie'-Begriff („Verfahren distanzierender Imitation von Merkmalen eines Einzelwerkes mit dem Effekt der Herabsetzung des Ausgangstextes durch Komisierung-Strategien"[12]) greift grundsätzlich also auch für mittelalterliche Texte, und es ließen sich aus den Arbeiten von Paul Lehmann und Martha Bayless viele weitere Beispiele als Belege dafür anführen.[13] Auf die Textbeispiele, die ich im Folgenden näher behandeln möchte, lässt sich der dargestellte Begriff von Parodie indes, wie sich zeigen wird, nicht ohne Probleme anwenden. Ich vermute, dass dies zum einen mit dem Status von volkssprachiger Literatur im Verhältnis zur lateinischen Literatur zu tun hat.[14] Zum anderen scheinen die deutschsprachigen Paternoster-Parodien Beispiele für einen dezidiert spielerisch-literarischen Umgang mit dem Wort Gottes außerhalb der Grenzen von Liturgie und Katechese zu sein, wobei implizit und teils recht deutlich gegen bestimmte, degenerierte Formen des Betens polemisiert wird.[15] Damit komme ich zu meinen deutschsprachigen Textbeispielen.

2 Zu den deutschsprachigen Paternoster-Parodien

Nach meiner Kenntnis, die sich auf den Sachstand der zweiten Auflage des *Verfasserlexikons* stützt, gibt es vier deutschsprachige Texte, die unter dem Stichwort „Paternoster-Parodie" behandelt werden.[16] Sie stammen aus dem

[12] Verweyen / Witting (Anm. 9), S. 23.

[13] Lehmann (Anm. 11), dort auf S. 3 die viel zitierte Definition: „Ich verstehe hier unter Parodien nur solche literarischen Erzeugnisse, die irgendeinen als bekannt vorausgesetzten Text oder – in zweiter Linie – Anschauungen, Sitten und Gebräuche, Vorgänge und Personen scheinbar wahrheitsgetreu, tatsächlich verzerrend, umkehrend mit bewusster, beabsichtigter und bemerkbarer Komik, sei es im ganzen, sei es im einzelnen, formal nachahmen oder anführen." Vgl. auch Bayless (Anm. 11).

[14] In der mittelalterlichen griechischen Literatur scheint es im Übrigen keine Vaterunser-Parodien zu geben. Für den Hinweis danke ich Dr. Marina Pradel-Molin (Bayerische Staatsbibliothek München).

[15] Zum Verhältnis von Literatur und Liturgie vgl. Cornelia Herberichs, Norbert Kössinger, Stephanie Seidl: *Liturgie und Literatur. Eine Einleitung*, in: *Liturgie und Literatur. Historische Fallstudien*, hg. von Cornelia Herberichs, Norbert Kössinger und Stephanie Seidl, Berlin/ Boston 2015 (*Lingua Historica Germanica* 10), S. 1–21.

[16] Vgl. *VL*. Nicht behandelt wird im Folgenden das *Ulmer Vaterunser*, das – wie viele weitere jüngere Beispiele – in den Bereich der politischen Zeitlyrik gehört. Vgl. dazu Isolde Neugart: Art. *Ulmer Vaterunser*, in: *VL*, Bd. 9, Sp. 1237f. Ein weiterer hier ausgeklammerter Fall für einen parodistischen Text, der von seinem poetischen Verfahren her der Paternoster- und Ave-Maria-Parodie (vgl. Kap. 2.1) ähnelt, ist die *Abendvesper*. Das Paternoster spielt dort aber neben einer Fülle von lateinischen Zitaten liturgischer Formeln, Gebeten oder Bibelstellen nur eine marginale Rolle. Vgl. Kurt Illing: Art. *Abendvesper*, in: *VL*, Bd. 1, Sp. 9, sowie Bd. 11, Sp. 2. Weitere Beispiele, die in die Frühe Neuzeit ausgreifen und an dieser Stelle nicht behandelt werden, sind aufgeführt bei Johannes Bolte: *In dulci iubilo. Ein jubiläumsbeitrag aus der geschichte der lateinisch-*

Zeitraum von der zweiten Hälfte des 14. bis zur zweiten Hälfte des 15. Jahrhunderts und sind nach Ausweis der schreibsprachlichen Merkmale im bairisch-österreichischen und im alemannischen Raum entstanden. Nur einer dieser vier Texte, *Des Wucherers Paternoster*, ist im Grenzgebiet des Ripuarischen und Niederfränkischen zu verorten (sh. dazu Kap. 2.4). Alle vier sind in größeren Sammelhandschriften überliefert, die kleinepische Texte zum Inhalt haben. Meine Darstellung folgt der chronologischen Reihung auf der Grundlage der mutmaßlichen Entstehung der Texte.

2.1 *Paternoster-Parodie*

Der Text mit dem etwas unglücklichen Titel *Paternoster-Parodie* ist in der zweiten Hälfte des 14. Jahrhunderts, jedenfalls vor 1393, entstanden, sicher im bairisch-österreichischen Sprachgebiet, für den er in zwei Handschriften dokumentiert ist: erstens in der heutigen Wiener Handschrift (Österreichische Nationalbibliothek, Cod. 2885, Sigle: w), aufgezeichnet von einem auch anderweitig bekannten Schreiber namens Johannes Götschl in Innsbruck zwischen Ende April und Anfang Juli 1393.[17] Zweitens ist der Text überliefert in einer jüngeren, heute Innsbrucker Handschrift (Landesmuseum Ferdinandeum, Cod. FB 32001, Sigle: i), datiert auf das Jahr 1456, die dem Sprachstand nach zu urteilen ebenfalls mit Sicherheit aus diesem Raum stammt und vielleicht in Brixen entstanden ist.[18]

Bei beiden Handschriften handelt es sich um Sammelcodices unterschiedlichen inhaltlichen Zuschnitts mit kleineren Reimpaardichtungen – Mären und

deutschen mischpoesie, in: Festgabe an Karl Weinhold, ihrem Ehrenmitgliede zu seinem 50jährigen Doktorjubiläum dargebracht von der Gesellschaft für Deutsche Philologie, Leipzig 1896 (*Festschriften der Gesellschaft für Deutsche Philologie* 12), S. 91–129, hier S. 103–106 (*Der frauen Pater noster*, um 1600). Vgl. auch Albert Becker: *Gebetsparodien. Ein Beitrag zur religiösen Volkskunde des Völkerkrieges*, in: *Schweizerisches Archiv für Volkskunde* 20 (1916), S. 16–28, hier S. 19–21.

[17] Zur Handschrift vgl. die Beschreibung von Hermann Menhardt: *Verzeichnis der altdeutschen literarischen Handschriften der Österreichischen Nationalbibliothek*, Bd. 1, Berlin 1960 (*Veröffentlichungen des Instituts für deutsche Sprache und Literatur* 13), S. 527–546, sowie *Codex Vindobonensis 2885*, bearbeitet von Ursula Schmid, Bern/München 1985 (*Bibliotheca Germanica* 26), S. 7–9. Vgl. zu dieser Handschrift auch Margit Dahm-Kruse: *Versnovellen im Kontext. Formen der Retextualisierung in kleinepischen Sammelhandschriften*, Tübingen 2018 (*Bibliotheca Germanica* 68), S. 215–225, zum Verhältnis von w und i ebd., S. 234–239.

[18] Zur Handschrift vgl. die Beschreibung von Bernhard und Hans Peter Sandbichler: *Handschriftenkatalog des Museum Ferdinandeum: Die Codices des Tiroler Landesmuseums Ferdinandeum bis 1600*, (masch.) Innsbruck 1999, S. 154–157. Kurzbeschreibungen zu beiden Codices zuletzt bei Jacob Klingner und Ludger Lieb: *Handbuch Minnereden*. Mit Beiträgen von Iulia-Emilia Dorobanțu, Stefan Matter, Martin Muschick, Melitta Rheinheimer und Clara Strijbosch, 2 Bde., Berlin/Boston 2013, hier Bd. 2, S. 137f. (Wi_8) und S. 73f. (In_3).

(Minne-)Reden vor allem –, in denen die *Paternoster-Parodie* jeweils relativ weit hinten gegen Ende der Sammlungen (nicht aber als ihr jeweiliger Abschluss) geboten wird.[19] Eng zusammen mit der *Paternoster-Parodie* gehört eine in beiden Handschriften unmittelbar darauffolgende *Ave Maria-Parodie*. Die Texte in w und i unterscheiden sich im Hinblick auf die Handschriften im Ganzen nur durch Details voneinander, so dass man – auch von diesen beiden kleinen Texten her gesehen – davon ausgehen wird, dass i unmittelbar oder über eine oder mehrere Zwischenstufen mit w zusammenhängt.[20] Zu erwähnen ist ferner, dass die Innsbrucker Handschrift i bebildert ist, die beiden in Frage stehenden parodistischen Texte sind es allerdings nicht, jedoch die direkt vorangehenden (*Pfaffe und Ehebrecherin*) und nachfolgenden (Strickers *Minnesänger*).

Die *Paternoster-Parodie* enthält drei Sprecherrollen, d. h. eine Schwester Else, einen Bruder Herzeger sowie einen Erzähler, wobei der größte Teil der 58 Reimpaarverse als Dialog zwischen *swester* und *pruder* gestaltet ist.[21] Abgesehen von eingestreuten *inquit*-Formeln sind das die Verse 1–51, in denen sich eine inter- und intramonastische Liebesgeschichte zwischen Nonne (*Hertzen-Liep*, V. 10) und Mönch (*Hertzen-Ger*, V. 11) entfaltet, von der Liebeserklärung der Schwester (V. 1–5) über die männliche Gegenerklärung mit Einwilligung und Aufforderung zur sexuellen Vereinigung (V. 6–34) bis zur Bitte der Nonne an Christus um Vergebung der Liebessünden (V. 35–37) sowie der Bitte des Mönchs um Schutz vor dem Prior des Klosters und vor dem Lesemeister (V. 38–51). Mit dem Oberen (Klostervorsteher) und Lehrer im Kloster werden also jene Instanzen aufgerufen, die maßgeblich für die Einhaltung der Klosterdisziplin und ihre Vermittlung verantwortlich sind, eine innermonastische *huote*, wenn man so will. Die Verse 53–58 stellen einen abschließenden knappen Erzählerkommentar dar, in dem das

[19] Zum Aufbau der Handschrift w vgl. Schmid, *Codex 2885* (Anm. 17), S. 11–14. Das weltliche Profil akzentuiert Nicole Eichenberger: *Geistliches Erzählen. Zur deutschsprachigen religiösen Kleinepik des Mittelalters*, Berlin/München/Boston 2015 (*Hermaea* N. F. 136), S. 207f.

[20] Knapp spricht von einer „Abschrift". Fritz Peter Knapp: *Die Literatur des Spätmittelalters in den Ländern Österreich, Steiermark, Kärnten, Salzburg und Tirol von 1273–1439. II. Halbband: Die Literatur zur Zeit der habsburgischen Herzöge von Rudolf IV. bis Albrecht V. (1358–1439)*, Graz 2004 (*Geschichte der Literatur in Österreich von den Anfängen bis zur Gegenwart* 2/2), S. 495. Eichenberger (Anm. 19), S. 208, Anm. 24, im Anschluss an Franz-Josef Holznagel von einer „Schwesterhandschrift".

[21] Paternoster-Parodie und Ave Maria-Parodie zuerst von Ignaz V. Zingerle herausgegeben: *Zwei Travestieen* [!], in: *Germania* 14 (1869), S. 405–408 (nach w und i). Ein handschriftennaher Abdruck, ausschließlich auf der Grundlage von w findet sich bei Ursula Schmid (Anm. 17), S. 594–596. Eine neue kritische Edition nach w mit den Lesarten von i bieten Dorobanţu/Klingner/Lieb in: *Minnereden. Auswahledition*, hg. von Iulia-Emilia Dorobanţu, Jacob Klingner und Ludger Lieb, Berlin/Boston 2017, S. 483–487. Ein Abdruck dieses Textes mit nhd. Übersetzung nun auch bei Stefan Matter: *Gebetsparodien des hohen und späten Mittelalters*, Aufsatzmanuskript, S. 1f. Meine folgenden Textzitate richten sich nach Dorobanţu/Klingner/Lieb.

Gebet (so auch die Selbstbezeichnung des Werkes in V. 52[22]) als beliebt bei den Mitgliedern der *dritten regel* (V. 53), also den Terziarinnen und Terziaren (d. h. Frauen oder Männer, die nach einer Ordensregel leben, ohne förmlich dem Orden beizutreten)[23], dargestellt wird. Vermehrt werden soll demnach der Samen der dargestellten *kloster Minne* (V. 57) außerhalb der monastischen Klausur.

Hinsichtlich des Inhalts und Typs eng verwandt ist die in beiden Handschriften unmittelbar folgende *Ave Maria-Parodie*, in der ein Mönch, Bruder Otte, eine Nonne, Schwester Anne, begehrt, die sich gegenseitig ihrer Liebe versichern. Beide Texte bedienen sich – wie zu zeigen sein wird – zudem desselben parodistischen Verfahrens.

Bleiben wir zunächst bei der *Paternoster-Parodie*: Der Text setzt ohne Redeeinleitung (in den Handschriften durch die Überschrift *Der Pater noster* markiert) ein mit dem Beginn des lateinischen Paternoster, auf die ein *vater mein* (V. 1) folgt, das erst im sechsten Vers konkret auf den Bruder Herzeger beziehbar wird, also offensichtlich eine Art Beichtvater oder geistlichen Vater von Schwester Else, und hier eben gerade nicht als Anrede Gottes im Gebet gedacht ist, weder in der kollektivischen Wir-Form des Vaterunsers noch in der personalisierten Ich-Form in deutscher Sprache (*vater mein*, V. 1). Dass es sich um die Redepartie der Frau handelt, ist im mündlichen Vortrag durch stimmliche oder andere außerhalb des Textes liegende Mittel des (oder der) Vortragenden eindeutig markierbar. In der Schriftform muss das selbstverständlich zunächst offenbleiben.

In den Dialog ist nun das vollständige lateinische Paternoster in der Reihenfolge des Gebetstextes montiert, verteilt auf ganze Verse, die dann jeweils in das vierhebige Paarreimschema eingepasst sind, sowie auf Versteile oder Einzelwörter, auch diese ggf. eingepasst in die Reimstruktur und Metrik des Textes. In den beiden Handschriften sind diese lateinischen Einsprengsel im Übrigen in keiner Weise markiert oder besonders hervorgehoben. Durch die lateinischen Einfügungen ergibt sich somit insgesamt eine völlig neue Kontextualisierung und Funktionalisierung des Paternoster im Horizont eines obszönen Minnegesprächs. Einige Aussagen bleiben innerhalb des Dialogs in ihrer Referenz als Gebetsrede auf Gott oder Christus hin erhalten, wie beispielsweise in Vers 35f. mit der direkten Anrede *Et dimitte nobis, herr Krist, / debita nostra* (‚Und vergib uns, Herr Christus, / unsere Sünden‘). Die meisten weiteren lateinischen Einsprengsel erhalten eine völlig neue Deixis, etwa das *qui es in celis* (‚der du bist in den Himmeln‘) in Vers 6 und das *sanctificetur nomen tuum* (‚geheiligt werde dein

[22] Bezogen auf den Inhalt ist mit „Gebet“ also die skizzierte Form von Liebe gemeint. w liest *gepets,* i hat hingegen *gepots*. Vgl. *Minnereden* (Anm. 22), S. 485, z. St., dagegen Schmid, *Codex 2885* (Anm. 17), S. 595, z. St., die in w *gepots* liest.

[23] Vgl. Elisabeth Lienert: Art. *Paternoster-Parodie und Ave Maria-Parodie*, in: *VL*, Bd. 7, Sp. 356–358, hier Sp. 357 sowie Dorobanţu/Klingner/Lieb, *Minnereden* (Anm. 22), S. 595. Vgl. dazu auch Stefan Matter: *Gebetsparodien des hohen und späten Mittelalters*, Aufsatzmanuskript, S. 5f.

Name') in Vers 7, die sich nun auf die Schwester Else beziehen. Oder das *da nobis hodie* (,gib uns heute') in Vers 34, das sich nun auf die Vorbereitung von Speis und Trank durch die Schwester(n) für die Mönche bezieht.

An einigen Stellen sind die Einsprengsel auch direkt auf den Sinnhorizont des teils obszönen Liebesdialogs bezogen, manchmal in recht expliziten Anspielungen, wenn der Liebesakt als *regnum tuum* (,Dein Reich', V. 16), das *fiat voluntas tua* (,Dein Wille geschehe', V. 18), bezogen auf den Liebeswillen der Frau, sich auf die Liebe des Mannes einzulassen, oder das *panem nostrum* (,unser Brot', V. 27), das allgemein für die Liebe oder noch konkreter den Liebesakt stehen mag, bezeichnet wird.

Analog dazu verhält sich die *Ave Maria-Parodie*: Auch hier ist der lateinische Text des Ave Maria in den teils obszön-erotischen Dialog zwischen Schwester Anne (V. 1) und Bruder Otte (V. 15) hineinmontiert. Die Einzelwörter oder kleinen Syntagmen stehen analog zur *Paternoster-Parodie* innerhalb und außerhalb des Reimes. Die semantischen Umbesetzungen erfolgen von Maria auf die Geliebte im Redeanteil Ottes (V. 1–14): *Ave* (,Gegrüßt', V. 1) ist der Gruß an Anne, *gracia plena* (,voll der Gnaden', V. 8) ist die Vereinigung im Liebesakt, *Dominus tecum* (,Der Herr ist mir Dir', V. 9) ist Otte selbst. Sie – Anne – ist *Benedicta (...) In mulieribus* (,gebenedeit unter den Frauen', V. 13). Er – Otte – hingegen ist in ihrem Dialogteil (V. 15–37) *Benedictus* (,gebenedeit', V. 21) und bringt ihr Freude mit seiner *fruht* (so in w) bzw. *fructus* (so die Lesart von i, ,Frucht', V. 23) und dem *spiegl ventris tui* (,dem Spiegel deines [Unter-]Leibes', V. 33). Opponentin und Hürde, die es zu überwinden gilt, ist hier als Gegenstück zur *Paternoster-Parodie* die klösterliche *maistrin* (V. 27).

Auf ganz andere Weise operiert poetisch die Predigtparodie *Adam und Eva* im vierhebigen Paarreimvers, die sich im ersten Teil von w und i findet und die ich an dieser Stelle nur streife:[24] Sie geht vom biblischen Schöpfungsbericht nach Gen 1,1: *In principio creauit deus celum et terra etc.* aus (,Im Anfang schuf Gott Himmel und Erde',V. 1) und kippt nach der Erschaffung des Menschen ins Obszöne, ohne dass es ein vergleichbares Spiel mit lateinischen Textelementen gäbe, die am Rande freilich auch vorkommen.[25] Der Prediger fordert seine Hörerinnen und Hörer im Übrigen eingangs auch zum Gebet eines Paternoster und eines Ave Maria auf, was bei einem Rezipienten, der sich an die Reihenfolge der Texte in der Handschrift

[24] Der Text nach w ist abgedruckt bei Schmid: *Codex 2885* (Anm. 17), S. 150–154. Nach k (siehe zu dieser Handschrift Kap. 2.2) und mit sprachlichen Erläuterungen bieten den Text: *Der münch mit dem genßlein. 13 spätmittelalterliche Verserzählungen*. Aus dem Codex Karlsruhe 408, hg. und erläutert von Rolf Max Kully und Heinz Rupp, Stuttgart 1972 (*RUB* 9379–9381), S. 13–19.

[25] Lediglich in der *Ave Maria-Parodie* kommt in V. 24 ein vom zitierten Ave Maria unabhängiges lateinisches Einsprengsel vor: *in iubilo*. Dabei könnte es sich, wie Dorobanţu/ Klingner/Lieb, *Minnereden* (Anm. 22), S. 487, z. St. erwägen, um ein „Lied- oder Bibelzitat (z. B. Ps. 46,6: ,Ascendit Deus in jubilo')" handeln.

gehalten hat, dann im weiteren Leseverlauf bestimmte Assoziationen geweckt haben mag.[26]

Wie lässt sich nun die skizzierte Neukontextualisierung von Paternoster und Ave Maria deuten? Friedrich Lehr hat den Text in seinen *Studien über den komischen Einzelvortrag in der älteren deutschen Literatur* in einem schulischen Kontext verortet und sieht in der Erzählerrolle einen Schüler. Seine Vorstellung von der performativen Situierung des Textes ist sehr konkret: Es „parodiert ein Klosterschüler in einem lustigen Vortrage an seine Mitschüler das Schulgebet, mit dem wohl immer des Morgens bei ihnen der Unterricht eingeleitet wurde.“[27] Elisabeth Lienert hat in ihrem Artikel in der zweiten Auflage des *Verfasserlexikons* insbesondere die sozialgeschichtliche Dimension des Textes in einem monastischen Kontext betont: „Die Parodie des Gebets dient so der satirischen Bloßstellung des klösterlichen Lebenswandels.“[28] Fritz Peter Knapp ist hingegen der Ansicht, dass die „Spitze gegen die Laienkongregationen der Bettelorden“ ein „Feigenblatt für die ziemlich nackte Erotik“ der beiden Stücke darstellt.[29]

Ingeborg Glier hat das parodistische Spiel im Ineinander von geistlichen und literarischen Formen hervorgehoben: „Das parodistische Moment dieser drei Gedichte [d. h. *Paternoster-* und *Ave Maria-Parodie* sowie der *Adam und Eva-Predigtparodie*] liegt darin, dass vorgegebene geistliche und literarische Formen einen neuen erotischen Inhalt bekommen, der in direktem Gegensatz zum gewohnten, erwarteten steht, und daß zudem ihre vertrauten Sprachformeln das Mißverhältnis noch besonders hervorheben.“[30] Dieses „Gefallen am Spiel mit literarischen Traditionen“ stellt auch Johannes Janota besonders heraus.[31]

Halten wir uns an den oben explizierten Begriff von Parodie, so bleibt darüber hinaus festzuhalten, dass es sich bei den beiden vorgestellten Beispielen nicht im engeren Sinne um Parodien des Paternoster und des Ave Maria handelt. Die beiden

[26] *Da von sprechen fráuwen vnd man/ Eyn pater noster, der ez kan,/ Vnd eyn Aue maria dar zú/ Daz got sein gnáde tú[we]/ Daz ez mit weisheit werde vólbraht,/ Daz ich zú reden han gedacht.* (V. 6–11).

[27] Friedrich Lehr: *Studien über den komischen Einzelvortrag in der älteren deutschen Literatur. I. Die parodistische Predigt.* Inaugural-Dissertation zur Erlangung der Doktorwürde der hohen philosophischen Fakultät der Universität Marburg, Marburg 1907, S. 20.

[28] Lienert (Anm. 23), Sp. 357.

[29] Knapp (Anm. 20), S. 496.

[30] Ingeborg Glier: *Artes amandi. Untersuchung zu Geschichte, Überlieferung und Typologie der deutschen Minnereden*, München 1971 (*MTU* 34), S. 215. Vgl. auch Helmut de Boor: *Die deutsche Literatur im späten Mittelalter. 1250–1370. Zweiter Teil: Reimpaargedichte, Drama, Prosa*, hg. von Ingeborg Glier, München 1987 (*Geschichte der deutschen Literatur von den Anfängen bis zur Gegenwart*, begründet von Helmut de Boor und Richard Newald, Bd. 3/2), S. 135.

[31] Johannes Janota: *Vom späten Mittelalter zum Beginn der Neuzeit. Teil 1: Orientierung durch volkssprachige Schriftlichkeit (1280/90–1380/90)*, Tübingen 2004 (*Geschichte der deutschen Literatur von den Anfängen bis zum Beginn der Neuzeit*, hg. von Joachim Heinzle, Bd. III), S. 294.

Texte werden natürlich angeführt, auf eine bestimmte Weise funktionalisiert und im Zuge dessen semantisch so umbesetzt, dass sich parodistische und komische Effekte einstellen können. Die lateinischen Gebetstexte selbst bleiben dabei jedoch vollständig unangetastet und allein daraus kann sich der scharfe Kontrast von Herrengebet bzw. englischem Gruß gegenüber den mehr oder weniger obszönen Liebesdialogen ergeben, in denen inneres Denken (Liebesbegehren) und äußeres Sprechen der Gebete (möglicherweise in der *performance* des Textes besonders markiert) auseinandertreten.[32]

2.2 *Von eime trunken buoben / Des Buoben Paternoster*

Damit komme ich zum zweiten Text: In den Handschriften trägt er den Titel *Von eime trunken buoben* oder *Des Buben Pater noster*. Auf der Grundlage der handschriftlichen Überlieferung kann er auf die Zeit um die Wende zum 15. Jahrhundert datiert werden. Der Text ist in drei Handschriften überliefert, in denen er sich in deutlich voneinander abweichender Form findet. Ältester Textzeuge aus der Zeit um 1425 ist die Donaueschinger Handschrift (Sigle: d, ‚Liedersaal-Handschrift', Karlsruhe, Landesbibliothek, Cod. Donaueschingen 104) aus dem alemannischen Raum (Konstanz?), in der die Erzählung 142 Reimpaarverse umfasst.[33] Mit fragmentarischem Schluss ist der Text auch in einer etwas jüngeren Handschrift aus dem Elsaß enthalten, die heute in Bremen aufbewahrt wird (Sigle: b, Bremen, Staats- und Universitätsbibliothek, msb 0042-02). Der Text bricht dort nach Vers 106 wegen Blattverlustes ab.[34] Diese beiden Textzeugen d und b bezeichnet Konrad Kunze in seinem *Verfasserlexikon*-Artikel als „Kurzfassung"[35]. Zu Recht, denn in der Karlsruher Handschrift (Sigle: k, Karlsruhe, Landesbibliothek, Cod. K 408) aus den 1430er-Jahren findet sich eine stark erweiterte Bearbeitung des Textes, die auf der Grenze zwischen Schwäbisch, Bairisch und Ostfränkisch anzusiedeln ist und auf eine schwäbisch-alemannische Vorlage zurückgeht.[36] Die Überlieferungskontexte sind in allen drei Fällen

32 Vgl. Janota (Anm. 31), S. 294, der eine Form der „*e negativo* gestaltete[n] Didaxe" in den Vordergrund stellt. In jedem Fall scheint es mir über ein „Beispiel [...] witziger Sprachspiele mit heiligen Texten" (Knapp [Anm. 29], S. 495) hinauszugehen.

33 Zur Handschrift vgl. Klaus Grubmüller: Art. *Liedersaal-Handschrift*, in: *VL*, Sp. 818–822. Eine Kurzbeschreibung in Klingner/Lieb: *Handbuch* (Anm. 18), S. 75–79 (Ka_3).

34 Zu dieser Handschrift vgl. Irene Stahl: *Katalog der mittelalterlichen Handschriften der Staats- und Universitätsbibliothek Bremen*, Wiesbaden 2004 (*Die Handschriften der Staats- und Universitätsbibliothek Bremen* 1), S. 139–141. Die Datierung auf S. 139: „2. Viertel 15. Jahrhundert". Eine Kurzbeschreibung in Klingner/Lieb: *Handbuch* (Anm. 18), S. 34 (Br).

35 Konrad Kunze: Art. *Von eime trunken buoben*, in: *VL*, Bd. 9, Sp. 1106f.

36 Vgl. die Angaben bei Ursula Schmid: *Codex Karlsruhe 408*, Bern/München 1974 (*Bibliotheca Germanica* 16), S. 21. Vgl. die Kurzbeschreibung in Klingner/Lieb: *Handbuch* (Anm. 18), S. 80–82 (Ka_7).

ähnlich: Es handelt sich wieder um große Sammelhandschriften mit kleinepischen Texten geistlichen und v. a. weltlichen Zuschnitts mit Mären, Fabeln und Reden.

Auch hier möchte ich zunächst eine kurze Textanalyse bieten und halte mich zuerst an die vollständige Kurzfassung der Donaueschinger Liedersaal-Handschrift (Sigle: d).[37] Das Stück beginnt mit der bekannten Aufforderung des Vortragenden an seine Hörerinnen und Hörer – im konkreten Fall *ir herschaft alle* – zu schweigen (V. 1f.) und mit einer thematischen Ansage, die als allgemeine Lebensweisheit verpackt präsentiert wird: Wer sich beim Weintrinken *vnbeschaiden* (V. 5), d. h. rücksichtlos, unvernünftig oder ungezogen verhält[38], der muss mit der logischen Konsequenz rechnen, nämlich dass *jm sin ruck wirt zer slagen* (V. 8). Es folgt ein Bericht über eine Wirtshausschlägerei als Augenzeugenbericht in Ich-Perspektive. Auslöser der Schlägerei ist ein *bub* (V. 12), wobei die Semantik von *buobe* im (Spät-)Mittelhochdeutschen hier nicht schon auf die Bedeutung ‚Spitzbube' oder ‚zuchtloser Mensch' festgelegt sein muss, sondern auch den ‚Knecht, Diener niederen Standes' bezeichnen kann.[39] Dieser *bub* verhält sich im Vollrausch nun eben *vnbeschaiden*, wird übelst verhauen, gequält und kann sich schließlich nur mit knapper Not vor dem drohenden Totschlag in eine Scheune flüchten (V. 21–41). Dort schläft er ein, erwacht am nächsten Morgen bei Sonnenaufgang und steht auf. Er klagt zunächst in einem kurzen Gebet, Gott habe ihn vergessen, weil er nichts zu essen vorfinden könne. Erst dann scheint er die Schmerzen als Folge der bezogenen Prügel zu realisieren und möchte (gewohnheitsmäßig?) sein Morgengebet sprechen (V. 75–97). Jedoch:

Er wolt sprechen sin gebett	Er wollte sein Gebet sprechen.
Er wist nit recht, wie er jm tett,	Er wusste nicht recht, wie ihm geschah,
Wenn er sin ie ain wort gesprach	immer, wenn er ein Wort davon sprach,
So clagt er sin lait sin vngemach.	dann dachte er an sein Unglück.
(V. 57–60)	

Er beginnt mit dem Kyrie eleison-, Christe eleison-Ruf (V. 61), es folgt das Vaterunser in deutscher Sprache (V. 67–116) und am Ende steht das lateinische Ave Maria (V. 117–135), die beide vollständig und in der korrekten Textreihen-

[37] Meine Zitate folgen: Joseph von Laßberg (Hg.): *Lieder-Saal. Das ist: Sammlung altteutscher Gedichte*, 3 Bde., o. O. 1820–1825, hier Bd. 3, S. 551–554. Der Text von b findet sich in: *Altdeutsche Dichtungen*. Aus der Handschrift herausgegeben von N[icolaus] Meyer und E[rnst] F[riedrich] Mooyer, Quedlinburg/Leipzig 1833, S. 78f. Die Handschriften b und d berücksichtigt: Wilhelm Wackernagel: *Altdeutsches Lesebuch*, Basel [5]1873 (*Deutsches Lesebuch*, Teil 1), Sp. 1161–1166. Die beigegebenen Übersetzungen ins Neuhochdeutsche stammen von mir.

[38] *Lexer*, Bd. 2, Sp. 1762.

[39] *Lexer*, Bd. 1, Sp. 384. Vgl. dazu auch V. 124: *knecht* und V. 127: *knabe*.

folge wiedergegeben werden.[40] Dazwischengeschaltet sind immer Passagen von zwei, drei oder fünf Reimpaarversen, in denen sich – im Stil einer regelrechten Hangover-Geschichte – der Bube nach und nach an die Ereignisse des vergangenen Abends erinnern kann, seinen Hass gegenüber den brutalen Schlägern äußert und konkrete Rachegedanken formuliert. Das geschieht nun nicht in einer konsequent linearen Gedankenentwicklung, sondern eher in einer assoziativen Form, die eben einem verwirrten und verkaterten Zustand ziemlich genau ähneln soll – siehe die zitierte Erzählerbemerkung *Er wist nit recht, wie er jm tett* (V. 58). Die zwischen die Gebetseinsprengsel eingefügten Verse kreisen dabei in mehrfachen Wiederholungen ruminierend immer um dieselben Gedanken. Ein Beispiel:

Pater noster, vatter vnser	Pater noster, Vater unser,
Ich wart nächt getunsen	ich wurde letzte Nacht sehr gezogen
By dem har durch daz kol	bei dem Haar durch die Kohle,
Daz waistu lieber her wol	das weißt Du, lieber Herrgott, genau.
Du bist in dem himel	Du bist im Himmel.
Mit bencken vnd mit sidel	Mit Bänken und Stühlen
Wart mir min ruck gepert	wurde mir mein Rücken verhauen.
Got war vmb hastu mir da[z] beschert	Gott, warum hast Du mir das beschert?
Gehailiget werd din nam	Geheiligt werde Dein Name.
[…] (V. 67-75)	[…]

An dieser Stelle, dem Beginn des Vaterunsers, der zusätzlich durch den lateinischen Gebetsbeginn markiert wird, könnte man noch davon ausgehen, dass es im Rahmen des Erzähltextes eine Form der inhaltlichen Einbettung und Verschaltung mit den Vaterunser-Bitten gibt: Der Vorwurf an Gott, *war vmb hastu mir da[z] beschert* (V. 74), wird sofort wieder zurückgenommen und in der ersten Vaterunser-Bitte um die Heiligung des Gottesnamens aufgefangen. Der parodistische Zusammenhang, der sich hier andeuten könnte, bleibt allerdings singulär. In allen weiteren Bitten sowie beim späteren Ave Maria lässt sich kein inhaltlicher Zusammenhang zwischen Gebetsinhalt und Erzähltext herstellen, wie er für die *Paternoster-Parodie* kennzeichnend war (sh. Kap. 2.1). Herausgegriffen wird immer eine ganze Sinneinheit des Vaterunsers, wie gesagt durchwegs in deutscher Übersetzung, die jeweils in das Schema der vierhebigen Paarreimverse integriert wird und jeweils einen ganzen Vers füllt. Eine gewisse Spannung oder vielleicht sogar eine Form von Steigerung ergibt sich dadurch, dass das anschließend folgende Ave Maria nach dem lateinischen Text und ausschließlich danach zitiert

[40] Lediglich am Beginn des Paternoster ist in d die für die Versfüllung nötige, im Reim aber unglückliche Übersetzung *vater unser* (V. 132f.) hinzugefügt. Am Ende des Ave Maria fehlt in d zunächst das letzte Wort *tui*, hier nun gerade um einen reinen Reim (*ventris*/*gewiß*, V. 364f.) herzustellen. Der Schluss mit *Tui amen*, der einen ganzen Vers füllt, folgt dann wenig später (Lesart neben V. 368).

wird. Die Gebetseinschübe haben im Blick auf das Ganze offenbar vor allem eine textstrukturierende Funktion, die die Klage einem Ende zuführen. Mit dem Gebet endet schließlich auch das Lamentieren. Inhaltlich stellt sich ein komischer Effekt durch den Kontrast von Gebetstext und Prozess der Wiedererinnerung an die gewalttätigen Übergriffe der vergangenen Nacht mit Verwünschungen gegenüber den Tätern ein. Der Erzähler unterstellt sich am Ende dem Schutz Gottes und schließt ohne ein Epimythion oder Vergleichbares mit der typischen „Geldheische eines Fahrenden“[41].

Zur Langfassung (Sigle: k):[42] Abgesehen von punktuellen Erweiterungen, die teils weit ausgreifend immer um dieselben Motive kreisen (Wiedererinnern, Verwünschungen), und reinen Flickversen (k, V. 3 und k, V. 198) ist in der Langfassung zwischen Vaterunser und Ave Maria eine weit ausgreifende Klage über das Unglück unbescheidener *buoben* eingefügt worden (k, V. 226–305), die vom Buben als Kollektiv angesprochen werden (*wir búben*, k, V. 269). Eine deutliche Form der *amplificatio* ergibt sich zudem daraus, dass zusätzlich zur deutschen Übersetzung des Vaterunsers immer auch und zuerst das lateinische Stückchen Paternoster-Text zitiert wird, in aller Regel direkt im Vers vor der deutschen Übersetzung. [43] Allerdings werden die Gebetspartien dabei nicht metrisch oder reimtechnisch in den Erzähltext integriert. Im Fall des Ave Maria wird nun überhaupt eine deutschsprachige Übersetzung hinzugesetzt, das Bemühen um Vervollständigung gegenüber der Kurzfassung wird nun also gerade andersherum motiviert.[44] Ein Deutungsangebot fehlt auch in der Langfassung, ein Titel für die Geschichte wird am Ende angeführt: *Der búben gebett endet sich / alhie, des gelaúb ich. / Und heißet díz mere / daz búben pater nóster.* (k, V. 383–386).

Wie auch immer man diese Geschichte vom *buben* sozialhistorisch situieren und interpretieren möchte (arm vs. reich; jung vs. alt; stark vs. schwach; Gruppe vs. Einzelperson): Auch im vorliegenden Beispiel treten – in der Kurz- wie in der Langfassung – Innen und Außen in einen auffälligen Kontrast: Der nach dem Aufwachen als Morgengebet gesprochene Gebetstext, der eine angemessene innere Haltung erforderlich macht, reibt sich inhaltlich mit den Erinnungsfetzen des *buben*, die Stück für Stück mit seinen Rachegelüsten und Todeswünschen an die Verfolger zurückkehren. Die ziemlich aufgeblähte Langfassung scheint aus

[41] Kunze (Anm. 35), Sp. 1106.

[42] Meine Textverweise und -zitate folgen Schmid, *Codex Karlsruhe 408* (Anm. 36), S. 178–187.

[43] Lateinischer und deutscher Text sind dabei von der Verszahl her nicht immer deckungsgleich. Gleich am Anfang folgen auf das *qui es in celis* (V. 137) drei Verse als deutsche Wiedergabe: *herre vater, der dú bist/ zú aller zeit zú aller frist/ in den hóhen hiemeln* (V. 138–140).

[44] In der Handschrift der Langfassung sind im Übrigen diese lateinischen Partien durch Randanstreichungen, die vom Schreiber der Handschrift selbst zu stammen scheinen, markiert.

der Kontrastierung durch übersteigerte *amplificatio* besonderes Kapital schlagen zu wollen, der *bube* betont am Ende sogar, dass er sein Gebet nun *mit vil gúter andacht / so ich aller beste kan* (k, V. 380f.) gesprochen habe. Schließlich spielt auch hier der performative Aspekt meines Erachtens eine zentrale Rolle: Der *bube* rettet sich ja in eine Scheune (k, V. 72; d, V. 39), wo er allein bleibt und sein Gebet spricht – in der Langfassung kniet er sich zum Gebet nieder (vgl. k, V. 111) und verharrt in dieser Haltung bis zum Ende. Das Gebet wie seine Klagen werden dabei natürlich laut von ihm ausgesprochen, wie im Text betont wird,[45] was in einer ‚Aufführung' des Textes wiederum verschiedene Möglichkeiten des inszenierenden Vortragens durch Stimmgebung, Mimik oder Gestik eröffnet.

2.3 *Der Spunziererin Gebet*

Der dritte Text, *Der Spunziererin Gebet*, ist offensichtlich nach dem Prinzip ‚Text erzeugt Text' entstanden bzw. in die Handschrift aufgenommen worden. Er findet sich ausschließlich in dem eben behandelten Karlsruher Codex (Landesbibliothek, Cod. K 408, Sigle: k) mit der Langfassung *Von eime trunken buoben*, und zwar in direktem Anschluss daran. Möglicherweise ist das 36 Verse umfassende *gebet*, wie sich der Text selbst bezeichnet (V. 1, V. 30 und V. 33), spontan und in Anlehnung an die um ein Vielfaches längere Geschichte des *buben* hinzugedichtet und in die Sammelhandschrift integriert worden. Das dort angewendete Verfahren der Parodierung mag zu dieser Form der Nachahmung eingeladen haben. Alternativ könnte der Redaktor den bereits vorliegenden Text an der passenden Stelle in den Codex inseriert haben.

Vom Inhalt her wechselt die Perspektive von der des Buben zu der einer Frau, die in einer kurzen Einleitung als *spúncziererin* ‚Geliebte, Braut' (von lateinisch *sponsa*) bezeichnet wird.[46] Eine Nähe zur Brautmystik, die Glier hier veranschlagt, und die auch durch einzelne, in ihrem Bezug recht offene Textaussagen naheliegt, scheint mir durchaus wahrscheinlich.[47] Das kurze Stück lässt sich in drei Teile gliedern, wobei der Hauptteil die direkte Rede der Spunziererin darstellt (V. 3–28):[48] Eine knappe Einleitung führt zum Redeteil der

[45] k, V. 112: *Er sprach*; k, V. 131: *Nú wil ich sprechen daz pater unser reht*; Lesart in d: *dez müß ich ruffen an den crist* (d, V. 65). Zuvor liegt der Fokus in der Langfassung k eindeutig auf dem nicht laut geäußerten Gedankengang: *Er dácht* (k, V. 92; fehlt in d und b!); *so gedacht er in seiner not* (k, V. 96, fehlt in d und b!), *so gedácht er an sein ungemach* (k, V. ; Lesart in d und b: *clagt*, d, V. 60; b, V. 63).

[46] Vgl. Kully/Rupp (Anm. 24), S. 58.

[47] In De Boor/Glier, *Die deutsche Literatur* (Anm. 30), S. 135 ist vom gesamten Text als „eine[r] Art unbeholfene[n] Mystik-Parodie" die Rede.

[48] Meine Textzitate folgen der Ausgabe von Kully/Rupp (Anm. 24), S. 57f. Einen Textabdruck, der noch näher der Handschrift folgt, bietet Schmid, *Codex Karlsruhe 408* (Anm. 36), S. 188.

Spunziererin hin, am Ende wird in einer Art Resümee (V. 29–36) das Gebet zumindest ansatzweise bewertet.

Im Hauptteil wechseln lateinisches Paternoster versweise mit Gedanken der Spunziererin ab, die von großen Sorgen geplagt wird, ihren Geliebten an eine Konkurrentin zu verlieren. Lienert hält die Passagen des Paternoster insgesamt für „gedankenlos hingeleiert“ und meint, dass „die Worte des Paternoster und die Eifersuchtsrede der Liebenden“ in keiner gedanklichen Beziehung zueinander stünden. Die Formulierungen des Gebets erhielten „in ihrem neuen Kontext keinen veränderten (etwa erotischen) Sinn“[49], wie sich im Fall des Minnegesprächs zwischen Nonne und Mönch (vgl. Kap. 2.1) zeigen ließ. Lienert zieht daraus den Schluss: „Das beziehungslose Nebeneinander von Gebetsfloskeln und eifersüchtigen Gedanken bezeichnet die mangelnde Andacht der Betenden.“[50] Diese Deutung ist plausibel, lässt sich doch das laufend unterbrochene Nebeneinander von Vaterunser und Erzähltext im Fall des trunkenen Buben ebenfalls als eine (freilich in der Sache anders gelagerte) Ablenkung von der Andacht lesen.[51]

Indes habe ich aber den Eindruck, dass das intermittierende Nebeneinander nicht so beziehungslos ist, wie es auf den ersten Blick scheinen mag. Zumindest für die ersten Paternoster-Bitten lässt sich zeigen, dass die Ebene der Liebes- und der Gebetsrede in ein spannungsvolles Ineinander treten, was insgesamt einen komischen Effekt erzeugt haben mag, zumal, wenn man brautmystische Nebentöne unterstellt, die sich erst nach und nach in Richtung einer weltlich-erotischen Semantik festlegen lassen. So lässt sich nach dem einleitenden *So sie spricht „pater nóster“* (V. 3) die Frage *wo ist er?* (V. 4) auf beide Ebenen – Gott wie den Geliebten – beziehen, ebenfalls der Relativsatz *Qui es in celis* (V. 5), mit der folgenden Befürchtung, ihn zu verlieren (V. 6), die sich wieder zunächst offen an Gott wie den Geliebten gleichermaßen richten kann. *So ich nú schierst zú ým kúm* (V. 8) ist auf der Ebene eines weltlichen Liebesdiskurses Rede über den Geliebten, in mystischem Kontext gelesen die angestrebte Gottesnähe, gipfelnd in der *unio mystica*. Durch das folgende *Adveniat regnum tuum* (V. 9) werden die Referenzen noch weiter verwischt. Auch das *Herre* (V. 12), als Anrede an den Geliebten gerichtet, ist natürlich typische Gottesanrede im Gebet (vgl. das *Pater* in V. 3).

Es ergibt sich somit eine Art Kettenprinzip, bei dem nicht nur mit den potentiellen Referenzen gespielt wird, sondern bei dem zusätzlich eine Aussage eine andere auslöst und mit der jeweils vorangehenden bzw. darauffolgenden verschaltet werden kann, wobei sich die Aussagen in komplexer Weise über eine (V. 9f.), zwei (V. 5–8) oder drei (V. 21–27) Paternoster-Stellen erstrecken können, auch wenn das Prinzip nicht konsequent durchgezogen wird. Im mündlichen Vortrag und natürlich auch in der Schriftform (wo die Passagen des

[49] Alle Zitate bei Elisabeth Lienert: Art. *Der Spunziererin Gebet*, in: *VL*, Bd. 9, Sp. 206f., hier Sp. 207.

[50] Lienert (Anm. 49), Sp. 207.

[51] Vgl. so auch Janota (Anm. 31), S. 294, der ebenfalls festhält, dass der Text „[m]angelnde Andacht beim Gebet demonstriert.“

Paternoster im Übrigen graphisch nicht hervorgehoben sind) sind beide Ebenen schon allein sprachlich problemlos auseinanderzuhalten. Der lateinische Gebetstext bleibt wieder unberührt. Das parodistische Verfahren läuft über seine montierte Zitation hin zu einer Neukontextualisierung und Funktionalisierung im Rahmen eines Minnemonologes, indem sich das laut vorgestellte Sprechen des Gebetes (V. 3: *So sie spricht*) und die Gedanken der Spunziererin (V. 4: *Ir hercze gedencket*) in einen Kontrast zueinander stellen und in diesem Fall nun auch begrifflich explizit auseinandertreten.

2.4 *Des Wucherers Paternoster*

Damit komme ich zu meinem letzten Text, *Des Wucherers Paternoster*. Der Text ist unikal in einer Handschrift aus der zweiten Hälfte des 15. Jahrhunderts überliefert (Wien, Österreichische Nationalbibliothek, Cod. 2940*), wieder in einer Sammlung kleinepischer Texte, die aber aus dem Grenzgebiet von hoch- und niederdeutscher bzw. niederländischer Sprache stammt.[52] Sie enthält sowohl mittelniederländische als auch ripuarische Texte.[53]

Zur Gruppe der Letzteren zählt der vorliegende Fall, ein kurzer Text, der insgesamt 108 Reimpaarverse umfasst und in gewisser Hinsicht das mittelalterliche Pendant zum eingangs zitierten *Kapitalunser* darstellt.[54] Der Inhalt lässt sich in aller Kürze so zusammenfassen:[55] In einer knappen Einleitung kündigt ein Erzähler in direkter Anrede an sein Publikum (V. 1: *Wolde gy dyt alle wol vorstaen*, ‚Wolltet Ihr das alle richtig aufnehmen') den Bericht über einen Wucherer und dessen Verhalten beim Kirchgang an (V. 1–6). Er gehe in betont zerknirschter Haltung (V. 8: *syne brüste beghunnet he to slaen*, ‚er schlägt sich auf die Brust') in einen Winkel der Kirche und beginne sein Gebet zu sprechen (V. 7–10). Falls die Rezipienten in Anlehnung an Lk 18,9–14 nun eine Geschichte vom reuigen Zöllner erwarten, wird diese Erwartungshaltung jedoch umgehend desillusioniert.[56] Der Wucherer beginnt – nun in direkter Rede – das Gebet, schweift aber sofort und ganz und gar nicht mehr demütig ab zu einem Bericht

[52] Menhardt (Anm. 17), S. 648 bezeichnet die Schreibsprache als niederrheinisch und setzt als Schreibort Köln an. Mit Niederrheinisch ist das Grenzgebiet zwischen Ripuarisch und Niederfränkisch gemeint. Indizien, die konkret auf Köln hinweisen, fehlen in der Handschrift.

[53] Vgl. die Kurzbeschreibung in Klingner/Lieb, *Handbuch* (Anm. 18), Bd. 2, S. 139 (Wi_{13}).

[54] Vgl. zum Forschungsstand Konrad Kunze: Art. *Des Wucherers Paternoster*, in: *VL*, Bd. 10, Sp. 1424.

[55] Die Textwiedergaben folgen Franz Pfeiffer: *Altdeutsches Uebungsbuch zum Gebrauch an Hochschulen*, Wien 1866, S. 171f., wobei ich aus Gründen der Lesbarkeit die Nasalstriche aufgelöst habe. Die Übersetzungen ins Neuhochdeutsche stammen von mir.

[56] Auf die Bibelstelle als Referenzpunkt verweist Kunze (Anm. 54), Sp. 1424.

über seine Geldgeschäfte, zunächst über einen Schuldner: *Ik weyt enen ryken man* (V. 12–22, ‚Ich kenne einen mächtigen Mann'), dem er seine Schulden einen Tag gestundet hat. So geht es weiter mit kürzeren und längeren narrativen Einschaltungen in den lateinischen Text des Paternoster, in denen der Wucherer jeweils nach einem Vers[57] darüber nachdenkt, seinen Vorratsspeicher auszubauen (V. 26–30), die Rückforderung von verliehenen Trögen (V. 32–42) und Geld mit Zinsen (V. 44–50) geltend zu machen; zudem treten eitle Reflexionen über den eigenen Reichtum (V. 52–62), sein aus Adelshand gewonnener Besitz (V. 64–68), die Vererbung seiner Güter an das einzige Kind (V. 70–78) und schließlich Ritter, die ihm viel schulden (V. 80–88 und V. 90–97), in Erscheinung. Am Ende dieses *gades denst* (V. 100, ‚Gottesdienst') steht – weil es noch zu früh sei, um zum Mittagessen zu gehen (V. 102) – der Plan zu einem Gang auf den Markt, wo er oft Menschen finde, die er *ouele groten* (V. 106, ‚auf üble Weise begrüßen') und damit beschämen könne, wohl weil er sie an Verpflichtungen ihm gegenüber erinnern kann.

Im Fall dieses Textes gibt es keine Punkt-für-Punkt-Bezugnahmen der Paternoster-Bitten auf die Einschaltungen, die in der Handschrift – wenn auch nicht ganz konsequent – mit einem Paragraphenzeichen markiert und auf diese Weise hervorgehoben sind. Es ergibt sich ein starker inhaltlicher Kontrast zwischen den Bitten des Paternoster und den narrativen Einschaltungen durch die Gegensätzlichkeit der jeweiligen Aussagen. Kunze weist zu Recht darauf hin, dass die Oppositionen aber nicht spezifisch auf die Bitten bezogen formuliert bleiben, sondern im Zentrum steht allein die terminfixierte Gewinnmaximierung des Wucherers.[58] Als Beispiel dafür sei nochmals auf den Schluss verwiesen: Der Wucherer verlässt nach der Bitte *sed libera nos a malo* (‚sondern erlöse uns von dem Bösen') die Kirche, begibt sich aber dann direkt auf den Markt, um offensichtlich Böses zu tun. Der laut ausgesprochene Gebetsinhalt (V. 11: *Dat pater noster spreke ik an*, ‚Das Paternoster beginne ich') – und darin besteht der Kern des parodistischen Verfahrens auch in diesem Fall – tritt so in einen scharfen Kontrast zum tatsächlichen Denken und Handeln des Wucherers, das besonders auch in den einleitenden Wendungen zu einigen Abschnitten zum Tragen kommt, wenn beispielsweise die lateinische Paternoster-Bitte zitiert wird und danach in Frageform jeweils angeschlossen wird: *Wa ik nü dencke...* (V. 32, V. 44 und V. 52, ‚Woran ich nun tatsächlich denke').

Aber auch sonst steht allein der persönliche Profit des Wucherers im Zentrum und bildet damit einen krassen Gegensatz zu den Vaterunser-Bitten, wobei die Ich-Form konsequent der Wir-Form entgegengesetzt ist: *Da <u>nobis</u> hodie* (‚Gib <u>uns</u> heute', V. 63): *des hebbe <u>ik</u> hus, borghe und lant* (‚dadurch habe <u>ich</u> Häuser, Burgen und Ländereien', V. 68), *Et dimitte <u>nobis</u>* (‚Und vergib <u>uns</u>', V. 69): *Dar umme wil*

[57] Es fehlt die zweite Bitte (*fiat voluntas tua*) und – wohl nur ein Schreiberversehen – die zu V. 98 gehörende Wendung *in temptationem*.

[58] Kunze (Anm. 54), Sp. 1424.

ik hebben dat myn, / dat mach wol myn framen syn. (‚Darum will ich das Meine haben, / das kann mir sehr wohl Gewinn einbringen.‘, V. 77f.), *Debita nostra sicud nos* (‚Unsere Schulden, wie auch wir‘, V. 79): *so enn wil ik nycht lenger beyden, / so mot he my bereyden* (‚Dann will ich nicht mehr länger warten, / und er muss es mir zurückzahlen‘, V. 87f.), *Debitoribus nostris* (‚unseren Schuldigern‘, V. 93): *De blift my dat erve al wis* (‚Das bleibt mir sicher als Erbe‘, V. 94). Die abschließende Bewertung des Erzählers ist ebenso prägnant wie klar in ihrer Position: *Got schende alle wokenere. Amen* (‚Gott schände alle Wucherer‘, V. 108). Auch hier sind für einen Vortrag des Textes wiederum vielfältige Markierungsmöglichkeiten denkbar.

3 Schluss

Ich versuche abschließend einige Punkte zusammenzufassen, die mir zentral zu sein scheinen: In den deutschsprachigen Texten, die sich unter dem Stichwort „Paternoster-Parodie“ fassen lassen, wird (mit einer einzigen Ausnahme) immer das lateinische Paternoster zum Gegenstand. Die Gründe dafür liegen auf der Hand: Im Mittelalter gibt es keine kanonischen Übersetzungen des Vaterunsers in die deutsche Sprache, sondern eine Vielzahl von sicher mehr oder weniger ähnlichen Übertragungen. Wenn man aber im Mittelalter einen lateinischen Text lernt und kennt, dann ist es das Paternoster, das in Schule, Katechese und Liturgie Verwendung findet.[59]

Im Blick auf die besprochenen Fälle hat das zunächst einmal zur Folge, dass wir hier im Resultat deutsch-lateinische, also gemischtsprachige Texte vor uns haben. Der Paternoster-Text selbst bleibt dabei in allen aufgeführten Fällen in seinem Wortlaut unangetastet. Das stellt ein grundsätzlicher Unterschied zu den einleitend behandelten modernen Vaterunser-Parodien und zu den lateinischen mittelalterlichen Paternoster-Parodien (s. Kap. 1) dar. Diese sind geläufige und auch heute noch gut nachvollziehbare Beispiele für Formen der ‚Verkehrung‘ bzw. der ‚Verschiebung‘, wie sie sich an vielen weiteren Texten beschreiben lassen.[60] Die Geschichte der Vaterunser-Parodien, die den deutschen Text antasten

[59] Zu den alt- und mittelhochdeutschen Vaterunser-Übersetzungen sowie zur Kenntnis des Textes vgl. die Hinweise bei Adam (Anm. 7).

[60] Vgl. Carmen Cardelle de Hartmann: *Parodie in den Carmina Burana*, Zürich 2014 (*Mediävistische Perspektiven* 4), v. a. die wichtigen forschungsgeschichtlichen Hinweise und Ausführungen zum Parodie-Begriff auf S. 17–28. Vgl. darüber hinaus auch: *Parodie und Verkehrung. Formen und Funktionen spielerischer Verfremdung und spöttischer Verzerrung in Texten des Mittelalters und der Frühen Neuzeit*, hg. von Seraina Plotke und Stefan Seeber, Göttingen 2016 (*Encomia Deutsch* 2), insbesondere die Einleitung der Herausgeber (*Parodie und Verkehrung. Versuch einer Annäherung*, S. 1–18) sowie den Beitrag von Nikolaus Henkel: *Parodie und parodistische Schreibweise im hohen und späten Mittelalter. Lateinische und deutsche Literatur im Vergleich*, ebd., S. 19–43.

und ihn verballhornen, beginnt wohl erst im 16. Jahrhundert mit Hans Sachs[61] und findet später mit Hans Jakob Christoffel von Grimmelshausen einen ersten Höhepunkt, der den Simplicius das Vaterunser mit allen denkbar möglichen Verhörern (denn Simplicius kennt das Gebet natürlich nur vom Nachsprechen) folgendermaßen beten lässt:

> Unser lieber Vatter / der du bist Himel / hailiget werde nam / zrkommes d Reich / dein Will schee Himmel ad Erden / gib uns Schuld / als wir unsern Schuldigern geba / fuehr uns nicht in kein boeß Versucha / sondern erloeß uns von dem Reich / und die Krafft / und die Herrlichkeit / in Ewigkeit / Ama.[62]

Dieser und andere Texte sind Beispiele „eines schnöden analogischen Spiels“[63], die im Mittelalter wie in der Frühen Neuzeit wohl kaum je ernsthaft als blasphemisch empfunden wurden.[64] In Max Wehrlis Worten: „Parodie war nur erträglich, weil der Gegenstand der Parodie im Grunde gar nicht in Frage stand.“[65] Bei den mittelalterlichen Texten, die unter dem Stichwort „Paternoster-Parodie“ im *Verfasserlexikon* aufgeführt werden, ist nicht das Paternoster im engeren Sinne Gegenstand parodistischen Schreibens. Die Beispiele sind vielmehr Fälle einer Neu-Kontextualisierung und Neu-Funktionalisierung, die eine Nähe zu Diskursfeldern wie Liebe/Sexualität (*Paternoster-Parodie*, *Der Spunziererin Gebet*), Trunksucht (*Des Buben Paternoster*) und Geld (*Des Wucherers Paternoster*) herstellen, was sich teilweise eng mit den thematischen Schwerpunkten der Sammelhandschriften insgesamt berührt. Insofern sind die deutschsprachigen Texte, die im Übrigen alle ohne Autorzuschreibungen überliefert sind, auch mit dem Begriff der ‚sozialen Parodien‘ treffend beschreibbar.[66] Aber das ist eben nur ein Aspekt.

Vor allem stellen die Beispiele im Blick auf die Rezeption des Paternosters vom 8. bis zum 15. Jahrhundert in der Volkssprache insgesamt gesehen den Teil einer Komplexisierungsgeschichte dar, die den Status der Volkssprache gegenüber

[61] Zu Sachs’ Bearbeitungen der *Ungleichen Kinder Evas* (1553 zwei Mal in dramatischer Form; 1558 Schwank) vgl. die Hinweise bei Breuer (Anm. 62), S. 808. Heinrich Wittenwilers *Ring* mit der Prosaübersetzung des Vaterunsers (V. 3818, Z. 1–8) scheidet trotz der problematischen Farbgebung aus, da parodistische Elemente nicht zu erkennen sind. Vgl. Heinrich Wittenwiler: *Der Ring. Frühneuhochdeutsch / Neuhochdeutsch*. Nach dem Text von Edmund Wießner ins Neuhochdeutsche übersetzt und herausgegeben von Horst Brunner, Stuttgart 1991 (*RUB* 8749), Kommentar S. 571f. z. St.

[62] Hans Jacob Christoffel von Grimmelshausen: *Simplicissimus Teutsch*, hg. von Dieter Breuer, Frankfurt a. M. 1989 (*Werke in drei Bänden* I/1), S. 37 (Text), S. 808 (Kommentar).

[63] Max Wehrli: *Literatur im deutschen Mittelalter. Eine poetologische Einführung*, Stuttgart 1984 (*RUB* 8038), S. 274.

[64] Vgl. Hartmann (Anm. 60), S. 73f.

[65] Wehrli (Anm. 63), S. 273.

[66] Vgl. dazu Hartmann (Anm. 60), S. 19f.

der lateinischen Sprache anschaulich zu machen vermag. Im Vergleich zu den Übersetzungen, Auslegungen und Kommentierungen dieses Textes stellen die sogenannten Parodien Versuche dar, auf allen Ebenen – formal wie inhaltlich – spielerisch-literarisch mit diesem Text umzugehen.[67] Dies tun sie, indem sie den lateinischen Paternoster-Text formal mehr oder weniger kunstvoll in den Zusammenhang eines volkssprachigen Erzähltextes montieren (ganze Verse, Versteile, mit/ohne Reim etc.) und inhaltlich ambige Referenzialisierungen der Aussagen des Paternosters mit dem Inhalt der Erzähltexte ermöglichen. Die so entstehende Spannung zwischen dem in allen Fällen laut vorgesprochenen Herrengebet und den weiteren mitlaufenden Gedanken bzw. Äußerungen bot dabei auch auf der Ebene der Performation der Texte vielfältige Möglichkeiten der Markierung, die durch die Überlieferung in den Sammelhandschriften nicht mehr direkt zugänglich sind. Durch diese Spannung werden bestimmte Herausforderungen und Ziele, die mit dem Beten als religiöser Sprechpraxis verbunden sind, hervorgehoben gemacht. Dabei schwingen deutliche polemische Untertöne mit, die sich gegen das ‚automatisierte' Herunterleiern des Gebetstextes sowie gegen Ablenkungen vom andächtigen Sprechen des Gebets richten.[68]

[67] Vgl. Janota (Anm. 31), S. 294. Zur Geschichte des Vaterunsers aus germanistischer Perspektive sei nochmals auf die Arbeit von Adam (Anm. 7) verwiesen.

[68] Zum Sprechen als Handlungsform vgl. Nina Nowakowski: *Sprechen und Erzählen beim Stricker. Kommunikative Formate in mittelalterlichen Kurzerzählungen.* Berlin/ Boston 2018 (*Trends in Medieval Philology* 35). Anna Kathrin Bleuler, Nina Nowakowski und Pia Schüler danke ich an dieser Stelle herzlichst für Lektüre und Anregungen zu meinem Beitrag.

Theorie und Praxis der *aemulatio* bei Petrarca und Dante

PETER KUON (Salzburg)

Der Überblicksartikel *Aemulatio* im *Historischen Wörterbuch der Rhetorik* lässt den Abschnitt zum Mittelalter mit der Erörterung der mittellateinischen *Poetrie* des 12. und 13. Jahrhunderts ausklingen und hält fest: „In den *Trivium*-Lehrbüchern und in den literaturtheoretischen Dichtungsprologen des Mittelalters kommt der Begriff ‚Aemulatio' nicht vor."[1] Der Abschnitt zu Humanismus, Barock und Aufklärung datiert den „Anspruch, die antiken Dichter nicht nur zu imitieren, sondern es ihnen gleichtun und sie übertreffen zu wollen",[2] auf das *Trecento* und geht dann ausführlich auf Petrarca und die Humanisten des 14. und 15. Jahrhunderts ein. Lässt sich diese Periodisierung halten? In die Lücke, die sich zwischen den *Poetrie* und Petrarcas Poetik auftut, fällt immerhin Dante Alighieri, der sich mit dem Problem der *imitatio* intensiv auseinandersetzte. Ist seine *aemulatio* von der Petrarcas grundsätzlich verschieden?

Im Folgenden werde ich zunächst die wichtigsten Elemente der petrarkischen *imitatio*-Lehre in Erinnerung rufen, bevor ich zeige, wie Petrarca in Sextine 142 eine Vorlage Dantes überbietet. Beide Gedichte beziehen sich auf den Erfinder der Sextine, Arnaut Daniel, der im *Purgatorio* den Jenseitswanderer ‚Dante' auf Altprovenzalisch anspricht. Diese acht Verse, in denen der Autor Dante in einer untergegangenen Literatursprache dichtet, will ich heranziehen, um sein *imitatio*-Konzept aus der literarischen Praxis heraus zu erklären.

1 Zu *imitatio* und *aemulatio* in Petrarcas *Familiares*[3]

In seinem Brief an Tommaso Caloiro[4] vom 11. April 1338 greift Petrarca den antiken Bienen-Vergleich[5] auf: „Man soll die Bienen bei ihrem Sammeln nach-

[1] Barbara Bauer: Art. *Aemulatio*, in: *Historisches Wörterbuch der Rhetorik*, hg. von Gert Ueding, Tübingen, Bd. 1 (1992), Sp. 164.

[2] Ebd., Sp. 164–167.

[3] Zur *imitatio*-Lehre bei Petrarca sh. Peter Kuon: *L'aura dantesca. Metaformosi intertestuali nei* Rerum vulgarium fragmenta *di Francesco Petrarca*, Firenze 2004, S. 15–26, und Alice Malzacher: *„Il nodo che ... me ritenne". Riflessi intertestuali della* Vita Nuova *di Dante nei* Rerum vulgarium fragmenta *di Petrarca*, Firenze 2013, S. 16–21.

[4] Caloiro wird in der deutschen Übersetzung der *Familiares* als „junger Schriftsteller" bezeichnet (Francesco Petrarca: *Familiaria. Bücher der Vertraulichkeiten*, hg. von Berthe Widmer, 2 Bde., Berlin/New York 2005 u. 2009, Bd. 1, S. 41), in Wirklichkeit

ahmen; sie tragen die besuchten Blüten nicht als solche mit sich fort, sondern verfertigen daraus Wachs und Honig in einer wunderbaren Mischung“ (*apis in inventionibus imitandas, que flores, non quales acceperint, referunt, sed ceras ac mella mirifica quadam permixtione conficiunt, Fam.* I 8,2).[6] Hierauf folgt, am Ende des Briefes, dann der Ratschlag: „Und achte auch darauf, dass bei Dir nichts auf längere Zeit so verbleibe, wie Du es gepflückt hast. Denn nur damit verdienen die Bienen sich Lob, dass sie alles Gesammelte ins Bessere verwandeln“ (*Neve diutius apud te qualia decerpseris manenant, cave: nulla quidem esset apibus gloria, nisi in aliud et in melius inventa converterent, Fam.* I 8,23). Aufgabe des Schriftstellers sei es, die entlehnten Passagen, die er in seinen Text integrieren möchte, zu sammeln und in etwas Eigenes, was in erster Linie die eigenen Worte meint, ja in etwas Besseres zu verwandeln.

Interessant ist, dass Petrarca in diesem Brief die Nachahmung als eine Art Notlösung präsentiert: „Rühmlicher wäre es nämlich, nicht nach Art der Bienen weit und breit Zerstreutes zu sammeln, sondern nach dem Beispiel eines Wurmes, der kaum größer ist und in seinem Gedärm einen Saft erzeugt, ein eigenes Wissen und eine eigene Sprechweise aus sich selber zu schöpfen, ([...] *felicius quidem, non apium more passim sparsa colligere, sed quorundam haud multo maiorum vermium exemplo, quorum ex visceribus sericum prodit, ex se ipso sapere potius et loqui, Fam.* I 8,5). Nur der Schriftsteller sei vollkommen, der darauf verzichten könne, Fremdes zu sammeln und zu verarbeiten, weil er seinen Text aus sich selbst heraus schaffe. Nur wenigen, wenn überhaupt, sei dies gegeben. Der Vergleich mit der Seidenraupe stellt den Anspruch auf absolute – also gottgleiche – künstlerische Autonomie als ein kaum zu erreichendes Ideal hin.

Achtundzwanzig Jahre später, in einem Brief an seinen Freund Boccaccio[7] vom 28. Oktober 1366, kommt Petrarca auf die ersten poetischen Versuche des

war er mit damals 36 Jahren zwei Jahre älter als Petrarca, aber erfolglos. Seine ‚Jugend‘ ist ein rhetorischer Effekt des Überlegenheitsgestus, mit dem der arrivierte Humanist seinem frustrierten Freund zu verstehen gibt, dass er sich mit seinem geringeren Talent eben abfinden müsse.

[5] Hierzu u. a. Jürgen von Stackelberg: *Das Bienengleichnis. Ein Beitrag zur Geschichte der literarischen* Imitatio, in: *Romanische Forschungen* 68 (1956), S. 271–293.

[6] Die *Familiares* werden nach der folgenden Ausgabe zitiert: Francesco Petrarca: *Le familiari*, hg. von Vittorio Rossi, 4 Bde., Firenze ^{2}1968 (1933–1942). Die Übersetzungen folgen der deutschen Ausgabe von Berthe Widmer (Anm. 4); einzelne Änderungen sind durch den Zusatz [P. K.] markiert.

[7] Vgl. dagegen Eric Achermann: *Unähnliche Gleichungen.* Aemulatio, imitatio *und die Politik der Nachahmung*, in: *Aemulatio. Kulturen des Wettstreits in Text und Bild (1450–1620)*, hg. von Jan-Dirk Müller, Ulrich Pfisterer, Anna Kathrin Bleuler und Fabian Jonietz, Berlin/Boston 2011, S. 35–73, hier S. 40, der seine Ausführungen zu Fam. XXIII 19 folgendermaßen einleitet: „An den jungen Boccaccio (1313–1375) gewendet expliziert Petrarca seine Vorstellungen bezüglich Bienen und Raupen [...].“ Als jung kann der damals 54-jährige Boccaccio wohl kaum gelten; von Raupen ist in dem Brief auch nicht die Rede.

jungen Giovanni Malpaghini aus Ravenna zu sprechen. Dieser sei zwar voller Talent, hänge aber noch zu sehr von seinen literarischen Vorbildern ab:

> Firmabit, ut spero, animum ac stilum, et ex multis unum suum ac proprium conflabit, et imitationem non dicam fugiet sed celabit, sic ut nulli similis appareat sed ex veteribus novum quoddam Latio intulisse videatur. (*Fam.* XXIII 19,10)

> Festigen wird er, wie ich hoffe, seinen Geist und seine Schreibweise, dass er aus verschiedenen Stilen seinen bestimmten eigenen zusammenschweißen und die Nachahmung, ich sage nicht: ‚fliehen', aber ‚verbergen' wird, und es dann scheine, er sei niemandem ähnlich, habe vielmehr aus Altem etwas völlig Neues geschaffen und ‚nach Latien gebracht'.

Petrarca stellt zunächst klar, dass sich der *stilus* nicht unabhängig vom *animus*, also die Schreibweise eines Dichters nicht unabhängig von seinem Charakter entwickle. Weiter betont er, dass der persönliche Stil aus einer aktiven Transformation, also einem Zusammenschweißen oder Umschmieden von vielen anderen Stilen erwachse. Schließlich hält er fest, dass die Nachahmung nicht so sehr vermieden als vielmehr verborgen werden müsse, damit sie nicht allzu sichtbar werde. Statt in die eigenen Verse Elemente (*particulas*) der Verse Vergils einzustreuen, solle sich sein Schüler darum bemühen, in ähnlicher, nicht in gleicher Weise zu schreiben. Während der Maler umso mehr gelobt werde, je ähnlicher das Bild dem Modell entspreche, solle der Dichter in seiner Nachahmung eher eine ungefähre Ähnlichkeit anstreben, wie die zwischen dem Sohn und dem Vater:

> In quibus cum magna sepe diversitas sit membrorum, umbra quedam et quem pictores nostri aerem vocant, qui in vultu inque oculis maxime cernitur, similitudinem illam facit, que statim viso filio, patris in memoriam nos reducat, cum tamen si res ad mensuram redeat, omnia sint diversa; sed est ibi nescio quid occultum quod hanc habeat vim. Sic et nobis providendum ut cum simile aliquid sit, multa sint dissimilia, et id ipsum simile lateat ne deprehendi possit nisi tacita mentis indagine, ut intellegi simile queat potiusquam dici. Utendum igitur ingenio alieno utendumque coloribus, abstinendum verbis; illa enim similitudo latet, hec eminet; illa poetas facit, hec simias. Standum denique Senece consilio, quod ante Senecam Flacci erat, ut scribamus scilicet sicut apes mellificant, non servatis floribus sed in favos versis, ut ex multis et variis unum fiat, idque aliud et melius. (*Fam.* XXIII 19,12–13)

> Zwischen diesen [dem Sohn und dem Vater] gebe es ja, obwohl die Verschiedenheit bei den Körperteilen oft sehr bedeutend sei, doch ein gewisses Etwas, das unsere Maler als ‚Duft' bezeichnen und das man vor allem im Gesicht, zumal in den Augen wahrnehme, und in eben diesem Duft liege, was jene Ähnlichkeit ausmache, die bei Anblick des Sohnes unverzüglich die Erinnerung an den Vater wachrufe, auch wenn bei einem genauen Abmessen wirklicher Verhältnisse von diesem

> zu jenem alles sehr verschieden sei. Doch da gebe es ich weiss [sic] nicht was an Verborgenem, was diese Kraft besitze.
> Daher müssten auch wir, wo etwas Ähnliches vorliege, dafür besorgt sein, dass sehr viel Unähnliches vorhanden sei und jenes gewisse Ähnliche sich recht eigentlich darein verberge und nicht anders erfasst werde, als indem der Geist es still und behutsam einkreise, da man das Ähnliche eher zu denken als auszusprechen vermöge. Verwenden müsse man dafür den fremden Erfindungsreichtum, auch die Farben, vermeiden müsse man aber die Wörter [P. K]. Es gebe eine Ähnlichkeit, die verborgen sei, und es gebe eine andere, die sich hervordränge; und die eine mache den Poeten, die andere den Affen. Halten müsse man sich an einen Ratschlag Senecas, den vor ihm schon Flaccus gekannt hatte, dass wir nämlich dichten sollen, wie die Bienen Honig bereiten, welche nicht Blüten an sich bewahren, sondern sie in Waben verwandeln, wodurch aus dem Vielen und Verschiedenen ein Einziges entstehe, und zwar ein Anderes und Besseres.

Im Vordergrund steht hier der Sohn-Vater-Vergleich,[8] mit dem Petrarca einen Perspektivwechsel vom Autor auf den Leser vornimmt.[9] Das – unter Verweis auf Seneca und Horaz[10] – erinnerte Bienengleichnis reflektiert allein den Schaffensprozess, also die Verwandlung des aus verschiedenen Blüten gesammelten Pollens in ein neues und wertvolleres Produkt, den Honig; es sagt aber nichts über den Rezeptionsprozess aus, also über die Verkostung, die im Duft und Geschmack des Honigs die ursprünglichen Blüten wiederfindet. Diese ‚hermeneutische' Dimension wird ins Bild der Familienähnlichkeit gefasst. Die Ähnlichkeit zwischen Sohn und Vater, schreibt Petrarca, sei ein gewisser Schein, ein gewisses Etwas oder, mit einem Fachbegriff aus der Malerei, eine Art Hauch, ein nicht näher zu bestimmendes Mysterium, das uns bei Anblick des Sohns an den Vater denken lässt, auch wenn bei näherer Betrachtung die Unterschiede deutlich hervortreten. Der Standpunkt ist der des Betrachters bzw. des Lesers, der, wenn er einen Text liest oder hört, unwillkürlich an einen früheren Text denkt. Jeder Versuch, diesen Eindruck, der sich aufdrängt, diese Evidenz, zu konkretisieren, führt ins Paradox ihrer Auflösung. Eine gelungene poetische Nachahmung solle den Hörer oder Leser so verunsichern, dass er in aller Stille (*tacita mentis indagine*), in einem Hin und Her zwischen gegenwärtigem und erinnertem Text, eine Ähnlichkeit zu fassen sucht, die intuitiv gegeben scheint, aber kaum bestimmbar ist. Um dieses Ziel zu erreichen, sollten die Dichter daher wortwörtliche Übernahmen (*verba*) sorgfältig vermeiden. Hingegen könnten sie sich der fremden *inventio* (*ingenium*) und des *ornatus* (*colores*) bedienen. Zulässig im Hinblick auf die zu erzielende Wirkung seien nur stilistische und inhaltliche Anklänge, nicht aber wörtliche Übernahmen, die die Ähnlichkeit offenlegten, statt sie zu verbergen, und die auf diese Weise den Dichter in einen Plagiator, einen Affen verwandelten.

[8] Sh. Seneca: *Ad Lucil.* LXXXVI, 8.
[9] Sh. Cesare Segre: *Semiotica filologica. Testo e modelli culturali*, Torino 1979, S. 12.
[10] Sh. Horaz: *Ars poet.* 134–135 und Seneca: *Ad Lucil.* LXXXIV, 3–5.

Der Brief an Boccaccio nimmt eine unerwartete Wende. Der junge Malpaghini, berichtet Petrarca, habe auf seine Ermahnungen geantwortet, er habe nur deshalb wörtliche Übernahmen in seine Gedichte eingebaut, weil meinte, dem Beispiel seines Meisters folgen zu dürfen. Dieser weist die Unterstellung entrüstet zurück, doch Malpaghini nennt einen Passus aus dem *Bucolicum Carmen* (VI, v. 193), *atque intonat ore* („und mit donnernder Stimme"), der ein Versende aus der *Aeneis* (VI, v. 607) wörtlich zitiert. Petrarca gibt sich geschlagen und bittet Boccaccio bei Vergil ein gutes Wort für ihn einzulegen, damit dieser, der „einem Homer, Ennius, Lucretius und vielen anderen oft vieles geraubt hat" (*cum Homero, Ennio, Lucretio multisque aliis multa sepe rapuerit*), ihm verzeihen möge, „wenn ich ihm meinerseits zwar nichts raubte, aber doch aus mangelnder Aufmerksamkeit eine Kleinigkeit entwendete" (*si* [...] *ego sibi non rapui, sed modicum aliquid inadvertens tuli, Fam.* XXIII 19,17).

Wie so oft in den *Familiares* wird eine an sich abgeschlossene Debatte durch den Schluss wieder geöffnet. Petrarca gibt zu, Vergil etwas entnommen zu haben, aber unabsichtlich und ohne es zu merken. Die Bitte um Verzeihung spielt mit dem semantischen Unterschied zwischen *rapire* und *tollere*, wobei Vergil des absichtlichen Raubs verdächtigt wird, während sich Petrarca selbst von jeder Schuld reinwäscht. Wir wissen nicht, was Vergil auf Petrarca geantwortet hätte, wir dürfen aber vermuten, dass Boccaccio schmunzeln musste. Er hätte sich an einen früheren Brief seines Freundes erinnern können, in dem dieser, unter Bezug auf Vergil, wörtliche Übernahmen für rechtmäßig erklärte, wenn sie nicht in räuberischer Absicht, sondern unter dem Aspekt des Wetteiferns erfolgen ([*non*] *furandi* [...], *sed certandi animo, Fam.* XXII 2,27). Erlaubt ist, was dem Wettstreit dient!

Soviel zur Theorie! Wie aber sieht die Auseinandersetzung mit Dante in Petrarcas dichterischer Praxis aus?

2 Petrarca und Dante: *Rvf* 142 und *Rime* 101

Das Gedicht, mit dem ich mich beschäftigen möchte, *Rvf* 142,[11] ist eine Sestine, die auf eine Sestine Dantes, *Rime* 101,[12] antwortet.[13] In den ersten beiden Strophen blickt das Ich an die Zeit seiner ersten Liebe zurück, als es im Schatten des Lorbeers, sprich: Lauras, Schutz gefunden hat:

[11] Zitiert nach Francesco Petrarca: *Canzoniere*, hg. von Marco Santagata, Milano 1996.

[12] Zitiert nach Dante Alighieri: *Rime*, hg. von Domenico De Robertis, 3 Bde., Firenze 2002, Bd. 3., S. 114–115.

[13] Eine ausführlichere Interpretation der Sestine findet sich in Kuon (Anm. 3), S. 182–192.

A la dolce ombra de le belle frondi
corsi fuggendo un dispietato lume
che 'nfin qua giù m'ardea dal terzo cielo;
et disgombrava già di neve i poggi
l'aura amorosa che rinova il tempo,
et fiorian per le piagge l'erbe e i rami. (*Rvf* 142, v. 1–6)

In den süßen Schatten der schönen Blätter floh ich vor einem erbarmungslosen Licht, das bis hier unten aus dem dritten Himmel brannte; und die Hügel befreite vom Schnee die Luft der Liebe, die eine neue Jahreszeit ankündigt, und auf den Wiesen blühten die Blumen und die Zweige.[14]

Schon im Incipit deutet Petrarca sein Modell an:

Al poco giorno ed al gran cerchio d'ombra
son giunto, lasso, ed al bianchir de' colli
quando si perde lo color nell'erba;
e 'l mio disio però non cangia il verde,
si è barbato nella dura pietra
che parla e sente come fosse donna. (*Rime* CI, v. 1–6)

An wenig Tageslicht und großes Schattenrund bin ich gelangt, müde, und ans Verbleichen der Hügel, wenn die Gräser ihre Farbe verlieren: und mein Verlangen bleibt jedoch immergrün, so tief verwurzelt ist es in dem harten Stein, der spricht und fühlt als wär' er eine Frau.

Das Syntagma, das das erste Substantiv einführt, *ombra*, geht auf den Eingangsvers und das erste Reimwort der einzigen Sestine Dantes zurück: *Al poco giorno ed al gran cerchio d'ombra*, während das hinzugefügte Bewegungsverb (*A* [...] *corsi*) den Rhythmus des Danteschen Verses nachbildet (*A* [...] *son giunto*) und das Ausgangsverb synonymisch vertritt. Drei seiner Reimwörter, nämlich *frondi*, *lume* und *poggi* übernimmt Petrarca aus späteren Strophen Dantes, umgekehrt integriert er drei Reimwörter Dantes, nämlich *ombra*, *erba* und *verde*, in sein eigenes Wortmaterial. Die Schlussverse der ersten Strophe sind eine Paraphrase der letzten drei Verse von Dantes zweiter Strophe:

Similemente questa nova donna
si sta gelata come neve all'ombra,
che non la move, se non come pietra,
il dolce tempo che riscalda i colli,
e che li fa tornar di bianco in verde
perché lli cuopre di fioretti e d'erba. (*Rime* CI, v. 7–12)

[14] Diese und die folgenden Interlinearübersetzungen stammen, falls nichts anderes vermerkt ist, von mir.

In gleicher Weise ist diese neue Frau festgefroren wie Schnee im Schatten: so dass sie nicht rührt, wie ein Stein, die süße Zeit, die die Hügel erwärmt, und sie aus Weiß in Grün zurückverwandelt, weil sie sie mit Blüten und Gräsern bedeckt.

Man achte auf die Übernahme der Reimwörter *colli* und *erbe*, das erste ersetzt (*poggi*), das zweite pluralisiert (*erbe*), auf die Entlehnung von *neve*, auf die synonymische Vertretung von *il dolce tempo* durch *l'aura amorosa* und *riscalda* durch *rinova*, die Verwandlung des Substantivs *fioretti* in die Verbform *fiorian*, auf die Umschreibung *disgombrava di neve* für *fa tornar di bianco in verde*, auf den syntaktischen Parallelismus des fünften Petrarca- und des zehnten Dante-Verses, schließlich auf die Wiederaufnahme (in umgekehrter Reihenfolge) der Bilder des Schnees, der in der Sonne schmilzt, und des frühlingshaften Aufblühens der Natur.

Zielt in der ersten Strophe die *imitatio* darauf ab, den Danteschen Natureingang affirmativ zu variieren, um den Ausgangspunkt der *aemulatio* zu verdeutlichen, so wird in der zweiten Strophe die Differenz markiert, der petrarkische Eigensinn:

Non vide il mondo sì leggiadri rami,
né mosse il vento mai sì verdi frondi
come a me si mostrâr quel primo tempo:
tal che, temendo de l'ardente lume,
non volsi al mio refugio ombra di poggi,
ma de la pianta più gradita in cielo. (*Rvf* 142, v. 7–12)

Niemals sah die Welt so anmutige Zweige, noch bewegte der Wind je so grüne Blätter, wie sie sich mir in dieser ersten Zeit zeigten, so dass ich, als ich das brennende Licht fürchtete, mir nicht den Schatten der Hügel zur Zuflucht wählte, sondern den der Pflanze, die dem Himmel am liebsten ist.

Erneut wird Wortmaterial übernommen und verändert:

La sua bellezza ha più vertú che pietra,
e' l colpo suo non può sanar per erba;
ch'i' son fuggito per piani e per colli
per potere scampar da cotal donna;
e dal suo lume non mi può far ombra
poggio né muro mai né fronda verde. (*Rime* CI, v, 19–24)

Ihre Schönheit hat mehr Macht als ein Edelstein, und die Wunde, die sie schlägt, kann mit Kräuter nicht geheilt werden: so dass ich über Ebenen und Hügel geflohen bin, um einer solchen Frau entkommen zu können; und vor ihrem Licht kann mir nicht Schatten spenden weder Hügel noch Mauer noch grüne Blätter.

Petrarca entlehnt das Reimwort *verde* und verbindet es, pluralisiert, mit seinem eigenen Reimwort *frondi*, so dass das Syntagma *verdi frondi* in umgekehrter Anordnung auf *fronda verde* respondiert, er integriert Dantes Reimwort *ombra* in seinen Vers und macht *lume* sowie *poggio*, wiederum pluralisiert, zu eigenen Reimwörtern, er lässt das Syntagma *né muro mai ne fronda verde* phonosyntaktisch in *né mossi* [...] *mai sì verdi frondi* anklingen und nimmt Syntax und Semantik des Syntagmas *non mi può far ombra/ poggio* in *non volsi al mio refugio ombra di poggi* wieder auf. Die Verwendung und Variation semantischer, aber auch syntaktischer und phonischer Elemente des Modells führt aber zu einem gänzlich anderen Schluss: Nichts, aber auch gar nichts, weder Mauern noch Hügel noch Bäume, können dem Danteschen Ich vor der versengenden Leidenschaft, die die *donna pietra* in ihm auslöst, Schutz bieten; das petrarkische Ich hingegen findet, wenn es sich von leidenschaftlicher Liebe bedroht fühlt, Zuflucht unter den Blättern des Lorbeers, der nach antiker Überlieferung vor den Blitzen des Himmels schützt.

Petrarca – und damit erfolgt der Übergang von der *imitatio* zur *aemulatio* – stellt die vorgefundene Situation auf den Kopf: der *lauro*, also Laura ist das Ziel, nicht die Ursache der Flucht. Die Flucht des Danteschen Ichs ([...] *i' son fuggito per piani e per colli/ per potere scampar da cotal donna*) wird bei Petrarca zu einer unaufhörlichen Bewegung durch die Natur, die immer wieder zur geliebten Frau zurückführt (*per poter appressar gli amati rami*, *Rvf* 142, v. 34). Anders gesagt: Das Ich der petrarkischen Sestine befindet sich gar nicht mehr in den Fängen der sinnlichen Liebe. Petrarca löscht jegliche Spur der Leidenschaft, die der Sublimierung Lauras in den Lorbeer vorausging, aus und geht mit keinem Wort auf den Schluss von Dantes Sestine ein, wo das Ich dem Wahnsinn erliegt: Es imaginiert eine völlig undenkbare Szene, in der die *donna-pietra* sich ihm leidenschaftlich hingibt, und es bekennt, auf Steinen schlafen und Gras fressen zu wollen, nur um die Orte zu sehen, wo die Geliebte ihren Schatten wirft. Bei Petrarca ist die Verdrängung dieses *amour fou* die Voraussetzung eines Widerrufs, welcher die negativen Bilder Dantes in positive umformt, die *petrosità* der *donna* in den süßen Schatten des Lorbeers.

A la dolce ombra ist der Lobgesang auf eine Dafne-Laura. Die Sestine verschweigt das privative Moment der Ovid-Episode. Das Resultat der Metamorphose ist positiv. Selbst die Unerreichbarkeit der geliebten Frau schützt das Ich vor dem *dispietato lume*, das aus dem Venushimmel herunterbrennt.[15] In den folgenden Strophen kann man im Reigen der Reimwörter eine Bewegung erkennen, die das Licht der Venus (*ardente lume*, v. 10), ins Licht Apolls (*superno lume*, v. 17), dann ins Licht der Augen Lauras (*dolce lume*, v. 31), ins Licht der göttlichen Gnade und schließlich ins Licht Gottes (*altro lume*, v. 37) verwandelt. Diese semantischen Verschiebungen markieren die verschiedenen Phasen einer

[15] Sh. Marco Santagata: *I frammenti dell'anima. Storia e racconto nel* Canzoniere *di Petrarca*, Bologna 1993, S. 239.

idealen Liebesgeschichte. Die erste Phase wäre der Anblick von Lauras Schönheit, die Unterdrückung der sinnlichen Liebe und der Rückzug in den Schatten des Lorbeers. Auf die Sublimierung des erotischen Begehrens in der und durch die Dichtung, folgt eine zweite Phase, in der das Ich, im Schutz des Lorbeers, durch die Welt geht, ohne ein anderes, immergrünes, also immergleiches Objekt der Bewunderung zu finden. Daher beharrt das Ich immer überzeugter auf dem Versuch, Ruhm und poetische Unsterblichkeit in der Laura-Dichtung zu finden. In dieser dritten Phase ist Laura mit dem *lauro* nicht mehr eins, sondern trennt sich von ihm und wird zu einem *soave et chiaro lume*. Lauras Augen richten das Ich, wie ein Fixstern, auf den Weg zu Himmel aus, der ihn ruft (*ove chiamar m'udia dal cielo*, v. 20). Die neue vergeistigte Liebeskonzeption, die in Laura eine Führerin zum Himmel preist, erweist sich erneut als ein in sich geschlossener vollkommener Zustand (*tornai sempre*, v. 22).

Diese Kreisbewegung wird Beginn der fünften Strophe in eine lineare Zeitdimension überführt. Die Einsicht, dass *quanto è creato, vince et cangia il tempo* (v. 26), unterwirft die gesamte Schöpfung, insbesondere aber Laura und den Lorbeer, dem Gesetz der Veränderlichkeit und der Flüchtigkeit aller irdischen Dinge. Hiermit ist der Rückblick abgeschlossen: Das Ich bittet den Lorbeer um Nachsicht, dass es ihn hinter sich lassen und einem neuen Licht folgen müsse. Dieses Licht ist nicht mehr das der menschlichen Vernunft, welche die Menschen dazu befähigt, sich von ihren Leidenschaften zu befreien, sondern das der göttlichen Gnade, die dem Protagonisten die Augen öffnet und ihm zeigt, dass die Vorstellung, die Liebe zu Laura durch ein Dichten im Schatten des Lorbeers sublimieren zu können, eine Illusion war. Durch den Austausch des Epithetons, das die Zweige charakterisiert, macht sich das Ich bewusst, dass die körperliche Schönheit Lauras (*leggiadri rami*, v. 7), trotz aller Bemühungen, sie zu spiritualisieren, eine permanente Versuchung bleibt (*invescati rami*, v. 29), und dass die Gefahr, erneut in ihren Bann zu geraten und wie ein Vogel auf dem Leim kleben zu bleiben, ihn nach wie vor bedroht.

Zu Beginn der sechsten Strophe geht das Ich zu einem anderen Lebens- und Dichtungsprojekt über. Die Bewusstwerdung, zu der ihm die göttliche Gnade verholfen hat, trennt nun die Vergangenheit (*prima*, v. 31) von einer Gegenwart (*ora*, v. 34) ab, die wie häufig bei Petrarca eigenartig leer ist[16] – eine Gegenwart, die die unruhige Suche des Subjekts ausrichtet, aber die Ankunft, die Entdeckung, die Erlösung verweigert. *Vor* der Erleuchtung suchte das Ich immer die *amati rami* und kannte kein größeres Vergnügen als das des *dolce lume* der Augen Lauras (das Epithet evoziert nicht zufällig die *dulcitudo*, die für den Stilnovismo charakteristisch ist). *Nun* zeigt ihm die Einsicht in die Vergänglichkeit den *altro sentier di gire al cielo* (v. 35).

Der Schluss der Sestine negiert alles, was vorher über die Tugenden Lauras bzw. des *lauro* gesagt wurde, insbesondere die Behauptung, in der vierten

16 Sh. Gabriele Frasca: *La furia della sintassi. La sestina in Italia*, Napoli 1992, S. 285.

Strophe, dass das *soave et chiaro lume* ihrer Augen, dem Ich helfen könne, den Weg zum Himmel zu finden. Der jetzt in den Blick genommene *sentier al ciel* ist anders, nicht nur im Hinblick auf das Herumwandern des Dichters um Laura und ihr allegorisches Bild, sondern auch im Hinblick auf den Aufflug zum Himmel mit Laura als engelsgleicher Führerin. In der rhetorisch eindrücklichen Verweigerung der einzelnen Komponenten der bisherigen Dichtungskonzeption lässt sich eine Alterität erkennen, welche an die Stelle der geliebten Frau die Figur Christi rückt. In diesem christologischen Kontext erhalten die Attribute des Lorbeer-Mythos eine völlig neue Bedeutung: die Blätter des Lorbeers verweisen auf die Dornenkrone, die Zweige auf die Arme des Kreuzes, die Hügel in Vaucluse auf Golgotha, das Licht der Augen auf das Licht Gottes, die irdischen Liebe auf die christliche *caritas*, und schließlich das *salir al ciel*, die illusorische *promesse de bonheur* der Stilnovisten, auf die *imitatio Cristi* der Jünger.[17]

Worin besteht nun Petrarcas *aemulatio*? Wohl wissend, dass Dante in seiner *Vita Nova* einer extrem sublimierten Form der Liebeslyrik huldigte, die er in der *Commedia* überwinden wird, greift sich Petrarca eine der *Petrosen* heraus und legt Dante damit auf den sinnlichen Grund seiner Liebeskonzeption fest. Er hingegen spielt eine vergeistigte Liebe durch, die das stilnovistische Experiment der *donna* als Führerin zum Himmel einschließt und verwirft. Wenn Dante, so der Kern der Polemik, den Stilnovismo überwinden will, kann er sich nicht von einer wie auch immer entmaterialisierten Beatrice ins Paradies führen lassen. Während Dante seine Beatrice im Irdischen Paradies christologisch umdeutet, ersetzt Petrarca die *donna* durch Christus, was zweifellos die theologisch sauberere Lösung ist. Die Pointe liegt außerhalb des Texts. Wir dürfen nämlich annehmen, dass Petrarca in einer frühen Fassung des *Canzoniere*, der Fassung Correggio, die Sestine 142 als Abschluss des *In Vita*-Teils vorgesehen hatte.[18] Später wird er in seine Sammlung noch weitere 121 Gedichte einbauen, bevor er tatsächlich den *In Morte*-Teil erreicht. Mit anderen Worten: die erbauliche Überbietung Dantes folgt keinem Entwicklungsplan, sondern ist einfach ‚eine' unter vielen anderen Möglichkeiten, Liebesdichtung zu schreiben. So wie Dante, wenn er will, ein Gedicht über die Unmöglichkeit, leidenschaftliche Liebe zu überwinden, schreiben kann, so kann Petrarca, wenn er will, ein Gedicht über den Weg des Liebenden zu Gott schreiben, das die in der *Commedia* angebotene Lösung überbietet. Diese Überbietung ist nicht zuletzt in technischer Hinsicht brillant, da es Petrarca in *A la dolce ombra* gelingt, aus den sechs Reimwörtern der Sestine nicht nur – wie Dante – eine Reihe von *tableaux*, sondern eine kohärente Geschichte zu formen.

Auf der anderen Seite hat diese Kompositionsstrategie eine inhaltliche Begründung in der Unfähigkeit des petrarkischen Ichs, aus dem für richtig Erkannten (der *vanitas* der Laura-Liebe) ein für allemal die Konsequenz zu ziehen. Der

[17] Sh. Guglielmo Gorni: *Metamorfosi e redenzione in Petrarca. Il senso della forma Correggio del Canzoniere*, in: *Lettere italiane* 30 (1978), S. 3–13, hier S. 10.

[18] Sh. Santagata (Anm. 12), S. 145.

Canzoniere ist keine Erlösungsgeschichte von der Verstrickung in Sünde bis zum Anblick Gottes. Er ist das radikale Gegenmodell zu Dantes *Commedia.* Zwar blickt das Ich in seinen pseudo-autobiographischen Gedichten immer wieder auf sein Leben, insbesondere sein Liebesleben und seine Liebesdichtung zurück, um es zu ordnen, zu bewerten, Handlungsanleitungen für die Zukunft zu entwickeln, doch seine Schlüsse gelten immer nur für den Augenblick des jeweiligen Gedichts. Vielleicht hat Petrarca mit seinem *Canzoniere* auch deshalb so großen Erfolg gehabt, weil er ein unverbesserlicher Rückfalltäter war (und darin seinen Leserinnen und Lesern überaus ähnlich).

3 Dante und Arnaut Daniel: *Purg.* XXVI, v. 139–148[19]

Es ist offenkundig, dass Dantes einzige Sestine eine *hommage* an den Erfinder dieser Gedichtform ist: Arnaut Daniel. In *De vulgari eloquentia*, einer zwischen 1303 und 1305 entstandenen lateinischen *poetria* über das Dichten in der Volkssprache, erwähnt Dante *Al poco giorno* zweimal, unter ausdrücklichem Hinweis auf Arnaut Daniel.[20] Über die Strophenform und die Reimstruktur hinaus lassen sich aber keine Anklänge erkennen, die *Al poco giorno* als eine *réécriture* von Arnauts *Lo ferm voler* ausweisen.[21] Sicher, einige der Reimwörter (*ombra*, *erba*, *verde*, *petra*) übernehmen die harte konsonantische Fügung der Reimwörter Arnauts (*intra*, *s'arma*, *verga*, *cambra*), außerdem übersetzt Dante das Incipit *Lo ferm voler qu'el cor m'intra* („das unterschütterliche Begehren, das in mein Herz eintritt") und nimmt das Verb *pert* mit *perde* wieder auf, damit erschöpft sich aber die *aemulatio*. Um Dante Wetteifern mit Arnaut Daniel zu untersuchen, greife ich daher auf die Stelle zurück, als der Jenseitswanderer im 26. Gesang des *Purgatorio*, unter den *lussuriosi*, den Wollüstigen, seinem illustren Vorgänger begegnet. Die Szene ist bekannt: Kaum hat ‚Dante' seinen Dichterfreund Guido Guinizelli für seine stilnovistische Lyrik gelobt, da zeigt dieser, mit dem Bescheidenheitsgestus der Büßenden auf einen *miglior fabbro del parlar materno* (*Purg.* XXVI, v. 117),[22] einen „besseren Schmied in der Volkssprache". Jener –

[19] Die folgende Analyse der *aemulatio* in der Arnaut-Episode des *Purgatorio* führen meine Überlegungen zu Dantes Selbstautorisierung fort, sh. Peter Kuon: *„[...] e forse è nato": Dantes Selbstautorisierung in der Begegnung mit volkssprachlichen Dichterkollegen*, in: *Deutsches Dante-Jahrbuch* 90 (2015), S. 101–117, bes. S. 209ff.

[20] Sh. Dante Alighieri: *De vulgari eloquentia*, hg. von Mirko Tavoni, in: Ders.: *Opere*, hg. von Marco Santagata, Milano 2011 (*I meridiani*), Bd. 1, S. 1125–1547, hier S. 1494 (II x 2) und 1524 (II xiii 2).

[21] Sh. Arnaut Daniel: *Lo ferm voler q'el cor m'intra* (29, 14), in: Martín de Riquer: *Los Trovadores. Historia literaria y textos*, 3 Bde., Barcelona 1975, Bd. 2, S. 644–646.

[22] Zitiert nach Dante Alighieri: *La Commedia secondo l'antica vulgata*, hg. von Giorgio Petrocchi, 4 Bde., Milano 1966–1967.

und nicht der aus dem Limousin, gemeint ist Guiraut de Bornelh[23] – übertreffe alle anderen Autoren von Liebesdichtung und Prosaromanen. Als Dante den Unbekannten nach seinem Namen fragt, antwortet dieser in seiner Muttersprache, auf Provenzalisch:

> El cominciò liberamente a dire:
> „*Tan m'abellis vostre cortes deman,*
> *qu'ieu no me puesc ni voill a vos cobrire.*
> *Ieu sui Arnaut, que plor e vau cantan;*
> *consiros vei la passada folor,*
> *e vei jausen lo joi qu'esper, denan.*
> *Ara vos prec, per aquella valor*
> *que vos guida al som de l'escalina,*
> *sovenha vos a temps de ma dolor!*"
> Poi s'ascose nel foco che li affina. (*Purg.* XXXVI, v. 139–148)

> Er begann freimütig zu sprechen: „So sehr gefällt mir euer höfisches Begehren, dass ich mich euch nicht verbergen kann noch will. Ich bin Arnaut, der weint und dabei singt; kummervoll sehe ich die vergangene Torheit und sehe freudig die Freude vor mir, die ich erhoffe. Nun bitte ich euch, um des Wertes willen, der euch zum Gipfel dieser Leiter führt, erinnert euch beizeiten meines Schmerzes!" Dann verbarg er sich in dem Feuer, das sie verfeinert.[24]

So spektakulär der Wechsel vom Italienischen ins Provenzalische ist, so unspektakulär sind Inhalt und Form der Rede: Der Sprecher tritt aus der anonymen Menge der Büßer heraus, gibt sich als Arnaut (Daniel) zu erkennen, und erklärt, dass er die Torheit (*folor*) der Vergangenheit bereue und auf die Freuden des Paradieses hoffe, und mahnt ‚Dante', rechtzeitig vor dem Tod an den Schmerz des Läuterungsfeuers zu denken. Die Einfachheit dieser Rede wirkt auf den ers-

[23] In *De vulgari eloquentia* (II ii 8) wurde Giraut de Bornelh, als dem Modellautor der *rectitudo*, noch der höchste Rang in der volkssprachlichen Dichtkunst zuerkannt, sh. Dante (Anm. 20), S. 1392. Den Kanonwechsel im *Purgatorio* begründet Guido Guinizelli mit der überlegenen Schmiedekunst Arnaut Daniels, d. h. mit der virtuoseren Beherrschung formaler Techniken des Dichtens. Wichtiger dürfte sein, dass Arnaut Daniel, der bedeutendste Vertreter des *trobar clus*, aus purgatorialer Perspektive das ideale Bindeglied zwischen dem Propheten Daniel und Dante Alighieri ist, den Beatrice im Irdischen Paradies zum Dichterpropheten adeln wird.

[24] Ich übernehme die Übersetzung von Jörn Gruber, in: Jörn Gruber: *Die Dialektik des Trobar. Untersuchungen zur Struktur und Entwicklung des occitanischen und französischen Minnesangs des 12. Jahrhunderts*, Tübingen 1983 (*Beihefte zur Zeitschrift für romanische Philologie* 194), S. 41. Zur Auseinandersetzung um die Lesart von *Purg.* XXVI, 146, insbesondere *escalina*, sh. u. a. Gianfranco Folena: *Il canto di Guido Guinizelli*, in: *Giornale Storico della Letteratura Italiana* 154 (1977), S. 481–508, hier S. 504ff.

ten Blick irritierend.[25] Wir dürfen aber nicht vergessen, dass Arnaut nicht mehr der ist, der er war. Für den Büßer im letzten Kreis des Purgatorio, der das Irdische Paradies und den Aufstieg zu Gott in Reichweite hat, ist die einstige Meisterschaft im *trobar clus* ohne Belang. Er verzichtet denn auch darauf, die ihm attestierte dichterische Ausnahmestellung durch komplizierten Satzbau und erlesene Wortwahl rhetorisch-stilistisch zu beglaubigen.[26]

Auf einem anderen Blatt steht, was Dante dem *miglior fabbro* in den Mund legt. Arnaut zitiert zu Beginn das Incipit *Tant m'abelis joys et amors e chans*[27] eines Zeitgenossen, des katalanischen Troubadours Berenguer de Palou, der in seiner Kanzone genau jene höfische Liebe feiert, die aus purgatorialer Sicht als *folor* erscheinen muss. Ein anderer Zeitgenosse Arnauts, Folquet de Marselha, lässt eine Kanzone, in der er die Liebeskonzeption Berenguers verinnerlicht und sublimiert,[28] mit dem Vers *Tant m'abellis l'amoros pensamens*[29] anheben. Ein letztes Mal taucht die auffällige Formel, eine Generation später, bei dem italienischen Troubadour Sordello da Goito auf, *Tant m'abellis lo terminis novels*,[30] und zwar im Eingangsvers einer Kanzone, in der Sänger beklagt, dass es mittlerweile keine höfische Freude und Liebe mehr gebe. Jörn Gruber, der diesen intertextuellen Zusammenhang aufdeckte, konnte zeigen, dass sich die drei Kanzonen in der erwähnten Reihenfolge aufeinander beziehen, wobei die Eingangsformel nur die offenkundige Markierung einer Dichtkunst ist, die die Hypotexte durch Wiederholung, Vertauschung, Ersetzung, Erweiterung metrisch-musikalischer, syntaktischer, semantischer Elemente im Hypertext aufnimmt und, formal wie inhaltlich, überbietet.[31]

[25] Folena (Anm. 24), S. 506, geht so weit, von einem „Arnaldo proprio antiarnaldiano" zu sprechen; Picone schließt aus der fehlenden „espressione poetica preziosa e difficile", dass die „giustificazione della posizione privilegiata assegnata da Dante a Arnaut nella gerarchia dei valori poetici romanzi non potrà essere [...] di tipo tecnico, stilistico-retorico" (Michelangelo Picone: *Canto XXVI*, in: *Lectura Dantis Turicensis: Purgatorio*, hg. von Georges Güntert und dems., Firenze 2001, S. 407–422, hier S. 420).

[26] Sh. Karl Philipp Ellerbrock: *Lectura Dantis:* Purgatorio *XXVI*, in: *Deutsches Dante-Jahrbuch* 90 (2015), S. 118–137, hier S. 132f.

[27] Sh. Riquer (Anm. 21), Bd. 1, S. 307.

[28] Zur Verinnerlichung der Werbungssituation in der Dichtung von Folquet de Marselha, sh. Michael Bernsen: *Die Problematisierung lyrischen Sprechens im Mittelalter. Eine Untersuchung zum Diskurswandel der Liebesdichtung von den Provenzalen bis zu Petrarca*, Tübingen 2001 (*Beihefte zur Zeitschrift für Romanische Philologie* 313), S. 150–157.

[29] Sh. Riquer (Anm. 21), Bd. 1, S. 589.

[30] Sh. Sordello: *Le poesie*, hg. von Marco Boni, Bologna 1954 (*Biblioteca degli „Studi mediolatini e volgari"*), S. 59.

[31] Sh. Gruber (Anm. 24), S. 42–50. In der Forschung zu *Purg.* XXVI ist diese akribische philologische Analyse, die auch fünfunddreißig Jahre nach ihrer Publikation die erhellendste Deutung der Arnaut-Passage bleibt, leider kaum zur Kenntnis genommen worden.

Vom diesseitigen Arnaut Daniel ist kein Gedicht überliefert, das auf die *Tant m'abellis*-Formel respondiert. Wohl aber findet sich im *envoi* der Kanzone *En cest sonet* die Signatur *Ieu sui Arnautz* (v. 43),[32] mit der die Rede im Purgatorio fortfährt: *Ieu sui Arnaut, que plor e vau cantan* (*Purg.* XXVI, v. 142). Mit diesem Vers unterlegt Dante dem büßenden Troubadour die fremde Rede eines katalanischen Kollegen, den und die der historische Arnaut hätte kennen können. Guillem de Bergueda beginnt seinen *Plant*, seine Klage, auf den Marqués de Mataplana, den er zu Lebzeiten in seinen Gedichten wüst beschimpfte, mit dem Vers *Consiros cant e planc e plor*. Dante übernimmt *cant* und *plor* sowie, im folgenden Vers, *consiros*. Außerdem entlehnt er den *-or*-Reim und formt aus der Assonanz *cant e planc* seinen *-an*-Reim. Schließlich greift er die Reimwörter des jeweils ersten Verses von Guillems *Plant*, *dolor* und *follor* in umgekehrter Reihenfolge am Ende der Verse 143 und 147 auf. Nicht zu vergessen, dass Guillem seinem einstigen Widersacher, der auf einem Kreuzzug, also im Kampf gegen die Ungläubigen fiel, in Vers 37 einen Platz im Paradies zuweist.[33]

Die vermeintlich einfache Rede ist in Wirklichkeit eine höchst raffinierte *aemulatio*, mit der Dante seine souveräne Kenntnis der Troubadourdichtung unter Beweis stellt. Die intertextuelle Virtuosität ist aber kein Selbstzweck, vielmehr dient sie der Verortung des Büßers Arnaut Daniel im moralischen Koordinatensystem der *Commedia*. Es ist daher kein Zufall, dass die Kraniche, mit denen zuvor die *lussuriosi* verglichen wurden (*Purg.* XXVI, v. 43–47), im Vers der Namensnennung wiederauftauchen: *Ieu sui Arnaut, que plor e vau cantan* (v. 142). Wie die Kraniche im zweiten Kreis der Hölle, *che van cantando lor lai* (*Inf.* V, v. 46), weint und singt auch Arnaut. Der Rückblick auf die vom Höllensturm umhergetriebenen Liebessünder und -sünderinnen des Francesca-Gesangs wird sorgfältig vorbereitet: Dantes Anrede der *lussuriosi*, *O anime sicure/ d'aver, quand che sia, di pace stato* (*Purg.* XXVI, v. 53–54), positiviert die an Francesca und Paolo gerichtete Anrede, *O anime affannate* (*Inf.* V, v. 80) und unterstreicht mit der Wortwiederholung *pace* die Differenz zwischen dem in der Hölle verlorenen Frieden (v. 92) und der Aussicht der Büßer auf den ewigen himmlischen Frieden. Das Adjektiv *grazïoso*, das Francesca auf ‚Dante' anwendet (v. 88), findet sich in dessen Gesprächsaufnahme mit seinem Dichtervorbild wieder (*Purg.* XXVI, v. 138). Dessen Rede wiederum, bedarf nur der Rückübersetzung ins Italienische[34], um als *revocatio* der Francesca Episode kenntlich zu werden.[35]

[32] Riquer (Anm. 21), Bd. 2, S. 631; sh. Gruber (Anm. 24), S. 48.

[33] Sh. Maurizio Perugi: *Arnaut Daniel in Dante*, in: *Studi danteschi* 51 (1978), S. 57–152, hier S. 127ff. Man achte auf die Parallele zu dem mit der *Tant m'abellis*-Formel anzitierten Folquet de Marselha, der im Venushimmel (*Par.* IX, 82–108) ebenfalls als Kreuzritter, nicht als Troubadour, in Erscheinung tritt.

[34] Nathaniel B. Smith weist darauf hin, wie mühelos Arnauts Provenzalisch ins Italienische zurückübersetzt werden kann (*Arnaut Daniel in the* Purgatory*: Dante's Ambivalence toward Provençal*, in: *Dante Studies* 98 [1980], S. 99–109, hier S. 106), zieht aus seiner Beobachtung aber keine interpretativen Schlüsse.

Francesca, auch sie unter Tränen, *piange e dice* (*Inf.* V, v. 126), trauert ihrem vergangenen Liebesglück nach: *Nessun maggior dolore/ che ricordarsi del tempo felice/ ne la misera*" (v. 122–124), Arnaut hingegen bereut seine Liebestollheit, seinen *folor*, und verlegt die Freude, *joi*, in die erhoffte Zukunft, ins Paradies. Während bei Francesca *dolore* auf *amore* reimt (*Inf.* V, v. 119 und 121) und ihre Gedankenbewegung vom Schmerz eines unwiderruflichen Verlustes zur Erinnerung an den ersten Kuss und – *quel giorno più non vi leggemmo avante* (*Inf.* V, v. 138) – die erste Vereinigung mit Paolo reicht, ist es bei Arnaut die Erinnerung an die *passada folor*, die den Schmerz der Buße, *dolor*, begründet und ‚Dante', dem Jenseitswanderer , zur Mahnung dienen soll.

In der Begegnung im *Purgatorio* tritt dem erzählten Ich nicht der historische Arnaut entgegen, sondern sein jenseitiger Schatten, den ein langer Läuterungsprozess dazu befähigt hat, die moralische Problematik höfischer Liebesdichtung zu erkennen. Die an Arnaut geschulte Schmiedekunst setzt Dante ein, um im Rückgriff auf die Francesca-Episode die wie auch immer veredelten Liebeskonzeptionen der Literatur als *folor* zu erinnern und zu verwerfen. Seine *aemulatio*[36] zieht somit in die Begegnung mit Arnaut auf dem siebten Sims des Läuterungsbergs einen Hintersinn ein, der diese auf das Ziel der Jenseitsreise ausrichtet und Arnaut aus einem literarästhetischen Vorbild in einen typologischen Vorläufer verwandelt. Indem Arnaut nach seiner Rede in das reinigende Feuer zurücktritt: *Poi s'ascose nel foco che li affina* (*Purg.* XXVI, v. 148), nimmt er eine Handlung vorweg, die das erzählte Ich erst noch vollziehen muss. Er geht ihm nicht nur als *miglior fabbro*,[37] sondern auch als reuiger Büßer voran. Insofern ist der Arnaut Daniel, dem der Jenseitswanderer begegnet, die Präfiguration ‚des' Dante, der nach dem Gang durch den Feuerregen, der Begegnung mit Beatrice, dem Flug durch das Paradies in der Lage sein wird, seine Vision in Wort zu fassen.

In den mittelalterlichen Poetiken kam der Begriff der *aemulatio* nicht vor, aus der dichterischen Praxis ist das Prinzip des Wetteiferns aber nicht wegzudenken. Im Falle Dantes ist damit in aller Klarheit der Anspruch verbunden, die berühmtesten antiken Autoren in technischer und inhaltlicher (moralischer) Hinsicht zu übertreffen: „Taccia Lucano omai", heißt es selbstbewusst in der Metamorphosen-Episode des achten Höllenkreises, „Taccia di Cadmo e d'Aretusa Ovidio" (*Inf.* XXV, v. 94 u. 97). Interessanter ist, dass Petrarca, der in seinen expliziten Äußerungen *imitatio* und *aemulatio* auf den Umgang mit antiken Modellautoren einzugrenzen versucht, in seiner poetischen Praxis, wie schon Dante, unter-

35 In allgemeiner Weise, ohne auf konkrete Intertextualitätsrelationen einzugehen, hat schon Folena (Anm. 24), S. 507, die Arnaut- auf die Francesca-Episode bezogen.

36 Hierzu Perugi (Anm. 33), S. 74ff.

37 Die Tatsache, dass das Epitheton *fabbro* im *Purgatorio* zunächst Gott (X, v. 99) und dann Arnaut (XXVI, v. 117) bezeichnet, weist die Läuterung der Büßer im Feuerregen als eine göttliche Schmiedekunst aus, die die Dichtkunst *per analogiam* auf ein moralisches Ziel ausrichtet.

schiedslos mit antiken wie mit modernen Autoren wetteifert. Sicher, Petrarcas Wettstreit mit Dante und Dantes Wettstreit mit Arnaut sind in ihrer inhaltlichen Stoßrichtung verschieden. Dante bedient sich der Tradition, um die Überlegenheit eines prophetischen Aussagemodus zu untermauern, Petrarca zitiert seinen ungeliebten ‚Übervater', um dessen theologischen Rigorismus zu dekonstruieren. Was die Technik der *aemulatio* betrifft, den Umgang mit Modelltexten, die Subtilität des Verbergens und des Aufdeckens lässt sich aber kein grundlegender Unterschied zwischen dem noch mittelalterlichen Dante und dem schon humanistischen Petrarca erkennen.

Petrarca und Dantes *stilnovismo*: Facetten einer vielschichtigen Konfrontation

ALICE MALZACHER (Freiburg i. Br.)

1 Dantes *Vita Nuova* und Petrarcas *Canzoniere*: Komposition und Poetik

Als Francesco Petrarca um das Jahr 1350 begann,[1] seine Gedichte zu dem Werk anzuordnen, das wir als *Canzoniere*, als *Rerum vulgarium fragmenta*, kennen, war Dante Alighieri bereits seit über zwanzig Jahren tot, und sein Hauptwerk, die *Commedia*, erfuhr eine breite Rezeption.[2] Petrarcas *Canzoniere* besteht aus 366 Gedichten, welche die Liebe des Dichters zu Laura besingen. Sie sind in zwei Werkteilen, einer *parte in vita* und einer *parte in morte*, so angeordnet, dass sich aus den zahlreichen Momentaufnahmen der einzelnen Gedichte eine Geschichte nachzeichnen lässt: Der Dichter verliebt sich in Laura und verstrickt sich in eine existenzielle Abhängigkeit von ihrer Präsenz. So wird im ersten Teil des *Canzoniere* die sinnlich-körperliche Seite Lauras und ihre Wirkung auf das lyrische Ich besungen, das ewig hin- und hergerissen ist zwischen den segensreichen und den leidvollen Implikationen dieser Liebe. Gegenstand ist aber auch die Introspektion des Ich, das seinen Zustand reflektiert und zu ergründen sucht. Auf bildlicher Ebene vermischen sich dabei Topoi der volkssprachlichen italienischen und provenzalischen Liebeslyrik mit klassischen mythologischen Elementen. Nach 263 Gedichten markiert Lauras Tod die zentrale Zäsur des Werkes und den Übergang zur *parte in morte*: Die dichterische Ader des lyrischen Ich versiegt nämlich nicht mit dem Tod der Geliebten. Vielmehr bleibt diese in der Erinnerung des Dichters präsent und kehrt in Träumen und Visionen wieder. Das Ende des *Canzoniere* steht thematisch unter dem Zeichen der Konversion und ist als Hinwendung an die Jungfrau Maria modelliert. Jedoch weist die Komposition der Schlusssequenz des *Canzoniere* so viele Brüche auf, dass die abschließende Bekehrung des Dichters in ihrer Endgültigkeit in Frage zu stellen ist, und sich sein Ringen zwischen den Sphären des Mondänen und des Transzendenten letztlich als Aporie gestaltet.[3]

[1] Zusammenfassend zur Frage der Datierung vgl. den Kommentar von Marco Santagata zum ersten Sonett des *Canzoniere* in Francesco Petrarca: *Canzoniere*, hg. von Marco Santagata, Milano ³2008, S. 5f.

[2] Vgl. z. B. Karlheinz Stierle: *Francesco Petrarca. Ein Intellektueller im Europa des 14. Jahrhunderts*, München 2003, S. 40f.

[3] Zu dieser kontrovers diskutierten Frage vgl. z. B. Natascia Tonelli: *Vat. Lat. 3195: Un libro concluso? Lettura di* RVF *360–66*, in: *Il Canzoniere. Lettura micro e macrote-*

Neu ist diese Geschichte nicht: Dante Alighieri erzählt in seiner vermutlich 1292/93 verfassten *Vita Nuova* von seiner Liebe zu Beatrice, von Begegnungen mit ihr, vom leidvollen Sehnen des Dichters nach einer Geste, einer Zuwendung der Geliebten, vom Lob ihres engelsgleichen Wesens und ihrer Wirkung auf das ganze Umfeld bis hin zu ihrem Tod, dem Schmerz darüber und der abschließenden Überhöhung der seligmachenden Geliebten im Himmel, deren Verehrung das Ich schließlich zu Gott führt. Es findet sich also bereits in der *Vita Nuova* eine Zweiteilung in eine *parte in vita* und eine *parte in morte di Beatrice*. Bei aller Analogie im Handlungsgerüst trennen freilich andere, grundlegende, Unterschiede die beiden Werke.[4] Strukturell ist Dantes *Vita Nuova* als Prosimetrum angelegt, wobei sich die verschiedenen Gedichtformen mit narrativen Passagen, welche die Geschichte erzählen, und erklärenden Kommentaren zu den Gedichten abwechseln. Auf epistemologischer Ebene steht der Koexistenz der Gegensätze des Irdischen und des Transzendenten bei Petrarca eine teleologische Struktur bei Dante gegenüber, welche die irdische Liebeserfahrung streng auf die jenseitige ausrichtet.[5] Diese Linearität, bei der die Liebe schrittweise sublimiert wird und sich immer mehr aus den Koordinaten des Irdischen löst, spiegelt sich auch in der Dichtung der *Vita Nuova*: Das lyrische Ich zeigt sich zu Beginn des Werkes noch unmittelbar vom Verhalten der Geliebten abhängig, es spricht sie an, sucht die direkte Kommunikation und verfällt bei Nichtbeachtung durch die *donna* in tiefe Niedergeschlagenheit. Doch bereits vor Beatrices Tod vollzieht sich eine entscheidende Wendung, indem sich der Dichter bewusst dazu entschließt, seine subjektive Selbstbezogenheit zu überwinden und seine Dichtung auf jene Essenz der Liebe auszurichten, die ihm von keiner Seite versagt werden kann: das selbstlose Lob der Geliebten, das keine persönlichen Interessen verfolgt. In dieser *poesia della*

stuale, hg. von Michelangelo Picone, Ravenna 2007, S. 799–822, sowie Joachim Küpper: *Palinodie und Polysemie in Petrarcas Mariencanzone. Mit einigen Gedanken zu den Bedingungen der Unterschiede von antiker und abendländischer Kunst*, in: *Petrarca-Lektüren. Gedenkschrift für Alfred Noyer-Weidner*, hg. von Klaus W. Hempfer und Gerhard Regn, Stuttgart 2003, S. 113–146.

4 Das Spannungsfeld der verbindenden und trennenden Elemente von *Vita Nuova* und *Canzoniere* thematisieren beispielsweise punktuell Alfred Noyer-Weidner: *Was bedeutete Dante für die beiden anderen „Kronen von Florenz", insbesondere für Petrarca? (Mit einem Ausblick auf die Danterezeption vom 16. bis 18. Jahrhundert)*, in: Ders.: *Umgang mit Texten*, hg. von Klaus W. Hempfer, 2 Bde., Stuttgart 1986, Bd. 1, S. 193–201; Gerhard Regn: *„Allegorice pro laurea corona": Dante, Petrarca und die Konstitution postmittelalterlicher Dichtungsallegorie*, in: *Romanistisches Jahrbuch* 51 (2000), S. 128–152, insbes. S. 132ff., und Bernhard König: *Petrarcas* Rerum vulgarium fragmenta *als Liederbuch (Canzoniere)*, Paderborn [u. a.] 2007, hier S. 22.

5 Zu dieser und anderen epistemologischen Differenzen der beiden Dichter vgl. Franz Penzenstadler: *„Sì come eterna vita è veder Dio" (*Rerum vulgarium fragmenta *Nr. 191) – Petrarcas Dekonstruktion stilnovistischer Poetik*, in: *Petrarca-Lektüren. Gedenkschrift für Alfred Noyer-Weidner*, hg. von Klaus W. Hempfer und Gerhard Regn, Stuttgart 2003, S. 147–183.

loda liegt Dantes poetologisches Vermächtnis, die *novitas* seiner Liebesdichtung.[6] Erst in einem zweiten Schritt wird diese Dichtung in den Gedichten nach Beatrices Tod mit transzendentalen Inhalten aufgeladen. Der Prozess der Objektivierung des Dichtens beginnt jedoch schon in der *parte in vita* und wird in der *parte in morte* stringent weiterentwickelt und nochmals gesteigert.

Manifest dieser neuen Dichtung, die Dante selbst später als *dolce stil nuovo* bezeichnet, ist die berühmte Kanzone *Donne ch'avete intelletto d'amore* und die Prosakapitel, die sie umrahmen. Die drei einfachen Regeln seines Stilnovismus, die Dante ausdrücklich so formuliert, lauten wie folgt: (1) Der Dichter spricht nicht mehr von sich selbst. (2) Der Dichter redet die Geliebte nicht mehr direkt an. (3) Ausschließlicher Gegenstand der Liebesdichtung ist das Lob der Geliebten.[7] Dante präsentiert den *dolce stil nuovo*, indem er explizit an die Tradition der Liebeslyrik vor ihm anknüpft und diese anzitiert. So sind die ersten Gedichte der *Vita Nuova* zunächst nichts als ein exemplarischer Durchlauf verschiedener Etappen der Liebesdichtung von den Provenzalen bis zu Guido Cavalcanti. Dessen schmerzensreiche Dichtung wird dann – in Gestalt der Kanzone *Donne ch'avete intelletto d'amore* – durch den *dolce stil nuovo* endgültig überwunden und gekrönt.[8] In wenigen prägnanten Begriffen lässt sich Dantes Dichtungssystem fassen als Entwicklung von der „poesia-comunicazione" zur „poesia-celebrazione"[9] bzw. als Objektivierung der Dichtung, welche mit einer notwendigen Entsubjektivierung einhergeht. Dieses System steht freilich in markantem Kontrast zur Lyrik Petrarcas, welche dem Subjektiven aufs Äußerste verhaftet bleibt, ebenso wie dem Irdischen, und die sich letztlich nicht aus der Unmittelbarkeit einer direkten Kommunikation mit der Geliebten zu lösen vermag.

2 Annäherungen an Petrarcas Stilnovismus-Rezeption: Theorie der *imitatio* – explizite Äußerungen über Dante – textuelle Bezüge im *Canzoniere*

Dennoch hat Petrarca die Geschichte der *Vita Nuova* noch einmal neu erzählt und das Handlungsgerüst seiner Gedichtsammlung von Dante übernommen, womit er sich unmissverständlich in dieselbe Traditionslinie einschreibt wie Dante, dessen Stilnovismus somit zu einem grundlegenden Bezugssystem wird, vor dessen Hintergrund sein *Canzoniere* gelesen und bewertet werden soll.

6 Zu den Implikationen des *novitas*-Konzepts in der *Vita Nuova* vgl. Michelangelo Picone: *La* Vita Nuova *fra autobiografia e tipologia*, in: *Dante e le forme dell'allegoresi*, hg. von Michelangelo Picone, Ravenna 1987, S. 59–69.

7 Vgl. Dante Alighieri: *Vita Nova*, hg. von Luca Carlo Rossi, Milano 1999, Kap. X, 1–11 (im Folgenden zitiert als *VN* mit Stellenangabe; hier also *VN* X, 1–11).

8 Zur *Vita Nuova* und ihrem Selbstverständnis innerhalb der Tradition der Liebeslyrik vgl. Winfried Wehle: *Dichtung über Dichtung. Dantes* Vita Nuova*: die Aufhebung des Minnesangs im Epos*, München 1986.

9 Die Formeln stammen von Guglielmo Gorni, zitiert bei Rossi (Anm. 7), S. 79.

All diese Beobachtungen legen die Suche nach Referenzen an die *Vita Nuova* im *Canzoniere* nahe, und so hat die Forschung sich mit der Frage beschäftigt, welche Haltung Petrarcas gegenüber Dantes Stilnovismus sich aus seinem Werk isolieren lässt.[10] Es sind im Wesentlichen drei Aspekte, die bei der Beantwortung dieser Frage eine Rolle spielen und die im Folgenden kurz benannt und dann in unterschiedlicher Ausführlichkeit beleuchtet werden sollen. (1) Den ersten Aspekt bilden Petrarcas zahlreiche Aussagen zur Nachahmung der antiken Vorbilder, die, mangels direkter Äußerungen des Dichters zum Umgang mit der Tradition der Volkssprache, auch einen gewissen Hintergrund für Petrarcas Auseinandersetzung mit Dante konstituieren, wenngleich die abschließende Klärung der Frage noch aussteht, bis zu welchem Grad sich Petrarcas Theorie der *imitatio* auf die volkssprachlichen Vorbilder übertragen lässt. (2) Einen zweiten Schwerpunkt bilden Petrarcas konkrete Äußerungen über Dante, zu denen auch die explizite Nennung seines Namens gehört, und zwar bezogen auf Dantes Werk im Allgemeinen ebenso wie auf seinen Stilnovismus im Besonderen. (3) Schließlich steht die Realität des Textes, konkret des *Canzoniere* und seiner impliziten Aussagen, und bildet mit den Bezügen zum Stilnovismus der *Vita Nuova* den dritten Aspekt, der vielleicht der wichtigste ist, indem er die dichterische Praxis darstellt, an der alle Theorie gemessen werden muss.

Bezüglich Petrarcas Theorie der *imitatio* sei hier lediglich ein zentraler Kontrast kurz benannt, der auch im Folgenden wichtig sein wird:[11] Eine der wichtigsten Maximen für eine gelungene *imitatio* der Vorbilder ist die *dissimulatio*, die gekonnte Verschleierung eines Bezugs also, der in der Folge mehr durch einen sensiblen Geist erspürt, als konkret in Worte gefasst werden kann. Sorgfältig zu vermeiden ist dagegen die manifeste wörtliche Anspielung, da sie allzu leicht begriffen wird und daher etwas für kleine Geister ist, für ‚Affen', wie Petrarca sich

[10] Aus den zahlreichen Studien, welche sich mit den verschiedenen Facetten von Petrarcas Verhältnis zu Dante beschäftigen, seien hier nur exemplarisch wenige Titel ausgewählt, welche einen speziellen Fokus auf Petrarcas Auseinandersetzung mit dem Stilnovismus der *Vita Nuova* legen: Bernhard König: Dolci rime leggiadre. *Zur Verwendung und Verwandlung stilnovistischer Elemente in Petrarcas* Canzoniere *(Am Beispiel des Sonetts* In qual parte del ciel*)*, in: *Petrarca, 1304–1374: Beiträge zu Werk und Wirkung*, hg. von Fritz Schalk, Frankfurt a. M. 1975, S. 113–138; Sara Sturm-Maddox: *Dante and Beatrice: the Stilnovist subtext*, in: Dies.: *Petrarch's Metamorphoses. Text and Subtext in the* Rime Sparse, Columbia 1985, S. 39–64; Michelangelo Picone: *Theories of Love and the Lyric Tradition from Dante's* Vita Nuova *to Petrarch's* Canzoniere, in: *Romance Notes* 39 (1998), S. 9–17; Peter Kuon: *Autobiographische Narration und danteske Intertextualität in Petrarcas Kanzone der Metamorphosen*, in: *Poetologische Umbrüche. Romanistische Studien zu Ehren von Ulrich Schulz-Buschhaus*, hg. von Werner Helmich, Helmut Meter und Astrid Poier-Bernhard, München 2002, S. 191–207.

[11] Vgl. zu diesem Aspekt die ausführliche Analyse von Petrarcas Brief *Fam.* XXIII 19, 12–13 in Peter Kuon: *L'aura dantesca. Metamorfosi intertestuali nei* Rerum vulgarium fragmenta *di Francesco Petrarca*, Firenze 2004, S. 21–26 sowie den Beitrag von Peter Kuon in diesem Band.

ausdrückt. Zu unterstreichen ist hier, dass Petrarca nicht nur die elitäre Vorstellung eines idealen Dichtergeistes entwirft. Es profiliert sich in Petrarcas dialogischem Modell ebenso – wenn auch etwas weniger konkret – ein idealer Kommunikationspartner dieses idealen Dichters, der durch seinen ‚intertextuellen Spürsinn' hervorsticht und in der Lage ist, die Anspielungen des Dichters zu verstehen. Dieser Idealität stehen dann die ‚Affen' gegenüber, die schlechten Dichter. Auch wenn Petrarca sich dazu nicht explizit äußert, so ist doch davon auszugehen, dass auch die Gruppe der schlechten Dichter im Publikum eine Entsprechung findet in der plumpen Masse von Lesern, deren Gespür gerade so weit reicht, um manchen wörtlichen Anklang ‚aufzuschnappen'. Denn grundsätzlich beruht Petrarcas Theorie der *imitatio* auf einem Kommunikationsmodell mit hierarchischer Schichtung, und es ist davon auszugehen, dass Petrarca die Zusammensetzung seines Publikums durchaus reflektierte.

Wie verhält es sich nun mit Petrarcas expliziten Äußerungen über Dante? Berühmt und vielzitiert sind einige wenige Zeilen aus dem Brief *Fam.* XXI 15 an Giovanni Boccaccio.[12] Petrarca nimmt in diesem Brief Stellung zu dem Vorwurf der *invidia* gegenüber Dante. Diesen versucht er zu zerstreuen, indem er sich auf verbindende Elemente zu Dante beruft – die gemeinsame Heimatstadt Florenz zum Beispiel –, die kaum zum Neid, eher zur Freundschaft Anlass gäben. Der restliche Inhalt des Briefes schwankt so ausgewogen zwischen unverbindlicher Anerkennung und freundlich-verhaltener Distanzierung, dass jede konkrete Aussage über Petrarcas Haltung gegenüber Dante unmöglich wird: Einerseits lobt Petrarca Dante als besten volkssprachlichen Dichter, andererseits betont er, Dantes *Commedia* nie besessen zu haben, gerade mit dem Ziel, zu große Einflüsse auf seine eigene Dichtung zu vermeiden. Folglich sei jeglicher Anklang, den man dort an Dante fände, völlig zufällig und unbeabsichtigt.

Dass hingegen Petrarcas *Canzoniere* in Wirklichkeit durchzogen ist von zahlreichen Dante-Bezügen, hat die Forschung der letzten Jahre hinreichend gezeigt.[13] Und der eklatante Widerspruch zwischen Petrarcas theoretischen Äußerungen und der Realität der Texte lenkt die Aufmerksamkeit schließlich zu letzteren. Wenn man nach expliziten Erwähnungen Dantes im *Canzoniere* sucht, so fällt auch hier die ‚Ausbeute' mager aus: Dantes Name findet sich genau einmal im ganzen *Canzoniere*, in einem Gedicht (*RVF* 287) auf den Tod des Liebesdichters Sennuccio del Bene (1275–1349). In einem Atemzug mit vier anderen Namen genannt, ist Dante dort Teil einer großen Schar von Liebesdichtern, die der verstorbene Sen-

[12] Vgl. erneut Kuon (Anm. 11), S. 16–21.

[13] Grundlegend, wenngleich mit unterschiedlichen methodologischen Schwerpunkten, Paolo Trovato: *Dante in Petrarca. Per un inventario dei dantismi nei* Rerum vulgarium fragmenta, Firenze 1979; Marco Santagata: *Per moderne carte. La biblioteca volgare di Petrarca*, Bologna 1990 (darin insbes. die Kapitel „Presenze di Dante ‚comico' nel *Canzoniere*", S. 25–78, sowie „Dante in Petrarca", S. 79–91); Kuon (Anm. 11).

nuccio im Venushimmel grüßen soll. Bezeichnend ist hier die nivellierende Darstellung Dantes durch Petrarca, der den Autor der *Commedia* als ‚einen von vielen' Vorgängern in der Tradition der Liebeslyrik präsentiert.[14]

Nicht unähnlich operiert die zweite Stelle im *Canzoniere*, in welcher Dante ausdrücklich Erwähnung findet, nicht namentlich zwar, aber eindeutig identifiziert über das Incipit der berühmtesten Kanzone aus Dantes *Petrosen*-Dichtung. Diese kleine Gruppe von Gedichten besingt die Liebe zu der unsensiblen *donna Pietra*, wobei die Härte des Stils ein Analogon zum spröden Wesen der Frau darstellt. Das Zitat bei Petrarca ist eingebettet in die Kanzone der Gedichtanfänge (*RVF* 70), die jede ihrer fünf Stanzen mit einem Incipit schließt, das auf einen Dichter aus der Tradition der Liebeslyrik verweist. Beginnend bei den Provenzalen zeichnet die Kanzone eine Traditionslinie nach, die über Guido Cavalcanti, den Dante der *Petrosen* und den Stilnovisten Cino da Pistoia zu Petrarca selbst führt: denn die Kanzone schließt mit einem Selbstzitat, das auf ein Jugendwerk Petrarcas verweist, die ‚Kanzone der Metamorphosen' *Nel dolce tempo della prima etade* (*RVF* 23). Inhaltlich deutet die Kanzone der Gedichtanfänge eine Hinwendung zur spirituellen Seite der Laura-Liebe an und unterstreicht das engelsgleiche Wesen, die *angelica beltade* (*RVF* 70, 49), der *donna*. Dies steht im Kontrast zur sinnlichen Liebeskonzeption, die im vorangehenden Teil des *Canzoniere* vorherrscht und für die auch die Kanzone des Selbstzitats, *Nel dolce tempo della prima etade*, steht. So markiert die Kanzone der Gedichtanfänge im Werk Petrarcas eine erste Zäsur: eine Palinodie des Gewesenen und ein Präludium des Folgenden zugleich.[15] Denn direkt an die Kanzone der Gedichtanfänge schließt sich eine Gedichtgruppe mit zentraler Bedeutung an, die drei Augenkanzonen (*RVF* 71–73) nämlich, welche Lauras Augen und deren Wirkung auf das lyrische Ich besingen. Auffallend an diesen Gedichten ist, dass sie – was verwendete Motive, sprachliches Register und Wortschatz betrifft – starke Anklänge an den *dolce stil nuovo* aufweisen und auf unspezifische Weise von stilnovistischen Formeln durchdrungen sind,[16] ohne dabei einen bestimmten Dichter der Strömung besonders zu bevorzugen. Ein starker thematischer Anklang an den Stilnovismus in der von Dante entwickelten Form findet sich in der mittleren der drei Kanzonen (in *Gentil mia donna, i' veggio*, *RVF* 72), wo gleich zu Beginn von dem Weg, der zum Himmel führt, die Rede ist, welchen der Dichter in den Augen der Geliebten wahrzunehmen glaubt.

[14] Vgl. die Darstellung bei Kevin Brownlee: *Power Plays: Petrarch's Genealogical Strategies*, in: *The Journal of Medieval and Early Modern Studies* 35 (2005), S. 467–488.

[15] Vgl. zum Stellenwert von *RVF* 70 im *Canzoniere* mit unterschiedlichen Nuancierungen Marco Santagata: *La canzone delle citazioni (*R.v.f. *70)*, in: Santagata (Anm. 13), S. 327–362; Mario Petrini: *La risurrezione della carne. Saggi sul* Canzoniere, Milano 1993, insbes. S. 84 und 92f.; Corrado Bologna: *Occhi, solo occhi (*RVF *70–75)*, in: *Il Canzoniere. Lettura micro e macrotestuale*, hg. von Michelangelo Picone, Ravenna 2007, S. 183–205, hier S. 196.

[16] Vgl. Kuon (Anm. 11), S. 71.

An der beschriebenen zentralen Stelle im *Canzoniere* ergibt sich also folgende Situation: Petrarca modelliert seine Kanzone der Gedichtanfänge als Palinodie früherer Dichtungsstile, welche Dantes *Petrosen*-Dichtung sowie seine eigene Jugenddichtung einschließt, um dann in den Augenkanzonen zu einem neuen, zusammenhängenden Diskurs anzusetzen, der thematisch wie sprachlich in engem Zusammenhang zu Dantes Stilnovismus steht. Ganz ähnlich wie in dem zuvor kurz erwähnten Sonett auf den Tod Sennuccios fällt hier auf, dass Petrarca Dante zwar erwähnt, dass dieser Erwähnung aber immer zugleich ein reduzierendes Moment eignet, das etwas Wichtiges verschweigt, welches auch hätte erwähnt werden können. In diesem Fall ist es die Reduzierung von Dantes Liebesdichtung auf die *Rime petrose*, als hätte es die *Vita Nuova* und ihr Manifest des Stilnovismus nie gegeben. Zygmunt Barański sieht in diesem Vorgehen ein Manöver, das vom effektiven Einfluss der *Vita Nuova* auf den *Canzoniere* ablenken soll.[17] Und dieser Effekt wird sicherlich von Petrarca beabsichtigt gewesen sein. Jedoch drängt sich die Frage auf, ob diese oberflächliche Strategie bei einem Publikum von Experten ihr Ziel nicht vielmehr verfehlt hätte, ob ein solcher Schachzug, der einen unbedarfteren Geist vielleicht vom stilnovistischen Dante abgelenkt hätte, einen gebildeten Leser nicht gerade auf diese Lücke hingewiesen und ihn umso unbefriedigter zurückgelassen hätte. Hatte doch Dante selbst in der *Vita Nuova* in ganz analoger Weise eine Genealogie der Liebeslyrik nachgezeichnet, nicht über wörtliche Zitate zwar, aber dennoch über eine eindeutige Bezugnahme auf verschiedene Dichtungsstile, um diese Traditionslinie dann durch seinen *dolce stil nuovo* zu krönen.[18] Außerdem war jedem Kenner Dantes die berühmte Stelle aus dem 24. Gesang des *Purgatorio* präsent,[19] in der Dante seiner Liebesdichtung in der *Vita Nuova* die Bezeichnung *dolce stil novo* (*Purg.* XXIV 57) verleiht und sein Dichtungskonzept ebenfalls im Rückgriff auf eine ‚Ahnenreihe' von Dichtern legitimiert. Der Dichter Bonagiunta Orbicciani, der in Dante den Autor der Kanzone *Donne ch'avete intelletto d'amore* feiert, erkennt aus der jenseitigen Rückschau „den Knoten" (*il nodo*, *Purg.* XXIV 55), das Hindernis der Ausdrucks- und Erkenntnisfähigkeit, das ihn und andere Liebesdichter – die dann namentlich genannt werden – davon abgehalten habe, eine ähnliche Entwicklung wie Dante hin zu einem neuen Dichten zu vollziehen. Wenn nun Petrarca in der Kanzone der Gedichtanfänge ein vergleichbares Konstruktionsprinzip anwendet, klingt Dante oder die Frage nach ihm ganz automatisch mit, und es bleibt herauszufinden, ob Petrarca die Auseinandersetzung mit Dantes Stilnovismus, welche die Struktur seines Textes gewissermaßen einfordert, wirklich schuldig bleibt. Um dies zu klären, sei nun ein eingehenderer Blick auf Petrarcas Text geworfen.

[17] Vgl. Zygmunt G. Barański: *Petrarca, Dante, Cavalcanti: la formazione dell'auctoritas volgare*, in: *Deutsches Dante-Jahrbuch* 82 (2007), S. 119–145, hier S. 138.

[18] Vgl. erneut Wehle (Anm. 8).

[19] *Purg.* XXIV 49–63 (Passagen aus Dantes *Commedia* im Folgenden zitiert nach Dante Alighieri: *La Divina Commedia*, hg. von Natalino Sapegno, Firenze 1985).

3 Okkurrenzen des Schlüsselworts *beatrice* und Techniken der Stilnovismus-Rezeption in den Augenkanzonen (*RVF* 71–73) und in *RVF* 191

An anderer Stelle wurde bereits gezeigt, wie fundamental Dantes stilnovistische Hypotexte für die Bedeutungskonstitution der Augenkanzonen sind.[20] Als zentral haben sich dabei die Bezüge zur Musterkanzone *Donne ch'avete intelletto d'amore* erwiesen, sowie bezeichnenderweise zur erwähnten Schlüsselstelle aus *Purg*. XXIV, die ja den *dolce stil nuovo* auf einer metapoetischen Ebene aus zeitlicher Distanz legitimiert. Dadurch gewinnt die Dialogizität mit Dantes Stilnovismus an zusätzlicher poetologischer Relevanz, und man kann für die Augenkanzonen durchaus von einem poetologischen Gegenmanifest Petrarcas zu Dantes Dichtungskonzept sprechen. Inhaltlich umfasst dieses Gegenmanifest, das im direkten intertextuellen Dialog mit Dante entsteht, in etwa folgende Aussage: Petrarca schließt für sich aus, die bei Dante entscheidende Wendung zu einer ‚Entpersönlichung' der Dichtung nachzuvollziehen. Dabei scheint Dantes Lösung auch in Petrarcas Text immer wieder auf und wird durch ihn präsent gehalten. Petrarcas Äußerungen bleiben jedoch zu jeder Zeit im Persönlichen verhaftet, sei dies in der direkten und existentiellen Abhängigkeit des Ich vom kommunikativen Verhalten der *donna*, sei es in der permanenten Selbstreflexion dieses Ausgeliefertseins. Bei alledem fällt auf, dass die Augenkanzonen keinesfalls ein Feuerwerk aus einprägsamen Dante-Zitaten sind. Wenige prägnante Schlüsselwörter markieren zumeist Zonen, die von einer Reihe subtiler Anspielungen durchzogen sind. Es gibt sie also, Petrarcas Antwort auf Dantes Stilnovismus, wenngleich sie alles andere als oberflächlich greifbar ist.

Mit einem detaillierteren Blick auf wenige überschaubare Beispiele aus dem *Canzoniere* sollen nun einige typische textuelle Verfahren präsentiert werden, derer sich Petrarca bei seiner Auseinandersetzung mit Dante bedient, um dann abschließend die konkreten Textbeobachtungen zu den obigen, generelleren, Überlegungen zu Petrarcas Dante-Rezeption in Bezug zu setzen.

An einer Stelle in den Augenkanzonen beschreibt Petrarca Lauras Blick mit dem Bild lieblicher, engelsgleicher und seligmachender Funken: *Vaghe faville, angeliche, beatrici* (*RVF* 72, 37).[21] Hier evoziert das prägnant in Reimposition stehende Adjektiv *beatrici* einen ganzen Kontext stilnovistischer Dichtung und lässt freilich insbesondere an Dante denken. Das Adjektiv *beatrice* kommt im Ganzen dreimal im *Canzoniere* vor, und dies jeweils am Versende, einmal – in der hier erwähnten Stelle – im Plural und zweimal im Singular, gleichlautend mit dem Namen von Dantes Geliebter also. Die beiden Okkurrenzen des Schlüsselworts im

[20] Vgl. Alice Malzacher: *"Il nodo che...me ritenne". Riflessi intertestuali della* Vita Nuova *di Dante nei* Rerum vulgarium fragmenta *di Petrarca*, Firenze 2013 (bes. das Kapitel: „La poetica: le 'canzoni degli occhi' (*RVF* 71–73) e lo stilnovismo dantesco", S. 49–118).

[21] Petrarcas *Canzoniere* wird zitiert nach Santagata (Anm. 1).

ersten Teil des *Canzoniere* seien nun im Hinblick auf die Fragestellung etwas detaillierter vorgestellt. Das lyrische Ich sagt in der ersten Stelle (*RVF* 72, 31–39), dass es keinen freudigen Zustand gäbe, den es nicht gegen einen Blick der Geliebten eintauschen würde:

Né mai stato gioioso
Amor o la volubile Fortuna
dieder a chi più fur nel mondo amici,
ch'i'nol cangiassi ad una
35 rivolta d'occhi, ond'ogni mio riposo
vien come ogni arbor vien da sue radici.

Und noch nie gaben solche Freude
Amor oder die wandelbare Fortuna denen,
die sie auf der Welt am meisten mochten,
dass ich sie nicht eintauschte gegen einen
Blick, von dem all meine Ruhe herkommt
wie jeder Baum von seinen Wurzeln.[22]

Danach folgt die Anrede an Lauras Blick:

Vaghe faville, angeliche, beatrici
38 de la mia vita, ove 'l piacer s'accende
che dolcemente mi consuma e strugge:

Liebliche, engelhafte Funken, die selig machen
mein Leben, wo die Freude sich entzündet,
die so süß mich gänzlich verzehrt:

Das Schlüsselwort *beatrici* lässt hier stark an Dantes Geliebte und die Implikationen dieser Figur denken. Darüber hinaus lassen sich in den bis hier zitierten Versen keine eindeutigen Referenzen an Dantes *Vita Nuova* ausmachen. Das Motiv der Feuerfunken, die den Augen der Geliebten entspringen und den Liebenden direkt ins Herz treffen, taucht bei verschiedenen Dichtern der Tradition auf.[23] In der *Vita Nuova* findet sich dieses Motiv eingebettet in die programmatische Kanzone *Donne ch'avete intelletto d'amore*:

Degli occhi suoi, come ch'ella li mova,
escono spirti d'amore inflammati,
che fèron gli occhi a qual che allor la guati,
54 e passan sì che 'l cor ciascun ritrova.[24]

[22] Übersetzungen, auch im Folgenden, A. M.

[23] Vgl. mit den entsprechenden Verweisen den Kommentar zur Stelle bei Santagata (Anm. 1), S. 378.

[24] *VN* X 23 (*Donne ch'avete intelletto d'amore* 51–54).

Aus ihren Augen, wie immer sie sie bewegt,
entspringen flammende Liebesgeister,
welche die Augen dessen treffen, der sie gerade betrachtet,
und diese so durchdringen, dass sie sich im Herzen wiederfinden.

Wörtliche Entsprechungen zu Petrarcas Passus fehlen, wenn auch freilich Analogien bestehen, so z. B. zwischen Petrarcas Funken, durch die sich die Freude entzündet (*faville ... ove 'l piacer s'accende*, v. 37f.) und Dantes *spirti ... inflammati* (v. 52). Auch bei Petrarca ist das Ziel der Funken schließlich das Herz des Dichters:

40 come sparisce et fugge
ogni altro lume dove 'l vostro splende,
così de lo mio core,
quando tanta dolcezza in lui discende,
ogni altra cosa, ogni penser va fore,
45 et solo ivi con voi rimanse Amore.[25]

so wie jedes andere Licht
dort verblasst und schwindet, wo Eures leuchtet,
so entweicht aus meinem Herzen,
wenn die so große Süße darin hineinsinkt,
jedes andere Ding, jeder Gedanke,
und allein Amor blieb dort mit Euch.

In diesem Passus ist eine Reminiszenz an Dantes berühmtes Sonett *Negli occhi porta la mia donna Amore* (*VN* XII 2–4) zu erkennen, das, ganz ähnlich wie die Augenkanzonen, die Wirkung von Blick und Auftreten der Geliebten auf deren Umwelt besingt:

Ogne dolcezza, ogne pensero umile
nasce nel core a chi parlar la sente,
11 ond'è laudato chi prima la vide.[26]

Jede Süße und jeder unterwürfige Gedanke
entstehen im Herzen dem, der sie sprechen hört,
weshalb gelobt ist, wer sie zuerst sah.

Der Anklang in Petrarcas Versen an Dantes Modell ist nicht eklatant, jedoch eindeutig in der Überlagerung mehrerer Versatzstücke, wie z. B. der Häufung des Pronomens *ogni/ogne* in beiden Textstellen, der wörtlichen Entsprechung von *ogni penser* (*RVF* 72, 44) und *ogne pensero* (*Negli occhi porta la mia donna Amore* 9), sowie der Präsenz der Begriffe *dolcezza* und *core* in beiden Passagen.

25 *RVF* 72, 40–45.
26 *VN* XII 3 (*Negli occhi porta la mia donna Amore* 9–11).

Man kann also durchaus sagen, dass in der hier zitierten Stanze von Petrarcas Augenkanzonen, wie im Übrigen auch in der gesamten Gedichtgruppe,[27] zusätzlich zu einer allgemein stilnovistisch geprägten Sprache Dantes *Vita Nuova* als Einzeltext verstärkt durchscheint. Die interessantere Frage – über die Klärung der Präsenz eines Hypotextes in einem anderen Text hinaus – ist nun freilich, wie sich Petrarcas Text der Augenkanzonen zu Dantes stilnovistischem Modell verhält. Während die übrigen Anklänge an die Dichtung der *Vita Nuova* in Petrarcas Stanze eher zurückhaltender Natur waren, so stach doch der Schlüsselbegriff *beatrici* am stärksten ins Auge. Der Vers *vaghe faville, angeliche, beatrici* (*RVF* 72, 37) präsentiert sich völlig konform mit stilnovistischer Dichtung: In den Adjektiven deutet sich jene Überhöhung des Liebeskonzepts an, bei dem die Geliebte am Göttlichen partizipiert, wodurch sie in letzter Konsequenz zur Mittlerin zwischen dem liebenden Ich und Gott werden kann. Allein fließt Petrarcas Vers in einem Enjambement in den nächsten hinüber, wodurch dessen erster Halbvers besonders hervorgehoben wird. Dort erfolgt die prompte Zerstörung des zuvor erweckten Eindrucks: ... *beatrici / della mia vita* (*RVF* 72, 37f.) – „meines Lebens“. Somit setzt Petrarca der herausfordernden Evokation von Dantes Dichtungssystem sein eigenes entgegen, dessen Essenz bekanntermaßen die Verankerung, oder Verstrickung, im Diesseits ebenso wie im Persönlichen ist. Der aus der *Vita Nuova* bekannte Vektor, der von der Liebe des Einzelnen über deren selbstverneinende Objektivierung hin zur göttlichen Liebe führt, wird hier akkurat umgekehrt und führt vom Engelsgleichen, Beseligenden im ersten hin zum Leben des Einzelnen und dem flüchtig entflammenden Genussmoment im zweiten Vers (*ove 'l piacer s'accende*; *RVF* 72, 38).

Bei genauem Blick auch auf die anderen hinzugezogenen Textstellen wird außerdem deutlich, dass der hier zwischen zwei Zeilen inszenierte Umbruch bereits – diskret, aber systematisch – Petrarcas Sprache durchzieht und darin nicht unbedingt weniger revolutionär ist als der schlagkräftige Doppelvers. Wenn man Petrarcas Sprechen in der vorliegenden Kanzonenstrophe betrachtet, so zeigt sich, dass die inszenierte Kommunikationssituation sich grundlegend von Dantes Stilnovismus unterscheidet und einen offenen Bruch mit dessen maßgebenden Regeln darstellt: das lyrische Ich zeigt in Personal- und Possessivpronomen eine deutliche Präsenz und spricht ganz eindeutig über seinen Gefühlszustand.[28] Auch wird die Geliebte, bzw. deren Augen direkt angeredet (erkenntlich in *vostro* [*RVF* 72, 41] und *voi* [*RVF* 72, 45]). Hiermit widersetzt sich Petrarca den beiden ersten eingangs erwähnten Regeln von Dantes *stilnovismo*, nicht mehr von sich selbst zu sprechen und nicht mehr direkt zu der Geliebten zu sprechen. Die

[27] Vgl. Malzacher (Anm. 20), S. 80–96.

[28] Vgl. die Häufung der die erste Person betreffenden Pronomina: *ch'i nol cangiassi* (*RVF* 72, 36), *mio riposo* (*RVF* 72, 35), *mia vita* (*RVF* 72, 38), *mi consuma* (*RVF* 72, 39), *mio core* (*RVF* 72, 42).

wenigen gegenübergestellten Textstücke reichen aus, um zu zeigen, wie grundlegend anders Dante sein Frauenlob formuliert. Wenn beispielsweise von der Wirkung der Geliebten die Rede ist, benutzt Dante unpersönliche und verallgemeinernde Formeln, wie in den vorliegenden Beispielen *che fèron gli occhi a qual che allor la guati* (*Donne ch'avete intelletto d'amore* 53), ... *è laudato chi prima la vide* (*Negli occhi porta la mia donna Amore* 11) oder *nasce nel core a chi parlar la sente* (*Negli occhi porta la mia donna Amore* 10), dem bei Petrarca die Formulierung *de lo mio core* (*RVF* 72, 42) gegenübersteht. Was die Geliebte betrifft, so wird in Dantes Dichtungssystem entweder in der dritten Person oder aber in umschreibenden Formeln von ihr gesprochen, wie hier z. B. in *Degli gli occhi suoi, come ch'ella li mova* (*Donne ch'avete intelletto d'amore* 51). Interessant ist bei all dem, in welch ausgewogener Manier Petrarca in seinen Text Elemente einstreut, die stilnovistisches Dichten evozieren und solche, die diesem zuwiderlaufen. So klingt auch im betrachteten Ausschnitt in der Formulierung *a chi più fur nel mondo amici* (*RVF* 72, 33) die unpersönliche Allgemeingültigkeit Dantes an, doch wird ein solcher Duktus augenblicklich fallen gelassen, sobald es darangeht, die persönliche Betroffenheit des Ich auszudrücken: *ch'i nol cangiassi a una / rivolta d'occhi* ... (*RVF* 72, 34f.).

In einem vergleichbaren Passus aus der letzten der drei Augenkanzonen (*RVF* 73, 37–39) operieren die gezeigten Techniken Petrarcas noch vielschichtiger. In analoger Weise wird in *RVF* 73 die Huldigung an einen Moment innig empfundener Lebensfreude mit der stilnovistischen Matrix verknüpft. Es geht um einen Nebensatz, welcher in eine längere Periode eingebettet ist:

poi che Dio et Natura et Amor volse
38 locar compitamente ogni virtute
in quei be' lumi, ond'io gioioso vivo,

da es ja Gottes, der Natur und Amors Wille war,
alle Tugend gänzlich zu legen
in jene schönen Augen, durch die ich fröhlich lebe,

Das Motiv verschiedener Schöpferinstanzen, welche der *donna* Schönheit und Tugend verleihen, findet sich bei verschiedenen Dichtern[29] und taucht zudem auch in der *Vita Nuova* in der Kanzone *Donne ch'avete intelletto d'amore* auf. Die drei Instanzen, die Petrarca hier in einem Vers konzentriert, verteilen sich in Dantes Kanzone über mehrere Verse,[30] so dass man auch hier nicht von einer wörtlichen

[29] Vgl. mit den entsprechenden Verweisen den Kommentar zur Stelle bei Santagata (Anm. 1), S. 388.

[30] Vgl. *Donne ch'avete intelletto d'amore* 43–49 (*VN* X 22): *Dice di lei Amor: « Cosa mortale/ come esser può sì adorna e sì pura? ».*/ *Poi la riguarda, e fra sé stesso giura/ che Dio ne 'ntenda di far cosa nova./ Color di perle à quasi, in forma quale/ convene*

Referenz, wohl aber von einer eindeutigen Evokation des stilnovistischen Systems sprechen kann. Das eben evozierte System wird erneut erfolgreich dekonstruiert, und zwar im letzten Teil der Versgruppe: *ond'io gioioso vivo*. Hier werden auf noch engerem Raum als zuvor in *RVF* 72, 38 die Elemente persönlichen Erlebens (*io ... vivo*) und flüchtigen diesseitigen Genusses (*gioioso vivo*) als Konzentrat von Petrarcas Dichtungsprogramm zusammengeführt. Mehr noch: In maximaler Sinnverdichtung wird hier zusätzlich mit der lautlichen eine weitere Textebene funktionalisiert. In *ond'io gioioso vivo* wiederholt sich die Buchstabenfolge „*i-o*" ganze viermal, wobei rein lautlich das Personalpronomen *io* mit *vivo* korrespondiert und die gedoppelte lautliche Variante ‚ioio' in *gioioso* einrahmt. Auch auf lautlicher Ebene verschmelzen hier die Elemente der Freude und des Lebens mit dem Ich zu einer Einheit: die Buchstaben, welche das Ich konstituieren, finden sich in der Freude (*gioioso*) und im Leben *vivo* wieder, während umgekehrt auch das frohlockende *ioio* aus *gioioso* auf die umstehenden Wörter auszustrahlen scheint.

Eine vergleichbare Funktionalisierung aller Konstitutionsebenen des poetischen Textes findet sich schließlich auch in der zweiten Okkurrenz des Schlüsselworts *beatrice*, in dem Sonett *Sì come eterna vita è veder Dio* (*RVF* 191). Franz Penzenstadler hat bereits eine umfassende inhaltliche Interpretation dieses Textes vor dem Hintergrund von Petrarcas Auseinandersetzung mit dem *stilnovismo* vorgelegt, die vor allem auch die epistemologischen Differenzen in den Blick nimmt, welche die beiden Dichter trennen.[31] Die folgenden Beobachtungen stellen daher lediglich eine geringfügige Ergänzung und Perspektivierung von Penzenstadlers Ausführungen vor dem Hintergrund der Fragestellung dar, wie – und eventuell mit welchen polemischen Implikationen – sich Petrarcas Distanzierung von Dante auf den verschiedenen Ebenen des Textes vollzieht. Es genügt hier ein Blick auf die beiden Quartette des Sonetts:

Sì come eterna vita è veder Dio,
né più si brama, né bramar più lice,
così me, donna, il voi veder felice
4 fa in questo breve et fraile viver mio.

Né voi stessa com'or bella vid'io
già mai, se vero al cor l'occhio ridice:
dolce del mio penser hora beatrice,
8 che vince ogni alta speme, ogni desio.

So wie ewiges Leben Gott zu schauen bedeutet,
und man nichts mehr wünscht und nichts zu wünschen sich mehr ziemt,
so macht es mich, Herrin, glücklich, Euch zu sehen
in diesem kurzen und fragilen Leben.

a donna aver, non for misura:/ ella è quanto di ben pò far Natura;/ per exemplo di lei bieltà si prova.

[31] Vgl. erneut Penzenstadler (Anm. 5).

> Und noch nie sah ich Euch so schön wie jetzt,
> wenn es wahr ist, was das Auge dem Herzen berichtet:
> süßer Moment, der meinen Gedanken selig macht,
> der jede hohe Hoffnung, jeden anderen Wunsch besiegt.

Die grundsätzliche Opposition im Gedicht ist hier ganz offensichtlich der Gegensatz zwischen der jenseitigen Ewigkeit und der Vergänglichkeit des Irdischen, und Penzenstadlers inhaltliche Analyse hat gezeigt, wie Petrarca sich in diesem Spannungsfeld nicht vom Begehren des momentanen Glücks zu lösen vermag, wenn auch der Dichter dessen Hinfälligkeit und illusorischen Charakter durchaus erkennt. Der Hypotext der *Vita Nuova* ist im zweiten Quartett stark präsent, denn der Reim *ridice – beatrice* und weitere lexikalische Dantismen in der direkten Umgebung verweisen auf das letzte Gedicht der *Vita Nuova*, das Sonett *Oltre la spera che più larga gira* (*VN* XXX 10–13).[32] Dieses imaginiert eine Gedankenreise Dantes in die ewigen Sphären, in denen der Intellekt des Dichters das Wesen Beatrices in der himmlischen Glorie zwar erahnen, jedoch noch nicht adäquat erfassen oder in Worten wiedergeben kann. Die in der *Vita Nuova* vollzogene Spiritualisierung der Liebe erreicht hier ihren vorläufigen Endpunkt: Der Dichter hat jegliches persönliche Interesse an Beatrice fallen gelassen, während Beatrice selbst sich der Funktion annähert, welche sie in der *Commedia* fortführen wird und als Mittlerin zwischen dem Individuum Dante und Gott erscheint. Diese seligmachende Wirkung, die in der *Vita Nuova* der Mittlerin Beatrice zu eigen ist, schreibt nun Petrarca in einer wiederum äußerst prägnanten Umpolung von Dantes Kategorien dem süßen Moment zu, welcher den Gedanken des Dichters so beseligt, dass dieser bereit ist, von jeder anderen Hoffnung – und damit auch der auf jenseitige Erfüllung – abzulassen. Interessant ist dabei, dass Petrarca auch in der Formel *hora beatrice* (*RVF* 191, 7) – ganz ähnlich wie in der zuvor analysierten Verbindung *beatrici / della mia vita* (*RVF* 72, 37 f.) – ein Verfahren anwendet, welches, zumindest aus der Perpektive von Dantes Dichtungssystem, einer *contradictio in adiecto* gleichkommt. Wieder prallt Dantes spiritualisierendes Liebeskonzept auf engstem Raum auf Petrarcas Huldigung des Moments und wird dadurch profaniert. Und wiederum findet diese Huldigung des Moments – dies nun in Analogie zu dem zuletzt betrachteten Beispiel aus *RVF* 73 – ihren Niederschlag nicht nur auf der semantischen Ebene. Lautlich lässt sich eine starke Präsenz der Silbe *or* in der Stelle feststellen, die insgesamt viermal in den Versen 5–7 rekurriert: zusätzlich zu den Worten *or* („jetzt“, v. 5) und *hora* („Stunde, Moment“, v. 7), hallt die Lautfolge ‚*o-r*‘ noch zweimal im dazwischenliegenden Vers 6 wieder, nämlich in *cor* und, die Wortgrenze überschreitend, in *l'occio ridice*. Petrarcas

[32] Anzuführen wäre hier beispielsweise die lexikalische Dominanz des Visuellen in beiden Texten: bei Petrarca *veder* (*RVF* 191, 1 u. 3), *vid'io* (*RVF* 191, 5), bei Dante *vede* und *vedela* (*Oltre la spera che più larga gira*, 6 und 9) oder im begleitenden Prosatext *vide* und *vede* (*VN* XXX 5f.); ebenso die doppelte Präsenz des Schlüsselworts *penser/ pensero* (*RVF* 191, 7 und *VN* XXX 3 und 6).

poetologisches Programm spricht also ‚aus allen Poren seines Textes' – sei es im Bekenntnis an sich selbst im *ioio* aus *RVF* 73, sei es im Bekenntnis zum Moment im *or* des hier vorliegenden Sonetts. Das Ziel der Analyse war zu zeigen, dass der Effekt solchen Nach-Hallens der einer tiefen Verankerung der poetologischen Maximen im Text ebenso ist, wie ein Wider-Hall gegen das Modell der Tradition Dantes.

4 Schlussbetrachtung

Hinsichtlich einer abschließenden Bilanz zu Petrarcas Haltung gegenüber Dante, welche die konkreten Beobachtungen aus dem *Canzoniere* mit Petrarcas Aussagen über Dante oder über die *imitatio* im Allgemeinen abgleicht, bleibt zunächst festzuhalten, dass wohl aus zwei Gründen nicht von einer ‚offenen' Polemik Petrarcas gegen Dantes Stilnovismus zu sprechen ist: Erstens fehlen explizite Äußerungen zu Dantes *stilnovismo* selbst da, wo Dante (der *Petrosen*) explizit genannt wird, und zweitens nehmen auch diejenigen Stellen im *Canzoniere*, welche an stilnovistisches Dichten erinnern, zumeist nicht allzu offenkundig und vor allem nicht einseitig auf die *Vita Nuova* Bezug. Ein Schlüssel zur Bewertung dieses Sachverhalts liegt sicherlich in Petrarcas Bewusstsein von einem heterogenen Publikum, das sich aus Literaturexperten und Dichterkollegen einerseits, aber auch aus solchen Lesern zusammensetzte, die über keine so detaillierte Textkenntnis der literarischen Tradition verfügten. Für letztere mag die beschriebene Art der *damnatio memoriae* am erfolgversprechendsten gewesen sein: das gezielte und dadurch eloquente Verschweigen Dantes und seiner Meriten sowie die Ablenkung davon, worum es Dante in erster Linie ging, einer grundlegenden Erneuerung der Liebesdichtung nämlich, um dieses Terrain dann selbst bearbeiten, die Erneuerung selbst vollbringen zu können.[33] Insofern könnte in diesem Vorgehen der Versuch zu sehen sein, ganz ohne offene Polemik ein eigentlich polemisches Ziel, eine gewisse ‚Destruktion' des Gegners im Wettstreit nämlich, zu erreichen. Es ist jedoch auch schon gesagt worden, dass für Petrarcas gebildete Leserschaft sein geflissentliches Verschweigen des stilnovistischen Dante in der Reihe der Vorbilder einer offensichtlichen, ja eklatanten, Leerstelle gleichgekommen sein muss. Eben darin liegt – innerhalb der Kommunikation mit dem elitären Publikum – auch eine gewisse polemische Schärfe: Petrarca nimmt es sich heraus, Dante die Hommage in der Genealogie der Liebesdichter zu verweigern, kommt aber seiner Pflicht einer profunden und feinsinnigen Auseinandersetzung mit dem Stilnovismus dennoch prompt, wenn auch auf anderer Ebene in den Augenkanzonen nach. Damit löst er die Hypothek adäquat ein, die solch eloquentes Verschweigen in der Erwartungshaltung seiner kundigen Leser hervorgerufen haben mag.

[33] Vgl. erneut Barański (Anm. 17), S. 138.

Wie ist es jedoch zu erklären, dass Petrarcas Antwort auf Dantes Stilnovismus – in den Augenkanzonen, aber auch in weiten Teilen der *parte in vita* des *Canzoniere* – mit einer relativ geringen Dichte von *Vita Nuova*-Zitaten auskommt? Hierin folgt Petrarca zunächst seinem erklärten Prinzip der *dissimulatio*, der weitgehenden Vermeidung direkter wörtlicher Bezugnahmen. Denn sicherlich birgt jede Präsenz eines fremden Textes im eigenen ein gewisses Potential der Unberechenbarkeit und kann Effekte hervorbringen, die sich letztlich der Kontrolle des Dichters entziehen. Beispielsweise kann das vom Hypotext importierte Spektrum von Bedeutungen und Konnotationen die Aussage des Hypertextes modifizieren.[34] Die Gefahr von allzu wörtlichen Anspielungen kann allerdings auch ganz trivial in möglichen Missverständnissen durch die weniger gebildete Leserschaft liegen, die auch schnell mit dem Vorwurf des Plagiats bei der Hand sind.[35] Dieser Gefahr muss der Dichter mit einigem taktischen Gespür begegnen.

Dennoch hat die vorliegende Analyse herausgearbeitet, dass Petrarca sich im *Canzoniere* systematisch mit Dantes Stilnovismus auseinandersetzt. Häufig gestaltet sich diese Auseinandersetzung als eine scheinbar konforme Systemreferenz, welche dann bei genauerem Hinsehen Brüche mit dem evozierten System aufweist.[36] Häufig geschieht diese widersprüchliche Verbindung der Systeme ohne besondere Brisanz, vor allem dann, wenn der Stilnovismus ohne klar festzumachende Einzeltextreferenz anzitiert wird. Jedoch gibt es immer wieder Zonen in Petrarcas Lyrik, in denen seine Opposition zum Stilnovismus eine besondere Sprengkraft bekommt. Um diese Kraft zu entfalten, sind wörtliche Zitate – auch prägnanter Begriffe wie des hier analysierten *beatrice* – notwendig. Diese schlagwortartigen Markierungen sind nicht selbst polemisch, weisen aber auf eine versteckte Polemik in der unmittelbaren textuellen Umgebung hin. Denn auch für den gebildeten Leser braucht es eine solch eindeutige Referenz, um ihn für die Feinheiten der Auseinandersetzung sensibel zu machen, die hier geführt wird. Die Polemik braucht ein offenes Signal, damit sie sich versteckt entfalten kann. Sie braucht das Zusammenspiel beider Ebenen, damit sie gelingen kann. Dann lässt sich erkennen, dass sich Petrarcas Text auf all seinen Ebenen dem alten System widersetzt: pragmatisch über die veränderte Kommunikationssituation, semantisch über die Verbindung oppositioneller Begrifflichkeiten, syntaktisch über die spezifische Anordnung solcher Oppositionen, in einer Art *contradictio in adjecto* beispielsweise, oder über die prägnante Position der Schlüsselbegriffe, und phonetisch schließlich über den von den Worten losgelösten Widerhall einzelner Silben, die Petrarcas Dichtungssystem in seiner lautlichen Essenz verkörpern. Hierbei geht es Petrarca darum, den Einfluss Dantes zu kontrollieren, ihn in gewisse

[34] Vgl. zu dieser Wirkweise intertextueller Bezüge den Aufsatz von Thomas Klinkert: *Zum Status von Intertextualität im Mittelalter: Tristan, Lancelot, Francesca da Rimini*, in: *Deutsches Dante-Jahrbuch* 81 (2006), S. 27–69, insbesondere S. 50.

[35] Vgl. Kuon (Anm. 11), S. 29.

[36] Vgl. Penzenstadler (Anm. 5), S. 152, Anm. 18.

Schranken zu weisen, wobei sicherlich die größte Gefahr von Missverständnissen des ungebildeten Publikums ausgeht. Und freilich geht es Petrarca auch um *aemulatio*, auch um eine dichterische Polemik, die jedoch nicht ungefiltert ist. Es ist eine kontrollierte Polemik, der einige textuelle Verfahren vorgeschaltet sind, die sicherstellen, dass sie ihr zerstörerischstes Potential dort entfalten kann, wo sie richtig – und von den Richtigen – verstanden wird.

Von Schreibregeln zu Gefühlsregeln

Entwurf einer Grammatik der Emotionen im dichterischen Wettstreit der Troubadours

GUILLAUME ORIOL (Bordeaux)

Die Dichtung der Troubadours ist eine dialogische Dichtung. Jörn Gruber hat in seiner gleichnamigen Untersuchung aus dem Jahr 1983 mit Recht die „Dialektik des Trobar“[1] hervorgehoben. Das *trobar*, meint er, führe die intertextuelle und dialogische Entwicklung der *canso* fort, in der jedes Liebeslied die der *fin'amor* vorgängige dichterische Tradition aufnimmt, sie in Frage stellt und zu überbieten sucht. Der satirische *sirventes*, der zeitgenössische Werte und Ereignisse aufs Korn nimmt, ist nicht weniger dialogisch, nicht nur was die Troubadours, sondern auch was die Zuhörer betrifft, die im Anschluss an den Vortrag über das Gehörte diskutieren. Der Dialog nimmt in der mittelalterlichen Dichtung auch die Form von Reflexionen an, in denen das dichterische Ich sich selbst über seinen Gefühlszustand befragt, die Form kleiner Dramen, die ein imaginäres Gespräch zwischen dem Liebenden und einem Vertrauten inszenieren, oder, in der narrativen Pastourelle, die Form eines Zwiegesprächs zwischen Ritter und Schäferin. Eine Wechselrede des Troubadours Guiraut de Bornelh zwischen dem Liebenden und einem Vertrauten strukturiert eine berühmte Verführungsszene im *Flamenca*-Roman und setzt so auf der narrativen wie auf der intertextuellen Ebene ein Gespräch in Gang. Dialogischer Charakter wird schließlich Formen des Austauschs von *cobla* zu *cobla*, von einem *sirventes* zu einem anderen sowie der Wechselrede in *tensons* und *partimens* zugesprochen.

Auch wenn die moderne Unterscheidung zwischen *tensons* und *partimens* vor den *Leys d'Amors*, dem Toulouser Traktat aus dem 14. Jahrhundert, keinen „wirklichen Gattungswert“ hat,[2] wie Dominique Billy schreibt, ist sie dennoch pragmatisch sinnvoll. Wir nennen also *partimen* ein Gedicht, in dem der erste Sprecher eine dilemmatische Frage aufwirft und der zweite Sprecher, mit dem Entschluss, den einen Pol des Dilemmas zu verteidigen, den ersten zwingt, das

[1] Jörn Gruber: *Die Dialektik des Trobar. Untersuchungen zur Struktur und Entwicklung des occitanischen und französischen Minnesangs des 12. Jahrhunderts*, Tübingen 1983 (*Beihefte zur Zeitschrift für romanische Philologie* 194).

[2] Dominique Billy: *Pour une réhabilitation de la terminologie des troubadours: le cas de tenson, partimen et expressions synonymes*, in: *Il genere „tenson“ nelle letterature romanze delle Origini*, hg. von Matteo Pedroni und Antonio Stäuble, Ravenna 1999 (*Memoria del tempo* 15), S. 258.

Gegenteil zu vertreten; demgegenüber ist für die *tenson* das Fehlen der initialen Wahlfreiheit charakteristisch. Diese, als die ältere Form, ist seltener: Von den circa 160 Gedichten unseres Korpus, sind 112 *partimens*, also zwei bis drei Mal so viele wie *tensons*. All diese Kompositionen sind durch Manuskripte, die später in Liedsammlungen eingegangen sind, also in schriftlicher Form, überliefert. Ihr Sitz im Leben sind aber die okzitanischen Höfe, wo sie ihr Publikum im Rahmen einer mündlichen Aufführung erreichen. Meist handelt es um eine geistreiche, lusorische, vergnügliche und verbindende Dichtung. Das Publikum ist umfassend beteiligt, sei es durch die Anrufung von Schiedsrichtern, die in den *tornadas* genannt werden, sei es implizit durch das Nachwirken der Debatte unter späteren Hörern, mit Ausnahme des Falles, dass in einigen – späten – Varianten ein Richter ein abschließendes *jutjamen* (Urteilsspruch) anfügt.

1 Eine dialogische Gattung

Die Gattung der Tenzone deutet bereits angesichts der Etymologie des Begriffs auf eine Debatte hin.[3] Es handelt sich, so kann man sagen, um eine Art dichterischer Auseinandersetzung über eine beliebige Frage. Dieses Genre, das schon den ältesten Troubadours bekannt gewesen zu sein scheint, ist sicherlich nicht volkstümlichen Ursprungs; vielmehr geht es auf den Brauch zurück, Dichterwettkämpfe über vorgegebene Themen zu veranstalten, und hat somit einen anderen Ursprung als die meisten anderen Gattungen. Die Frage, die sich im Hinblick auf die Tenzone stellt, ist, ob die beiden Personen, die in Szene gesetzt werden, ihre Autoren sind, oder ob wir es mit einer Fiktion zu tun haben, in der ein und derselbe Dichter Zug um Zug seine eigenen Ideen und die eines Gesprächspartners vorstellt. Es hat den Anschein, dass man in vielen Fällen zwei verschiedene Autoren annehmen muss. Das Gegenteil dürfte aber auch vorgekommen sein, wie die Gewohnheit zeigt, Tenzonen mit imaginären Personen zu konzipieren.[4] Die Gegenstände der *tensons* sind äußerst vielfältig: Man debattiert die seltsamsten Fragen, von den grobschlächtigsten bis zu den erhabensten. Üblicherweise dreht sich die Diskussion um einen Gegenstand der Liebeskasuistik oder ein anderes Thema, das den Troubadours Gelegenheit gibt, ihrem subtilen – dialektisch geschulten – Geist freien Lauf zu lassen.

Die *tensons* und *partimens* stehen im Zeichen des sprachlichen und gelehrten Wettstreits, doch sie handeln nicht ausschließlich von Liebeskasuistik oder höfischen Werten: Welche sind größer, die Freuden oder die Qualen der Liebe? Zwei

[3] Alfred Jeanroy: *Les origines de la poésie lyrique en France au Moyen Âge. Études de littérature française et comparée, suivies de textes inédits,* Paris 1925, S. 45.

[4] Jeanroy (Anm. 1), S. 54, hebt ins besondere die *tensons* vom Moine Mautaudon mit Gott, von Peirol mit Amor, von Raimon Beranger und Bertran Carbonel mit ihrem Pferd oder von Lafranc Cigala mit seinem Herz und seinem Wissen hervor.

Männer haben eine Frau, der erste eine sehr hässliche, der zweite eine sehr schöne; beide überwachen sie mit größter Sorgfalt. Wer von den beiden ist weniger tadelnswert?[5] Eine *tenson* mit drei Personen (von Guiraut Riquier) wirft die Frage auf: Wenn eine geiziger Reicher gezwungen wird, freigebig zu sein, wenn ein freigebiger Seigneur daran gehindert wird, großzügige Geschenke zu machen, wenn ein Mann, der sich schon Gott geweiht hat, gezwungen wird, ein weltliches Leben zu führen – wer von den dreien ist am meisten zu bedauern? Der Autor derselben Tenzone schlägt einem Spielmann oder einem Troubadour das folgende Thema vor: Entweder wird er von Grund auf alle Künste beherrschen, die ein Kleriker seiner Zeit kennen kann, oder er wird ein hervorragender Kenner der Liebeskunst sein. Beide Themen werden von den Kontrahenten virtuos entwickelt. Der, der sein Leben der Wissenschaft widmet, behauptet zunächst, dass Frauen falsch und heuchlerisch seien; seine Gelehrsamkeit liefert ihm illustre Beispiele: David, Samson und Salomon. „Ich bedaure Euch“, sagt sein Gesprächspartner: *be·us valran pauc las artz, pus sens no·us guida car senes sens es sciensa delida* („vous vivrez triste avec vos *sept arts*, qui vous troubleront la vue et l’ouïe, comme il arrive à de nombreux savants qui en deviennent fous“).[6] Er selbst hat eine andere Wahl getroffen: Er zieht das fröhliche Leben vor, das ihm Dichtung und Liebe in Aussicht stellen.

Diese dialogischen Formen bieten mehr als den rigiden Rahmen einer dialektischen Auseinandersetzung. Die Debatte ist zugleich eine Polemik, denn die Gesprächspartner drücken nicht einfach nur ihre persönliche Meinung aus, sondern verkünden metaphysische, philosophische oder ästhetische Liebesvorstellungen. Der Wettstreit verwickelt die Teilnehmer in Kommunikationsformen, die auf der einen Seite die Invektive vorsehen, auf der anderen die Parade, mit der der Gegner den Ausfall abwehrt. Wir wollen also die Hypothese aufstellen, dass die Troubadours, indem sie sich auf den sprachlichen Wettstreit der okzitanischen *tensons* und *partimens* einlassen, ihr Schaffen den Regeln einer spezifischen Rhetorik anpassen. Wie in jeder Rhetorik gehorcht der Wortwechsel dem Modus des Kampfes. Um die Regeln zu begreifen, die diese Gedichtformen in die Nähe des Wettstreits, der *joute*, rücken, was im eigentlichen Sinn das ritterliche Turnier meint, muss man verstehen, dass sie nicht nur zur Selbstbehauptung des Ichs beitragen, sondern auch zur Eingrenzung des Gegendiskurses, sei es, um den Gegner zu demaskieren, sei es um die Gegensätze, die die beiden

[5] Guiraut Riquier: *Ara s’esfors N’Eveyos*, PC 248.14, in: *The Troubadour Tensos and Partimens. A Critical Edition*, hg. von Ruth Harvey und Linda M. Paterson, Cambridge 2010, S. 727.

[6] „Ihr lebt traurig mit Euren sieben Künsten [d. h. den *artes liberales*, dem Gipfel der damaligen Wissenschaft], die Euch den Seh- und den Hörsinn stören, wie es vielen Gelehrten passiert, die davon verrückt werden“. Hier wie im Folgenden nehmen die deutschen Übersetzungen, um den Duktus der Interpretation nicht zu stören, die vom Verfasser angefertigten Übersetzungen der altprovenzalischen Originale ins Neufranzösische zur Grundlage (Peter Kuon).

Parteien entzweien, zu akzentuieren. Wie in jeder Rhetorik nehmen schließlich die Affekte eine zentrale Rolle ein, insofern sie Instrument der Destabilisierung des Gegners und Spiegel der Rezeption des polemischen Diskurses sind.

2 Eine poetische Form des Kampfes

Um unsere Hypothese zu überprüfen, wollen wir uns zunächst einem Thema zuwenden, das die Troubadours Guiraut de Salignac und Peironet diskutieren. Es handelt sich um ein *partimen* über die in der höfischen Gesellschaft des Mittelalters äußerst beliebte Frage, welche Rolle in der Liebe dem Herzen beziehungsweise den Augen zukommt. Peironet schlägt die Debatte vor und lässt Guiraut die Wahl, worauf dieser sich für die Augen entscheidet. Guiraut de Salignac (12.–13. Jahrhundert) war ein Troubadour aus Salignac bei Sarlat im Périgord, Peironet vermutlich ein Spielmann. Man merkt, dass er Guiraut mit einer gewissen Ehrerbietung behandelt. Das Thema lautet wie folgt: „Was erhält die Liebe am besten, die Augen oder das Herz?“. Die Augen, antwortet der eine, denn das Herz folgt dem Urteil der Augen, wenn es sich hingibt; das Herz, antwortet der Gegner, denn es erkennt, was in der Ferne liegt, während die Augen nur das sehen, was sich in der Nähe befindet. Die letzten beiden Strophen sollen in voller Länge zitiert werden:

V [Guiraut]
En Peironet, totz hom d'onrat lignatge
cognois qe·l piegz chauzis en la partia,
qe tuit sabon qe·l cors ha segnoratge
36 sobre los oils, et auiatz en qal guia :
q'amor dels oils non val se·l cors no·l sen,
e ses los oills pot lo cors franchamen
amar celui c'anc non vi a prezen,
40 si con Jaufrei Rudel fes de s'amia.[7]

Peironet, tout homme de lignage honorable reconnaîtra que vous choisissez le pire parti, car tout le monde sait que le cœur a la maîtrise sur les yeux – et écoutez de quelle manière : l'amour ne va pas aux yeux si le cœur ne sent pas, et sans les yeux le cœur peut librement aimer celle qu'il n'a jamais vue en réalité, comme le fit Jaufre Rudel de son amie.[8]

[7] Guiraut de Salinhac und Peironet PC 249.2 Base : *a*^{1}.

[8] „Peironet, jeder Mann edler Abstammung wird erkennen, dass ihr die schlechteste Wahl getroffen habt, denn jeder weiß, dass das Herz die Herrschaft über die Augen hat – und hört, wie das geschieht: die Liebe dringt nicht zu den Augen vor, wenn das Herz nichts fühlt, und ohne die Augen kann das Herz die lieben, die es in Wirklichkeit nie gesehen hat, wie es Jaufré Rudel mit seiner Freundin tat.“ Guiraut spielt hier auf die berühmte Legende von Jaufre Rudel an, einem Troubadour, der, wie in seiner *vida*

VI [Peironet]
Segner Giraut, se·l oill me son salvatge
de ma donna, ja·l cor pro no m'en sia ;
e, si·m mostra un semblan d'agradatge,
44 prent me lo cor e·l met en sa bailia :
ve·us lo poder del cor e l'ardimen,
qar per los oils amors el cor deissen
e·l oill dizon ab semblan d'avinen
48 zo qe lo cors non pot ni auzeria.[9]

Seigneur Guiraut, si les yeux de ma dame me sont cruels, que mon cœur ne soit point près d'elle ; mais si elle me montre un visage agréable, elle prend mon cœur et le met en sa puissance ; tels sont le pouvoir et la hardiesse du cœur, car c'est par les yeux que l'amour descend au cœur, et que les yeux disent dans un gracieux visage ce que le cœur ne peut ni n'oserait dire.[10]

Das Urteil über diese subtile Diskussion voller Grazie und Eleganz wird schließlich an eine edle Dame im Schloss Pierrefeu in der Provence delegiert. Es ist nicht selten, dass die *tensons* mit einem solchen *envoi* enden. Die Tenzone ist auch und vor allem ein Produkt der höfischen Gesellschaft ihrer Zeit. In ihrem einfachen Rahmen lässt sie diese mit ihrer *courtoisie,* ihrer Höfischheit, und ihrer Vorliebe für gleichermaßen preziöse wie konventionelle Formen der Unterhaltung und des Dialogs aufleben, und so kann man vielleicht in den erhaltenen Tenzonen mit drei oder vier Personen die entfernten Ursprünge der Gesellschaftskomödie sehen.

Es gibt eine – im Hinblick auf die ungefähr 160 erfassten Gedichte – vergleichsweise kleine Zahl von *tensons* und *partimens*, die ausdrücklich Themen der Poetik, der Rhetorik und – wie wir anachronistisch sagen könnten – der Literaturgeschichte anschneiden. Das berühmteste Stück dieses schmalen Repertoires ist wohl die Debatte, die sich am Hof in Orange zwischen Raimbaut d'Aurenga (unter dem *senhal*, dem Decknamen, Linhaure) und Guiraut de Bornelh (*Era·m platz, Guiraud de Bornelh*) abspielt. In diesem Wettstreit verteidigt Raimbaut den Reiz und die Schönheit des *trobar clus* gegen das *trobar leu*, als dessen Anwalt Guiraut auftritt. Die ersten *coblas* führen die Argumente der beiden Parteien ein: zum einen die leichte Verständlichkeit der Dichtung,

berichtet wird, seine Herrin liebte, ohne sie jemals gesehen zu haben, und schon erblindet war, als er, jenseits des Meeres, in ihren Armen starb.

9 Guiraut de Salignac und Peironet: *En Peironet, vengut m'es en coratge*, 249.2, 33–48.

10 „Herr Guiraut, wenn die Augen meiner Herrin mir gegenüber grausam sind, dann möge mein Herz nicht bei ihr sein; wenn sie mir aber ein freundliches Gesicht zeigt, nimmt sie mein Herz und unterwirft es ihrer Macht: so sind Macht und Mut des Herzens beschaffen, denn die Liebe dringt durch die Augen ins Herz ein, und was die Augen in einem anmutigen Gesicht sagen, kann das Herz nicht sagen und würde es nicht zu sagen wagen."

zum anderen die unerhörte Raffinesse, die nur einer beschränkten Zahl Eingeweihter – Dichtern und Liebhabern – zugänglich ist. Die Schreibregeln der beiden Stile werden bis zum Punkt der Textrezeption durchgespielt, als in der fünften *cobla* Raimbaut die Würde der Dichtung anspricht. In seinen Augen sollte der *trobar clus* nur einer kleinen Elite vorbehalten sein, da sie allein fähig sei, seine Subtilität zu erfassen. Der Stil definiert das auserwählte Publikum.

V [Linhaure]
Guiraut, sol que·l meils apareill
e digu'ades e·l tragu'enan,
me no cal si tan no s'espan,
32 c'anc grans viutatz
no fo denhatz :
per so prez'om mais aur que sal,
e de chant es tot autretal.[11]

Guiraut, pourvu que je créé ce qu'il y a de mieux, que je l'exprime aussitôt et le fasse avancer, il ne m'importe pas que mon chant ne se divulgue pas, car jamais chose vulgaire ne fut chose digne ; c'est pour cela qu'on apprécie mieux l'or que le sel, et il en est de même pour le chant.[12]

Der Streit nimmt an Intensität zu, die folgende Replik lässt dem Widersacher keine Verschnaufpause: Guiraut geht auf die Prinzipien der Komposition zurück. Das, was die Reinheit der Dichtung ausmacht, ist ihm zufolge weder in der Ausführung noch in der Rezeption begründet, sondern in der Komposition.

VI [Guiraut]
36 Linhaure, fort de bon conseill
es, fis amans contrarian,
e pero si·m val mais d'enfan
mos sos levatz
40 c'uns enraumatz
lo·m deissazec ni·m digua mal,
qe no·l deing ad home sesal.

Linhaure, vous êtes de fort bon conseil quand vous regimbez contre les amants loyaux, et pourtant, j'ai plus de souci pour ma chanson légère que si un chanteur enroué me la désarticulait et la récitait mal : car je ne l'ai pas confiée à un homme vénal.[13]

[11] Raimbaut d'Aurenga und Guiraut de Bornelh PC 389.10a Base : *E*

[12] „Guiraut, vorausgesetzt, dass ich das Beste schaffe und sogleich ausdrücke und ausführe, ist es mir nicht wichtig, dass mein Gesang verbreitet wird, denn niemals kam gemeinen Dingen Wert zu; deshalb schätzt man Gold mehr als Salz, und so ist es auch mit dem Gesang."

[13] „Linhaure, Ihr seid ein guter Ratgeber, wenn ihr gegen die treuen Liebenden aufbegehrt, und dennoch sorge ich mich mehr um mein leichtes Lied als darum, dass es ein

Noch verwirrender ist die letzte Replik Raimbauts, der auf dem Höhepunkt der Auseinandersetzung ein Argument einführt, das man nicht anders als überraschend nennen kann. Sein Erinnerungsvermögen wird durch ein intensives Licht verwirrt, der *joy* überwältigt ihn. Der *joy* kommt manchmal der Freude nahe und kann so das Verhalten der Liebenden übersetzen, er drückt aber auch eine Art intellektuellen Genuss aus, der von den beiden Liebenden geteilt wird, oder auch eine Form des Vergnügens und der Erwartung. Die Regeln des Schreibens haben ihr Pendant in den Regeln des Gefühls. Die Tenzone, die der formalen Regel der oppositiven Steigerung folgt, setzt in der abschließenden Ekstase die Affektregulierung außer Kraft:

VII [Linhaure]
Guiraut, per sel ni per soleill
44 ni per la clardat que resplan,
no sai de que·ns anem parlan,
ni don fui natz –
si so trobatz,
48 tan pres d'un fin joi natural!
Can d'als consir no m'es coral.

Guiraut, par le ciel et par le soleil, par la clarté qui resplendit, je ne sais de quoi nous parlons, ni où je suis né ! Je suis si troublé, si proche d'une joie subtile et précieuse que de penser à autre chose me laisse le cœur froid.[14]

Für die mittelalterlichen Dichter bezeugt der *joy*, insofern er alle Hoffnungen der Liebe und der Poesie in sich zu fassen vermag, die ganze anthropologische Bandbreite der Emotionen. Der *joy* ist zwar sicher eine Emotion im modernen Sinne oder, genauer sagt, eine Mischung von Emotionen, aber er ist zugleich der Dreh- und Angelpunkt einer Ethik der Liebesbeziehung, ja der Ausdruck des dichterischen Vergnügens am Schreiben, wobei es nicht immer möglich ist, diese Mischung von Emotionen, die den historischen Zusammenhang im abendländischen Denken zwischen dem *emovere* als einer Kategorie der Rhetorik und den Konzeptionen einer Psychologie der Affekte in Erinnerung rufen, zu entwirren. Die von beiden Kontrahenten vorgebrachten Argumente stützen sich in ihrer Gegensätzlichkeit auf die Grundvoraussetzungen der Hervorbringung eines Gedichts: Geschmack, Harmonie, Sinn und, nicht zuletzt, die Rezeption des einen wie des anderen Stils. Der Einsatz dieser poetischen Waffen, die sich die

heiserer Sänger mir zerstückeln und schlecht rezitieren könnte: denn ich habe es keinem käuflichen Mann anvertraut."

14 „Guiraut, beim Himmel und bei der Sonne, bei der Helligkeit, die aufleuchtet, ich weiß nicht, wovon wir sprechen, noch wo ich geboren bin! Ich bin so verwirrt, einer subtilen und köstlichen Freude so nahe, dass an anderes zu denken mir das Herz kalt werden lässt."

beiden Kontrahenten zugerichtet haben, folgt den Kompositionsregeln eines guten Gedichts. Man muss sich also nicht wundern, wenn anderthalb Jahrhunderte später die okzitanischen Rhetorik-Traktate für die poetologischen Ratschläge, die sie an junge Dichter richten, dieselbe Form verwenden.

Kurze Zeit nach diesem Wettstreit um die beiden Modi des *trobar* fordert Guiraut de Bornelh König Alphons II. von Aragón zu einer Antwort auf die brennende Frage nach dem Wert eines *ric ome* als höfischen Liebenden heraus, wobei er die dichterischen Fertigkeiten, die dieser unter Beweis stellen muss, hervorhebt. Diese Tenzone ist deshalb interessant, weil sie in den moralischen Wert des höfisch Liebenden und die Mittel, über die er verfügen muss, um die Wertschätzung seiner Dame zu erlangen, ins Zentrum der Fragestellung rückt. Es reicht nicht aus, dass der Dichter alle Attribute eines *ric ome* aufweist, vielmehr muss er diesen durch die Qualität seiner Feder würdig vertreten. Guiraut de Bornelh, um 1140 in Excideuil (Dordogne) in sehr bescheidenen Verhältnissen geboren, hatte eine gute Ausbildung genossen und früh ein außergewöhnliches dichterisches Talent gezeigt. Er verfertigte zwischen ungefähr 1165 und 1199 sechsundsiebzig Gedichte, vor allem Kanzonen, aber auch politische und moralische *sirventes*. Unter seinen Zeitgenossen galt er, wohl wegen technischen Geschicks, als *Meister* der Troubadours. Noch Dante hat ihn hochgeschätzt und, was seinen Rang als Dichter betrifft, unmittelbar nach Arnaut Daniel, dem anderen Meister des *trobar*, gereiht. Seine Gönner waren die wichtigsten Herrscher der Zeit: König Alphons VIII. von Kastilien, König Sancho VI. von Navarra und König Alphons II. von Aragón, der in unserer – von Adolph Kolsen auf das Jahr 1172 datierten – Tenzone sein Kontrahent ist.[15] Den Troubadours war es daran gelegen, die Liebe, frei von materiellen Interessen, in idealer Reinheit zu erhalten. Daher gaben sie den *dames* üblicherweise den Rat, mit Königen oder hohen Herren keine Liebesbeziehung einzugehen, um sich nicht der Gefahr auszusetzen, ihnen aus Käuflichkeit oder Furcht, jedenfalls ohne die Aufrichtigkeit ihres Liebesbegehrens ernsthaft geprüft zu haben, allzu schnell nachzugeben. Die ersten *coblas* der Tenzone weisen die übliche Wechselrede und geben den Einsatz des Wettstreits bekannt:

I [Guiraut]
Be·m plairia, Seigner En Reis,
ab qe·us vis un pauc de lezer,
qe·us plagues que·m dissetz ver
4 se·us cuitaz qu'en la vostr'amor
a bona domnpa tant d'onor
com d'un autre pro cavaler ;
e non m'en tengas per guerrier,
8 anz mi respondes franchamen.[16]

[15] Siehe Ruth V. Sharman: *The Cansos and Sirventes of the Troubadour Guiraut de Borneil. A Critical Edition*, Cambridge 1989, S. 4, Anm. 20.

[16] Guiraut de Bornelh und Alphons II. von Aragon PC 242.22 Base : *D*ª

Il me serait fort agréable, seigneur Roi, si seulement je pouvais vous voir un peu à loisir, qu'il vous plût de me dire bien franchement si vous estimez qu'une noble dame peut retirer de votre amour autant d'honneur qu'elle en obtiendrait de celui d'un simple chevalier de mérite. Ne me considérez pas ici comme un contradicteur obligé, mais répondez-moi en toute liberté ![17]

Diese Einladung zur Diskussion und zum Widerspruch mag überraschen, denn Guiraut fordert seinen Kontrahenten auf, das übliche Rollenmuster aufzugeben, das vorsieht, dass jeder der beiden Partner einer Tenzone, je nach Fall und Konvention, auch eine These vertreten kann bzw. muss, die seiner wirklichen Denkweise nicht entspricht. Es ist bemerkenswert, dass Guiraut die Debatte nicht auf die literarische Ebene hebt, sondern sie auf wirkliches Verhalten bezieht. Den Argumenten von König Alphons II. mangelt es nicht an Überzeugungskraft: Der Wert eines Mannes messe sich an der Offenheit, mit der er sich an die Dame wendet und mit dem er, vor allem, die Aufrichtigkeit seiner Gefühle verteidigt. In der zweiten *cobla* bringt Alphons II. seine Argumente vor, wobei er die Aufrichtigkeit der Emotionen an ihren flüssigen Ausdruck und an den richtigen Gebrauch der Regeln bindet, die es erlauben, diese auszusprechen. Jenes Wissen um rhetorische Regeln ist gemeint, wenn den Ausdruck „mon saber“ verwendet:

II [Rei]
Giraut de Borneill, s'ieu mezeis
no·m defendes ab mon saber,
ben sa ives on voles tener.
12 Pero be vos tenc a follor
se·us cuitaz que per ma ricor
vailla menz a drut vertadier :
aissi vos pogratz un dernier
16 adesmar contr'un marc d'argen.

Guiraut de Bornelh, si à me défendre je n'employais pas moi-même toute ma science, je sais bien où vous voudriez en venir ! Mais je vous considère comme peu sensé si vous pensiez que, du seul fait de ma puissance, je doive avoir moins de valeur que n'importe quel amoureux sincère.[18]

[17] „Es wäre mir sehr angenehm, Herr König, – könnte ich nur sehen, dass Ihr ein wenig Muße hättet –, wenn es Euch gefiele, mir ganz offen heraus zu sage, ob Ihr meint, dass eine edle Dame aus Eurer Liebe soviel Ehre ziehen kann, wie sie durch die Liebe eines einfachen echten Ritters gewänne. Betrachtet mich hier nicht als jemanden, der auf Widerspruch aus ist, sondern antwortet mir in aller Offenheit!“

[18] „Guiraut de Bornelh, wenn ich, um mich zu verteidigen, nicht mein ganzes Wissen zu Hilfe nähme..., ich weiß wohl, worauf sie hinauswollen! Aber ich muss annehmen, dass Sie wenig Verstand haben, wenn Sie dächten, dass ich, nur weil ich mächtig bin, weniger Wert haben sollte als irgendein aufrichtig Liebender.“

3 Gefühle im rhetorischen Wettstreit

Wir wollen die Angriffe übergehen, in denen Guiraut mit der Habgier der Frauen zu punkten sucht, deren Gunst sich die Mächtigen mit klingender Münze zu sichern wissen. Die Argumentation wird indes subtiler und überzeugender, nachdem er Alphons II. wieder das Wort überlassen hat und dieser zeigt, dass ein *ric ome* den Reichtum der Gefühle, die Sprachfertigkeit und den moralischen Wert eines Liebenden in sich vereint. Die fünfte *cobla* als Guirauts Replik darauf verdient unser ganzes Interesse:

V [Guiraut]
Seigner, mot pren gran mal dompneis
can pert la cug'e·l bon esper,
que trop val enan del jazer
36 l'affars de fin entendedor.
Mas vos ric, car es plus maior,
demandas lo jazer premier,
e dompn'a·l cor sobre-leugier
40 c'ama scelui que no·i enten.

Seigneur, le courtisement amoureux souffre grand dommage, quand il se passe du beau souci et de la bonne espérance ! Car la façon dont se conduit le parfait amant a beaucoup plus de prix que la coucherie. Or vous, les riches, sous prétexte que vous êtes de haut rang, vous exigez tout de suite de la dame qu'elle couche. Il faut qu'elle ait le cœur plus que léger celle qui se donne ainsi à qui sait aimer ![19]

Bevor Guiraut das Ethos des mächtigen Königs umreißt, das sich kraft seiner Autorität die Gunst aller Schönen sichert, bringt er in Vers 32 das Argument vor, das den Kern der troubadouresken Erotik ausmacht: Es kann keine Liebesdichtung geben, *Can pert la cug'e·l bon esp*er, wenn die Verfeinerung der Gefühle (die schöne Sorge) und die Hoffnung, geliebt zu werden (die gute Hoffnung), verloren gehen. Die höfischen Emotionen scheinen im Motiv des Liebesaufschubs und der *fin'amor* völlig aufzugehen. Die *fin'amor* bezeichnet ein Ideal der Liebesharmonie, das zwischen dem Liebenden und der *domna* am Ende eines langen Weges voller intensiver Gefühle erreicht wird. Diese Emotionen begleiten, ja provozieren die Transformation des Verehrers (*fenhador*) in einen Bittsteller (*precador*), wenn die *domna* ihm Hoffnungen macht bis hin zur Belohnung der Umarmung, die ihn in den *drut*, den Liebhaber, seiner Dame verwan-

[19] „Seigneur, das höfische Liebeswerben erleidet großen Schaden, wenn es auf die schöne Sorge und gute Hoffnung verzichtet! Denn die Art und Weise, wie sich der vollkommene Liebende verhält, hat einen höheren Wert als der Beischlaf. Ihr Reichen aber, unter dem Vorwand, dass ihr von hohem Rang seid, verlangt sofort von der Dame, dass sie mit Euch schläft. Die, die sich einem, der zu lieben weiß, so hingibt, muss ein mehr als leichtfertiges Herz haben!"

delt. Da die *fin'amor* in erster Linie eine „érotique de la maîtrise du désir“[20] (eine Erotik der Gefühlsbeherrschung) ist, um den Ausdruck von Danielle Régnier-Bohler aufzugreifen, dienen die Gefühle, die sie konstituieren, einer Dramaturgie der Absenz und der Erwartung. Guiraut thematisiert hier etwas, was die Liebeskultur der Troubadours im Innersten berührt: Jenseits der unterschiedlichen rhetorischen Formen, in die sich der Liebesdienst einschreibt, stellt die Troubadourlyrik eine Konfiguration von Emotionalität in den Vordergrund, die nicht nur originell ist, sondern auch emblematisch für eine bestimmte Sensibilität.

In der partiellen Lektüre dieser Tenzone finden wir die Leitideen, nach denen wir die höfische Erotik des Troubadours einteilen können. Zwei entgegengesetzte Tendenzen haben sich herausgebildet: Die eine, ritterliche, vor allem von Königen und kampferprobten Baronen vertretene, behauptet den Vorrang des *jazer* (des Beischlafs) gegenüber dem Werben und der Herzensliebe; die andere, im eigentlichen Sinne höfische, behauptet stattdessen gegenüber dem *jazer* den Vorrang der Herzensliebe, die alle Tugenden hervorbringe. Es geht dennoch nicht darum, diese beiden Komponenten streng voneinander zu trennen, sie sind vielmehr eng miteinander verknüpft. So kann man bei ‚platonischen‘ Troubadours ritterliche (fleischliche und realistische) Impulse finden und bei den ausschweifendsten und frauenfeindlichsten Baronen einen gewissen Respekt vor der Herzensliebe, zumindest aber das Bemühen, diesen Anschein zu wahren. Die Tenzone von Guiraut de Bornelh und König Alphons II. ermöglicht es, das Problem in der sozialen Wirklichkeit zu situieren und nicht bloß in einer Atmosphäre von Liebeskasuistik. Sie rückt mehr als andere Debatten den Klassenunterschied ins Licht, welcher der durch den König verkörperten realen Aristokratie eine durch den Dichter repräsentierte Aristokratie des Herzens, also einem materialistischen Libertinismus die idealisierte Liebe gegenüberstellt.

Doch die Gattungen des sprachlichen Wettstreits der Troubadours, *tenson* und *partimen*, erlauben es nicht nur, Schreibregeln und Gefühlsstadien im Prozess der Herausbildung einer Liebesethik einander anzunähern. Die Form der verbalen Auseinandersetzung führt zu einer Regulierung der Gefühle und einer Regulierung der Wörter, die auf den Stil anderer Gattungen, insbesondere der Kanzone, ausstrahlt. Guiraut de Bornelhs Schreibweise ist vom Modell des Wettstreits dauerhaft beeinflusst. Einen charakteristischen Zug seines Stils bildet die Tendenz, seine Gedanken in dialogischer Form zu präsentieren. Er verdoppelt sich gewissermaßen, stellt sich Fragen und gibt Antworten darauf. Der lyrische Monolog wird so zu einer Art Dialog und nimmt dramatische Züge an. Dieses eigenartige Schreibverfahren, das typisch für Guiraut ist und als solches untersucht zu werden verdient, erzeugt einen bemerkenswerten Eindruck von Lebendigkeit und Bewegung. In besonders dramatischer Weise tritt es in Erscheinung, wenn sich die Leidenschaft mit voller Wucht artikuliert. Die dialogische Form ist

[20] Danielle Régnier-Bohler: *Amour courtois*, in: *Dictionnaire raisonné de l'Occident médiéval*, hg. von Jacques Le Goff und Jean-Claude Schmitt, Paris 1999, S. 32–41.

somit an Gefühlsbewegungen gebunden. Dieses Verfahren erlaubt uns also, den Gedanken einer Grammatik der Emotionen zu verfolgen. Da die inneren Selbstgespräche – in dieser speziellen Verwendung – vor allem in Monologen vorkommen, in denen die emotionale Spannung besonders stark ist, scheinen sie das Herz widerzuspiegeln. Der Dichter macht uns in ihnen zu Zeugen seiner inneren Zerrissenheit. Guiraut de Bornelh geht es darum, psychische Vorgänge darzustellen; das dialogische Verfahren, das ihn auszeichnet, zielt darauf ab, den Tumult des Innenlebens unmittelbar wiederzugeben. Hier der Anfang einer seiner Kanzonen, deren dialogische Form sofort ins Auge springt:

I
Mas, com m'ave, Deus m'aiut,
qu'era, can cut chantar, plor
seria ja per Amor
4 que m'a sobrat e vencut
e per amor no.m ve jais
si fai donc per que m'irais
ni que.m fai languir
8 que non o sabria dir.[21]

Mais comment se fait-il par Dieu, qu'au moment où je veux chanter je pleure ? Serait-ce à cause d'amour, qui m'a vaincu ? Et d'amour ne me vient-il aucune joie ? Si, il m'en vient. Alors pourquoi suis-je triste et mélancolique ? Pourquoi ? Je ne saurais le dire.[22]

II
C'aissi m'es esdevengut
tot leu que perc ma valor
e solatz no m'a sabor.
12 Esdevenc anc mais a drut
drutz sui eu no ni m'en lais
c'ades am forseis e mais
e volh e dezir
16 no sui drutz qui·m pot sofrir

J'ai perdu la considération (dont je jouissais auprès de ma dame) et la joie n'a plus pour moi de saveur. Jamais pareil malheur arriva-t-il à un amant ? Mais suis-je un

[21] Guiraut de Bornelh PC 242.43 Base : *C*

[22] „Aber wie kommt es, bei Gott, dass ich, sobald ich singen will, weine? Geschieht das wegen der Liebe, die mich besiegt hat? Und die Liebe verschafft mir keine Freude? Doch, das tut sie schon. Warum bin ich dann aber traurig und melancholisch? Warum? Ich könnte es nicht sagen."

amant ? Non ? Est-ce que je cesse de l'aimer avec ardeur ? Non. Suis-je un amant ? Oui, de celle qui me permettrait de l'aimer.[23]

III
Qu'era, car sol ai volgut,
me tenh per fin amador!
20 Amaire, si Deu azor,
sui eu fis e no.m remut
lo coratge ni·l biais
d'amar leis per cui sui gais.
24 Be pauc tem falhir!
Donc per que planh e sospir

J'ai bien reconnu qu'Amour ne me donne aucune joie ni aucun secours. Aucune joie ? Et pourtant j'aime la plus belle qui soit au monde. Aucune joie ? Non, aucune. Comment ? N'ai-je par reçu assez de bien et d'honneur de ma dame ? Si, mais elle en a retenu davantage.[24]

Hier ein weiterer Beginn eines ausschließlich dialogischen Gedichts, in dem der Dichter einen Freund als Gesprächspartner auftreten lässt:

I
Ailas! com mor! – Quez as, amis?
– Eu suis traïs!
– Per cal razo?
4 – Car anc jorn mis m'ententio
En lei que m fetz lo bel parven.
Donc per que planh e sospir
– Et as per so to cor dolen?
– Si ai.
8 – As enaissi to cor en lai?
– Oc eu, plus fort.
– Est donc aissi pres de la mort?
– Oc eu, plus fort que no us sai dir.
12 – Per que t liassas aissi morir?

[23] „Ich habe die Wertschätzung verloren, deren ich mich bei meiner Dame erfreute, und die Freude hat für mich keinen Geschmack mehr. Ist so ein Unglück jemals einem Liebenden zugestoßen? Aber bin ich überhaupt ein Liebender? Nein? Höre ich auf, leidenschaftlich zu lieben? Nein. Bin ich ein Liebender? Ja. Von der, die mir erlauben würde, sie zu lieben."

[24] „Ich habe wohl erkannt, dass Liebe mir keine Freude und keine Hilfe gibt. Keine Freude? Dabei liebe ich doch die Schönste, die es auf Erden gibt. Keine Freude? Nein, keine? Wie? Habe ich nicht viel Gutes und viel Ehre von meiner Dame erhalten? Ja, doch mehr davon hat sie zurückgehalten."

Las ! je meurs ! – Qu'as-tu, ami ? – Je suis trahi ! – Comment cela ? – Un jour j'ai mis tout mon espoir dans les beaux semblants d'une dame. – C'est pour cela que ton cœur souffre ? Oui bien. – Ton cœur, l'as-tu donc tant là-bas ? – Oui et très fort. – Es-tu donc si près de la mort ? Oui, plus près que je ne saurais le dire. – Pourquoi vouloir ainsi mourir ?[25]

II
– Car sui trop vergohos e fis.
  – No l'as requis?
  – Eu, per Deu, non!
16 – E per que menas tal renso
Tro aias saubut so talen?
– Senher, fai me tal espaven.
  – Que l fai?
20 – S'amors que m ten en greu esmai,
  – Be n'as gran tort;
Cudas te qu'ela t'o aport?
– Eu no, mas no m n'aus enardir.
24 – Trop poiras tu ton dan sofrir.

Ich bin zu schüchtern und zu aufrichtig. – Hast Du sie um etwas gebeten? – Ich? Bei Gott, nein! – Warum stimmst Du dann eine solche Klage an bevor Du ihr Herz kennen gelernt hast? – Herr, sie macht mir so Angst! – Wie? – Ihre Liebe verwirrt mich so sehr! – Du hast Unrecht, glaubst Du, dass sie sie Dir anbieten wird? – Nein, aber ich wage nicht, Mut zu fassen. – Dann kann Dein Elend lange dauern!

III
Senher, e cals conselhs n'er pres?
  – Bos e cortes.
  – Er lo m dïatz!
28 – Tu vendras denan leis vïatz
Et enquerras la de s'amor.
– Et si s'o ten a dezonor?
  – No t chal!
32 – Et s'ela m respon lach ni mal?
  – Sias sofrens,
Que totz temps bos sofrire vens!
– E si s n'apercep lo gilos?
36 – Adoncs n'obrartz plus ginhos.

[25] „Weh! Ich sterbe! – Was hast Du, mein Freund? – Ich wurde verraten! – Wie das? – Eines Tages habe ich meine ganze Hoffnung in die schöne Erscheinung einer Dame gesetzt. – Leidet deswegen Dein Herz? – Ja, schon. – Geht es Deinem Herzen also so schlecht? – Ja, und zwar sehr schlecht. – Bist Du also dem Tode so nahe? – Ja, näher, als ich es sagen könnte. – Warum willst Du so sterben?"

Seigneur, et que conseil prendrai-je ? – Courtois et bon. – Dites-le vite ! Tu m'iras devant elle en hâte, lui faire une requête d'amour. – Si elle la trouve offensante ? – Qu'importe ! – Et si sa réponse est méchante ? – Sois patient ! Toujours patience triomphe. – Si le jaloux s'en aperçoit ? – Vous n'en serez que plus rusés.[26]

Bei genauerem Hinsehen ist dieser Freund mehr gedacht als wirklich. Die innere Zerrissenheit bildet die fundamentale Zweiteilung einer Liebe nach, die sieht, wie ihr Gegenstand ihr entgleitet. Da der Troubadour nicht weiß, wie er sich verhalten soll, durchläuft er verschiedene Gefühlszustände. Die erste Stimme drückt die Störung der Liebesleidenschaft aus, während die zweite mit Vernunftargumenten zu beruhigen sucht. Das Selbstgespräch erweckt den Eindruck, dass Gefühlsbewegungen durch Vernunft relativiert werden sollten. Die kontradiktorische Form des Dialogs vermag diese seelische Verwirrung mit Bravour wiederzugeben. Mehr noch: Der situationsabstrakte Charakter der Kanzone erreicht seinen Höhepunkt, wenn man bei der Lektüre nach und nach versteht, dass die seelische Verwirrung nicht von der Zurückweisung oder Strenge der Dame herrührt, wie so häufig bei anderen Dichtern, sondern im Gefühl selbst seinen Ursprung hat. Weil die Liebe gestört ist, empfindet der Dichter alle Abstufungen der gesamten Gefühlspalette. Dieser sprachliche Ausdruck, diese Entbindung eines Erlebens, das unsagbar scheint, wird durch eine Form möglich gemacht, die durch die imaginierten Stimmen extrem fragmentiert wird, durch Stimmen, die sich wechselseitig befragen, sich ins Wort fallen, sich widersprechen und letztlich reden, um sich ihrer selbst sicher zu werden. Wenn man zu dieser Situation eine ungefähre Entsprechung im alltäglichen Leben finden will, dann könnte an den Mut denken, den man sich vor dem Spiegel zuspricht, bevor man der Frau oder dem Mann, in die oder in den man verliebt ist, seine Liebe gesteht.

Das zuvor angeführte hohe Lob des Biographen in Guirauts *vida* wird vom Enthusiasmus der Kopisten bestätigt, die seine *cansos* abgeschrieben haben, und auch von Dante, der ihn in *De vulgari eloquentia* als Dichter der *rectitudo* bezeichnet, was aus seinem Mund kein geringes Lob ist. Diese positiven Urteile sind von den Modernen nicht geteilt worden. Die Schwierigkeit hängt damit zusammen, dass man, wenn man Guiraut würdigen will, berücksichtigen muss, dass das poetisch-rhetorische Denken des Mittelalters gleichermaßen die auf Überredung und Verführung des Publikums abgestellte antike Dialektik hinter sich lässt wie die Konzeption der Humanisten, die das Argumentieren praktischen Kommunikationsbedürfnissen unterwirft. Demgegenüber folgt die Dichtung Guirauts, die auf Bilder fast völlig verzichtet, einer geradezu asketischen

[26] „Herr, und was für einen Entschluss soll ich fassen? – Einen höfischen und einen guten. – Sagt es schnell! – Du wirst eilig vor sie treten und sie um ihre Liebe bitten. – Wenn sie die Bitte als Beleidigung auffasst? – Das hat keine Bedeutung. – Und wenn ihre Antwort böse ist? – Bleibe geduldig. Die Geduld triumphiert immer. – Wenn der Eifersüchtige es bemerkt? – Dann werdet Ihr um so gerissener sein."

Rhetorik, d. h. einem dialektischen Räsonieren, das, losgelöst von konkreten Umständen, allein in der Sprache Gestalt annimmt. Unser Ohr ist an derartige Schreibstrategien nicht mehr gewöhnt. Vielleicht ist Guiraut de Bornelh gerade deshalb der Troubadour, der am tiefsten in seiner Epoche verankert ist. Man kann ihn nicht fassen, wenn man sich dieser Fremdheit nicht aussetzt.

Aimeric de Perguilhan und Albertet de Sisteron werden die Rhetorik des kontradiktorischen Dialogs in einer um 1230 als *partimen* verfassten Tenzone, auf die Spitze treiben. Aimeric, der als Erster zu singen anhebt, schlägt eine Frage vor, auf die Albertet zu antworten hat. Doch dieses *partimen* ist nicht wie die anderen. Die Debatte dreht sich nicht um Liebe oder die üblichen Themen, vielmehr führt Aimeric ein *partimen* ein, wie es noch keines gegeben habe, denn der Gegenstand der Debatte ist das, was nicht ist, *qi res non es*. Das Ding, das nicht ist, scheint, zumindest auf den ersten Blick, dasselbe zu sein wie das Nichts, das *nien*. Es handelt sich um ein rhetorisches Spiel, das sich, wie der Gegenstand des *partimen*, als ein Paradox erweist. Ein *partimen* mit zwei Kontrahenten wie dieses hat die Form einer Frage, die eine von zwei sich gegenseitig ausschließenden Antworten zulässt. Aimeric leitet das *partimen* ein, weil er den Gegenstand ausgesucht hat und muss daher Albertet ein Dilemma vorschlagen, das heißt eine Frage aufwerfen, auf die zwei konträre Antworten möglich sind. Er wird also, wie es der Tradition entspricht, seinen Widersacher auffordern, diejenige Position zu beziehen, die er bevorzugt, und sie zu begründen, während er die entgegengesetzte Position einnimmt. Albertet wählt also eine der beiden möglichen Antworten aus und verteidigt sie, während Aimeric, sobald er wieder zu Wort kommt, ihn angreift und den entgegengesetzten Standpunkt vertritt.

Ein erster Aspekt des Paradoxes dieses *partimen* liegt in der Tatsache, dass Aimeric nicht sagt, was genau der Widerspruch ist, an den er denkt, wenn es darum geht zu sagen, was das Nichts sei, und was genau die Frage ist, die er durch das *nien* aufwirft, ja nicht einmal, inwiefern das *nien* die beiden Antworten zulässt, zwischen denen Albertet wählen muss. Von der ersten *cobla* an lenkt er Albertets Aufmerksamkeit auf diesen Punkt:

I [Aimeric]
Amicx N'Albert, tenso soven
fan aras tug li trobador
e parton se razos d'amor
4 e d'als, can lo play, eussamen.
Mas yeu fas so c'om mays no fes,
tenso de so que res non es,f
c'a razo pron respondriatz
8 mas al nien vuelh respondatz,
et er la tenzo de non-re.[27]

[27] Aimeric de Perguilhan und Albertet de Sisteron, *Amicx N'Albertet, tenso soven*, 10.3, 1–9, 10–18, 19–27.

> Ami Albert, les troubadours font souvent des *tensons* et proposent des débats d'amour et d'autres encore, s'il leur plaît. Mais moi, je fais ce que jamais homme ne fit, une *tensons* sur ce qui n'existe pas, sur tout sujet aisément vous me répondriez mais à rien, je veux votre réponse et ce sera la *tenson* du néant.[28]

Gleichzeitig mit der Frage nach dem Nichts, die er direkt stellt, wirft Perguilhan implizit die Frage nach dem Nichts seiner Frage auf, die Frage nach der grundsätzlichen Möglichkeit dieses *partimen*. Die Frage ist also auch (und das wird in den *envois* explizit): Ist das ein *partimen*? Albertet hat die Aufgabe, in seiner ersten *cobla* so zu antworten, dass das Ganze, von dem etwas gesagt wird, ein *partimen* ausmacht, und somit ein Nichts. Daraufhin wird Aimeric antworten und so weiter, bis zum Ende der Wechselrede.

Im Folgenden sehen wir, was Albertet in der zweiten *cobla* entgegnet:

II
[Albertet]
N'Aumeric, pus del dreg nien
me voletz far respondedor,
12 no y vuelh autre razonador
mas mon saber tan solamen.
Pro m par c'a razon responzes
s'aiso us respon que non es res,
16 c'uz niens es d'autre compratz,
per c'al nien don m'apelatz
respondray. Com? Calarai me!

> Seigneur Aimeric, si vous aviez vraiment posé une question je vous aurai répondu ; mais le néant n'est pas une question. À une non-question comment répondre sinon par une non-réponse. Le silence sera ma non-réponse, puisque ce sera le néant d'une réponse au néant d'une question. Votre *partimen*, tel que vous l'avez posé, n'existe pas ; mais en répondant par le silence, je le fais être. Ainsi je réponds et je réponds mieux.[29]

28 „Freund Albert, die Troubadours machen oft Tenzonen und schlagen Debatten um die Liebe und anderes vor, wenn es ihnen gefällt. Aber ich mache etwas, was niemand zuvor machte, eine Tenzone über das, was es nicht gibt. Zu jedem anderen Gegenstand werdet ihr mir mühelos antworten, ich will aber Eure Antwort zum Nichts, und dies wird also die Tenzone des Nichts sein."

29 „Herr Aimeric, wenn Ihr mir wirklich eine Frage gestellt hättet, hätte ich Euch geantwortet; doch das Nichts ist keine Frage. Auf eine Nicht-Frage kann man nur mit einer Nicht-Antwort antworten. Das Schweigen wird meine Nicht-Antwort sein, denn das wird das Nichts einer Antwort auf das Nichts einer Frage sein. Euer *partimen*, so wie Ihr es angelegt habt, existiert nicht; in dem ich aber mit Schweigen antworte, bewirke ich, dass es ist. So antworte ich und ich antworte besser."

Albertets *cobla* expliziert die doppelte Frage des Partimens. Auf der einen Seite geht es darum, das Nichts zu bestimmen, auf der anderen Seite darum, eine Antwort auf die implizite Frage nach der Beschaffenheit eines Partimens zu finden, das sich das Nichts zu Thema macht. Unter beiden Aspekten sucht der Sprecher seinen Vorredner zu übertrumpfen, indem er das Nichts besser bestimmen und veranschaulichen will. Durch das Schweigen, Albertets Nicht-Antwort auf eine Nicht-Frage, wird das Partimen als eine Auseinandersetzung bestimmt über das, was – inbesondere im Hinblick auf Liebesgefühle – nicht gesagt werden kann.

Es liegt nun an Perguilham, Albertets *cobla* zu widerlegen:

III
[Aimeric]
N'Albert, ges calan non enten
20 que respondres aya valor,
que mutz non respon a senhor
ni mutz non ditz vertat ni men.
s'ades calatz, com respondretz?
24 Ja us parl'ieu, que us ay escomes.
Nien a nom: doncx si l'nomnatz
parlaretz, mal grat qu'en aiatz,
o non respondretz mal ne be.

Albertet, je ne crois pas qu'un silence ait une valeur et que la réponse du muet qui ne répond pas au seigneur ne soit ni vérité ni mensonge ; si vous vous taisez, comment répondrez-vous ? Moi j'ai déjà parlé en vous défiant, le néant a un nom donc si vous le nommez, vous parlerez même si cela doit vous déplaire ou vous n'aurez répondu ni mal ni bien.[30]

Da Albertet auf die gestellte Frage mit der Verweigerung einer Antwort antwortete, widerlegt ihn Aimeric, indem er ihn darauf aufmerksam macht, dass eine Nicht-Antwort auf eine (in Albertets Augen) Nicht-Frage in erster Linie das ist, was sie ist, nämlich eine Nicht-Antwort, wovon das Publikum leicht zu überzeugen sein wird. Aimeric ist in seiner Argumentation dem Geist des Partimens als eines formalen Spiels verpflichtet, wonach der angesprochene Troubadour widerlegt, was sein Widersacher soeben gesagt hat, und ihm zeigt, dass das, was er soeben gesagt hat, eine Nicht-Antwort, das heißt nicht die richtige Antwort ist, dass er also nicht die richtige Wahl getroffen hat. Das, was ein Troubadour gerade geäußert hat, wird aber in einem Partimen aus der Sicht seines Gegners

30 „Albertet, ich glaube nicht, dass ein Schweigen einen Wert hat und dass die Antwort des Stummen, der dem Herrn nicht antwortet, Wahrheit oder Lüge ist. Wenn Ihr schweigt, wie wollt Ihr antworten? Ich, für meinen Teil, habe schon gesprochen, als ich Euch herausforderte: Das Nichts hat einen Namen, wenn Ihr es also nennt, werdet Ihr sprechen, selbst wenn es Euch missfallen sollte, oder Ihr werdet weder schlecht noch gut geantwortet haben."

niemals richtig sein. Jede Antwort, jedes Argument, das von einem der beiden vorgebracht wird, ist der Beweis des Gegenteils für den anderen. Jeder Zuhörer, der der Tenzone des Nichts zuhört, ist mit einem – gewissermaßen – abstrakten Partimen, dem Skelett eines jeden Partimens, konfrontiert. Dies fordert uns dazu auf, die Tenzone von Aimeric de Perguilhan und Albertet de Sisteron als eine metapoetische Reflexion über den mündlichen Wettstreit der Troubadours zu lesen, einem Spiel, das letztlich wie zum Vergnügen seine eigenen Regeln aufstellt.

Man kann einwenden, dass der Beginn von Aimerics Antwort, die eigentliche Widerlegung, leicht und elementar ist. Erst das Ende der *cobla* drückt das Argument, das seine Antwort stützt, in plötzlich viel dichterer Weise aus. Denn Aimeric stellt die interne Logik der dilemmatischen Frage dar und macht das Nichts durch seine Benennung, den Namen, zum Diskursgegenstand. Diese Zuspitzung am Strophenende passt den Wettstreit in die Form des Partimens ein, wo jeder Strophenbeginn sowohl für den Troubadour als auch für den Zuhörer einen Moment des Innehaltens darstellt. Der Troubadour bereitet seine Antwort vor oder tut so, als ob, und diese besteht ebenso sehr aus Reimen und gezählten Silben wie aus *razos*, aus Argumenten. Das alles wirkt improvisiert, selbst wenn das Spiel nur Schein ist. Indessen ist der Zuhörer noch dabei, das Gesagte aufzunehmen und die Verse, die er gehört hat, zu bewerten. Während die *cobla*, die ohne Überraschung begann, auf einen neuen pointierteren Schluss zusteuert, wird die Spannung, die eine orale Kunst nicht vernachlässigen darf, durch den Reiz der Anspielungen aufrechterhalten.

Wenn man versuchen will, die Beobachtungen zu den ästhetischen Prinzipien des Wettstreits der Troubadours zusammenzufassen, muss an die seltsame *cobla* erinnert werden, in der Guiraut de Bornelh, als er mit dem *trobar leu* eine zugängliche und leicht verständliche Dichtung verteidigt, von einer intensiven Erleuchtung getroffen wird, die ihn erblinden lässt. Diese simultane Verwirrung aller Sinne ist, wie wir gesehen haben, ein Ausdruck der *joy* als eines zentralen Elements der Troubadour-Erotik, doch sie kann vielleicht auch als ein Spiel angesehen und verstanden werden. Nachdem Guiraut gegenüber seinem Kontrahenten, der hartnäckig den *trobar clus* verteidigt, all seine Argumente zugunsten des *trobar leu* erschöpft hat, begibt er sich spielerisch in die Rolle des Nachahmers. Die Ekstase, die er beschreibt, so widersinnig sie in diesem Moment der Wechselrede auch sein mag, ist die der Dichtung und ihrer Harmonie. Nicht um irgendeine Dichtung handelt es sich dabei, sondern um die des *trobar clus*, der das Intelligible und das Nicht-Intelligible, wie es sich in der Liebe kristallisiert, in ein widersprüchliches Gleichgewicht überführt. Arnaut Daniel, dieser Meister des *trobar clus* und der formalen Virtuosität, wird in der Sextine *Lo ferm voler qu·el cor m'intra* eine Gedichtform erfinden, die von Strophe zu Strophe, von Reim zu Reim diese Harmonie des Ungleichgewichts nachbildet. Hierin besteht der entscheidende Punkt der Rhetorik der Liebe bei den Troubadours: Wie

Guiraut de Bornelh, wenn er mit Raimbaut d'Aurenga disputiert, wie seine späteren, stark dialogisch geprägten Gedichte, wie dieses ungewöhnliche Partimen von Aimeric de Perguilhan und Albertet de Sisteron, so wird die Dichtung der Troubadours insgesamt nicht aufhören, die Verwirrung der Seele nachzubilden, den Zweifel an der Dauer des Gefühls, die Störung des affektiven Gleichgewichts, die letztlich die Harmonie der Liebe ausmacht. Die okzitanische Tenzone mit ihrer Dialogizität, und ihre Unterkategorie, der *partimen*, erlauben es uns, die Schreibregeln zu untersuchen, mit denen die widersprüchlichen Prinzipien eines Gefühlslebens ausgedrückt werden sollen. Diese wiederum gehorchen Regeln, die, wenn es sie denn gibt, nach dem Beispiel der ‚Tenzone des Nichts' unsagbar bleiben.

Übersetzung Peter Kuon

des gît gewisse lêre?
Klischees bei der Betrachtung französisch-deutscher Literaturbeziehungen – Die mittelhochdeutschen Dichter als Moralisierer?

RACHEL RAUMANN (Aachen)

Jede literarische Strömung oder Epoche hat bekanntlich ihre eigenen, an das jeweilige ‚moderne' Forschungsparadigma geknüpften Klischees hervorgebracht, seien diese Klischees nun aus den literarischen Werken selbst oder aber aus den, sofern bereits existierenden, literaturtheoretischen Texten der Zeit gewonnen worden. Erinnert sei hier nur, um ein beliebiges ‚altes' und zugleich nicht mehr der ‚Vormoderne' zuzurechnendes Beispiel aufzugreifen, u. a. an Herders und Goethes Auseinandersetzung mit Shakespeare und dem französischen Theater, die den jungen Goethe letztlich in seiner *Rede zum Schäkespeares-Tag* (1771) ‚ausrufen' lässt: „Französgen, was willst du mit der griechischen Rüstung, sie ist dir zu gros und zu schweer."[1]

Dass den deutschsprachigen Dichtern des Mittelalters, um im Bild zu bleiben, die ‚französische' Rüstung zu groß und zu schwer gewesen sei, wird heute wohl kaum jemand mehr behaupten.[2] Dass aber den deutschen Adaptationen im

[1] Johann Wolfgang von Goethe: *Zum Shäkespeares-Tag [1771]*, in: *Schriften zur Kunst/Schriften zur Literatur*, München 1982, hier Bd. 12, S. 224–227.

[2] Vgl. zu den ‚Anfängen' der Adaptation courtoise-Debatte Michel Huby: *L'adaptation des romans courtois en Allemagne au 12e et au 13e siècle*, Paris 1968, und die Repliken von Alois Wolf: *Die „Adaptation Courtoise". Kritische Anmerkungen zu einem neuen Dogma*, in: *GRM* N.F. 27 (1977), S. 257–283, ders.: *Kurze Schlußreplik*, in: *GRM* 33 (1983), S. 323–324. Vgl. auch Wiebke Freytag: *Zu Hartmanns Methode der Adaptation im ‚Erec'*, in: *Euphorion* 72 (1978), S. 227–239, René Pérennec: *Recherches sur le roman arthurien en vers en Allemagne aux XIIe et XIIIe siècles*, 2 Bde., Göppingen 1984 (*GAG* 393), ders.: *da heime niht erzogen – Translation und Erzählstil. ‚Rezeptive Produktion' in Hartmanns Erec*, in: *Interregionalität der deutschen Literatur im europäischen Mittelalter*, hg. von Hartmut Kugler, Berlin/New York 1995, S. 107–126, Franz-Josef Worstbrock: *Dilatatio Materiae. Zur Poetik des ‚Erec' Hartmanns von Aue*, in: *FMSt* 19 (1985), S. 1–30, ders.: *Wiedererzählen und Übersetzen*, in: *Mittelalter und frühe Neuzeit. Übergänge, Umbrüche und Neuansätze*, hg. von Walter Haug, Tübingen 1999 (*Fortuna Vitrea* 16), S. 128–142, *Retextualisierung in der mittelalterlichen Literatur*, hg. von Joachim Bumke und Ursula Peters, Berlin/New York 2005 (*ZfdPh-Sonderheft* 124), sowie Silvia Schmitz: *Die Poetik der*

Vergleich mit ihren altfranzösischen Vorlagen häufig ein deutlicheres lehrhaftes, moralisierendes Moment eigne, ist ein hartnäckiges Klischee, das seit Dezennien in der altgermanistischen Forschung begegnet.[3] So bescheinigt Joachim Bumke in seiner Studie *Die romanisch-deutschen Literaturbeziehungen im Mittelalter* aus dem Jahre 1967 Hartmann von Aue „eine ausgeprägte Neigung zur Didaxe, die ihn überall die moralischen Beweggründe der Handlung aufdecken"[4] lasse, und konstatiert grundsätzlich:

> Die deutschen Texte sind durchweg lehrhafter, theoretischer und nicht selten bestimmen die didaktischen Elemente in solchem Maße das Bild, daß der Abenteuerroman wie ein Lehr- und Musterbuch der höfischen Lebenskultur wirkt [...].[5]

Man könnte dies freilich als obsolete Position abtun; dagegen sprechen jedoch jüngere altgermanistische Beiträge,[6] in denen die vermeintlich ausgeprägtere

Adaptation. Literarische inventio im ‚Eneas' Heinrichs von Veldeke, Tübingen 2007 (*Hermaea* 113).

3 Ein beliebtes ‚Objekt' ist hier nicht zuletzt Heinrichs von Veldeke *Eneasroman*. Zur Kritik an diesen moralisierenden und z. T. psychologisierenden Deutungen von Veldekes Bearbeitung vgl. Schmitz (Anm. 2), bes. S. 153.

4 Joachim Bumke: *Die romanisch-deutschen Literaturbeziehungen im Mittelalter. Ein Überblick*, Heidelberg 1967, hier S. 20.

5 Ebd., S. 30. Auch in seiner Einführung zu Hartmanns *Erec* aus dem Jahre 2006 finden sich noch solche Tendenzen, allerdings in etwas zurückgenommener Form, vgl. Joachim Bumke: *Der ‚Erec' Hartmanns von Aue. Eine Einführung*, Berlin/New York 2006, bes. S. 145 (die Formulierung dort ist nahezu identisch mit dem Zitat aus Bumkes *Literaturbeziehungen*, S. 20).

6 Vgl. etwa Johannes Frey: *Wer die Geschichte erzählt. Figuren und Erzähler in Chrétiens ‚Yvain' und Hartmanns ‚Iwein'*, in: *Deutsch-französische Literaturbeziehungen. Stationen und Aspekte dichterischer Nachbarschaft vom Mittelalter bis zur Gegenwart*, hg. von Marcel Krings und Roman Luckscheiter, Würzburg 2007, S. 39–50, ders.: *Spielräume des Erzählens. Zur Rolle der Figuren in den Erzählkonzeptionen von ‚Yvain', ‚Îwein', ‚Ywain' und ‚Ívens saga'*, Stuttgart 2008 (*Literaturen und Künste der Vormoderne* 4), bes. S. 160–165, sowie Heinz Sieburg: *Frühe Korrespondenzen. Mittelalterliche Literatur- und Sprachbeziehungen im deutsch-französischen Kulturraum*, in: *ZiG* 4 (2013), S. 41–59. Vergleichbare Feststellungen begegnen, obgleich weniger pointiert, auch bei Volker Mertens: *Der deutsche Artusroman*, Stuttgart 2005 (*RUB* 17609), S. 61 und 83, sowie bei Marie-Sophie Masse: *Chrétiens und Hartmanns Erecroman*, in: *Höfischer Roman in Vers und Prosa*, hg. von René Pérennec und Elisabeth Schmid, Berlin/New York 2010, S. 95–133, hier v. a. S. 116f. Mit Blick auf die – bloß fragmentarisch überlieferte – mittelniederländische Bearbeitung von Chrétiens *Perceval* durch einen Anonymus vgl. auch Johann H. Winkelmann: *Chrétien de Troyes, Perceval und die Niederlande. Adaptation als didaktisches Verfahren*, in: *Kultureller Austausch und Literaturgeschichte im Mittelalter [...] Kolloquium im Deutschen Historischen Institut Paris [...] 16.–18.3.1995*, hg. von Ingrid Kasten [u. a.], Sigmaringen 1998, S. 245–258.

Tendenz zu Moralisierung und Didaxe der mittelhochdeutschen Adaptationen mehr oder weniger unhinterfragt übernommen oder, so z. B. jüngst von Johannes Frey, aus narratologischer Perspektive erneut formuliert wurde.[7] Frey bezieht sich dabei auf das zuvor zitierte Verdikt Bumkes und konstatiert dann weiterhin, dass Hartmanns „Erzählziel [allein] einer Veranschaulichung von [...] Lehre und Moral“[8] diene. Als Beleg zieht er u. a. die Dominanz des Erzählers bei Hartmann heran, der sich stets deutend und belehrend zu der *narratio* positioniere. Nun wird man über das im Vergleich mit Chrétiens Artusromanen deutlichere Hervortreten des Hartmann'schen Erzählers sicher nicht streiten wollen. Über die Funktion dieser Einschübe lässt sich dagegen schon diskutieren; denn ob z. B. der Dialog des Erzählers mit Vrou Minne im *Iwein* allein lehrhaften Zwecken dient, lässt sich gewiss bezweifeln.[9] Natürlich existieren auch Untersuchungen zu den mittelhochdeutschen Adaptationen, die mit dieser Vorstellung eines vor allem auf Lehre und Moral abzielenden Erzählprogramms brechen,[10] doch fällt auf, dass gerade vergleichend ausgerichtete Studien (v. a. zu Heinrich von Veldeke und Hartmann von Aue) das ‚didaktisierende‘ Klischee häufig fortschreiben.[11]

Angesichts dieses Befunds scheint es daher angebracht, das Klischee vom – überspitzt formuliert – mittelalterlichen deutschen Dichter-Didaktiker bzw. Dichter-Moralisierer einer kritischen Prüfung zu unterziehen. Dabei geht es mir nicht darum, das Klischee vom ‚tiefsinnigen‘ Deutschen und ‚frivolen‘ Franzosen[12] schlichtweg umzudrehen und nun die altfranzösischen Dichter als die

[7] Vgl. Frey, *Wer die Geschichte erzählt* (Anm. 6), v. a. S. 40 und 43, und ders. *Spielräume* (Anm. 6), v. a. S. 162ff. Hier u. a. mit Bezug auf Bumke (Anm. 4), S. 20, und Pérennec, *da heime* (Anm. 2). Sieburg (Anm. 6), S. 52, folgt Freys Einschätzung, ohne allerdings eigene Belege für die These anzuführen.

[8] Frey, *Spielräume* (Anm. 6), S. 162.

[9] Vgl. dazu Rachel Raumann: *Fictio und historia in den Artusromanen Hartmanns von Aue und im ‚Prosa-Lancelot‘*, Tübingen/Basel 2010 (*Bibliotheca Germanica* 57), S. 89ff. (mit weiterer Literatur).

[10] Vgl. etwa Gert Hübner: *Erzählform im höfischen Roman: Studien zur Fokalisierung im ‚Eneas‘, im ‚Iwein‘ und im ‚Tristan‘*, Tübingen/Basel 2003 (*Bibliotheca Germanica* 44).

[11] Dies belegt nicht zuletzt eine Aussage Wolfs (Anm. 2), dem es in der Auseinandersetzung mit Huby ja gerade um eine ‚Aufwertung‘ Hartmanns zu tun war. In seinen ‚Anmerkungen zu einem neuen Dogma‘, S. 269, verteidigt er Hartmanns Bearbeitungen wie folgt: „Dieses Hinüberspielen realer Vorgänge auf eine Ebene der Werte und Leitideen wird von Hartmann durchaus gekonnt auf einen kleinen Höhepunkt geführt in einer zwar etwas s c h u l m ä ß i g e n, aber nicht unhübschen Argumentation.“ (Hervorhebung R. R.) Implizit wird so das Klischee vom lehrhaften deutschen Bearbeiter wieder abgerufen.

[12] Vgl. den Titel der Anthologie von Ruth Florack: *Tiefsinnige Deutsche, frivole Franzosen. Nationale Stereotype in deutscher und französischer Literatur*, Stuttgart/Weimar 2001. Vgl. auch dies.: *Bekannte Fremde. Zu Herkunft und Funktion natio-*

größeren Didaktiker auszuweisen. Vielmehr soll gezeigt werden, dass z. B. Freys Beobachtung, allein den deutschen Bearbeitern gehe es um die „moralischen Schlüsse und Folgerungen“[13] des Erzählten, nicht haltbar, die Formel ‚mittelhochdeutsche Adaptation = mehr Lehre und Moral‘ ein Trugschluss ist.

Dies soll in drei Schritten vorgeführt werden. Zunächst sollen die wesentlichen Argumente der bisherigen Forschung, mittels derer die deutschen Bearbeiter als lehrhafte Moralisierer ausgewiesen werden, skizziert und kurz im Kontext der Adaptationspraxis diskutiert werden. Daran anschließend werde ich anhand ausgewählter Beispiele aus Hartmanns von Aue *Erec* und einem Beispiel aus dem *Iwein* die Moralisierungs-Thesen im Vergleich mit Chrétiens Artusromanen einer Gegenprobe unterziehen. Dabei ist es mir zuvörderst nicht um den eigentlichen Adaptationsprozess und die mit ihm verbundenen Bearbeitungstechniken zu tun; vielmehr soll gezeigt werden, dass die ‚moralisch-didaktisierende‘ Etikettierung der deutschen Bearbeitungen – wenn in ihnen auch Idealisierungstendenzen und Vereindeutigungen zu verzeichnen sind – den Werken (und Verfassern) nicht gerecht wird.

In einem letzten, dritten Schritt gehe ich dann der Frage nach, wo diese Klischees vom ernsthaften und moralisierenden mittelhochdeutschen Dichter ihre Wurzeln haben, und skizziere, wie sich ihre Genese – und damit vielleicht auch ihre Prominenz nicht zuletzt in Literaturgeschichten –[14] beschreiben lässt.

Mit meinem Beitrag verlasse ich also strenggenommen die ‚Poesie des Widerstreits‘ und wende mich dem ‚Widerstreit über Poesie‘ zu, der – ein kurzer Blick auf die Wissenschaftsgeschichte mag hier genügen – bekanntlich ebenfalls polemisch geführt werden kann. Polemik meint in diesem Kontext daher vor allem die sowohl in Forschungsbeiträgen als auch in litertaturgeschichtlichen Ausführungen begegnenden Klischees bzw. Stereotype,[15] die im Vergleich der jeweiligen Nationalliteraturen bemüht werden, um die spezifische Qualität oder Konstitution der einen vor der anderen Literatur zu erweisen.[16] ‚Kunstpolemik‘

naler Stereotype in der Literatur, Tübingen 2007 (*Studien und Texte zur Sozialgeschichte der Literatur* 114).

[13] Frey, *Spielräume* (Anm. 6), S. 163.

[14] So etwa bei Joachim Bumke: *Geschichte der deutschen Literatur im hohen Mittelalter*, München 1990, S. 156 und 160f. (Dies gilt auch für die 4., aktualisierte Aufl. von Bumkes *Literaturgeschichte* aus dem Jahre 2000, in der diese Einschätzungen unverändert begegnen.)

[15] Beide Begriffe eint ihre Herkunft aus dem Druckwesen, was auf das Moment des ‚Starren‘ und ‚Langlebigen‘ hinweist. Vgl. die Einträge bei Karl-Heinz Hillmann: *Wörterbuch der Soziologie*, 5., vollständig überarb. und erw. Aufl., Stuttgart 2007, ‚Klischee‘, S. 425 und ‚Stereotyp‘, S. 860f.

[16] Besonders virulent gerät ein solcher Widerstreit natürlich v. a. zu einer Zeit, in der Ideen von ‚der‘ Nation, von einem bestimmten ‚Nationalcharakter‘ usf. verstärkt in den Mittelpunkt rücken und auch auf den Literaturbetrieb bzw. die Kunst im Allgemeinen ausgedehnt werden. Hier ist natürlich – insbesondere mit Bezug auf franzö-

in diesem Sinne ist folglich nicht zwangsläufig das Resultat einer genuin der Literatur inhärenten agonalen Dynamik;[17] vielmehr ist sie hier das Ergebnis wissenschaftlicher Thesenbildung, die (gerade im Bereich der französisch-deutschen Literaturbeziehungen) davon zeugt, soziokulturelle Distinktionen innerhalb der mittelalterlichen Dichtungspraxis im Rückgriff auf alte (nationale) Stereotype aufzudecken.

Vor diesem Hintergrund fügt sich die vorliegende literar- bzw. wissenschaftsgeschichtliche Betrachtung in das Rahmenthema des Bandes, da mit diesen stereotypen Attributionen bei der Betrachtung französisch-deutscher Literaturbeziehungen (zumindest) implizit (literarästhetische) Qualitätsurteile einhergehen, die häufig dazu dienen (oder dazu dienen können), den Gegenstand, also die jeweilige Nationalliteratur, auf- bzw. abzuwerten. Damit werden ferner (literarästhetische) Hierarchien etabliert, die – gerade weil sie an alte, bekannte Klischees anknüpfen – eine ‚Objektivität' suggerieren, die sich weniger aus den jeweiligen Texten selbst, sondern eher aus einem von Stereotypen geprägten kulturellen (‚Konsens'-)Wissen ergibt.

1 Adaptation, Idealisierung und Moral

Mal mehr, mal weniger explizit scheint bei der Betrachtung der mittelhochdeutschen Adaptationen und ihrer Klassifizierung als ‚didaktische' Pendants der altfranzösischen Vorlagen häufig die soziokulturelle (oder gar auf Mentalitäten gegründete) Vorstellung vom ‚nüchternen Norden' Pate gestanden zu haben, die selbst in jüngerer Zeit – so etwa von Jürgen Wolf im Hinblick auf die vermeintlich schlechte Überlieferung und Rezeption des mittelhochdeutschen

sische und deutsche Klischees – an das 18. und 19. Jahrhundert zu denken. Vgl. Florack, *Bekannte Fremde* (Anm. 12), bes. S. 110ff., und Helmut König: *Politik und Gedächtnis*, Göttingen 2008, bes. S. 364ff. Dass es solche Tendenzen bereits früher gegeben hat, belegen freilich zum einen „Diskurs[e] der deutschen Humanisten über die nationale Identität", ebd., S. 412. Zum anderen hat Uta Görlitz zeigen können, dass (literarische) Reflexionen und Überlegungen über die identitätsstiftende Funktion nationaler ‚Denkkonzepte' bereits ab dem (frühen) Mittelalter zu beobachten sind. Uta Görlitz: *Literarische Konstruktionen (vor-)nationaler Identität seit dem ‚Annolied'. Analysen und Interpretationen zur deutschen Literatur des Mittelalters (11.–16. Jahrhundert)*, Berlin/New York 2007 (*Quellen und Forschungen zur Literatur- und Kulturgeschichte* 45).

[17] Damit sei nicht bestritten, dass solche Dynamiken existieren (vgl. etwa den Beitrag von Anna Kathrin Bleuler in dem vorliegenden Band). Vielmehr soll damit betont werden, dass die in den folgenden Ausführungen im Zentrum stehenden Klischees sich eben nicht aus der Literatur selbst ergeben, sondern wissenschaftsgeschichtliche Konstruktionen sind, die implizit auf bekannte Stereotype zurückgreifen und sich gleichsam ‚festgeschrieben' haben.

Prosa-Lancelot – noch bemüht worden ist.[18] Diese Auffassung dürfte zwar getrost als überholt bezeichnet werden, aber mit Bezug vor allem auf Hartmann hat nicht zuletzt René Pérennec versucht, die vorgeblichen Moralisierungs- und Didaktisierungstendenzen der Hartmann'schen Adaptationen als Resultat einer ‚Akklimatisierung' an die spezifischen historischen und kulturellen Kontexte des Dichters zu verstehen:[19] Als ein solches Bearbeitungsresultat könne etwa, so Marie-Sophie Masse in Anlehnung an Pérennec, „die Annäherung des Ritterbildes [bei Hartmann] an das christliche Lebensmodell und schließlich die damit verbundene Didaktisierung"[20] gelten. Damit wird, um bei dem Beispiel Hartmann zu bleiben, dem Verfasser zwar keine dezidiert ‚moralische' Geisteshaltung mehr attestiert, aber der dichterische Aspekt der Bearbeitungspraxis wird so einem vorrangig soziokulturellen Anpassungsmoment untergeordnet, das das eigentliche dichterische Verfahren usurpiert. Zwar lassen sich in den Adaptationen durchaus auch Angleichungen an die soziokulturellen Begebenheiten finden,[21] doch bestimmen sie nicht grundsätzlich den Bearbeitungsprozess, der doch zunächst als ein genuin dichterisches Verfahren zu gelten hat.[22]

Es ist freilich auch nicht zu leugnen, dass die mittelhochdeutschen Adaptationen insbesondere im Bereich der Figurenzeichnung zur Idealisierung

[18] Jürgen Wolf: *Lancelot – kein Held für deutsche Höfe?*, in: *Lancelot. Der mittelhochdeutsche Roman im europäischen Kontext*, hg. von Klaus Ridder und Christoph Huber, Tübingen 2007, S. 267–279: „[dann] ließe sich das deutsche Publikum zwischen dem ‚kühlen, sachlichen' Norden, der von Lancelot gar nichts wissen wollte, und dem ‚heißblütigen, freizügigeren' Süden, der Lancelot [...] verehrte, verorten [...]", hier S. 279. Nimmt man dies ernst, dann müsste man sich freilich auch einmal fragen, warum z. B. der *Tristan* überhaupt ins Deutsche übertragen wurde und mit seinen immerhin 11 vollständigen Hss. und zahlreichen Fragmenten nicht eben stiefmütterlich bezeugt ist.

[19] Pérennec (Anm. 2). Vgl. dazu auch Masse (Anm. 6), S. 116. In der Einleitung zu dem Überblicksband *Höfischer Roman in Vers und Prosa*, S. 1–47, halten Pérennec/Schmid (Anm. 6) zwar ebenfalls fest, die Zeit des „völkerpsychologische[n] sowie de[s] geistesgeschichtliche[n] Binarismus", S. 36, sei vorbei. Gleichwohl scheint diese Feststellung in den eigentlichen Untersuchungen doch häufig wieder in den Hintergrund zu treten. Zwar ist es richtig, dass die Untersuchungen nicht explizit mit ‚völkerpsychologischen' Erklärungen arbeiten, aber die nationalen Stereotype bzw. Klischees werden häufig immer noch abgerufen.

[20] Masse (Anm. 6), S. 116, hier Pérennec (Anm. 2) zusammenfassend.

[21] Vgl. Thordis Hennings: *Altfranzösischer und mittelhochdeutscher ‚Prosa-Lancelot'. Übersetzungs- und quellenkritische Studien*, Heidelberg 2001 (*Beiträge zur älteren Literaturgeschichte*), hier jeweils die Kapitel ‚Interpretative Variationen aufgrund soziokulturellen Wissens' sowie S. 426.

[22] Ein ganz grundsätzliches (methodisches) Problem bei der vergleichenden Textbetrachtung besteht freilich in der Tatsache, dass die konkreten Vorlagen zumeist nicht auszumachen sind, so dass letztlich immer gewisse ‚Leerstellen' bleiben.

tendieren. Die Gestaltung der Figuren *ad laudem*[23] entspringt dabei dem Bestreben der Bearbeiter, die Figuren einem bestimmten, in der Regel positiven Typus anzunähern, ein Verfahren, das Silvia Schmitz ausführlich für Veldekes Stilisierungen der Eneas- und der Didofigur aufgezeigt hat.[24] Gleichwohl muss diese Tendenz zur Idealisierung der Figuren zunächst als Resultat des Adaptationsprozesses, d. h. als Ausdruck des dichterischen Verfahrens,[25] gelten und nicht zwangsläufig als Ausdruck einer moralisierenden ‚Einstellung' oder auch einer rein kulturellen Anpassungsleistung des Bearbeiters verstanden werden; eine Einschätzung, die mehr oder minder explizit auch in jüngeren Beiträgen begegnet: Elisabeth Schmid etwa spricht von einer „gewissen Weichzeichnung" in der Hartmann'schen Figurenkonzeption im *Iwein* und Wolfgang Mieder bezeichnet die Erzählerfigur in Hartmanns *Erec* als „didaktische[n] Erzähler".[26] Denn wenn z. B. Dido in Veldekes *Eneasroman* trotz ihrer herrschaftsgefährdenden Liebe zu Eneas als vorbildliche Herrscherin gezeichnet wird und zum Exempel dafür avanciert, dass die Maxime ‚*omnia vincit amor*'[27] tatsächlich

[23] Schmitz (Anm. 2), bes. S. 315–327. Die Tendenz zur Idealisierung vermerkt freilich auch schon Bumke (Anm. 4), S. 30, verleibt sie allerdings der *moralisatio*-These ein und stellt ihr einen „Verlust an epischer Kraft und Lebendigkeit" zur Seite.

[24] Vgl. Schmitz (Anm. 2), S. 153ff. und 199–218. Gleiches erweist Schmitz auch für Erec und Enite in der *verligen*-Episode. Vgl. ebd., S. 330ff. Das bedeutet jedoch nicht, dass man deshalb gleich, so Brunner mit Blick auf Hartmann, von „vereindeutigender Schwarz-Weiß-Malerei" sprechen muss. Horst Brunner: *Hartmann von Aue: ‚Erec' und ‚Iwein'*, in: *Mittelhochdeutsche Romane und Heldenepen*, hg. von H. B., bibliogr. erg. Ausg., Stuttgart 2007, S. 97–128, hier S. 107. Die latent pejorative Etikettierung impliziert auch hier eine Abwertung des Bearbeiters bzw. eine moralisierende ‚Geisteshaltung'.

[25] Vgl. dazu Schmitz (Anm. 2).

[26] Elisabeth Schmid: *Chrétiens ‚Yvain' und Hartmanns ‚Iwein'*, in: Pérennec/Schmid (Hg.) (Anm. 6), S. 135–167, hier S. 139. Wolfgang Mieder: *als man daz golt sol liutern in der esse. Sprichwörtliche Ironie und Didaktik in Hartmanns von Aue ‚Erec'*, in: *Mittellateinisches Jahrbuch* 36 (2001), S. 45–76, hier S. 50. Vgl. auch die in Anm. 6 genannte Literatur. Noch deutlicher zeigt sich dies bei Hrubý, der in Bezug auf Hartmanns Änderungen gegenüber Chrétien gar von der „Gesinnungsmoral" des deutschen Bearbeiters spricht. Antonín Hrubý: *Moralphilosophie und Moraltheologie in Hartmanns Erec*, in: *The Epic in Medieval Society. Aesthetic and Moral Values*, hg. von Harald Scholler, Tübingen 1977, S. 193–213, hier S. 205. Vgl. auch Frey, *Spielräume* (Anm. 6), S. 162, der festhält, „dezidiert didaktische Elemente" seien in der engl. und sk. Bearbeitung des ‚Yvain' nicht zu finden und damit „keine Bedingung des Wiedererzählens." Damit unterstellt er den deutschen Bearbeitern implizit ebenfalls eine spezifisch didaktische Haltung.

[27] Der Ausspruch stammt bekanntlich aus Vergils X. Ekloge *An Gallus* (X,69: *Omnia vincit amor, et nos cedamus amori*) und ist als Bildbeischrift in der Münchener *Tristan*-Handschrift M (cgm. 51) zu finden (fol. 67^{v}): http://daten.digitale-sammlungen.de/~db/0008/bsb00088332/images/index.html?fip=193.174.98.30&seite=138&pdfseitex=.

jeden treffen kann, dann birgt dies zwar auch etwas Lehrhaftes, geht aber nicht zwingend mit moralischen Implikationen einher (Schuldfrage etc.),[28] sondern dient zuallererst der Entlastung der Figur. Somit bleibt der Befund, dass abseits der figurenbezogenen Idealisierung im mittelhochdeutschen Text in der Regel keine vorrangig didaktische Haltung des Bearbeiters zu ermitteln ist.[29]

Dies hat nicht zuletzt Walter Haug in einem Vergleich der *joie de la curt*-Episode bei Chrétien und Hartmann zeigen können: Der deutsche Bearbeiter nimmt in dieser Episode zwar einige Umdeutungen und auch Vereindeutigungen vor, aber letztlich werde, so Haug, die bei Chrétien bereits angelegte Problematik einer sich punktuell absolut setzenden Liebe von Hartmann gerade nicht ‚geglättet' und moralisch instrumentalisiert; denn auch der deutsche Verfasser greife „am Ende das Leitthema des Romans nochmals auf, um in der äußerlichen Lösung [Erecs Sieg im Zweikampf, R. R.] den unlösbaren Widerspruch [zwischen absoluter Liebe und Gesellschaft, R. R.] aufscheinen zu lassen [...].“[30] Mit seinen Umgestaltungen verschärfe Hartmann so das in der französischen Vorlage begegnende Dilemma.

Hier ließe sich nun einwenden, dass es sich bei solchen Umgestaltungen, wie sie Haug für die *joie de la curt*-Episode nachweist, um äußerst subtile Nuancierungen handelt, die einer insgesamt lehrhaft-moralisierenden Tendenz des Erzählten (und des Erzählens) bei Hartmann nicht zuwiderlaufen müssen. Allerdings lässt sich zeigen, dass Hartmann bei Chrétien begegnende lehrhaft-moralisierende oder auch sentenzenhafte Erzähler- bzw. Figurenbemerkungen[31]

[28] Vgl. Schmitz (Anm. 2), S. 198 und 206f. Vgl. dazu auch Elisabeth Lienert: *Rezension zu Silvia Schmitz: Die Poetik der Adaptation [...]*, in: *PBB* 132 (2010), S. 125–129, hier S. 127f.

[29] Auf die durchaus auch bei Hartmann begegnenden (z. T. subtilen) ironischen Momente und Erzählstrategien hat in aller Deutlichkeit zuerst Ranawake aufmerksam gemacht. Silvia Ranawake: *Zu Form und Funktion der Ironie bei Hartmann von Aue*, in: *Wolfram-Studie*n VII (1982), S. 75–116. Allerdings unterstellt Ranawake zum Ende ihrer differenzierten Beobachtungen Hartmann dann doch ebenfalls eine „erzieherische Absicht“ (ebd., S. 114) und gerät damit wieder in die Nähe der Auffassung vom ‚deutschen Didaktiker'.

[30] Walter Haug: *Joie de la curt*, in: *Blütezeit: Fs. für Peter L. Johnson zum 70. Geburtstag*, hg. von Marc Chinca [u. a.], Tübingen 2000, S. 271–290, hier S. 290. Man muss sicherlich nicht mit allen Beobachtungen Haugs übereinstimmen; zu differenzieren wäre z. B. sein Vergleich des Baumgartens mit Gottfrieds Minnegrotte. Gleichwohl wird man Haugs grundsätzlichem Befund jedoch zustimmen können; denn ungeachtet der bei Hartmann begegnenden Idealisierungen und (narrativen) Plausibilisierungen lässt sich beobachten, dass er das Erzählte nicht grundsätzlich moralisch anreichert oder lehrhaft ausgestaltet.

[31] Auch dies heißt nicht, dass Hartmann Sentenzen prinzipiell meidet. Allerdings wäre hier zunächst auch grundsätzlich zu unterscheiden zwischen der Verwendung von Sentenzen in Prologen und innerhalb der eigentlichen *narratio*. Denn als Bestandteil der Prologe sind Sentenzen (vgl. *Erec et Enide*, V. 1ff. und *Iwein*, V. 1ff.) zuallererst

regelmäßig tilgt und der deutsche Bearbeiter somit die ihm gemeinhin unterstellte Tendenz zur (Moral-)Didaxe selbst dort nicht forciert, wo sie ihm in der Quelle vorgegeben ist.

2 *Folie n'est pas vaselages*

Zu Beginn von Hartmanns erstem, vermutlich um 1180 entstandenen Artusroman[32] treffen bekanntlich der junge Erec, des Artus Gemahlin Ginover sowie eine junge Dame aus dem Gefolge der Königin im Wald auf einen fremden Ritter, der ihnen in Begleitung seiner Dame und eines Zwergs aus der Ferne entgegenkommt. Die Königin möchte die Identität des Ritters erfahren und schickt ihre Dame zu ihm. Noch ehe die *juncfrouwe* ihre Frage vorbringen kann, stellt sich ihr der Zwerg in den Weg, verbietet ihr weiterzureiten, und als sie an ihm vorbei möchte, schlägt er sie mit einer Peitsche. Nachdem sie zurückgekehrt ist, versucht Erec sein Glück, und auch ihm verstellt der Zwerg den Weg. Erec will ihn beiseite stoßen und erhält daraufhin ebenfalls einen Peitschenschlag. Da Erec unbewaffnet ist, kann er die Schmach nicht vergelten und muss unverrichteter Dinge zur Königin zurückreiten. Der Erzähler bei Chrétien kommentiert das Verhalten des Protagonisten nun wie folgt:[33]

Folie n'est pas vaselages;[34] de ce fist molt Erec que sages: rala s'an, que plus n'i ot fet. (V. 231ff., Übers. nach Gier)	Unbesonnenheit ist nicht Kühnheit; daher verhielt sich Erec sehr klug: er zog sich zurück, ohne noch etwas zu unternehmen.

rhetorische Mittel, die dazu dienen sollen, Konsens zwischen Rezipienten und dem Gegenstand der Erzählung herzustellen. In dieser rhetorischen Funktion dienen sie dann weniger einer lehrhaften Tendenz, sondern eher dem *benevolum parare*, indem sie an Bekanntes anknüpfen und dem Rezipienten damit ein Gefühl der Kundigkeit verleihen. Vgl. zu Sentenzen bei Hartmann auch Manfred Eikelmann: *Autorität und ethischer Diskurs. Zur Verwendung von Sprichwort und Sentenz in Hartmanns von Aue ‚Iwein'*, in: *Autor und Autorschaft im Mittelalter. Kolloquium Meißen 1995*, hg. von Elizabeth Andersen [u. a.], Tübingen 1998, S. 73–100.

32 Hartmann von Aue: *Erec*, hg. von Albert Leitzmann, fortgeführt von Ludwig Wolff, 7. Aufl. besorgt von Kurt Gärtner, Tübingen 2006 (*ATB* 39). Die nhd. Übersetzungen nach der Ausgabe: Hartmann von Aue: *Erec. Mittelhochdeutsch/Neuhochdeutsch*, hg., übers. und kommentiert von Volker Mertens, Stuttgart 2008 (*RUB* 18530).

33 Zitate und Übersetzungen nach der folgenden Ausgabe: Chrétien de Troyes: *Erec et Enide. Erec und Enide. Altfranzösisch/Deutsch*, übers. und hg. von Albert Gier, Stuttgart 2000 (*RUB* 8360).

34 Eine vergleichbare Sentenz begegnet bekanntlich bereits in der *Chanson de Roland* im Streit zwischen Roland und Olivier (*Kar vasselage par sens nen est folie*, V. 1724), vgl. dazu auch Wolf (Anm. 2), S. 263. Ein Aspekt, der zumindest in dieser Form dem *Rolandslied* fehlt.

Diese Sentenz, die das richtige Verhalten der Figur explizit hervorhebt und es mit Bezug auf einen allgemeingültigen (ritterlichen)[35] Wertekanon situiert, tilgt Hartmann und schwächt somit das der Vorlage eignende lehrhaft-moralisierende Moment deutlich ab.[36]

Ein weiteres Beispiel bietet die Szene, in der König Artus die schönste Dame an seinem Hof durch einen Kuss auszeichnet, ein Brauch, der bekanntlich mit der den Roman einleitenden Jagd auf den weißen Hirsch verknüpft ist. Die soeben mit Erec am Artushof eingetroffene Enite gilt nach ihrer Einkleidung in kostbare Gewänder nun erst recht als schönste Dame am Hof und wird denn auch von Artus auserwählt. Bei Hartmann heißt es hier lediglich, dass der König sein Recht, das ihm seine Mannen bestätigt hätten, wahrnahm und Enite küsste (vgl. V. 1784–1795):

sus verswachete ir varwe	So stellte ihr [Enites] leuchtender Anblick
die vrouwen begarwe,	alle anderen Damen in den Schatten.
ouch vuor der künec ungebeit	Der König wartete nun nicht länger,
ze behalten sîn gewonheit,	sein Recht wahrzunehmen,
als im si sîn vater liez –	wie es ihm sein Vater vererbt hatte –,
sîn vater Uterpandragôn hiez –	sein Vater hieß Uterpandragon –,
daz er den kus naeme dâ	und sich den Kuss dort zu holen
und ouch niender anderswâ	und nirgendwo anders.
wan swâ ez im die guoten knechte	Hier gestanden es ihm die tapferen Ritter
gesageten ze rehte.	als sein Recht zu.
(V. 1782–1791, Übers. nach Mertens)	

Hartmann reduziert die bei Chrétien fast fünfzig Verse umfassende Figurenrede des Artus damit auf insgesamt zehn Verse. Bei Chrétien hingegen wird die Frage nach der Rechtmäßigkeit der getroffenen Wahl in einer Figurenrede des Artus breit entfaltet, wobei allein der Teil der Figurenrede, in dem Artus seine Herrscherpflichten benennt, schon zehn Verse ausmacht:

Je sui rois, si ne doi mantir,	Ich bin König, darum darf ich nicht lügen
ne vilenie consantir,	und keiner Sache zustimmen, die zu tadeln
ne fauseté ne desmesure;	oder falsch oder maßlos ist;
reison doi garder et droiture,	ich muss Recht und Gerechtigkeit wahren,
qu'il apartient a leal roi	denn es gehört sich für einen rechtmäßigen König,
que il doit maintenir la loi,	dass er Gesetz, Wahrheit, Glauben

35 Vgl. den Eintrag *vasselage/vassalage* im *Tobler-Lommatzsch*, Bd. X, Sp. 124f.

36 Dies wird noch dadurch gesteigert, dass Hartmann die Szene deutlicher als Chrétien auf Erec und Ginover zuspitzt, da der Ritter bei Hartmann v. a. darunter leidet, ‚vor den Augen der Königin' (vgl. V. 114ff.) gedemütigt worden zu sein. Zwar wird damit ebenfalls ein ‚höfischer' Wertekanon, der Verlust der *êre* ist ja bekanntlich an Öffentlichkeit gebunden, aufgerufen, aber er wird an dieser Stelle eben nicht weiter expliziert.

verité, et foi, et justise.	und Gerechtigkeit erhält.
Je ne voldroie an nule guise	Auf gar keine Weise möchte ich
fere deslëauté ne tort,	etwas Ungerechtes oder Falsches tun,
ne plus au foible que au fort;	dem Schwachen nicht eher als dem Starken;
(V. 1749–1758, Übers. nach Gier)	

Der König weist dabei explizit auf seine Herrscherpflichten hin, wenn er angibt, als König weder lügen noch maßlos handeln zu dürfen (V. 1749ff.) und Gesetz und Wahrheit wahren zu müssen (V. 1755). Im Anschluss fordert er den Hof auf, seinem Entschluss mit Zustimmung (oder Ablehnung) zu begegnen, worauf alle ‚wie aus einem Munde rufen', Artus habe richtig entschieden (vgl. V. 1777ff.). Chrétiens Artus liefert damit nachgerade einen herrschaftlichen Verhaltenskodex, den der König minutiös selbst benennt und befolgt, während die „moralischen Beweggründe"[37] bei Hartmann in der Passage (sowohl in der Erzähler- als auch in der Figurenrede) keine wesentliche Rolle spielen und Artus gleich ‚zur Tat' schreitet.

Ein letztes Beispiel ist dem Romanende entnommen. Nach seinem Sieg über Mabonagrin und seiner Rückkehr an den Artushof erfährt Erec recht bald vom Tod seines Vaters, was ihn dazu zwingt, in sein Land zurückzukehren, um dort die Herrschaft anzutreten. Dazu heißt es im Text: Sie [Erec und Enite] wurden am Artushof mit allem Aufwand bewirtet,

unz daz Êrecke ein maere kam	bis Erec die Nachricht erhielt,
daz sîn vater waere tôt.	dass sein Vater gestorben sei.
nû was des sînem lande nôt	Jetzt hatte es sein Land nötig,
daz er sich abe taete	dass er sein
selher unstaete	Umherziehen aufgab
und daz er heim vüere:	und heimfuhr:
das waere gevüere	das diente dem Wohlergehen
sînen landen und sîner diet.	von Land und Leuten.
mit urloube er dô danne schiet	Er nahm nun Abschied
von dem künege Artûse,	von König Artus,
ze varne heim zu hûse.	um heimzureisen.
(V. 9969–9979, Übers. nach Mertens)	

Während es bei Hartmann schlichtweg heißt, dass es *sînem lande nôt* sei, dass Erec zurückkehre – was dieser auch sofort tut (vgl. V. 9969ff.) – wird von Chrétiens Erzähler eigens darauf hingewiesen, dass Erec seinen Schmerz über den Tod des Vaters nicht in vollem Ausmaß gezeigt habe, da dies einem König nicht angemessen sei (vgl. V. 6466ff.), eine Herrschertugend, die bereits in der *Chanson des Roland* bzw. dem *Rolandslied* Erwähnung findet (vgl. *CdR*, V. 2945ff., *RL*, V. 7571f.). Auch hier kürzt Hartmann seine Vorlage also erheblich. Den 28 Versen bei Chrétien stehen elf Verse bei Hartmann gegenüber.

[37] Bumke (Anm. 4), S. 30.

Dabei tilgt Hartmann vor allem jene Stellen, die auf Erecs vorbildliches Herrscherverhalten hinweisen:

Erec an pesa plus asez qu'il ne mostra sanblant as genz, mes diaus de roi n'est mie genz, n'a roi n'avient qu'il face duel. (V. 6466–6469, Übers. nach Gier)	Erec betrübte das viel mehr, als er es vor den Leuten zeigte, denn Schmerz ist ja einem König nicht angemessen und es darf einem König nicht widerfahren, dass er seinen Kummer zeigt.
Molt fist bien ce que fere dut (V. 6475, Übers. nach Gier)	Er [Erec] führte sehr gut aus, was er tun musste

Der zuvor betrachteten Stelle vergleichbar, wird mit dem Verweis auf Erecs angemessenes Verhalten bei Chrétien explizit deutlich gemacht, dass der Protagonist als vorbildlicher Herrscher agiert: Erec lässt Messen singen, löst alte Verbindlichkeiten ein und zeigt seine Freigebigkeit. Der Erzähler kommentiert dies erneut und unterstreicht so das regelgerechte Verhalten des Protagonisten: „Er führte sehr gut aus, was er tun musste" (V. 6475). Überdies heißt es bei Chrétien weiterhin, Erec habe „etwas sehr Vernünftiges" getan, indem er sein Land aus des Artus Hand als Lehen empfangen habe (vgl. V. 6486f.). Auch dies hat bei Hartmann keine Entsprechung.[38]

Hartmann nutzt also selbst jene Stellen, in denen seine Vorlage deutlich moralisierend bzw. lehrhaft verfährt, nicht zwangsläufig dazu, diese Tendenz zu übernehmen oder gar zu verstärken. Vielmehr scheint er auch bestrebt zu sein, solche Stellen ihrer explizit didaktischen ‚Einkleidung' zu berauben und so das lehrhafte Moment in den Hintergrund zu drängen.

3 *des gît gewisse lêre?*

Auf den ersten Blick schwieriger zu beurteilen sind freilich jene Stellen und Passagen, in denen in der Vorlage keine eindeutig moralisierenden Elemente begegnen und Hartmann seine Quelle deutlich erweitert, so dass man unter Umständen geneigt sein könnte, hinter der Ausdehnung eine lehrhafte Intention zu vermuten. Allerdings lässt sich im Hinblick auch auf solche Stellen zeigen, dass die Änderungen nicht einer genuinen Neigung zu Didaxe und Moralisierung entspringen müssen. Ich möchte dies an einer recht prominenten Textstelle aus

[38] Diese Belege zeigen ferner, dass die v. a. von Frey, *Spielräume* (Anm. 6), S. 161f., vertretene Position, Hartmanns Erzähler verdeutliche stets die moralischen Implikationen der Handlung, so nicht zutrifft.

dem *Iwein* demonstrieren,[39] und zwar an Gaweins Rat,[40] den der vermeintliche ‚Musterritter' seinem Freund Iwein zuteil werden lässt.

Nachdem Iwein Askalon, den Herrscher des Brunnenreichs, verfolgt und erschlagen hat,[41] kommt es bekanntlich recht schnell zu einer nicht zuletzt von Lunete initiierten Hochzeit zwischen Iwein und Laudine, Askalons Witwe. Nachdem die Eheschließung vollzogen wurde, dauert es nicht lange, bis Artus mitsamt seinem Gefolge das Brunnenreich aufsucht und dort sieben Tage lang aufs Beste beherbergt wird. Unmittelbar vor dem Aufbruch nimmt Gawein Iwein zur Seite und rät seinem Freund dazu, seine Gattin um *urloup* zu bitten und sich Artus und den anderen Rittern anzuschließen, um weiterhin Turniere bestreiten und sein Ansehen mehren zu können (V. 2770–2912). Bekanntlich folgt Iwein diesem Rat, übertritt dann die ihm von Laudine gesetzte Jahresfrist und verfällt schließlich dem Wahnsinn.

In der Forschung ist vor allem darüber diskutiert worden, ob Gaweins Rat nun als angemessen[42] oder – so etwa Ranawake – „gänzlich unpassend[]"[43] zu verstehen sei. Ergänzt worden sind diese konträren Positionen insbesondere von Walter Haug und Gert Hübner, die den Rat – so Haug – intertextuell (d. h. vor allem mit Blick auf die *verligen*-Responsion) bzw. rezeptionsästhetisch und – so Hübner – narratologisch gedeutet haben. Darauf wird noch zurückzukommen

[39] Ich zitiere folgende Ausgabe: Hartmann von Aue: *Iwein. Eine Erzählung von Hartmann von Aue*, hg. von G. F. Benecke und Karl Lachmann, neu bearb. von Ludwig Wolff, hier Bd. 1: *Text*, 7. Ausg., Berlin 1968. Die Übersetzung nach Hartmann von Aue: *Gregorius, Der arme Heinrich, Iwein*, hg. und übers. von Volker Mertens, Frankfurt a. M. 2004 (*Bibliothek des Mittelalters* 6/*Bibliothek deutscher Klassiker* 189). Chrétiens *Yvain* wird nach folgender Ausgabe zitiert: Chrestien de Troyes: *Yvain*, übers. und eingel. von Ilse Nolting-Hauff, München 1962 (*Klassische Texte des romanischen Mittelalters in zweisprachigen Ausgaben*).

[40] Vgl. zu Gaweins Rat u. a. Volker Mertens: *Laudine*: *Soziale Problematik im Iwein Hartmanns von Aue*, Berlin 1978 (*Beihefte zur ZfdPh* 3), S. 37f., Herta Zutt: *König Artus – Iwein – Der Löwe: Die Bedeutung des gesprochenen Wortes in Hartmanns ‚Iwein'*, Tübingen 1979 (*Untersuchungen zur deutschen Literaturgeschichte* 23), S. 39ff., Ranawake (Anm. 29), hier S. 100ff., Walter Haug: *Lesen oder Lieben? Erzählen in der Erzählung vom ‚Erec' bis zum ‚Titurel'*, in: *PBB* 166 (1994), S. 302–322, Hübner (Anm. 10), S. 175ff., Bernhard Anton Schmitz: *Gauvain, Gawein, Walewein: Die Emanzipation des ewig Verspäteten*, Tübingen 2008 (*Hermaea* 117), bes. S. 167–174, und Caroline Krüger: *Freundschaft in der höfischen Epik um 1200: Diskurse von Nahbeziehungen*, Berlin/New York 2011, S. 107ff.

[41] Die Problematik dieser Handlung hat bekanntlich zu einer Forschungskontroverse geführt, die hier nicht im Einzelnen diskutiert werden kann. Besonders Hartmanns ‚Zutat', Iwein jagte Askalon *âne zuht* (V. 1056), ist dabei von Bedeutung. Vgl. Mertens (Anm. 40), S. 47ff.

[42] Vgl. z. B. Mertens (Anm. 40), S. 38, dem größtenteils Krüger (Anm. 40), S. 111, folgt.

[43] Ranawake (Anm. 29), S. 101.

sein, zunächst seien jedoch die für die folgenden Überlegungen wesentlichen Spezifika des Ratschlags skizziert:

Im Vergleich mit Chrétien hat Hartmann Gaweins Rat deutlich erweitert (und zwar von 55 auf insgesamt 143 Verse) und um Elemente ergänzt, die in der altfranzösischen Vorlage keine unmittelbare Entsprechung finden. Zu nennen sind hier insbesondere der explizite Verweis auf den *Erec*, genauer das *verligen* (also die Krise, in der Erec und seine Frau sich ausschließlich ihrer Liebe hingeben),[44] dann der *huote*-Exkurs bzw. die Konzentration auf die Hausherrenthematik sowie die in die Figurenerzählung montierten ‚subjektiven' Perspektivierungen der Gawein-Figur.[45]

Diese Umakzentuierungen zeigen sich schon vor der eigentlichen Figurenrede, denn bei Chrétien wird Yvain nicht bloß von Gauvain, sondern vom gesamten Gefolge des Artus (ob er auch von Artus selbst gebeten wird, bleibt bei Chrétien unklar) dazu gedrängt, mit ihnen fortzugehen (V. 2481ff.). Bei Hartmann hingegen nimmt Gawein Iwein beiseite (*von den liuten sunder*, V. 2769): Dies mag zum einen dazu dienen, Artus und sein Gefolge zu entlasten, da so der Bezug zwischen Artushof und Iweins späterem Versäumnis zurückgenommen wird. Zum anderen rücken so aber die beiden Protagonisten (und damit auch Gaweins Rede und Iweins Reaktion auf die Mahnung) noch deutlicher ins Zentrum.[46] Im Hinblick auf die Frage nach der Hartmann'schen Tendenz zur Lehrhaftigkeit ist dabei vor allem von Bedeutung, dass die Figurenrede von Gawein explizit als *lêre*[47] bezeichnet wird (vgl. V. 2800) und natürlich in unmittelbarem Zusammenhang mit Iweins Verfehlung gegenüber Laudine zu sehen ist.

Dass Gaweins Rat zu konträren Meinungen in der Forschung geführt hat, liegt dabei nicht zuletzt an der Tatsache, dass Hartmann in seinen Erzählerbemerkungen kein negatives Wort über die Figur verliert (vgl. z. B. V. 2767 und 3037), den Rat jedoch insgesamt so ausgestaltet, dass Zweifel an der Angemessenheit der Mahnung kaum zu vermeiden sind. Damit treten *discours*- und *histoire*-Ebene auseinander; denn während Hartmann auf der einen Seite (*discours*) die Idealisierung Gaweins gegenüber Chrétien verstärkt (so z. B. durch Epitheta oder durch das Gespräch mit Lunete, das im höfischen Rahmen

[44] Wenn Schmitz (Anm. 40), S. 172, bemerkt, dies sei „ein Kunstgriff, der den Eindruck erwecke, als ob diese Problematik erst jetzt, von außen in den Iweinroman eingeführt werde, anstatt wie bei Chrétien bereits seit der ersten Hofszene virulent zu sein[,]" hat er im Hinblick auf den *Yvain* (Rückzug des Königpaars) natürlich recht. Allerdings wird die Problematik im *Iwein* tatsächlich erst an dieser Stelle in ihrem ganzen Ausmaß bedeutsam. Die Idealisierung des sich zu Beginn des Romans zurückziehenden Herrscherpaares wird bei Hartmann sozusagen in die konkrete intertextuelle Anspielung verschoben und damit zugleich auf die Figuren Iwein und Gawein konzentriert.

[45] Vgl. Hübner (Anm. 10), S. 175.

[46] Vgl. Schmitz (Anm. 40), S. 168.

[47] Vgl. zu den Konnotationen von *lêre*/*lêren* *BMZ* I, Sp. 966, und *Lexer* I, Sp. 1883.

verbleibt und deutlich weniger ‚amouröse' Konnotationen als bei Chrétien aufweist), konterkariert die Figurenrede diese Tendenz, indem in ihr bekanntlich eine Warnung formuliert wird, die auf Iweins Position als Herrscher und als Beschützer des Brunnenlandes allenfalls bedingt zutrifft (hinzu kommt natürlich die *verligen*-Responsion).[48] Haugs Deutung, der Fehler des Protagonisten (oder besser: der beiden Protagonisten) bestehe in einer „falsche[n] ‚Erec'-Interpretation", deren Erkenntnis sich darin erschöpfe, man solle nicht „im Übermaß lieben",[49] ist bestechend, blendet allerdings aus, dass Hartmann die Herrschaftsthematik gegenüber Chrétien in seinen beiden Romanen ausgebaut hat[50] und damit im *Iwein* durchaus eine weitere Parallele zu Erecs Verfehlung gegeben ist, der eben nicht bloß seine ritterlichen, sondern auch seine Herrscherpflichten vernachlässigt. Hinzu tritt, dass in den Versen 2800, 2803 und 2859 die ‚begrenzte' Perspektive Gaweins exponiert wird. Die betreffenden Verse lauten:

> dar under lêr i c h iuch wol
> wir suln turnieren a l s ê
> i c h rede als i c h z erkennen kan (Hervorhebung R. R.)

Während die Verse 2800 und 2859 auf Gaweins Sicht verweisen und insbesondere der Vers ‚i c h *rede al*s i c h z *erkennen kann*' zeigt, dass Gaweins *lêre* lediglich eine eingeschränkte Gültigkeit auf der Figurenebene beansprucht, macht die Aufforderung, die beiden Ritter sollten wie früher (*als ê*) an Turnieren teilnehmen, ganz deutlich, dass Gawein Iweins neue Verpflichtungen gegenüber Laudine und dem Brunnenreich in seiner *lêre* nicht angemessen berücksichtigt. „*der wirt hât wâr, und doch niht gar.*" (V. 2850), so deutet Gawein die Aussagen seines Hausherrengleichnisses – ein Ausspruch, der durchaus auch auf seine eigene ‚*lêre*' zutrifft.

Gerade weil der Erzähler Gawein auf der Ebene des *discours* nicht abwertet, entsteht somit der Eindruck, dass sowohl Hartmanns als auch Chrétiens Erzählerfiguren „nicht überall als zuverlässige Evaluationsinstanz[en] beim Wort genommen werden" können.[51] Dies zeigt nicht zuletzt eine weitere, auf den ersten Blick unscheinbare Nuancierung, die Hartmann gegenüber Chrétien hinzufügt. Gawein schlägt Iwein weiterhin vor, er solle *liut unde lant* Laudine unterstellen, denn *ein wîp die man hât erkant / in alsô staetem muote, / diun bedarf niht mêre huote / niuwan ir selber êren* (V. 2890ff.). Ranawake hat diese Äußer-

[48] Vgl. Mertens (Anm. 40), Schmitz (Anm. 40) und Hübner (Anm. 10).

[49] Haug (Anm. 40), S. 319.

[50] Bei Chrétien begegnet in Gauvains Rede u. a. das Argument, Liebe sei umso süßer, wenn man sie hinauszögere bzw. wenn die Liebenden einander eine Zeit lang nicht sehen könnten. Dies tilgt Hartmann, was ebenfalls dazu beiträgt, die Herrschaftsthematik hervorzuheben.

[51] Hübner (Anm. 10), S. 177. Dies gegen Frey (Anm. 6), der Hartmanns Erzähler ja als uneingeschränkte ‚moralische' Deutungsinstanz versteht.

ungen Gaweins als ‚grotesk' und als Spiel mit den Konnotationen des Begriffs *huote* bezeichnet, da „Laudine weder die Anstandshüter des Minnesangs noch einen sie eifersüchtig bewachenden Ehemann",[52] wohl aber einen Verteidiger des Landes benötige. Dem ist beizupflichten, doch es bleibt zu ergänzen, dass somit auch die bei Chrétien begegnenden misogynen Elemente, also insbesondere Laudines rasche Tröstung durch den ‚Mörder' ihres Gatten, die Hartmann zuvor allesamt mildert,[53] wieder Einzug in das Erzählte erhalten;[54] denn Gawein benennt mit dem Verweis auf Laudines *staete*[n] *muote* genau jenes Detail, das angesichts von „Hartmanns Verteidigung ihres Wankelmuts [...] als Ironie verstanden werden"[55] könnte. Dass Mertens diese Möglichkeit dann allerdings doch wieder mit dem Hinweis, „Gawein [sei] nicht ironiefähig"[56] ausschlägt, ist mir nicht vollends einsichtig. Vielmehr scheinen auch bei dieser Einschränkung wieder traditionell stereotype Deutungsmuster fortzuwirken, die ihren ‚festen' literaturgeschichtlichen Platz haben:

> Trotz der textlichen Nähe zur Chrétien hat der deutsche ‚Iwein' einen anderen Charakter, da Hartmann die ironisch-distanzierende Erzählweise Chrétiens nicht

[52] Ranawake (Anm. 29), S. 101.

[53] Dass bei Hartmann nicht alle ironischen Elemente verloren gehen, sondern bloß subtiler verortet werden, zeigt Ranawake (Anm. 29), S. 95ff. Aber auch mit Bezug auf die in den mittelhochdeutschen Adaptationen in der Regel abgemilderten misogynen Elemente muss wohl eher von einer Idealisierungstendenz, nicht von moralischen ‚Vorbehalten' der Bearbeiter ausgegangen werden (vgl. etwa Hartmanns Auslassung des bei Chrétien begegnenden Vergleichs Enides mit einer scharrenden Ziege, V. 2584). Ebenso müssen die misogynen Kommentare in den altfranzösischen Texten „nicht als Ausdruck eigener ideologischer Verhaftung des jeweiligen Autors, sondern als Ausdruck traditionellen und konsensfähigen Wissens über die ‚Natur' von Frauen" gelten. Silvia Schmitz: *Omnia vincit Amor: Gottfrieds ‚Tristan' im Vergleich mit dem Fragment von Carlisle*, in: *Interartifizialität. Die Diskussion der Künste in der mittelalterlichen Literatur*, hg. von Susanne Bürkle und Ursula Peters, Berlin 2009 (*ZfdPh-Sonderheft* 128), S. 247–267, hier S. 55 (Anm. 52). Damit geraten diese Kommentare freilich ebenfalls in den Ruch des Lehrhaften, und zwar insofern, als sie letztlich zeigen, dass ‚Frauen nicht zu trauen sei'.

[54] Auch dies wird z. B. bei Bumke (Anm. 14), S. 161, aufgrund der vermeintlich ‚ernsthafteren' Erzählweise Hartmanns nicht in Betracht gezogen: „Während Chrétien das schwankhafte Motiv der schnell getrösteten Witwe mit der Bemerkung würzt, ‚daß eine Frau tausenderlei Launen hat' (1436), versucht Hartmann ernsthaft, die Handlungsweise Laudines zu rechtfertigen, um die ideelle Komponente seiner Romankonzeption nicht zu gefährden." Auch hier impliziert die Wortwahl (Chrétien ‚würzt' seine Erzählung mit einem Kommentar) eine deutliche Differenzierung zwischen frz. und dt. Verfasser, die sich v. a. aus der vermeintlichen Haltung des Dichters zu dem Erzählten ergibt.

[55] Mertens, *Kommentar* (Anm. 32), S. 1013.

[56] Ebd.

> übernommen hat. Das zeigt sich besonders in der Laudinedarstellung. Während Chrétien das schwankhafte Motiv der schnell getrösteten Witwe mit der Bemerkung würzt, ‚daß eine Frau tausenderlei Launen hat‘ (1436), versucht Hartmann ernsthaft, die Handlungsweise Laudines zu rechtfertigen, [...]. Daß damit ein Verlust an poetischer Substanz verbunden war, ist kaum zu übersehen.[57]

Insbesondere der Hinweis auf den „anderen Charakter“ des Hartmann’schen *Iwein* (der eben auch in der Absenz einer ‚ironisch-distanzierenden Erzählweise’ bestehe) impliziert damit eine ‚Ernsthaftigkeit‘ des deutschen Bearbeiters, die mit der ‚Würze‘ Chrétiens kontrastiert wird und letztlich wiederum auf eine mehr lehrhafte denn poetische Art zu erzählen deutet.

Zwar ist hier zu konzedieren, dass Gaweins Urteil über Laudine intradiegetisch nicht als Ironie verstanden werden muss, da die Figuren nicht über das Wissen der textexternen Rezipienten verfügen. Aber der Blick auf die binnenliterarische Ebene ist hier m. E. nicht ausreichend; denn erstens kann sich der aufmerksame Rezipient angesichts des *huote*-Exkurses durchaus an die recht schnelle Entscheidung Laudines, den ‚Mörder‘ ihres Mannes zu heiraten, erinnern, und zweitens ist die jeweilige Figur immer so ‚ironiefähig‘, wie sie der Verfasser zeichnet:[58] Was auf der Figurenebene zunächst als ernsthafter Rat erscheint, muss für den textexternen Rezipienten – ebendies belegt Gaweins *lêre* ja – nicht als sicher und ‚ernst‘ gelten.[59] Subtil wird so die Defizienz der Figuren-

[57] Bumke (Anm. 14), S. 160f. Dass bei Hartmann Idealisierungstendenzen (vgl. auch Anm. 24 des Beitrags) begegnen, sei damit nicht bestritten. Doch heißt dies eben nicht, dass in der deutschen Bearbeitung keinerlei ironische Nuancierungen und Brechungen zu erkennen sind. Ferner lässt auch Bumkes Einschätzung aufhorchen, in der deutschen Bearbeitung sei ein „Verlust an poetischer Substanz“ zu vermerken. Ebendies verweist auf die zu Beginn des Beitrags erwähnten literarästhetischen Werturteile, wobei Bumke hier suggeriert, dass Hartmanns (angebliche) Tendenz zur Ernsthaftigkeit sowie sein (vermeintliches) Umgehen von Ironie im Vergleich mit Chrétien dazu führten, eine zumindest punktuell ‚poetisch defiziente‘ Erzählung hervorgebracht zu haben.

[58] Und überdies ist Ironie ohnehin auch an die Vorkenntnisse des jeweiligen Rezipientenkreises gebunden. Zudem ließe sich einwenden, dass bei Hartmann gerade aufgrund der Tilgung der misogynen Elemente ein deutlicherer Kontrast entsteht, indem der ‚Entschuldigung‘ Laudines durch den Erzähler nun ein Erzählerkommentar gegenübergestellt wird, in dem der Wankelmut nun durch den *staeten muot* ersetzt wird. *Ex negativo* wird die ‚Flatterhaftigkeit‘ Laudines so wieder in das Erzählte integriert.

[59] Zudem avanciert nicht zuletzt Gawein etwa in Heinrichs von dem Türlîn *Crône* oder auch im *Prosa-Lancelot* durchaus zu einer Figur, die zu Ironie fähig ist bzw. zur Ironisierung eingesetzt wird (und zwar sowohl intradiegetisch als auch mit Bezug auf die textexterne Rezipientenebene). Zur *Crone* vgl. das Nachwort in der Ausg. von Florian Kragl: Heinrich von dem Türlin: *Die Krone*, unter Mitarbeit von Alfred Ebenbauer ins Nhd. übers. von F. K., Berlin/Boston 2012; zum *Prosa-Lancelot* vgl. Rachel Rau-

rede impliziert, sodass die Rezipienten auch die vom Erzähler vorgenommene, uneingeschränkt positive Bewertung Gaweins zumindest punktuell hinterfragen können. Explizit macht die Erzählerfigur dies selbst freilich nicht, sodass eine eindeutig moralische Bewertung von Gaweins Unterweisung ausbleibt.[60]

Eine Ausnahme, dies sei allerdings angemerkt, ließe sich auf der *discours*-Ebene doch finden; denn unmittelbar vor der ,Verfluchung' Iweins durch Lunete heißt es über Gawein und Iwein, die erneut von einem Turnier an den Artushof zurückgekehrt sind, *dâ lâgen si durch ir gemach* (V. 3069). Dies ist, gerade an dieser Stelle, sicherlich als Responsion auf Gaweins Warnung vor Erecs *verligen* zu verstehen[61] und zeigt somit auch auf der sprachlichen Ebene an, dass die einfache Opposition, ,Erec *verligt* sich – Iwein verrittert sich', nicht aufgeht.[62] Eine vom Erzähler vorgenommene, eindeutige Bewertung bleibt freilich auch hier aus, sodass es sich weniger um eine Kritik an der Figur Gawein, sondern eher um eine Ambiguisierung der Problematik zu handeln scheint, die über die intertextuelle Responsion (*verligen*, *gemache*) in den *Iwein* integriert wird.

Vielleicht mag es auf den ersten Blick so erscheinen, als erzähle Hartmann lehrhafter als Chrétien – bei näherem Hinsehen bestätigt sich dies jedoch nicht. Zwar gerät der Erzähler, wie allgemein bekannt, bei dem deutschen Bearbeiter weitaus dominanter,[63] aber dies macht ihn noch nicht zu einem ernsthaften,

mann: *Figurenrede als literarhistorische Provokation im ,Prosalancelot'*, in: *Ironie, Polemik und Provokation*, hg. von Cora Dietl [u. a.] Berlin/Boston 2014 (*SIA* 10), S. 163–181.

60 Vgl. Hübner (Anm. 10), S. 175ff. Die Bemerkung in den Versen 3029f. (*Her Gâwein sîn geselle / der wart sîn ungevelle*) lässt zwar an Kritik denken, ist aber keine direkte Schuldzuweisung des Erzählers an Gawein. Vielmehr lässt der Erzähler in der sich anschließenden Erläuterung der Tatsache, dass in diesem Fall ein guter Freund zu Schaden geführt habe (vgl. V. 3032ff.), offen, wem das ,Vergessen und Versitzen' der Frist zuzurechnen ist.

61 Das Stichwort *gemache* ist bekanntlich in der gesamten *verligen*-Episode von zentraler Bedeutung und zieht sich durch den ganzen *Erec*, vgl. die Verse 2933, 4978, 10113.

62 Vgl. Haug (Anm. 40), S. 319. Haug ergänzend ließe sich konstatieren, dass Gaweins „falsche ,Erec'-Interpretation", ebd., nicht nur darin besteht, den Roman auf ein übermäßiges Lieben zu reduzieren. Weiterhin versteht Gawein, dies scheint mir in der oben genannten *Iwein*-Stelle impliziert zu sein, Erecs *verligen* wörtlich als ,herumliegen'. Wenn es jedoch auf die Vernachlässigung der Herrschafts- und Ritterpflichten bezogen wird, tritt die buchstäbliche Bedeutung in den Hintergrund: Iwein *verligt* sich zwar nicht im wörtlichen Sinne, aber doch auch in Bezug auf seine Aufgaben als Herrscher. Damit würde die binnenfiktionale Deutung der Figur Gawein auch daran scheitern, die mit dem *verligen* verbundenen weiteren Implikationen zu überschauen. Pointiert formuliert: *Verligen* kann sich auch, wer auf Turniere geht.

63 Pérennecs Erklärung dieser Erzählerdominanz, vgl. *dâ heime* (Anm. 2), erfasst zwar die Differenzen zwischen den Erzählerfigurationen bei Chrétien und Hartmann, wirft aber auch Fragen auf. Er konstatiert, ebd., S. 113, dass Hartmann „schon deshalb zum

moralisierenden Erzähler.[64] Vielmehr zeigen die eingangs angeführten Beispiele aus dem *Erec*, dass Hartmann in der Vorlage begegnende lehrhaft-moralisierende Momente häufig tilgt und sie nicht dazu nutzt, die eigene Erzählung didaktisch einzukleiden. Und auch die Ausgestaltung von Gaweins Rat im *Iwein* belegt,[65] dass es Hartmann überdies nicht um eine rein moralische Schwarz-Weiß-Zeichnung geht. Formuliert wird hier eine defiziente *lêre*, und zwar von einer Figur, an deren prinzipieller Positivität der Erzähler keinen Zweifel lässt. Es wäre sicherlich verfehlt, dies als eine generelle Kritik an lehrhaftem Erzählen zu deuten. Was sich aber m. E. nicht abstreiten lässt, ist, dass Hartmann (nicht nur) hier – und dies in deutlicher Pointierung im Vergleich mit Chrétien – eine Ambiguität inszeniert, die offenbart, dass auch der deutsche Bearbeiter nicht um eine genuin moralische Bewertung, eine stringent lehrhafte Erzählung bemüht ist. Im Gegenteil: Die Erzählung „legt ihrem Modellrezipienten das ‚ja aber' schon immer in den Mund."[66] Gerade hier lässt sich vielleicht der „Hart-

‚publikumsunmittelbaren' Erzählen [neige], weil er durch seine Position in der Produktions-/Rezeptionskette das erste deutsche Publikum bildete [...] und weil er – wie jeder – sich selbst unmittelbar war." Zum einen bleibt bei dieser Erklärung fraglich, warum dann nicht auch beim Pfaffen Konrad oder bei Heinrich von Veldeke eine so prononcierte Erzählerfigur begegnet – schließlich waren auch sie das erste deutsche Publikum. Zum anderen ist die Aussage, ein „Nachdichter ist zuerst ein Leser oder ein Hörer", ebd., zu präzisieren; denn Hartmann literarisiert, überspitzt formuliert, ja nicht sein ‚Leseerlebnis'; hier wird die Stilisierung der Erzählinstanz m. E. zu sehr mit der Dichterperson in Einklang gesetzt. Sicherlich spielt das Moment der ‚deutenden Durchdringung' bei der Bearbeitung der Vorlage eine wesentliche Rolle, vgl. Schmitz (Anm. 2), aber die Profilierung des Erzählers lässt sich wohl kaum „als Reflex der eigenen Lese- oder Hörerfahrung des Autors als Rezipient des Romans Chrétiens" fassen, Pérennec, *da heime* (Anm. 2), S. 122, der gleichsam sein eigenes Verstehen der Vorlage über die Etablierung einer dominanten Erzählerstimme zum Ausdruck bringt.

64 Anders Frey (Anm. 6) und auch Bumke (Anm. 14), der konstatiert, dass im Vergleich mit Chrétien in Hartmanns *Erec* „ein stärkeres Hervortreten des Erzählers, oft reflektierend und kommentierend, mit lehrhafter Tendenz" zu verzeichnen sei, S. 156.

65 Zu denken wäre hier z. B. auch an den Prolog des *Gregorius*, in dem durch die (soweit dies mit Blick auf die überlieferten Handschriften zu ermitteln ist) Hinzufügung und v. a. enge Verquickung der beiden Gleichnisse (Zwei-Wege- und Samariter-Gleichnis, vgl. V. 76ff.) auf den ersten Blick eine deutlichere Neigung zu *lêre* und *moralisatio* gegeben scheint, sich dies jedoch bei genauem Hinsehen als problematisch erweist. Gerade die ‚Verkettung' der Gleichnisse (sowie ihr Bezug zur sich anschließenden *narratio*) potenziert die Deutungsmöglichkeiten (erinnert sei hier nur an die Relation zwischen dem Zwei-Wege-Gleichnis und Gregorius' Gespräch mit dem Abt), die sich weder auf eine eindeutig moralische noch lehrhafte Formel bringen lassen.

66 Hübner (Anm. 10), S. 177. Ein weiteres Beispiel für eine solche Bearbeitungstendenz wäre sicher auch das sogenannte Samariter-Gleichnis in Hartmanns *Gregorius* (vgl. V. 97ff.), das wohl als Hinzufügung Hartmanns gegenüber seiner altfranzösischen

mann, der beunruhigt“[67] oder vielmehr ein uns irritierender Erzähler fassen, dessen *lêre* bei näherem Hinsehen auch im Vergleich mit Chrétien weniger eindeutig ist, als es auf den ersten Blick scheint.

4 Wann wurden die Deutschen ‚lehrhaft‘ und ‚tiefsinnig‘?

In seinen *Anmerkungen über die französische Bühne* bzw. *zum französischen Lustspiel* hat Heinrich Heine (Ende 1837) wohl nicht ohne Süffisanz festgehalten, dass die französische Komödie anders geraten sei als in Deutschland, „dessen stille Gewässer im Zwangsbette des Herkommens ruhig dahinfließen und mehr Tiefe als Wellengang“[68] verrieten. Das Klischee vom ‚tiefsinnigen‘ Deutschen bzw. von der tiefsinnigen und ernsthaften deutschen Dichtkunst wird hier in der Gewässer-Metaphorik subtil ironisiert, indem das Bild vom (französischen) Wellengang gegen die (deutsche) Stille und Tiefe, was hier wohl getrost als ‚langweilig’ gedeutet werden kann, ausgespielt wird.

Diese stereotype ‚deutsche Tiefsinnigkeit‘, die zunächst – wie u. a. Ruth Florack bemerkt – den Engländern zugeschrieben[69] und dann nicht zuletzt von Madame de Staël auf die Deutschen als ‚Nation der Dichter und Denker‘[70] übertragen wurde, ist natürlich an ein ‚modernes’ Nationenverständnis bzw. eine ‚moderne‘ Konstruktion von Nation gekoppelt. [71] Die Vereinnahmung der Literatur und natürlich auch der Literaturgeschichtsschreibung für das Konstrukt

Quelle gelten muss und in dem ebenfalls (hier freilich aufgrund der Verschränkung von Metaphoriken und traditioneller [hermeneutischer] Auslegungsmuster) eine Ambiguisierung erzeugt wird.

67 Mertens, *Kommentar* (Anm. 32), S. 778.

68 Heinrich Heine: *Historisch-kritische Gesamtausgabe der Werke*, hg. von Manfred Windfuhr, hier Bd. 12,1, Hamburg 1980, S. 227–229, hier S. 243.

69 Florack, *Bekannte Fremde* (Anm. 12), S. 80 (mit Anm. 114), die hier auf Lessing verweist, der im 81. Stück seiner *Hamburgischen Dramaturgie* ebendiese Zuschreibung ‚tiefsinniger Engländer‘ vs. ‚witziger Franzose‘ kritisiert – dies freilich als Polemik gegen das französische Theater.

70 Bei Germaine de Staël (1766–1817) begegnet diese Übertragung in ihren Abhandlungen aus den Jahren 1800 und 1813: *De la littérature. Considérée dans ses rapports avec les institutions sociales*, hg. von Paul van Tieghem, Genève/Paris 1959 und *De l’Allemagne*, nouvelle édition publiée d’apres les manuscrits et les éditions originales avec des variantes, une introduction, des notices et des notes par la Comtesse Jean de Pange, Bd. 1–5, Paris 1958–1960 (die Schrift wurde 1813 in London wiederveröffentlicht, da sie im Jahre 1810 auf Geheiß Napoleons ‚eingestampft‘ wurde). Hier werden dann auch die stereotypen Eigenschaften ‚der‘ Deutschen, und zwar Moral, Innerlichkeit, Tiefe im Denken und Fühlen mit der ‚typischen‘ französischen Oberflächlichkeit und Heiterkeit kontrastiert.

71 König (Anm. 16), S. 373: „Keineswegs entsteht aus den Nationen der Nationalismus, sondern umgekehrt erfindet der Nationalismus die Nation.“

‚Nation', die „Verankerung der Nation in langen Traditionen und weit zurückreichenden Erzählungen [...] ist eine Kreation",[72] die es ermöglicht, alte Stereotype bzw. Klischees aufzugreifen und sie zu „Indikatoren einer sittlich-moralischen Differenz"[73] der jeweiligen Nationen und auch deren (Dicht-)Kunst auszugestalten.

Diese Anbindung gelingt vor allem deshalb, weil man das ‚Andere' bereits früh zu fassen versucht, sodass historisch jüngere Klischees bzw. Feindbilder (wie bei Deutschen und Franzosen) an alte bekannte Stereotype angelagert werden können. Erinnert sei hier etwa an den Kölner Kanoniker Alexander von Roes, der in seinem *Memoriale* (um 1281)[74] ‚gut mittelalterlich etymologisch' zwischen *Galli(c)i* und *Teutonici* unterscheidet und den *Galli(c)i* die Epitheta schön, liebenswürdig und frei, aber auch überheblich und ‚flatterhaft' zuschreibt. Ferner bietet auch Wolframs *Willehalm* Belege dafür, dass stereotype Vorstellungen von ‚den Anderen' nicht erst mit der Idee eines ‚modernen' Nationenverständnisses Einzug in die (literarische) Welt erhalten:

> Später dann macht Wolfram aus den in der Quelle zwar ängstlichen, aber kaum negativ gezeichneten französischen Kämpfern einen verweichlichten und dekadenten Haufen. Sie, die in der ‚Bataille' auch in dieser Situation noch als nostre genz (M 4784, Alis. 4786) gelten können, sind nun – in Willehalms Worten – harslihtaere (322,21), effeminierte Kerle (Kartschoke), modebewußte Jünglinge, die ihre Rückkehr nach Frankreich damit begründen, daß Ruhm auch in den heimischen Turnieren zu erringen sei (321,18f.)[75]

Der hier inkludierte Vorwurf der Feigheit und der Geckenhaftigkeit weist auf den „Topos des eitlen, auf Selbstdarstellung bedachten Franzosen"[76] voraus, der bekanntlich vor allem zu Beginn des 19. Jahrhunderts verstärkt von zahlreichen deutschen Verfassern polemisch eingesetzt wird.[77]

72 Ebd., S. 374.

73 Michael Jeißmann: *Das Vaterland der Feinde. Studien zum nationalen Feindbegriff und Selbstverständnis in Deutschland und Frankreich 1792–1918*, Stuttgart 1992, hier S. 222f.

74 Alexander von Roes: *Memoriale de prerogativa Romani imperii*, in: Alexander von Roes: *Schriften*, hg. von Herbert Grundmann und Hermann Heimpel, Stuttgart 1958, S. 91–148, hier S. 107f. Der Kanoniker zielt hier, wie der ‚Titel' nahelegt, auch auf den ‚deutschen' Anspruch auf das Imperium ab. Vgl. dazu Florack, *Bekannte Fremde* (Anm. 12), S. 68 (Anm. 51).

75 Christian Kiening: *Umgang mit dem Fremden. Die Erfahrung des ‚französischen' in Wolframs ‚Willehalm'*, in: *Wolfram-Studien* XI (1989), S. 65–85, hier S. 79

76 Florack, *Bekannte Fremde* (Anm. 12), S. 203.

77 Vgl. dazu Florack, *Bekannte Fremde* (Anm. 12), Jeißmann (Anm. 73) und König (Anm. 16). Angemerkt sei, dass es mir natürlich nicht darum geht, dem *Willehalm* eine grundsätzlich vergleichbare Intention wie etwa den agitatorischen Gedichten

Ein weiteres ‚vormodernes', gleichwohl jüngeres Beispiel bietet Scaligers Unterscheidung in seinen *Sieben Büchern über die Poetik/Dichtkunst* (1561)[78] in luxusliebende Asiaten, treulose Afrikaner und scharfsinnige Europäer, in der dann – anders als in früheren Poetiken/Rhetoriken, in denen vor allem Herkunft im Sinne von ‚Stand' eine Rolle spielt – weiterhin zwischen den einzelnen ‚Europäern' differenziert wird; und auch hier sind die *Galli* u. a. leichtfertig, die *Germani* stark, wahrheitsliebend, aber auch von einfachem Gemüt.

Vor diesem skizzierten Hintergrund erscheinen dann die Ausführungen z. B. Lessings in seinem einige hundert Jahre später entstandenen *17. Literaturbrief* im Hinblick auf die stereotypen ‚französisch-deutschen' Zuschreibungen nahezu ‚traditionell', wenn es heißt:

> [...] daß wir mehr in den Geschmack der Engländer, als der Franzosen einschlagen; daß wir in unseren Trauerspielen mehr sehen und denken wollen, als uns das furchtsame französische Trauerspiel zu sehen und zu denken giebt; daß das Große, das Schreckliche, das Melancholische besser auf uns wirkt als das Artige, das Zärtliche, das Verliebte [...].[79]

Natürlich werden die nationalen (Kunst-)Klischees hier ebenfalls instrumentalisiert; denn es „geht um Selbstbehauptung im literarischen Feld“,[80] aber auch Lessing greift in seinen Ausführungen auf bekannte Stereotype zurück und variiert sie, wenn er konstatiert, ‚die' Deutschen wollten mehr denken und seien eher für das Große, das Melancholische geschaffen. Wenn auch nicht explizit wird hier der Aspekt der Ernsthaftigkeit, der Tiefsinnigkeit bemüht, der dem ‚Zärtlichen und Verliebten', also der Tändelei und Leichtfertigkeit des französischen Theaters, entgegengesetzt wird.

Es sei noch ein letztes Beispiel angeführt, das überdies den Bogen zu Hartmann von Aue zurückschlägt: In der *Literaturgeschichte* Georg Gottfried

eines Ernst Moritz Arndts zu unterstellen. Vielmehr geht es darum zu zeigen, dass bestimmte Klischees gerade aufgrund ihrer traditionellen Verankerung dazu dienen, die Anbindung neuer bzw. abgewandelter national-stereotyper Attributionen zu erleichtern, indem sie Anknüpfungspunkte für sowohl positive als auch negative nationale Zuschreibungen bieten, die dann über den Akt der Anbindung gleichsam ebenfalls als Konsenswissen erscheinen.

[78] Julius Caesar Scaliger: *Poetices libri septem*, Faksimile-Neudruck der Ausg. Lyon 1561, Einleitung von August Buck, Stuttgart 1964, hier S. 102. Vgl. dazu Florack, *Bekannte Fremde* (Anm. 12), S. 61.

[79] Gotthold Ephraim Lessing: *Briefe, die neueste Litteratur betreffend (1759–1765)*, in: Gotthold Ephraim Lessing: *Werke und Briefe in zwölf Bänden*, hg. von Wilfried Barner [u. a]., hier Bd. 4: *Werke 1758–1759*, hg. von Gunter E. Grimm, Frankfurt a. M. 1997, S. 453–777, hier S. 500.

[80] Florack, *Bekannte Fremde* (Anm. 12), S. 52.

Gervinus' heißt es in dem Kapitel über die *Blüte der ritterlichen Lyrik und Epopöe* (Bd. 1, 1846):

> Wer sollte sich nicht an der Tiefe erfreuen, mit der im armen Heinrich ‚die üppige Krone weltlicher Freuden' ohne Bitterkeit herabgesetzt wird gegen die Krone des Himmels? Wer nicht an der Züchtigkeit, die ihn im Erek lockere Stellen des Originals, die vergleichmäßig noch unschuldig zu nennen sind, übergehen läßt?[81]

Gervinus argumentiert hier zwar nicht in direkt polemischer Abgrenzung zur französischen Literatur, wenn er Hartmann zunächst die ‚typisch deutsche Tiefe' und dann eine Züchtigkeit bescheinigt, die ihn ‚lockere Stellen' bei Chrétien übergehen lasse, [82] aber Literaturgeschichtsschreibung ist, wie Friedrich Wolfzettel einmal konstatiert hat, „selten einseitig national, zumal ihr auch in historischer Perspektive das Kriterium des Vergleichs, der *imitatio* und *aemulatio* inhärent ist."[83] In diesem Sinne wird auch hier, wenngleich ohne die typische Differenzierung (bzw. das typische nationale Klischee) agitatorisch vergleichend aufzurufen, eine Distinktion formuliert, wobei sowohl die Attribution ‚der Tiefe' als auch die der ‚Züchtigkeit' nach Gervinus gerade als Ausweis der besonderen Qualität der Hartmann'schen Erzählkunst zu gelten habe. Diese besondere Qualität entspringt bei Gervinus dann konsequenterweise auch dem ‚Wesen' des deutschen Bearbeiters, der „im Erek und Iwein seinen französischen Quellen mit gewandter Treue [folgt], und blos solche leise und unmerkliche Wendungen ein[flicht], die ihm sein ungemein zartes und feines deutsches Gefühl eingab."[84] Die polemisch-distinktive Tendenz des Urteils ist hier zwar bloß subtil, gibt sich aber insofern zu erkennen, als die Zuschreibung des ‚zarten und feinen Gefühls' eben als Alleinstellungsmerkmal des mittelhochdeutschen Dichters exponiert wird und damit impliziert, dass diese Qualität dem Verfasser der altfranzösischen Vorlage abgeht.

Dieser kursorische Überblick erhebt natürlich keinerlei Anspruch auf Vollständigkeit; vielmehr sollte er dazu dienen, die Historizität und Resistenz bestimmter (nationaler) Stereotype aufzuzeigen, mittels derer auch vermeintlich literarisch-nationale Spezifika zu erfassen versucht wurden und wohl auch – mal mehr, mal

[81] Georg Gottfried Gervinus: *Geschichte der deutschen National-Literatur der Deutschen*, 5 Bde., hier Bd. 1: *Von den ersten Spuren der deutschen Dichtung bis zum Ende des dreizehnten Jahrhunderts*, Leipzig 1846, hier S. 391.

[82] Im Falle des *Armen Heinrich* ist ja ohnehin keine frz. Vorlage auszumachen.

[83] Friedrich Wolfzettel: *1846: humanistische Tradition, liberaler Aufbruch und die Geburt nationaler Literaturgeschichtsschreibung aus der Entdeckung des ‚französischen Geistes'*, in: *Zur Geschichte und Problematik der Nationalphilologien in Europa. 150 Jahre Erste Germanistenversammlung in Frankfurt am Main (1846-1996)*, hg. von Frank Fürbeth [u. a.], Tübingen 1999, S. 259–268, hier S. 266.

[84] Gervinus (Anm. 81), S. 384.

weniger implizit – bei der Betrachtung mittelalterlicher französisch-deutscher Literaturbeziehungen noch werden. Denn abgesehen von den nationalen Feindbildern, wie sie nicht zuletzt im ausgehenden 18. Jahrhundert und zu Beginn des 19. Jahrhunderts von deutschen und französischen Verfassern kreiert wurden, hat das Klischee vom ‚tiefsinnigen' Deutschen und vom ‚frivolen' Franzosen seinen Niederschlag auch in ‚modernen' kunsttheoretischen Schriften, literaturgeschichtlichen Überblicken und Forschungsbeiträgen gefunden.

Dass die deutschsprachige Literatur des Mittelalters aufgrund der sie bestimmenden Adaptationspraxis für solche stereotype Klassifizierungen und Attributionen besonders prädestiniert scheint, liegt angesichts des vergleichenden Blicks auf die altfranzösischen Vorlagen ‚auf der Hand'. Es gibt aber zu denken, dass die auch in der jüngeren Forschung begegnenden Beschreibungen der mittelhochdeutschen Bearbeitungen als ‚lehrhafte, moralisierende und didaktische' Entsprechungen der altfranzösischen Quellen sehr häufig an diese traditionellen Zuschreibungen erinnern, so dass sich des Eindrucks nicht erwehrt werden kann, hier würden ebendiese Klischees mal mehr, mal weniger explizit fortgeschrieben.

Freilich kann die jeweilige Funktionalisierung des Klischees sich ändern: Während z. B. bei Lessing und Gervinus die ‚Tiefsinnigkeit' oder auch ‚Sittlichkeit' ‚der' deutschen Dichtkunst zum Ausweis ihrer besonderen Qualität gerät, wird der mit dieser Attribution eng verbundene Aspekt des ernst- bzw. lehrhaften und moralisierenden Erzählens in den jüngeren Forschungsbeiträgen und literaturgeschichtlichen Darstellungen zur mittelhochdeutschen Epik[85] eher als Ausdruck einer (literarästhetischen) Defizienz gefasst: Der vermeintliche „Verlust an poetischer Substanz" [86] in diesem Fall bei Hartmann wird zurückgeführt auf die lehr- und ernsthafte Bearbeitungstendenz des Bearbeiters – eine Einschätzung, die wiederum an die alten (nationalen) Klischees und Stereotype anknüpft.

Natürlich hat sich seit Lessing und Gervinus vieles geändert, aber – und dies findet sich bekanntlich in jedweder Definition des Begriffs[87] – Klischees sind starr sowie langlebig, und dies mag erklären, dass diese Resistenz sich auch in heutigen Forschungsbeiträgen noch spiegelt.

Vielleicht ist auch dies eine gewisse *lêre*...

[85] Bei der Lyrik ist aufgrund der differierenden Dichtungspraxis natürlich eine andere Ausgangslage gegeben. Allerdings ließe sich auch hier nicht zuletzt im Hinblick auf die sogenannte Phase des staufischen Minnesangs hinterfragen, warum die Suche nach vermeintlichen provenzalischen/altfranzösischen Vorlagen z. B. im Bereich der Strophenform und/oder Motivik (sofern sie nicht auszumachen sind) in der Forschung häufig dringlicher scheint als die konkrete Auseinandersetzung mit dem mittelhochdeutschen Lied.

[86] Bumke (Anm. 14), S. 161.

[87] Vgl. Anm. 15 des Beitrags.

Inszeniertes Scheitern: Geoffrey Chaucers *Tale of Sir Thopas*

URSULA SCHAEFER (Dresden/Freiburg)

1 Einleitung

Literarische Parodie hat das Potential zur ironisch gewendeten Form des poetischen Widerstreits: Indem Parodien ihre Vorbilder überzeichnen, sind sie in der Lage, einen Überschuss zu produzieren, den wir – mehr oder weniger diffus – als kritischen Metadiskurs verstehen. Die *Tale of Sir Thopas* aus Geoffrey Chaucers *Canterbury Tales* scheint eine solche Parodie zu sein, und der Frage, was damit kritisiert werden soll, geht die Forschung schon seit langem nach. Diese Geschichte interessiert literarhistorisch aus zwei Gründen ganz besonders. Zum einen ist *Sir Thopas* eine der beiden Geschichten in dieser Sammlung, die der Dichter Chaucer seinem Erzähler des Rahmens, dem fiktiven ‚Pilger Chaucer' zuweist. Zum anderen gehört *Sir Thopas* zur großen Familie der spätmittelenglischen Romanzen, die bis ins 15. Jahrhundert hinein ausgesprochen beliebt waren.

Die Romanzen in englischer Sprache sind – verglichen mit dem Kontinent – volkssprachliche Nachzügler. Im Hochmittelalter wurden auf der Insel Heldengeschichten, wenn überhaupt, aufgrund der kulturellen Folgen der Normannischen Invasion in anglo-französischer Sprache verfasst, und einige dieser Geschichten wurden dann auch frei ins Englische übersetzt.[1] Zögerlich im 13. Jahrhundert beginnend, nimmt diese englischsprachige Erzählform im 14. Jahrhundert Fahrt auf. Derek Pearsall gibt insgesamt für das 13. und 14. Jahrhundert die Zahl von 50 Romanzen an, knapp die Hälfte davon, wie *Sir Thopas*, Schweifreim-Romanzen.[2] Die Romanze, so Christine Chism 2009, war „the dominant non-devotional genre of Middle English literature, and its themes permeate

[1] Sh. dazu mit eingehenden Einzelanalysen Ulrike Schenk: *Die mittelenglische Romanze zwischen Imitation und Innovation. Zur Dynamik einer Diskurstradition*, Frankfurt a. M. 2013 (*Münchener Universitätsschriften* 38).

[2] Derek Pearsall: *The Development of Middle English Romance*, in: *Studies in Medieval English Romances. Some New Approaches*, hg. von Derek Brewer, Cambridge 1988, S. 11–35 [zuerst 1966], hier S. 16; aus dieser Zählung schließt er die sogenannten alliterierenden Romanzen wie *Sir Gawain and the Green Knight* (spätes 14. Jh.) aus, da sie deutlich aus dem stereotypen Raster herausfallen (S. 13).

medieval literary culture at large". Chism fährt fort, dass gerade dies das Genre selbst schwer fassbar macht:[3]

> because the genre was so ubiquitous and various, it is difficult to define. Romance is the carnival magician of genres, conjuring variety from the same bag of tricks: stock characters, repeated plots, motifs, memes, and overriding themes, right down to the level of verbal formulas and conventional phrases.

Chaucer kannte offensichtlich das Inventar dieser Trickkiste sehr genau, griff tief hinein und generierte aus den verfügbaren Versatzstücken die *Tale of Sir Thopas*.

Mit Chaucer wenden wir uns einem ebenso berühmten wie ungewöhnlichen Dichter des spätmittelalterlichen Englands und mit den *Canterbury Tales* seinem letzten, bekanntesten Werk zu. Da der Band, zu dem ich hier einen Beitrag leisten darf, interdisziplinär angelegt ist, wird es nötig sein, zu Beginn näher auf den Dichter und dieses Werk einzugehen. Dies soll den Grund dafür legen, im nächsten Schritt die Geschichte von *Sir Thopas* in ihrem narrativen Kontext zu betrachten und damit herauszuarbeiten, wie diese Parodie aufgebaut wird. Weshalb es sich bei dieser Geschichte überhaupt um eine Parodie handeln soll und wie diese einzuschätzen ist, wird in der Chaucerforschung lange und kontrovers diskutiert. Da es dabei angezeigt ist, den literarhistorischen Hintergrund zu erkunden, auf dem sich die Parodie profiliert, greife ich noch einmal auf die rezeptionsästhetische Kategorie des Erwartungshorizonts zurück, die in den letzten Jahren ein wenig in Vergessenheit geraten ist. Sie eignet sich jedoch in besonderer Weise dazu, die Diskussionen, die seit vielen Jahren die Geschichte von *Sir Thopas* in den Blick nehmen, zu sichten und nach gemeinsamen Nennern zu ordnen.

2 Chaucer und die *Canterbury Tales*

In der Forschung zu *Sir Thopas* wurde wiederholt die grundsätzliche Frage gestellt, ob diese Geschichte überhaupt als Parodie zu erkennen wäre, wenn man nicht wüsste, dass sie von Chaucer stammt.[4] Die Frage ist rhetorisch, und Glenn Wright gibt zurecht zu bedenken: „*Thopas*-as-parody and the idea of an historically transcendent Chaucerian genius are mutually reinforcing".[5] In letzter Konsequenz ernst genommen, würden Warnungen wie diese alle hermeneutischen

[3] Christine Chism: *Romance*, in: *The Cambridge Companion to Middle English Literature*, hg. von Larry Scanlon, Cambridge 2009, S. 57–69, hier: S. 57.

[4] So z. B. Derek Pearsall: *The Canterbury Tales*, London 1985, S. 165.

[5] Glenn Wright: *Modern Inconveniences. Rethinking Parody in* The Tale of Sir Thopas, in: *Genre* 30 (1997), S. 167–194, hier: S. 189.

Bemühungen historischer Natur zunichtemachen, gelänge es uns nicht, diesen drohenden Zirkel zu durchbrechen. Deshalb sollen im Folgenden der Dichter und sein Werk zuerst einmal historisch positioniert werden.

2.1 Der Autor Chaucer

Geoffrey Chaucer wurde um 1340 in London als Sohn eines wohlhabenden Londoner Weinhändlers geboren und starb dort im Jahr 1400. Über sein Leben wissen wir relativ viel, weil er schon als Jüngling bei Hof verkehrte, als Erwachsener diplomatische Missionen nicht zuletzt nach Italien wahrnahm und königliche Verwaltungsämter versah. Dass auch der Dichter Chaucer zu seinen Lebzeiten Berühmtheit erreicht hat, belegt unter anderem sein Londoner Zeitgenosse und Dichterkollege John Gower. In Gowers *Confessio Amantis* (1387–1390) lässt Venus ihren ‚Schüler und Dichter' Chaucer grüßen, der in seiner Jugend das Land mit *ditees* („Gedichten") und *songes glade* („fröhlichen Gesängen") gefüllt habe.[6] John Lydgate preist im Jahr 1400 den gerade verstorbenen Chaucer, der sich einen Namen gemacht habe durch Dichtung, die *Fayrest in our tongue* („das Schönste in unserer Sprache") sei.[7] Wenig später und noch hymnischer verehrt ihn Thomas Hoccleve in seinem *Regiment of Princes* 1411 als *firste fyndere of our fair langage* (Z. 4978; „erster Schöpfer unserer schönen Sprache") und nennt ihn *my worthy maistir Chaucer* (Z. 4983; „mein werter Meister Chaucer").[8] Und mehr noch: Neben dieser Eloge ist im MS Harley 446 (British Library) des *Regiment* auf fol. 88 eine Miniatur eingefügt, die eindeutig Chaucer darstellen soll.[9]

Damit sind wir – literarhistorisch – auch in England endgültig in der Zeit der namhaft gemachten und selbstbewussten volkssprachlichen Autoren angekommen. Vor allem im Blick auf Chaucers umfangreichste, wenn auch unvollendete Schöpfung, die *Canterbury Tales*, wird diese Bewusstheit aber auch materiell deutlich. Vermutlich unmittelbar nach Chaucers Tod sind nämlich die beiden frühesten Manuskripte der *Canterbury Tales* entstanden: zum einen der sogenannte *Hengwrt Chaucer* (Aberystwyth, National Library of Wales, Peniarth MS

[6] Die einschlägige Stelle aus der *Confessio Amantis* ist am einfachsten zugänglich über *The Geoffrey Chaucer Homepage*: http://sites.fas.harvard.edu/~chaucer/special/varia/life_of_Ch/ch-reput.html (Stand: 26.05.19).

[7] Z. 236–238 aus John Lydgate: *The Floure of Curtesye*, in: *The Chaucerian Apocrypha: A Selection* , hg. von Kathleen Forni, Kalamazoo, MI 2005 (TEAMS), ohne Seiten; online: http://d.lib.rochester.edu/teams/text/forni-chaucerian-apocrypha-floure-of-curtesye (Stand: 26.05.19).

[8] Thomas Hoccleve: *The Regiment of Princes*, hg. von Charles R. Blyth, Kalamazoo, MI 1999 (TEAMS), ohne Seiten; online: http://d.lib.rochester.edu/teams/text/blyth-hoccleve-regiment-of-princes#4992 (Stand: 26.05.19).

[9] Vgl. http://www.bl.uk/catalogues/illuminatedmanuscripts/ILLUMIN.ASP?Size=mid&IllID=41600 (Stand: 26.05.19).

392 D), zum anderen das *Ellesmere Manuscript* (Huntington Library, MS EL 26 C9).[10] Diese beiden aufwendig gestalteten Manuskripte sind eindeutig ein und demselben Schreiber zuzuordnen, und in der Forschung wird sogar vermutet, dass dieser Schreiber zumindest den *Hengwrt Chaucer* bereits zu Lebzeiten des Dichters vorbereitete.[11] Linne R. Mooney kann 2006 überzeugend belegen:

> In the last decades of the fourteenth century Geoffrey Chaucer had established one model for control over the publication of his works through employing over a long period of time a single well-trained and trusted scrivener, Adam Pinkhurst, to write out the first fair copies of his work.[12]

Das legt nahe, dass er nach Chaucers Tod die hinterlassenen Fragmente der *Canterbury Tales* geordnet hat und so über den *Allgemeinen Prolog* denn auch im *Hengwrt*-Manuskript schreiben konnte: *Here bygynneth the book of the tales of Caunterbury* („Hier beginnt das Buch der Geschichten von Canterbury").

2.2 Der ‚Pilger Chaucer'

Der Name der Sammlung bezieht sich darauf, dass sich in der umrahmenden Erzählung eine sozial recht bunt gemischte Gruppe auf einer Pilgerreise von London zum Grab des Märtyrers Thomas Beckett in Canterbury aufmacht und sich auf der Reise Geschichten erzählt. Zu dieser Gruppe gehört auch der Ich-Erzähler des Rahmens, der von mir, wie in der Forschung üblich, hier der ‚Pilger Chaucer' genannt wird.

Im *Allgemeinen Prolog* trifft er im April – der Hauptsaison für Pilgerreisen, wie er eingangs bemerkt – in der Tabard Inn im Londoner Stadtteil Southwark auf diese Pilgergruppe (I.21–35). Doch steigt der Erzähler gleich wieder aus der linearen Erzählung aus und stellt seinen Lesern, also dem ‚äußeren Publikum', zuerst einmal die einzelnen Pilger vor. Am Ende dieser Vorstellung versichert er, dies nach bestem Wissen getan zu haben, und führt seine Leser wieder zurück in die Tabard Inn. Erzählen wolle er von dem Abend des zufälligen Zusammentreffens der Pilger und schließlich von der gemeinsamen Pilgerreise. Bevor sich der ‚Pilger Chaucer' dann erzähltechnisch wieder in die Gruppe einreiht und aus der

[10] Beide Manuskripte digital unter: *Hengwrt Chaucer* https://www.llgc.org.uk/?id=257; *Ellesmere* http://hdl.huntington.org/cdm/ref/collection/p15150coll7/id/2838 (Stand: 26.05.19).

[11] Vgl. Linne R. Mooney: *Chaucer's Scribe*, in: *Speculum* 81 (2006), S. 97–138; hier: S. 97.

[12] Mooney (Anm. 11), S. 122.

Perspektive eines an der (Rahmen-)Handlung Teilnehmenden fortfährt, wendet er sich noch einmal an die Leser:[13]

> But first I pray yow, of youre curteisye,
> That ye n' arette it nat my vileynye,
> Thogh that I pleynly speke in this mateere,
> To telle yow hir wordes and hir cheere,
> Ne thogh I speke hir wordes proprely. (I.725–729)

> Doch zunächst bitte ich Euch, Ihr möget es höflichst nicht meiner Grobschlächtigkeit zurechnen, dass ich bei diesem Unterfangen offen spreche, wenn ich Euch ihre Worte und ihr Benehmen erzähle, denn sonst würde ich ihre Worte nicht angemessen wiedergeben.

Auch wenn wir es hier mit einem Topos zu tun haben, hat der Appell durchaus seine interne Berechtigung, denn tatsächlich wird der Erzähler manch Deftiges zu berichten haben. Doch sagt er an dieser Stelle noch nicht, wo diese *vileynye* ihren Ursprung haben könnte. Mit anderen Worten: Noch weiß der Leser nicht, dass es im Folgenden insbesondere darum gehen wird, Geschichten wiederzugeben, die die Pilger auf dieser Reise erzählen. Das deutet sich, im selben Duktus, dann aber sogleich hiermit an:

> Whoso shal telle a tale after a man,
> He moot reherce as ny as evere he kan
> Everich a word, if it be in his charge,
> Al speke he never so rudeliche and large,
> Or ellis he moot telle his tale untrewe [.] (I.731–735)

> Wer eines anderen Geschichte erzählt, muss so getreu wie irgend möglich jedes Wort wiedergeben, wenn das seine Aufgabe ist, auch wenn er selbst noch so derb oder weitschweifig spricht, denn sonst erzählte er eine unwahre Geschichte.

Die Tatsache, dass Geschichten erzählt werden, muss allerdings in der Rahmenhandlung noch plausibilisiert werden. Das bewerkstelligt Chaucer, indem er Harry Bailly, dem Wirt der Tabard Inn, eine entscheidende Rolle zuschreibt. Der Wirt macht nämlich, nachdem die Erzählung wieder zu jenem Aprilabend in Southwark zurückgekehrt ist, den Vorschlag, zum Zeitvertreib solle jeder Pilger zwei Geschichten auf dem Weg nach Canterbury und zwei auf dem Rückweg erzählen.

[13] Ich zitiere hier und im Folgenden aus der Ausgabe *The Works of Geoffrey Chaucer*, die 1957 von F. N. Robinson besorgt wurde (Boston, 1957). Robinsons Ausgabe liefert auch die textliche Grundlage des *Riverside Chaucer*, hg. von Larry D. Benson, Oxford 1987 (inzwischen in der 3. Aufl. 2008).

Wer die beste Geschichte erzählt, bekomme bei der Rückkehr von der ganzen Gruppe ein Mahl spendiert (I.791–794, I.796–799). Zuvor beschreibt der Erzähler auch den Wirt: erst einmal nach seinem Äußeren, dann aber auch mithilfe seines Auftretens gegenüber den Pilgern. Der ‚Pilger Chaucer' positioniert sich nun endgültig in der Rolle des beobachtenden Berichterstatters, der „merely as an accurate reporter of historical events" agiert, wie Derek Pearsall bemerkt.[14] Damit ist der ‚Pilger Chaucer' wohl der erste Ich-Erzähler in der englischen Literatur, der, um mit Karl Stanzel zu sprechen, „[...] als Figur der dargestellten Welt [...] erzählt, was er erlebt und beobachtet oder von anderen Figuren [...] in Erfahrung gebracht hat".[15]

In der Forschung ist schon seit langem vermerkt, dass der Dichter Chaucer mit der Teilnahme des ‚Pilgers Chaucer' an der Rahmenerzählung eine Fiktionalisierungsleistung erbracht hat.[16] Es mag jedoch an ihrer allgemeinen Zurückhaltung gegenüber phänomenologischen Zugängen liegen, dass in den Diskussionen nordamerikanischer und britischer Literaturwissenschaftler diese Leistung ansonsten kaum hervorgehoben wurde. So ist sie z. B. bei Helen Cooper in ihrer Diskussion des Rahmens der *Canterbury Tales* in Vergleich zu Boccaccios *Decamerone*, das Chaucer offensichtlich als Vorbild diente, im Jahr 2001 gerade einmal eine Parenthese wert: [17]

> In both works, the author remains as a first-person presence alongside the storytellers, and although this is done in very different ways (Boccaccio retains his separate identity outside the frame, Chaucer puts himself within it as part of his own fiction) they both justify their work in strikingly similar terms.

Schon 1971 erkennt John A. Burrow den fiktionalisierten Ich-Erzähler, der, so bekräftigt Burrow, „does represent the author".[18] Diese Erfindung erfülle eine ironische Funktion, innerhalb derer der Dichter die Freiheit habe, sich einfacher auszudrücken, als es die überkommene Rhetorik gebietet.[19] Die funktionale Reduktion des fiktionalen Ich-Erzählers auf eine Ironisierung des Stils scheint recht kurz gegriffen, wie im Folgenden verdeutlicht werden soll.

[14] Pearsall (Anm. 2), S. 30.

[15] Franz K. Stanzel: *Typische Formen des Romans*, Göttingen, 6. Aufl. 1972, S. 25.

[16] Vgl. dazu die Literatur in Ursula Schaefer: *Die Funktion des Erzählers zwischen Mündlichkeit und Schriftlichkeit*, in: *Erzähltechnik und Erzählstrategien in der deutschen Literatur des Mittelalters: Saarbrücker Kolloquium 2002*, hg. von Wolfram Haubrichs, Eckart Conrad Lutz und Klaus Ridder, Berlin 2004 (*Wolfram-Studien* 18), S. 83–97.

[17] Helen Cooper: *The Frame*, in: *Sources and Analogues of The Canterbury Tales*, hg. von Robert Correale und Mary Hamel, Bd. 1, Cambridge 2002, S. 1–22, hier: S. 10.

[18] John A. Burrow: *Ricardian Poetry. Chaucer, Gower, Langland and the* Gawain *Poet*, London 1971, S. 38.

[19] Burrow (Anm. 18), S. 39–40.

2.3 Die Struktur der *Canterbury Tales*

Wäre der Plan des Wirts der Tabard Inn literarische Wirklichkeit geworden, ergäbe dies um die 120 Erzählungen. Auf uns gekommen sind aber nur 24, und der ‚Pilger Chaucer' ist die einzige Figur, der zwei Geschichten zugeschrieben werden. Insgesamt umfasst die Sammlung ein sehr weites Spektrum von Genres, die zu Chaucers Zeit zum literarischen Repertoire gehörten: von der frommen Heiligenlegende zum derben Fabliaux, von der Fabel zum Moraltraktat usw.

Schon im *Allgemeinen Prolog* lobt der Wirt Harry Bailly nicht nur den Preis für die beste Geschichte aus, er sichert sich auch das Sagen bei der Abfolge der Erzählungen. Wer da nicht mitmacht, hat mit einer spürbaren Strafe zu rechnen, denn dieser Pilger muss am Ende die Zeche begleichen, die für alle während der Reise zusammenkommen wird (I.805f.). Wie Harry Bailly die Abfolge steuert – und auch manchmal dabei scheitert –, wird am Ende des *Allgemeinen Prologs* und in den sogenannten ‚Verbindungen' wiedergegeben.

Überliefert sind zehn durch solche Verbindungen zusammengehaltene Gruppen von Geschichten. Dabei ist nur die erste Gruppe des *Allgemeinen Prologs* und der Geschichten des Ritters, des Müllers, des Vogts und des Kochs innerhalb der Sammlung problemlos zu positionieren. Da das Gesamtprojekt bei Chaucers Tod nicht zu Ende gebracht war, herrscht unter den modernen Herausgebern teilweise Uneinigkeit über das weitere Arrangement. Die gängige Riverside-Ausgabe des Gesamtwerks übernimmt die Abfolge, die das *Ellesmere Manuscript* überliefert, was weitgehend akzeptiert ist.[20]

‚Gerahmte' Geschichtensammlungen konstituierten, so Helen Cooper, im Hoch- und Spätmittelalter ein eigenes Genre. Die bekannteste Sammlung ist natürlich Boccaccios *Decamerone* (vollendet wohl 1353), die mit recht großer Sicherheit auch das strukturelle Modell für Chaucers Sammlung war. Neben der Tatsache, dass fünf der Geschichten in den *Canterbury Tales* narratives Material verarbeiten, das wir auch bei Boccaccio finden, umreißt Helen Cooper die Parallelen folgendermaßen:[21]

> The *Decameron* is the only story-collection prior to the *Tales* where the stories are told by a series of narrators who agree to tell tales to each other as a passtime, and where the stories [...] are the *raison d'etre* [sic] of the work.

Auf den großen Unterschied, dass in den *Canterbury Tales* der ‚übergreifende' Erzähler selbst an der Rahmenhandlung teilnimmt, wurde hier bereits hingewiesen. Damit kommt auch der Geschichte, die der ‚äußere' Ich-Erzähler des *Decamerone* beiträgt, ein anderer Status zu, als dem Vortrag des ‚Pilgers Chaucer', der in Fragment VII überliefert ist.

20 Pearsall (Anm. 4), S. 14–23; zur Riverside-Ausgabe s. o. Anm. 13.

21 Cooper (Anm. 17), S. 9.

Dieses Fragment VII umfasst im *Ellesmere*-Manuskript sechs Geschichten. Der nicht eingeleiteten *Shipman's Tale* folgen Prolog und Geschichte der Priorin, daran schließt die Sequenz mit den beiden Geschichten des ‚Pilgers Chaucer' an. Der Mönch trägt nach dem Übergang von der zweiten Geschichte des Pilgers Chaucer seine Version der *Casus de Viribus Illustribus* vor, und nach einem weiteren Übergang kommt die Fabel vom Hahn Chaunteclere und der Henne Pertelotte durch den Nonnen-Priester zum Vortrag. Mittendrin die Darbietungen des Pilgers Chaucer: zuerst die Romanze *The Tale of Sir Thopas* und dann das sich sehr lang hinziehende Prosa-Moraltraktat *The Tale of Melibee*.

Bevor wir uns der *Tale of Sir Thopas* in ihrer Rahmenumgebung zuwenden, sei ein Aspekt angesprochen, der den Sammlungen von Boccaccio und Chaucer gemein ist. Beide belegen einen interessanten Schritt in der sich weiterentwickelnden Schriftlichkeit. In sogenannten Sammelhandschriften wie z. B. dem *Auchinleck*-Manuskript (um 1330), von dem später noch zu sprechen ist, werden Texte durchaus gezielt aneinandergereiht und so auch ‚vereint'. Damit wird in der Regel weitergeschrieben, was sich zuvor vollzogen hat, nämlich die getrennte Existenz von Erzählung und dem, der diese Erzählung kennt und weitergibt, letztlich also die Trennung des Gewussten vom Wissendem, wie Ong es so einprägsam ausgedrückt hat.[22] Eine Sammlung, die mit einem Rahmen versehen ist, hebt diese Trennung zumindest teilweise wieder auf und heilt gleichzeitig das schon von Sokrates in Platons *Phaidros* beklagte Defizit des geschriebenen Wortes, das sich ‚in der Welt herumtreibt' und nicht weiß, „zu wem es sprechen soll".[23] Weniger philosophisch gesagt: Boccaccio und Chaucer folgen der Notwendigkeit versprachlichter Kontextualisierung, die generell für Schriftliches oder Verschriftlichtes gilt. Ich bin allerdings zögerlich, in diesem Rahmen eine Art Handreichung für die ‚eigentlichen', nämlich die lesenden Rezipienten zu sehen, wie Walter J. Ong das anderenorts, direkt bezogen auf diese beiden Rahmenerzählungen, vor 40 Jahren meinte.[24]

3 Der Vortrag des ‚Pilgers Chaucer'

In der Rahmenerzählung folgen die beiden Geschichten des ‚Pilgers Chaucer', eingebettet in eine Hinführung zur ersten und eine Überleitung zur zweiten, nacheinander. Nicht zuletzt aus dem Grund wird diskutiert, ob nicht nur die vom

[22] Walter J. Ong, SJ: *Writing Is a Technology that Restructures Thought*, in: *The Written Word. Literacy in Transition*, hg. von Gerd Baumann, Oxford 1986, S. 23–50, hier: S. 37–38.

[23] Platon: *Phaidros 274c–278c* (übers. von Edgard Salin), in: *Schrift und Gedächtnis. Archäologie der literarischen Kommunikation*, hg. von Aleida Assmann, Jan Assman und Christof Hardtmeier, München 1983, S. 7–9, hier S. 8.

[24] Walter J. Ong, SJ: *The Writer's Audience Is Always a Fiction*, in: *PMLA* 90.1 (1975), S. 9–21, hier: S. 16.

‚Pilger Chaucer' vorgetragene *Tale of Sir Thopas* parodistischer Natur sei, sondern auch seine nachfolgende *Tale of Melibee*. Bei der zweiten Geschichte handelt es sich um ein sehr langes, von Chaucer aus dem Französischen in englische Prosa übertragenes, allegorisches Moraltraktat. Gespickt mit Spruchweisheiten aus allen möglichen ehrwürdigen Quellen wird dort dem Drang nach Rache die Tugend der Vergebung gegenübergestellt. Chaucers Zeitgenossen, so Pearsall, konnten sich offensichtlich erfreuen an dem „remorseless good sense of this kind of schematised anthology of moral commonplace".[25] Rein praktisch scheint das *Melibee*-Traktat in Chaucers frühe Übersetzungstätigkeit zu gehören, das er dann in den *Canterbury Tales* unterbrachte.[26] Und so sympathisiert man mit Edward Fosters in jüngerer Zeit geäußerter Vermutung, diese Platzierung sei der Triumph einer Geschichte „never meant to be read – only known". Keine Parodie oder gar Satire, sondern „a joke on the pilgrims [...] tolerable to us, and the moral lesson [...] efficacious to the pilgrims who must suffer through it".[27] Wahrhaft ein Kompromissvorschlag, der uns der Aufgabe enthebt, hier eine vielleicht vom heutigen Geschmack beeinflusste Einordnung vornehmen zu müssen. Ich belasse es dabei, im Blick auf die *Tale of Melibee* den Pragmatiker Chaucer am Werk zu sehen.

3.1 Der Übergang zur *Tale of Sir Thopas*

Die Priorin hat ihre ebenso fromme wie düstere Geschichte beendet, in der es um einen Christenjungen geht, der von Juden zu Tode gebracht wird und an dem die Jungfrau Maria ein Wunder vollbringt. Die Geschichte wird in der Form des *rhyme royal* vorgetragen, die wir zuerst bei Chaucer finden und die er in den *Canterbury Tales* für ernste und erhabene Geschichten verwendet.[28] Sieben Pentameterzeilen reimen dabei im Schema *ababbcc* und bilden so eine Strophe. Diese Form behält Chaucer für den nun folgenden Bericht des Ich-Erzählers bei. Im *Hengwrt*-Manuskript wird dieser überschrieben mit *Bihoold the murie talking of the hoost to Chaucer* (fol. 213r; „Betrachtet die fröhliche Rede des Wirts an Chaucer"), in *Ellesmere* mit *Bihoold the murye wordes ...* (fol. 151r; „Betrachtet die fröhlichen Worte ..."). Zuerst spricht der Erzähler:

25 Pearsall (Anm. 4), S. 287.

26 So Pearsall (Anm. 4), S. 287–288; Lee Patterson: ‚*What Man Artow?': Authorial Self-Definition in* The Tale of Sir Thopas *and* The Tale of Melibee, in: *Studies in the Age of Chaucer* 11 (1989), S. 117–175, hier: S. 163; Edward E. Foster: *Has Anyone Here Read „Melibee"?*, in: *The Chaucer Review* 34.4 (2000), S. 398–409.

27 Foster (Anm. 26), S. 408.

28 Vgl. Martin Stevens: *The Royal Stanza in Early English Literature*, in: *PMLA* 94.1 (1979), S. 62–76.

Whan seyd was al this miracle, every man
As sobre was that wonder was to se,
Til that oure hooste japen tho bigan,
And thanne at erst he looked upon me,
And seyde thus: what man artow? quod he;
Thou lookest as thou woldest fynde an hare,
For evere upon the ground I se thee stare.

Approche neer, and looke up murily.
Now war yow, sires, and lat this man have place! (VII.691–699)

Als das Wunder verkündet war, war jeder so ernst, dass es wundersam zu sehen war, bis dass unser Wirt zu scherzen begann, und dann sah er zum ersten Mal mich an und sagte: Was für einer bist denn Du? – sprach er. Du schaust (so aus), als ob Du einen Hasen suchst, denn ich sehe Dich beständig auf den Boden starren.

Komm näher und schau' vergnügt auf. Seid nun aufmerksam, Ihr Herren, und macht diesem Mann Platz.

Da Chaucer das Register seiner unterschiedlichen Reimformen perfekt beherrscht, ist die Weiterführung des *rhyme royal* an dieser Szene bemerkenswert.

Bei dem Versuch, das ernste Schweigen der Pilgergruppe mit einem Scherz aufzubrechen, spricht der Wirt also ausgerechnet den ‚Pilger Chaucer' an. Diesem lässt er keine Zeit, um auf die Frage, wer er denn sei, zu antworten. Der Wirt fordert vielmehr die anderen Pilger auf, diesen Mann hervortreten zu lassen. Chaucer hätte es ja durchaus in der Hand gehabt, sein *alter ego* an dieser Stelle von seinen Befindlichkeiten berichten zu lassen. Doch wie gerade gesehen, wählt Chaucer den szenischen Weg, denn anschließend beschreibt ihn der Wirt, immer noch an die anderen Pilger gerichtet:

He in the waast is shape as wel as I;
This were a popet in an arm t' enbrace
For any womman, smal and fair of face.
He semeth elvyssh by his contenaunce,
For unto no wight dooth he daliaunce. (VII.700–704)

Um den Bauch ist er so wohl geformt wie ich. Jede Frau/jedes Mädchen könnte ihn wie eine Puppe im Arm halten, klein und mit nettem Gesicht. Er scheint wie aus einer anderen Welt, denn im Umgang ist er sehr zurückhaltend.

Dann drängt der Wirt den ‚Pilger Chaucer', als Erzähler das Wort zu ergreifen:

Sey now somwhat, syn oother folk han sayd;
Telle us a tale of myrthe, and that anon. (VII.800–801)

Sag' jetzt was, denn andere haben schon gesprochen. Erzähl' uns eine vergnügliche Geschichte, und das sofort.

Doch der ‚Pilger Chaucer' zögert:

Hooste, quod I, ne beth nat yvele apayd,
For oother tale certes kan I noon,
But of a rym I lerned longe agoon. (VII.707–709)

Wirt, sagte ich, seid nicht enttäuscht, denn ich kenne fürwahr keine andere Erzählung, als eine gereimte Geschichte, die ich vor langer Zeit (kennen)gelernt habe.

Und wieder wendet sich der Wirt an alle:

Ye, that is good, quod he; now shul we heere
Som deyntee thyng, me thynketh by his cheere. (VII. 710–711)

Ja, das ist gut, sagte er, nun werden wir, deucht mich bei seiner Erscheinung, etwas Gefälliges hören.

Dann hebt der ‚Pilger Chaucer'zur Erzählung an.

Frieren wir die Szene hier kurz ein. Der schüchterne Mensch, der den Blicken anderer ausweicht, der nach der physischen Beschreibung durch den Wirt auch sonst nicht sonderlich beeindruckt: Genau der soll nun eine „vergnügliche Geschichte" vortragen. Und als reichte das noch nicht, lässt Chaucer den Wirt weiter auftrumpfen. Statt diesen kontaktschwachen Mann persönlich zu ermuntern, spricht Harry Bailly wieder zu den anderen *über* ihn. Dabei ist, wie schon gesagt, Harry Baillys Rede – ebenso wie des ‚Pilgers Chaucer' kurze Replik – in einer ansonsten ernsten Themen vorbehaltenen Versform präsentiert: „Nowhere are expectations turned more dramatically on their heads than here: rhyme royal becomes the medium for natural conversation", registriert Stevens. Dies konturiere einen scharfen Kontrast, weil die folgende Form der „tail-rhyme stanza, a form for popular oral recitation", verkehrt wird in „a doggerel exercise in artificial language with no resemblance to the natural speech rhythms".[29]

Solchermaßen ist die Szene bereitet. Nun kann der vom Wirt Vorgeführte mit seiner eigenen Darbietung beginnen.

[29] Stevens (Anm. 28), S. 73.

3.2 Die endlose Geschichte

Zum Vortrag kommt eine Erzählung, deren Auftakt Ende des 14. Jahrhunderts mit Sicherheit zu einer genremarkierenden Floskel geronnen ist:

> Listeth, lordes, in good entent,
> And I wol telle verrayment
> Of myrthe and of solas;
> Al of a knyght was fair and gent
> In bataille and in tourneyment,
> His name was sire thopas. (VII.712–717)

> Hört her, Ihr wohlmeinenden Herren, und ich will Euch wahrhaftig etwas Freudiges und Unterhaltsames erzählen, alles von einem Ritter, der schön und edel war in der Schlacht und im Turnier. Sein Name war Sir Thopas.

Die Publikumsansprache in den ersten drei Zeilen ist unter die sogenannten ‚Minstrel'-Formeln zu subsumieren, mit denen der Vortrag eines Spielmanns vor einem – mehr oder weniger aufmerksamen – Publikum simuliert wird.[30] Ebenso topisch ist hier die Ankündigung einer Geschichte, die von den Taten eines namentlich genannten Helden handeln wird. Hier heißt der Protagonist ‚Sir Thopas', der in der flämischen Stadt Popering zu Hause ist. Über zweihundert Zeilen erfahren wir dann – gerafft – Folgendes.

Sir Thopas, ein guter Bogenschütze und Ringer, reitet aus, um eine – genauer: irgendeine – Elfenkönigin als Liebste zu erobern. In einem von wilden Tieren – bei genauerer Hinsicht sind dies Böcke und Hasen – bevölkerten Wald trifft Sir Thopas auf den dreiköpfigen Riesen Olifaunt, der eine Elfenkönigin bewacht. Olifaunt fordert Sir Thopas zum Kampf, doch dieser bittet um Aufschub, da er sich erst für den Kampf rüsten muss. Das wiederum macht den Riesen so wütend, dass er Steine nach Sir Thopas wirft. Sir Thopas kehrt nach Hause zurück, feiert mit seinem Gefolge ein Fest, bei dem exquisite Süßigkeiten wie beispielsweise Lebkuchen gereicht werden, und rüstet sich dabei zum Kampf.

Bevor der Erzähler in der Geschichte fortfährt, weist er darauf hin, sein Held überrage andere Romanzenhelden bei weitem. Er nennt, sozusagen als Beleg, sechs Geschichten, darunter vier mit derselben Versform wie *Sir Thopas*, von denen wiederum drei im *Auchinleck*-Manuskript überliefert sind. Sir Thopas, dem *the flour of roial chivalrye* (VII.901–902; „der höchste Platz königlichen Rittertums") zukommt, reitet zum Kampf mit dem Riesen und übernachtet auf dem Weg im Freien:

30 Einen überzeugenden Überblick hierzu bietet immer noch Dieter Mehl: *Die mittelenglischen Romanzen des 13. und 14. Jahrhunderts*, Heidelberg 1967, S. 17–18.

His brighte helm was his wonger,
And by hym baiteth his dextrer
Of herbes fyne and goode.
Hymself drank water of the well,
As dide the knyght sire percyvell
So worthy under wede (VII.912–917)

Sein leuchtender Helm war sein Kopfkissen, und bei ihm äste sein Pferd zarte und gute Kräuter. Er selbst trank Quellwasser, wie einst der Ritter Herr Parzival, der auf der Welt so würdige.

Bis zu diesem Punkt hat, abgesehen von dem Zusammentreffen mit dem Riesen, kaum etwas das Geschehen vorangetrieben, und vor allem ist immer noch keine Elfenkönigin in Sicht. Zu Gehör gebracht werden stattdessen, wie in diesem Fall, viele ausführliche Beschreibungen, die in der Romanze durchaus üblich sind, hier aber endgültig dysfunktional erscheinen. Dann jedoch, so möchte man als Zuhörer hoffen, kommt der Erzähler mit der Zeile *Til on a day* (VII.918; „bis eines Tages") endlich dazu, von einer Wendung der Handlung zu berichten.

Ob die Handlung nun wirklich weitergetrieben wird, erfahren weder die Pilger noch wir. Denn der Wirt unterbricht die Erzählung an ebendieser Stelle. Im *Hengwrt*-Manuskript wird in einer Art Regieanweisung vermerkt: *There the hoost stynteth Chaucer of his tale of Thopas and biddeth hym telle another tale* (fol. 215r; „Dort unterbricht der Wirt Chaucer in seiner Geschichte von Thopas und fordert ihn auf, eine andere Geschichte zu erzählen"). Im *Ellesmere*-Manuskript heißt es nur: *There the hoost stynteth Chaucer of his tale of Thopas* (fol. 153r). Der Wirt äußert sich sodann unmissverständlich:

Namoore of this, for goddes dignitee,
Quod oure hooste, for thou makest me
So wery of thy verray lewednesse
That, also wisly God my soule blesse,
Myne eres aken of thy drasty speche.
Now swich a rym the devel I biteche!
This may wel be rym dogerel, quod he. (VII.919–925)

Nichts mehr davon, um Gottes Ehre willen, sagte unser Wirt, denn Deine Stümperhaftigkeit ermüdet mich so sehr, dass – so gewisslich, wie Gott meine Seele rette – meine Ohren ob Deiner argen Rede schmerzen. Solch ein Reim gehe zum Teufel! Das scheint mir wirklich eine Knittelreimerei zu sein, sagte er.

Der ‚Pilger Chaucer' reagiert verdutzt: *Why so?* („Warum das denn?"). Anderen habe der Wirt doch auch gestattet, ihre Geschichte zu Ende zu erzählen. Schließlich sei das, was er vorträgt, *the beste rym I kan* (VII.928; „das Beste, das ich in Reim kenne").

Der Wirt wiederum hält mit der subjektiven Begründung nicht zurück: *Thy drasty rymyng is nat worth a toord!* (VII.930; „Deine Reimerei ist keinen [Scheiß-]Dreck wert").[31] Allerdings fährt der Wirt dann doch noch konstruktiv fort, indem er dem ‚Pilger Chaucer' eine zweite Chance gibt:

> Lat se wher thou kanst tellen aught in geeste,
> Or telle in prose somwhat, at the leeste,
> In which ther be som murthe or som doctryne (VII.933–935)

> Zeig' uns, ob Du uns eine *Geste* [d. h. in der Form einer *Geste*] erzählen kannst, oder erzähle uns zumindest in Prosa etwas zur Erbauung und Tröstung.

Der ‚Pilger Chaucer' folgt dieser Aufforderung und sagt zu: *I wol yow telle a litel thyng in prose* (VII.937; ‚Ich bin bereit, Euch ein kleines Prosa-Stück zu erzählen'). Als ‚klein' angekündigt ist seine *Tale of Melibee* doch die zweitlängste – und bei weitem für uns am wenigsten fesselnde – Geschichte der Sammlung. Dennoch zeigt sich Harry Bailly an deren Ende begeistert.

Wie die Diskussion um die Einschätzung dieser langen Prosageschichte und ihres Verhältnisses zur *Tale of Sir Thopas* zeigt, ist nicht genau auszumachen, wo Chaucer aus dem ironischen Modus aussteigt. Dass er seine zeitgenössischen Leser mit diesem Tenor zum Vortrag der *Tale of Sir Thopas* führt, um dann dessen Scheitern samt der drastischen Kritik des Wirts darzustellen, steht jedoch außer Frage. Und dass dieser Tenor die Geschichte in der Form eines weit verbreiteten Typus von Unterhaltungsliteratur als Parodie profiliert, ist ebenfalls offensichtlich. Bleibt die Frage, was Inhalt eines möglichen Metadiskurses sein könnte.

4 *Sir Thopas* im literarischen Erwartungshorizont des späten 14. Jahrhunderts

Erinnern wir uns noch einmal an die Frage, ob *Sir Thopas* als Parodie erkannt werden würde, wüssten wir nicht, wer ihr Autor ist. Das Faktum, dass dies Chaucer ist, scheint nun einmal auch für seine Zeitgenossen unhintergehbar. Deshalb ist Chaucers Werk für sie Teil des Erwartungshorizontes, vor dem diese Geschichte steht, und doch kann dieser Horizont selbstverständlich nicht allein durch ihn abgesteckt sein. Sichtet man die Forschungsliteratur zu *Sir Thopas*, so wird dieser weitere Horizont durch die Jahrzehnte mit unterschiedlichen Schlag-

[31] Wie es scheint, ist sogar diese uns eher ungewöhnlich erscheinende Wendung formelhaft; vgl. Christopher Cannon: *Chaucer and the Auchinleck Manuscript Revisited*, in: *The Chaucer Review* 46 (2011), S. 131–146, hier S. 136.

lichtern ausgeleuchtet. Bevor wir diesen nachgehen, muss aber noch einmal ein grundlegenderer Streitpunkt angesprochen werden, nämlich die Frage, ob *Sir Thopas* selbst einem sekundären Genre angehört, das in diesem Fall das ‚Basisgenre', die Romanze, nur als Vehikel benutzt.

4.1 *Sir Thopas*: Parodie, Satire oder Burleske?

In vielen Diskussionen zu *Sir Thopas* wird diese Geschichte mal als Parodie, mal als Satire oder als Burleske bezeichnet. Glenn Wright hat vor 20 Jahren mit Recht beklagt, dass dabei nicht klar unterschieden werde zwischen „parody as a literary (perhaps even an ornamental) device and parody as a derivative but nonetheless discrete genre". Und er ergänzt: „If parody is simply a device or technique, a parodic romance, for example, is still a romance; if parody is a genre, the same text is not ‚really' a romance, but a parody".[32] Eine kursorische Sichtung der Einschätzungen von *Sir Thopas* bestätigt dies.

So gehört Derek Pearsall zu den Kritikern, die die Frage nach der Erkennbarkeit von *Sir Thopas* als Parodie gestellt haben, wenn wir nicht um ihren Urheber wüssten. Und er bringt Chaucers Scherz auf folgenden Punkt:[33]

> *Thopas* is unfinished, a structural imperfection which contributes to its artistic perfection, for in these matters it is ‚ever the longer, the worse'. Yet, though unfinished, it is recognisable as the epitome of the genre of a medieval romance.

Er folgt hier explizit A. C. Gibbs, der *Sir Thopas* 1966 eine Parodie oder Satire auf die mittelenglische Romanze nennt und feststellt, diese Geschichte erfülle als einziges Werk dieses Genres wirklich alle Kriterien einer Romanze: „*Sir Thopas* has everything that the chivalric romance ought to have – except sense".[34] Allerdings plädiert Pearsall seinerseits dafür, hier dann doch nicht von einer Parodie, sondern von einer „burlesque" zu sprechen, „which can perhaps be distinguished from parody by the glee with which it absorbs all the business of satirical puncturing and deflating into joyful celebration of the ridiculous".[35]

Norman Blake meint 1977, mittelalterliche Parodie unterscheide sich von der Burleske durch das, was sie lächerlich machen will. Die Burleske „makes use of current literary conventions and genres to poke fun at social aspirations and ideals", ohne dass damit die literarische Form selbst in Frage gestellt würde. Die Parodie hingegen mache sich lustig über „a particular turn of expression, work or

[32] Wright (Anm. 5), S. 171.
[33] Pearsall (Anm. 4), S. 163.
[34] A. C. Gibbs: *Middle English Romances*, London 1966, S. 36.
[35] Pearsall (Anm. 4), S. 162.

genre by imitating its characteristic linguistic features".[36] Damit liest Blake *Sir Thopas* generisch als Parodie.

Dieses Oszillieren zwischen einem Verständnis von *Sir Thopas* als parodistisches Produkt einer distanzfördernden Technik und der Realisation eines eigenen – sekundären – literarischen Genres spricht wohl dafür, dass zumindest dem modernen Publikum keine eindeutigen Signale in die eine oder andere Richtung erkennbar sind. Theoretisch sehr weit entfernt von dem, was in den 1970er Jahren die anglo-amerikanische Diskussion lenkte, scheint die folgende Beobachtung von Hans Robert Jauß hilfreich. Für ihn ist eine – erkennbare – Parodie ein Glücksfall der Literaturgeschichte:[37]

> Der Idealfall der Objektivierbarkeit [...] literarhistorische[r] Bezugssysteme sind Werke, die den durch eine Gattungs-, Stil- oder Formkonvention geprägten Erwartungshorizont ihrer Leser erst eigens evozieren, um ihn sodann Schritt für Schritt zu destruieren, was durchaus nicht nur einer kritischen Absicht dienen, sondern selbst wieder poetische Wirkungen erbringen kann.

In *Sir Thopas* wird bereits die Evozierung des Erwartungshorizonts einer volkstümlichen Romanze ironisiert, und die De(kon)struktion scheint darin zu bestehen, dass alle Erwartungen übererfüllt werden. Doch wessen Erwartungen sind das? Die des Wirts jedenfalls nicht, denn er findet ja nur die Reimerei des ‚Pilgers Chaucer' unerträglich. Darauf wird zurückzukommen sein.

Eine ‚kritische Absicht' wird immer wieder an der so massiv daherkommenden Formelhaftigkeit des *Sir Thopas* festgemacht, die selbstverständlich die der metrischen Romanzen spiegelt. Die Diskussion geht dabei – mehr oder weniger klar konturiert – von einer Spannung zwischen dem ‚mündlichen Erbe' der Romanzen und der schriftlichen Welt eines Dichters wie Geoffrey Chaucer aus.[38]

[36] Norman F. Blake: *The English Language in Medieval Literature*, London 1977, S. 116.

[37] Hans Robert Jauß: *Literaturgeschichte als Provokation der Literaturwisssenschaft*, in: *Rezeptionsästhetik. Theorie und Praxis*, hg. von Rainer Warning, München, 2. Aufl. 1979 [1. Aufl. 1975], S. 126–162, hier: S. 132. – Ich bin mir bewusst, dass es einerseits seit Ende der 1980er durch Aufdeckung von Jauß' militärischer SS-Vergangenheit problematisch ist, überhaupt auf seine Arbeiten zu verweisen. Da andererseits Jauß' Theoriegebäude – zumindest in dieser Richtung – ideologisch unverdächtig ist und nichts von ihrer unbestreitbaren Erklärungsmächtigkeit verloren hat, scheint mir der Rückgriff hierauf dennoch vertretbar.

[38] So z. B. Patterson (Anm. 26); Seth Lerer: *„Now holde youre mouth": The Romance of Orality in the* Thopas–Melibee *Section of the* Canterbury Tales, in: *Oral Poetics and Middle English Poetry*, hg. von Mark C. Amodio, New York/London 1994, S. 181–205; Ward Parks: *Oral Tradition and the* Canterbury Tales, in: *Oral Poetics and Middle English Poetry*, hg. von Mark C. Amodio, New York/London 1994, S. 149–179.

4.2 Das formelhafte Erbe

Um 1330 entstand in London das heute sogenannte *Auchinleck*-Manuskript. In der rein englischsprachigen Sammlung sind fünfzehn mittelenglische Romanzen überliefert, die Dreiviertel der Folios dieses Manuskripts ausmachen, darunter *Bevis of Hampton.* Hier der Beginn dieser Erzählung, deren Entstehung um 1300 datiert wird:[39]

> Lordinges, herkneþ to me tale
> Is merier þan þe niȝtingale
> Þat y schel singe;
> Of a kniȝt ich wile ȝow roune,
> Beues a hiȝte of Hamtoune,
> Wiþouten lesing. (*Bevis of Hampton*, 1–6)

> Ihr Herren, hört meiner Erzählung zu! Was ich singen will, ist fröhlicher als die Nachtigall; von einem Ritter will ich Euch künden, Bevis hieß er, von Hampton, ungelogen.

Aufgrund dieses Eingangs, des gleichen Strophenschemas und anderer Parallelen insbesondere zur mittelenglischen Romanze *Guy of Warwick* stellte Laura Hubbard Loomis 1940 die These auf, Chaucer müsse das *Auchinleck*-Manuskript physisch vor Augen gehabt haben, als er *Sir Thopas* verfasste.[40] Auch wenn dies nicht widerlegt werden kann, ist doch eine andere Erklärung viel wahrscheinlicher. 2003 konzediert Alisoun Wiggens im Begleittext zur elektronischen Publikation dieses Manuskripts, hier finde sich zweifellos „the kind of literary culture and literary language with which Chaucer grew up and was influenced by and which can be seen transformed and refracted in his own writings“. Die entsprechenden Texte im *Auchinleck*-Manuskript seien also keine direkten Vorlagen gewesen, sondern sollten verstanden werden als „representative of the kind of literary environment and linguistic milieu with which writers of the later fourteenth century were familiar“.[41] Das rückt die Forschungshaltung zu Loomis'

[39] *Bevis of Hampton*, in: *Four Romances of England:* King Horn, Havelok the Dane, Bevis of Hampton, Athelston, hg. von Graham Drake, Eve Salisbury und Ronald B. Herzman, Kalamazoo 1997 (ohne Seiten: TEAMS); online: http://d.lib.rochester.edu/teams/text/salisbury-four-romances-of-england-bevis-of-hampton (Stand: 26.05.19).

[40] Laura Hubbard Loomis: *Chaucer and the Auchinleck Manuscript: Thopas and Guy of Warwick*, in: *Essays and Studies in Honor of Carleton Brown*, New York 1940, S. 111–128 (Ndr. in dies.: *Adventures in the Middle Ages*, New York 1962, S. 131–149); vgl. neuestens auch Cannon (Anm. 31).

[41] Alisoun Wiggens: *Importance* [*of the Auchinleck Manuscript*], Abschnitt „Chaucer and the Auchinleck Manuscript“, in: *The Auchinleck Manuscript*, hg. von David

Zeiten zurecht, in der es üblich war, für die mittelalterliche Literatur nach direkten schriftlichen Quellen zu suchen. Heute denken wir eher in Kategorien wie Diskurstraditionen, die einerseits einen dichterischen Fundus bilden und andererseits auch den Erwartungshorizont profilieren können.

Sozusagen diametral zu schriftlichen ‚Quellenvermutungen' steht die Erwägung, wiederkehrende Formulierungen deuteten auf mündliche Provenienz. Dass es einst Spielleute gegeben hat, die mit der ‚Trickkiste' voller Versatzstücke durchs Land zogen und immer wieder neue ‚alte' Geschichten während des Vortrags selbst generieren konnten, scheint eher unwahrscheinlich. Dabei erweist es sich erneut als sinnvoll, zwischen Produktion und Rezeption zu unterscheiden. Nicht nur im Blick auf die mittelenglischen Romanzen ist zweifellos das Hören die häufigste mediale Form der Rezeption. Und dass zu Hörendes zum besseren Verständnis anders formuliert sein muss, als (nur) zu Lesendes, braucht wohl nur mehr angedeutet zu werden: Wir haben es hier mit Vokalität zu tun, also *konzeptionell* eher Mündlichem, das bei der Produktion zum Einsatz kommt, um der Rezeption Genüge zu tun.[42] Relativierend sollte für das Ende des 14. Jahrhunderts aber durchaus eingeräumt werden, dass die hörende Rezeption des Publikums am Gehörten auch erweiternd geschult worden sein mag.

Den Eindruck, dass das zu Hörende von Spielleuten vorgetragen wurde, vermitteln viele Romanzen selbst – aber eben auch nur sie. Als erzählerisches Versatzstück findet sich solch ein Szenario auch in *Sir Thopas*. Nach der Rückkehr von seiner ersten Begegnung mit dem Riesen möchte Sir Thopas zu Hause mit Geschichten unterhalten werden:

> Do come, he seyde, my mynstrale,
> And geestours for to tellen tales,
> Anon in myn armynge,
> Of romances that been roiales,
> Of popes and of cardinales,
> And eek of love-likynge. (VII.846–850)

> Kommt doch her, sagte er, meine Spielleute und Geschichtenerzähler, um jetzt Geschichten zu erzählen, während ich mich rüste, von Romanzen, die von Königen handeln oder von Päpsten und Kardinälen und auch von Liebesfreuden.

Die stoffliche Breite, die da entfaltet wird, illustriert – sicherlich wieder ironisch –, was Dieter Mehl schon vor Langem anhand ebendieser Optionen fest-

Burnley und Alison Wiggins (Version 1.1), online: http://auchinleck.nls.uk, hier: https://auchinleck.nls.uk/editorial/importance.html (Stand: 26.05.19).

42 Vgl. z. B. Schaefer (Anm. 16).

gestellt hat: „Unter Romanze konnte [...] praktisch alles verstanden werden, was man heute eine ‚Geschichte‘ nennt.“[43]

Doch zurück zur Frage der Vortragssignale und – weitergehend – der Formelhaftigkeit. Nehmen wir die Publikumsanrede. Chaucer hält sie wohl nicht *per se* für lächerlich, was man vielfach belegen kann, so z. B. in der *Knight's Tale*. Der Ritter hat gerade erzählt, wie sich die Götter im Olymp über den Ausgang eines Turniers streiten, und ruft nun sein Publikum – und das sind die anderen Pilger – zur Ordnung: *But herkneth me, and stynteth noyse a lite,/ Which a myracle ther bifel anon.* (I.2674f.: „Nun hört mir zu – und seid etwas leiser –, welch ein Wunder sogleich geschah.“)

Die Struktur ist homolog zum ‚Minstrel‘-Auftakt: die Aufforderung zuzuhören und still(er) zu sein, dann die Ankündigung (des weiteren Gangs) der Erzählung. Funktional dienen diese beiden Zeilen aus der *Knight's Tale* allerdings einem anderen Zweck. Als Romanzenbeginn ist die Anrede ‚eingeschrieben‘ und etabliert die ganze Erzählsituation. In der *Knight's Tale* reagiert der erzählende Ritter auf sein Publikum, wobei es sich im gegebenen Fall darum handelt, dass auf die wundersame Umkehrung der Ereignisse durch die Götter verwiesen werden soll. Dabei verwendet Chaucer die Publikumsanrede als erzähltechnisches Scharnier, und man mag sich schon fragen, weshalb der Ritter denn gerade an dieser Stelle sein Publikum zur Ruhe gemahnt. Die einfachste Erklärung wäre, dass Chaucer seine fünfhebige Zeile füllen und zugleich ein Reimwort auf *Arcite* finden musste.

In der Forschung werden Parallelen wie die gerade diskutierten wiederholt herangezogen, um einen scheinbaren Widerspruch aufzulösen. Einerseits sieht man in *Sir Thopas* wahrhaft das Musterbeispiel für die „repetitive predictability of the metrical romance style“, wie es Chism und, mit anderen Worten, viele vor ihr ausgedrückt haben.[44] Der phrasenhafte Auftakt von *Sir Thopas*, den wir uns gerade näher angesehen haben, springt dabei natürlich besonders ins Auge. Gemeint sind jedoch auch eine ganze Reihe formelhafter Versatzstücke (englisch: *verse tags*), die den Erzählgang metrisch am Laufen halten und gegebenenfalls auch leicht zu bedienende Endreimwörter liefern. Weil sich solche Versatzstücke in großer Anzahl auch in anderen Dichtungen Chaucers finden, stellte man sich in der Forschung die Frage, ob es sein könne, dass er sich mit *Sir Thopas* über etwas mokierte, von dem er doch selbst reichlich Gebrauch machte. Mehrfach fasste man das in das Bild, Chaucer habe letztlich ‚in die Hand gebissen, die ihn fütterte‘.[45]

43 Mehl (Anm. 30), S. 26.

44 Chism (Anm. 3), S. 61.

45 So Derek S. Brewer: *The Relationship of Chaucer to the English and European Traditions*, in: *Chaucer and Chaucerians: Critical Studies in Middle English Literature*, hg. von Derek Brewer, London 1966. S. 1–38, hier S. 4.

Charles M. Hathaway belegt schon 1905, dass Chaucer auch außerhalb von *Sir Thopas* reichlich auf *verse tags* zurückgreift.[46] Entscheidend wird dies dann von Ruth Crosby weitergetrieben. Unter dem vielsagenden Titel „Chaucer and the Custom of Oral Delivery“ untersucht sie 1938 Chaucers Werk auf der Basis einer Materialsammlung, die sie bereits zwei Jahre zuvor mit dem Aufsatz „Oral Delivery in the Middle Ages“ vorgelegt hatte.[47] Im Blick auf den formelhaften Ausdruck, der vom mündlichen Vortrag zeuge, bemerkt sie zu Chaucer:

> Chaucer's phrases may be divided into the same groups as those in which we considered the phrases of the romances, the first group consisting of introductory phrases, descriptive phrases, expletives and formulas, and the second of transitions, asseverations, and oaths.[48]

Crosbys Ziel ist dabei, „to determine to what extent Chaucer used, in works that he realized would be read aloud, the conventional language of poetry intended for oral recitation by the minstrel“.[49] Sie argumentiert also rezeptionsorientiert, was möglicherweise von den Forschern, die auf sie Bezug nehmen, gar nicht so recht registriert wurde.

Dennoch spitzen Crosbys Belege das Problem zu, ob Chaucer eine Praxis parodieren kann – oder darf –, der er selbst nachgeht. Ich beschränke mich auf das Beispiel der unvollendeten Zeile *Til on a day* ... (VII.918; „bis eines Tages ...“). Insgesamt findet sich der Ausdruck in den *Canterbury Tales* 23 Mal. Crosby bemerkt:

> For introducing an incident we find that Chaucer is no more inclined to seek new phrasing than are the poets of the romances. ‚On (or upon) a day‘ occurs about fifty-three times; ‚so befel‘ or ‚so hit befel‘ about thirty times, excluding occurrences of simply ‚befel.‘ The combination of the two phrases is common, too [...].[50]

Zu ihren Belegen gehört nicht zuletzt die Zeile *Bifil that in that seson on a day* (I.24; „Es begab sich, dass eines Tages in dieser Jahreszeit“). Mit ihr führt der Erzähler zu Beginn des *Allgemeinen Prologs* von der topischen Naturbeschreibung des Pilgermonats April in die Tabard Inn, wo er die anderen Pilger zum ersten Mal trifft.

[46] Charles M. Hathaway, Jr.: *Chaucer's Verse-Tags: As a Part of His Narrative Machinery*, in: *JEGP* 5 (1905), S. 476–484.

[47] Ruth Crosby: *Oral Delivery in the Middle Ages*, in: *Speculum* 11 (1936), S. 88–110; Dies.: *Chaucer and the Custom of Oral Delivery*, in: *Speculum* 13 (1938), S. 413–432.

[48] Crosby, *Chaucer* (Anm. 47), S. 420.

[49] Ebd.

[50] Ebd.

Nancy Mason Bradbury nimmt die Formelhaftigkeit der abgebrochenen letzten (Halb-)Zeile von *Sir Thopas* zum Anlass, generell zu bezweifeln, dass an dieser Stelle eine ironische Absicht vorliege:[51]

> If the easily-finished last line of *Sir Thopas* is parody, it must be in part self-parody because so many of the same stylistic features occur in *Troilus* and elsewhere in Chaucer's verse.

Möglicherweise schwingt gerade hier tatsächlich Chaucers Reflexion der eigenen poetischen Praxis mit. Bradbury scheint aber zu verkennen, dass kein Dichter, und schon gar kein englischsprachiger Dichter am Ende des 14. Jahrhunderts, gänzlich ohne dichterische Techniken auskommt, die andere vor ihm verwendet haben. Im Blick auf die Sprache der Romanzen und deren Widerhall bei Chaucer hat John Burrow schon vor bald 50 Jahren ein treffendes Bild gewählt. *Sir Thopas*, so stellt er fest, „represents the vigorous wild stock upon which were grafted Chaucer's other more literary and sophisticated styles [...]".[52]

Der Gebrauch formelhafter Wendungen in der mittelalterlichen volkssprachlichen Dichtung hat – das müssen wir uns hier noch einmal vor Augen führen – zwei Seiten, nämlich die der Produktion und die der Rezeption. Vereinfacht gesagt: Die Formeln helfen sowohl dem Dichter als auch seinen Zuhörern. Hier ist nicht der Ort, näher auf den Unterschied zwischen der altenglischen Formelhaftigkeit und der mittelenglischen einzugehen. Rein technisch sind Formeln da wie dort dichterische Hilfsmittel. Und für die Rezipienten können sie in beiden Epochen wahrhaft *loci communes* sein, auf denen sich alle wiederfinden, oder, wie Deborah Tannen das 1982 ausdrückte, Signale eines „already shared social meaning".[53] In diesem Sinn versteht auch Christine Chism die Formelhaftigkeit der mittelenglischen Romanzen:

> [...] a romance works its spell through repetition and variation. Because its verbal surface is unvarying stately, formal, and often beautiful, a romance can lull readers and hearers with a glissade of conventional formulae, even as it underhandedly conducts them into very strange figural territories.[54]

Dafür, dass alle Erwartungen bestätigt werden, sorgen auch Versmaß und metrische Struktur. In *Sir Thopas* ist das die Schweifreim-Strophe.

[51] Nancy Mason Bradbury: *Chaucerian Minstralsy:* Sir Thopas, Troilus and Criseyde *and English metrical romance*, in: *Tradition and Transformation in Medieval Romance*, hg. von Rosalind Field, Cambridge 1999, S. 115–124, hier: S. 117.

[52] Burrow (Anm. 18), S. 21.

[53] Deborah Tannen: *The Oral/Literature Continuum in Discourse*, in: *Spoken and Written Language. Exploring Orality and Literacy*, hg. von Deborah Tannen, Norwood, NJ 1982, S. 1–16, hier: S. 2.

[54] Chism (Anm. 3), S. 62.

4.3 Die Schweifreim-Romanze

Das Muster silbenzählender Zeilen und des Endreims wird im 13. Jahrhundert in England aus der französischsprachigen Dichtung übernommen. In der älteren Versform der mittelenglischen Romanzen werden oktosyllabische Paarreimzeilen gebildet, wie z. B. bei *Havelock the Dane* (Ende 13. Jahrhundert), dessen Eingang ansonsten schon so lautet wie bei *Bevis of Hampton* und eben *Sir Thopas*:[55]

> Herkneth to me, gode men –
> Wives, maydnes, and alle men –
> Of a tale that ich you wile telle,
> Wo so it wile here and therto dwelle.
> The tale is of Havelok imaked:
> Whil he was litel, he yede ful naked. (*Havelock*, 16)

> Hört mir zu, gute Leute, Frauen, Mädchen und alle Männer, bei einer Geschichte, die ich Euch erzählen will, wer immer sie hören und dabeibleiben will. Die Geschichte handelt von Havelock. Als er ein Kind war, war er nur ärmlich gekleidet.

Im 14. Jahrhundert breitet sich jedoch die Kombination von zwei paarreimenden Zeilen mit Reim *a* bzw. *c* und einer jeweils folgenden, kürzeren Zeile, dem sogenannten ‚Schweif' mit Reim *b*, aus. Die Schweifzeile mit Reim *b* wirkt dabei strophenbildend, also *aabccb* etc. Das kann, wie bei *Sir Thopas*, zu sechszeiligen oder zu zwölfzeiligen Strophen führen. Hier der erste Teil der Strophe, in der Sir Thopas durch den Wald reitet (mit gleichem Reim für *a* und *c*):

> He priketh thurgh a fair forest,
> Therinne is many a wilde best,
> Ye, bothe bukke and hare;
> And as he priketh north and est,
> I telle it yow, hym hadde almest
> Bitid a sory care. (VII.755–759)

> Er spornt durch einen schönen Wald, darin ist manch ein wildes Tier, ja, sowohl Bock als auch Hase. Und wie er nach Norden und Osten spornt – ich sage es Euch –, ward ihm beinahe großes Leid geschehen.

[55] *Havelok*, in: Drake [u. a.] (Anm. 39); online: http://d.lib.rochester.eduteams/text/salisbury-four-romances-of-england-havelok-the-dane (Stand: 26.05.19).

Wie Rhiannon Purdie in ihrer Monographie *Anglicising Romance* (2008) ausführlich zeigt, ist auch diese Dichtform aus dem Anglo-Normannischen übernommen, allerdings wird sie dort nicht für Romanzen verwendet.[56] Ihre Summe: Erst durch die Kombination der englischen Romanze mit eben dieser Strophenform entsteht eine originäre englische Erzählform.

Derek Pearsall beschrieb schon 1965 den besonderen narrativen Rhythmus der Schweifreimstrophe:

> [...] the basic stanza is one of alternate movement and rest, the pressing forward of the narrative in the couplet contrasting with the pause in the tail-line for descriptive arabesque, emotive comment, exclamation or other conventional formula.[57]

Unter die Kategorie der „descriptive arabesque" fällt aus der gerade zitierten Strophe die Zeile *Ye, bothe bukke and hare,* die isotopisch die ‚wilden Tiere' näher bestimmt. Die zweite Schweifreim-Zeile *Bitid a sory care* mag auf das fünfzig Zeilen später genannten Treffen mit dem Riesen vorausdeuten, geht aber zuerst einmal ins Leere, weil wieder lange und detaillierte ‚Naturbeschreibungen' erst von den dort wachsenden Kräutern und dann von den Vögeln des Waldes folgen.

Pearsall sieht in der Art, wie die Schweifreim-Zeile gefüllt werden kann, auch deren große Gefahr: „The ever-present danger of the form is that the tail-line, whilst fulfilling its musical function, will become a meaningless tag and eventually drop off like a mortified limb".[58] Das plastische Bild, das Pearsall hier wählt, scheint sich in einer erstaunlichen redaktionellen Praxis zeitgenössischer Schreiber zu spiegeln: Sie verbinden die paarreimenden Zeilen rechts mit einer Klammer und schreiben rechts daneben vor der Klammerspitze die Schweifzeile *b*, die dann wieder mit der nächsten Schweifreim-Zeile durch eine Klammer verbunden wird. Entscheidend für unseren Zusammenhang ist die Beobachtung, dass vier der maßgeblichen Manuskripte, darunter *Ellesmere* und *Hengwrt*, *Sir Thopas* in eben dieser visuell für uns erstaunlichen Form überliefern. Da einige Schweifreim-Zeilen in *Sir Thopas* tatsächlich eher bedeutungslose ‚Füller' sind, bemerkt Judith Tschann schon 1985, dass der narrative Zusammenhang „certainly loses nothing by losing the tail-lines".[59] Daher interpretiert sie dieses

[56] Rhiannon Purdie: *Anglicising Romance: Tail-Rhyme and Genre in Medieval English Literature*, Woodbridge 2008.

[57] Derek Pearsall: *The Development of Middle English Romance*, in: *Studies in Medieval Romances. Some New Approaches*, hg. von Derek Brewer, Cambridge 1988 [zuerst 1965], S. 11–35, hier: S. 27–28.

[58] Pearsall (Anm. 57), S. 28.

[59] Judith Tschann: *The Layout of* Sir Thopas *in the Ellesmere, Hengwrt, Cambridge Dd.4.24, and Cambridge Gg.4.27 Manuscripts*, in: *The Chaucer Review* 20.1 (1985), S. 1–13, hier: S. 9.

Layout als „the irony [...] made literal on the page".[60] So einleuchtend das auf den wahrhaft ersten Blick ist, so müssen wir diese Interpretation dennoch relativieren.

Rhiannon Purdie dokumentiert, dass diese Form des Layouts alles andere als ungewöhnlich ist. Gerade diese Schreiberpraxis belege außerdem die „direct line of influence from Anglo-Norman to Middle English tail-rhyme poetry", denn auch dort findet sich diese Schreiberpraxis.[61] Neuestens hat Jessica Brantley diesen Argumentationsgang noch einmal aufgegriffen und unterstrichen, dass wir dieses Layout außerhalb der Romanzen in „Latin, French, Anglo-Norman and Middle English" finden.[62] Allerdings hebt sie außerdem hervor, dass die allerwenigsten Schweifreim-Romanzen in den Manuskripten mit ‚graphischem Schweifreim' wiedergegeben werden.[63] Dies belegt, dass die graphische Markierung der Schweifreim-Zeile diskurstraditionell offensichtlich weder generisch noch sprachlich gebunden ist.

Die Notierung mit Klammern und rechts ausgerückten Zeilen wird im Verlauf von *Sir Thopas* noch einmal gesteigert durch noch kürzere, nämlich einhebige *bob*-Zeilen, die Chaucer (nach moderner editorischer Zählung) als Zeilen 793, 803, 813, 823 und 887 hinzufügt. Hier die erste Stelle mit einer *bob*-Zeile:

> An elf-queene wol I love, ywis,
> For in this world no womman is
> Worthy to be my make
> In towne;
> Alle othere wommen I forsake,
> And to an elf-queene I me take
> By dale and eek by downe! (VII.800–806)

> Eine Elfenkönigin will ich lieben, gewiss, denn in dieser Welt gibt es keine Frau, die es wert ist, meine Gattin zu sein – in der Stadt. Allen anderen Frauen entsage ich und begebe mich zu einer Elfenkönigin, über Tal und auch über Berg.

Die Ergänzung „in der Stadt" – appositiv zu „in dieser Welt" – wirkt als groteske Antiklimax und bringt noch dazu das bis dahin einigermaßen streng durchgehaltene Reimschema *aabccb* durcheinander: Der dreihebigen Schweifreim-Zeile mit Reim *b* wird die einhebige *bob*-Zeile mit Reim *c* nachgeschoben, dann reimen, entgegen der sonstigen Systematik, zwei oktosyllabische Zeilen mit der dreihebigen Schweifreim-Zeile, während die nun fällige nächste dreihebige Schweif-

[60] Tschann (Anm. 59), S. 10.
[61] Purdie (Anm. 56), S. 7–8.
[62] Jessica Brantley: *Reading the Form of* Sir Thopas, in: *The Chaucer Review* 47.4 (2013), S. 416–438, hier: S. 422.
[63] Brantley (Anm. 62), S. 420–421.

Reimzeile mit der *bob*-Zeile reimt. Diese Beschreibung von Versmaß und Metrum ist schon am Rand der Unverständlichkeit, und im Manuskript führt deren graphische Umsetzung mit Klammern endgültig lesetechnisch zum Kollaps: Die *bob*-Zeile wird im *Ellesmere*-Manuskript neben die bereits herausgerückte erste Schweifreim-Zeile gesetzt, und da die nächste Schweifreim-Zeile ja mit dem *bob* reimt, führt ein langer Strich neben der nächsten Klammer, die hier die als 804 und 805 nummerierten Zeilen zusammenhält, bis auf die Höhe, wo der *bob* notiert ist. Damit sind die Zeilen 803 und 806 dann ganz rechts außen geklammert.[64] Optisch ordentlich – oder zumindest: konsequent –, für den Leser aber ohne Zweifel äußerst irritierend.

Dabei ist, wie gesagt, die Irritation durch das Reimschema ausgelöst. Das führt zu „a careful mess“, wie Ad Putter bemerkt, denn abgesehen von dieser Notierung gehören *bob*-Zeilen nicht in die Schweifreim-Strophe.[65] – Kann es sein, dass Harry Bailly schließlich doch recht hat, und der ‚Pilger Chaucer‘ ganz einfach schlechte Reimerei liefert? Noch einmal sei wiederholt, dass Chaucer ausschließlich in *Sir Thopas* die Schweifreim-Strophe verwendet. Das ist ein Alleinstellungsmerkmal, über das kein Zweifel besteht. Eben dies ist – neben der Art, wie der ‚Pilger Chaucer‘ eingeführt wird – wohl eine Überraschung für Chaucers ‚äußeres‘ Publikum, eine Überraschung, die, wie oben diskutiert, durch den zuvor verwendeten *rhyme royal* noch gesteigert wird. Deshalb spricht sich Norman F. Blake auch dafür aus, Chaucers Kritik gelte allein der Form der Schweifreim-Strophe.[66]

Für die Pilger ist das aber keine Überraschung, denn die erste Zeile *Listeth Lordes, in good entent* macht das Folgende fast zwingend. Chaucers zeitgenössische Leser (und Hörer) sollen eine komische Wendung mitvollziehen, während ihnen gleichzeitig gezeigt wird, auf welchem Weg sich ‚Andere‘ in den gewohnten ‚Romanzentrott‘ einhören. In dieser Spannung zwischen dem ‚inneren‘ und dem ‚äußeren Publikum‘ liegt, was David C. Benson 1983 so formulierte: „[...] perhaps [*Sir Thopas's*] greatest achievement is that the aim of this comedy is comedy itself“, und er ergänzt, die *Tale of Sir Thopas* habe keinen anderen Gegenstand „but itself – it is Chaucer's celebration of his own skill“.[67]

64 Siehe fol. 152r des *Ellesmere*-Manuskripts: http://hdl.huntington.org/cdm/ref/collection/p15150coll7/id/2838 (Stand: 26.05.19).

65 Ad Putter: *Adventures in the Bob-and-Wheel Tradition. Narratives and Manuscripts*, in: *Medieval Romance and Material Culture*, hg. von Nicholas Perkins, Woodbridge 2015, S. 147–163, hier: S. 148–149.

66 Blake (Anm. 36), S. 149; vgl. auch Wim Tigges: *Romance and Parody*, in: *Companion to Middle English Romance*, hg. von Henk Aertsen und Alastair A. MacDonald, Amsterdam 1990, S. 129–151, passim.

67 C. David Benson: *Their Telling Difference. Chaucer the Pilgrim and His Two Contrasting Tales*, in: *The Chaucer Review* 18.1 (1983), S. 61–76, hier: S. 67.

5 Schlüsse

Vielleicht wollte Chaucer mit *Sir Thopas* tatsächlich nur zeigen, dass er sogar schlechte Romanzen verfassen kann. Als Ergebnis der Suche nach dem kritischen Metadiskurs, der diese Parodie möglicherweise begleitet, wäre das jedoch ein schmales Ergebnis. Chaucer kennt den Erwartungshorizont, der mit einer Romanze wie dieser aufgerufen wird, und er überlässt es dem Wirt, den, wie einige Forscher meinen, falschen Grund dafür zu nennen, dass die so geweckten Erwartungen nicht erfüllt werden. Für den gegebenen Zusammenhang jedoch wesentlich entscheidender ist dies: Chaucer führt mit *Sir Thopas* eine Literaturform vor, die in der Tat beliebig reproduzierbar ist. Damit präsentiert er nicht nur „Unterhaltungsliteratur", die sich nach Jauß „rezeptionsästhetisch dadurch charakterisieren [läßt], daß sie keinen Horizontwandel erfordert, sondern Erwartungen, die eine herrschende Geschmacksrichtung vorzeichnet, geradezu erfüllt [...]".[68] Weil diese stereotypisierte Erzählform im 14. Jahrhundert – für spätmittelalterliche Verhältnisse – in ‚Massenproduktion' geht, scheint die mittelenglische Romanze in den Kitsch abgerutscht, in jene „Kunstform", so Wolfgang Iser, in der (in der Moderne) „die erfüllte Erwartung zur Norm des Produkts" wird.[69] Wenn Chaucer – deutlich *avant la lettre* – mit *Sir Thopas* Unterhaltungsliteratur in der zum Kitsch erstarrten Form präsentiert, dann zeigt er zugleich, wieder mit Iser gesagt, „in welchem Maße sich das Kunstwerk im Verletzen oder Durch-brechen gängiger Erwartung erst eigentlich konstituiert".[70] Solchermaßen hätte Chaucer seinem Publikum nicht nur zur Kenntnis bringen wollen, dass *Sir Thopas* eine perfekte Normerfüllung manifestiert, sondern damit auch sinnfällig gemacht, was seine eigene Kunst – außerhalb dieser Romanze – leistet.

Als literarhistorischen Konsens gilt es hier festzuhalten, dass Geoffrey Chaucer ein Genre karikiert, das auch von seinem eigenen Publikum wohl eher weniger geschätzt wurde. Wenn das so wäre, bediente seine metadiskursive Kritik eine Echokammer. Aus der Ferne von über sechshundert Jahren sollte uns aber auch auffallen, mit welchen Mitteln Chaucer dies tut. Diese Mittel sind zu finden in der Erzähltechnik des Rahmens der *Canterbury Tales*. Auch diese Erkenntnis ist nicht neu, wurde jedoch leider oftmals durch wechselnde heuristische Zugänge überlagert. Elizabeth Salter merkte schon 1966 an, dass Chaucer, wie manche ausufernden Manuskriptillustratoren des 14. Jahrhunderts in den Textumrahmungen, „in his ‚borders' to the *Tales*" sehr frei („unchecked") zu Innovationen griff. In nicht immer gleicher Qualität gelinge ihm damit „the

[68] Jauß (Anm. 37), S. 133.

[69] Wolfgang Iser, einleitender Beitrag von *Achte Diskussion. Das Unbewußte, das Kitschige, das Pathologische*, in: *Die nicht mehr Schönen Künste. Grenzphänomene des Ästhetischen*, hg. von Hans Robert Jauß, München 1968 (*Poetik und Hermeneutik* 3), S. 652–655, hier: S. 654; Jauß (Anm. 37) erwähnt selbst die Nähe der Unterhaltungsliteratur zum Kitsch und verweist auf Redebeiträge der hier genannten Diskussion (Fußnote 18, S. 156–157).

[70] Iser (Anm. 69), S. 653.

creation of ‚free-standing characters‘ who could as actors function before an audience“.[71] Salter hatte hier besonders die Darstellung der Frau aus Bath im Blick. Dies lässt sich, wie ich zu zeigen versucht habe, auf seine eigene Weise auch für den Auftritt des ‚Pilgers Chaucer‘ sagen, allerdings steht bei dieser Figur deren Rolle als Vortragender im Vordergrund. Seth Lerer stellt für *Sir Thopas* fest: „More than any other tale it is about its speaker“.[72] Ihn lässt Chaucer, der dichterische Dramaturg, vom Wirt Harry Bailly, dem fiktionalen Regisseur, auf die Bühne bringen und dort dann auch – erst einmal – scheitern.

Mit Elizabeth Salter gesprochen hat Chaucer im *Allgemeinen Prolog* und in den Verbindungsstücken der *Canterbury Tales* auf dichterische Ressourcen zurückgegriffen, „quite untapped by other medieval poets, and, perhaps, by any poet before Shakespeare“.[73] Wie Shakespeare reflektiert Chaucer dabei sein eigenes Medium, und so ist es wohl kein Zufall, dass man *Sir Thopas* als Parodie in einem Atemzug mit dem Auftreten der Handwerker und deren Aufführung von *Pyramus und Thisbe* in Shakespeares *Sommernachtstraum* nennt.[74] Chaucer wie Shakespeare parodieren das Alte vor dem Horizont des Neuen. Das ist eine milde Form der Kritik, und solchermaßen kann nur widerstreiten, wer sich – zumindest an dem Punkt – gewiss ist, auf sehr hohem Niveau obsiegt zu haben.

[71] Elizabeth Salter: *Medieval Poetry and the Visual Art*, in: *Essay and Studies* 22 (1966), S. 16–32, hier: S. 28–29.

[72] Lerer (Anm. 38), S. 183.

[73] Salter (Anm. 71), S. 29.

[74] So z. B. Pearsall (Anm. 4), S. 162.

Können und Wissen in der Parodie des *Weinschwelg*

MARTIN SCHNEIDER (Konstanz)

Der anonym überlieferte *Weinschwelg* blickt in der Forschungsliteratur auf eine wiederholt positive Würdigung als kunstvolle Parodie zurück.[1] Hervorgehoben wurden vor allem der poetische Rhythmus, der den Text durch einen wiederkehrenden Refrain gliedert,[2] oder der grammatische Reim.[3] In der Frage, welcher spezifischen Gattungs- und Stofftradition der Text zugeordnet werden kann, herrscht jedoch keine Einigkeit. So wurde der Dichter aufgrund seiner Wortspielkunst in eine Reihe gestellt mit der Schlemmerliteratur Steinmars und der Frühen Neuzeit[4] und als Verfasser des Märe von der *Bösen Frau* aus dem Ambraser Heldenbuch angenommen.[5] Inhaltliche Nähe ließ sich zum *Unbelehrbaren Zecher* (*Lob des Trinkens*) des Strickers feststellen,[6] an anderer Stelle wieder wurde einem solchen Bezug widersprochen.[7] Eine konkrete lateinische Vorlage aus der

[1] Einen aktuellen Überblick über die hier nicht zitierte Forschungsliteratur findet sich in: Florian Altenhöfer: Art. *Der Weinschwelg*, in: *Deutsches Literatur-Lexikon – Das Mittelalter: Autoren und Werke nach Themenkreisen und Gattungen.* Bd. 5: *Epik (Vers – Strophe – Prosa) und Kleinformen. Mit einf. Essays von Mathias Herweg und Wolfgang Achnitz*, hg. von Wolfgang Achnitz, Berlin/Boston 2013, Sp. 583–585.

[2] Ludwig Wolff: *Reimwahl und Reimfolge im Weinschwelg*, in: *ZfdA* 72 (1935), H. 4, S. 280f.

[3] *neic/genigen, tranc/trunc* (zweifach), *grüezet/gruoz, ingnôz/inegiezen und guot/muot/ güete/ gemüete.* Vgl. Stephen L. Wailes: *Wit in* Der Weinschwelg, in: *German Life and Letters* 27 (1973/74), S. 1–7. Zur Aufhebung der Reimbrechung und des Dreierreims im *Weinschwelg* sh. Karl-Heinz Schirmer: *Stil- und Motivuntersuchungen zur mittelhochdeutschen Versnovelle*, Tübingen 1969 (*Hermaea. Germanistische Forschungen*, N. F. 26), S. 102.

[4] Max Wehrli: *Geschichte der deutschen Literatur im Mittelalter. Von den Anfängen bis zum Ende des 16. Jahrhunderts*, 3. bibliographisch erneuerte Aufl., Stuttgart 1997, S. 535.

[5] *Der Weinschwelg*, in: *Zwei altdeutsche Schwänke. Die Böse Frau. Der Weinschwelg*, hg. von Edward Schröder, 3. Aufl., Leipzig 1935, S. 10. Auch Wailes (Anm. 3), S. 5.

[6] *Geschichte der deutschen Literatur von den Anfängen bis zum Beginn der Neuzeit. Bd. II: Vom hohen bis zum späten Mittelalter. Teil 2: Wandlungen und Neuansätze im 13. Jahrhundert (1220/30–1280/90)*, hg. von Joachim Heinzle, Tübingen 1984, S. 190. Zuletzt Altenhöfer (Anm. 1).

[7] Eckhard Grunewald: *Die Zecher- und Schlemmerliteratur des Spätmittelalters*, Köln 1976, S. 40–49; Stephen L. Wailes: *An Analysis of „Des Wirtes Mære“*, in: *Monatshefte* 60 (1968), H. 4, S. 335–352, bes. S. 344; Helmut de Boor: *Geschichte*

Wein-Panegyrik ließ sich ebenso wenig ausmachen[8] wie ein Vorbild aus der deutschsprachigen Epik.[9] Aufgrund des hohen Redeanteils wurde der Text allzu streng zu den Grenzfällen der Mären gezählt.[10] Der *Weinschwelg* scheint ein literaturgeschichtlich „schwierig einzuordnende[s] Unika[t]"[11] zu sein. Daher scheint es gewinnbringender, ihn nicht an eine einzelne Vorlage anzulegen, sondern Systemreferenzen herauszuarbeiten.[12]

Zunächst erfolgt ein Vergleich mit den Regeln lyrischer und epischer Gattungen in der lateinischen und deutschen Tradition. Einzeltextreferenzen möchte ich auf diejenigen Fälle reduzieren, aus denen der *Weinschwelg* literarische Figuren nennt, an denen er seine Trinkfähigkeit misst und die allesamt nicht aus dem Stoffbereich der Trinkerliteratur stammen. Der gesamte Text, bestehend aus Trinkerrede und Erzählerkommentaren, kann als geschickte Referenz auf generische Regeln und literarische Figuren verstanden werden, in denen eine spezifische Kombination von Können und Wissen entworfen wird. Das Können bezieht sich dabei auf die Fähigkeit des Schwelgs (mhd. *swelch* für Säufer), Unmengen von Wein in sich aufnehmen zu können; das Wissen umfasst die Vorzüge des Weins und gipfelt in einer Ablehnung zentraler Aspekte höfischer Lebenswirklichkeit (Jagd, Gesang, Minne). Beide, Wissen und Können, nutzt der Text, um seinen Protagonisten als *meister* zu pointieren.

Gattungsgeschichtlich etabliert sich in der parodistischen Auseinandersetzung des *Weinschwelg* mit der lateinischen Vagantenlyrik, dem deutschen Minnesang und vor allem mit dem Sangspruch etwas Neues, das im Folgenden Nachahmer fand. Ohne dass sich direkte Prätexte ausmachen lassen, bleibt das Märe sehr nah am Stil der vorbildhaften Gattungen, allen voran des Sangspruchs, dessen Pointierung der Meisterschaft es übernimmt. Dabei gelingt es dem Text im Vergleich zum lateinischen Weinlob, das Ich des Trinkers in den Mittelpunkt zu stellen. Das Imitat eines Minnesängers, der hier den Wein als zentrales Liebesobjekt wählt, ahmt die Konventionen der lyrischen Gattungen nach. Gleichzeitig begründet diese Parodie mit der Selbsterhöhung des Ichs durch die Hymne auf den Alkohol eine neue Tradition.

der deutschen Literatur von den Anfängen bis zur Gegenwart. Bd. 3: Die deutsche Literatur im späten Mittelalter. 1250–1350. Erster Teil, 5. Aufl., neubearbeitet von Johannes Janota, München 1997, S. 249–254.

8 Wailes (Anm. 7).

9 Grunewald (Anm. 7).

10 Hanns Fischer: *Studien zur deutschen Märendichtung*, 2., durchgesehene und erweiterte Aufl., besorgt von Johannes Janota, Tübingen 1983, S. 73.

11 Hans-Joachim Ziegeler: *Erzählen im Spätmittelalter. Mären im Kontext von Minnereden, Bispeln und Romanen*, München 1985 (*MTU* 87), S. 36, Anm. 15.

12 Vgl. Manfred Pfister: *Zur Systemreferenz*, in: *Intertextualität. Formen, Funktionen, anglistische Fallstudien*, hg. von Ulrich Broich und Manfred Pfister, Tübingen 1985 (*Konzepte der Sprach- und Literaturwissenschaft* 35), S. 52–58.

Der Inhalt des Gedichts lässt sich folgendermaßen zusammenfassen: Im Promythion wird einem Schwelg die Meisterschaft zugesprochen, weil weder Mann noch Tier je so große Schlucke in sich hat schütten können. Alles Gesehene wird in den Schatten gestellt, wenn der Trinker eine Kanne Wein nach der anderen leert. Dieser stimmt daraufhin ein Lob auf den Wein an. Eingeteilt ist der Monolog in 23 ungleich lange Teile (je 14–40 Verse im Wiener Codex), die durch den Refrain *dô hub er ûf unde tranc*[13] gegliedert werden. Der Reim auf *tranc* leitet stets eine neue Strophe ein. Nach und nach werden die Vorzüge des Weintrinkens aufgezählt und erörtert, was man durch den Alkohol alles erlangen könne (Weisheit, Reichtum, Schönheit etc.). Der Redner arbeitet sich an klassischen Sujets der Literatur ab: Turnier, Tanz und Lob der Natur. Alles sei dem Wein hintangestellt; Würdigungs- und Unterwerfungsgesten wechseln sich ab. Er spielt auch auf literarische Figuren an: Horant, Paris, Dido wäre kein Leid widerfahren, hätten sie den Wein so geminnt, wie er es tut. Im Laufe der Rede wendet sich das Wein- zum Selbstlob, alle Menschen sollen sich vor ihm – dem Trinker – verneigen etc. Gegen Ende droht das Hemd des Schwelgs, der immer mehr Alkohol in sich hineinschüttet, zu platzen. Um sich davor zu schützen, legt er sich eine Eisenpanzerung an und trinkt weiter. Das fehlende Epimythion und der am Ende erneut ansetzende Refrain deuten eine „potenziell unendliche Fortsetzung an“[14].

1 Referenzen auf Lyrik (Minnesang, Vagantendichtung, Sangspruch)

Der Monolog beginnt mit einem Lob, in dem der Trinker die vorzüglichen Wirkungen des Trinkens aufzählt. Weisheit und Stärke, Frohsinn und Entschlossenheit werden demjenigen zuteil, der sich dem Alkohol hingebe. Das gute Aussehen zeichnet gleichzeitig den Genießenden und das Genussmittel aus: *du machest die liute wolgevar. / du bist ouch selbe schœne gar, / du bist lûter und blanc* (V. 33–35). Diese Verschiebung der Hymne von der Wirkung auf den apostrophierten Wein als Verursacher verläuft gleichzeitig mit einer stärkeren Betonung des Sprecher-Ichs. Er selbst sei der größte Freund des Alkohols und könne nie genug von ihm bekommen (ironisch: *ich geniete mich sîn nimmer*, V. 43). Der Schwelg stellt den Wein über höfisches Vergnügen (Turnier, Tanz) und die adelsspezifische Dingwelt (Blumenschmuck, Felle oder Samt) und überhöht damit den Wein in einer vertikalen Wertigkeitshierarchie. Mit dieser Begünstigung referiert der Schwank auf die topische Redeweise des Minnesangs.[15]

13 Zitiert nach der Edition von Hanns Fischer: *Der Weinschwelg*, in: Der Stricker: *Verserzählungen II. Mit einem Anhang: Der Weinschwelg*, hg. von Hanns Fischer, Tübingen 1967 (*ATB* 68), S. 42–58.

14 Altenhöfer (Anm. 1), Sp. 584.

15 Sh. Schirmer (Anm. 3), S. 278, Anm. 120.

Der Wein nimmt die Stelle der Geliebten ein und besungen wird die gegenseitige Verbundenheit wie im Minneverhältnis (prototypisch: *Dû bist mîn, ich bin dîn*):

in hât in dem herzen mîn	Meine Minne hat ihm
mîn minne alsô behûset,	in meinem Herz ein Haus gebaut,
versigelt und verclûset:	versiegelt und eingeschlossen:
wir mugen uns niht gescheiden.	wir können uns nicht trennen. (V. 50–53)

Der Schwelg verbeugt sich vor dem Wein wie vor einer Dame.[16] Das Sprecher-Ich imaginiert eine Liebesantwort, wie es sich Autoren im Minnesang erträumen, markiert mit dem Terminus *enpâhe* (V. 224).[17] Die Liebe des Ichs wird über die der Konkurrenten gestellt und bringt aus sich heraus Freude (*fröudebære*).[18] Das Minnen des Weines ist keine Freiwilligkeit, sondern eine innere Pflicht: *ich muoz in immer minnen. / ich mac im niht entrinnen* (V. 359f.). Diese Gleichzeitigkeit zwischen freudestiftender Liebe und endloser Minnepflicht entstammt dem *paradoxe amoureux* des Minnesangs, das parodistisch mit dem Besitz des geliebten Weins gelöst wird.[19]

16 *dô stuont er ûf unde neic. / er sprach: „wîn, dir sî genigen! / ich trûwe mit dir wol gesigen."* (V. 170–172).

17 *ich enpâhe dich immer âne haz, / du enphâhest mich, als tuon ich dich; / der anpfanc ist minneclich. / daz sî unser beider anpfanc!* (V. 224–227). Im *Lindenlied* Walthers bspw. spricht die Frau: *Ich kam gegangen / zuo der ouwe, / dô was mîn friedel komen ê. / dâ wart ich enpfangen, / hêre frouwe, / daz ich bin sælic iemer mê.* (Buch II, Ton 16, V. 1–6). Zitiert nach Walther von der Vogelweide: *Leich, Lieder, Sangsprüche*, 15., veränderte und um Fassungseditionen erweiterte Auflage der Ausgabe Karl Lachmanns. Aufgrund der 14. von Christoph Cormeau bearbeiteten Ausgabe hg., mit Erschließungshilfen und textkritischen Kommentaren versehen von Thomas Bein. Edition der Melodien von Horst Brunner, Berlin/Boston 2013.

18 *mîn minne ist bezzers lônes wert, / denne ir aller minne wære. / mîn minne ist fröudebære[.]* (V. 340–342)

19 Auf die Spitze getrieben hat die Minnepflicht Heinrich von Morungen mit seinem *Narzisslied*, in dem das Kind an seiner Liebe stirbt: *sam ein kint, daz wîsheit unversunnen / sînen schaten ersach in einem brunnen / und den minnen muoz unz an sînen tôt.* (Lied XXXII, 3, 6), zitiert nach Heinrich von Morungen: *Lieder. Mittelhochdeutsch/neuhochdeutsch*, hg. von Helmut Tervooren, 3., bibliographisch erneuerte Ausgabe, Stuttgart 2003 (*RUB* 9797). Das *paradox amoureux*, d. h. die Liebe des Mannes provoziert die Nicht-Liebe der Dame, die Nicht-Liebe garantiert seine Liebe, ist im Minnesang der Grundkonflikt, aber auch die Motivation des Sängers; sh. Sabine Obermaier: *Möglichkeiten und Grenzen der Interpretation von „Dichtung über Dichtung" als Schlüssel für eine Poetik mittelhochdeutscher Lyrik: eine Skizze*, in: *Mittelalterliche Lyrik. Probleme der Poetik*, hg. von Thomas Cramer und Ingrid Kasten, Berlin 1999 (*PhilStQ* 154), S. 11–32, bes. S. 24. Im *Weinschwelg* beeinträchtigt der Besitz des Weines, d. h. die Erfüllung der Liebe, den Trinker nicht in seiner Trinklust. Vgl. Schirmer (Anm. 3), S. 276. Die Lieder Walthers und Heinrichs müssen dem Verfasser nicht zwingend als konkrete Prätexte vorgelegen

All diesen Bezügen immanent ist eine vertikale Hierarchie zwischen Schwelg und Wein wie im klassischen Minnesang zwischen Sänger-Ich und Dame. Dieser vertikalen Hierarchie entsprechen die häufige Erwähnung von Unterwerfung und Dienerschaft sowie mehrere Gesten des Verneigens und das fröhliche Springen: *er hât mich des betwungen, / daz ich ie tet, swaz er mir gebôt* (V. 82f.); *wîn, dir sî genigen!* (V. 171); *wîn, ich valle dir ze fuoz* (V. 222); *dô begunde er springen unde treten / manigen sprunc seltsænen.* (V. 236f.; auch V. 241–243); vor dem Trinker sollen sich die Menschen *neigen* (V. 383). Semantiken des Aufwärtsstrebens komplementieren diese Bewegungen: *diu werlt solde immer gein im* [dem Wein] *streben* (V. 86). Der als Refrain wiederkehrende Vers *dô hub er ûf unde tranc* wiederholt sowohl die Trinkgeste als auch die Überhöhung des Weins.

Diese semantischen Referenzen auf die Minnehierarchie bleiben indirekt. In eine konkrete inhaltliche Relation setzt sich das Ich, wenn es sich mit der Minne auseinandersetzt und dem Frauendienst eine klare Absage erteilt. Von Vers 324 bis 345 entlarvt er die *tumpheit* literarischer Minneopfer. Berühmte Figuren wie Paris und Helena, Dido, Pyramus und Thisbe werden verspottet – aber auch literaturgeschichtliche Randfiguren wie Gralant und Curaz. Die Schuld am Tod des Paris wird Helena gegeben (*durch Helenam [...] erslagen!*, V. 329). Die mittellateinische Tradition wendet sich ebenso wie die mittelhochdeutschen Antikenromane von einer historiographisch orientierten Trojaliteratur ab und konzentriert sich immer häufiger auf die Minnethematik, in der Helena und Paris im Kontext des höfischen Liebesdiskurses „das problematische Liebespaar schlechthin“[20] repräsentieren.[21] Dagegen werden Pyramus und Thisbe in der literarischen Tradition einstimmig als Exempel unglücklicher Liebe genannt. Das Paar wirft keine Schuldfrage auf.[22] Auch Didos unglückliche Liebe zu Aeneas (V. 333) ist in der Literatur ein Muster tragischer Liebe, so auch im Exempelkatalog des

haben, die ihnen zugrunde liegenende Tradition (Erhöhen der Dame, Liebesantwort, Minneparadox) war hier jedoch sicher Vorbild.

20 *Lexikon der antiken Gestalten in den deutschen Texten des Mittelalters*, hg. von Manfred Kern und Alfred Ebenbauer, unter Mitwirkung von Silvia Krämer-Seifert, Berlin/New York 2003, S. 474.

21 *Lexikon der antiken Gestalten* (Anm. 20), S. 472f. Die *Carmina Burana* kritisieren Paris, sein Tod erfolgt aufgrund des Ehefrauenraubs: „Des stolzen Paris leichtfertiges Urteil, Helenas Schönheit, allzu sehr geliebt, wird Trojas Untergang, stürzt Ilion“, 101,13. *Carmina Burana. Texte und Übersetzungen*, hg. von Benedikt Vollmann. Mit Miniaturen aus der Handschrift und einem Aufsatz von Peter und Dorothee Diemer, Frankfurt a. M. 1987 (*Bibliothek des Mittelalters* 13 / *Bibliothek deutscher Klassiker* 16), 99, 1. Der *Prosa-Lancelot* urteilt: Wegen der Entführung der Frau aus Griechenland mussten Hector und Achilles, die besten Kämpfer der alten Zeit, und hundertaussende andere fallen, vgl. *Lexikon der antiken Gestalten* (Anm. 20), S. 469, B4.

22 *Weinschwelg*, V. 337–339. Vgl. *Lexikon der antiken Gestalten* (Anm. 20), S. 546–548; als Unterschied zur Schuldfrage bei Paris sh. S. 474.

Weinschwelg.[23] Die Figur des *Curâz*, der ein Held eines verlorenen Liebesromans zu sein scheint, teilt das Schicksal des Leander und ertrinkt wegen der Liebe im See.[24] Vom grotesken Schicksal des *Grâland* (V. 334–336), erschlagen und, damit sie ihn nicht vergessen, den Frauen zum Essen vorgesetzt, sind keine literarischen Zeugen außer dem *Weinschwelg* erhalten.[25]

Weil im *Weinschwelg* von der zwischenmenschlichen Liebe abgeraten wird, wurde der Text in die Nähe von Steinmars *Herbstlied* gerückt.[26] Steinmar bezeichnet die Minnenden als *marterære* (*Herbstlied* 1, 8)[27], ähnlich wie der Trinker im *Weinschwelg* von der *tumpheit* der Minneopfer spricht. Der Verdruss des lyrischen Ichs bei Steinmar speist sich jedoch aus eigener Erfahrung als unbelohnter Sänger.[28] Daraufhin schwört er der Minne ab und wendet sich dem Trinken und der Völlerei zu.[29] Das Ich im *Weinschwelg* erklärt jedoch die Minne nicht für nichtig, daher ist der Text kein Minneabsaglied. Stattdessen wird das Objekt des Begehrens ersetzt durch den Wein: *er solde den wîn geminnet hân* (V. 331).

Eine weitere Semantik unterscheidet den anonym überlieferten *Weinschwelg* von Steinmars *Herbstlied*, die für das Weinlob konstitutiv ist: die Weisheit des Trinkers. Alle Minneopfer sind ihm *niht gelîche wîs* (V. 327) und mussten deshalb sterben. Zwei weitere literarische Protagonisten sind seiner Weisheit unterlegen, der *herzoge Iram* (V. 98) und *sîn jäger Nordiân* (V. 101). Die Figur des Iron stammt aus der Tradition der *Thidrekssaga*, in der er für seine Jagdkünste gerühmt wird.[30] Damit erklärt sich das Sujet der Jagd, denn die *Thidrekssaga* erklärt: „Iron war auch ein schmucker Mann, von vornehmem Äußeren, stark und sehr unternehmend. Seine größte Leidenschaft war die Jagd. Dabei verbrachte er oft große Taten.“[31] Ihm untergeben ist tatsächlich ein Nordian.[32] In der

23 *Lexikon der antiken Gestalten* (Anm. 20), S. 220–222.

24 Fischer (Anm. 10), S. 230, verweist dafür auf *Deutsche Liederdichter des 13. Jahrhunderts. Bd. II: Kommentar*, hg. von Carl von Kraus, besorgt durch Hugo Kuhn, Tübingen 1958, S. 457.

25 Fischer (Anm. 10), S. 230, Anm. 33, geht von einem laiähnlichen Gedicht aus, ggf. dem stoffgleichen *Lai d'Ignaure*. Der Protagonist dort ist jedoch nicht Graland.

26 Grunewald (Anm. 7), S. 45. Ohne genaue Nennung spielt auch Gert Hübner auf den *Weinschwelg* und Strickers *Unbelehrbaren Zecher* an (*Minnesang im 13. Jahrhundert. Eine Einführung*, Tübingen 2008, S. 128).

27 Edition nach *Die Schweizer Minnesänger. Bd. I: Texte*, hg. von Max Schiendorfer, nach der Ausgabe von Karl Bartsch neu bearbeitet. Tübingen 1990, Nr. 26.

28 *Sît si mir niht lônen will, / der ich hân gesungen vil*; (Anm 27) 1, 1f.

29 Dass Steinmar dabei weiterhin mit den Minnemotiven spielt und die thematischen Konventionen auf den Herbst überträgt, darauf verweist Hübner (Anm. 26), S. 125–130.

30 Fischer (Anm. 10), S. 230.

31 *Die Geschichte Thidreks von Bern*, übertragen von Fine Erichsen, Neuausgabe mit einem Nachwort von Helmut Voigt, Düsseldorf/Köln 1967 (*Thule* 22), S. 284.

Saga identifiziert sich die Frau des Iron misogyn als Jagdobjekt: Weil ihr Ehemann zu oft außerhalb der Burg Tiere wildert, legt sie sich nackt in den Schnee, um durch diese Doppeldeutigkeit ihren Mann auf die Jagdmöglichkeiten in der Heimat hinzuweisen. Die *Thidrekssaga* wurde Mitte des 13. Jahrhunderts verschriftlicht,[33] der nur wenige Jahrzehnte später erstmals niedergeschriebene *Weinschwelg* wird wohl eher aus der Tradition als aus dem schriftlich fixierten Werk geschöpft haben. Es sind weder mündliche Quellen noch die lange angenommenen niederdeutschen Vorlagen der altnordischen *Thidrekssaga* erhalten geblieben.[34] Der Autor des *Weinschwelg* verändert mithilfe der Analogie das semantische Wortfeld *jäger / jagen / gejagen*. Die Metapher vom *jagen* im Sinne von „nach etwas streben" kann bereits im Mittelhochdeutschen als lexikalisiert angesehen werden.[35] Verschoben wird das Denotat: Objekt ist nicht der *wisent*, sondern der *wîn*.[36] Die übrige Denotation bleibt gleich: Schnelligkeit und Fangen gehören als *tertium comparationis* zur Jagd dazu. Iron und Nordian *reiten* dem Ochsen *nâch* (V. 100), während der Schwelg *vâht* (nhd. ‚fangen', V. 105), jedoch ohne dass sein *gâhen* (nhd. ‚eilen', V. 106) ihn *enmüedet* (V. 106). Hätten sie den Wein gejagt, wären sie so *wîse* (V. 103), wie er selbst. In der *Thidrekssaga* ist Weisheit kein Attribut des Iron.[37] Der Verfasser des *Weinschwelg* hat das semantische Wortfeld von ‚jagen' und ‚lieben' selbst erweitert. Weisheit durch Alkohol ist ein von der antiken Literatur bis ins Mittel-

[32] Hugus, Frank: Art. *Nordian* (1), in: *The Nibelungen Tradition. An Encyclopedia*, hg. von Francis Gentry u. a., New York/London 2002, S. 104; leider ohne weiterführende Literaturangabe oder Textkapitel. Es gibt innerhalb der *Thidrekssaga* einen weiteren Nordian, mit dem dieser nicht verwechselt werden sollte. In Victor Millets Zusammenfassung (Anm. 33) wird nur der zweite aufgeführt.

[33] Victor Millet: *Germanische Heldendichtung im Mittelalter. Eine Einführung*, Berlin [u. a.] 2008, S. 259f.

[34] Sh. Millet (Anm. 33), S. 272, zu den mündlichen Quellen.

[35] Sh. das Lemma *jagen* im Lexer.

[36] Die Verschiebung des Denotats ist nicht, wie es für die Parodie charakteristisch wäre, ein Griff in ein niedrigeres Register. Der Wein ist wie das Fleisch ein besserer Teil des alimentären Grundbestandes innerhalb der höfischen Gesellschaft. Dazu gehört auch, dass das übermäßige Trinken als auch Essen die Völlerei ausmacht. Einen sowohl literaturwissenschaftlichen als auch historisch-archäologischen Blick gibt Anne Schulz in ihrer Dissertation, S. 103: Wein als häufigstes Getränk in der höfischen Literatur; S. 83: zur Jagd als Fleischbeschaffung. *Essen und Trinken im Mittelalter (1000–1300). Literarische, kunsthistorische und archäologische Quellen*. Berlin/Boston 2011 (*Reallexikon der germanischen Altertumskunde, Ergänzungsbände* 74).

[37] *Die Geschichte Thidreks von Bern* (Anm. 31), Kap. 254–288. Der Gegner Irons heißt Salomon, in Anlehnung an den weisen Israelitenkönig. Den Rat, Salomon zu überlisten, bekommt Iron von seiner Frau (Kap. 256).

alter belegtes Motiv.[38] Der Wein macht den Trinker demnach klug und zu einem mustergültigen Menschen. Die Weisheit wird zum Maßstab einer waagerecht abgrenzenden Wertigkeit, die intratextuell den Trinker unter den literarischen Figuren hervorstechen lässt.

Das Sprecher-Ich nennt fünf Städte und Regionen, in denen sich nach seinen Aussagen kein so fähiger Trinker findet, wie er einer sei: *Pârîs*, *Padouwe*, *Tervîs*, *Rôme* und *Tuscân* (V. 299–301). Edward Schröder hat die Blütezeit der Stadt Treviso (ab 1260) als *terminus post quem* genommen und die Städte als Aufzählung mittelalterlicher Universitätszentren gedeutet.[39] Zweifel an dieser Einordnung der Städte äußerten vor allem Ute Schwab[40] und – verhaltener – Burghart Wachinger[41], jedoch ohne alternative Deutungen zu nennen. Zumindest erschöpfend kann Schröders Erklärung nicht sein: Die Universität Treviso ist erst 1318 gegründet worden[42] und konnte keineswegs auf eine städtisch präuniversitäre Wissenskultur aufbauen, weshalb sie auch nach einigen Jahren wieder schließen musste.[43] Auch die anderen Städte gehen in der Deutung Schröders nicht auf: Die Universität in Rom (die *studium urbis* genannt wurde) ist ebenfalls erst im 14. Jahrhundert, 1303, gegründet worden.[44] Es könnten nur die theologische und die juristische Fakultät des *studium curiae* gemeint sein, die 1244 durch Dekret entstanden sind.[45] Am erklärungsbedürftigsten ist die Nennung der Toskana (*Tuscân*) – steht die Region, folgt man Schröder, für die Universitäten Arezzo oder Siena, die schon bestanden (jedoch mit Unterbrechungen)[46], oder für die Universität Florenz, die erst Mitte des 14. Jahr-

[38] Hans Ritte: *Das Trinklied in Deutschland und Schweden. Vergleichende Typologie der Motive. Bis 1800*, München 1973, S. 62–68.

[39] Schröder (Anm. 5), S. 9: „Für alter und heimat zugleich ist V. 300 bedeutsam, wo von dem studium ze Padomve und ze Tervis die rede ist." Schröder eilt hier schon zu weit voraus, von Studium oder studieren ist im *Weinschwelg* keine Rede.

[40] Ute Schwab: *Rezension zu* Der Stricker, Fünfzehn kleine Verserzählungen. Mit einem Anhang: Der Weinschwelg, hg. von Hanns Fischer, Tübingen 1960. XVI, 171 S. (*ATB* 53), in: *PBB* 83 (1961/62), S. 373–382, hier S. 382: „Auf jeden Fall aber müssen die aus der Nennung von Tervis [...] von Schröder gezogenen chronologischen Schlüsse aus begreiflichen Gründen revidiert werden".

[41] Burghart Wachinger: Art. *Der Weinschwelg*, in: *VL*, Bd. 10, Sp. 821–822, hier Sp. 822.

[42] Graeme Dunphy: Art. *The Medieval University*, in: *Handbook of medieval culture*. Bd. 3: *Fundamental aspects and conditions of the European Middle Ages*, hg. von Albrecht Classen, Berlin/Boston 2015, S. 1705–1734, hier S. 1714.

[43] Jacques Verger: *Grundlagen*, in: *Geschichte der Universität in Europa. Bd. I: Mittelalter*, hg. von Walter Rüegg, München 1993, S. 49–71, hier S. 65.

[44] Dunphy (Anm. 42), S. 1714; Paul F. Grendler: *The Universities of the Italian Renaissance*, Baltimore/London 2002, S. 56–64.

[45] Dunphy (Anm. 42), S. 1714.

[46] Verger (Anm. 43), S. 70.

hunderts gegründet wurde?[47] Und warum fehlt in der Aufzählung der Wissenszentren Bologna, neben Paris der zweite große „Archetyp" der mittelalterlichen Universitäten[48] und bereits damals ein Vorbild? Paris und Padua zumindest gehören gegen Ende des 13. Jahrhunderts zu den führenden akademischen Zentren Europas.[49]

Erhellend kann es sein, die genannten Orte als ein Nebeneinander von intellektuellem Können und Trinkfähigkeit aufzufassen. Die Toskana behielt im gesamten Mittelalter ihre Rolle als bedeutende Weinregion,[50] ein Anziehungspunkt für diejenigen trinkerprobten Männer, die *beidiu spâte unde fruo / sô wol an trinken* (V. 308f.) sich nicht am Schwelg messen könnten. Auch Padua ist sowohl Universitätsstadt als auch italienische Weinregion. Treviso, heute önologisch bekannt als Ursprungsregion des Prosecco, gehört im späten Mittelalter zu den bedeutenden Drehkreuzen des Weinhandels. Hierher gelangte der Wein aus dem Mittelmeerraum, der zum allergrößten Teil nach Norden ins Deutsche Reich weiterbefördert wurde.[51] Die erste Geschichte des zweiten Tages in Boccaccios *Decamerone* spielt in Treviso. Ein Deutscher wird in der Stadt heilig genannt und deutsche Soldaten bewachen seine Grabstätte.[52] Die Beziehungen zum Reich waren wichtig für die Stadt und waren dem Weinhandel geschuldet. Die Auswahl der Städte ist von der Mischung zwischen intellektuellen Zentren und Weinregionen motiviert.

Wissenskontexte als sozialgeschichtlicher Hintergrund parodistischer Weingesänge prägen die mittellateinische Vagantenlyrik, die zweifelsohne als Systemreferenzraum des *Weinschwelg* gedeutet werden kann. Die biographisch heute bekannten Dichter verfassten nie ausschließlich weltliche Texte über alltägliche Genüsse, sondern ganz überwiegend theologische. Die säkulare, oft derb-humoristische lateinische Lyrik ist in der kulturellen Oberschicht zu verorten, nicht, wie lange angenommen, an ihren Rändern oder ihr lose angegliedert.[53] Diese Vagantendichter (oder besser: jene, die auch Vagantendichtung verfassten) bewegen sich sowohl in der kirchlichen als auch der uni-

47 Dunphy (Anm. 42), S. 1714.

48 Dunphy (Anm. 42), S. 1709.

49 Verger (Anm. 43), S. 65.

50 Philip Jones: *Medieval Agrarian Society in its Prime. Italy*, in: *The Cambridge economic history of Europe.* Bd 1: *Agrarian Life of the Middle Ages*, hg. von Michael Postan, Cambridge 1966, S. 340–431.

51 Gian Varanini: *Le strade del vino. Note sul commercio vinicolo nel tardo Medioevo (con particolare riferimento all'Italia settentrionale)*, in: *La civiltà del vino. Fonti, temi e produzioni vitivinicole dal Medioevo al Novecento*, hg. von Gabriele Archetti, Brescia 2003 (*Atti delle Biennali di Franciacorta* 7), S. 635–664, bes. S. 661.

52 Giovanni Boccaccio: *Das Dekameron*, in der Übertragung von Karl Witte. Durchgesehen von Helmut Bode, 20. Aufl., München/Zürich 1991, S. 84–89.

53 Bryan Gillingham: *The social background to secular medieval Latin song*, Ottawa 1998 (*Wissenschaftliche Abhandlungen* 60/3).

versitären Welt. Alexander Neckam beispielsweise wächst neben dem späteren englischen König Richard I. auf und studiert später in Paris. Dort lehrt er auch, vor allem Grammatik. In der Mitte seines Lebens geht er wieder nach England, wird erst Mönch und dann Abt des Klosters Cirencester.[54] In seiner *commendatione vini* preist er Bacchus, der gleichzeitig Adressat des Weinlobs ist: *Rursus, Bache, tuas laudes describo libenter* (2,1).[55] Hugo von Orléans erhielt von seinen Schülern zu Lebzeiten den Beinamen Primas als vorzüglicher Lehrer der Literatur. In einer Chronik wird er posthum charakterisiert: „von jugendlichem Alter an in den weltlichen Wissenschaften gebildet und von Witz und Literaturkenntnissen strahlend."[56] Er reist als Lehrer und Dichter zwischen französischen Metropolen und Bischofsstädten hin und her, auch nach England. Sein Wissen scheint sich jedoch langfristig nicht ausgezahlt zu haben, in späten Schriften klagt er über Altersarmut.[57] Sein *Denudata veritate* ist ein Streitgedicht zwischen Wasser und Wein, ein beliebter Stoff der mittellateinischen Literatur.[58] Die beiden wechseln sich ab in Lob des eigenen und Schmähung des anderen. Den Streit entscheidet ein Bibelzitat: Bei der Hochzeit zu Kana verwandelt Jesus das Wasser zu Wein (Joh. 2,1–12), womit die göttliche Präferenz klar sei. Verkürzt aufgenommen wurde das Gedicht in die *Carmina Burana*, die noch weitere Weinlobgesänge enthalten neben ihren didaktischen, Liebes-, Spott- und Spielerliedern. Wie bei Alexander Neckam und Hugo von Orléans sind alle voll des Lobs für den Wein, häufig als Bacchuslob verkleidet. Doch findet sich dort, und dies scheint für die gesamte mittellateinische Literatur zu gelten, kein solch ausgefeiltes Selbstlob, wie es der Dichter im *Weinschwelg* ausgearbeitet hat. So endet beispielhaft das zweihundertste Lied der *Carmina Burana* mit dem Lob des Bacchus, ohne Selbstlob:

> 12. Bache, deus inclite, omnes hic astantes
> leti sumus munera tua prelibantes.

[54] Eine ausführliche Biographie von Alexander Neckam bei Richard Hunt und Margaret Gibson: *The schools and the cloister. The life and writings of Alexander Nequam (1157–1217)*, Oxford 1984, und Max Manitius: *Geschichte der lateinischen Literatur des Mittelalters. Bd. 3: Vom Ausbruch des Kirchenstreites bis zum Ende des 12. Jahrhunderts*, unter Paul Lehmanns Mitwirkung. Unveränderter Nachdruck der 1931 erschienenen 1. Aufl., München 1973 (*Handbuch der deutschen Altertumswissenschaft* 9, 2/3), S. 784–794.

[55] *Wieder preise ich gerne deine Vorzüge, Bacchus*. Alexander Nackam: *Suppletio defectuum. Carmina minora*, hg. von Peter Hochgürtel, Turnhout 2008, S. 201.

[56] Zitiert nach Karl Langosch: *Mittellatein und Europa. Führung in die Hauptliteratur des Mittelalters*, 2., unveränderte Aufl., Darmstadt 1997, S. 213.

[57] Zu Hugo von Orléans sh. die Einführung in der Edition und Übersetzung: *Hugh Primas and the Archipoet*, hg. und übersetzt von Fleur Adcock, Cambridge [u. a.] 1994 (*Cambridge Medieval Classics* 2), xvii–xxii; Langosch (Anm. 56), S. 213–215, und Manitius (Anm. 54), S. 973–978.

[58] Manitius (Anm. 54), S. 944.

Refrain:	Istud uinum,	bonum uinum,	uinum generosum.
	reddit uirum,	curialem,	probum, animosum.

13. Omnes tibi canimus maxima preconia
te laudantes merito tempora per omina.
Refrain: ...

12. Bacchus, erhabener Gott, alle, die wir hier stehen, bringen dir hocherfreut deine Gaben als Opfer dar.
Refrain: So ein Wein, ein guter Wein, ein edler Wein macht einen Menschen höfisch, tüchtig, mutig.
13. Alle singen wir die herrlichsten Lobgesänge und preisen dich, wie du es verdienst, in Ewigkeit.[59]

Der Trinker im *Weinschwelg* dagegen bezeichnet sich selbst als *meister* (V. 297, 303) unter den Männern. Diese ebenfalls vertikale Einordnung stammt ursprünglich aus dem Lob des Weines, nicht des Trinkers:

wîn, mir ist dîn tugent kunt.	Wein, ich kenne deinen Wert.
ich erkenne wol dîne craft,	Ich weiß von deiner Kraft,
dîn kunst und dîne meisterschaft.	deiner Kunst und deiner Meisterschaft.
du bist meister der sinne[.]	Du bist ein Meister der Sinne. (V. 116–119)

Die Dreierformel *craft*, *kunst* und *meisterschaft* erscheint später im Verlauf noch einmal als Doppel (*ich hân künste unde craft*, V. 165) zur Selbstbehauptung des Schwelgs. Die Meisterschaft ist nun mehrmals sein Attribut (V. 144, 297, 303) und das Diener-Meister-Verhältnis kennzeichnet gegen Ende nicht mehr das zwischen Wein und Weintrinker (V. 82f., 130f.), sondern zwischen Trinker und Welt:

die liute solten alle sich	Die Leute sollen sich
zu mînem gebote neigen.	meinem Befehl unterwerfen.
diu werlde ist gar mîn eigen.	Die Welt gehört mir.
ich hân gewaltes sô vil,	Meine Macht ist so groß,
daz ich tuon, swaz ich wil.	dass ich tun kann, was ich will,
swaz ich wil, daz ist getân.	und was ich will, das ist getan. (V. 382–387)

Die Verknüpfung von Wissen, Können (hier: virtuosem Trinken) und Meisterschaft weist nicht auf den Minnesang hin, sondern auf die verwandte lyrische Gattung des Sangspruchs. Die „Inszenierung einer Position der Überlegenheit"

[59] *Carmina Burana* (Anm. 21), S. 640f.

reklamiert ein selbstbewusstes Könner-Ich in der Gattung.[60] Die Verknüpfung von Können und Wissen gehört zum typischen Repertoire des Sangspruchs,[61] mit der die Figur des Trinkers erst den Wein in den Himmel lobt, um sich dann selbst als *meister* zu stilisieren.[62] Das literarische Können der Sangspruchdichter wird mit dem trinkfesten Können des Schwelgs parodiert. Der Trinker, dessen Monologe stets durch die Worte des Erzählers *er sprach* eingeleitet werden, gefällt sich in der Rolle des unikalen Weinwerbers. Die sangspruchtypische Gelehrsamkeit ist im *Weinschwelg* das Wissen um die wahre Kraft der Minne, die als Geheimwissen inszeniert wird. Sie dient dazu, Gegnerschaft mit den Minneopfern zu imaginieren und sich ihnen gegenüber als *meister* zu profilieren. Elitär geheim ist auch das Wissen um die wohltuenden Effekte des Weins. Der Trinker prophezeit ein *verligen* der Bauern herbei, die – wie die Vernachlässigung der Herrschaft im *Erec*[63] – ihren Aufgaben nicht mehr nachkommen würden, partizipierten sie an diesem Wissen.[64] Zu seinem Vorteil (*daz hân ich ze einem heile*, V. 195) ist dieses *erkennen* jedoch den Bauern vorenthalten. Das Zurückgreifen auf breite Wissenskontexte, das literarisch weit verbreitete Figuren wie Erec, Paris und Dido ebenso umfasst wie entlegene Namen (Nordian, Curaz, Graland), beweist die Meisterschaft des Trinkers in Wissensbeständen. Das Trinkvermögen zeigt sich an den immer größer werdenden

[60] Dieter Seitz: *Autorrollen in der Sangspruchdichtung des 13. Jahrhunderts*, in: *Spurensuche in Sprach- und Geschichtslandschaften. Festschrift Ernst Erich Metzner*, hg. von Andrea Hohmeyer, Jasmin S. Rühl und Ingo Wintermeyer, Münster/Hamburg 2003 (*Germanistik* 26), S. 505–518, hier S. 514.

[61] Vgl. Beate Kellner und Peter Strohschneider: *Poetik des Krieges. Eine Skizze zum Wartburgkrieg-Komplex*, in: *Das fremde Schöne: Dimensionen des Ästhetischen in der Literatur des Mittelalters*, hg. von Manfred Braun und Christopher Young, Berlin/New York 2007 (*Trends in medieval philology* 12), S. 335–356, bes. S. 338, und auch Franziska Wenzel: *Meisterschaft und Transgression. Studie zur Spruchdichtung am Beispiel des Langen Tons der Frauenlob-Überlieferung*, in: Ebd., S. 309–334.

[62] Klaus Grubmüller erinnert daran, dass in der frühen Sangspruchdichtung *meisterschaft* als Selbstzuschreibung noch kein hervorgehobener Begriff ist. Im Laufe des 13. Jahrhunderts tritt sie ins Blickfeld der Spruchdichter, jedoch als artikulierte Meisterschaft der anderen mit dem Versuch, an ihr zu antizipieren. Die Selbstermächtigung des Dichters aus seiner eigenen *meisterschaft* ist erst im 14. Jahrhundert erreicht. Dieser Versuch der Antizipation gestaltet sich im *Weinschwelg* anders, denn nicht dem Dichter, sondern seinem Protagonisten wird *meisterschaft* zugesprochen. Klaus Grubmüller: *Autorität und* meisterschaft. *Zur Fundierung geistlicher Rede in der deutschen Spruchdichtung des 13. Jahrhunderts*, in: *Literarische und religiöse Kommunikation in Mittelalter und Früher Neuzeit*, hg. von Peter Strohschneider, Berlin/New York 2009, S. 689–711.

[63] Hartmann von Aue: *Erec*, hg. von Manfred Günter Scholz. Übersetzt von Susanne Held, 2. Aufl., Frankfurt/Mainz 2007 (*Deutscher Klassiker-Verlag im Taschenbuch* 20), V. 2971.

[64] *diu houwe und der pfluoc / diu müesen immer ledic sîn. Weinschwelg*, V. 186f.

Schlucken im Verlauf der Rahmenerzählung: Schafft er zu Beginn *[e]inen trunc von zweinzec slünden* (V. 19), sind es später hundert (V. 199). Natur- und Sturmwellenvergleiche werden herangezogen, um das Schütten noch annähernd beschreiben zu können (V. 133–143, 229–231), gegen Ende läuft die Sitzbank Gefahr, unter ihm zu bersten (V. 279) und er droht zu platzen. Die Meisterschaft des Schwelgs bezieht sich neben der gebildeten Rede auch auf die Beherrschung des eigenen Körpers, denn er kann sich aus dieser Gefahr befreien, indem er auf eine Rüstung zurückgreift, die geradezu magisch-metallisch seine menschliche Haut vor dem Zerplatzen schützt.[65]

Auf weiter Strecke bedient der *Weinschwelg* Systemreferenzen von Minnesang und Sangspruch. Aus dem Minnesang entlehnt ist die vertikal verhandelte Hierarchie zwischen dem Trinker und dem Wein, den er gegenüber allen Freuden des Hofes bevorzugt und dessen Minnen ihm gleichzeitig Pflicht und Freude ist. Semantiken der Dienerschaft, des Verneigens und des Emporhebens verdeutlichen die Hierarchie. Mit der Verhöhnung der literarischen Figuren der Minneopfer und der Jäger des falschen Jagdguts reiht sich der Trinker in die Minnetradition ein. Sich selbst als *meister* darzustellen gegenüber den *tump[en]*, die Demonstration von geheimen und spezialisierten Wissenskontexten und die Darstellung trinkfesten Könnens verweisen auf den Sangspruch. Im Verlauf des Textes gehen Genießer und Genussmittel ineinander über und der Trinker partizipiert an den Attributen und der Wertigkeit des Weines, die er zuvor besungen hat. Die *meisterschaft* des Weines wird zur *meisterschaft* des Schwelgs. Minnesang- und Sangspruchreferenzen werden herangezogen, um den Protagonisten zu profilieren. Eine Trennung zwischen den beiden fällt vor allem bei der Beschreibung der Minneopfer schwer, weil die Parodie im Sinne einer Umdichtung eine Vorlage kaum noch erkennen lässt. Darüber hinaus ist eine genaue Trennung von Minnesang und Sangspruch im späten Mittelalter nicht mehr zu ziehen.[66]

Eine erschöpfende Einordnung des *Weinschwelg* in die spätmittelalterliche Lyrikparodie geht jedoch nicht auf. Das bedeutendste Argument gegen eine klare Zuordnung ist ein formales: Der *Weinschwelg* ist nicht in Strophen verfasst und

[65] Diese Potenz zur Zerstörung des eigenen Leibs findet sich auch im Wartburgkrieg-Komplex: sh. Kellner/Strohschneider (Anm. 61), S. 347.

[66] Vgl. Johannes Rettelbach: *Minnelied und Sangspruch. Formale Differenzen und Interferenzen bei der Tonkonstitution im 13. Jahrhundert*, in: *Sangspruchdichtung. Gattungskonstitution und Gattungsinterferenzen im europäischen Kontext. Internationales Symposium Würzburg, 16.–18. Februar 2006*, hg. von Dorothea Klein, Trude Ehlert und Elisabeth Schmid, Tübingen 2007, S. 153–168; Rüdiger Schnell: *Minnesang und Sangspruch im 13. Jahrhundert. Gattungsdifferenzen und Gattungsinterferenzen*, in: *Transformationen der Lyrik im 13. Jahrhundert. Wildbader Kolloquium 2008*, hg. von Susanne Köbele, Berlin 2013 (*Wolfram-Studien* 21), S. 287–347; Karin Brem: *Gattungsinterferenzen im Bereich von Minnesang und Sangspruchdichtung des 12. und beginnenden 13. Jahrhunderts*, Berlin 2003 (*Studium litterarum* 5).

besitzt einen verknappten, wiederkehrenden Refrain. Er ist vor allem in seiner formalen Struktur ein Reimpaargedicht, das über eine Erzählerinstanz verfügt. Im Minnesang und im Sangspruch findet die Selbstermächtigung eines frei formulierenden Ichs, im *Weinschwelg* einer narrativ vom Erzähler abhängigen Figur statt. Der Autor spricht nicht selbst, sondern benutzt den Protagonisten, um sich in seiner Gegnerschaft zu behaupten. Dieses verknappte Dichter-Ich spitzt keine polemischen Angriffe auf andere Dichter zu, weltliche Bezüge beschränken sich auf die Nennung realer Städte, nicht jedoch von Personen. Die Schmährede auf die Minneopfer und andere literarische Figuren bleibt auf der Ebene der Parodie.

2 Referenzen auf Erzählbausteine der Epik

Swaz ich trinkens hân gesehen,	Welches Trinkgelage ich jemals sah,
daz ist gar von kinden geschehen:	das war alles Kinderspiel.
ich hân einen swelch gesehen,	Ich sah einen Säufer, dem ich
dem wil ich meisterschefte jehen.	die Meisterschaft zugestehen möchte.
[...]	
er ist vor allen mannen	Er ist bei den Männern
ein vorlouf aller swelhen.	der Erste unter allen Trinkern.
von ûren und von elhen	Von Ochsen und Elchen wurden
wart solher slünde nie niht getân.	nie solche Schlucke getan. (V. 1–4, 8–11)

Der selten mehr als wenige Verse lang kommentierende Erzähler[67] beginnt das Gedicht mit einem Lob auf den Schwelg. Die rühmende Einführung der Hauptpersonen ist ein narrativer Baustein, der in vielen Schwänken und galant-höfischen Mären den Textbeginn generiert.[68] Ein Beispiel für eine Lobrede auf den Protagonisten liefert der *Mauricius von Crâun* aus dem zweiten Viertel des 13. Jahrhunderts. Darin werden der Name und die Herkunft des Protagonisten geschildert, außerdem enthält die Lobrede eine Beschreibung guter Erziehung und einen unentbehrlichen Hinweis auf die Anerkennung in der Gesellschaft (Mauritius ist ein ehrbarer Streiter im Turnier).[69] Im Märe *Das Auge* entspricht die innere Qualität des Mannes seinem Äußeren (das jedoch durch den Verlust des Auges beschädigt wird). Gemessen wird stets an den anderen Repräsentanten des Geschlechts, unter ihnen sticht er durch *hohe[] kunst* und *meisterschaft* in *turnei* und *mannes kraft* hervor (V. 11f.).[70] In *Aristoteles und Phyllis* ist es der junge

[67] Mehr als fünf Verse: V. 1–13, 132–143, 258–266, 362–367.

[68] Schirmer (Anm. 3), S. 4–14.

[69] *Mauricius von Craûn. Mittelhochdeutsch/neuhochdeutsch*, nach dem Text von Edward Schröder, herausgegeben, übersetzt und kommentiert von Dorothea Klein, Stuttgart 2008 (*RUB* 8796), V. 263–288.

[70] *Das Auge*, in: *Neues Gesamtabenteuer. Das ist Fr. H. von der Hagens Gesamtabenteuer in neuer Auswahl. Die Sammlung der mittelhochdeutschen Mären*

Alexander, der sich unter *alle die nu lebende sint* (V. 30)[71] auszeichnet. In traditioneller poetischer Technik erstreckt sich das Lob über drei Zeitstufen: die rühmende Hervorhebung der Elterngeneration, die herausragenden Taten im Jugendalter (im Märe: außerordentlich romantisches Werben) und die Verweise auf das glorreiche Mannesalter Alexanders.[72] Damit knüpft der anonyme Dichter des Schwanks an die topische Redeweise der höfischen Romane und der höfisch-galanten Mären an, „die sich durch die stereotype Verwendung von Einzigartigkeitshyperbeln auszeichnen. Der Held der höfischen Romane ist jeweils der tiurste, der höfschste, der küenste, der schoenste, der tugende rîcheste, der werdeste man, der ritters namen ie gewan."[73] Aristoteles jedoch, der erst die Liebe zwischen seinem Zögling Alexander und Phyllis erfolgreich unterbindet und von der Dame deshalb öffentlich gedemütigt wird, erhält ein weitaus kürzeres Lob, obwohl er neben Phyllis die Hauptfigur im komischen Teil des Märe (Frau reitet auf liebeskrankem Mann) ist. Ebenso ist die Deskription als alt und weise zweifelsohne nicht allein positiv: Aristoteles sei *ein[] meister, der was wise / und gar von alter grise* (V. 41f.). Seine Meisterschaft ergibt sich nicht aus seinem Aussehen oder seiner Herkunft, sondern einzig und allein aus seiner Gelehrsamkeit: Der Grieche *was so künste rîche, / daz alle diu werlt gelîche noch sîner küenste / hât hiute* (V. 50–53). Die Personenbeschreibung und das Ausmaß seiner Entfaltung ergeben sich aus dem Sozialstand der Person.[74] Der nichtadelige Aristoteles erfährt hier weit weniger positive Zuschreibungen als der adelige Alexander (oder die ebenfalls adelige Phyllis; die Standesgrenze ist der Gendergrenze vorgelagert). Die Mären des 13. Jahrhunderts verfahren bei nichtadeligem Personal anders, dessen Würdigungen fallen weitaus weniger ausführlich aus. Während die Hauptfiguren der mittelhochdeutschen Epik und der Romane meist ausschließlich durch Adels- und Ritterfiguren besetzt sind, formuliert sich in den Mären bisweilen ein bürgerlicher oder bäurischer Habitus (wobei das Bäuerliche

und Schwänke des 13. und 14. Jahrhunderts, Bd. 1 hg. von Heinrich Niewöhner. 2. Aufl., hg. von Werner Simon, mit den Lesarten besorgt von Max Boeters und Kurt Schacks, Dublin/Zürich 1967, S. 244–250 (Nr. 35).

71 *Aristoteles und Phyllis*, in: *Novellistik des Mittelalters. Märendichtung*, herausgegeben, übersetzt und kommentiert von Klaus Grubmüller, Frankfurt a. M. 1996 (*Bibliothek des Mittelalters* 23 / *Bibliothek deutscher Klassiker* 138), S. 492–522.

72 Schirmer (Anm. 3), S. 6.

73 Grunewald (Anm. 7), S. 41, jedoch zum *Weinschwelg* unter Verwendung eines Zitats von Joachim Bumke: *Studien zum Ritterbegriff im 12. und 13. Jahrhundert*, Heidelberg 1964 (*Beihefte zum Euphorion* 1), S. 131. Dass sich in den Großformen aus dieser Perfektion stets auch Schwierigkeiten ergeben, hat Armin Schulz hervorgehoben: *Erzähltheorie in mediävistischer Perspektive*, hg. von Manuel Braun, Alexandra Dunkel und Jan-Dirk Müller, 2. durchgesehene Aufl., Berlin/München/Boston 2015, S. 85–88.

74 Schirmer (Anm. 3), S. 8–14.

eine meist negative Fremdzuschreibung ist). Diese Figuren werden nicht in genealogischen Linien verortet, und wenn sie lobend eingeführt werden, geschieht dies wie bei Aristoteles deutlich knapper. Der Topos der Überbietung bleibt jedoch gewahrt. Aristoteles ist der wissensreichste Mann, der Schwelg ist der Erste unter den Trinkern. Seine Meisterschaft ergibt sich aus der Wahl seiner Trinkgefäße (mit Bechern gibt er sich nicht ab, sondern er präferiert es, direkt aus der Kanne zu trinken). Damit schlägt er nicht nur seine menschlichen Konkurrenten, sondern auch die *ûren* und die *elhe* (V. 10), womit der Überbietungstopos ins Animalische verlängert wird.

Der Schwelg wird vom Erzähler fortwährend in die Nähe von Tier und Natur gesetzt (z. B. V. 133–141) und damit als Anti-Höfling stilisiert. An anderer Stelle gleichen seine Schlucke dem Rauschen der Fluten auf den Schaufeln einer Mühle. Der Trinker übernimmt diese semantische Isotopie über die Erzählebenen hinweg: *daz ist ein süeziu fluot* (V. 232). Dadurch scheint die Grenze zwischen Monolog und Kommentar, zwischen Erzähler und Protagonist unscharf. Den gleichen Effekt hat der Reim mit dem Refrainvers *dô huob er ûf unde tranc* des Erzählers, der stets gepaart ist mit dem vorangehenden, letzten Monologvers des Trinkers. Elemente der Narration (Erzähler, Protagonist, auftretende Objekte) werden im Laufe des *Weinschwelg* immer weiter reduziert. Dies gilt auch für die Differenzen zwischen Weintrinker und Wein.

Das Verhältnis ist oft im Sinne gegenseitiger Nähe bis hin zur Abhängigkeit gestaltet. So tue der Wein *allen willen* des Trinkers (V. 41) und dieser gebiete wiederum mit seinem Willen der ganzen Welt (V. 384–386). Schwelg und Wein müssen immer zusammen sein (V. 80). Der Wein mache ihn jung (V. 200, 239), die beiden können sich nicht trennen, denn die Minne des Trinkers habe dem Wein im Herzen ein Haus gebaut (V. 50–53), wegen des Weins wohnt der Trinker in der Straße der Minne (V. 343), er *minnt* den Wein (V. 359) und will ihm nicht entrinnen (V. 360). Keine Sonne, kein Regen, Schnee oder Wind könnten dem Trinker schaden (V. 173–183), der Wein habe den Mann bezwungen (V. 82) und er tue alles, was er ihm gebietet (V. 82f.). Er verneigt sich vor ihm (V. 171f., 222) und will den Wein *crœnen* (V. 271), er könne nie genug von ihm haben (V. 43) und sei an den Wein gebunden (V. 351f.), dieser Umstand sei ihm *sælde* und *heil* (V. 353). Gleichzeitig bedränge der Wein seinen Leib (V. 408f.).

Auch ist eine genaue Trennung zwischen Wein und Trinker nicht immer ausmachbar. Vergleicht man die Attribute der beiden, finden sich signifikante Übereinstimmungen. Häufig wird die Meisterschaft des Trinkers postuliert (durch den Verfasser: V. 4, als Selbstzuschreibung: V. 144, 297, 304, 382–385). Auch der der Wein hat *meisterschaft* (V. 118, V. 119: Er ist *meister der sinne*.). Er hat *craft* und *kunst* (117f.), ebenso wie der Schwelg *künste* und *craft* besitzt (V. 165, V. 146: *kunst* des Trinkens). Der Mann ist ein *vorlouf* vor allen Männern, Ochsen und Elchen, wenn es um seine Schlucke geht (V. 9), die besten seines Geschlechts können ihm nicht folgen (V. 163, ähnlich auch V. 248–250). Auch der Wein macht *manegen wettelouf* (V. 122). Sie sind beide *nâchgebur* (Nachbarn,

V. 173, 310f.) des anderen. Der Wein besitzt *wâfen* (V. 26), während der Mann sich mit der eisernen Weste wappnet (V. 403). Dem Wein sollen die Menschen dienen (V. 130) und er gebietet dem Mann (V. 83), gleichzeitig sollen die Menschen sich den *gebote[n]* des Mannes *neigen* (V. 383) und ihm dienen (V. 395). Sie sind beide *guot* (V. 15: Herz, 296: Mann) und voller *tugend* (das Herz: V. 21, 71, 116; der Mann: V. 390 im Plural; sein Herz: V. 166). Der Fokus des Hymnus verschiebt sich im Verlauf der Reimpaarerzählung vom Wein hin zum Trinker selbst. Gleichzeitig nimmt der Mann auch immer mehr Alkohol zu sich, bis am Ende der physische Körper zu platzen droht und der Widerstand, den die Haut dem Wein noch bietet, vor der Auflösung steht (der Wein will ihn *entsliezen*, V. 411).[75] Der Mann braucht die eiserne Weste, um seine gewaltsame leibliche Zersetzung aufzuhalten, und er schafft dies auch. Der Körper des Trinkers steht zur Disposition, weil der Alkohol ihn ausfüllt. Gegen Ende des Gedichts stellt sich das Verhältnis zwischen Trinker und Wein als Abhängigkeit und Verschmelzung dar. Durch die Einverleibung des Weins erlangt der Trinker dessen Kräfte als Gebieter der Menschen.

3 Die Tradition des Weinlobs nach dem *Weinschwelg*

Im dritten Viertel des 13. Jahrhunderts komponiert, begründet das Märe gemeinsam mit dem früher entstandenen *Unbelehrbaren Zecher* des Strickers die Idee des genießenden Trinkens in der deutschen Literatur. Im Vergleich zum Strickermäre setzt der *Weinschwelg* den Alkohol absolut, denn der Zecher beim Stricker muss den Wein noch gegenüber seinem Widersprecher verteidigen, und das Streitgespräch endet nicht argumentativ, sondern durch Rückgriff auf eine dem Text vorgelagerte Moral.[76] Der *Weinschwelg* dagegen verteidigt seinen Trinkkonsum nicht, sondern er setzt seine Fähigkeit über die Liebesfähigkeit literarischer Figuren. Erstmalig ist im *Weinschwelg* die Selbsterhöhung des Sprecher-Ichs durch die Hymne auf den Alkohol dargestellt. Der Autor kann dabei nicht auf das mittellateinische Weinlob zurückgreifen, denn ihm ist diese Dichterstrategie nicht bekannt (Neckam, *Carmina Burana*).

[75] Ein offenes Ende stellt ebenso wie das Erzählschema eine Provokation der Rezipientenerwartung dar. Für die Herausforderung durch das Erzählschema beim Pleier vgl. den Aufsatz von Björn Reich: *Der provozierte Rezipient. Schemabrüche und Schemaübersteigerungen beim Pleier*, in: *Ironie, Polemik und Provokation*, hg. von Cora Dietl, Christoph Schanze und Friedrich Wolfzettel, Berlin/Boston 2014 (*Schriften der Internationalen Artusgesellschaft* 10), S. 239–258.

[76] Nachdem der Trinker den Wein gepriesen hat, antwortet sein Widersprecher: *dîn rât und dîn lêre / sint von mir unversuochet. / dine ere sint vervluochet.* Stricker: *Der unbelehrbare Zecher*, in: *Verserzählungen I*, hg. von Hanns Fischer, 5., verbesserte Aufl., besorgt von Johannes Janota, Tübingen 2000 (*ATB* 53), S. 155–160, V. 126–128.

Der Überbietungstopos des Sprecher-Ichs entstammt nicht dem lateinischen Weinlob, sondern der Tradition des Minnesangs, in der die Preisung der Minnedame die Dichtkunst des Sängers veredelt. Vom Minnesang ausgehend hat der Überbietungstopos auch auf andere Textgattungen im Spätmittelalter eingewirkt. Überraschend ist dabei, dass die Selbsterhöhung im Weingenuss nur sehr partiell übernommen wurde, obwohl sich das Weinlob seit der Zeit des Strickers und des *Weinschwelg* weit verbreitet hat. In den Mären ist sie in ihrer Radikalität einmalig geblieben. In dem ebenfalls noch im 13. Jahrhundert entstandenen Märe von der *Wiener Meerfahrt* finden sich eine Parodie auf die Wiener Gesellschaft reicher Bürger und eine Satire auf das Pilgerlied, eine *æmulatio* des Dichters liegt nicht vor.[77] Die anonyme Zechrede von den *Zwölf Trünken* aus dem 15. Jahrhundert zitiert Passagen aus dem *Weinschwelg*,[78] nimmt die Selbsterhöhung im weiteren Verlauf der Rede – und im weiteren Verlauf der Trunkenheit – aber wieder zurück: *die spähen sprüng, die ee trat / die sach man mich do meiden.* (V. 118f.)[79] Die Weingrüße und segen – vermutlich Nürnberger Provenienz – aus dem 15. Jahrhundert sind ohne die Strategien des *Weinschwelg* nicht zu denken, auch hier wird der Wein absolut gesetzt:

Der keyser von Constantinopel	Der Kaiser von Konstantinopel,
Vnd der groß kaen von Kathey	der Großkhan von Catai und
Vnd brieser Johann, die reichen drey,	Priesterkönig Johannes, die reichen Drei,
Die mochten dein edel nicht vergelten	kommen nicht an deinen Adel heran.
[…]	
Vnd were der pabst zu tisch geseßen,	Und wenn der Papst am Tisch säße
Vnd solt der keyser mit im eßen,	und der Kaiser mit ihm esse;
[…]	
Noch were es alles zemal vernicht	nichts wäre von Wert,
Wenn du nicht gegenwerttig werrst.	wenn du nicht dabei wärst.
(6. Weinsegen, V. 3–6, 17f., 20f.)[80]	

Die Segen und Grüße reißen alle Motive an, die ebenso im *Weinschwelg* zur Verwendung kommen. Auch die Selbsterhöhung des Sprecher-Ichs findet sich in Ansätzen:

[77] Vgl. Fritz Peter Knapp: *„Diesen Trinker gnade Gott"! Säuferpoesie im deutschen Mittelalter*, in: *Rausch*, hg. von Helmut Kiesel, Berlin/Heidelberg 1999 (*Heidelberger Jahrbücher* 43), S. 522–271, bes. S. 265f.

[78] Vgl. Grunewald (Anm. 7), S. 49–53, der jedoch in der Rede keinen direkten Nachfolger des *Weinschwelg* sieht.

[79] Zitiert nach Grunewald (Anm. 7), S. 51.

[80] Zitiert nach *Weingrüße und Weinsegen*, hg. von Moriz Haupt, in: *Altdeutsche Blätter* 1 (1836), S. 401–416.

Darumb gebeut ich alt und jungen	Darum gebiete ich den Alten und Jungen,
Daß sy halten den weyn in eeren	dass sie den Wein in Ehren halten.
(14. Weinsegen, V. 12f.)	

Nu mußen alle die selig sein	Alle müssen selig sein,
Die do gern trincken wein;	die gerne Wein trinken.
Den muß got alltzeit wein bescheren	Ihnen soll Gott jederzeit Wein und Speise
Vnd speise damit sie den leib erneren;	bescheren, damit es den Leib erhält.
So will ich der erst sein der anfecht	Ich will der erste sein, der diese
(1. Weingruß, V. 21–25)	[Geschenke empfängt.

In das 16. Jahrhundert zurück reichen die sogenannten *Muskatellerlieder* über ebendiese Weinsorte, von denen verschiedene Fassungen erhalten sind. In den Liedern ist der gelobte und besungene Wein der Liebhaber. Eine Selbstbehauptung ist einer solchen Konstellation noch potent, aber nicht mehr ausgearbeitet. Ein ähnlicher Fall liegt auch in einer Liebeserklärung an den Wein vor, die 1581 in eine frühneuhochdeutsche Liedersammlung übernommen wurde:

Den liebsten Bulen	Mein bester Liebhaber,
den ich hab	den ich habe,
der leit beim Wird im keller	liegt im Keller des Wirts.
er hat ein höltzens röcklein an	Er trägt einen Rock aus Holz
er heist der Muscateller	und heißt Muskateller.
(Muskatellerlied V. 1–5)	

Hertz liebster wein von mir nit weich
ich lieb dich gantz on argen list: Du bist allein in allem reich
für dich kein freund zu gleichen ist [...]
(Reiner Lied XVI)[81]

Weiche nicht von meiner Seite, geliebter Wein. Ich liebe dich ohne Arglist: Du allein bist vollkommen und kein Freund kann mit dir mithalten.

In späterer Zeit geht das Motiv der Weinliebe in dem der Flaschenliebe auf, die in die Antike zurückweist.[82]

[81] *Muskatellerlied*, nach: Max Steidel: *Die Zecher- und Schlemmerlieder im deutschen Volksliede bis zum dreißigjährigen Kriege*, Karlsruhe 1914.
Lied aus der Reiner-Sammlung: Jacob Reiner: *Schöne newe Teutsche Lieder, mit vier vnd fünff Stimmen, sambt zwayen zu end Lateinischen Liedlein, welche nit allein lieblich zu singen, sonder auch auff allerley Jnstrumenten zugebrauchen*. München 1581.
Beide zitiert aus Ritte (Anm. 38), S. 184.

[82] Sh. Ritte (Anm. 38), S. 183–186, der die beiden Motive nicht trennt.

4 Fazit

Die Selbsterhöhung des Sprecher-Ichs durch die Hymne auf den Alkohol ist lange Zeit in der Literatur und im Gesang produktiv, aber nur vereinzelt auffindbar. Sie scheint besonders dann wirksam gewesen zu sein, wenn die literarischen intertextuellen Bezüge zur Minnelyrik oder – im Falle der Weinsegen – zu geistlichen Hymnen noch erkennbar waren.

Im *Weinschwelg* setzt sich der meisterliche Trinker von literarischen Vorbildern ab und betont seine omnipotente Persönlichkeit gegenüber den Sklaven der Minne und den Jägern falscher Beute. Aus einer intertextuellen Sichtweise heraus lässt sich erkennen, dass der Text Referenzen heranzieht, um seinen Protagonisten in eine Traditionsreihe einzuordnen. Dabei setzt er auf eine parodistische Auseinandersetzung. Er überträgt das mittellateinische Weinlob ins Deutsche und kombiniert sie mit der Selbstbehauptung des lyrischen Ichs aus der Sangspruchdichtung. Die lateinische Vagantenlyrik kennt dieses selbstbewusste Sänger-Ich nicht und der *Weinschwelg* erweitert damit das Wein- und Bacchuslob zum Eigenlob. Gegenüber der Spruchdichtung, dessen Minnesklaventopos der Text übernimmt, offenbart der *Weinschwelg* die typische Demutsformel als leere Hülle. Demgegenüber treibt der Trinker in einer Mischung aus Können und Wissen seine Meisterschaft ins Absolute, indem er sich als Beherrscher der Welt stilisiert. Diese Parodie epischer und lyrischer Dichtung erschafft eine neue Figur, die des omnipotenten Trinkers. Die Selbstermächtigung des Sprecher-Ichs wurde in der Gattung der Trinkliteratur in ihrer Radikalität und in der Verschmelzung unterschiedlicher Gattungsreferenzen später nachgeahmt, aber nicht mehr erreicht.

Streiter, Denker, Diplomat

Gawan und die Dekonstruktion des *âventiure*-Ritters im *Parzival* Wolframs von Eschenbach

TINA TERRAHE (Marburg)

Aspekte des Widerstreits, der Polemik und der Etablierung lassen sich innerliterarisch an Figurendarstellungen fassen, wenn poetologische Konzepte über Identitätskonstruktionen und Handlungsmuster in Konkurrenz miteinander gesetzt werden. In den klassischen Artusromanen kristallisieren sich auf diese Weise verschiedene Helden- oder Rittertypen heraus, wie etwa der Streiter, der Denker und der Diplomat. Diese Phänomene sollen im Folgenden am *Iwein* Hartmanns von Aue und am *Parzival* Wolframs von Eschenbach untersucht werden, wobei ein besonderer Fokus auf den literarischen Antagonismus zwischen Gawan und Parzival gerichtet wird, da sich in ihm Wolframs Auseinandersetzung mit der ihm vorgängigen Tradition, insbesondere mit Hartmann, auf Figurenebene spiegeln könnte.[1]

[1] Zum Verhältnis zwischen Parzival und Gawan vgl. grundlegend Wolfgang Mohr: *Parzival und Gawan*, in: *Wolfram von Eschenbach. Aufsätze*, hg. von Wolfgang Mohr, Göppingen 1979 (*GAG* 275), S. 62–93; Marianne Wynn: *Parzival and Gâwân, hero and counterpart*, in: *Perceval, Parzival: a casebook*, hg. von Arthur Groos und Norris J. Lacy, New York 2002 (*Arthurian characters and themes*), S. 175–198 [zuerst in PBB 84, 1962, S. 142–172] hat bemerkenswert die Parallelen zwischen den Figuren herausgearbeitet. Einen Forschungsabriss bietet Bernd Schirok: *Perspektiven der Interpretaion*, in: *Wolfram von Eschenbach. Ein Handbuch*, hg. von Joachim Heinzle, Berlin/Boston 2014, S. 411–439, hier S. 425–430. Neuere Studien exemplarisch: Tina Terrahe: Nu lerne, waz sterben si! *Zum höfischen Umgang mit* drô *und* spot *am Beispiel der kampfeinleitenden Reizreden bei Hartmann und Wolfram*, in: *Ironie, Polemik und Provokation*, hg. von Cora Dietl, Christoph Schanze und Friedrich Wolfzettel, Berlin 2014 (*Schriften der Internationalen Artusgesellschaft* 10), S. 133–161, insb. S. 152–158; Bernhard A. Schmitz: *Gauvain, Gawein, Walewein. Die Emanzipation des ewig Verspäteten*, Tübingen 2008 (*Hermaea* N. F. 117), insb. S. 118; Sandra Linden: *Spielleiter hinter den Kulissen? Die Gawanfigur in Wolframs von Eschenbach ‚Parzival'*, in: *Impulse und Resonanzen. Tübinger mediävistische Beiträge zum 80. Geburtstag von Walter Haug*, hg. von Walter Haug und Gisela Vollmann-Profe, Tübingen 2007, S. 151–166; Ulrike Draesner: *Wege durch erzählte Welten. Intertextuelle Verweise als Mittel der Bedeutungskonstitution in Wolframs ‚Parzival'*, Frankfurt a. M. [u.a.] 1993 (*Mikrokosmos* 36), hier S. 376–380; Peter Czerwinski: *Der Glanz der Abstraktion.*

Konstitutiv für die divergierenden Helden-Konzeptionen ist das sogenannten ‚*âventiure*-System', das den Ritter der klassischen Blütezeit, den Artusritter, eigentlich erst zum richtigen Helden macht, und das auch schon um 1200 durchaus ambivalent wahrgenommen wurde. Bei Hartmann scheint es noch einer gewissen Unausweichlichkeit zu unterliegen: Er zeigt problematische Aspekte auf, seine Helden scheitern zunächst und lernen im Verlauf der Erzählungen, mit ihren Krisen umzugehen und einen gangbaren Weg zu wählen.

Wolfram, dessen *Parzival* wenig später entsteht, dekonstruiert dieses System bzw. diesen ‚*âventiure*-Ritter' aber meines Erachtens systematisch, überspitzt den Typus des Streiters ins Polemische und übertreibt die Absurdität dieser Lebensform dermaßen, dass er teils komisch, teils aber auch tiefdramatisch die Unmöglichkeit dieser (vielleicht ohnehin nur literarisch phantasierten) ritterlichen Existenz vorführt. Gleichzeitig setzt Wolfram diesem Helden ein neues Modell entgegen, einen Ritter, der anders mit den gestellten Herausforderungen verfährt, daher aber in Verruf gerät, weil man zunächst einmal davon ausgehen muss, er sei feige und weibisch: Gawan ist der beste und vorbildlichste Ritter der Tafelrunde, seines Zeichens absoluter Womanizer – also Frauenheld, genauer gesagt aber vielmehr Frauenversteher – und nicht immer und unter allen Umständen dazu bereit, in den Kampf zu reiten.[2]

Wolfram bringt somit also schon über den ersten Artusritter, den man mit Simon Gaunt auch als ‚dialogischen' Ritter verstehen kann,[3] Alternativen zum *âventiure*-System ins Spiel, die zeigen, dass ein Mann nicht nur dann ein Mann ist,

Frühe Formen von Reflexivität im Mittelalter: Exempel einer Geschichte der Wahrnehmung, Frankfurt a. M. 1989, insb. S. 133–147.

2 Die Literatur zu Gawan (oder Gawein) bis 2006 hat Schmitz (Anm. 1) zusammengestellt. Da ich mich mit Gawans Kompetenzen bezüglich ritterlicher Konflikte und gütlicher Bereinigung derselben beschäftige, ist der gesamte Komplex seines Verhältnisses dem anderen Geschlecht gegenüber zwar am Rande interessant, für meine Fragestellung aber nebensächlich, vgl. hierzu u.a. Schmitz (Anm. 1), S. 123–140; Sonja Emmerling: *Geschlechterbeziehungen in den Gawan-Büchern des ‚Parzival'. Wolframs Arbeit an einem literarischen Modell*, Tübingen 2003 (*Hermaea* N. F. 100); Elisabeth Schmid, *Wolfram von Eschenbach: Parzival*, in: *Lektüren für das 21. Jahrhundert. Schlüsseltexte der deutschen Literatur von 1200 bis 1990*, hg. von Dorothea Klein und Sabine M. Schneider, Würzburg 2000, S. 49–66, hier S. 62; Joachim Bumke: *Geschlechterbeziehungen in den Gawanbüchern von Wolframs ‚Parzival'*, in: *Mittelalterliches Schauspiel. Festschrift für Hansjürgen Linke zum 65. Geburtstag*, hg. von Ulrich Mehler und Anthonius H. Touber, Amsterdam 1994 (*ABäG* 38–39), S. 105–121; John M. Clifton-Everest: *Knights-servitor and rapist knights. A contribution to the Parzival/Gawan question*, in: *ZfdA* 119 (1990), S. 290–317.

3 Simon Gaunt: *Gender and genre in medieval French literature*, Cambridge 1995 (*Cambridge studies in French* 53). Im Gegensatz zum monologischen Helden der Chanson de Geste, der nur in Relation zu anderen männlichen Figuren gesetzt wird, während Frauen als Aktantinnen aus dem Gesamtsystem grundsätzlich ausgeschlossen bleiben,

wenn er permanent sein Leben aufs Spiel setzt und schließlich tot ist, sondern dass ein Mann auch lebendig ein Held sein und bleiben kann, indem er alle Aspekte miteinander vereint: das Streiten, das Denken und die Diplomatie.[4]

1 *âventiure*

Sehen wir uns zunächst den mittelhochdeutschen *âventiure*-Terminus und das zugrundeliegende System an. Als Kalogreant – wie es dann so heißt – ,auf *âventiure*' reitet (372), begegnet er in der Einöde einem Waldmenschen, der ihn in seiner Unkenntnis der höfischen Gepflogenheiten fragt: *„âventiure, waz ist daz?"* (527).[5] Kalogreant führt daraufhin aus:

„Nû sich wie ich gewâfent bin:	Sieh, wie ich bewaffnet bin.
ich heize ein rîter unde hân den sin	Ich bin ein Ritter und habe die Absicht,
daz ich suochende rîte	umherzureiten auf der Suche
einen man der mit mir strîte,	nach einem Mann, der mit mir kämpft
unde der gewâfent sî als ich.	und der ebenso bewaffnet ist wie ich.
daz prîset in unde sleht er mich	Erschlägt er mich, gewinnt er Ruhm,
gesige aber ich im an,	besiege aber ich ihn,
sô hât man mich vür einen man,	dann hält man mich für einen Helden, und
unde wirde werder danne ich sî."	mein Ansehen ist noch größer als zuvor.[6]
(529–537)	

Der Ritter sucht laut Kalogreant also einen Kampf. Er selbst muss dazu nicht einmal den Ritterschlag erhalten haben; es genügt, wenn er sowohl gerüstet als auch bewaffnet ist und ein Pferd hat. Sein Gegner muss satisfaktionsfähig sein, d. h. in etwa dieselben Waffen tragen. Diesen sucht der Ritter, indem er umherreitet – vorzugsweise in die unzivilisierte und unhöfische Welt hinein, am besten in den Wald, einen Ort der Rechtslosigkeit. Denn *âventiure* – von lat. *adventura*

definiert Gaunt den dialogischen Helden als einen im höfischen Roman auftretenden Modelltypus männlicher Identität, der in Relation zum weiblichen Geschlecht konzipiert ist.

4 Während das *âventiure*-System als Konfliktlösungsstrategie lediglich den ritterlichen Zweikampf kennt, verstehe ich im Gegensatz dazu ,Diplomatie' als eine Form der friedlichen Konfliktbereinigung, die gesellschaftliche Gewandtheit, Verhandlungsgeschick und kluge, auch politisch wirksame Taktik voraussetzt.

5 Der *Iwein* wird im Folgenden zitiert nach der Ausgabe Hartmann von Aue: *Gregorius. Der Arme Heinrich. Iwein*, hg. von Volker Mertens, Frankfurt a. M. 2008 (*Deutscher Klassiker Verlag im Taschenbuch* 29).

6 Übersetzung T.T. in Anlehnung an Mertens (Anm. 5) und Hartmann von Aue: *Iwein. Mittelhochdeutsch, neuhochdeutsch*, hg. von Rüdiger Krohn, Stuttgart 2012.

(also „die Dinge, die herankommen werden")[7] – bezeichnet das Unbekannte, von dem man auf der Suche noch nicht weiß, was es sein wird. Der Suche liegt die Hoffnung zugrunde, auf jemanden oder etwas (einen adäquaten Gegner, einen Drachen oder Riesen, ein verzaubertes Schloss und Ähnliches) zu treffen, woran man sich erproben und somit seine Ehre vergrößern kann. Die Ehre, der *prîs*, vergrößert sich natürlich nur, wenn die Situation lebensgefährlich ist und der Held sowohl überlebt als auch siegt, was alles keinem anderen Zweck dient, als durch den vergrößerten Ruhm schließlich Minne zu erlangen, die Anerkennung der Frauen.

Dass *âventiuren* in den meisten Fällen tödlich sind, macht man sich zunächst nicht unbedingt klar, denn erzählenswert sind freilich nur diejenigen Fälle, bei denen (um es mit der Mabonagrin-*âventiure* des *Erec* zu sagen) der Held seinen Kopf am Ende nicht neben den mindestens achtzig anderen etwa auf Zaunpfähle gespießt wiederfindet, sondern ihn noch auf seinen Schultern trägt. Diese Tode müssen aber, um der Statistik Genüge zu tun, stets mitgedacht werden. Insofern ergibt sich eine gewisse Diskrepanz: Der einen erzählten *âventiure* sind in diesem Fall wenigstens achtzig andere vorausgegangen, die nicht erzählt wurden und bei denen der Held auf der Suche nach *êre* und *minne* elendig zu Tode gekommen ist.

Das ganze Programm ist schon bei Hartmann nicht ganz unproblematisch. Die eben zitierte Definition, die Kalogreant dem Waldmenschen gegenüber geäußert hatte, ist von der Forschung ihrer bornierten Schlichtheit halber als „ironische Banalisierung"[8] aufgefasst worden, und auch die Reaktion des Waldmenschen klingt nicht so, als hätte ihn die Erklärung des Ritters irgendwie beeindruckt. Sinngemäß

[7] Zum Terminus vgl. grundlegend Klaus-Peter Wegera: *„*mich enhabe diu âventiure betrogen*". Ein Beitrag zur Wort- und Begriffsgeschichte von „*âventiure*" im Mittelhochdeutschen*, in: *Das Wort – seine strukturelle und kulturelle Dimension. Festschrift für Oskar Reichmann zum 65. Geburtstag*, hg. von Vilmos Ágel, Andreas Gardt, Ulrike Haß und Thorsten Roelcke, Tübingen 2002, S. 229–244; Haiko Wandhoff: *„*Âventiure*" als Nachricht für Augen und Ohren. Zu Hartmanns von Aue ‚Erec' und ‚Iwein'*, in: *ZfdPh* 113 (1994), S. 1–22 weist auf den Aspekt der Kommunikation hin und zeigt, dass die ritterliche Bewährung von der kommunikativen öffentlichen Dokumentation der *âventiure* abhängig ist; Mireille Schnyder: *„*Âventiure? waz ist daz?*" Zum Begriff des Abenteuers in der deutschen Literatur des Mittelalters*, in: *Euphorion* 96 (2002), S. 257–272, geht einerseits von der ‚richtigen' *âventiure* als „Erfüllung eines göttlichen Plans" aus, der die falsche *âventiure*-Sucht entgegensteht, die in den „heillosen Tod führt" (S. 268); ähnlich dies.: *Sieben Thesen zum Begriff der* âventiure, in: *Im Wortfeld des Textes. Worthistorische Beiträge zu den Bezeichnungen von Rede und Schrift im Mittelalter*, hg. von Gerd Dicke, Berlin [u. a.] 2006 (*Trends in medieval philology* 10), S. 369–375; zur Verschränkung von âventiure als Erzählung von Handlungen und den Handlungen selbst siehe Peter Strohschneider: *„*âventiure*"–Erzählen und „*âventiure*"-Handeln*, in: Ebd., S. 377–383.

[8] Thomas Cramer: saelde *und* êre *in Hartmanns Iwein*, in: *Hartmann von Aue*, hg. von Hugo Kuhn und Christoph Cormeau, Darmstadt 1973 (*Wege der Forschung* 359), S. 426–449.

sagt er ungefähr: „Wenn du unbedingt ein unbequemes Leben haben und deinen Kopf riskieren willst, dann kann ich dir helfen!“ (544–551).

Das ‚Berufsrisiko Tod‘ droht dem Artusritter auf Schritt und Tritt, weshalb die Tötung des Gegners in Hartmanns Erzählungen wiederholt problematisiert wird. Auch der *Parzival* Wolframs von Eschenbach ist übersät von Toten, die im Dienst der *âventiure* ihr meist noch blutjunges Leben lassen mussten:[9]

> Gahmurets Großvater, Vater und Bruder, ferner der erste Geliebte der Belakane sind getötet worden, auch Gahmuret selbst fällt im Kampf. [...] Eine Reihe von Helden des Hauptteils [...], Parzival selbst, Gawan, Vergulaht und Gramoflanz sind Waisen oder Halbwaisen – die Väter sind allesamt im Kampf gefallen. Hinzuweisen wäre auch auf die zahlreichen weiteren Toten: der tumbe, vor-arturische Parzival tötet aus Habsucht seinen Vetter Ither von Gaheviez, Gurnemanz von Graharz hat alle drei Söhne im Kampf verloren, Opfer des Minnedienstes sind Schionatulander, der Geliebte von Parzivals Base Sigune, Cidegast von Logroys, der Gemahl Orgeluses, Kardeiz, der Bruder der Cundwiramurs, und Ilinot, der einzige Sohn des König Artus.[10]

Wolfram, der die erfolglosen *âventiuren* zumeist nicht auserzählt, sondern sozusagen als fatales Ereignisprotokoll dem Erzählten voranstellt – also zahlreiche Tote quasi vor dem Text hat –, konzentriert diesen Befund in den Versen *sus lônt iedoch diu ritterschaft / ir zagel ist jâmerstricke haft* („So lohnt es uns das Rittertum: Am Ende bleibt nur Leid und Verderben“; 177,25f.).[11]

Folge dieser inflationären Todesfälle ist das unendliche Leid der Frauen, die zu Witwen werden, ihre Söhne verlieren, dem Geliebten an gebrochenem Herzen nachsterben oder, wie Herzeloyde, gar beim Abschied des Sohnes aus Schmerz

9 Vgl. hierzu u.a. Michael Dallapiazza: *Wolfram von Eschenbach: Parzival*, Berlin 2009 (*Klassiker-Lektüren* 12), S. 97–99 mit weiterer Literatur. Zu den Toten in der mhd. Epik vgl. meine Habilitationsschrift *Berufsrisiko Tod: Narrative Konzepte des (Über-) und Ablebens in der höfischen Epik um 1200*, Marburg 2019.

10 Horst Brunner: Artûs der wîse höfsche man. *Zur immanenten Historizität der Ritterwelt im ‚Parzival‘ Wolframs von Eschenbach*, in: *Annäherungen. Studien zur deutschen Literatur des Mittelalters und der Frühen Neuzeit*, hg. von Horst Brunner, Berlin 2008 (*PhStQ* 210), S. 38–49, hier S. 41.

11 Der *Parzival* wird im Folgenden zitiert nach der Ausgabe *Wolfram von Eschenbach: Parzival*, nach dem Text von Karl Lachmann hg. und komm. von Eberhard Nellmann, übers. von Dieter Kühn, Frankfurt a. M. 1994 (*Bibliothek des Mittelalters* 8). Die Übersetzung (T.T. in Anlehnung an Dallapiazza [Anm. 9], S. 98) ist hier absichtlich sehr frei gehalten; vgl. auch *Wolfram von Eschenbach: Parzival*, hg. von Bernd Schirok, übersetzt von Peter Knecht, Einführung zum Text von Bernd Schirok, mittelhochdeutscher Text nach der sechsten Ausgabe von Karl Lachmann, Berlin/New York 1998: „An ihrem Schwanz hat sie für ihn [den Mann] des Jammers Schlinge angebunden“; *Wolfram von Eschenbach: Parzival*, hg. von Wolfgang Spiewok, Stuttgart 2000: „Daß uns am Ende Trauerbande umstricken, ist das Los ritterlichen Lebens.“

über dessen voraussichtlich zu erwartenden Tod sterben – leider unnötigerweise, schließlich überlebt Parzival.[12]

Auch hierfür ließen sich zahlreiche Beispiele nennen, und der Schmerz der Frauen wird in einigen Fällen noch durch das Bewusstsein verschärft, den ritterlichen Mann durch eigenes Verschulden in den Tod getrieben zu haben. Es gehört nämlich weiblicherseits zu diesem System dazu, als respektable Dame zunächst einmal eine imposante Leistung von dem potentiellen Geliebten zu verlangen, möglichst eine lebensgefährliche *âventiure*, und die Gewährung der Minne davon abhängig zu machen, ob der Ritter lebendig zurückkehrt. Hier schließt sich der Kreis: Die Heerscharen von Toten standen im Frauendienst – entweder beauftragt von einer Dame, oder auf eigene Initiative in der Hoffnung auf Erfolg.[13] Musterbeispiel für eine solche Minnedame, die sich den Regeln der höfischen Gesellschaft rigoros unterworfen hat, ist Sigune: Sie schickt Ihren Schionatulander in den Tod, lässt ihn eines unsinnigen Auftrags wegen unnötig sein Leben riskieren. Anschließend fristet sie ihr Leben in Gesellschaft seines Leichnams bis auch sie schließlich an gebrochenem Herzen verscheidet.

Besonders fatal und von politischer Tragweite sind die Auswirkungen dieses menschenfeindlichen Regelsystems, wenn die entsprechende Frau ein Reich besitzt und sich dann die klassische Problem-Konstellation ergibt: Ein Mann erscheint und belagert sie, um Landesherrin und Reich gemeinsam zu unterwerfen, die Zuneigung und die Herrschaft zu erzwingen.[14]

Helmut Brackert hat eindrücklich gezeigt, dass Wolfram die meisten dieser Aspekte entgegen seiner Quelle bzw. ohne Vorlage eingefügt hat, und zwar mit einer „geradezu bestürzenden, aufschlussreichen Insistenz, die darauf schließen

[12] Auch Belakane stirbt wegen Gahmurets Abschied (750,24f.); Gahmuret erfährt vom Tod seines Vaters, seines Bruders und (dadurch hervorgerufen) dem Nachsterben seiner Mutter (92,27ff.); vgl. zum Leid der Frauen v.a. Helmut Brackert: *„der lac an riterschefte tôt“. Parzival und das Leid der Frauen*, in: Ist zwîvel herzen nâchgebûr. *Günther Schweikle zum 60. Geburtstag*, hg. von Rüdiger Krüger, Jürgen Kühnel und Joachim Kuolt, Stuttgart 1989 (*Helfant Studien* 5), S. 143–163; Ulrich Ernst: *Liebe und Gewalt im Parzival Wolframs von Eschenbach. Literaturpsychologische Befunde und mentalitätsgeschichtliche Begründungen,* in: *Chevaliers errants, demoiselles et l'Autre. Höfische und nachhöfische Literatur im europäischen Mittelalter: Festschrift für Xenja von Ertzdorff zum 65. Geburtstag*, hg. von Trude Ehlert, Göppingen 1998 (*GAG* 644), S. 215–243, hier S. 228–230, versteht das Nachsterben aus Liebe als Autoaggression.

[13] Vgl. Udo Friedrich: *Erzählen vom Tod im ‚Parzival‘. Zum Verhältnis von epischem und romanhaftem Erinnern im Mittelalter*, in: *Historische Narratologie, mediävistische Perspektiven*, hg. von Harald Haferland, Matthias Meyer, Carmen Stange und Markus Greulich, Berlin/New York 2010 (*Trends in medieval philology* 19), S. 385–414, der S. 402, darauf aufmerksam macht, dass Wolfram das eigentlich heldenepische Motiv des Todes in den Sinnzusammenhang des Minnetodes überführt. Zum Zusammenhang von Liebe und Gewalt vgl. u.a. auch Ernst (Anm. 12); Brackert (Anm. 12), S. 146f.

[14] So ergeht es Belakane, Condwiramurs und Orgeluse; zum Komplex der Gewalt als „Mittel männlicher Werbung“ vgl. Ernst (Anm. 12), insb. S. 220f.

läßt, daß hier ein Angelpunkt des gesamten Werks liegt."[15] Wolfram hat also das erbarmungswürdige Frauen-Leid nicht erfunden, es aber zum zentralen handlungsauslösenden und -begründenden Moment gemacht.

Eine zusätzliche Crux des *âventiure*-Systems ist die Rache. Sie beruht meist auf einer fundierten Rechtsgrundlage, denn verletzte Ehre muss rehabilitiert werden, und so zieht ein Tod viele weitere nach sich.[16] Die kleinste Provokation kann einen Kampf mit tödlichem Ausgang verursachen. Konsequenterweise wird oftmals so schnell zur Tjost ausgeholt, dass nicht einmal die Zeit bleibt, den Gegner nach dessen Namen und Herkunft zu fragen, sodass nicht selten Verwandte oder engste Freunde unerkannt gegeneinander kämpfen, was sie später in jämmerlichen Klagen unter Tränen herzlich bereuen.

Die ritterliche Existenz führt in dieser Form bei Wolfram also in die Aporie der höfischen Minne, in die Unmöglichkeit und zugleich auch absolute „Sinnlosigkeit des Systems"[17]. Frauen sind gezwungen, den Stärksten und Besten als Beschützer auszuwählen, der zunächst aber entweder Rache am Mörder des vorherigen Geliebten nehmen muss (so bei Orgeluse) oder man heiratet gleich den Mörder des eigenen Mannes, da dieser ja momentan der erfolgreichste Kämpfer im Umfeld zu sein scheint (so Laudine). Der Held hingegen muss immer gefährlichere *âventiuren* bestehen, da er sonst Gefahr läuft, „gesellschaftlich dysfunktional zu werden"[18]. Selbst als Landesherr darf er sich nicht in seinem Reich niederlassen (so Erec), weil er seine *êre* nur erhalten kann, indem er in die Ferne

[15] Brackert (Anm. 12), S. 150.

[16] Vgl. u.a. Klaus Ridder: *Kampfzorn, Affektivität und Gewalt in mittelalterlicher Epik*, in: *Wahrnehmen und Handeln. Perspektiven einer Literaturanthropologie*, hg. von Wolfgang Braungart, Klaus Ridder und Friedmar Apel, Bielefeld 2004 (*Bielefelder Schriften zu Linguistik und Literaturwissenschaft* 20), S. 41–55, insb. S. 51; Antje Holzhauer: *Rache und Fehde in der mittelhochdeutschen Literatur des 12. und 13. Jahrhunderts,* Göppingen 1997 (*GAG* 639); Wolfgang Haubrichs: *Ehre und Konflikt. Zur intersubjektiven Konstitution der adeligen Persönlichkeit im frühen Mittelalter*, in: *Spannungen und Konflikte menschlichen Zusammenlebens in der deutschen Literatur des Mittelalters, 13. Anglo-Deutsches Colloquium*, hg. von Kurt Gärtner, Ingrid Kasten und Frank Shaw, Tübingen 1996, S. 35–48; John Greenfield: Swenne ich daz mac gerechen... *(,Parzival', 141,27). Überlegungen zur Blutrache in Wolframs ,Parzival'*, in: *ZfdPh* 113 (1994), S. 52–65; Thomas Möbius: *Studien zum Rachegedanken in der deutschen Literatur des Mittelalters*, Frankfurt am Main [u. a.] 1993 (*Europäische Hochschulschriften. Reihe 1, Deutsche Sprache und Literatur* 1395); zur Rechtssituation vgl. Oliver Bätz: *Konfliktführung im Iwein des Hartmann von Aue*, Aachen 2003 (*Berichte aus der Literaturwissenschaft*); Rudolf K. Weigand: *Rechtsprobleme in den Erzählungen Hartmanns von Aue*, in: *Literarische Leben. Rollenentwürfe in der Literatur des Hoch- und Spätmittelalters. Festschrift für Volker Mertens zum 65. Geburtstag*, hg. von Matthias Meyer und Hans-Jochen Schiewer, Tübingen 2002, S. 829–852.

[17] Brackert (Anm. 12), S. 150; so auch Walter Haug: *Parzival ohne Illusionen*, in: *DVjs* 64 (1990), S. 199–217, hier S. 201.

[18] Ernst (Anm. 12), S. 235.

reist und sowohl Frau als auch Reich schutzlos zurücklässt (so Iwein).[19] Letztlich ereilt ihn dann aber in den allermeisten Fällen der Tod.

Die Forschung des frühen 20. Jahrhunderts hat noch versucht, dieser Konstellation etwas Heroisch-Glorioses abzugewinnen.[20] Inzwischen geht man aber davon aus, dass Wolfram dem Prinzip zumindest nicht ganz unkritisch gegenübersteht.[21] Meine Annahme lautet: Bei Hartmann ist das Rittertum in dieser Form durchaus schon problematisch, bleibt aber ohne wirkliche Alternative. Wolfram jedoch demontiert das Modell des *âventiure*-Streiters auf eine ironisch-polemische Art und Weise und installiert mit dem denkenden Diplomaten Gawan ein alternatives Ritter-Konzept. Zu fragen wird sein, ob sich dieses neue Konzept etabliert. Doch zunächst zu Hartmann von Aue.

2 Hartmanns Alternativen

Das *âventiure*-System lässt hier schon einige Auswege erkennen. Der erste Punkt ist das strenge Regelsystem, das dem ritterlichen Zweikampf zugrunde liegt: Vor dem Waffengang muss eine rechtlich korrekte Kampfansage ausgeführt werden, die dann oft in die sogenannte ‚kampfeinleitende Reizrede' mündet.[22] Der An-

[19] Um für sich selbst einen Gemahl und für das schutzlose Land einen neuen Herrscher zu gewinnen, schreibt Herzeloyde etwa das Turnier von Kanvoleis aus. Condwiramurs ist mit einer ähnlichen Situation konfrontiert und auch Laudine befindet sich sowohl nach dem Tod Askalons als auch nach Iweins Fristversäumnis in dieser prekären Lage. Vgl. hierzu auch Waldemar Riemer und Eugen Egert: *Deconstructing an established Ideal: Wolfram von Eschenbach's Criticism of the ‚Minne-Aventiure' System in ‚Parzival'*, in: *ABäG* 35 (1992), S. 65–86, hier S. 76. Zur Motivation, auf *âventiure* zu reiten, vgl. Ernst (Anm. 12), S. 233f.

[20] Riemer/Egert (Anm. 19), S. 77f.; Weigand, Hermann J.: *Three chapters on courtly love in Arthurian France and Germany*, Chapel Hill 1956 (*University of North Carolina studies in the Germanic languages and literatures* 17), S. 39–41; Kurt Boestfleisch: *Studien zum Minnegedanken bei Wolfram von Eschenbach*, Königsberg/Pr. 1930 (*Königsberger deutsche Forschungen* 8), S. 137.

[21] Vgl. u.a. Elke Brüggen: *Irisierendes Erzählen. Zur Figurendarstellung in Wolframs ‚Parzival'*, in: *Wolframs Parzival-Roman im europäischen Kontext. Tübinger Kolloquium 2012*, hg. von Klaus Ridder, Berlin 2014 (*Wolfram-Studien* 23), S. 333–357; Elisabeth Lienert: *Zur Diskursivität der Gewalt in Wolframs ‚Parzival'*, in: *Wolfram von Eschenbach – Bilanzen und Perspektiven. Eichstätter Kolloquium 2000*, hg. von Wolfgang Haubrichs, Eckart C. Lutz und Klaus Ridder, Berlin 2002 (*Wolfram-Studien* 17), S. 223–245; Ernst (Anm. 12); Riemer/Egert (Anm. 19), S. 85f. gehen davon aus, dass Wolfram vor allem zeigen will, wie sehr die menschliche Existenz mit Leid verwoben ist. Er verwerfe das Minne-*âventiure*-System nicht grundsätzlich, sei jedoch gegen eine unkritische Idealisierung dieses Systems, das so gefährliche Folgen habe; vgl. hierzu auch Haug (Anm. 17); Brackert (Anm. 12).

[22] Vgl. hierzu Terrahe (Anm. 1) mit weiterführender Literatur.

greifer benennt hier die Gründe für den Konflikt und droht dem Gegner üblicherweise dessen Tod an. Dieser Dialog ermöglicht in einigen Fällen immerhin, dass sich die Kontrahenten gegenseitig an der Stimme erkennen und den Kampf dann gegebenenfalls unterlassen, falls sie feststellen, dass sie eigentlich Freunde oder Verwandte sind.[23] Auch besteht so die Option, dass sich der Angegriffene sofort unterwirft, und es gilt darüber hinaus als anständig, dem unterlegenen Gegner ‚Sicherheit' zu gewähren, d. h. ihn nach seiner Kapitulation nicht grundsätzlich zu töten.[24]

All diese Regeln setzt Hartmann stillschweigend voraus, seine Erzählungen arbeiten sich aber vor allem an den schlimmen Folgen des Regelverstoßes ab[25] – die literarische ‚Realität' scheint von diesen Lösungsoptionen offensichtlich noch weit entfernt zu sein.

Der zweite Punkt, und Hartmanns vielleicht wichtigste Alternative zum literarischen Paradigma des *âventiure*-Systems, ist seine ‚Provokationstheorie'.[26] Der Erzähler führt ohne Entsprechung bei Chrétien vor, dass der Titelheld Iwein sich nicht per se von einem Gegner provozieren und zum Kampf reizen lässt, sondern den Konflikt stattdessen auch gütlich bereinigen kann. Auf eine verbale Attacke Keies erwidert Iwein:

[23] Vgl. Terrahe (Anm. 1), S. 158.

[24] Zum Komplex des Sicherheit-Nehmens (*fiance*) vgl. zuletzt Elke Brüggen (Anm. 21), S. 350–353; Nina Hable: *Die Choreographie von Sieg und Niederlage. Über die Tjost im ‚Parzival'*, in: *Imaginative Theatralität, Szenische Verfahren und kulturelle Potenziale in mittelalterlicher Dichtung, Kunst und Historiographie*, hg. von Manfred Kern, Heidelberg 2013 (*Interdisziplinäre Beiträge zu Mittelalter und Früher Neuzeit* 1), S. 143–160, hier S. 155; Dorothea Klein: *Geschlecht und Gewalt. Zur Konstitution von Männlichkeit im ‚Erec' Hartmanns von Aue*, in: *Literarische Leben* (Anm. 16), S. 433–464, hier S. 454f.; Christoph Huber: *Ritterideologie und Gegnertötung. Überlegungen zu den ‚Erec'-Romanen Chrétiens und Hartmanns und zum ‚Prosa-Lancelot'*, in: *Spannungen und Konflikte* (Anm. 16), S. 59–73; Martin H. Jones: *Schutzwaffen und Höfischheit. Zu den Kampfausgängen im ‚Erec' Hartmanns von Aue*, in: *ebd.*, S. 74–90; Dennis H. Green: *Homicide and Parzival*, in: *Approaches to Wolfram von Eschenbach. Five Essays*, hg. von Dennis H. Green und Leslie Peter Johnson, Bern/Frankfurt a. M./Las Vegas 1978, S. 11–74, hier u.a. S. 21f. und S. 26–30; Margrit Désilles-Busch: „Doner un don" – „Sicherheit nemen": *zwei typische Elemente der Erzählstruktur des höfischen Romans*, Berlin 1970.

[25] Vgl. hierzu u.a. Bätz (Anm. 16); Martin H. Jones: *Chrétien, Hartmann, and the Knight as Fighting Man: On Hartmann's Chivalric Adaption of Erec et Enide*, in: *Chrétien de Troyes and the German Middle Ages. Papers from an International Symposium*, hg. von Martin H. Jones und Roy Wisbey, Cambridge 1993, S. 85–109; Nor-bert Sieverding: *Der ritterliche Kampf bei Hartmann und Wolfram: seine Bewertung im ‚Erec' und ‚Iwein' und in den Gahmuret- und Gawan-Büchern des ‚Parzival'*, Heidelberg 1985.

[26] Terrahe (Anm. 1), hier S. 150–152 und S. 155.

ich wil des iemer sîn ein zage	So werde ich immer ein Feigling sein,
daz ich im sîniu bœsen wort vertrage.	weil ich seine Schandreden hinnehme.
ouch enhebt er niht den strît	Nicht der fängt einen Streit an,
der den êrsten slac gît	der den ersten Schlag austeilt,
wan unz ez der ander vertreit:	denn wenn der andere es hinnimmt,
sô ist der strît hin geleit.	unterbleibt der Streit.
ichn wil mich mit dem munde	Ich will es mit meinem Mundwerk
niht gelîchen dem hunde,	nicht dem Hund gleichtun,
der dâ wider grînen kan,	der zurückknurrt,
sô in der ander grînet an. (869–878)	wenn der Gegner ihn anknurrt.[27]

Der Ritter muss die grobe Provokation also nur ignorieren, so ist der Streit beendet. Der Gegner disqualifiziert sich durch sein unmanierliches Verhalten selbst als unhöfisch, und der Ritter kann seine Ehre auf diese Weise auch ohne direkten Waffengang wahren.

Der dritte Punkt betrifft das Verhalten des Ritters dem anderen Geschlecht gegenüber. Iwein kommt nämlich in den Genuss, bei einer Übernachtung neben der schönen Tochter des Burgherrn liegen zu dürfen, der sie ihm unbedingt und recht aufdringlich als Gattin anempfehlen möchte.[28] Da Iwein sich allerdings in liebender *triuwe* seiner Ehefrau Laudine verpflichtet weiß, rührt er sie nicht an, was Hartmann – wiederum ohne Entsprechung in seiner Vorlage – in einem Erzählerkommentar erläutert und explizit betont, dass es sich hierbei um die Stärke eines Helden handelt, der im richtigen Moment auch Entsagung üben kann:

swer daz nû vür ein wunder	Wer sich jetzt sagt, es sei ein Wunder,
im selbem sagt	dass ein Mädchen,
daz im ein unsippiu magt	das keine Blutsverwandte war,
nahtes alsô nâhen lac	nachts so nahe bei ihm lag und
mit der er anders niht enpflac,	er doch nichts mit ihr anfing,
dern weiz niht daz ein biderbe man	der weiß nicht, dass ein rechter Mann
sich alles des enthalten kan	in alldem enthaltsam sein kann,
des er sich enthalten wil.	worin er nur will. Weiß Gott,
weizgot ir ist aber niht vil. (6574–6582)	von denen gibt's nicht viele![29]

Auch wenn nur wenige Ritter dazu imstande sind, diese Form der Selbstbeherrschung zu praktizieren, so betont Hartmann schon deutlicher als Chrétien die alternativen Handlungsoptionen zum *âventiure*-System: Es existiert ein

[27] Übersetzung Mertens (Anm. 5).

[28] Als besondere Geste der Gastfreundschaft kann diese sogenannte ‚Gastprostitution' schwerlich abgelehnt werden; vgl. hierzu Folker Reichert: *Asien und Europa im Mittelalter. Studien zur Geschichte des Reisens*, Göttingen 2014, insb. S. 96 und S. 220; Ernst (Anm. 12), S. 223.

[29] Übersetzung Mertens (Anm. 5) mit Modifikationen von mir.

diffiziles Regelsystem, das den Zweikampf und die Konfliktlösung organisiert. Es gibt Möglichkeiten, ehrenvoll einen Kampf zu vermeiden und selbst den Avancen einer Dame zu widerstehen, ohne als memmenhafter Verlierer aus der Situation herauszugehen. Und dennoch bleibt der Held bei Hartmann grundsätzlich dem System verhaftet, beugt sich und kann nur unter Aufbietung all seiner Kräfte lernen, Ritterschaft und Ehe sowie *âventiure* und verantwortungsvolle Herrschaft miteinander zu vereinbaren.

3 Wolframs Dekonstruktion

Kommen wir nun zu Wolfram von Eschenbach, seiner Dekonstruktion des *âventiure*-Ritters und den Alternativen, die er zur Verfügung stellt. Mit dem Gralsrittertum entwirft er schon gewissermaßen eine Gegenwelt zum Artushof, in welcher die Ritter unverheiratet sein müssen, „weil nur so die Leidmechanismen der höfischen Minne vermieden werden können?“[30] Dass aber auch dieses zölibatäre Gralsrittertum, in dem es keine ‚Sicherheit‘ gibt, sondern die Ritter eine Lizenz zum Töten haben, keine Lösung ist, zeigt vor allem das Leid des Anfortas. Dieser hat sich im unerlaubten Minnedienst eine tödlich schwärende Wunde zugezogen und dank der Zauberkraft des Grals ist ihm nicht einmal die ersehnte Erlösung im Tode vergönnt. Die unheilvolle Absurdität des Systems bringt Michael Dallapiazza auf den Punkt:

> Die Ritterwelt des *Parzival* ist von Gewalt gekennzeichnet, sie ist eine Welt aus Leid und Tod [...]. Ritterschaft definiert sich durch Gewalt – durch Verwandtenmord, durch einen erschreckend pervertierten Frauendienst, durch Vergewaltigung und absurde Gewaltrituale in ritterlichen Begegnungen.[31]

[30] Brackert (Anm. 12), S. 159. Ob die Gralswelt der Artuswelt übergeordnet ist, soll hier nicht erörtert werden, vgl. exemplarisch Dallapiazza (Anm. 9), S. 98 und S. 105–107 mit weiterer Literatur.

[31] Dallapiazza (Anm. 9), S. 120; zum Gewalt-Diskurs im Parzival vgl. zuletzt mit weiterführender Literatur Judith Schönhoff: *Parzival und der Rote Ritter. Ritterlicher Zweikampf und Schuld in den Gralsromanen von Wolfram von Eschenbach und Chrétien de Troyes*, in: *Spannungsfelder: Literatur und Gewalt. Tagungsband des 3. Studierendenkongresses der Komparatistik, 27. bis 29. April 2012 in München*, hg. von Thomas Erthel, Elisa Leroy, Nicolas Freund und Christina Färber, Frankfurt a. M. 2013 (*Münchener Studien zur literarischen Kultur in Deutschland* 46), S. 157–170; weiterhin Silke Winst: *Vergossenes Blut und gewonnene Identität. Gewalt und Vergesellschaftung in literarischen Texten um 1200*, in: *Weltbilder des mittelalterlichen Menschen*, hg. von Heinz-Dieter Heimann, Berlin 2007 (*Studium litterarum* 12), S. 77–107; Alois Wolf: *Töten in mittelalterlicher Literatur*, in: *Ethik und Moral als Problem der Literatur und Literaturwissenschaft*, hg. von Jutta Zimmermann, Britta Salheiser und Kurt

Der Roman strotzt nur so von toten Rittern, von wesentlich mehr als achtzig misslungenen *âventiuren* vor dem Text, von sinnlosen Todesfällen, von Regelverstößen und absurdem Frauendienst, wofür Orgeluse und Gawan als Extrembeispiel angeführt seien.[32]

Der Protagonist Parzival verkörpert dieses *âventiure*-Dilemma schlechthin. Seiner Existenz liegt ja schon die skurrile Erziehungssituation zugrunde, in welcher seine Mutter aus Angst vor ebendiesem System versucht, ihn in der Einöde von jeglicher Ritterschaft fernzuhalten. Gerade diese Vermeidungshaltung führt dazu, dass der pädagogisch vernachlässigte Junge als stupider Streiter in die Welt zieht. Sein Weg in die Zivilisation ist äußerst mühsam. Er muss gebändigt und domestiziert werden, um schließlich auch rechtlich in einigermaßen passables Fahrwasser zu gelangen, bevor er König der Gralsgesellschaft wird. Parzival braucht viele Lehrer, die ihm die ritterliche Welt und ihre Regeln auseinandersetzen, und lädt schwerwiegende Sünden auf sich: sexuelle Belästigung, Diebstahl, Mord an einem Verwandten inklusive Leichenberaubung (*rêroup*) – alles unreflektierte Affekt- und Triebaktionen oder auch sture Befolgung sinnloser Regeln.[33]

Müller, Berlin 2006 (*Schriften zur Literaturwissenschaft* 25), S. 25–50; Peter S. Woltemade: der lac von einer tjoste tôt / als im diu minne dar gebôt. *Courtly Love and Knightly Violence in Wolfram von Eschenbach's Parzival*, Diss. Berkeley 2005; Will Hasty: Daz prîzet in, und sleht er mich. *Knighthood and* gewalt *in the Arthurian works of Hartmann von Aue and Wolfram von Eschenbach*, in: *Monatshefte für deutschen Unterricht, deutsche Sprache und deutsche Literatur* 86 (1994), S. 7–21.

32 Bei Chrétien sind das stolze Fräulein und Gauvain übrigens kein Liebespaar, insofern ist der skurrile Frauendienst Wolframs Werk. Vgl. hierzu u.a. Schmitz (Anm. 1), S. 127–130; Emmerling (Anm. 2), insb. S. 143–148; Frank Ringeler: *Zur Konzeption der Protagonistenidentität im deutschen Artusroman um 1200. Aspekte einer Gattungspoetik*, Frankfurt a. M. [u. a.] 2000 (*Europäische Hochschulschriften Reihe 1, Deutsche Sprache und Literatur 1752*), S. 160–170; Friedrich M. Dimpel: *Dilemmata. Die Orgeluse-Gawan-Handlung im ,Parzival'*, in: *ZfdPh* 120 (2001), S. 39–59; Martin Baisch: *Orgeluse – Aspekte ihrer Konzeption in Wolframs von Eschenbach Parzival*, in: *Schwierige Frauen – schwierige Männer in der Literatur des Mittelalters*, hg. von Alois M. Haas und Ingrid Kasten, Bern [u. a.] 1999, S. 15–33; Monika Unzeitig-Herzog: *Artus mediator. Zur Konfliktlösung in Wolframs Parzival-Buch XIV*, in: *FMSt* 32 (1998), S. 196–217, hier S. 197–199; Bumke (Anm. 2), insb. S. 109–113; Marianne Wynn: *Orgeluse. Persönlichkeitsgestaltung auf chretienschem Modell*, in: *German Life and Letters* 30 (1976/77), S. 127–137; Gisela Zimmermann: *Untersuchungen zur Orgeluseepisode in Wolfram von Eschenbachs Parzival*, in: *Euphorion* 66 (1972), S. 128–150.

33 Zu Parzivals Schuld vgl. exemplarisch mit weiterer Literatur Regina Toepfer: *Höfische Tragik. Motivierungsformen des Unglücks in mittelalterlichen Erzählungen*, Frankfurt a. M. 2013 (*Untersuchungen zur deutschen Literaturgeschichte* 144), S. 123–160; René Pérennec: *Percevalromane*, in: *Höfischer Roman in Vers und Prosa. Germania litteraria mediaevalis francigena (GLMF): Handbuch der deutschen und niederländischen*

Als Folge dieser verunglückten Erziehung kann zudem sein Unvermögen, die eigene Wahrnehmung als Handlungsmaxime ernst zu nehmen, verstanden werden – einer der Gründe, weshalb er auf der Gralsburg die Mitleidsfrage versäumt.[34]

Allerdings zeichnet sich im Laufe der Erzählung durchaus eine Veränderung ab. Auch wenn ‚Sicherheit nehmen' bereits als höfische Gepflogenheit thematisiert wird, ist die Tötung des Gegners generell noch traditioneller, oft unausweichlicher Bestandteil des ritterlichen Kampfrituals und wird weder gesellschaftlich noch rechtlich sanktioniert. Zwar kommentiert Hartmann, Iweins Verfolgung des verwundeten Askalon sei *âne zuht* (1056), was möglicherweise einen kritischen Unterton implizieren könnte; dessen anschließender Tod wird jedenfalls wie ein ‚Betriebsunfall', ein Kollateralschaden, billigend in Kauf genommen.[35]

Die Akzeptanz der Gegner-Tötung erfährt nun aber im *Parzival* eine Verschiebung: Was bei Hartmann noch im archaischen Rachedenken eingebunden scheint, wird bei Wolfram von dem Einsiedler Trevrizent als kapitale christliche Sünde dechiffriert und verurteilt.[36] Schon als der tumbe Protagonist bei Gurnemanz die Regeln der Ritterschaft nahegebracht bekommt, wird das Tötungsverbot aufgerufen: *lât die erbärme bî der vrävel sîn* („verbinde Mut und Mitleid miteinander"; 171,25). Von nun an tötet Parzival keinen Gegner mehr, jedoch nicht grundsätzlich aus einem inneren Überzeugungswandel heraus, sondern lediglich durch Zufall oder weil Gott es, wie im Falle des Kampfes mit seinem

mittelalterlichen literarischen Sprache, Formen, Motive, Stoffe und Werke französischer Herkunft (1100–1300) Bd. 5, hg. von René Pérennec, Elisabeth Schmid und Nils Borgmann, Berlin/New York 2010, S. 169–220, hier S. 208.

34 Vgl. hierzu u.a. Elisabeth Lienert: *Können Helden lernen? Wissen und Subjektkonstitution in europäischen Parzivalromanen*, in: *Wolframs Parzival-Roman im europäischen Kontext* (Anm. 21), S. 251–267, insb. S. 265; Johannes Keller: *Parzivals Sprachlosigkeit. Eine Poetik des (Miss-)Verstehens*, in: *Vom Verstehen deutscher Texte des Mittelalters aus der europäischen Kultur. Hommage à Elisabeth Schmid*, hg. von Elisabeth Schmid und Dorothea Klein, Würzburg 2011, S. 219–231, hier S. 222f.; Uta Störmer-Caysa: *Mitleid als ästhetisches Prinzip. Überlegungen zu Romanen Hartmanns von Aue und Wolframs von Eschenbach*, in: *Encomia-Deutsch, Sonderheft der Deutschen Sektion der ICLS* (2002), S. 64–93; Haug (Anm. 17), S. 207.

35 Den Begriff verwendet in diesem Zusammenhang Alois M. Haas: *Todesbilder im Mittelalter. Fakten und Hinweise in der deutschen Literatur*, Darmstadt 1989, S. 172. Dass der Erzählerkommentar nicht notwendigerweise pejorativ zu verstehen ist, hat die Forschung verschiedentlich diskutiert, siehe hierzu exemplarisch Volker Mertens: *Recht und Abenteuer - Das Recht auf Abenteuer. Poetik des Rechts im ‚Iwein' Hartmanns von Aue*, in: *Juristen werdent herren uf erden. Recht - Geschichte - Philologie; Kolloquium zum 60. Geburtstag von Friedrich Ebel*, hg. von Fijal Ebel [u. a.], Göttingen 2006, S. 189–210, hier S. 192.

36 Vgl. hierzu auch Wolf (Anm. 31), S. 46f.; zu optimistisch scheint mir die Annahme Emmerlings, Wolfram entwerfe eine neue Ritterethik, „welche die Vermeidung von Kampf an erste Stelle setzt"; vgl. Emmerling (Anm. 2), S. 201.

Halbbruder Feirefiz, verhindert. Gawan tötet im Übrigen nie einen Gegner: Man muss das also nicht unbedingt tun.[37]

Gurnemanz nennt zuerst die Scham als „Leitkategorie höfischer Verhaltensnormen“[38], wobei auf die spezielle Bedeutung dieser Tugend bei Wolfram besonders hingewiesen sei: Scham tritt hier als eine reflexive Emotion in Erscheinung, die den Ritter dazu befähigt, seine eigenen Handlungen rückblickend zu beurteilen und insofern auch im Hinblick auf zukünftiges Verhalten eine empathische Einschätzung vorzunehmen.[39]

Daneben empfiehlt der Lehrer der Ritterschaft besonnenes und situativ adäquates Handeln sowie Freigebigkeit, Güte und soziales Engagement – alles auf christlichen Grundwerten und gesellschaftlichen Normen basierende höfische Verhaltensmaximen, die Gawan mit schlafwandlerischer Sicherheit souverän und vorbildlich beherrscht.

Für die Artusritter sollte demzufolge die Motivation zum Kampf nicht bloß in der puren Streitlust zur Vergrößerung der eigenen Ehre liegen, sondern sie sollten altruistisch für Hilfsbedürftige einstehen und sich gegen das Unrecht wenden. So erringt Parzival später dann seine Gemahlin Condwiramurs auch durch einen Befreiungskampf und setzt sich außerdem besonders für Cunneware ein, die am Artushof seinetwegen eine unwürdige Behandlung über sich hatte ergehen lassen müssen.

Auch diesen Teilaspekt der Ritterlehre führt Wolfram wieder besonders ausführlich an Gawan vor, der im Land des Königs Meljanz für Frieden sorgt und dem verwundeten Ritter Urians das Leben rettet. Mit einem literarischen Verweis auf Hartmanns *Erec*, wo die soziale Entwicklung des Protagonisten in der Befreiung von achtzig Witwen gipfelt, übertreibt Wolfram das Motiv, indem Gawan im *Parzival* unter lebensgefährlichen Bedingungen nicht weniger als vier

[37] Schmitz (Anm. 1), S. 23 spricht gar von Gawans „Tötungshemmung“.

[38] Anette Sosna: *Fiktionale Identität im höfischen Roman um 1200. Erec, Iwein, Parzival, Tristan*, Stuttgart 2003, S. 178.

[39] Zur *schame* vgl. auch Terrahe (Anm. 1), hier S. 153–156; Jan-Dirk Müller: *Scham und Ehre. Zu einem asymmetrischen Verhältnis in der höfischen Epik*, in: *Scham und Schamlosigkeit. Grenzverletzungen in Literatur und Kultur der Vormoderne*, hg. von Katja Gvozdeva und Hans R. Velten, Berlin 2011 (*Trends in medieval philology* 21), S. 61–96; David N. Yeandle: *„Schame“ im Alt- und Mittelhochdeutschen bis um 1210. Eine sprach- und literaturgeschichtliche Untersuchung unter besonderer Berücksichtigung der Herausbildung einer ethischen Bedeutung*, Heidelberg 2001 (*Beiträge zur älteren Literaturgeschichte*); Ders.: *The Concept of shame in Wolfram's Parzival*, in: *Euphorion* 88 (1994), S. 302–338; James W. Marchand: *Honor and Shame in Wolfram's ‚Parzival'*, in: *Spectrum medii aevi. Essays in early German literature in honor of George Fenwick Jones*, hg. von William C. McDonald, Göppingen 1983 (*GAG* 362), S. 283–298. Die offenbar bisher nicht erschienene Habilitationsschrift von Michael Mecklenburg: *Evolution, Emotion, Fiktion: Studien zur Scham in mittelhochdeutschen Erzähldichtungen* [Göttingen 2015] war mir nicht zugänglich.

gefangene Königinnen nebst vierhundert Damen aus den Händen des Zauberers Klinschor rettet.[40]

Schließlich lernt Parzival bei Gurnemanz, dass man sich den Frauen gegenüber korrekt verhalten und ihnen vor allem treu sein soll, wobei sich auch in diesem Bereich die von Wolfram gezeichnete Ritterwelt durch extremes Fehlverhalten auszeichnet.[41] Beispielhaft sei hier nur auf die Strafaktion Erecs seiner Frau Enite gegenüber verwiesen: Eine ähnlich unwürdige Behandlung mutet Orilus seiner Gattin Jeschute zu, die von Wolfram – um keinen Zweifel an der Synchronizität aufkommen zu lassen – ostentativ zu Erecs Schwester gemacht wird.[42]

Parzival, nachdem er seine anfänglichen Fehltritte in diesem Bereich eingesehen hat, findet einen mäßig gangbaren Weg im Verhältnis den Frauen gegenüber. Gawan hingegen erweist sich auch diesbezüglich von Anfang an als

40 Dass Wolfram sich selbst auch als Autor in Konkurrenz zu Hartmann von Aue versteht, zeigt der Beitrag von Manfred Kern im vorliegenden Band, S. 139–141. Zu den intertextuellen Verweisen Wolframs auf Hartmann vgl. grundlegend Ulrike Draesner (Anm. 1); Christine Wand: *Wolfram von Eschenbach und Hartmann von Aue. Literarische Reaktionen auf Hartmann im* Parzival, Herne 1989, insb. S. 47f., weist darauf hin, dass Polemik gegen Hartmann und seine Werke fehlt und hält die intertextuellen Bezüge lediglich durch die Absicht motiviert, eine außerliterarische Erzählwelt zu schaffen (S. 207f.); Bernd Schirok: *Parzivalrezeption im Mittelalter*, Darmstadt 1982 (*Erträge der Forschung* 174), S. 19–22 sieht durchaus „subtile Hartmannkritik" (S. 20); ähnlich Klaus Ridder: *Autorbilder und Werkbewusstsein*, in: *Neue Wege der Mittelalter-Philologie. Landshuter Kolloquium 1996*, hg. von Joachim Heinzle und Leslie P. Johnson, Berlin 1998 (*Wolfram-Studien* 15), S. 168–194, hier S. 172–176, der auf den Zusammenhang von Konkurrenzsituation und Autorschaft verweist; vgl. auch Susanne Hafner: *Maskulinität in der höfischen Erzählliteratur*, Frankfurt a. M./Bern [u. a.] 2004 (*Hamburger Beiträge zur Germanistik* 40), S. 147f.; Rüdiger Schnell: *Literarische Beziehungen zwischen Hartmanns ‚Erec' und Wolframs ‚Parzival'*, in: *PBB* 95 (1973), S. 301–332, mit Überblick über ältere Einzeluntersuchungen, geht ebenfalls davon aus, dass Wolfram polemisiert (insb. S. 303); in Bezug auf Fiktionalität behandelt die Intertextualität Dennis, H. Green: *Fiktionalität und weiße Flecken in Wolframs ‚Parzival'*, in: *Wolfram von Eschenbach – Bilanzen und Perspektiven* (Anm. 21), S. 30–45.

41 Vgl. exemplarisch Brunner (Anm. 10), S. 43. Zur „Neuformulierung der Frauenrolle" bei Wolfram vgl. Ricarda Bauschke: *Chrétien und Wolfram. Erzählerische Selbstfindung zwischen Stoffbewältigung und Narrationskunst*, in: *Wolframs Parzival-Roman im europäischen Kontext* (Anm. 21), S. 113–130, hier S. 126–128.

42 In Adolf Muschgs Parzival-Adaption führt die literarische Anspielung zu einem amüsanten Dialog, in dem Erec Orilus bei dessen Eintreffen am Artushof vorwirft, sein Abenteuer plagiiert zu haben; vgl. Adolf Muschg: *Der Rote Ritter. Eine Geschichte von Parzivâl*, Frankfurt a. M. 1993, S. 561.

formgewandter Minneritter und lässt sich kaum einen Fauxpas zuschulden kommen.[43]

Die Kampfmotivation, die schon bei Gurnemanz angeklungen war, ist für die Ausdifferenzierung des Helden als Streiter, Denker oder Diplomat ein besonders geeigneter Parameter, und in der Blutstropfenszene stellt der Erzähler die verschiedenen Verhaltensoptionen demonstrativ gegenüber.[44] Parzival steht in einer vermeintlichen Provokations-Pose nahe dem Artushof auf dem Feld: zu Pferd, gerüstet, mit aufgerichteter Lanze. Jedoch ist der Held nicht auf Kampf aus, er ist vielmehr in eine Liebes-Trance versunken, in die ihn der Anblick dreier Blutstropfen im Schnee versetzt hatte, da sie ihn an den Teint seiner in der Ferne weilenden Geliebten erinnerten.

Wolframs kritische Distanz kommt in einer filigranen Ironie zum Tragen, mit welcher er die Ausgangslage schildert:

> Der Erzähler verspottet Artus als den *meienbæren man* (282 [recte 281],16), dem plötzlich Schnee in die Quere kommt. Die aufgeregten und kampflustigen Tafelrunder des Hofs erinnern eher an einen Hühnerhaufen, als die Kunde vom scheinbar kampfbereiten Ritter in der Nähe zu ihnen dringt, und der entflohene

[43] Vgl. Schmid (Anm. 2), S. 62; Bumke (Anm. 2) versteht „die positive Geschlechterbeziehung als eine gesellschaftliche Grundkraft“ (S. 116), verweist auf die neue selbstständige Rolle der Frauen in der Gestaltung dieser Beziehungen, denen „grundlegende Bedeutung für die Lösung von Konflikten in der höfischen Gesellschaft zugesprochen wird“ (S. 121). Dallapiazza (Anm. 9), S. 121, betont, dass zwar auch Gawans „Existenz prinzipiell von Gewalt bestimmt [ist], die er jedoch mehr und mehr in den Dienst einer guten Sache stellt, etwa der Befreiung der gewaltsam festgehaltenen Frauen“. Nicht einleuchten will mir die Interpretation von Eva Bolta, die in der Antikonie-Episode einen unhöfischen sexuellen Übergriff Gawans sieht (S. 16) und seine Rolle in der Urians-Szene als „Komplizenschaft mit einem Vergewaltiger“ (S. 18) interpretiert; vgl. Eva Bolta: *Gawein im europäischen Kontext*, in: *Europäisches Erbe des Mittelalters. Kulturelle Integration und Sinnvermittlung einst und jetzt: ausgewählte Beiträge der Sektion II „Europäisches Erbe“ des Deutschen Germanistentages 2010 in Freiburg/Br.*, hg. von Ina Karg, Göttingen 2011, S. 13–29; ähnlich Hans-Jürgen Scheuer: *Schach auf Schanpfanzûn. Das Spiel als Exempel im VIII. Buch des ‚Parzivâl‘ Wolframs von Eschenbach*, in: *ZfdPh* 134 (2015), S. 29–45, insb. S. 34.

[44] Vgl. hierzu auch Terrahe (2014), S. 140f. und S. 152f. Die Literatur hat zuletzt zusammengestellt Katharina Mertens-Fleury: *Zur Poetik von* ratio *und* experientia *in der Blutstropfenszene im Parzival Wolframs von Eschenbach*, in: *Reflexionen und Inszenierungen von Rationalität in der mittelalterlichen Literatur. Blaubeurer Kolloquium 2006*, hg. von Klaus Ridder, Berlin 2008 (*Wolfram-Studien* 20), S. 73–94; vgl. grundlegend Joachim Bumke: *Die Blutstropfen im Schnee. Über Wahrnehmung und Erkenntnis im ‚Parzival‘ Wolframs von Eschenbach*, Tübingen 2001 (*Hermaea*, N. F. 94).

> Falke sucht Parzivals Gesellschaft, da er es vor Langeweile bei Artus nicht mehr aushält. [...] So aber schafft Ironie Distanz und verweigert jede Idealisierung [...].[45]

Wie geht der Artushof, wie gehen *âventiure*-Ritter mit dieser provokativen Situation um? Wolfram spielt drei Varianten durch: Zuerst stürmt der kampfdurstige und auf seine persönliche Ehre versessene Segramors los, donnert Parzival an, er solle ihm folgen, und als dieser nicht reagiert, holt er zur Tjost aus. Der Angegriffene weiß sich natürlich intuitiv zu wehren und stößt den Kontrahenten vom Pferd, ohne wirklich aus seiner Trance zu erwachen.

Keie ist der zweite, der versucht, den nur scheinbar angriffslustigen Parzival dazu zu bewegen, ihm an den Artushof zu folgen. Auch er spricht ihn aggressiv an, verspottet ihn aber noch zusätzlich und bleibt sowohl mit seiner Ansprache als auch im anschließenden Kampf erfolglos. Damit nicht genug: Er trägt sogar erhebliche Verletzungen davon, sein Pferd ist tot. Beide, Segramors und Keie, hatten aus persönlicher Ehrsucht heraus gehandelt, dem Modell des Streiters folgend, das – wie Wolfram deutlich macht – nicht von Erfolg gekrönt ist.

Als drittes beabsichtigt Gawan, die Situation zu lösen,[46] doch schon bevor er loszieht, um sich mit Parzival auseinander zu setzen, muss er eine heftige Spottrede Keies über sich ergehen lassen. Interessant an dessen polemischem Angriff ist, dass er Gawan weibisch und feige nennt: Er solle sich hinter seiner Mutter verstecken, wenn er beim Anblick eines Schwertes gleich blass werde.[47] Wie schon in Hartmanns ‚Provokationstheorie' vorgebildet, verhält sich Gawan diszipliniert und reagiert nicht auf die unqualifizierte Beschimpfung:

sus was der wol gelobte man gerant zer blôzen sîten an mit rede: er kunde ir gelten niht, als wol gezogenem man geschiht, dem schame versliuzet sînen munt, daz dem verschamten ist unkunt. (299,13–18)	So wurde der berühmte Mann an der ungeschützten Flanke mit Worten attackiert. Er konnte sie nicht vergelten, wie das einem gut erzogenen Mann geschieht, dem Scham den Mund verschließt; was dem Unverschämten [unbekannt ist.[48]

[45] Dallapiazza (Anm. 9), S. 98; zum ironischen Aspekt der Szene siehe auch Peter L. Johnson: *Die Blutstropfenepisode in Wolframs ‚Parzival': Humor, Komik und Ironie,* in: *Studien zu Wolfram von Eschenbach, Festschrift für Werner Schröder zum 75. Geburtstag*, hg. von Kurt Gärtner und Joachim Heinzle, Tübingen 1989, S. 307–320.

[46] Vgl. hierzu Mertens-Fleury (Anm. 44), S. 93f.; Walter Delabar: ûfgerihtiu sper. *Zur Interaktion in der Blutstropfenepisode in Wolframs ‚Parzival'*, in: *Personenbeziehungen in der mittelalterlichen Literatur*, hg. von Helmut Brall, Barbara Haupt und Urban Küsters, Düsseldorf 1994 (*Studia humaniora* 25), S. 321–346, hier S. 332–339.

[47] 299,7–12: Ein Frauenhaar sei stark genug, um Gawan vom Kampf abzuhalten; vgl. hierzu auch Mertens-Fleury (Anm. 44), S. 82.

[48] Übersetzung T.T. in Anlehnung an Knecht (Anm. 11).

Tatsächlich beabsichtigt Gawan, ungerüstet auf das Feld zu reiten, um Parzival friedlich an den Hof zu holen, was ihm schließlich auch gelingt. Schon mit der Gangart des Pferdes signalisiert er seine versöhnliche Absicht (er stürmt nicht in fliegendem Galopp auf ihn zu, sondern reitet im Passgang, in dem gewöhnlich Frauen zu reisen pflegen). Er spricht den vermeintlichen Angreifer freundlich und höflich an, erkennt dessen Trance und verdeckt dann die Ursache, die Blutstropfen im Schnee, mit seinem Mantel. Er löst die Situation durch sein Einfühlungsvermögen, mit Hilfe dessen er Parzivals Zustand erkennt, durch seine höfliche Sprache und vor allem durch seine Bereitschaft, einen Konflikt nicht grundsätzlich mit Waffengewalt zu lösen.[49] Er geht kein unnötiges, ja in diesem Fall unangebrachtes Risiko ein und wägt auch in anderen Kämpfen die Situation vorher besonnen ab. Zwar muss er sich den Vorwurf der Feigheit gefallen und sich mit Frauen vergleichen lassen, doch riskiert er sein Leben nicht leichtfertig, trägt keine unnötigen Verletzungen davon und siegt schließlich immer dann, wenn es notwendig ist. Schon bei Chrétien ist seine Rolle ähnlich angelegt:

> Kennzeichnend für diese Erfolge ist die pazifizierende Tendenz einer duldsamen, die Nöte anderer berücksichtigenden Strategie. Gauvain ist der Heilende, der Getrenntes Zusammenführende, der Spannung Ausgleichende, der Unrecht Berichtigende.[50]

Gegenüber seiner französischen Vorlage hat Wolfram aber nicht nur in dieser Szene stark eingegriffen und insbesondere Gauvains Position erheblich variiert:[51]

[49] Vgl. hierzu exemplarisch Schmitz (Anm. 1), S. 178 und S. 131; Mertens (Anm. 44). Mohr (Anm. 1), S. 80, sieht Gawans Funktion vor allem „als Katalysator der Menschlichkeit“; so auch Martin H. Jones: *The significance of the Gawan story in ‚Parzival‘*, in: *A companion to Wolfram's ‚Parzival‘*, hg. von Will Hasty, Columbia, S.C. 1999 (*Studies in German literature, linguistics, and culture*), S. 37–76, hier S. 75f. Zu Gawans Rolle in dieser Szene vgl. u.a. Marina Münkler, *Inszenierungen von Normreflexivität und Selbstreflexivität in Wolframs von Eschenbach ‚Parzival‘*, in: *Zeitschrift für Germanistik* 18 (2008/3), S. 497–511, insb. S. 504–507; Albrecht Classen: *Crisis and triumph in the world of medieval knighthood and chivalry. Gawan in Wolfram von Eschenbach's Parzival*, in: *Gawain. A casebook*, hg. von Raymond H. Thompson und Keith Busby, New York 2006, S. 217–229, hier S. 218; Burkhard Hasebrink: *Gawans Mantel: Effekte der Evidenz in der Blutstropfenszene des Parzival*, in: *Texttyp und Textproduktion in der deutschen Literatur des Mittelalters*, hg. von Anne Simon, Elizabeth A. Andersen und Manfred Eikelman (Trends in medieval philology 7). Berlin/New York 2005, S. 237–247; Volker Mertens: *Masculinity in Wolfram's ‚Parzival‘*, in: *Bibliographical Bulletin of the International Arthurian Society* 55 (2003), S. 383–401.

[50] Schmitz (Anm. 1), S. 132.

[51] Vgl. hierzu u.a. Bumke (Anm. 44), S. 159f. Zu Wolframs Umgang mit seiner französischen Vorlage vgl. zuletzt mit ausführlicher Forschungsdiskussion Bauschke (Anm. 41), S. 113–130; speziell zur Konzeption der Gawan-Figur Schmitz (Anm. 1),

Bei Chrétien schmilzt die Sonne den Schnee mit der Zeit hinweg (4426f.)[52] und so löst sich Percevals Trance von alleine auf; Gauvain muss ihn schließlich nur noch mit zum Hof nehmen. Wolfram hingegen legt Gawans Gedankengang ausführlich dar (301,21–25), stilisiert den Helden also als Denker, der durch sein Einfühlungsvermögen schließlich in der Lage ist, die Situation diplomatisch und vor allem ohne Waffengewalt zu lösen.[53] Gauvain wird bei Chrétien vor allem als klug (afrz. *sage*)[54] dargestellt und erscheint als „Exponent der höfischen Kultur par excellence“[55]. Dennoch haften ihm hier noch verschiedene schwerwiegende Mängel an, die Wolfram beseitigt, wie etwa die Mitverantwortung an der Tötung Ithers und der Mordvorwurf, der sich nun als ein Missverständnis herausstellt (503,16–20).[56]

Auch das Verhältnis der beiden Protagonisten zueinander gestaltet Wolfram neu. Bernhard Schmitz weist auf die „Aufgabenteilung zwischen Protagonist und Hofakteur [Gauvain]“ in den altfranzösischen Artusromanen hin, und stellt fest, dass die Gauvain-Figur „funktional gesehen immer in einem antagonistischen

S. 19–143 und S. 183–205; William A. Nitze: *The Character of Gauvain in the Romances of Chrétien de Troyes*, in: *Gawain. A casebook* (Anm. 44), S. 103–115; Schmid (Anm. 2), S. 61f.; Keith Busby: *Gauvain in Old French literature*, Amsterdam 1980 mit Übersicht zur älteren Forschung.

[52] Die Versangaben beziehen sich auf die Ausgabe *Chrétien de Troyes: Le roman de Perceval ou le conte du graal, Altfranzösisch – deutsch*, hg. von Felicitas Olef-Krafft, Stuttgart 2003.

[53] Vgl. Emmerling (Anm. 2), insb. S. 177–187; Sosna (Anm. 38), S. 190. Eine parallele Szene findet sich in Hartmanns *Erec*, wo es ebenfalls nur dem freundlichen Verhandlungsgeschick Gawans zu verdanken ist, dass Erec zu seiner sog. Zwischeneinkehr an den Artushof geholt werden kann; vgl. hierzu u.a. Schmitz (Anm. 1), S. 156. Zu Gawans diplomatischem Geschick in der zweiten Gawan-Partie vgl. zuletzt Antje Sablotny: *Politische Beratung und Erzählen im achten Buch von Wolframs* Parzival. *Zum Streitdialog zwischen Kingrimursel und Liddamus*, in: *Oratorik und Literatur. Politische Rede in fiktionalen und historiographischen Texten des Mittelalters und der Frühen Neuzeit*, hg. von Malena Ratzke, Christian Schmidt und Britta Wittchow. Berlin 2019 (*Hamburger Beiträge zur Germanistik* 60), S. 213–242, insb. S. 222; Manuela Nieser: Swes got an mir dedâhte, daz biutet dienst sîner hant. *Gawans Geheimdiplomatie in Wolframs* Parzival, in: *PBB* 129 (2007/1), S. 38–65.

[54] Wendelin Foerster: *Wörterbuch zu Kristian von Troyes' Sämtlichen Werken.* 2., veränd. Aufl. von Hermann Breuer, Halle 1933, übersetzt das Adjektiv *sage* mit „weise, klug, vernünftig“; vgl. hierzu auch Schmitz (Anm. 1), S. 22; Maria Bindschedler: *Der Ritter Gawan als Arzt oder Medizin und Höflichkeit*, in: *Mittelalter und Moderne. Gesammelte Schriften zur Literatur: zur Feier des 65. Geburtstages*, hg. von Maria Bindschedler und André Schnyder, Bern/Stuttgart 1985, S. 207–220, insb. S. 208; Wynn (Anm.1), S. 178.

[55] Schmid (Anm. 2), S. 53.

[56] Vgl. Schmitz (Anm. 1), S. 183–186; hierzu auch Schönhoff (Anm. 31), S. 157–170.

Verhältnis zu der des Protagonisten inszeniert wird."[57] Dieser Antagonismus zeige sich vor allem an divergierenden Interessen, die beim Protagonisten eher persönlich, beim Hofakteur hingegen gesellschaftlich motiviert sind.[58] In Wolframs *Parzival* geht Schmitz diesbezüglich von einer Entwicklung aus, die schließlich in der „Emanzipation des Hofakteurs" mündet, und

> die die Gawanfigur auf seinen ausgedehnten Abenteuerserien sukzessive mit personalen Anliegen ausstattet, d. h. in die Position eines dem Protagonisten ähnlichen Akteurs einführt, wohinter die ursprüngliche funktionale Bezogenheit ausschließlich auf den Artushof langsam zu verblassen beginnt.[59]

Dementsprechend hat Gawan (abgesehen von Schastel Marveille) auch keine klassischen *âventiuren* zu bestehen und muss seine persönliche Kampfkraft nicht unter Beweis stellen. Die Konflikte, die er zu lösen hat, sind vielmehr gesellschaftlicher Art, Konflikte also, die mit dem „Konfliktbewältigungsmechanismus eines konventionellen Artusritters – Kampf auf Leben und Tod – nicht zu bewerkstelligen"[60] sind.

Neben diesen Modifikationen an den Figurenkonzeptionen im Vergleich zur Vorlage sind weitere Faktoren für den Antagonismus zwischen Parzival und Gawan signifikant. Bezüglich ihrer Einstellung zum Kampf unterscheiden sich die beiden grundlegend voneinander. Schon in Hartmanns *Iwein* findet sich der Protagonist in einem Duell mit Gawan wieder; inkognito und in gegenseitiger Unkenntnis, wer in der Rüstung des Kontrahenten steckt, töten sie sich versehentlich beinahe.

Wolfram übertreibt auch dieses Motiv insofern, als Parzival nicht nur unerkannt gegen Gawan, sondern zusätzlich sogar gegen seinen eigenen Bruder antritt. Gawan kann sich bei Wolfram nun offen dazu bekennen, dass ihm Kämpfen nicht besonders taugt (*ouch entuot mir strîten niht sô wol*; 323,28). Darüber hinaus wird ritterliches Konfliktverhalten in den Gawan-Büchern scharf kritisiert und auf politischer Ebene problematisiert:

[57] Schmitz (Anm. 1), S. 187.

[58] Vgl. Schmitz (Anm. 1), S. 194.

[59] Schmitz (Anm. 1), S. 199.

[60] Emmerling (Anm. 2), S. 180. Die Schastel Marveille-*âventiure* nimmt gewissermaßen eine Sonderposition ein; hier muss Gawan zwar kämpfen, jedoch nicht wie in einer klassischen Konstellation gegen einen Ritter, sondern ‚nur' gegen einen Löwen. Darüber hinaus muss er sich auf dem *Lit Marveille*, dem Wunderbett, der Armbrust- und Pfeilschüsse erwehren. Da im Zuge dieser Aktion vierhundert Damen befreit und die gesellschaftliche *vreude* wiederhergestellt wird, ist in dieser *âventiure* der gesellschaftliche Aspekt primär relevant. Interessant ist in diesem Zusammenhang auch, dass die Episode bei Chrétien explizit als Tugendprobe konzipiert ist: Nur derjenige Ritter kann Herr des Schlosses werden, der tugendhaft, treu und ohne jeden Fehl und Tadel ist (V. 7589–7596).

> Immer stärker muss sich dem Publikum der Eindruck aufdrängen, sinnlosen, oft lächerlichen, aber häufig tödlichen Kämpfen beizuwohnen. Das Ritual der arthurischen Ritterschaft sollte eigentlich verhindern, dass einer der Duellanten sein Leben lässt, aber die Regeln zur Konfliktlösung laufen sehr oft ins Leere. Wie unsinnig das ritterliche Kampfritual ist, zeigt sich in den großen Kämpfen zwischen Gawan und Parzival und Feirefiz und Parzival. Nur durch Zufall kommt es nicht zum tödlichen Ausgang.[61]

Im Gegensatz zu Gawan ist gerade Parzival ein Ritter, *der anders niht wan strîtes gert* (nichts Anderes als Kampf will; 203,28). Seine Kompetenzen sind in erster Linie gewalttätiger Art, auf sprachlicher Ebene muss der Streiter sogar seinem heidnischen (also fremdsprachlichen) Bruder den Sieg zuerkennen:

ir sprechet wol: ich spræche baz, ob ich daz kunde, ân allen haz. nu bin ich leider niht sô wîs[.] (749,3–5)	Ihr redet schön, ich wollte gern noch schöner reden, wenn ich es könnte, und zwar ohne allen Hass. Leider bin ich nicht so klug.[62]

Nichtsdestotrotz wird dieser leider nicht wirklich scharfsinnige Protagonist schließlich König der Gralsgesellschaft, die nach wie vor erlösungsbedürftig bleibt. Parzival ist explizit von Gott auserwählt und gelangt trotz diverser – teils persönlich verschuldeter – Umwege letztendlich immer an das ihm vorbestimmte Ziel.

4 *agelstern varwe*

Ambivalenter könnte eine Figurendarstellung wohl kaum ausfallen, doch entspricht sie dem Elstern-Gleichnis im Prolog, wo die Zwiespältigkeit der menschlichen Existenz, die gleichzeitige Teilhabe am Guten und am Bösen exponiert wird. Diese Ambivalenz kommt bei Gawan ebenso zum Tragen, der auf der gesellschaftlichen Ebene eher in der diesseitigen Welt verankert ist, eigenverantwortlich agiert und daher trotz intensiver Suche weder Munsalvaesche noch den Gral finden kann.

Mit dieser Figurendarstellung reagiert Wolfram auf den von Hartmann skizzierten Typus des *âventiure*-Ritters. Er verstärkt die unheilvollen Aspekte der fatalen *âventiure* und übt in der Zeichnung des traditionellen arthurischen Figurenensembles zugleich Kritik an der ihm vorgängigen Tradition. Literarische Anspielungen durchziehen den gesamten *Parzival* und in Bezug auf die Protagonistenkonzeptionen fällt eine Parallelisierung oder auch „Kontrastierung der Hand-

[61] Dallapiazza (Anm. 9), S. 98.
[62] Übersetzung T. T.

lungsführung"[63] auf, die man als ein Spiel Wolframs „mit dem Erwartungshorizont des Publikums"[64] verstehen kann. Gawan wird dem Protagonisten ergänzend zur Seite gestellt und als Gegenfigur verstärkt, um die Divergenz widerstreitender Ritterkonzeptionen zu verdeutlichen.[65] Aus vorangegangenen Artusromanen anzitierte Handlungsmuster lässt der Erzähler systematisch kollabieren, um die allen Menschen immanente Elsternfarbigkeit (*agelstern varwe*) aufzuzeigen.

> Wolfram demontiert also das Denken und Darstellen in Modellen und über lineare Prozesse, um zu zeigen, daß ein solches Denken und Darstellen gegenüber einem Menschentypus, der zugleich gut und böse ist, versagt.[66]

Parzival macht zwar gewisse Fortschritte, bleibt als Held letztlich aber zwiespältig.[67] Auch Gawans Ende ist ambivalent: Als Ehemann von Orgeluse geht er in

63 Schnell (Anm. 40), S. 304. Zu den literarischen Bezügen vgl. v.a. Draesner (Anm. 1).

64 Schnell (Anm. 40), S. 308.

65 Mohr (Anm. 1) hatte das „Nebeneinander der beiden Gestalten [...] in ihrer so verschiedenen, aber doch einander ergänzenden Menschlichkeit" (S. 83) betont. Marianne Wynn (Anm. 1), S. 194, sieht die Verzahnung der beiden Figuren so eng gelagert, dass man den einen nicht vollständig ohne den anderen betrachten könne und betont den nicht-rivalisierenden Charakter der Beziehung. So auch Dietrich Homberger: *Gawein. Untersuchungen zur mittelhochdeutschen Artusepik*, Diss., Bochum 1969, S. 100–140; Kurt Ruh: *Höfische Epik des deutschen Mittelalters, 2. ‚Reinhart Fuchs', ‚Lanzelet', Wolfram von Eschenbach, Gottfried von Straßburg*, Berlin 1980 (*Grundlagen der Germanistik* 25) versteht die „Gawan-Rolle als kontrastierende Folie der Parzival-Handlung" (S. 104); Gert Hübner: *Anette Sosna, Fiktionale Identität im höfischen Roman um 1200 (Rezension)*, in: *PBB* 127, S. 132–135, hier S. 134: „im Unterschied zu Hartmann führt Wolfram nicht die Integration, sondern die Konfrontation zweier Interaktionsmuster vor". Nicht folgen kann ich Emmerlings Annahme, Gawan sei als Gegenfigur zu Gahmuret konstruiert und repräsentiere Wolframs neue Ritterethik, Gahmuret dagegen das alte leidvolle Minne- und *âventiure*-System; vgl. Emmerling (Anm. 2), insb. S. 205–207. Ringeler (Anm. 32), S. 175 u.ö., geht unter Einbezug von Gahmuret von drei Protagonisten aus. Vgl. weiterhin Dallapiazza (Anm. 9), S. 113f.; Schmitz (Anm. 1), S. 118; Jones (Anm. 49); Brackert (Anm. 12).

66 Haug (Anm. 17), S. 213.

67 Als Entwicklungsroman versteht den *‚Parzival'* zuletzt Ruth Sassenhausen: *Wolframs von Eschenbach ‚Parzival' als Entwicklungsroman. Gattungstheoretischer Ansatz und literaturpsychologische Deutung*, Köln 2007 (*Ordo* 10); dass Parzival (wenn auch nicht im Sinne einer Entwicklung) zumindest einiges lernt, zeigt Lienert (Anm. 34); gegen eine Entwicklung argumentieren grundlegend Michael Huby: *Nochmals zu Parzivals ‚Entwicklung'*, in: *Studien zu Wolfram von Eschenbach* (Anm. 45), S. 257–269; Czerwinski (Anm. 1), insb. S. 83–117; Ringeler (Anm. 32), S. 116; Joachim Schröder: *Schildes ambet umben grâl. Untersuchungen zur Figurenkonzeption, zur Schuldproblematik und zur politischen Intention in Wolfram von Eschenbachs ‚Parzival'*, Frankfurt a. M. [u. a.] 2004 (*Europäische Hochschulschriften: Reihe 1, Deutsche Sprache und*

eine Existenz, die man sich wohl als glücklich denken kann – viele Informationen gibt der Erzähler hierzu jedoch nicht preis.[68]

Literarischer Widerstreit und Agonalität auf Figurenebene lassen sich zwischen Hartmann und Wolfram mehr als deutlich fassen und gipfeln in der Darstellung der Gawan-Figur, die im *Parzival* – auch im Vergleich zu den späteren Artusromanen – besonders spezifische Züge trägt.

Dass diese konkurrierenden Helden-Konzepte allerdings immer auch poetologische Aspekte agonal mitverhandeln, zeigt neben vielen anderen Textstellen im *Parzival* der Prolog, den man als Verweigerung verstehen kann, eine einfache und klar interpretierbare Geschichte erzählen zu wollen. Zu schnell ist *diz vliegende bîspel* den *tumben liuten* (1,15f.); mit ihrem einfachen Intellekt können sie dieser komplizierten Geschichte nicht folgen, die wie ein flinker Hase unberechenbare Haken vor ihnen schlägt (1,18f.). Wer darin nach einer primitiven guten Lehre sucht, hat einiges zu tun, denn die Erzählstränge (*disiu mære*)

<table>
<tr><td>vliehent unde jagent,</td><td>fliehen und greifen an,</td></tr>
<tr><td>sie entwîchent unde kêrent,</td><td>sie entweichen und kehren wieder um,</td></tr>
<tr><td>sie lasternt unde êrent.</td><td>sie schänden und ehren. Wer mit diesem</td></tr>
<tr><td>swer mit disen schanzen allen kan,</td><td>Würfelspiel mithalten kann,</td></tr>
<tr><td>an dem hât witze wol getân,</td><td>der hat einigen Verstand,</td></tr>
<tr><td>der sich niht versitzet noch vergêt</td><td>der versitzt sich und vergeht sich nicht</td></tr>
<tr><td>und sich anders wol verstêt. (2,10–16)</td><td>und versteht alles andere auch genau.[69]</td></tr>
</table>

Literatur Bd. 1892), insb. S. 33–69. Auf die „Kontinuität der *tumbheit*“ verweist Joachim Bumke: *Wahrnehmung und Erkenntnis im ‚Parzival‘ Wolframs von Eschenbach*, in: *Text und Kultur. Mittelalterliche Literatur 1150–1450*, hg. von Ursula Peters, Stuttgart 2001 (*DVjs Sonderband* 23), S. 355–370, hier S. 360; vgl. auch Bumke (Anm. 44), S. 164. Keller (Anm. 34), S. 223, macht auf „Parzivals grundlegende Defizienz im Umgang mit Sprache“ aufmerksam und kann auch in diesem Bereich keine Entwicklung des Protagonisten ausmachen.

68 Vgl. hierzu Alfred Ebenbauer: *Gawein als Gatte*, in: *Die Mittelalterliche Literatur in Kärnten. Vorträge des Symposions in St. Georgen/Längsee vom 8. bis 13. 9. 1980*, hg. von Peter Krämer, Wien 1981 (*Wiener Arbeiten zur germanischen Altertumskunde und Philologie* 16), S. 33–66; Schmitz (Anm. 1), S. 199–202, verweist wie Ebenbauer auf den eklatanten Bruch mit der Konvention der Figur durch die Hochzeit, mit der Gawan sowohl dem Artushof als auch der *âventiure* verloren geht, und spricht vom „Problem der genrewidrigen Ehe Gawans“ (S. 201). Dagegen sieht Pérennec (Anm. 33), S. 213, die Eheschließung als ein „als ein Beispiel für Normalisierung“.

69 Die von den Herausgebern gewünschte Übersetzung (T. T.) versteht sich als Notlösung, da die komplexen Wortspiele m.E. nicht übersetzbar und gezielt mehrdeutig formuliert sind.

Sowohl die Flucht als auch der Angriff, sowohl Lasterhaftes als auch Ehrenvolles steht dem Leser bevor; wo Erec sich bei Hartmann verlegen und Iwein sich verritten hat, wird sich ein gewitzter Mensch hier weder ‚versitzen‘ noch ‚vergehen‘ noch ‚verstehen‘. Wie auch immer diese diffuse Passage zu verstehen ist und – wenn Anspielungen auf Hartmann nicht zwingend nachweisbar sind, kann man doch bei ‚versitzen‘ durchaus an Erecs *verligen* denken, bei ‚vergehen‘ an Iweins ‚verreiten‘ (sein Terminversäumnis) und bei ‚verstehen‘ an Parzivals Liebestrance in der Blutstropfenszene, wo er gedankenverloren auf dem Feld steht und damit einige Komplikationen provoziert.

Wolfram erklärt, mit dem *Parzival* eine andersartige, komplexe und anspruchsvolle Geschichte erzählen zu wollen, die übrigens auch anders als Hartmanns Romane *âne der buoche stiure* (nicht auf Buchgelehrsamkeit bzw. Schriftlichkeit gestützt; 115,29) funktioniere. Unter dieser Prämisse wäre es konsequent, wenn sich der Erzähler gegen eine einfache und eindeutige Lehrhaftigkeit verwahren würde: *waz si [disiu mære] guoter lêre wernt* (die Geschichte verweigert sich einer guten Lehre gegenüber; 1,8)[70] könnte als ein poetologisches Programm formuliert sein, das sich provokativ gegen den klerikal-didaktischen Habitus Hartmanns von Aue ausrichtet. Derartige Überlegungen müssen allerdings spekulativ bleiben, da die Passage bewusst mehrdeutig formuliert ist und sich jeder eindeutigen Auslegung programmatisch verweigert.

Unabhängig davon kann jedoch festgehalten werden, dass im *Parzival* sowohl auf narrativer Ebene als auch in Bezug auf die Figurenkonzeptionen jeder Erlösungsweg fragwürdig bleibt: Wolframs erzählte Welt gestaltet sich komplizierter und heterogener als die der vorhergehenden Artusromane. Er zeichnet auch die Protagonisten vielschichtiger und widersprüchlicher, sodass kein klares Ideal entworfen und somit auch keine eindeutige didaktische Aussage an den Text geknüpft werden kann. Insofern ist auch das Konzept des denkenden Diplomaten genauso wenig auf Mustergültigkeit angelegt, wie das des Streiters: Beide Helden sind und bleiben so wie alle Menschen ambivalent und elsternfarben, haben an Himmel und Hölle gleichzeitig teil.

[70] Der Vers wird gewöhnlich konträr übersetzt: „was sie [die Erzählung] an guter Lehre bietet“. Mhd. *wern* tritt allerdings ebenso in der Bedeutung „verteidigen, wehren, sträuben gegen“ auf; vgl. Matthias Lexer: *Mittelhochdeutsches Handwörterbuch zugleich als Supplement und alphabetischer Index zum Mittelhochdeutschen Wörterbuche von Benecke-Müller-Zarncke. Bd. 3: VF – Z. Nachträge*, Leipzig 1876–1878, Sp. 787–790.

Dante-Nachfolge und Autopolemik: Zu Boccaccios *Corbaccio*

FRIEDRICH WOLFZETTEL (Frankfurt a. M.)

Ironische, fingierte Autobiographie des reifen Künstlers oder autobiographisches Alterswerk, Meisterwerk oder Machwerk, frühhumanistisches Manifest oder Rückfall ins Mittelalter, Endpunkt einer langen Entwicklung oder exzentrische Ausnahme – das lange in der Forschung eher randständige Spätwerk Giovanni Boccaccios, *Corbaccio,* eine misogyne Traumvision, hat in den vergangenen Jahrzehnten offensichtlich erneute Aktualität gewonnen. Drei wichtige Monographien, von Robert Hollander, von Antonio Illiano und von Simonetta Mazzoni Peruzzi, belegen diesen unerwarteten Prestigezuwachs. Von Giorgio Padoan[1] als ein Manifest des Frühhumanismus mit dem *Decameron* verglichen und von Robert Hollander[2] nach Hauvette und anderen auch chronologisch – zwischen 1351 und 1353[3] – in dessen Nähe gerückt, erscheint das Werk in der Quellenstudie von Simonetta Mazzoni Peruzzi[4] zutiefst im französischen Mittelalter verwurzelt, nimmt aber nach Meinung der Verfasserin in seiner experimentellen Verarbeitung gleichzeitig Einflüsse des vielstimmigen *romanzo* vorweg. So auch schon Antonio Illiano, der eine „coerente resa stilistica" des scheinbar „umile trattato" geltend macht.[5] War der *Corbaccio* lange als eher isoliertes Alterswerk des Autors gewertet worden, so hat die schon genannte Arbeit von Hollander die Kontinuität mit dem *Decameron* (bes. VIII, 7) betont, während Cazalé Bérard[6] sogar eine kontinuierliche Entwicklung seit der frühen *Caccia di Diana* geltend machen wollte. Die systematische Intertextualitätsrelation zu Dantes *Divina Commedia* hat

1 Giorgio Padoan: *Introduzione*, in: Giovanni Boccaccio: *Corbaccio*, hg. von Giorgio Padoan, in: *Tutte le opere di Giovanni Boccaccio*, hg. von Vittore Branca, Milano 1994, Bd. 2, S. 415–440.

2 Robert Hollander: *Boccaccio's Last Fiction – Il 'Corbaccio'*, Philadelphia/Pa. 1988, bes. S. 8–12. Der große Boccaccio-Forscher datiert das als ironisch fingierte Autobiographie verstandene Werk, „a companion piece to the *Decameron*" (S. 23), um 1354–1355 (S. 12). Ähnlich schon Henri Hauvette: *Boccace. Étude Biographique et Littéraire,* Paris 1914, S. 339.

3 Hollander (Anm. 2), S. 33.

4 Simonetta Mazzoni Peruzzi: *Medioevo francese nel ,Corbaccio'*, Firenze 2001 (*Quaderni degli studi sul Boccaccio*).

5 Antonio Illiano: *Per l'esegesi del* Corbaccio, Napoli 1991 (*Dal Certo al Vero* 2), S. 73.

6 Claude Cazalé Bérard: *Filoginia/misoginia*, in: *Lessico Critico Decameroniano*, Torino 1995, S. 116–141.

erstmals Hollander nachzuweisen versucht, freilich ohne auf die spezifische Funktionsweise der eindrucksvollen Belegsammlung einzugehen. Das heißt, Hollander diskutiert nicht weiter die „initiative distance“ zum Vorbild.[7] Im Gegenteil spricht er abwechselnd von „a tessera picked out of one mosaic and inserted into another with little apparent concern for what the other pattern might have suggested about the new work“.[8] Grosso modo erinnert die – als 9-teilig interpretierte – Struktur für ihn an den Durchgang durch *Inferno* und *Purgatorio*[9], doch geht er nur kursorisch auf den Schluss und vor allem auf den Bezug des Autors zum eigenen Werk, eine Art Autopolemik, ein, in der es darum geht, die eigene Vergangenheit zu widerrufen und mittels dantesker Intertextualitätssignale eine neue Richtung einzuschlagen, eben mit dem Ziel des bei Dante vorgegebenen „riscatto morale“.[10] Giorgio Padoan, der dem eher problematischen Werk „un sapore ed uno stile del tutto nuovi“[11] attestiert, stellt es stilistisch neben das *Decameron*; er spricht von einem „alto livello artistico“[12] und deutet das Werk als Ausdruck einer intellektuellen Krise und der Hinwendung Boccaccios – unter dem Einfluss Petrarcas – „ai nuovi ideali dell’umanesimo“.[13] Die „mentalità tipica del nuovo letterato umanista“[14] werde besonders in dem Motiv der Unvereinbarkeit humanistischer Gelehrsamkeit mit Erotik, Sexualität und Ehe deutlich, wonach, wie es im Text[15] heißt, „keine weibliche Person weise sein und folglich weise handeln könne“ (*cioè niuna femina essere savia, e perciò non potere saviamente adoperare*, S. 504). Dass es auch hier um eine lange, besonders von Mazzoni Peruzzi beleuchtete, mittelalterliche Tradition geht,[16] bleibt in einer solchen, emphatisch frühhumanistischen Perspektive freilich unterbelichtet.

[7] Hollander (Anm. 2), S. 82.

[8] Ebd., S. 41.

[9] Ebd., S. 3.

[10] Illiano (Anm. 5), S. 73.

[11] Padoan (Anm. 1), S. 415.

[12] Ebd., S. 437.

[13] Ebd., S. 439.

[14] Ebd., S. 419.

[15] Zitate nach der kritischen Ausgabe von Padoan (Anm. 1), S. 413–516.

[16] Vgl. Silvano Vecchio: *„De uxore non ducenda“. La polemica anti-matrimoniale fra XIIIe e XIV secolo*, in: *Gli Zibaldoni di Boccaccio. Memoria, Scrittura, Riscrittura*, hg. von Michelangelo Picone und Claude Cazalé Bérard, Firenze 1998, S. 53–64, sowie natürlich die Monographie von Mazzoni Peruzzi. Vgl. auch Hauvette (Anm. 2), S. 339, der weniger die geistliche Askese als die Spielmannstradition betont („l’inspiration misogyne de Boccace procède de l’épicurisme des Goliardi, bien plus que du rigorisme ascétique“).

1 Misogyne Selbstverleugnung im Zeichen Ovids und der Tradition

Ob ironisch fiktional oder autobiographisch grundiert, ist hier jedoch nicht die entscheidende Frage. Gehen wir gleichwohl mit Giorgio Padoan von einem zugleich ernsthaften und autoironischen Werk „tra spunti autobiografici e filtri letterari“[17] aus, dessen nicht unbeträchtliche philologische und editorische Probleme[18] an dieser Stelle nicht diskutiert werden müssen. Die nach Padoan erst um 1365 zu datierende Invektive[19] des alternden, wahrscheinlich um eine kirchliche Pfründe bemühten Ich-Autors gegen eine junge Witwe, die sein Werben nicht erhören wollte, und gegen die Frauen im allgemeinen, ist das Muster einer *revocatio* früherer Positionen des „model classical text“ und einer Neuauflage der *Remedia amoris* Ovids.[20] Nicht ohne eine gewisse Gewaltsamkeit hat die Studie von Francesco Bruni[21] das Werk in die lange Tradition des Selbstwiderrufs in der mittelalterlichen Literatur gestellt. Der noch immer kontroverse Titel[22] der Ich-Erzählung soll hier nicht diskutiert werden. Er ließe sich wohl entweder als anagrammatisches Spiel des Autors – vielleicht unter dem Einfluss von Ovids *Ibis* – mit der Bedeutung von *corvo* (Unglücksrabe) deuten oder aber mit Antonio Illiano auf it. *corba* (Korb, gebogenes Holz) beziehen und als „mise en abyme“ des experimentellen, bewusst mehrdeutigen Ansatzes interpretieren.[23] Boccaccio selbst spricht am Ende des *Corbaccio* von einer *vendetta* (S. 512), die ihm mit der Gnade Gottes gelungen sei und durch die er sich von einer Last befreite, die ihn an den Rand der Verzweiflung getrieben habe. Die *vendetta* – nach Illiano eine „vendetta castigatrice“[24] und nach Hollander ähnlich wie im *Ibis* „perhaps the keyword of

[17] Giorgio Padoan: *Il* Corbaccio *tra spunti autobiografici e filtri letterari*, in: *Revue des Etudes Italiennes* 37 (1991), S. 21–37.

[18] Monica Donaggo: *Problemi filologici del* Corbaccio, in: *Studi sul Boccaccio* 2 (1993), S. 3–123.

[19] Für das späte Datum spricht nach Giuseppe Zaccaria: *Il* Corbaccio*: un'ipotesi di romanzo*, in: *Giornale storico della Letteratura italiana* 68 (1991), S. 504–527, hier S. 510, die noch zu behandelnde Breite der Dante-Rezeption im Anschluss an den *Trattatello in laude di Dante.*

[20] Hollander (Anm. 2), S. 35.

[21] Francesco Bruni: Historia Calamitatum, Secretum, Corbaccio: *tre posizioni su ‚luxuria‘ (-‚amor‘) e ‚superbia‘ (-‚gloria‘)*, in: *Boccaccio in Europa. Proceedings of the Boccaccio Conference*, hg. von Gilbert Tournoy, Louvain 1977, S. 23–52, und in: Francesco Bruno: *Testi e chierici del medioevo*, Genova 1991, S. 203–237.

[22] Hierzu Mazzoni Peruzzi (Anm. 4), S. 239–287. Vgl. auch Bruno Porcelli: *Il* Corbaccio. *Per una interpretazione dell'opera e del titolo*, in: *Italianistica* 21 (1992), S. 563–579, und Claudio Sebastiano Nobili: *Per il titolo* Corbaccio, in: *Studi, Problemi, Critica Testuale* 48 (1994), S. 93–114.

[23] Illiano (Anm. 5), S. 13–21.

[24] Ebd., S. 69–73.

the *Corbaccio*"[25], insofern es um die Selbstbefreiung des Ich von erotischer Verblendung geht – soll für beide Seiten heilsam (*salutifera*, S. 511) sein.

Der Autor, der sich selbst als „bekannt großer Kenner der Vielfalt des Weiblichen“ (*un gran conoscitore di forme di femine reputato*, S. 503) vorstellt, entsagt so seinem bisherigen Denken und in gewisser Weise auch seinem bisherigen Werk, um sich nur noch dem Kult der Musen“ (vgl. S. 502) und – merkwürdiger Weise – zugleich der Verehrung der Jungfrau Maria zu verschreiben, die freilich für die weitere Argumentation keine Rolle mehr spielen wird.[26] Der Musen, die „auch alle Frauen sind, aber nicht pissen“ (*tutte son femine, ma non pisciano*, S. 472), wie die obszöne Erklärung lautet, der Jungfrau, „weil jene einzige Gattin des Heiligen Geistes ein so reines, so tugendsames Geschöpf voller Gnade war, so entfernt von jeder körperlichen und geistigen Hässlichkeit, dass sie im Vergleich zu den übrigen Frauen nicht aus den Elementen gebildet schien, sondern aus einem fünften Element, um das Gefäß und die Heimstatt des Gottessohnes zu sein“ (*per ciò che quella unica sposa dello Spirito Santo fu una cosa tanto pura, tanto virtuosa, tanto monda e piena di grazie del tutto si da ogni corporale e spiritual bruttura remota che, a rispetto dell'altre, quasi non dell'elementare composizione, ma d'una essenzia quinta fu formata a dover essere abitacolo e ostello del Figliuolo di Dio*, S. 472). Die „anderen“, das sind die Frauen, „deren Begierlichkeit und Ungehorsam und deren Überzeugungen die Ursache all unseres Elends waren“ (*cui gola e la cui disubidienza e le cui persuasioni furono di tutte le nostre miserie cagione e origine*, S. 475). Die von Padoan gerühmte „sfrenata orgia di aggettivi e di sostantivi“[27] zeigt sich dann z. B. darin, „wie sehr diese perverse Masse von Frauen von Begier, Widerspenstigkeit und Ehrgeiz, Neid, Trägheit, Wut und Wahnsinn geprägt ist“ und „wie herrschsüchtig, lästig, gefallsüchtig, ekelhaft und störend sie ist, wenn es darum geht, sich andere untertan zu machen“ (*quanto questa perversa moltitudine sia gulosa, ritrosa e ambiziosa, invidiosa, accidiosa, iracunda e delira* und *quanto nel farsi servire sia imperiosa, noiosa, vezosa, stomacosa e importuna*, S. 474). Humanistische Identitätsfindung bestünde dann darin, „zu zeigen, wie sehr der Adel des Mannes den der Frau und den jeder anderen Kreatur übersteigt“ (*a dimostrare quanto la nobiltà dell'uomo ecceda quella della femina e d'ogni altro animale*), da „der Mann, der von seinem Schöpfer nur wenig geringer als die Engel geschaffen wurde, besonders edel ist“

[25] Hollander (Anm. 2), S. 7.

[26] Hauvette (Anm. 2), S. 343 spricht u. E. zu Recht von bloßen religiösen Anwandlungen: „Vaguement travaillé par de confuses aspirations religieuses, il [der Autor] restait profondément païen.“ Zaccaria (Anm. 18), S. 509, Anm. 5, spricht von „una specie di anti-Griselda“. Marco Veglia: *Ultimo viene il corvo: Appunti sul* Corbaccio, in: *Italianistica* 25 (1996), S. 265–280, hier S. 270, macht in dem Thema der „conversio amoris“ „eine affinité con la *Vita nuova*“ geltend.

[27] Padoan (Anm. 1), S. 437.

(*nobilissima cosa addunque è l'uomo il quale dal suo Creatore fu creato poco minore che gli angeli*, S. 475).[28]

Diese negative Zeichnung der Frau und der Sexualität ist natürlich nicht neu. Sie findet sich auch im früheren Werk Boccaccios, etwa der Criseida-Geschichte des *Filostrato* (1338), eine Entsprechung. Mit Peter Brockmeier kann man frühere kritische oder skeptische Beurteilungen der Frau – aus männlicher wie aus weiblicher Perspektive konzedieren.[29] Dennoch bleibt die satirische Virulenz der Polemik des *Corbaccio* einmalig. Was Mario Marti „il ripudio di Fiammetta"[30], die Verleugnung Fiammettas, der idealen weiblichen Leitfigur des Frühwerks, genannt hat, impliziert indessen noch mehr, nämlich die radikale Umwertung von Werk und Leben im Zeichen der jetzt verurteilten leitmotivischen *lussuria* der Frau. Das Labyrinth der Liebe erscheint so mit einer Reminiszenz an Ovid (*Metam.* XIV, vv. 244ff.) als „Schweinestall der Venus" (*il porcile di Venere*, S. 450), – ist doch „die Frau" (*la femina*) „ein unvollkommenes, von tausend unangenehmen und widerwärtigen Leidenschaften beherrschtes Wesen" (*animale imperfetto, passionato da mille passioni spiacevoli e abbominevoli*), ja man könne sagen, dass „keine Kreatur weniger rein ist, noch nicht einmal das Schwein, was zu ihrer Hässlichkeit beiträgt" (*niuno animale è meno netto di lei, non il porco, quale* [...] *agiugne alla brutezza di lei*, S. 464). Im Lichte dieser unerhörten Metaphorik sollte man vor allem die Anhänger der *continuum*-These daran erinnern, dass fast das gesamte Werk des Autors vor dem *Corbaccio* im Dienste der Aufwertung der Göttin Venus gestanden hatte und dass gerade die Konsequenz der damit verbundenen Symbolik die Originalität des frühhumanistischen Autors gegenüber dem Spätmittelalter begründet.[31] Hollanders zentrales Werk *Boccaccio's Two Venuses* deutet zwar die Entwicklung zum negativen Frauenbild des *Corbaccio* schon an, zeigt jedoch auch die zentrale Funktion der Venusgestalt.[32]

[28] Boccaccio scheint hier vergessen zu haben, dass mittelalterliche Enzyklopädien, wie z. B. *Sydrac le philosophe. Le livre de la fontaine de toutes sciences*, hg. von Ernstpeter Ruhe, Wiesbaden 2000 (*Wissensliteratur im Mittelalter* 34) den Menschen sogar über die Engel stellen, u. a. „quar il ont et cors et ame, et les angeles n'ont que l'esprit seulement".

[29] Peter Brockmeier: *Nachwort*, in: Giovanni Boccaccio: *Das Decameron*, übers. u. hg. von Peter Brockmeier, Stuttgart 2012, S. 1034.

[30] Mario Marti: *Per una metalettura del* Corbaccio*: il ripudio di Fiammetta*, in: *Giornale storico della letteratura italiana* 53 (1976), S. 60–86. Die Textausgabe von Francesco Erbani (Giovanni Boccaccio: *Elegia di madama Fiammetta, Corbaccio*, Milano 1986) scheint dieser These Rechnung tragen zu wollen.

[31] Vgl. hierzu Friedrich Wolfzettel: *Diana oder Venus. Funktionen der Landschaft im Erzählwerk Boccaccios*, in: *700 Jahre Boccaccio. Traditionslinien vom Trecento bis in die Moderne*, hg. von Christa Bertelsmeier-Kirst und Rainer Stillers, Frankfurt a. M. [u. a.] 2015 (*Kulturgeschichtliche Beiträge zum Mittelalter und zur frühen Neuzeit* 7), S. 127–144.

[32] Robert Hollander: *Boccaccio's Two Venuses*, New York 1977.

Wenn oben von der frühhumanistischen Vorläuferrolle des Autors die Rede war, so ist das insofern besonders paradox, als die ganze Polemik Boccaccios ja zumindest im Zeichen des Mittelalters steht und mittelalterlich geläufige Klischees gegen eigene frühhumanistische Ansätze auszuspielen scheint. Nur ein paar Beispiele, die ich an anderer Stelle ausführlich besprochen habe: So war einst Venus in der frühen Traumvision *Caccia di Diana* (1335–1340) in einer mittäglichen Szene als Erlöserin des von Diana, der Göttin der Keuschheit, versklavten Gefolges der Jungfrauen gefeiert worden, und im *Ninfale d'Ameto* (1341/42) war einer Priesterin der Venus, Lia, die Aufgabe zugefallen, den ungeschlachten Waldmenschen Ameto zu leibseelischer Ganzheit und Erkenntnis zu führen. Der junge Autor sollte – wissend oder unbewusst – den Lobpreis der Venus ähnlich wie in dem wenig später wiederentdeckten *De rerum natura* des im Mittelalter verfemten Lukrez[33] thematisieren. Im *Ninfale fiesolano* (1344) war der Sieg der Venus und der Liebe über die einer strengen Klostergemeinschaft ähnliche Gefolgschaft der Diana gefeiert worden.

Hier nun also die brutale Absage an das einstige Ideal oder – wie es Padoan positiv wendet – ein Beispiel für die „straordinaria capacità anche nella letteratura libellistica“[34], und nicht zuletzt für die Kompetenz des Autors im Bereich misogyner Traktate von Juvenal und den Kirchenvätern (Hieronymus) bis zum Mittelalter; sie brauchen hier nicht im Einzelnen aufgeführt zu werden. So wie die inkriminierte weibliche Wollust (*lussuria*) „feurig und unersättlich ist und daher weder Begrenzung noch Auswahl kennt“ (*è focosa e insaziabile, e per questo non patisce né numero né elezione*, S. 467), vernebelt mithin die sinnliche Liebe den Geist des Mannes. Das Bild des Nebels und die Versuche, sich aus dieser Umnebelung zu befreien, stehen nicht zufällig am Anfang des *Corbaccio.* Man müsse sehen, meint der Autor in einem wahren Wasserfall der Disqualifizierungen, „dass die Liebe eine verblendende Leidenschaft des Geistes ist, welche den Verstand auf Abwege führt und Erinnerungen maßlos vergrößert, ja sogar entleert, die zarten Fähigkeiten verwirrt, die Kräfte des Körpers verwüstet, eine Feindin der Tugend und der Tod des Alters ist, der Ursprung der Laster in einem leeren Busen, d. h. ein Gefühl ohne Verstand, Ordnung und Festigkeit, ein Laster kranker Hirne und die Vernichterin menschlicher Freiheit“ (*amore essere una passione accecatrice dello animo, disviatrice dello 'ngegno, ingrossatrice, anzi privatrice, della memoria, dissipatrice delle tenere facoltà, guastatrice delle forze del corpo, nemica della giovaneza, e della vecchieza morte, genitrice de' vizii e abitatrice de' vacui petti; cosa senza ragione e senza ordine e senza stabiltà alcuna, vizio delle menti non sane e somergitrice della umana libertà*, S. 463).

[33] Zu der Neuentdeckung des Lukrez 1417 siehe Stephen Greenblatt: *The Swerve. How the World Became Modern*, New York/London 2011. Zu der Frage, ob Boccaccio das Werk des im Mittelalter verfemten, aber nicht gänzlich unbekannten Lukrez direkt kannte, vgl. Giovanni Gasparotti: *Lucrezio fonte diretta del Boccaccio?*, in: *Atti e memorie dell'Accademia patavina di Scienze, Lettere ed Arti* 81 (1968), Parte III, S. 5–34.

[34] Padoan (Anm. 1), S. 421.

2 Dante und die mittelalterliche Traumvision im Dienste eines neuen humanistischen Ideals

Von dem bisherigen Frühwerk war schon die Rede. Hier gilt die Absage nun auch dem zentralen Motiv der höfischen Tradition und zieht so auch die Absage an eine lange literarische Tradition nach sich. Ausgerechnet der Autor, dessen Fähigkeit zur Verbindung von Mittelalter und Humanismus – im Gegensatz zu Petrarca – man immer wieder gerühmt hat,[35] weist eben diese offensichtlich nicht nur überholte, sondern auch verderbliche höfische Tradition der mit allen Zeichen der Falschheit und Niedertracht gezeichneten Frau zu und das nach der langen und gehässigen Aufzählung aller charakterlichen, seelischen und körperlichen Defekte, welche das ohnmächtige Begehren des Ich im Nachhinein als ‚Verdrehung' der „Augen des Körpers" (*occhi corporali*, S. 504), als törichte Selbsttäuschung erscheinen lassen, sei doch die scheinbar noch junge Frau, in die sich der Autor verliebt hatte, in Wahrheit ältlich, unförmig und peinlich anzusehen gewesen. Wie die nachfolgende kurze Diskussion des Tugendadels – „der Adel kam ursprünglich aus der Tugend in die Welt" (*da virtù venne prima gentileza nel mondo*, S. 508) – vor dem Hintergrund des angeblich adligen Standes der Frau zeigt, geht es auch um falsche Werte, so wie eine vorgeblich ‚falsche' Literatur die wahren Wegmarken, z. B. Aristoteles, Cicero, Vergil, Titus Livius (S. 502), überdecke: Die Gebete und Paternoster der widerspenstigen, scheinheiligen Geliebten, heißt es satirisch, „sind die französischen Romane und lateinischen Lieder und die Geschichten von Lancelot und Guenièvre und von Tristan und Isolde" (*sono i romanzi franceschi e le canzoni latine, e'quali alla legge di Lancelotto e di Ginevra e di Tristano e d'Isotta*", S. 499) – mit all ihren Liebesgeschichten und Turnieren (S. 499). Von der Geschichte von Floire und Blancheflor ist dann weiter die Rede, und wir erinnern uns, dass wohl auch Boccaccio selbst solche und ähnliche Lektüre, z. B. vor der Abfassung seines *Filoloco,* praktizierte.[36] Die Bekehrung zum humanistischen Kanon geht mithin einmal mehr Hand in Hand mit der Verleugnung eines Lebenswerkes. Merkwürdig nur, dass die Verunglimpfung der Frau eben an dieser Stelle die novelleske Ausgestaltung des typischen Motivs der mit dem Liebhaber im Bett ertappten Heldin zu erfordern scheint (S. 501). Die Welt des *Decameron*[37] ist offensichtlich noch präsent.

[35] Hierzu das Standardwerk von Vittore Branca: *Boccaccio medievale*, nuova edizione accresciuta, Firenze 1970. Ein Beispiel bildet die Spielmannstradition im *Ninfale fiesolano*: Armando Balduino: *Tradizione canterina e tonalità popolareggiante nel* Ninfale Fiesolano, in: *Studi sul Boccaccio* 2 (1964), S. 25–80.

[36] Hierzu auch Friedrich Wolfzettel: *Zwischen Mittelalter und Renaissance:* Il Filolocolo *von Giovanni Bocccaccio*, in: *Études offertes à Danielle Buschinger à l'occasion de son quatre-vingtième anniversaire = Médiévales* 60 (2016), Bd. 1, S. 419–425.

[37] Padoan (Anm. 1), S. 426) erinnert auch an die verwandte Thematik des unglücklich verliebten „uomo di scienza" Maestro Alberto in *Dec*. I, 10 und die Geschichte des

Und vielleicht noch merkwürdiger ist die vom Autor gewählte Gattung der häuslichen Traumvision, die, wie auch Illiano[38] betont, nichts mit der mystischen Tradition zu tun hat; sie führt ohne Umwege ins Mittelalter und besonders ins Spätmittelalter zurück, bildet doch gerade im 14. Jahrhundert die häusliche Traumvision, die vom *Rosenroman* bis Geoffrey Chaucer, Christine de Pizan u. a. reicht, eine Lieblingsgattung der Selbstaussprache des Dichters.[39] Auch der betonte Rekurs auf Dante ist durch diese Neuorientierung des humanistischen Autors affiziert. Dabei reicht die von Mazzoni Peruzzi postulierte „presenza pur forte e incisiva, dell'opera dantesca, nelle creazioni boccaccione",[40] wie wir sehen werden, über thematische Affinitäten hinaus. Aber wenn Padoan einleitend eine „ripresa della grande esperienza dantesca"[41] geltend macht, so überspringt er hier z. B. den entscheidenden Unterschied zwischen der großen religiösen Jenseitsvision und der Thematisierung des Traumes, die Boccaccio noch in seinen Frühwerken *Caccia di Diana* und *L'Amorosa Visione* praktiziert hatte. Auch Hollander betont kaum die ironische Dimension der angeführten Dante-Reminiszenzen. Nur augenzwinkernd kann man noch von *Inferno* und *Purgatorio* sprechen. Ausdrücklich hebt der Autor nämlich das häusliche und persönliche Umfeld hervor: „noch ist nicht viel Zeit vergangen, seit ich mich allein in meiner Kammer befand, der einzigen Zeugin meiner Tränen, Seufzer und Klagen" (*non è ancora molto tempo passato che, ritrovandomi solo nella mia camera, la quale è veramente sola testimonia delle mie lagrime, de' sospiri e de' ramarrichii*, S. 441). Er beschreibt die inneren Kämpfe bis zum Gedanken an den Selbstmord und erzählt, wie er nach Gesprächen mit Freunden „getröstet in die gewohnte Kammer wieder heimgekehrt ist" (*consolato alla mia usitata camera mi redussi*, S. 445), um alsbald „in tiefen Schlaf" (*in altissimo sonno*, S. 445) zu versinken und dabei noch im Traum die Nachwirkung der unangenehmen Erinnerungen zu spüren. Der *Corbaccio* partizipiert also an der pragmatischen Dimension der spätmittelalterlichen, vor allem mittelfranzösischen und mittelenglischen Tradition, die den Modus der großen Vision dantesker Prägung gleichsam privatisiert und die große mittelalterliche Jenseitsvision in die jedermann zugängliche Alltagserfahrung mit ihren Alltagsproblemen übersetzt.

Ähnliches gilt für die Dante'schen Reminiszenzen der in der Folge beschriebenen „misera valle" (S. 447) im Nebel, „in verlassener Einsamkeit, abweisend

Scholaren Rinieri in *Dec.* VII, 7. Mazzoni Peruzzi (Anm. 4), S. 225, spricht von einer „circolarità tematica" mit dem *Decameron*.

[38] Illiano (Anm. 5), S. 33.

[39] Vgl. Friedrich Wolfzettel: *Autor-Ich, Erzähler und erlebendes Ich im Liebestraum und in der politischen Visionsliteratur des Spätmittelalters*, in: *Autorschaft und Autorität in den romanischen Literaturen des Mittelalters*, hg. von Susanne Friede und Michael Schwarze, Berlin/Boston 2015 (*Beihefte zur Zeitschrift für romanische Philologie* 390), S. 272–290.

[40] Mazzoni Peruzzi (Anm. 4), S. 205.

[41] Padoan (Anm. 1), S. 425.

und rauh, voll wilder Pflanzen und Dornbüsche und ohne Weg und Steg" (*in una solitudine diserta, aspra e fiera, piena di salvatiche piante, di pruni e di bronchi, senza sentieri*, (S. 446), und vor allem für die Begegnung mit dem Geist des verstorbenen Gatten der vergeblich geliebten Witwe; er soll den folgenden Anklagen zusätzlich biographische Authentizität verleihen und wirbt daher als erstes um Vertrauen:

> Non dubitare: parla sicuramente meco e della mia compagnia prende fidanza; ché per certo io non sono venuto per nuocerti, ma per trarti di questo luogo se fede intera presterai alle mie parole. (S. 449)
>
> Zweifle nicht: sprich ohne Scheu mit mir und vertrau meiner Gesellschaft, denn ich bin ja nicht gekommen, um Dir zu schaden, sondern um Dich aus dieser Lage zu erlösen, sofern Du meinen Worten vollen Glauben schenkst.

In wiederum ironischem Rekurs auf Dante wird so der Geist, der zum Gesprächspartner und Führer wird und dem Ich die Augen öffnen will, zu einem häuslich realistischen Abbild des großen Vergil, dessen weltgeschichtliche Sendung bei Dante er durch die ermüdenden, fast albernen Indiskretionen seiner ehelichen Erfahrung ersetzt. Nicht anders als ironisch muss man ja die Erinnerung an den Dante'schen Vergil und dessen Hinweis auf die göttliche Erlaubnis verstehen, das Ich zu besuchen und in der Traumvision zu führen (S. 452). Die initiatische Funktion, die noch im *Ameto* von einer schönen Nymphe und Priesterin der Venus übernommen worden war, fällt in denkbar banaler Weise dem Vorgänger des Protagonisten zu, der beinahe in dieselben Fußstapfen getreten wäre: humanistische Aufklärung durch einen reuevollen, unglücklichen Hahnrei, der sich überdies – ungeachtet der humanistischen Tradition – in ein ausgetretenes mittelalterliches Raster einfügt. In einem frühhumanistischen Manifest würde man etwas Anderes erwarten.

So geht es zunächst darum, das in den Schlingen der Liebe verfangene Autor-Ich (*fieramente nelle branche d'amore inviluppato*, S. 445), aus der *misera valle* des Liebesgottes (S. 454) zu befreien. Voraussetzung ist offensichtlich, dass das Ich sich selbst zu einem Geständnis zwingt und in entfernter ironischer Verwandtschaft mit Dantes *Vita Nuova* die autobiographischen Umstände der ersten Begegnungen referiert. Das autotherapeutische Sich-Öffnen (*quello aprirti che tu domandi*, S. 456), welches der Hahnrei-Geist verlangt, wird hier zu einem kleinen Roman mit allen damit verbundenen Heimlichkeiten und Zufällen ausgearbeitet. Erst auf Grund der im „raggionamento" (S. 456) begriffenen Erfahrung des Ich kann der Geist des Gatten diesem die Wahrheit der Dinge vor Augen führen. (*il vero apertamente conosco*, S. 463). Aber was für eine Wahrheit! Das ist die Voraussetzung für die schon oben angedeutete, kaum endende Diatribe gegen die Frau, mit der der geistige Führer gegenüber dem eher passiven Protagonisten die Rolle des Lehrers übernimmt und dem Ich so die Rolle eines nicht ganz zurechnungsfähigen Neophyten zuweist. Der *Corbaccio*, schreibt einmal Robert

Hollander, „is a work about a man who is out of control".[42] Der *Corbaccio* erhält so doch noch ansatzweise den visionären Anstrich einer negativen Initiation. Die eigene, das sehr allgemeine misogyne Verdikt beglaubigende Erfahrung des geistlichen ‚Führers' wird in diesem Fall nachgereicht und repliziert gleichsam auf die anfängliche Beichte des Ich.

Wir haben es also tatsächlich, wie die neuere Forschung betont, mit einer Art Roman[43] oder „fiction" (Hollander) zu tun, in dem es um die ordentlich aufgezählten (*con più ordine*, heißt es S. 480) Laster und Lügen der Frau und die Stufen der Verknechtung des Mannes geht: „So ist sie also zur Herrin und ich bin zum Diener geworden" (*In cotal maniera addunque essa donna e io servidore divenuto*, S. 480). Die beiden aufeinander zugeordneten internen ‚Novellen', die des verratenen liebenden Ich und die sehr viel ausführlichere Geschichte des verstorbenen Ehemannes, bilden das narrative Gerüst und die sinnliche Beglaubigung des Lebens in der Liebeshölle. Dabei kommentieren sich die beiden Erlebnisberichte nicht nur implizit. In ausgesprochen origineller Weise lässt Boccaccio auch den verstorbenen Gatten als deutenden Zeugen der Handlungsweise des Ich auftreten und ihn so zeitweise ironisch fast die Stelle eines allwissenden Gottes ausfüllen. In einem Fall kann er zum Beispiel Neuigkeiten aufdecken (*sentii novelle*, S. 501) und die Geschichte eines Briefes erzählen, den das Ich an die Geliebte geschrieben hatte und den er, der Geist, in der darauffolgenden Nacht entdeckt und gelesen habe. Der novelleske Realismus des mit Teilen der *Vita Nuova* und natürlich mit dem *Decameron* vergleichbaren städtischen Lebens gehört sicherlich zu den herausragenden Eigenschaften eines Werkes, das auf diese Weise für seine schwer erträgliche Polemik entschädigt. Der Prätext der *Divina Commedia* bleibt freilich ungeachtet solcher realistischen Motive bis zum Ende präsent. Die genannte Höllenerfahrung beschreibt der Geist am Ende seines „raggionamento" (S. 494), metaphorisch gewaltig ausgreifend, wie eine tatsächliche Höllenfahrt. Offensichtlich wollte der Autor vor der geschilderten Befreiung und Bergbesteigung – nicht ohne bewusste Übertreibung – an die Acheron-Passagen in Dantes *Inferno* erinnern, bevor er dessen Läuterungswanderung zumindest in Ansätzen imitierte.

3 Intellektuelles Abenteuer statt ‚Purgatorio'

Denn den Schlüssel zu der implizierten Polemik des Autors mit dem eigenen Werk im Rekurs auf Dante bildet natürlich die am Ende geschilderte Wanderung des Ich mit seinem Begleiter und Führer, *verso le montagne altissime* (S. 515). Der von einer intensiven Lichtmetaphorik geprägte Gang auf dem „leuchtenden Pfad" (*sentiero luminoso*, S. 514), verwandelt die religiöse Vision des Irdischen

[42] Hollander (Anm. 2), S. 18.
[43] Vgl. hierzu auch Zaccaria (Anm. 18), S. 504–527.

Paradieses in Dantes *Purgatorio* (Canto XXIX ff.) in ein Erlebnis humanistischer Erleuchtung durch „die göttliche Gnade“ *(la divina grazia*, S. 516) und tilgt damit die zentralen Koordinaten der Dante'schen Bergbesteigung. Rückblickend erscheint das neblige Tal dem Ich „nicht als Tal, sondern als eine tiefe, bis zur Hölle reichende Senke, dunkel, voller Nacht und voll schmerzlicher Erinnerungen“ (*non valle ma una cosa profonda infino in inferno, oscura e piena di notte con dolorosi ramarrichii*, S. 515). Offensichtlich ist der Bezug auf die *selva oscura* (V. 2) und *la notte ch'io passai con tanta pièta* (V. 21) des *Inferno*. Entscheidend ist aber die mit der Bergwanderung verbundene topographische Symbolik. Kommen wir noch einmal auf die eingangs genannte Venus-Thematik zurück. Der Autor beschreibt die Ankunft des träumenden Ich auf der *sommità* eines quasi irdischen Paradieses, wo – wie es heißt – „mir schien, dass ich den lichtvollen Himmel offen sah, die sanfte glückhafte Luft spürte und die grünen Pflanzen und die Blumen auf den Wiesen sah“ (*il cielo aperto e luminoso vedere mi parve e sentire l'aere dolce e soave e lieto e vedere le piante verdi e' fiori per le campagne*, S. 515). In Bezug auf das eigene frühere Werk Boccaccios bedeutet diese Szene aber nicht weniger als einen programmatischen Bruch mit einer topographisch-symbolischen Konstante des eigenen früheren Werkes: der Wiedererlangung erdnaher Sinnlichkeit durch den Abstieg in eine liebliche, lichtgetränkte Fluss- oder Seeaue.[44] Das Heraustreten aus Wald und Berg, die beide der Göttin Diana zugeordnet sind, in das mit Venus verbundene Reich des lichtvollen lebendigen Wassers darf ja seit dem Frühwerk *Caccia di Diana,* wie ich zu zeigen versucht habe, als eigentlicher Gegenentwurf zu Dantes Jenseitsreise begriffen werden.[45] Ausgerechnet das symbolische Element eines wenn nicht genannten, so doch vorweggenommenen neuen Zeitalters des ‚rinascimento‘ wird hier mithin zugunsten der Bergsymbolik getilgt, aus der überdies das Flussmotiv zusätzlich gestrichen ist. Denn die Apotheose des Lichts ist in *Caccia di Diana* oder *Ameto* gerade nicht mit einem überhöhten irdischen Paradies verknüpft, sondern krönt den Prozess der Selbstgewinnung des erdverbundenen Ich in einem neuen Ideal geläuterter leib-geistiger Ganzheit. Am Ende hatte bei Boccaccio bisher nicht der Berg, sondern das Tal gestanden, nicht die bloß geistige Erleuchtung auf der Höhe, sondern der gerettete Eros in der Versöhnung mit der Erde und ihrer Fruchtbarkeit, wie sie der schon genannte Schluss des *Ameto* eindrucksvoll beschreibt.

Mit dem Zerrbild einer unerwiderten und noch dazu grundlosen und unwürdigen Altersliebe desavouiert Boccaccio somit programmatisch sein eigenes Lebenswerk. Er polemisiert gegen sich selbst. Er macht das zentrale Ziel einer Versöhnung von Leib und Geist rückgängig und überführt das genderspezifische,

44 Vgl. hierzu Wolfzettel (Anm. 31).

45 Hierzu Friedrich Wolfzettel: *Wassersymbolik und Zeitenwende bei Boccaccio*, in: *Wasser in der mittelalterlichen Kultur*, hg. von Gerlinde Huber-Rebenich, Christian Rohr und Michael Stolz, Berlin/Boston 2017 (*Das Mittelalter. Perspektiven mediävistischer Forschung. Beihefte* 4), S. 465–471.

philosophisch-klerikale Syndrom der Unvereinbarkeit von Denken und Lust, Erkenntnis und Eros, himmlischer und irdischer Liebe in den Humanismus der Neuzeit. Mit dem abschließenden Bild der Sonne der Vernunft – „schon mit Blick auf die über der Erde aufgegangene Sonne“ (*veggendo già il sole essere levato sopra la terra*, S. 515) – und der Warnung, „das kleine Werk“ (*la piccola mia operetta*, S. 516) solle nicht „in die Hände böser Frauen“ (*alle mani delle malvagie femine*, S. 516), fallen, polemisiert der Autor noch einmal gegen eigene frühere frauenfreundliche Positionen, die er noch in der Vorrede und im Rahmen des *Decameron* vertreten hatte, als ob der im *Explicit* verwendete Titel eines *poeta illustris* nur um diesen Preis zu haben wäre. Der Dantekenner und Danteverehrer hatte sein eigenes Werk in betonter Distanz zu dem Werk des großen Vorbildes konzipiert. Hier nun dient der nicht nur ironische Bezug auf Dante'sche Positionen scheinbar dazu, den eigenen emanzipatorischen Weg vergessen zu machen. Die Huldigung an das Vorbild Dantes maskiert, so scheint es, eine ostentative ‚revocatio‘ und den Rückgriff auf klerikale Denkweisen, die tatsächlich für den Fortgang der humanistischen Bewegung zumindest zum Teil bestimmend sein sollten.

Und doch erscheint diese Huldigung, wie wir z. T. schon gesehen haben, nicht ohne ironische Dialektik. Denn in Wahrheit übernimmt der Autor im buchstäblichen Sinn das Dante'sche Modell, um dieses zugleich mit neuem Inhalt zu füllen und eigenen Zielvorstellungen dienstbar zu machen. Dabei geht es nicht nur um die eingangs konstatierte Privatisierung und Intimisierung Dante'scher Vorgaben, sondern auch darum, die zentrale religiöse Zielsetzung der Traumvision zu überholen. Es ist, als sollte dies ein Registerwechsel am Anfang der Traumsequenz symbolisch veranschaulichen. Merkwürdiger oder vielleicht charakteristischer Weise befindet sich nämlich das eben eingeschlafene Ich zunächst nicht in jener wegelosen nächtlichen Verwirrung, die den Ausgangspunkt für die Suche im *Inferno* bildet, sondern in einem erquickenden Natursetting, das an frühere Werke anzuknüpfen scheint. Da ist die Rede von „einem lustvollen, schönen Pfad“ (*uno dilettevole e bello sentiero*), einer „unschätzbaren Freude“ (*letizia inestimabile*, S. 445), von „grünem Gras und vielfältigen Blumen am Eingang“ (*erbe verdi e varii fiori nella entrata*, S. 446). Fast könnte man an den Anfang der *Amorosa Visione* (1342) denken, in der das Ich nach dem Durchschreiten eines breiten Tores aus einer – natürlich ebenfalls an Dante erinnernden, aber Dante zugleich widerlegenden – Wanderung durch die Wüste in einen Paradiesgarten der Sinnlichkeit und zugleich der Erkenntnis gelangt. Im *Corbaccio* schildert der Autor nun buchstäblich den Bruch mit der eigenen Vergangenheit, indem er dem Ich im Traum Flügel verleiht und es in eine wilde, weglose Landschaft mit Brennnesseln und Dornen versetzt, die „von rauhen und so steilen Bergen umgeben [ist], dass die Gipfel den Himmel zu berühren schienen“ (*intorniata di montagne asprissime e sì alte che colla loro sommità pareva toccassono il cielo*, S. 446). Das ironische Echo auf das Dante'sche *Lasciate ogni speranza* lässt dabei nicht auf sich warten, heißt es da doch: „fast jede Hoffnung auf das versprochene Gut gab ich beim Betreten dieses Weges auf“ (*quasi d'ogni speranza del promesso bene allo'intrare del camino mi fece cadere*", S. 446). Das Gebrüll und die Schreie verschiedener wilder Tiere (*mughi, urli e strida di diversi e ferocissimi animali*, S. 446), und das Fehlen jeder Wegweisung und jeder Hilfe (*da ogni consiglio e aiuto abandonato*, S. 447), tragen zu dem Gefühl eines Albtraums bei, der erst durch das Auftauchen des fremden Helfers und ‚Führers' seine Bedrückung verlieren wird.

Letzteres heißt aber auch – und damit rückt die Dialektik dieser Autopolemik in den Blick: Angst und Bedrückung weichen dem Gespräch (*ragionar*e) und der rationalen Erkenntnis. Mit den Worten des *spirito*:

> Poi che le tenebre alquanto ti si cominciano a partire dall'intelletto e già cessa la paura, nella quale io ti trovai, infine che 'l lume apparisca che la via da uscirci ti manifesti, d'alcuna cosa teco mi piace di ragionare; [...]. (S. 455)

> Indem nun das Dunkel allmählich aus deinem Geist weicht und die Furcht schwindet, in der ich dich vorfand, und in dem endlich das Licht erscheint, das dir den Weg nach draußen weist, möchte ich mit dir noch über etwas sprechen.

Die Nachahmung der äußeren Struktur der *Divina Commedia* dient mithin dazu, einem Erkenntnis- und Läuterungsprozess im Kleinen vorzuführen. Die unübersehbare Privatisierung und Säkularisierung der geistlichen Vision stützen dabei die psychologische, vernunftgeleitete und radikal individuelle Interpretation des Weges vom *Inferno* zum *Paradiso* bzw. zu einer anderen Art des *paradiso terrestre*. Mit anderen Worten: Die Huldigung des Florentiner Kaufmannssohnes an das große Vorbild impliziert mithin zugleich eine Korrektur von dessen Vorgaben oder genauer: den Versuch einer Modernisierung. Illiano spricht von der „luce della redenzione",[46] aber es geht gerade nicht um Erlösung, sondern um säkulare Selbstgewinnung. In der abschließenden Paradiesvision auf dem hohen Berg, dessen Besteigung ja anders als bei Dante nicht im Einzelnen beschrieben wird und so jede Ähnlichkeit mit dem mühsamen Aufstieg auf den Läuterungsberg tilgt, ist zwar noch von der *divina grazia* (S. 516) die Rede, doch in Wahrheit geht es um individuelle Erkenntnis, den Sieg des Intellekts über die Unvernunft der Leidenschaft. Dieses neue Ideal des alternden, wohl bereits kranken Dichters korrigiert zugleich das visionäre und noch jugendliche Ganzheitserlebnis, mit dem der *Ameto* ausgeklungen war. Die Autopolemik Boccaccios bedient sich der religiösen Vorgaben Dantes, um das Licht der Vernunft an die Stelle des leibseelischen Ganzheitsideals der Jugendschriften zu setzen. Ja, noch mehr: die vorgestellte Paradieslandschaft auf dem Gipfel des mit dem *spirito* gemeinsam bestiegenen Berges transponiert in gewisser Weise den belehrenden, enzyklopädischen Traum der *Amorosa Visione* an das Ende einer langen Aufwärtsbewegung aus der Nacht der Befangenheit und verzichtet zugleich auf die Erfüllung des nicht mehr altersgemäßen, anschließenden Liebestraums. Nicht zufällig spricht ja Gagliardi in seiner poetologisch-philosophischen Deutung der

[46] Illiano (Anm. 5), S. 73.

Amorosa Visione von dem Ideal einer „felicità intellettuale",[47] die auf „ragione naturale"[48] gegründet, die „conoscenza delle cose eterne" einschließt.[49]

Der *Corbaccio*, ob geglückt oder missglückt, ersetzt die religiöse Vision Dantes tatsächlich durch eine „avventura del pensiero",[50] auch wenn er die sinnliche Befreiung im eigenen früheren Werk im Namen der Vernunft in Frage stellen zu müssen glaubt. Der Abstand zu der überwundenen *valle dolorosa* (*Paradiso*, XVII, v. 137) bezeichnet nicht, wie in Dantes *Paradiso*, den Abstand zum sündhaften früheren Leben, sondern die gereifte intellektuelle Erkenntnis eines – durch das Alter – obsolet gewordenen Jugendtraums. Die zentrale intertextuelle Verweisachse auf Dante dient mithin der Selbstvergewisserung des Autors in einen dialektischen Prozess der Modernisierung der ebenso ehrwürdigen wie zeitgeschichtlich und biographisch überholten Vorgaben. Intertextualität und Autopolemik als Modernisierungsprojekt und psychologisch als Akt der programmatischen Selbstverleugnung: Die überzogene Virulenz der Frauenschelte und Selbsterniedrigung erklärt sich so wohl nicht, wie Hollander[51] andeutet, als ironisches Zugeständnis an den Leser, sondern aus dem Maß an Gewaltsamkeit, derer es bedarf, um sich von dem einstigen Ideal zu lösen. So wird aus einer teilweise ironisch gefärbten Traumvision am Ende doch noch, was die Boccaccio-Kritik „un romanzo"[52] mit experimentellen Zügen[53] bzw. „un ‚ipotesi' di romanzo"[54] genannt hat.

[47] Antonio Gagliardi: *Giovanni Boccaccio. Poeta filosofo averroista*, Soveria Mannelli 1999, S. 178.
[48] Ebd., S. 43.
[49] Ebd., S. 179.
[50] Ebd., S. 31.
[51] Hollander (Anm. 2), S. 43.
[52] So Mazzoni Peruzzi (Anm. 4), S. 301, die mit ihrer an Bachtin orientierten Polyphonie-These allerdings etwas zu weit gehen dürfte.
[53] Ebd., S. 183 („literary experimentation").
[54] Zaccaria (Anm. 18), S. 504–527.

Abkürzungen

ABäG = *Amsterdamer Beiträge zur älteren Germanistik*
Art. = Artikel
ATB = *Altdeutsche Textbibiliothek*
BMZ = *Mittelhochdeutsches Wörterbuch*, mit Benutzung des Nachlasses von Georg Friedrich Benecke, ausgearbeitet von Wilhelm Müller und Friedrich Zarncke, 3 Bde., Leipzig 1854–1861.
BSB = Bayerische Staatsbibliothek, München
DVjs = *Deutsche Vierteljahrsschrift für Literaturwissenschaft und Geistesgeschichte*
EA = Erstausgabe
FMSt = *Frühmittelalterliche Studien*
GAG = *Göppinger Arbeiten zur Germanistik*
GRM = *Germanisch-romanische Monatsschrift*
Hs., Hss. = Handschrift, Handschriften
JEGP = *The Journal of English and Germanic Philology*
KLD = *Deutsche Liederdichter des 13. Jahrhunderts, Bd. I: Text,* hg. von Carl von Kraus, 2. Aufl., durchgesehen von Gisela Kornrumpf, Tübingen 1978.
L = Walther von der Vogelweide, Zählung nach Karl Lachmann
Lexer = *Mittelhochdeutsches Handwörterbuch. Zugleich als Supplement und alphabetischer Index zum Mittelhochdeutschen Wörterbuche von Benecke – Müller – Zahrncke*, 3 Bde., Leipzig 1872–1878, Ndr. Stuttgart 1992. online unter: http://woerterbuchnetz.de/cgi-bin/WBNetz/wbgui_py?sigle=Lexer.
MF = *Des Minnesangs Frühling*, unter Benutzung der Ausgaben von Karl Lachmann und Moriz Haupt, Friedrich Vogt und Carl von Kraus bearbeitet von Hugo Moser und Helmut Tervooren, Bd. I: *Texte*, 38. Aufl., Stuttgart 1988.
MTU = *Münchener Texte und Untersuchungen zur deutschen Literatur des Mittelalters*
N. F. = Neue Folge
Ndr. = Neudruck
ÖAW = Österreichische Akademie der Wissenschaften
ÖNB = Österreichische Nationalbibliothek, Wien
PhilStQ = *Philologische Studien und Quellen*
PBB = *Beiträge zur Geschichte der deutschen Sprache und Literatur*
PMLA = *Publications of the Modern Language Association of America*
^{3}RLW = *Reallexikon der deutschen Literaturwissenschaft*, hg. von Klaus Weimar, Harald Fricke und Jan Dirk Müller, 3 Bde., 3. Aufl., Berlin/New York 1997–2003.
RUB = *Reclams Universal-Bibliothek*
stw = *suhrkamp taschenbuch wissenschaft*
VL = *Die deutsche Literatur des Mittelalters. Verfasserlexikon*, zweite, völlig neu bearbeitete Auflage unter Mitarbeit zahlreicher Fachgelehrter, hg. von Kurt Ruh [u. a.], 14 Bde., Berlin/New York 1978–2008.
WW = *Wirkendes Wort*
ZfdA = *Zeitschrift für deutsches Altertum*
ZfdPh = *Zeitschrift für deutsche Philologie*
ZiG = *Zeitschrift für interkulturelle Germanistik*

Personen- und Werkregister

Erstellt von CLAUDIA MARIA KRAML

Begriffs- und Sachregister

Erstellt von LENA LEITNER und THOMAS PEAK